廈門圖書館

厦门经济资料选编

【1909-1949】

洪卜仁 ◎ 主编

厦门市图书馆 ◎ 编

厦门大学出版社
XIAMEN UNIVERSITY PRESS
国家一级出版社
全国百佳图书出版单位

图书在版编目(CIP)数据

厦门经济资料选编:1909—1949/洪卜仁主编;厦门市图书馆编.—厦门:厦门大学出版社,2021.12

(厦门市图书馆馆藏旧报刊资料丛书)

ISBN 978-7-5615-8423-1

Ⅰ.①厦… Ⅱ.①洪… ②厦… Ⅲ.①经济史—史料—汇编—厦门—1909—1949 Ⅳ.①F129.6

中国版本图书馆 CIP 数据核字(2021)第 269050 号

出 版 人 郑文礼
责任编辑 薛鹏志
封面设计 蒋卓群
技术编辑 朱 楷

出版发行 厦门大学出版社
社　　址 厦门市软件园二期望海路 39 号
邮政编码 361008
总　　机 0592-2181111 0592-2181406(传真)
营销中心 0592-2184458 0592-2181365
网　　址 http://www.xmupress.com
邮　　箱 xmup@xmupress.com
印　　刷 厦门集大印刷有限公司

开本 720 mm×1 000 mm 1/16
印张 38.25
插页 2
字数 630 千字
版次 2021 年 12 月第 1 版
印次 2021 年 12 月第 1 次印刷
定价 138.00 元

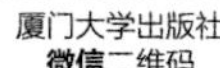
厦门大学出版社
微信二维码

厦门大学出版社
微博二维码

总　序

厦门碧海环抱，人杰地灵，自唐代中叶开始有文献记载的历史以来，英才辈出，享有“海滨邹鲁”之誉，文化积淀深厚。近代，厦门是最早对外开放的五个通商口岸之一，中外文化交融，是中国最早有报纸的城市之一。

厦门第一份报纸，是1872年传教士创办的《厦门航运报道》，随后传教士又在厦门创办了《厦门钞报》《厦门新报》《鹭江报》等。

清末，厦门地方爱国人士和海外爱国华侨，出版了《鹭江日报》《福建日日新闻》《福建日报》《厦门日报》《南声日报》等，反映了要求发展工商业和提高国民素质的社会思潮。辛亥革命后，厦门市面上相继出现《民钟日报》《江声报》《厦声日报》《思明日报》等。1921年起，厦门的新兴报刊不断涌现，到1925年达到极盛。《厦门商报》《时潮日报》《厦门晚报》《厦门晨报》等，你方唱罢我登场。1929年爆发第一次资本主义世界经济危机，许多闽南籍华侨回国，投资工商业、房地产和报业。至1935年，《华侨日报》《星光日报》等相继创刊。《江声报》和《星光日报》是新中国成立前厦门发行量、影响力较大的两份报纸。

昨天的新闻，就是今天的历史。

厦门历史上的这些报纸，记载了当年这座城市经济、社会的变化，记录了这座岛上的人民生活、奋斗、抗争、进取的重大事件，是我们认识先辈思想观念、生活方式的一条时光隧道。

习近平总书记在福建工作期间曾说过：要了解一个地方的重要情况，就要了解它的历史。了解一个地方的山川地貌、乡情民俗、名流商贾、桑麻农事，可以从中把握很多带有规律性的东西。只有加深对历史的掌握和理解，才能“以古为鉴，鉴古知今”，不重复历史上的错误。

“治天下者以史为鉴，治郡国者以志为鉴。”为地方治理提供经验和智慧，是方志文献“存史、育人、资政”重要作用的具体表现。历史上的地方报刊资料，因为它的材料丰富、涵盖面广，是地方史志的重要组成部分。

据《人民日报(海外版)》(2015年10月26日第7版)报道，习近平总书记过去在地方任职期间，就十分重视方志文献的作用。1985 年 6 月，即将任职厦门市副市长的习近平，通过同学向时任厦门市方志办副主任洪卜仁借阅地方志，以了解厦门的历史和民俗风情。2006 年，在中共浙江省委书记任上的习近平，赴温州苍南考察台风“桑美”灾后重建工作时，调阅了《苍南县志》，并在与当地领导座谈时大段朗读书中关于台风的记载，告诫地方干部要以史为戒，科学决策。他在担任中共上海市委书记期间，还专门要求报送《上海通志》，以备查阅。

厦门市图书馆成立于 1919 年，有近百年的历史，馆藏大量旧报刊。日军侵略厦门时，一炬成灰。后经过几代人的搜集、整理，目前厦门市图书馆收藏的旧报刊，有清末的《鹭江报》《厦门日报》，抗战前的《江声报》《民钟日报》，抗战胜利后的《江声报》《星光日报》《立人日报》等，以及厦门出版的一些杂志。开发整理旧报刊资料，不仅可以为地方修志提供基础资料，也可为厦门经济建设和文化发展提供有益的借鉴。

但是，因年代久远，旧报刊已经纸质发黄，字迹模糊，如不及时抢救整理，不仅不利于保存，也不利于研究、利用，为现实服务。

为此，厦门市图书馆请来福建文史馆馆员洪卜仁，由老先生主持，带领馆内的同志，对这部分旧报刊资料进行抢救性整理。历时 5 年，他们从旧报刊中辑录有关近代厦门地区经济、教育、文化、华侨、外事、城市建设、社情等方面的相关新闻报道和文章，分册选编，计划出版《厦门市图书馆馆藏旧报刊资料丛书》，公诸社会。

编纂系统化的厦门近代旧报刊资料，工作量巨大，费时耗力。如今成果已现，可喜可贺。厦门市图书馆的同志在此丛书出版之际，索序于我，本人仅将所知一二，略述于此，权作序言。希望地方文史工作者像李克强总理要求的那样：力学笃行，直笔著信史，彰善引风气，为当代提供资政辅治之参考，为后世留下堪存堪鉴之记述。

让我们一起努力！

中共厦门市委常委、宣传部长　**叶重耕**

2016 年 9 月

前　言

“厦庇五洲客，门纳万顷涛。”厦门地处中国东南沿海，背靠闽南大陆，面向海洋，与台湾宝岛隔海相望。厦门因海而兴，港口位置独特，得天独厚，海岸线蜿蜒曲折，港阔水深，少淤少雾，终年不冻，大船巨舶进出港不受潮水限制，是一个天然良港。厦门及其周边地区商人扬帆远渡，频繁前往东南亚和日本贸易。从16世纪起，西方的商船相继来到厦门贸易。海外贸易的兴盛发达，推动了厦门及其周边地区造船业、商业和手工业的发展，扩大了厦门与国内外的经济联系，促进了中外友好交往，厦门逐渐成为对外交往、贸易的港口和华侨出入国的门户。

鸦片战争后，厦门被迫开放为五口通商口岸之一。开埠后的厦门，西方列强利用不平等条约和法外特权进行经济侵略，航运交通和国内外贸易的自主权逐渐丧失。清末民初，推行商务新政，奖励创办实业，兴筑铁路，组织商会，吸引华侨投资，加快现代化城市建设。1920年，厦门地方人士成立厦门市政会，开展相当规模的市政建设，城市面貌得到改观。

厦门是一个海岛城市，地狭人稠，资源缺乏，农业靠天吃饭，渔业技术落后，工业生产水平低下，经济脆弱，主要依靠商业贸易、交通运输和侨汇等支撑，一直是一个消费性商业城市。据1935年9月19日《江声报》刊载，厦门为闽南贸易中心，自开口岸以来，商业日见兴盛，全埠商业，分为十途郊，即北郊、洋郊、泉郊、广郊等，集同业而立公会，以维商业之利益。因地处大海中，地多山石，而少田土，无何物品出产。故年皆以闽南土产为输出货，如茶、桂圆、糖、纸、盐、木料，以及烟类等，为输出品之大宗。年来外货入超，其数甚巨，盖因年来茶市衰落，又外货输入，有加无减。幸赖华侨调剂，经济未甚恐慌。据民国《厦门市志》记载，1946年，厦门只有民营工厂70多家，且规模很小。农业生产以种植水稻、甘薯、蔬菜等为主，产量很低，市区所需的粮食、副食品，主要依赖内地供给。城市基础设施更为薄弱，全市只有一座小水厂和一个小电厂，全年发电总量25.2万千瓦时，日供水量0.4万吨。

近代厦门，中西文化交融辉映，盛行一股创刊办报之风，出现不少较有影响的报刊，刊载大量内容涉及厦门经济发展情况的资料。本书从厦门市图书馆馆藏旧报刊物中，选取部分有关厦门经济建设和发展的资料，汇编成册，为广大读者提供研究近代厦门社会经济发展的基本历史资料，为厦门的经济建设和社会发展提供历史借鉴。

编　者

编辑说明

一、本书辑录的资料，选自厦门市图书馆收藏的旧报刊，时间起自1909年，止于1949年厦门解放前夕。

二、本书辑录的资料，先按专题分类，后各类内容再按原报纸报道先后顺序编排。

三、本书辑录的资料，一般以一篇报道或文章为一标题，标题基本上原文照录。

四、竖排文中之“左”、“左列”字样，均作“下”、“下列”字样注明。

五、为保存历史原貌，选编的资料一般原文照录，但改用现代汉语简化字和规范用字。数字用法，除了数量的统计数据，公元纪年、月份和日期改用阿拉伯数字，其他一概保留原文的汉字用法。

六、民国纪年保留原文的汉字表述，缺省“民国”两字的，予以补加“民国”字样，并加括注公元纪年。

七、原文不分段、无标点者，编者一律进行分段、标点。凡有残缺不全、字迹不明者，用□取代，大段残文以“(下缺)”字样注明。原文中有错别文字，由编者径予改正，或后加[ ]符号，并将正字置其中。脱漏文字经补正后以( )表示，存疑之处以(?)表示。

八、选编资料以原报刊内容为准，厦门市图书馆面向公众提供免费查阅。

目　录

第一章

农业经济

第一节　农业生产

一、土地耕作

禾山有荒地招人承垦　梧桐方[枋]湖两处七百余亩

漳厦警备司令土地整理处，近查禾山梧桐方[枋]湖两处，各有荒地若干亩，可资垦殖。昨特发贴布告，招人承领投标，定本月 11 日在该处当众开投。其布告云："为布告事，查本处现经勘有禾山梧桐社荒地，面积约 440 亩；方[枋]湖社荒地，面积约 360 亩。亟应招人承领，以资垦殖。除已规定底价外，兹定于国历本年 1 月 11 日下午 2 时，在本处当众开投，以标价最高者得之。如有愿意承购前项地段，务于投标前两日来处领取投标简章，并领取理由书及表格，填载明白，具保呈核。一面预缴征信金每亩大洋 1 元，倘不中标，即予发还。为此合行布告民众，一体周知，此布。"

《江声报》1932 年 1 月 7 日

方[枋]湖梧桐两社荒地有主？农会请阻止土地处投标

土地处布告拍卖禾山梧桐方[枋]湖两社荒地，已志前报。昨方[枋]湖梧桐两乡农会,为此具呈县党部,略云:近阅报载及土地办事处布告内称,禾山梧桐社荒地面积约 440 亩,枋湖社荒地面积约 360 亩,亟应招人承领,以资垦植。除已规定底价外,兹定于国历本年 1 月 11 日下午 2 时,在本处开标,以标价最高者得之等由。阅悉之下,殊深惶恐。查梧桐田园,系敝社寄世管物业,历年完纳钱粮掌管无异。虽间有未尽垦植,不过时间问题而已。此次禾山办理测量,敝社等亦曾前往报告备缴测量各费。乃土地处忽以垦植荒地招人投标,不但妨碍掌权,实属影响将来民众生计,务由本会暨全体社名登报声明,请各界人士勿承购前项所列地段。理合据情恳望钧会察核,准予转函土地办事处停止招人投标,以保掌权,而利民生云。

《江声报》1932 年 1 月 12 日

路政处计划禾山垦荒办法　组建委会　准人领地开垦

本市近年来路政改良娱乐场所日见增加,生活程度益形提高,而生产则不见进步。路政处会办周醒南,为救济危机计,经定于民国二十一年(1932年)度亟向禾山开垦荒地。最近且由当局着禾山各乡乡长及富户组织禾山建设委员会,计划进行矣。其计划等经路政处拟定提交建设委员会通过,至垦荒办法,乃系仿照南洋英属,如愿开垦荒地或荒田者,则向建委会请给,由政府指定,于一年内或相当期间须努力耕作及种植某树,垦荒者除缴纳一定之轻微地价外,所盈利益,暨归垦荒者所有。但逾期尚不开垦时,政府则仍收回,以便给予他人,藉免阻碍垦荒之进行。而私有田园不愿耕种者,亦由政府收买,一面将售出荒地荒田所得款项作为建筑全岛一大圈之马路,及建筑水池 7 处之费用。两星期前禾山农事试验场,已在洪济山实行造林,满山遍植相思树、凤凰木,以及松柏之类,以利水利云。

《江声报》1932 年 2 月 6 日

到湖南采茶　水陆交通无阻　县府函知商会

思明县政府,昨(26)日函县商会云,径启者,案奉福建省建设厅函令第二九六三号开,为令遵事,案奉省政府合开,准湘南省政府咨开,查今年鄂省产茶区域如长沙高桥、岳阳、北港、临湘、聂家市、安化、少淹、东坪等处,因雨旸时若,茶叶生产极盛。现值春季,亟待外省茶商入山采制,本府为保护茶商安全计，已分函第四路总指挥部，及清乡司令部，或直接派队，或通饬各该乡县卫团派队□兵分驻各产茶地点，及茶商经过各地段，切实保护。现在各该县水陆交通均畅行无阻，诚恐外省茶商不明真相，顾虑不前，除分咨外，相应咨达贯省政府，请烦转饬所属商会，通知各茶商及早前来本省产茶各地采制真茶，免失机会。至商旅及营业安全，本府当负保护之责云云。

《江声报》1932年5月26日

禾山提倡种蔗　紧缩为百余亩

禾山宜于种蔗，农民历来自动栽种者，原已不少，如竹坑湖等处。前年蔗苗卖往广东，已获一时之厚利。他若江头一带，亦早有种植。最近区署特意提倡，似曾说过要由区署借给种子肥料，扩充栽种千亩。现以种子颇贵，据说每亩须7元半。故区署可借给蔗苗者，紧缩为全区百余亩。然亦应拨借至七八百元之多，虽杯水车薪，亦聊胜于无也。昨区署召开保长会议，到70余人，刘际唐报告云：今天是区署迁移一次召集各位开会。一、迁署原因是谋办事便利，后院旧址是临时机关，所以迁到全区交通便利、人口繁盛、商业中心的美仁宫。二、本区种蔗问题，因种子昂贵，每亩需7元半，所以要把范围缩少。除了一联保以外，其余联保应于5日内选择12亩至15亩最好田地，种植蔗苗(每联保十余亩，全区九联保计百余亩)。其种子肥料，由区署供给，收成的种子，由区署收买，然后再分发全区农民。计算千亩种子，可值四千多元，比较其他农产物获利较多。但种植甘蔗，田地中间必须挖池塘，因水利关系极大，选择田地要经指定，尤其是要自耕农，请各位赶快选择。三、关于养鱼，禾山四面环海，为天然渔业区，现聘集美水产学校校长张荣昌为筹备主任，办事处暂设江头，其中办法计有四个原则：(一)公有公营，(二)公有私营，(三)私有私营，(四)私有公营。现已开始筹备，限一个月内正式举办。(下略)

《江声报》1937年2月6日

禾山民众重提收回茂后土地
已具呈警备司令部

禾山茂后等社土地，南至洪济山顶，北迄沿海一带。面积万余亩，于民国二十一年被前厦门路政处会办周醒南,盗卖与日籍民林木土所组织之“厦南垦牧公司”。查林木土为厦门台湾居留民会会长。而该地接近炮台,洪济山则为厦禾最高山峰,似此国防重地,焉可拱手让予外籍。故当时禾山民众代表司菊农等及新嘉坡禾山公会暨海内外各团体,曾具呈各党政机关,力请收回,虽经省政府派彭、王二员到来查勘。然悬案至今,迄无解矣。昨该代表等以现厦禾驻有国军,而该日籍民亦已撤退回台。闻已其呈厦门警备司令部,及禾山特种区署,准予自动收回为民育云。

《江声报》1937 年 3 月 3 日

禾山区署水稻种分赠农民

禾山特区署函请长乐农场邮寄优良水稻品种。昨配下稻种四种:一、金早。二、珠早。由废历 3 月中旬播种,7 月中旬收成。三、黄尖。四、青尖。由废历 5 月中旬下种。11 月中旬收获。每亩可获四百市斤。总寄种子为三百克。现区署已拟分赠全区农民试种。

《江声报》1937 年 3 月 7 日

集美农场广植油桐西瓜
剩余树苗七八万株拟补植于森林场内

同安讯　集美农校园艺系,近规划该园为二区,一为试验区,供学生实习及试验新种□用。二为经营区,着重于各种果树、菜蔬生产。近添雇工人开垦周围荒地,决种植各种西瓜,预算如无意外灾害,第一期有五千颗可上市。第二三期约合万余颗。现已着手下种。余如番茄,亦可预计每天有 100 斤至 150 斤之出产。至于花木扶疏之校园,亦在重新设计。森林系现尚余相思苗七八万株,拟于最近移植于林地,以与马尾松混交。又拟于戴帽佛手等山之山麓山腰,遍植油桐四五万株。该项种子已向湘省购买。又该校林场森林为天然保育之马尾松单纯林,林木之距离大小不一。密者互相匝迫,固宜间伐。而疏者乃成块状破裂,以致全林未能郁闭。日光直射林内,杂草发生。于地方与防火均有莫大防碍,且单纯马尾松林一旦松毛虫发生,为害将不堪设想,而有全林毁灭之虑。该校森林系负责人,早拟择选适应本地之台湾相思,遍植林内隙地,以补其缺。今春适逢集美各校学生有植树之举。

故每日数十人，前往轮流赴林场种树。

《江声报》1937年3月24日

禾山全区粮食每年不敷三万担

禾山区署奉省民厅电令，限七日内查报全区粮食情形，现区署已按表查填具报。一、禾山人民粮食习惯，不外米、麦、薯三种，米多仰给外来，欲图救济，当先垦荒，广种杂粮。现在调查所有荒地，俾资垦植，一面筹办仓储。二、该区地狭人稠，食粮向不敷自给，短少食米年计3万担，均由厦市采购接济。三、早谷登场之前，仍需外来接济。四、米价最高，每市担10元，最低7元，现价9元。五、全区出产稻米2.4万担，消费9.72万担，亏额3万担。大麦出产5000，小麦出产量3000，甘薯出产量40万，所余甘薯多运漳泉属出售。

《江声报》1937年3月31日

同安县政府举行麦作比赛 办法分为甲乙两种　按照等第现金给奖

同安讯　县府为鼓励农村麦作，定30日在县府举行麦作比赛大会，规定比赛办法如下：一、凡在本县辖内栽有大麦或小麦者，皆得参加比赛。二、比赛方法分为甲乙两种，甲种整丘比赛，乙种单本比赛。各自可任选一种参加。三、参加甲种比赛者，应依照下列各项办理：(一)须留麦在田间，经县政府派员品评后，方可收获。(二)本丘麦田面积须在1亩以上。(三)填具详细报告表，径送同安县政府，或由该管区署及联保办公处转交均可。四、参加乙种比赛者，应依照下列各项办理：(一)就一丘麦田内捋麦100本，每本根茎穗俱全者。(二)填具详细报告表，连同麦本径送，或由该管区署及联保办公处转交同安县政府。(三)须由保长在报告表上签名或盖章，证明报告属实。五、评定标准，分为下列数项：(一)甲种比赛：子、整丘无病虫害。丑、生长齐一。寅、穗长粒密，茎杆粗长。卯、品质优良。(二)乙种比赛：子、穗长粒密，茎杆粗长。丑、无病虫害。寅、品质优良。六、比赛等项，分为甲、乙、丙、丁四种。评定分数在80分以上者列为甲等，70分以上者列为乙等，60分以上在列为丙等，60以下者列为丁等。七、奖金名额无限制。甲等每名8元,乙等每名4元,丙等每名2元,丁等不给奖。八、凡参加甲种比赛者,统限于4月15日以前,将报告表送到。乙种比赛,统限4月25日以前将报告表连同麦本送到县府,过期不受。九、比赛成绩,定4月30日在县府公布,并通饬各区署分别转知。十、本办法经兼县长核准施行。

《江声报》1937年4月13日

振兴农业计划建厅拟定施行

又讯　本省振兴农业计划,建厅将于民国二十六年(1937年)度内先择重要十县,各设农业推广所,负责办理一切。又决于闽江设林区事务所,办理由省垣至延平、闽江两岸之荒山造林,在永定或上杭设一烟叶良场,主持改良烟叶事宜。农林改良总场拟迁设于北岭,开场建舍,从事研究试验,福州林场归由林场森林部办理,长乐农场及家畜改良场则并归长乐县农业推广所。其中稻作育种部分之工作则归由总场另设育种部办理。漳州农场、福安茶业改良场、南平林场办理以来,成绩已经卓著。民国二十六年(1937年)度再充实该二场设备,并扩充其工作范围,至农林总场前此关方农林行政部分处理,则此后拟由建厅设科办理云。

《江声报》1937年5月27日

禾山苦旱农民祈雨

禾山讯　禾山区域颇广,人口3万,而田地极少,农人每季收获粮食,大多不足自给,莫不仰赖外米维持。迩来生活程度日高,百物昂贵,前日每斤(旧秤)白米涨至320元,且久旱之后,田地龟裂,咸苦无法耕耘插秧,连日全禾大乡小村农民,纷起迎香祷神,演戏设醮,乞求甘霖,所费不赀。据老农谈,如至农历廿日,则谷雨不雨,夏季谷稻势必歉收,是不得不求诸天矣等语。昨各保民众,因见清明未雨,旱象呈现,咸望禾山区公所从速分发平粜米,稍解民困云。

《江声报》1946年4月7日

禾山亦苦春旱　田地大都龟裂
泉水尽涸禾苗枯萎　农人咸忧形于色

禾山讯　禾农苦旱不雨，似癫似狂，连日大乡小村，迎神乞雨之举，层出不穷，老农村妇络绎不绝于道，尤以龙湫、金鸡、薛岭三古刹香火最盛。虽云迹近迷信，然亦因春雨误期，早稻绝望，有以致之，记者昨特环视全禾各社，田土大半龟裂，秧苗枯萎。间虽有强行播种者，不及百分之十，潭水井泉，尽成沽[枯]涸，农人忧容满脸，宛似大难临头。据众称，此次春旱为数十年所未有，如在谷雨季节雨仍不下，则旱象已成矣。

《江声报》1946 年 4 月 20 日

禾山田地测量　农民要求重测　各保代表愿予协助

禾山讯　禾山区民代表会，因鉴于禾山在敌伪统辖期内，所测量田地之丈量，亩数未臻，分确实。而此次市地政局派员勘查，仍照前伪府测量绘成之图表为根据，对林、坟、杂(即荒地)等级，殊与实际情形大有不同之处。日测量人员所评定田园等则，农户亦多无形中受亏，故昨日由该会代表主席林文忠谒见局长苏宗文氏，申述以上情况，请求重新测量复丈，并愿由各保区民代表及禾山区农会派员协助进行。当经苏氏面许所请，并声明该局所派到禾测量人员，如有行为不正，可尽量报告。查系属实，决予究办不贷云。

《江声报》1946 年 8 月 18 日

配发禾山肥料粉　当无舞弊情事　主办人述发放经过作证

本报讯　关于禾山配发肥田粉风传其中有舞弊情事，据市府建设科主办称：本市奉配肥田粉共 1750 包(每包二百磅)，经召集有关机关决定分配数额，禾山应得 1365 包，占总数百分之七十八。分配后，一方面调查登记农户，并请省派督导及行总厦处抽查；一方面由市府发出仓单，交由各区会同农会前往出仓。禾山区经于元月 11 日起出仓，15 日开始发放，并请本市党、团、参议会、法院、市农会、区民代表会、区农会、行总厦处等机关团体监放、发放期中。因一部分农户表册陆续送来,需加审核抽查,故会中断。所传剩余 80 余包(实仅五五六千磅),或由于此,嗣后仍继续发放完罄,发放名册亦已于 4 月 6 日由区公所呈报转省,至外间所传恐系误会。查该肥田粉每包 200 磅,行总大卡车仅能容载三四十包,如系 80 余包由禾运厦,欲保秘密,必不可能。且肥田粉包制奇特,尤易识别,亦难于掩瞒,惟如有舞弊情事,禾山民众自可凭确实证据检举,市府亦必依法办理云云。

《中央日报》1947 年 5 月 8 日

榕厦大雨　农田获益

本报讯　昨午 6 时起,本市倾盆大雨,其密度为多今年来所仅见,低洼之处顿成泽国。惟对禾山农田则颇有裨益,本市自来水当亦可无虑断流矣。

《中央日报》1948 年 9 月 10 日

耕种本市公荒地得由市民自由申请

本报讯　市商会昨奉市府令,以前呈请市政府请急谋建设生产事业,以繁荣本市之建议两项:一、未耕荒地极多,应行划定经界,听由市民申请,尽其能力所及,除田赋外,自由耕种,借以增加粮产。二、由市府请拨美援填筑筼筜港,办机化农,以年生产,经分别核示如下:(一)可耕之公荒地,自得由市民申请耕种,无需划界。(二)美援经省建设厅申请划定为建设本市码头之用云。

《立人日报》1948 年 12 月 7 日

禾山农田灾情惨重
本年秋收仅剩四成　省府派员查勘灾情结果

本报讯　本年度禾山区一带农田因受灾惨重,收获失常,农村破产。现象已成,黄副市长据报,乃电省派员来厦察勘,前经省派运粮处副主任黄靖华就地详加察勘。调查受灾结果,以本年度秋收损失达六成之巨,收获仅剩四成,黄氏已将察勘情形报省核示,一般咸盼省府准予核减本年度征实赋额，以轻民负。

《星光日报》1948 年 12 月 20 日

二、信贷合作

禾山募股一万元积谷三千担
全禾人口五万　足供半年食用

禾山各联保日前拟组织合作社，定资本为 2 万元，分作 200 股，每股 50 元，劝令禾民自由认股。此款即聘购买米谷 3000 担，及地瓜杂粮等类，合以禾山出产，足供半年之用。盖全禾人口约 5 万，除就地出产米谷及杂粮外；每年缺欠粮食仅三四万元。惟最近厦市移居于禾山者数千人，故各联保于此非常时期，特未雨绸缪。而新近迁居人民之良莠，亦特加注意。关于治安，则每联保有义勇壮丁 60 名，以协助维持云。

《江声报》1937 年 3 月 5 日

禾山合作社日内放款　何汉光到禾办理

省农村合作委员会指导员何汉光，昨由同安抵禾，即赴高林、田里等信用农村合作社办理放款。据谈，该会现因归辖省建设厅，故各社应从新登记，以符定章。至各社农民借款，经决定于本月中先行发放，俾得济其所需。今后该驻同办事处，亦决派员常驻禾山指导，使各合作社得尽量发展与扩充。现为提高各农民贷款，旧社员本期可贷至 30 元，惟新社员仍限贷 20 元。又全国经济委员会顾问英国合作专家甘贝尔氏，定 9 日午后抵禾视察合作事业。

《江声报》1937 年 3 月 6 日

同安各合作社实行举办公耕
社员本年起储金　各社须设立夜学

同安县合作指导员办事处，28 日召各社职员开会，到 60 余人。先由四区合作视导员袁继熟讲述合作意义,次议决:一、各社公耕事项。依照办法实行。二、各社社务整理事项。依照通告,于一个月内办理完竣。三、各社社员储金。于本年起,应一律举办,每社员每月至少应储1角。四、各社社员教育,每社应举办合作夜校一所。五、乡村卫生改进。先由各社社员家庭卫生着手,渐推乡村公共卫生,各社于每月派代表1人,相互检查。六、造林进行。每社员应种树5株以上。如有特殊情形不能举办,应报告办事处备核。七、特产运销进行。推举苏法水、徐云情、张家荣、施世杨、林嘉实、苏港、吕良陶7人负责调查,研究筹办。附公耕办法摘录如下:一、二略。三、举办公耕,以各个信社为单位,由本处指导之。四、本处所属各社,均应举办公耕,如因特殊情形不能举办者,应将情报告本处备核。五、各社办理公耕,所需要之农场田地,直接向业主租种。如当地有荒地可以利用,无人垦种者,得由社报请县□登记给照使用。六、公耕劳力,概由全体社员分担,不给工资。膳费杂费农具,亦由社员自备。肥料种子,则由社供给之。七、工作时间,每月社员以3日为原则,必要时得由各社社务会议决变更之。八、社员轮值出工日期,应遵照规定出工,不得以任何理由推诿。如因重大事故不能出工时,应预先请托其他社员代为出工,或雇工代替之。九、公耕收入,除缴纳租金及付肥料种子费用外,抽20%为公积金,余额均按照社员劳力计算,以二分之一分给各社员,二分之一存储于社内,充当各社员之储金。十、各社办理公耕,为管理便利起见,由社务会议决。公推管理员1人,主持事务。社员得分为若干组,每组设组长1人,由社员公推任之,出工时由组长率领,组长受管理员之指挥。十一、管理员为无给职,本身亦应出工。但于各社年终结算盈余分配之,职员酬劳金项下得分配之。十二、社员如有违反规定者,即召集社员大会予以除名,并追还其对合作社所负之债务。前项情事发生时,应先报告本处核夺。十三、略。

《江声报》1937年3月31日

禾贫农贷款正在洽领中

本报讯　禾山贫农种子贷款国币2000万元,经该区区民代表会主席林文忠、参议员黄敬贤等,与市府商妥领款手续,现正进行办理中。闻该贷款一经领出,即可按照配额贷放,计划村寨上、浦南、湖边、泥金、蔡塘、安兜、江头、吕厝、莲坂、双涵、文灶、湖里、高崎、岭兜等15保各120万元。凤屿、石村等社，各 100 万元云。

《星光日报》1947 年 3 月 12 日

春耕农贷十亿　各县配额决定　厦市等最少各六百万元

海外社讯　金融界息，今年本省农贷，中央尚未核定，榕农行为争取春耕农时，决先贷款 10 亿，各县配额如次：普通生产贷款：厦门、永泰、闽清、金门、松溪、尤溪、清流、宁洋、漳平、永定等市县各 600 万元，寿宁、东山华安各 800 万元，崇安、德化、安溪、平潭、武平、水吉、罗源、南安各 1000 万元，海澄、同安、龙溪、长泰、漳浦、平和、云霄、晋江、仙游、莆田、霞浦、周宁、福安、宁德、福鼎、浦城、邵武建瓯、南平、长汀、连城、龙岩、上杭、永安、永泰、建阳各 1200 万元，福清 2200 万元，南靖 3200 万元。特种生产贷款：蔗糖，仙游 1 亿 6000 万元，莆田 4000 万元。花生，福清 7000 万元，莆田 3000 万元。笋干，南平 3000 万元，永安、邵武各 1000 万元。纸，连城 1 亿元，长汀 3000 万元，南平、邵武各 800 万元，上杭、武平各 700 万元云。

《星光日报》1947 年 3 月 24 日

厦市生产贷款先放六百万元

本报讯　市府暨禾山区农会前后要求农行核拨本年度生产贷款，提前贷放，经农行转电总管理处核夺，已复电准先贷放。为应实际需要，经将辖区分配额数决定，厦市先准贷款数为 600 万元，厦农行昨已函市府查照，依照省订民国三十六年(1947 年)度农贷办法要点办理云。

《星光日报》1947 年 3 月 25 日

农民生产合作社　大澳保昨成立　当场集股五百万元

本报讯　发展农村经济，改善农民生活，经决定以保为单位，组织农业生产合作社。社员限以自耕农及佃农，方能参加。地主不得加入，以防操纵阻碍。乃先定厦门、龙溪等 11 县市，为本年度实施区域。并于每一县市，各派督导专员驻县督导组织，每县市最少组织二社。本市系由建设厅技正陈启发负责督导。现本市应组三社,均已筹备完成,厦门第一个保农社——大澳保,经于昨(5)日上午在南普陀寺礼堂举行成立大会。陈氏偕同市府合作主任刘炳林、厦港区公所指导员陈□梁,准时前往督导监选。陈氏对组社意义,及经营方法,指示甚详。该社理事经选出林茂祥、陈庵、许大股、许大年、江明山等 5 人,蒋泉、吴生 2 人为候补理事监事,选出许火、黄贯道、郭友等 3 人,萧火川为候补。该保农户不多,经日前审查会核定,准参加者 68 户,昨出席人数计 57 户,估五分之四,情况异常热烈。会后并摄影留念。下午继续举行理监事联席会议,准备理事主席,分配职务,并讨论业务之进行。各理事为使社员踊跃认股起见,经□席,先由全体理事认股 500 万元,以资提倡。闻其余二保莲坂与高安,亦经决定于八九两日分别由陈氏亲自前往督导成立云。

《中央日报》1947 年 9 月 6 日

市闻简报

本报讯　查保农业生产合作社,为闽省实行农地改革之一种政策,省府经指定厦门技正启发督导下大澳保已于 5 日成立。其余之莲坂、高安二保亦已于昨今两日相继成立。陈技正及市府合作主任刘炳林,及区公所指导员汪洋均设临指导,对组织内容及经营方法详加指示。两社之理监事经于当日选出,计莲阪理事为叶锡经、(主席)叶东荣、叶石狮、叶长荣、叶清玉、戴乔木(经理)、叶春明。候补叶景安、叶九使。监事叶水草、由来、吕文语。候补叶□黎、高安保,理事薛安修、(主席)薛兆昌、薛朝新。系永朝(经理)、刘珠盘、薛长钦、吕天赏、薛秉祯、薛天赐。监事薛永珍、薛秉楚(主席)、薛水吉。又两社经营基金,定为 2000 万元。(南侨社)

《中央日报》1947 年 9 月 10 日

闽本年农贷核定二千九百余亿　厦门农行分配四百七十亿

南侨社福州 1 日电　闽本年度农贷总额,经四联总处核定为 2943 亿,内农行榕分行辖区占 1743 亿,厦支行 470 亿,另中央合作金库榕分库 730 亿。此外另加土地金融贷款 3363 亿,并限于本年六月底前扫数贷毕,下半年贷额另行核定。兹探志农行榕厦分支行暨合作金库各项贷额如次:(一)农行榕分行辖区粮食贷额 500 亿,水利 622 亿,内大型 442 亿,小型 180,茶叶生产七六亿，鱼贷120亿，副业纸畜牧130亿，其他135亿，土地金融350亿，简易仓库120亿。（二）厦门支行辖区粮食250亿，内水利20亿，鱼贷60亿，副业228，其他40亿，土地金融70亿，简易仓库80亿。（三）中央合作金库榕分库渔贷200亿，副业22亿，食粮330亿，烟88亿。

《星光日报》1948年4月2日

闽南各县农贷豆饼　第一批运抵厦泉
依实际需要分配龙溪等五县贷放办法农行总处核定九点

本市讯　本年度农贷经厦门农民分行陈准办理豆饼实物贷放，洽由中国农业供销公司第一次配拨福字3900片存备贷放，该行并经奉总管理处核示，尽量配合办理粮食增产。现特就奉配拨到上项豆饼数量，参照实际需要，顾全春耕施肥时效，就储藏地交通条件较优之县份办理贷放，计分配贷放龙溪1000片，云霄、海澄、同安、南安、厦门五县市各500片，另四百片为准备额，悉依照厅处核示规定办理，该行除分别通知漳州、泉州两办事处及云霄农讯处远照办理外，并电请政府转知各贷放县份农业推广机关及办理粮食增产人员就近协助办理，以宏实效。兹将贷放办法志后：（一）贷放以水稻为对象，配合本年粮食生产贷款办法办理，视耕种稻作亩数多寡，由经贷行处酌定，酌定贷放标准。（二）折合现金贷放价格以低于市价为原则，按市价百分之九十八折算，前期放□现金。（三）贷放利率照本年农贷利率一律月息七分。（四）借饼社团到指定存饼仓库具领。（五）豆饼重量每片一律以48市斤为准，完整片，原片交付，如遇破碎，照实际重量折算贷价。（六）贷放手续，尽4月底以前办理完竣。（七）还款期限最迟以不逾晚稻收成时节为限。（八）该项豆饼贷放金额即并入各该县粮食生产贷款配额内。（九）将来贷放完成竣，各经贷行处应将贷放总重量折放金额及受益田亩列表县报汇转报核。（南侨社）

《星光日报》1948年6月1日

厦合作金库今日开幕

市息　中央合作金库前派何莱臣等来厦筹设厦支库，择定海后路24号为库址。经月来积极修葺,现已全部刷新,订今日开幕。该库昨已发出请柬,邀请各机关团届时光临指导。

《立人日报》1948年7月26日

海澄有人操纵肥贷

海澄讯　查厦门农行本季准贷海澄化学肥料五百余吨,每百市斤贷给农民估价折谷200市斤,先收一半,其一半免利,俟晚稻登场后还清,以普通市面肥粉价便宜40多市斤谷。想借此机会大发横财的人有其人,因而互相交结,朋比为奸,多方百计向农行申请,据闻有峨山乡邹岱、茶斜、宝里等三保社。此次申请贷肥数额前后计二次7万余斤,除3万多斤实际田农民申请自用外,其余概由土劣从中操纵把持,交结漳浦县大埔圩新昌号米绞变卖。闻每人可获利数十亿元,希望当局加以注意云。

《中央日报》1948年9月25日

特捐委会　购储农贷米

关于各地救济特捐捐款可拨出部分作地方留用一节,已志本报。查厦门区救济特捐筹委会,以"救济特捐用途分配办法"第七条规定,留用款项,应先行购买粮食储存,以备放赈,特于昨日开列15000元之央行支票一纸,送达粮调会,请照价拨售农贷米储用云。(厚)

《江声报》1948年11月28日

中心两区农贷米今起发放

市讯　中心、开元两区贫户应购农贷米,定今日起发放,中心区由大中路益丰行及思明南路瑞生行负责办理,开元区由厦禾路乾盛行,溪岸路瑞发行负责。每户可购10斤,每斤价款7角5分。厦禾鼓三区发放日期,由各该区公所直接配售。(邵)

《江声报》1948年12月3日

第二节　地租田赋

自治费丁粮附加二成　思明七一起开始征收

关于各县自治经费，经省政府议决就各县丁粮项下附加二成充用后，民政厅奉省府训令饬知，乃于日昨下令转饬前先办自治之各县份，遵照开征。思明县为提前先办之县份，昨日已奉到民政厅训令云：案奉省政府训令开，准省党务指导委员会公函开，据各县教育局长祝传钺等请愿增筹地方教育经费，胪举办法四项，尚属可行，转请查核办理等由，并据闽侯等县教育局呈，以地方教育费枯竭，由全省教育局长会议筹议办法四项，请令核施行等请。又程委员兼教育厅长程时煃提，丁粮附加教育捐改征二成，以维地方教育案。又郑委员兼民政厅长宝箐提议，地方自治经费，除省库划拨外，不足之数由丁粮附加以资应用案，业经省政府委员会5月12日第九十六次会议并案议决付审查。复于同月19日第九十六次会议决议照审查报告办理，除分令外，合行印发该原档议案及审查报告，令仰该厅长暂饬所属一体遵照，此令等因，附发印件。奉此，查此项附加自治经费，既经省政府委员会议决确定，该县系在提前先办县份，应由本年下忙7月1日起开始征收。此款专为自治用途，该县务须负责办理，无论任何情形，均不得变更挪用，违则严行惩处。除呈报并函咨财政厅查照□分令外，合行令仰该县长遵办，并将该县丁粮每年数征若干附加二成，可收若干，限文到3日内，详细列表呈报察查。勿延，此令。

《江声报》1931年7月4日

林鸿飞定今日调解减租问题　昨对记者表示调解意见

本市佃户减租运动风起云涌后，乃又有业主保障业权团体之组织旗鼓相当，工力悉敌。在此双方难解难分之际，公安局长林鸿飞认为若不圆满解决，且与地方治安有碍，特订今(18)日下午2时邀集双方代表，在该局开茶话会，讨论此项问题。昨下午2时，记者诣市局谒林局长，叩以对此事意见，林对记者云:关于此事,业主有保障业权团体之组织,租户有减租团体之联合,于法皆有未当,本人认为租户可与业主成立租佃契约,如认为应减租者,宜向业主商减,不应组织团体对付。规定一律低减2折之标准,业主方面有减租可能,理应接受租户相当要求,维持两方权利,不能亦有所组织,以共趋极端,致两蒙不利。现本人已订明(18)日邀集双方代表,讨论调处办法,期双方各得完满。否则,只有听诸法律解决云云。

《江声报》1933年1月18日

减租研究会昨议决　租价减若干由业佃直接商定 去年租金应依照原契约履行 一日起应交租金主佃有不同意时得先暂交八成

昨(18日)下午2时,市公安局邀集各区各保代表,在该局还珠堂,开"研究减租问题谈话会"。出席者厦港保代表吴安民,新和林世朝、林福琼、蔡文晖、陈德卿,和后杨维杰、郑俊贤,第一区公所代表许幼芳,第五区公所陈极星,联溪林廷尧、孙世赏、杨耀钦、吴振煜,第二区杨天培,城内颜玉泉,怀德白圻南、吴子修、陈庆祥,大中黄世勋,岐西刘全忠、陈叹生、吴金升、林温汀,溪岸雷振声,连西王拼生、陈金星,附寨蒋茂祥、吴坡塘,第六区公所杨浚泽,第三区公所王秋涛,张前李声沂,福山白希生,县党部周冰心,主席局长林鸿飞(后由刘哲民代),记录杨浚泽。讨论结果:一、关于业主佃户各组织之团体应停止进行,以免扩大纠纷,议决通过。二、为避免业主、佃户纠纷起见,应如何设法救济案,议决由业主、佃户直接妥商解决之,如不能解决时,得声请各该保保民公会及区公所,共同召集双方解决之。三、关于业佃租金发生争执酿成纠纷,应如何补救案。议决:甲、在民国二十二年(1933年)前租金,应该照租约履行,但业佃已同意解决者不在此例。乙、由本年1月份起,应交租金,如主佃有不同意时,得先暂交八成,其余待解决后再行补扣。四、关于业主佃户纠纷,在该区保不能解决时,应如何办理案。经议决,由县党部、县政府、公安局、地方法院组织调解委员会,并协同各该区公所、保民公会共同调解之。议毕,福山保白希生,张前保李声沂,厦港保吴安民,岐西保黄世勋等复晋谒林局长,请挽留各区署长云。

《江声报》1933年1月19日

思明租赋整理处　决实施“四四租率”
胡履熙昨已布告视事

省财政厅新委思明租赋整理处主任胡履熙，业见本报。现查胡氏来厦后，已于昨(15)日布告视事，至思明租赋之整理，已有具体办法。盖胡氏曾在土地处及路政处服务六七年，对于此项整理早有成竹在胸也。以前土地处所办手续即成立粮户，准备清粮与土地登记稍有不同，因其程序未到，胡氏曾于客岁与思明县政府会商拟定“四四租率”，呈请省府察核，于去年3月间经省府批准，但未公布施行。故民国二十年(1931年)份思明全县地租征收办法计分天地日月星五等，各等以大洋1角4分4厘递加，至天字为7角2分，按每方丈计算。现该处以平均人民担负减轻租率，同时又使政府岁收可以增加，为整理思明租赋之宗旨，除民国二十年(1931年)份以前仍归县政府负责办理外，其民国二十一年(1932年)份起由该处实行整理，其办法即实施“四四租率”。此项租率，胡氏在省时曾与财政处长范其务商谈，范厅长认为妥善可行。查“四四租率”共分四等，各等又分四则，计5分、1角、1角5分、2角4等，每等四则亦以5分递加，如第一等2角，其一等一则即为2角，一等二则即为2角5分，一等三则为3角，一等四则为3角5分，均按每方丈计算。兹将“四四租率”正供及附加每方丈应完之数目列表如下：

租率等则	正供	附加九成
一等一则	2角	1角8分
二则	2角5分	2角2分5厘
三则	3角	2角7分
四则	3角5分	3角1分5厘
二等一则	1角5分	1角3分5厘
二则	2角	1角8分
三则	2角5分	2角2分5厘
四则	3角	2角7分
三等一则	1角	9分

续表

租率等则	正供	附加九成
二则	1角5分	1角3分5厘
三则	2角	1角8分
四则	2角5分	2角2分5厘
四等一则	5分	4分5厘
二则	1角	9分
三则	1角5分	1角3分5厘
四则	2角	1角8分

"四四租率"之计算,既如上述。关于此项等则之分野,视该市街之繁僻分区等第,一街之中如有情形不同者则以该等之各则分段支配,以期公允。兹以民国廿一年(1932年)份起实行之"四四租率"与民国二十年(1931年)份之"天地日月星五等租率"比较,则四四租率比天地日月星之租率轻,例如五等租率之最低者即"星"字,每方丈完正供及附加捐为1角4分4厘,而四四租率之最低者为四等一则,每方丈完正供及附加仅9分5厘。又"五等租率"之最高者为"天"字,每方丈正供及附加共7角2分,而"四四租率"最高者为一等四则,正供及附加仅6角6分5厘。其余类推,均同样减少云。

内部组织:该处计分三科,第一科长陈懋会,第二科长陈钟杰,第三科长王季烈。其他职员已发表者,为总稽核黄卓英,第一科科员刘以芬、刘森荣、黄承熊、陈宝鸿,技士杨人鉴。第二科科员郭维新、林晞、范醒亚、邱俊、陈时璋,调查员林子经,办事员林贤琛、黄黻祥、刘耀枢、王相零、林应时、林光灿。第三科科员谢为鉴、王念昭、黄浚图、陈桢芳,督征员徐燮祺。又该处视事布告文云:为布告事,奉福建省政府财政厅委任令,第159号开:为令委事,兹委任胡履熙为福建财政厅思明租赋整理处主任,此令等因。复奉第1091号令,发木质钤记一颗,文曰福建财政厅思明租赋整理处钤记,仰即查收启用等因。又奉此遵于本月15日设处启钤任事,除择日补行宣誓就职典礼,并分别呈报函令外,合行布告周知。此布。

3月15日。

《江声报》1933年3月16日

田屋估价税契　财厅规定具体计算法
城市楼屋产价每丈150元或80元　水田每亩40元、旱地40元
城乡旧屋均减半计算

思明税契局昨函商会，略谓：奉财厅令开，本厅前令附发城市、乡村田地房屋分类估价式样单，饬令会同县府办理，久未据复。兹为避免估计争执起见，特另定具体计算办法如下：一、在城市无楼房铺屋户分为：(一)砖式二合土式灰砂之新建筑，按地基每方丈作产价150元；(二)泥土砖间什之新建筑，按地基每方丈作产价80元；(三)每多一层楼，以多一倍计算；(四)凡属旧建房屋，减半计算；(五)破旧木屋等与未建筑之地基同，不加计建筑物价值；(六)凡未建筑之地基，其产价与相连地产价有可证明者推定之；(七)附近城市耕种水田，每亩80元，种植旱地每亩40元。二、在乡村房屋铺户分：(一)为水砖或合土或灰砂之新建筑，按地基每方丈计产价100元；(二)泥土砖间什之建筑，每方丈40元；(三)楼屋不加产价；(四)如属旧造房屋，减半计算；(五)破旧木屋等与未建筑之地基同，不加计建筑价；(六)凡未建筑之地基，其产价以相连地产价有可证明者推定之；(七)水田每亩40元，旱田每亩20元。如此宽大办理，谅各业户当不致再有异议，仰即恪遵此旨，从速会商议定布告实行，具报备查等因。奉此，相应函达贵会查照，见复为荷。

《江声报》1933年8月11日

租赋整理处布告　禾山田亩分三等配税
定六千平方市尺为1亩　一等完洋5角以次各减1角

思明租赋整理处昨布告，奉财厅指令，规定田亩标准，及禾山分三等应纳□银正税，及原有各项附加以九成折扣，并经征费等各项目，兹录如下：查思明田赋为数无多，所有鱼鳞八筐各册，率皆积久散佚，无从钩稽，以致匿赋驮粮，多滋流弊。本处奉令整理，所定暂行税率，类皆折中至当。自民国二十二年(1931年)份起，依本赋率按亩分厘计算，不及1厘者用四舍五入，照地实征，每亩为，六千平方市尺，合法尺666又66方米，达英尺7175平方尺。根据实测图式用面积器计算，所得亩分似较真确，禾山全部依天然界分为天地元黄等三十区，各区照田园丘数，每丘编为一号，其中水田鱼池上园以及

其他收益与水田相似者,配以一等,每亩完洋 5 角;园地及其他收益与园地相似者,配以二等,每亩完洋 4 角;草地泥坂以及水产地之收益较微者,配为三等,每亩完洋 1 角。串票费每张带征大洋 1 分,按税计算,由本处制发三联串票,派员征收,各业户务宜依照串票上所载数额,按年份如期清完,过年则每亩加征大洋 3 分,以示惩儆。为此合行布告各粮户一体遵照,尔等须知此次整理乃系从新编制筐册,成立粮户。所有图案册籍,将来分存于主管机关,以为管业之凭证,官民地界之区分,悉据乎此。各业户对于本处所发之串票,其间如有亩分不符,以及遗漏未丈之田地园地,务即从速来处声明,以便派员补测更正,列册升科,庶免损失业权。至于各区之内无人承认之地段,本处只得列入官产专册,汇案呈报,另行招垦,以期粮无虚驮,赋有定额。倘征收员役如有例外勒索,准予各该粮户执据指名告发,本处自当从严查办,决不姑宽。其各凛遵云。

《江声报》1933 年 9 月 22 日

民国二十四五年份禾山地租　明日开征

禾山区署昨发出布告,决定 4 月 1 日起开征地租,合并民国二十四、(民国)二十五两年征收。各业主凡见该署所派征收警长持串催征时,应即缴纳,如敢延抗,必予传究。

《江声报》1937 年 3 月 31 日

厦港农场租税纠纷　节外生枝
已引起地权问题　农户向监使控诉

关于胡泽民,潘湘岩向台陈文玉转买澳仔许田地 120 亩,及佃户二五减租等事发表书面讲话,经见昨报。兹查该佃户陈奄等十余人,昨下午 5 时联合前往南普陀,向监察使杨亮功请愿。据查佃户等称,该田地确系澳仔许姓公众,沦陷时台人陈文玉凭敌人势,强行收买。厦市光复,许姓内移之各房亲,纷纷回厦,闻知其公业为台人强买,除登报声明无效,并令卖业之少数房亲,向陈赎回。陈知理屈,经允以五十万元交许姓赎回,讵有潘湘岩、胡泽民恃势,竟将该业向台人之手收买,现政府实行二五减租,胡等竟抗不遵行,以东佃各半为借口,强将所收之粟取去,虽□施□□等□解,再租还 11 斤,但迄今连1斤亦未交还。所谓二五减租未遵实行，连二五减租亦不照办。故我等乃联合向监察使请愿，求其秉公处理，实令胡泽民将多收之业交还，以实现二五减租之明令等语。杨监察使据情应允为查照处理云。

《江声报》1946年8月23日

厦门市二五减租实施办法

一、厦门市奉令实施二五减租遵照行政院西养一电并参酌有关法令特订定厦门市二五减租实施办法(以下简称本办法)。

二、佃农缴纳地租应一律照租约或本年约定之应缴，租额减四分之一，已减租额，如超过正产物收获总额37.5‰，应少为37.5‰，不及37.5‰在仍照原减租额。

三、佃农缴纳地租应以实物为原则，若以现金支付者，应照支付时实物之市价折算。

四、佃农除依照本办法纳租外，不为任何额外负担，并耕地之田赋，如由佃农代纳者，应于租额内扣抵之。

五、地主不得预收租地租或押。

六、地主非确实收回为自己耕作者，不得任意撤佃，并须于一年前通知佃农，方生效力。如租约已满，地主不收回自耕，佃农得继续作，视为不定期限继续契约。

七、地主出典或出卖耕地时，原佃农得依同样条件有承典承买优先权。佃农无力承典承买者，其原订承租契约仍旧有效，新业主不得任意撤佃。

八、已收回自耕之农地如再出租时，原佃农有优先承租权。

九、如遇天灾或因其他不可抗力致而歉收或全部无收者，佃农应纳租额，地主应许可其减免。

十、地主对于二五减租不得拒绝，公教人员、党团员、保民代表、保甲长暨地方绅士应率先实行以身作则，以为倡导。

十一、公学田应一律实行二五减租，其因减租而减少之收入，由市妥筹抵补。

十二、地主与佃农间纠纷时，得由任何一方报告当地区长或农会转报调解。调解不成立者，移送司法机关办理。

十三、本办法为有未尽事宜，得由本会修正之。

十四、本办法自呈请省政府核准后，布告施行，修正时亦同。

《星光日报》1946 年 9 月 6 日

禾山二五减租 推行顺利

禾山讯 禾山“二五减租”宣导大会昨日午后 2 时举行，到会代表百余人。市府派督导员黄仲清列席，由副区长吴国器主席，宣布开会宗旨。继黄督导员演讲“二五减租”要点，旋讨论提案：

一、关于业主原仅向佃农收“四分之一”或“三分之一”者，应否再减租案，议决呈请市府核示。

二、关于业主向佃户原订每年每斗种园地固定收租“60 斤”者，应如何减租案，议决依二五减租办法办理之。

三、关于佃户遭遇天灾人祸全部失收，应否纳租案。议决可免纳租，并得申请政府要求减免田赋。于是拥护“二五减租”政策者，30 余人均先后签名响应时，黄督导员目睹到会业主，对此二五减租政令热烈响应，乃将签名簿带府报请市长给予奖状，并公开宣布以资勉励云。

《星光日报》1946 年 9 月 13 日

市府派员督导 加紧征收田赋

市府为加紧征收田赋起见，经派定地政局长苏宗文，督察局长徐步奇，财政科长苏梦西，征收处处长陈国衡，及禾山厦港两区长，督察分局长为征收田赋督导员，市府财务稽察员及地政局征收处□管课长为督征员，以便分别出发督征，以期如期征足云。

另讯 市府因开征田赋，为使人民踊跃缴纳，得能如期征结起见，特于昨(28 日)上午 9 时，假禾山区公所，召开督征暨扩大宣传大会。到该区各保甲长、保干事等 30 余人，由苏科长梦西主席。领导行礼如仪后，即席致词，阐明征收田赋之意义，及本市奉令折征代金准备经过。继则解释应征田赋数目，及缴纳手续。最后勉以纳税为人民应尽之义务，鼓励应争先恐后，如期缴纳清楚。词毕，由警察局徐局长步奇，勖勉到会各保甲长应以身作则，率先踊跃缴纳，以纳税缴赋乃国民最起码的义务，并以不拖欠赋税是体面的国民相鼓励云。

禾山讯　市府为征收禾区田赋，特派财政科长苏梦西，警局长徐步奇等于昨日上午9时在禾山区公所大礼堂召开田赋征收宣传大会，出席者各保甲长及区代表计70余人。主席苏梦西报告：“田赋本应征收实物，政府为体念本市沦陷光复后，民众生活尚在苦窘中，故改收代金。”省会以本年七八月份粮价为准，但市府以价率过昂，数度申请减少，每三年代金11814元，照赋额征收。□、田、农、基、艺、果、林、坟、杂，现仅征前五项。所有产业均经编查完竣，有纳赋通知单，如尚未领到或遗失错误，可速持往征收机关查询或更正。请大家参照征赋宣传特刊□□□□□□□□□□范，同时希望禾区业户踊跃自动输纳，以尽国民天职云云。后徐局长演说，并分送钟宅、江头、庵兜等保田赋通知单，限本月底完纳。11时许闭会。

《江声报》1946年12月29日

禾山请免田赋　省府令知四点
土地重定应毋庸议

禾山讯　禾山区民代表会前因请免禾山田赋等事，昨奉省府代电。(一)查该市民国三十四年(1945年)下期、民国三十五年(1946年)上期田赋，前据该管市政府来电请免，业经电奉中央核准，转饬遵办。民国三十五年(1946年)度田赋(即三十五年下期三十六年上期)，该区早稻纵有歉收，晚稻收获已达七成，是收获在中稔年六成以上，依例不予减免。(二)面积不符，可依法申请复丈更正。(三)查该区土地等则，业经市政府召集该会及该区区长、保长、保民代表、农会，与市参议会、党部、法院、各区青年团、律师公会等26个法团机关会议评定。所称系市地政局秘密评定，核与经过事实不符，据请重新评定一节，应毋庸议。(四)积谷应准照免，已收者流抵民国三十六年(1947年)度募额。除饬该市政府核办外，仰即知照，省政府田。该会据电，乃将情转知各代表，并将第三点根据市府会议事实，再电省府。

《江声报》1947年3月28日

禾山田地被封

禾山前村保茂后社，有田地一片，约百余亩，因对市府应纳田粮230余万元，迄未缴清。市府已于昨日函请法院派张书记官及法警，会同禾山区公所指导员汪洋，及前村保长林鸿图，到地标封。

《江声报》1947 年 10 月 15 日

本市田赋折金　每担十六万元

厦市田赋开始在即，昨市府奉到省电规定，以田赋代金每市担准折国币 162000 元缴纳。一般赋户闻讯，莫不喜形于色。

《中央日报》1947 年 10 月 19 日

田赋下月开征
督导人员日内出发　偏僻乡镇一律改征代金

中央社福州 26 日电　闽省今年度田赋，定下月 1 日起全面开征，征粮督导人员日内即分别出发。除厦门等 19 县市仍照去年成案折征代金外，其余各县偏僻乡镇也一律改征代金。据省田粮处陈述：采取此项措施，可(一)不致如过去偏僻乡镇征粮久存腐烂，(二)不致因监督不周，被看管人员暗中侵蚀或擅放高利贷，(三)不致被匪抢夺。

《江声报》1947 年 10 月 27 日

赋谷收储运输分别规定办法
切实发给民夫口粮工资　粮食不得寄存于加工厂

闽今年新赋开征在即，当局对赋谷之收储及运输加工，均经分别规定，饬由各县处认真办理。收储部分，除注意仓库设置地点是否交通便利，租用民仓有无依照规定给租，验收工具是否经送请检验校准，及检查仓库有无堆存引火物品，建筑是否坚固外，并须注意仓库温湿之调剂，并保持其冷凉干燥，以耐久藏。运输加工部分，则须切实发给民夫口粮工资。运商亏短，须予追偿，并不得寄存粮食于加工厂及委托代收代表。(南侨社)

《江声报》1947 年 11 月 4 日

本届田赋明起开征　市府颁布征收要点

本市民国三十六年(1947年)度田赋,定12月1日起开征。市府颁布本届征收要点如下:(一)本市本年度田赋征收标准,计赋额每元征收赋谷3市斗,公学粮1市斗5市升(包括省县公学粮9市升,国教基金6市升)。田之一目赋额满4角以上者,每元征收征借3市斗,满1.01元以上每元另行带募积谷5市升。(二)本市本年度田赋一律征收代金,其折征标准计赋谷每市石折征国币163000元。(三)业户于接田赋通知书后,即日备款,持向指定之征收处所缴纳,不得任意故延,致干惩罚。(四)业户未接到田赋通知书时,应迅向所辖保甲长或径向市府申请,以障业权。

又市府定明日下午假禾山区公所召集各保甲长暨地方人士,举行征□宣导大会。

《江声报》1947年11月30日

田赋代金提高　农民不胜负担
禾山代表会请收回成命

本市田赋代金原奉准谷每石163000元,讵近日省府饬令市府须将代金额数提高,改为照最近粮价平均计算。果如是,则本市田赋名虽征代金,实与征实物无异。自此消息传出后,禾山民众哗然,佥以本月初本市首长数人前往禾山宣传,谓政府为减轻农民负担,经请准将代金额减低,农民闻后多存感激之心。孰料言犹在耳,而令已改,今后民众将以政府之言为不可靠。闻市府曾电请省府核示,群望省府为维护政府威信计,为减轻民众负担计,能收回成命。

又息　禾山区民代表会暨市参议员薛安修、黄敬贤、孙嘉武、江定邦,社会人士黄萃庭、陈克舒等,昨因据报载因省府命令市府对田赋征收代金应照现时平均粮价标准予以提高,并铁定本(21)日加截征收消息后,大为骇然。盖本年禾山全区秋季禾稻,因受台风狂吹致谷粒干白而至歉收,损失极见惨重。今省府未察厦禾地方实情,突然提高田赋代金,实使禾民无力负担。故该会特代电省市府请求收回成命,并订明(18)日推薛安修等面谒黄市长报告灾情，要求照旧征收，以苏民困云。

《江声报》1947 年 12 月 17 日

恐粮价赋更高　农民纷缴赋款
禾山征收已达三分之一强

禾山区由市府派员分赴各保督征田赋后，初仅少数较有知识农民缴赋，多数则存心观望。迨省令田赋代金须按照现时粮价提高消息传出，一般农人连日来纷到各组交赋，情形极见踊跃。查第一组（江头稽征分处）迄至昨日止，已收代金款数达 2 亿余元，第二组（湖边保办公处）收入 1 亿余元，第三组（殿前保办公处）收入 2 亿余元，合计约 6 亿余元。以全区赋额为十六七亿元计，则收入已达三分之一强。如再征收至本月底止，可获赋额五成以上，较诸去年征收情形，成绩良佳。又日前禾山区民代表会代电市府请求收回代金提高成命，市参议员孙嘉武等，亦曾一度面谒黄市长要求。据悉，黄市长对此问题极表同情，除已电省请求外，并答应飞省参加会议时再签呈向刘主席请求。能得批准与否尚难决断，但希望禾民在代金尚未提高之前，设法缴纳，免受重负，否则每石须缴 40 万元云。

《江声报》1947 年 12 月 23 日

本市田赋代金　仍须提高征收
各业户速缴纳免加负担

本市讯　本市田赋代金，前经省令自本月 21 日起按本市粮价重新调整提高征收。嗣经禾山区代表会及各参议员代表各业户向市政府请求，暂缓调整，以苏民困，业经市府将情电请省府暂缓调整。兹悉，市府顷奉省府电示，仍应遵照前电提高代金标准。惟禾山田赋自开征后，缴纳者固属踊跃，而尚有大部分未照交，嗣后代金标准一经提高，业户负担必较目下为重云。

又讯　禾山区公所为使各业普遍明了代金标准即将控高，特定 24 日下午 2 时在区公所召集各保甲长及区民代表开座谈会，宣导省市府意旨，促使各业户注意，应在代金标准未提高前踊跃缴纳，以免再事拖延，加重负担。

《中央日报》1947 年 12 月 24 日

本市田赋代金仍应提高标准
省府未准暂缓调整

本市田赋代金，前经省令自本月 21 日起按本市粮价重新调整，提高征收。嗣经禾山区民代表会及各参议员代表、各业户向市政府请求暂缓调整，以苏民困，业经市府将情电请省府暂缓调整。兹悉，市府顷奉省府电示，仍应遵照前电提高代金标准。惟禾山田赋自开征后，缴纳者固属踊跃，而尚有大部分仍未照交，不日代金标准一经提高，业户负担必较目下为重云。

又讯　禾山区公所为使各业户普遍明了代金标准即将提高，特定 24 日下午 2 时在区公所召集各保甲长及区民代表开座谈会，宣导省市府意旨，促起各业户注意，应在代金标准未提高前，踊跃缴纳，以免再事拖延，加重负担。

《江声报》1947 年 12 月 24 日

田赋代金提高　自元旦起征收
市府劝各粮户尽年底征足

本报讯　本市田赋代金标准，省令于 12 月 21 日按市价调整。由市先予提高。禾山区民代表会参议员闻讯，曾代表农民请求转缓，经市府将情转省请求，已志本报。兹悉：市府顷奉省令，以该市本届田赋代金已属格外体恤，现报价高而原核定代金标准根据报价低，若不调整，有损国库收入，政府调整既属合理，自应奉令缴纳。仍仰查明现在报价，由该市府核定代金提高标准，改自 1 月 1 日起征收，并将征收情形回复。闻市府奉令后，将按市价予以调整至每市石 40 万元左右，自民国三十七年(1948 年)元旦起按新标准征收，并转知禾山区民代表会等各业户应纳田赋。若不赶于 12 月底前缴清，将加重一倍以上之负担云。

《江声报》1947 年 12 月 30 日

田赋请减不准　市府奉令补征

本市去年度田赋开征以后，至 12 月底止已征起八成，约计 13 亿余元。

嗣省令饬按市价重新调整办法,提高征收,民不堪命。市府为苏民困,电省请收回成命,并一面于1月1日起暂以每石20万代金征收,昨省府电复到厦,所请不准,着照省处原定市价调整办法补征,以资充实国库收入。市府奉电后,只得依令办理,提高征收标准,改定为每市石30万元。其元旦以后以20万元代金缴纳者,不敷之额,仍应补征云。

《江声报》1948年1月11日

厦港取缔白米纳租

本报讯　本市一般业主,咸以租金赶不上物价,为弥补其财产叠积之损失,纷纷将租金改为“米本位”。业主、佃户因此而发生纠纷,时有所闻。厦港区公所为禁绝此种不合理现象,于前日晨在福海宫召集区民数百人,由该区陈干事当众讲话,着各佃户以后勿以白米代租金交予业主。若业主不收法币,可以应交之数呈送法院代存。至业主若因物仅变动,亦可酌情加租,但万万不可要以白米计租云云。在场区民聆后,莫不高声欢呼云。

《中央日报》1948年4月4日

禾山今年歉收请求豁免田赋
并请责令地主减收租额

本报讯　禾山区莲坂保等保甲长,昨联电参议会称:查本年自立春以来,雨量稻麦类全部歉收。至清明前后,仅有小雨,水稻尚不能全部下种。不料久旱成灾,泉水涸竭,上芒[忙]作物,如水稻、花生、地瓜、豆类等收获量平均不及平常30%。间以水稻一项,因在开花输浆期间,适过西南风,温度甚高,螟虫繁殖至速,致而白穗及死心遍是,受灾之惨,实属罕睹。于是有多数佃农,全部收成尚不足交纳地租,而向地主哀求减少。同情者固有,但迫收足额者亦多,致纠纷时有。伏维厦岛数载沦陷,良善农夫,受尽压迫。胜利后,又连遭凶年,天灾人祸交迫,农村经济已濒破产,倘不及时急筹救济,后患将不堪设想。钧会关心民瘼,恳请为民请命,转函市府,转呈层峰请求豁免本年度田赋,及明文公布责令地主减少租额,以苏民困。参议会准电后,经转函市政府请查照办理。

《星光日报》1948年8月10日

赋谷三千五百担　将续拨平售
每市担金圆 14 圆 4 角

本报讯　闽南区粮运处主任黄靖华，告记者称：关于各县外调军粮现运厦已达 3 万余担，尚未运者有龙岩、漳平、华安、漳浦、云霄等县，未运数约在 2 万担左右，现正继续订约中，日内即可拨运。关于民食部分，第一批台米已售完竣。现拟由民国三十五年(1946 年)度旧赋额项下拨 3500 担平售，价款每市担折金圆 14 圆 4 角云。

《中央日报》1948 年 9 月 3 日

厦港区平粜米续到一批

本报讯　厦港区前由区长施振华暨地方热心人士柯纯臣等组织粮食临时调剂会，筹款 1000 万元向海澄县购买白米运厦平粜。首批 100 担业已于本月 4 日运到平粜，旋因该县禁止出口受阻。嗣后再派员往澄接洽，次批百担经于本日运到，订于 21 日起在厦港社会服务处平粜，并函请市参议会派员监粜云。

《中央日报》1948 年 9 月 30 日

禾山灾患频仍　请求豁免赋税

又讯　本市禾山农民生活端赖田园耕耘收获之农作物，唯本年春收稻谷因遭飓风打击，损失綦重，计有该区文双等十四保受灾最烈，全部农产品几无收获。市府乃据情呈请省府豁免征收田赋，以苏民困。经省令指示，准予将受灾之文双保等勘察受灾情形，派员查报以凭核办，市府昨复据该区代表会呈称：查本区本年度春耕早稻因天旱迟降，亢旱成灾，歉收奇重，民众无以为生，前曾将情电请转呈层峰急谋救济在案。乍知本季晚稻又因东南风最厉，致蚁蝗相将咸生为害，稻苗损伤甚烈，且以雨水失调，禾田荒芜甚多。兹据调查统计本年稻田经已荒芜者，占达 40%，虫害为祸而枯萎者占为 50%，且目前行将收获，天雨不降，本年晚稻势必歉收，农村破产惨状将现，治安殊属堪虞。恳请转呈层峰豁免征收田赋，以苏民困，而裕民生等情，市府据呈后,于昨急电省府请求豁免禾山区本年度田赋征收。

《星光日报》1948 年 11 月 2 日

厦田粮税额经省核定　计列为一万八千余元

本报讯　本市民国三十七年(1948 年)度下期及民国三十八年(1949 年)度上期田赋征收粮税额,经省府核列为 18100.74 元,统计田赋征收在本市系以征收代金为原则,每元赋额折合代金为 1187 元。据黄市长表示:本市今年度田赋税额经奉令核减 3500 元,此次因春秋两季受灾歉收,可获省再度核减或全部豁免,以适应农民生活需要。

《星光日报》1948 年 11 月 2 日

本市田赋额数

经层峰核定为本年下半年,及明年上半年,合计 18100.74 元(林、坟、杂除外)。照规定每元赋额应征实干谷 3 斗(每斗 10 斤 12 两 8 钱),赋额满 4 角者,加征公学粮 1 斗 5 升;满 1 元者,加征借 3 斗。又积谷 5 升,合计为 8 斗。即以每元征正税 3 斗而论,本市赋额 18100.74 元,应纳谷 54302 斗 2 斤 2 合。惟本市赋额奉准折征金元每斗 10.87 元,农民负担减轻不少。

又:市府前具报禾山、文双等十四保田园,受旱灾影响,收获减少二三成,乃请五区专署派员查勘呈报。昨奉省批示,谓应援勘灾条例第七条规定办理,仍就各保秋收若干数额分别呈报。市府奉令后,经饬属遵办。(邵)

《江声报》1948 年 11 月 2 日

市参报灾请免田赋　省饬市府查勘具报

市参会前电省府,以本市虫灾严重,农产失收,应请派员查勘豁免本市田赋,以恤民困。兹悉省府经电覆,谓已饬市府查勘具报,应候覆再行核办云。(厚)

《江声报》1948 年 11 月 7 日

本市田赋开始造单　下月上旬开征
赋额一万八千余元

本市民国三十七年(1948 年)度田赋,刻已开始造单工作,预计下(12)月上旬即可开征。本年省定赋额为 18100.74 元,田每元赋额征收赋谷 8 市斗,园地每元赋额收赋谷 4 市斗 5 升,该项赋谷已奉准每石改征代金 11.78 元。

又市府财政科为赶办田赋造单工作,拟招用临时缮写折算人员计 15 名,待遇以计绩支薪为原则,并可照市府额内人员购买平价米,按月配售食米。如有意工作者,可即日向财政科第一股申请。

《江声报》1948 年 11 月 10 日

执行耕地限租　市府分区宣导

耕地限租,系行宪政府本年度施政方针重要项目之一,详情屡志本报前讯。兹查市府奉令后,经于月前将限租意旨分贴布告,并饬令各区区公所切实推行,以期家喻户晓。近以秋收期届,为彻底执行起见,复于昨(22)日印发保障佃农宣传大纲,及告本市民众书分别函令本市各级中小学校及农会合作社等,广为宣传,并派地政科技正罗赞萧、方炳纶,技士梁守忠,科员林文全分携宣传材料,前往各区召开宣传大会,切实宣导。兹将宣传大会日期刊后:26 日,开元区美仁、莲西、将江、溪岸,负责督导林文全。同日,厦港区鸿山、太平,负责人梁守忠。禾山区文双、莲坂、吕厝、江头,负责人罗赞萧。禾山区殿上、寨上、湖里,负责人方炳纶。27 日,厦港区大澳、曾溪、水上,负责人梁守忠。同日,禾山区高安、坂上、高崎,负责人罗赞萧;蔡塘、湖边、钟宅、金秋,负责人方炳纶;前村、何岭,负责人林文全。

《江声报》1948 年 11 月 23 日

本市耕地限租推行情形良好
业佃踊跃出席宣传大会　双方当场依法协议减租

本市讯　限制地租保障佃农为扶植自耕农之首务,本省民国三十五年(1946 年)实行二五减租,去年起赓续执行耕地限租,推行以来颇着威效,记者为欲明了本市去年度办理耕地限租经过情形，特趋访市府地政科科长苏宣作，承谈如下：耕地限租之执行，系属和平性之土地改革，减租以后，佃农当能运用全力改良土地，增加生产，因而业主分收的比率虽减而分益，地租却随土地生产力之增进，则未必减省，农佃双方彼此均有利无损，不但不会发生冲突，而且还能合作奉行。……本市虽为闽南出入口商埠，但商业区域之外，尚有95%之农地山地(按全岛面积约20万亩)可称为农商业岛屿。故对于办理耕地限租仍须运用全力彻底执行，本年度于收获季节，即分贴布告，并由市府分饬各区转饬各保里长切实将限租意旨传知业佃双方，务使家喻户晓。周前复分别函令本市各级学校及农会合作社等团体，广为宣传，并印发保障佃农宣传大纲，宣传标语及告本市民众书等宣传品，前往各区保召开宣传大会并督导访问佃农。据各区宣导员据告，以开会情绪良好，出席宣传大会之业佃至为踊跃，并当场由地方士绅、法团负责人率先与佃农依法协议减租，其他地主亦均相随仿效。

《星光日报》1948年12月2日

实施耕田限租　市府鼓励生产

市讯　市府近为保障佃农、提高农民生活，改善农村经济起见，昨特发出《实施耕地限租告民众书》，饬令禾山区公所分发各保农户，□□□□□□□宣传。以耕地限租系求主佃双方合法利益，鼓励佃农增加生产，解除农民生活穷困，而使农村渐趋繁荣为主旨。而地租不得超过地价8%，如未经依法规定地价区域之地租，则不得超过正产物收获总额375‰。实行以业主不得借故撤佃，或预收地租，如业主确须收回田地自耕，应于一年以前通知佃户。倘业主不明大义，从中阻挠者，决依法严惩云。(电)

《江声报》1948年12月3日

禾山歉收　农民请免田赋

本报讯　市府昨日派员分赴禾山全区设立办事处，开征田赋，每石征收代金58.9元。各保农人得到通知书后，咸因春冬雨季均遭旱虫灾害而致歉收，且迫于年关，故多无力负缴，互相观望政府予以减免而苏民困。

《星光日报》1949年1月10日

禾山灾情惨重　省准减免田赋

南侨社福州23日电　厦市禾山区，去年旱灾为害，收成受损至为惨重。经厦市参议员吁请省政府救济并豁免田赋后，省当局为体恤民艰，已准将田赋减免。

《星光日报》1949年4月24日

第三节　渔业生产

渔业管理局厦门属第三区　欧阳阙来厦筹设办事处

闽粤区海洋渔业管理局，在省开始办公，已经两月。闻其工作，系先就闽区着手，最近对于缉巡区域，已划完竣。自浙江交界之东西台起，讫闽江口川石止为第一分区。自川石起，迄湄州止为第二分区。自湄州起，迄诏安炮台头止为第三分区。每分区拟派巡舰1艘，按期巡洋，借以保护渔船。关于改进渔业事项则，参酌分区情形，分途进行。厦门属第三分区，日前有将派员前来筹设分区办事处消息，已志本报。兹闻该特派员欧阳阙，已于两日前抵厦，寄寓小走马路美多利后□。据欧氏语人，总局对于闽南渔区极为注意。现拟将附近厦门之某处划为渔业自治区，设置最新式舰艇指导渔民捕鱼，并设立罐头厂、冰厂等。自治区内所有行政警察等权，系独立性质，此项事业拟请华侨投资。最高长官由总局遴选华侨一员，呈请实业部委任。又欧氏昨请人向渔民方面散发告渔民书，解释渔民误会渔业管理局为征收渔税机关云。

《江声报》1932年9月13日

闽粤区渔业管理局
在厦设第三分区　委苏国铭为办事处主任

实业部闽粤区海洋渔业管理局,昨函本市各机关云,径启者,本局为办理便利起见,业于沿海各重要渔区,先后设立临时办事处,并派主任在案。兹决厦门设立第三分区临时办事处,管辖区域由湄州岛以南,至诏安湾止,特派苏国铭为该办事处主任,除分别呈报咨行外,相应函达照并希转所属知照,至纫公谊云云。

《江声报》1932 年 12 月 11 日

厦大集美闽渔业之调查(一)
历两年余今告成功　思明渔区概况可当厦门历史

厦门大学生物系,自民二十一年(1932 年)8 月起,聘集美水产学校毕业生曾广茂、林泉歧为调查员,开始闽省渔业基本调查工作,历时两年余,方告成功。闽省沿海各县渔区,无不有曾林二氏足迹。凡鱼族种类、渔法、渔具、渔期、渔场、产量、鱼价,以及渔民生计。无不一一精密调查,应有尽有。兹录曾林二氏所作思明渔业报告如下,亦关心本县生产事业者之所欲一睹也。

渔区概况

一、位置:厦门四面皆海,北近同安,西近海澄,东近金门,地处泉漳之咽喉,台湾之要道,为东南门户,海疆之要区。

二、地势:厦岛在金厦湾,周围三十六里,广袤六七十里,全岛五分之四陆地,世称禾山。除南普陀及沿海岸,多山石外,余均平坦,俗称厦门。不过全岛五分之一,岛之北部多山,名胜甚多,风景幽美。岛之西南为鼓浪屿,乃天然厦门之半壁,海滨有鹭门,俗称鹭岛。厦门,宋曰嘉禾屿,明曰中左所。洪武二年(1369 年),江夏侯周德兴经略福建防倭,事急,筑厦门城,“厦门”二字始见。天启间,郑芝龙等辟台湾,劫掠闽广间,袭漳浦旧镇,进窥厦门。隆武元年(1567 年),福州破,芝龙降清。其子成功不从,驻师鼓浪屿,该中左所为思明州,乃“思明”二字之由来。民国光复,厦防厅复更为思明县。

三、交通:道光二十二年(1842 年)鸦片之役,厦门辟为五口通商之一。近自海堤兴筑,马路开辟,交通尤为便利。全岛马路如蛛网,车毂相摩,往来极便。至于水道交通，则轮船如织，北通上海、天津、大连、青岛诸商港，南达香港、南洋、安南各商港，东通台湾、琉球。其沿海交通，则有金门、同安、马尾、兴化、泉州、东山、汕头诸港，往来极为便利。

四、商业：厦门为闽南贸易中心，自开口以来，商业日见兴盛，全埠商业，分为十途郊，即北郊、洋郊、泉郊、广郊等，集同业而立公会，以维商业之利益。因地处大海中，地多山石，而少田土，无何物品出产。故年皆以闽南土产为输出货，如茶、桂圆、糖、纸、盐、木料，以及烟类等，为输出品之大宗。年来外货入超，其数甚巨，盖因年来茶市衰落，又外货输入，有加无减。幸赖华侨调剂，经济未甚恐慌。

五、教育：厦门虽一小岛，而教育程度极为发达，文化事业，日形膨胀。全岛学校计有私立厦门大学、省立中学 2、私立中学 17、县立小学 9、私立小学七八十，县立幼稚园 1、私立幼稚园 8。以上诸校，总计学生 2 万余人。各校多赖华侨之捐助，如厦门大学之经费，向由陈嘉庚负担。云梯及双十两校，则由林珠光负助。此外尚有一渔民学校，校址在鱼行口，校长欧阳治。该校教师 11 人，学生二百余人，皆渔民子弟。教材注重水产教育，其设备尚可，经费由渔税中每千元抽 8 元。该校成立于民国十一年(1922 年)秋。至于社会教育则有公立厦门图书馆，藏书三四万册，每日至馆阅览者，约二百余人。阅报所十余处，民众学校、动物园、公共体育场等。(未完)

《江声报》1935 年 9 月 19 日

厦大集美闽渔业之调查(二)

历两年余今告成功　思明渔区概况可当厦门历史

六、风俗：厦门居漳泉之交，其风俗与泉漳相同。海滨居民日渔其利，海风破脑，皆以布裹，盛夏亦然。三尺孩童，即知赌博，花会、十二支遗毒甚深。富家恐其子弟嫖赌破财，许在家食鸦片，可谓不束其身心，即速其死。因吸鸦片，贩卖人口，招夫卖子，时有所闻。男子多出洋谋生，妇女则在家安享。

七、人口：厦岛为五方杂处之所，住民约 20 万人。

八、金融：厦门为通商五口之一，对外贸易，最占重要。金融业之周转，亦以对外至大且巨。其现状概述于次。甲、本国银行，向有 7 家，均系分行，各自经营，无公会之组织，中央银行、中国银行、中南银行、中兴银行、华侨银行、国华银行、商业银行。近则商业银行停闭，新增交通银行、通商银行、实业银行、中国农民银行、新华信托银行,各家之资本额不一。营业最发达,资本最充足者,为中央、中国两行。乙、外商银行。厦门为通商口岸,洋行林立,外商银行,因而需要,计有英商汇丰银行、荷商安达银行、日商台湾银行。西商多与汇丰、安达往来。日商则与台湾银行。丙、钱庄。厦地钱庄,共有七八十家,华侨兴业公司、同济、鼎昌、炳记、裕亨、大通、长裕、黄日兴、捷顺、通和公司、顺美成、振华、银江等。各钱庄之资本额不一,有达50万元、15万元、10万元、三数万元不等者,多合伙营业,股东均负无限责任,有同业公会之组织。近则黄日兴收盘,捷顺银江等次第倒闭,鼎昌在苟延残喘中。丁、汇兑信局。其组织大致与钱庄相似,计有捷报、瑞春、永万通、南昌、三春、万里、和丰诸家。银钱业外,营储蓄者,有邮政储金汇业局、万国储蓄会(已停)、中法储蓄会。营典质者,则有得隆、惠通、宏济、生生、美玉诸家。而日籍小典则有百余家。闹市僻巷,随处皆是。

九、鱼行:厦门为本省数一数二之渔区,鱼行林立,为渔获物贩卖之处,共有30余家。为和发、金记、同利、裕兴、集兴隆、三民、瑞兴、航兴、万源、大川、两记、金利、兴财、再兴、振源、元成、新和兴等。近则或倒或闭,渔获生产物,亦日就衰替,今不如昔。

渔业概况

一、渔村:厦门四面环海,近海滨者,多藉海为生。五通距城东北30里,为沿海村镇,其附近渔村,则有浦口、泥金、后头、何厝、下边、钟宅诸村。渔获物以竹蛏及蚝,产量最丰。曾厝垵城南10里,产虾最丰。而厦港之渔业最盛。

二、渔场:有沿海渔场,及远东渔场两种。沿海渔场,在厦门港内,而远东渔场则在厦门外港。甲、厦门港,位同安东南,长泰、龙溪、海澄之东,港湾水深风静,大船巨舶均可自由出入,碇泊安全。厦门南与陆地间,世称厦门外港,港北为围头角,港南为镇海角,为我国沿海最易入之良港。鼓浪屿与厦门间,则称为厦门内港。港内岛屿以厦门、金门二岛为最大。次则小金门及鼓浪屿。乙、乌丘屿,俗名乌龟屿,在东经119度40分至东经120度20分,北纬24度40分至北纬25度,水深30余寻,底货白沙或暗沙,潮流西南与东北二流,其流甚急。丙、澎湖列岛,为漳泉门户,亦为台厦中流之砥柱。其间大小屿55,轮船往来,必以澎湖列岛为要地。底质大石参错,岛北有北垵,舟触之必破。故航行者,从西屿头入,或寄泊西屿内,或是停泊妈宫澳。后龙港与南日对峙,竹堑与海坛对峙。丁、大担屿,在厦门东南海中,连小担

屿。屿为厦门海口，屿北远望，为白石头，大数十丈，下有七星石，森立海中。大担澳在大担屿西，天后宫前，可暂寄泊。（未完）

《江声报》1935 年 9 月 20 日

厦大集美闽渔业之调查(三)

历两年余今告成功　曾厝垵五通等有渔民四千余

鱼虾产期，全年。蛏期，4 月至 7 月。蚝期，10 月至翌年 3 月。

四、渔民：五通、曾厝垵诸村，渔户共约八九百家。渔民男女及孩童，共四千三四百人。

渔业种类

虎网渔业：一、渔场，在厦门港南，其面积里余，水深 20 寻至 30 寻，水色淡绿，底质泥沙。潮流方面，潮涨向西北流，潮退向东南。冬季东北风最多，夏季南风居多。二、渔期，全年。每月大流水出航，渔期两次，约 20 日。三、渔船，此种渔船，俗称为虎网渔船。船之构造分述如下。(1)数量，船共 33 艘，每只长 28 尺，幅 10 尺，深 4 尺，吃水尺半，载重百余担。(2)外板，其材料为杉木，厚 1 寸。(3)梁头，硬木制成，厚 4 寸，全数 7 枝。(4)桅杆，以杉木为杆，径 8 寸，长 3 丈，装置 1 枝。(5)帆，帆布制成，阔丈余，长 2 丈余，其式样长方斜形。(6)棚，其材料亦是杉木，长 4 尺，宽 2 尺，形式半圆状。(7)舵柱，番木制成，长 9 尺，周 2 尺许。(8)舵板，亦用杉木，高 7 尺，阔 3 尺，厚 1 寸。(9)锚，铁锚或木锚均可，每艘两架。(10)锚链，麻线捻成径寸许，长 20 余寻。(11)橹，每船两枝。(12)涂料，用白灰油，新船每只涂四五次。(13)船龄，使用十余年，每 4 年修理一次。(14)造船费，每船价值五百余元。(15)船员，每船舵工 1 人，渔夫 2 人。四、渔具，本网为定置渔业之一种，俗称虎网，由囊网及囊底网组合而成。全网苎线编成，网形口阔，身狭底尖，圆锥形式，长 24 寻。本网盛行于厦门附近，专捕小鱼。兹将网之构造列述如下：(1)囊网，二股右捻，径 1 分，网眼 2 寸至目。网口 2000 目编起，至缩减 1200 目，长 10 寻。(2)囊底网亦 2 股右捻，径 1 分，网眼大 12 分，1200 至 150 目止，长 14 寻。(3)桴木，杉木制成，长七八尺，周 3 尺 2 寸，圆柱形式，每网浮木 2 枝。(4)沉石，长方形式，长尺半，宽 6 寸，厚三四寸，重十余斤，配置于网之下缘，每网沉石 3 块。(5)浮木绳，外用稻草包，三股左右捻，径 3 寸，长六七寻,两条使用。(6)曳网,麻线3股捻,周3寸,长六七寻。(7)沉锚,硬木或铁制成,长2尺半,共两架。(8)染料,以荔枝柴混水煮成汁液,红汁百斤,可染网3次。网浸于染桶中染之。五、渔法,每船网一张,至大流水时,渔者至渔场,将沉木两枝,埋插海底,然后投网于中央,网网系于两浮木上。其网口附沉石3块,使网口底部沉海底,因潮流之压力,网口张开,小鱼、虾随波逐浪入网中,如入虎口。六、渔获之物,所获以小黄鱼、诗丁鱼、虾、秋刀鱼、小杂鱼为大宗。每流水一网得渔获物,多时达10余担。然普通10余斤。全渔期每船得渔获物120担,共33艘,总数全渔期得渔获物3800担。七、渔获金,鱼价每担8元,每船全渔期得120担,计值900余元。总共渔船33艘,年产额约3万余元。渔税每百元抽10余元。八、渔业资本,此种渔业,其资本甚巨,船一只值五百余元,网每张三百四五十个,杂具共值二三十元。渔夫因资本过巨,无力经营,乃向渔行借贷。然而此后所获之渔获物,全归该行专售。所借之款,虽无利息,而在渔获金中,每百元抽5元,为鱼行作利。九、渔获物处理,每日有小舢板往渔场收鱼,载返出售,多时均用盐藏之。十、渔获物销路,由渔行运往外埠销售。十一、人数,每艘3人,共33只,90余人。厦门人三四十人,惠安人60人。每船之渔夫,多是惠安人,而舵工则本地人。据渔夫云,此种小鱼,渔夫每月每人可得数元。而得鱼长达2寸者,归渔夫私得。(指最小中达2寸长)渔获金分为4份,老板2份,渔夫每人各1份。以每只而言。

乌鲳网渔业:一、渔场,位厦门东,乌丘屿南,澎湖列岛北,近台湾岛,面积纵横数十里,水深30寻至四五十寻。水色青绿色,底质粗砂带泥土。至于潮流,潮长向西南,潮退向东北。南风最多。二、渔期,4月至9月。三、渔船,船名钓曹[艚]母船,全长四五丈,幅17尺至20余尺,深4尺余,吃水3尺许,载重六七百担,帆3桅装置。船用杉木制成,使用10余年。每艘小舢板一只,竹排五六只。船员二三十人。此种渔船,多住家眷。四、渔具,此种渔业,为厦港特种渔之一。网形囊状,全网以麻线编成,口阔如箕,内浅底狭,长10寻。缘边附结若干铅子,他边则附结若干三四寸之浮木,以增浮力。附属具,如草席、浮标等。五、渔法,渔者至时,乘舟出海,至渔场后,母船即下竹排。4只竹排,分列挽着网网,使在水网中紧张。此时各竹排均驻定不动。至于另一只竹排,则拖草席一领,使既至相当深处,因草席在水中遮住日光,而成阴影,鲳鱼喜阴影,于是成群结队,逐影而游。时拖席之渔夫,观鱼群有否,即以记号示其他竹排,多以橹为号,少则用笠为号。拖席之竹排,

力驶至所置定之网中，然后将席引起。时驻定之4竹排渔夫，迅速收网，鱼逃之不及，终而被获矣。（未完）

《江声报》1935年9月21日

厦大集美闽渔业之调查（四）

历两年余今告成功　厦虾船八十只每期获利六万

六、渔获物，专获乌鲳，每船一日至多20余担，少则三四担。共54艘渔船，于渔期内，总计得渔获物35000担左右。七、渔获金，鱼一担20元，每船全渔期内，得渔获金1万元。全厦港此种渔船共54艘，总计渔获金30万元之谱。八、渔业资本，母船一只2500余元，竹排每排10余元，计值七八十元。网一张20余元，杂具约值数元。此种渔业，其资本亦巨，非有多金，不能从事操作。九、渔获物处理，渔获物由舢板载回，妇女即将鱼以刀劈开，用盐腌之，收藏于鱼舱中。十、渔获物销路。船抵港后，即售鱼行，再由鱼行运售市镇。十一、人数，共54只，男女儿童八九百人。

虾曳网渔业：一、渔场。在厦门岛南，大担屿外，面积长四五里，阔二三里，水深7寻至10余寻。水色深绿色，底质沙泥，东北风最多。潮流方面，涨时向西北，退则向东南。二、渔期。全年4月至7月为旺盛期。三、渔具。本网属曳网类，俗称虾网。网形囊状，全网苎线编成，网目细小，长2丈余。网口两端，有藤环两，备为系网曳网之用。缘边附结铅沉72个，上边附结寸半之浮木27个。网与曳网间，横系二三寻长之竹竿一枝，使网在水中张开。四、渔法，渔者用之船与普通渔船大同小异。此种渔业之渔法，甚是简单，于潮涨时出船，时随潮投网，网附结于船尾，船时扬帆徐行。虾顺流游进，随波逐浪入网中，而被捕获。此种渔法，有时用钓具钓获，所钓以鳗鲑为最多。五、渔获物，专获虾。每船一日最多四五十斤，少则数斤。共渔船40只，于渔期内，总得渔获物1600担左右。六、渔获金，大虾每斤1元，小虾每斤四五角。全渔期8万元之谱。七、渔业资本，渔船一只五六百元，网一张40元，附属具共值五六元。八、渔获物处理，获来之虾，大小稍为整理，贮于桶中，以便归港出售。若多时，则用滚水煮之，晒干藏之。九、渔获物销路，鱼贩收买，运他地销售。十、人数，船来自崇武，共40只，渔夫共160人。

柔钓渔业：一、渔场，在厦门港，面积六七里，水深30寻至50寻。水淡绿色，底质沙泥，南风最多。二、渔期，5月末至8月。三、渔具，原料铁，用小竹一枝，中间灌铅，长9寸，径3分，一端系接钓绳，末端以十四五枝鱼钩，成圆周形式扎缚之。钓绳苎制，长七八寻至20余寻。四、渔法，每至渔期，渔夫即准备出海，钓时须上饵，每次投钓约10余枝，每人1枝或2枝。时船随潮徐进，钓随船而蠕动，使柔前来攫食，而捕获之。五、渔船，此种渔业所使用之渔船，有者钓船，或普通渔船，其构造与一船钓，或渔船同。六、渔获物，钓获皆是柔鱼，渔船十余日归港一次，每船一日至多捕千余只，少则百余只，一钓钩能钓四五只。均全渔期每船得渔获物十四五担，计38只船，年产四百七八十担。七、渔获金，鲜鱼每斤1角至5角，干鱼每斤2角至2元，平均每担16元至20元，约四百七八十担，计渔获金共得八千六七百元。八、渔业资本，须视渔船大小而定。厦港柔鱼钓船，大小不一，大每只四五千元，小二百余，钓钩每枝大洋6角，每只十余枝，约值八九元。渔获物处理，获来之鱼，多藏于鱼箱中，以便归港出售。多则剖开其腹，晒干售之。九、渔获物销路，鲜鱼由鱼行出售，干鱼则归渔夫自售。十、人数，每船男女及儿童，约共20余人，计38艘船，共男女儿童945人。

大钓渔业：一、渔场，位厦门东南，在东北碇间，或澎湖列岛附近，面积60余里，水深20寻至30余寻。水色青绿色，底质沙土。至于潮流，分为东北与西南二流，东北风居多。二、渔期，10月至翌年2月。三、渔船，大钩钓船，长4丈余，幅17尺至20尺，深四五尺，吃水3尺余，载重五六百担。帆三桅装置，使用十余年，每艘船员二三十人。此种渔船，亦多住家眷。四、渔具：甲、钓钩，大字形，长3寸余，曲1寸左右，色白有光。乙、干绳，麻线4股捻，径12分，长三四十寻。丙、支绳，麻线2股捻，径三四分，2寻余，一端附结铁钩，他端则附结于干绳。钓绳与钩绳间之距离8寸，每篮80门。丁、锚碇，铁锚一架，为固定钓具之用。五、渔法，每艘80篮，钓船到渔场后，母船放竹排下海时，各竹排上渔夫，即从事顺流投放钓具，不须立标记。然应注视山势及方向，以防他人之窃取。各事完毕，旋即返港，俟次日复至渔船，顺次将钓具捞起取鱼，然后钩上饵，放还原处，归港出售。所用之饵料，以乌贼、鱿鱼等最宜。六、渔获物，所获以鲳、带鱼居多，沙鱼、黄花鱼、鳘鱼次之。每只每日至多十余担，少则数斤。每船于渔期内，得渔获物300担，共15只渔船，全渔期统计，得渔获物4500担。七、担获金，每担20余元，于渔期内，每船得300担，值金六千元左右。总共渔船15艘，计值渔获金9万元之谱。八、渔业资本，渔船每只二千余元，钓具80篮，值一二百元，总计每只资本二千四五百元，亦资本巨大之渔业。九、渔获物，获来之鱼，稍为整理，贮于筐中，以便出售。多者用盐藏之。十、渔获物销路，鱼行收买，转售各地。十一、人数，男子 230 人，妇女及儿童共 120 人。（未完）

《江声报》1935 年 9 月 22 日

厦大集美闽渔业之调查（五）

历两年余今告成功　大钓船之资本每船三千余元

大钓艚渔业：一、渔场，位厦门之东，金门之南，在东锭至北锭，面积十余里，水深二三十寻。水色淡绿色，底质沙泥，潮流涨向西偏南，潮退向东北。二、渔期，12 月至明年 3 月。三、渔船，钓艚渔船，船长 4 丈余，幅十八九尺，深四五尺，吃水 3 尺余，载重五六百担，帆三桅装置，使用十余年。每艘舢板一只，竹排五六只，船员二三十人。此种渔船，亦多住家眷。四、钓具：（一）钓钩，大字形，长 3 寸余，曲寸许，色黑或白。（二）干绳，麻线 2 股捻，径 12 分余，长 36 寻。（三）支绳，麻 2 股捻，径三四分，长一二寻。一端结于钓钩，他端则结于干绳。钓绳与钩绳间之距离约 8 寸，每篮 80 门。（四）锚碇，铁锚一架，为固定钓具之用。（五）饵料，柔、乌贼、带鱼均可为饵。五、渔法，本渔业之钓法与大钓渔业之渔法全同，从略。六、渔获物，所获以带鱼、大鲨、蛶阿、鲳鱼为大宗。在旺盛时，每船每日得渔获物七八十担，普通十余担，少则五六担。全渔期 54 只渔船，得渔获物 21000 余担。七、渔获金，鱼价每担 15 元，于渔期内，每船得渔获金六千元，厦港钓艚渔船，总共 54 只，在全渔期内，总计得渔获金 30 余万元。八、渔业资本，渔船每艘 2500 余元，舢板一只 50 元，竹排五六只，值 60 余元。钓钩每篮 6 元，共 80 篮，计值 480 元，总计每船资本 3200 元。九、渔获物处理，以舢板运至母船，由妇女整理各鱼类，余则用盐藏之。十、渔获物销路，鱼均售与鱼行，由鱼行运往各地销售。十一、人数，男约六百余人，女共二百人，儿童百余人。

中钓船渔业：一、渔场，位厦门东南，在东北锭间，或澎湖列岛，面积七八十里。水深二三十寻，水色青绿色，底质沙泥。潮流方向，东北与西南二流，南风最多。二、渔期，分为两期。第 1 期 3 月至 5 月，第 2 期 8 月至 9 月。三、渔船，中号钓船，船长三四丈，幅十五六尺，深 4 尺余，吃水 3 尺余，载重三四百担。帆二桅装置，每艘有舢板一只，竹排 5 只，钓具百篮，船员 12 至

16人。此种钓船,亦多半住家眷。四、渔具:(一)钓钩,中形钩,长寸余,曲12分,色黑。(二)干绳,麻线2股捻,径12分左右,长36寻至40寻。(三)支绳,麻线2股捻,径三四分,长2寻许,一端附于钓钩,他端则结于干绳,每篮钓绳80门。(四)锚碇,铁锚一架,为固定钓具之用。(五)饵料,用柔及带鱼,其渔法与大钓船同,从略。五、渔获物,所获以黄花鱼、鲨、鳗、鳖及带鱼为大宗。每船一日至多得渔获物担余,少则数十斤。每船在两渔期内,得渔获物二百担,共60只渔船,总计得渔获物一万一二千担。渔获金,两渔期内,共得渔获物一万一二千担,平均每担20元,计值渔获金24万元。七、渔业资本,钓船每艘千元,舢板一只40元,竹排5只,值35元,钓具40元,总计每船资本一千一二百元。雇来之渔夫之资,每月20元至30元。八、渔获物处理,所钓获之渔获物,用鱼篓贮藏。九、渔获物销路,鱼行收卖,或鱼贩挑乡镇叫卖。十、人数,男共620人,妇女及孩童百八十人。

此外,尚有竹蛏渔业,及牡蛎渔业,明日另文述之。(完)

《江声报》1935年9月23日

厦港蛏蚝每年渔获统计

蛏八百余担四千余元　蚝四千余担五万余元

思明县渔业调查,已详载前报。此篇为厦门之竹蛏渔业,牡蛎渔业,及手操网渔业。亦集美水产毕业生曾广茂、林泉歧所调查,爰为详载如下,俾窥全豹。

竹蛏渔业:一、蛏场,位五通与霞边间,面积长三四里,阔2里,水深5寻至7寻,水色青绿色,底质泥土,潮涨向西北,潮退向东南。二、蛏期,4月至7月。三、渔船,小渔船,其形式与构造,与通常小舢板大同小异。四、蛏具,铁箕形与通常铁箕相同,然箕底非密塞,乃用5枝铁排隔,使水流出。箕柄木制,长2寻外,柄末系一条长3寻余藤条,蛏筐一对。五、渔法,干潮时,渔夫携具往场,至海底将箕抛出海底,蛏及土全钓起。据云操作此业极苦,且获甚微,捞土非强力者不能胜任。六、渔获物,专获竹蛏。全渔期内,浦口、泥金、石头、何厝4乡,得八百五六十担。七、渔获金,每担5元,值渔获金4300元。八、渔业资本,渔船一只三四十元,蛏箕一二元。九、渔获物处理,竹蛏寄生在海底泥中,故渔夫捞时,须将海土一同捞起,然后用水冲去海土,余则晒干,或用盐水卤之。十、渔获销路,由鱼贩收买,运往厦门出售,或在本村零售。十一、人数，浦口9家20人，何厝七八家十余人，泥金五六家十余人，后头3家五六人。

牡蛎渔业：一、其场，在浦口、泥金、何厝、后头、钟宅诸乡门前海。蚝面积浦口泥金各1里，何厝2里，后头、下边各半里，约计5里余，阔半里。满潮时，蚝石在水中二三寻深。干潮时，蚝石离水平线上寻余。水色泥水带淡绿色，底质砂土。潮涨向西北，潮退向东南。各乡蚝堆数，浦口4万堆，泥金4万堆，何厝8万堆，后头五六千堆，下边七八千堆，钟宅30万堆，各乡总计40万6000堆。二、蚝期，10月至翌年3月。三、蚝艇，其构造形式，与普通小渔船相同。四、蚝具：（一）、蚝刀，铁质形同锥子，长四五寸，径3分，上端张木柄，下端尖锐。（二）蚝铲，亦铁制成，形似圆柱，长四五尺，上端铸1环，径六七分，下端有尺许扁锐，在蚝石上削蚝用。（三）蚝耙，铁制，上端张以寻长木柄，下端伸出二爪，爪长尺许，以备水中勾蚝石用。（四）蚝篓，竹篾制成，其形式与通常篓同。（五）蚝石，长四方形。五、渔法，蚝卵随潮游，遇石寄生，渔夫利其寄生习性而捕获之。五通一带蚝场，有春秋两季之分。所谓春季蚝场，即正二月时，各堆蚝石，从地上竖排于浅海中。至于秋季蚝场，即七八月时，用蚝艇将排于浅处之蚝石，载往深所在竖排。盖深处有潮水淹没，蚝苗易于生长。取蚝时，蚝户备蚝艇载具往场，以耙将水中蚝石勾起，载运归家，复用蚝铲将石上之蚝削下。削过之石旋即倒下，以待正二月架起。当五六月气候炎热时，所有蚝石另行靠紧，以防蚝受热而死。六、渔获物，10月时蚝瘦，12月至正月时蚝甚肥大，浦口在旺时，一日八九担，余者四五担。全蚝期内出产七八百担。钟宅泥金二乡，于蚝期内亦产七八百担，何厝蚝石最多，盛时日出十七八担，少则七八担，总计产一千六七百但。下边、后头两乡之蚝石最少，总计只出产四百余担。七、渔获金，蚝每担12元，浦口于蚝期内，出产八九百担，值渔获金万余元。泥金乡，只出产七百四五十担，值渔获金九千元。钟宅出产八百担左右，值渔获金九千五六百元云。何厝出产最多，达一千六七百担，计达渔获金2万余元。下边、后头两乡，出产合共四百四五十担，值渔获金5400元。八、渔业资本，蚝艇一只40元，蚝刀等具共值二三元，蚝篓每担三四角，蚝渔业之资本甚轻，渔获颇丰，故经营得利优厚。九、蚝之处理，蚝石带回后，用铲将蚝削下，然后令妇女剖开，盛于桶中，以待蚝商收买。十、蚝之销路，美仁宫附近人收买，运厦门市销售。十一、人数，浦口六七十人，泥金50余人，何厝百人，下边三四十人，后头四五人，钟宅百人。以上人数，系指采蚝，至于操作之妇女，各乡共约四五百人。

电船手操网渔业:手操渔业,乃捕取海底各种鱼类,为近代最优良之渔业。厦港于二三年前,有南中、华南两公司经营此种渔业。以厦港为根据地,每次出海□□乌丘屿及白犬洋□□从事捞获。所用之□□□西洋型帆,附有□□□器之油渣发动机。□□□设有冷仓,为贮藏□□之用。聘请集美水产□□毕业生数人为船员□□等。以科学之新□□□操作,实开本公司□□之大光荣。以□□□□资本(或许□□□□□而经营渔业。□□□发展,自不待□□□经济恐慌中。□□□获,虽百般□□□旧式之曳网。□□□据闻华南□□□南中亦少□□□。

《江声报》1935 年 9 月 24 日

同安渔业概查　渔船五百渔民四千
渔获金八十余万元　土产不多交通称便

闽南各县渔业,以同安称最,全县渔村计有高浦、杏林、琼头、丙洲、后田、孙厝、兑山、刘五店、浦南、集美、岑头、李安、南边、山头、澳头、欧厝、后坪、许厝、桂园等 19 处。渔业种类则有罩网小杂鱼渔业、章鱼渔业、鲟渔业、围塘渔业、周渔业、沙流刺网渔业、昌流刺网渔业、钓鱿渔业、蟹流网渔业、钓蹶渔业、小杂鱼定置网渔业、虾曳网渔业等 17 种。渔船大小共 563 艘,另围塘 12 所,渔民 4253 人,渔产量 46966 担,渔获金 823795 元。其中文昌鱼一种,仅同安有之。渔场在□鱼屿附近,面积长 20 里,阔 3 里。渔船系一种普通小舢板,造费只 40 元。渔具亦甚简单,为锄头、竹筐、水桶等。盖文昌鱼混在沙中,须将沙洗去,然后乃能得鱼也。按同安东界南安小盈岭 44 里,西界龙溪父子岭 75 里,北距安溪龟洋岭 55 里,南隔厦门岛 55 里,杂山带海,为本省南北要冲。天柱山在县西,为福建民军最初发源地。海道交通则有小火轮常川往来同厦,陆路有同美汽车公司,自县直达集美,计程 30 里。汽车每日往返七八次,由集美搭船可直抵厦门,亦可由高崎乘汽车,允称快便。西南另有车路通至灌口、角尾,东有车路通至安海,以达泉州。全县人口 30 余万人,县东土地较瘠,县西则丰腴,产物推米谷、甘蔗最多。教育有中学校 9 所,小学校百所,学生数 1 万人云。

《江声报》1935 年 10 月 19 日

建分会讨论渔试场贷款担保

厦门建设分会昨开21次干事评议联席常会。讨论开办本市渔业试验场贷款担保品应设计办理案。议决,推洪鸿儒、严灼如、林寄凡共同筹商,提供意见,以便与市府会同进行接洽。议决,由受聘国民经济建设运动委员会委员之本会评议干事洪鸿儒、郑永祥、沈志中、黄超华、黄奕守、陈宏声、江亚醒、詹汝嘉、严灼如,向该会提案,共同筹商渔业试验场策进。

《江声报》1936年10月8日

市府奉电　渔产各税转饬停征

市府奉省府代电:以案准财政部民国三十五年(1946年)12月27日财地4字第7067号公函开,案据福建省渔会联合会本年12月5日渔联字第1704号致亥歌代电,以本会此次开全省业务会议,厦门市渔会代表阮玉田等,提请政府重申前令,严饬各地政府遵令停止对渔产征收各项非法税捐,以维威信,而苏渔困一案,请严令本省各县市政府,切实停止等情前来。查关于福建省各县市对渔产品征收各项税捐一案,迭经本部函请贵政府转饬停征有案,如各县市收支确感不敷必需开辟此项新税,则应依合法手续办理,即先由地方政府拟具详细办法,提经当地民意机关通过,呈由省政府核准,转报本部备案后,始得为之。在未经中央核准以前,所有闽省各县市对渔产品征收之税捐,应一律转饬停征,以杜苛扰。除批示外,相应抄附原代电函请查照办理,并希见复为荷等因,仰即遵办。

《江声报》1947年3月5日

省渔业管理处　拨款助修渔船

本报讯　禾山区公所昨层奉省渔业管理处代电,以行总福建办事处为抗战期间本省沿海渔业,损失惨重,特征集资料,拟订修造渔船、渔具复兴渔业计,经已电请层峰拨到物量。兹以春海渔汛将结束,各项渔船均须修理。目前物价昂贵,修理工料用费巨大,为使各地渔民减轻负担,并争取时效起见,经准该处同意就修理渔船部分提前举办。检发修理渔船要点暨分配表各一份,电讯转知,并督促各渔业产社尽速填具申请表,呈转拨助。该所奉令后,已转知所属遵照云。

《星光日报》1947 年 4 月 30 日

厦门渔市场股本总额定二十亿元
每股十万元期间三个月　从事渔业人员均可参加

厦门渔市场公司筹备处,6 日下午开第一次会议,讨论进行筹备事宜,决定如次。一、推举渔管局、渔牙公会、渔会三单位为常务委员,并假沙坡尾渔管局第一管理所开始办公。二、股本总额定为国币 20 亿元。每股 10 万元,官股估百分之四十,从事渔业人员及民股估百分之六十。三、幕股期间定三个月,至 12 月底止。另据悉,渔管局黄局长文澧,定日内返榕请示,将再返厦负责促成。又:渔市场成立后,渔民捕获物,将完全交与渔市场,然后再由经纪人经售与鱼摊鱼贩。现在之渔行,将来即为经纪人,渔市场并将办理贷款业务,如是渔民可避免剥削,而渔获特价格,亦免受渔行操纵云。(南侨社)

《中央日报》1947 年 10 月 9 日

筹设厦门渔市场
昨座谈会决定增加股资　渔民渔行认股办法决定

市息　市政府为筹设渔市场,前(13)日特召开座谈会,出席者:鱼牙公会代表王子安,市渔会阮玉田等,五区渔管所主任白源地、黄市长、吴科长郭荣、周技士民煌,主席黄天爵。讨论结果如下:(一)关于渔市场股本应如何募集案,议决:原定股本 20 亿元,因受物价高涨影响,事实无法应付,应改增数额,及各渔业从业入股额分配,俟下次座谈会议决。(二)关于渔民股本,应如何设法筹募案,议决:就现有各渔民向渔行借贷款额内抽出半数参加股本后,仍予贷出。(三)关于现有 28 家渔行,应如何参加股本案。议决:各渔行商现有已贷放于渔民之款额,全数转为参加股本。但需按数经由贷借渔民承认后,方予转账。(南侨社)

《立人日报》1948 年 1 月 16 日

捕鱼人儿世世躬[穷]　渔汛期不得课税

本报讯　农林部函闽，以每届渔汛，各地方政府间有以经费不足为词，向渔民征收捐税。际此经济建设时期，减轻渔民负担，鼓励增加渔产，实为当务之急。况此米珠薪桂，物价飞腾之时，渔民日常生活已感维持不易，如苛杂各税在斯渔民汛期内应时而生，则渔民何来巨资以供入渔之需，请通知所属在此渔汛期内，毋再向渔民征收捐税，俾利渔业云。

《中央日报》1948年4月8日

合作金库渔贷　各县配额决定　厦门分配三十亿元

南侨社讯　中央合作金库闽南辖区民国三十七年(1948年)度上期渔业贷款，经配定如次：平潭40亿元，福清40亿元，罗源10亿元，福安10亿元，厦门30亿元，海澄20亿元，同安15亿元，晋江15亿元，云霄15亿元，东山25亿元，合计220亿元。

《立人日报》1948年8月7日

渔贷配额确定　厦仅获配十五亿元

中央社福州23日电　合作金库闽分库讯：闽省此次所增渔贷，该库及分支机构各配贷90亿元，经决定分配罗源云浦各45亿，厦门、海澄、金门、晋江、同安、龙溪各15亿。该库上半年渔贷220亿，贷给厦门、海澄、同安、东山共89亿8000万，福清、平潭、福安共91亿7200万元。

《星光日报》1948年8月24日

维护渔业　国代建议五点

本报讯　我国渔民生活极苦，沿海各县渔会虽已普遍组织，但因各种条件不足，尚难积极开展工作，应尽量扶植其业务，使能达到增进渔业人民之知识技能，改善其生活，并发达渔业生产，使之繁荣。经国大代表竹悌王慎庄等27人提请实行维护办法建议中央：(一)通令各地方政府应切实维护渔会。(二)由政府通饬各地渔会加强组织指导,切实举办渔会法。第三条所颁各项任务,并时加考核与奖惩。(三)应严厉禁绝地方恶势力之统制与垄断。(四)渔业推广应尽量运用渔会为其推广机构。(五)渔民团体合法活动不得加以限制,团体负责人非依法不得解职。此案当经省令到市查办云。

《中央日报》1948 年 9 月 7 日

华侨水产公司新型渔船到厦　沿途捕鱼达万余斤

本报讯　去年发起组织的闽南华侨水产公司,已由菲律宾闽籍华侨投资,其组织规模甚大,并派员往台定造新式渔船 6 艘,每艘均在 60 吨以上。现已大部分完成,昨已有一艘,称“华侨 4 号”,由台驶厦,停泊第 2 码头。此次由台驶厦,沿途计获沙鱼及其他鱼类一万余斤。该水产公司董事长张奋生,现任开元分局长,该公司之发起组织,均由张向海外华侨鼓励投资。现有资金甚巨,其已完成之新式渔船,日内尚有华侨 2 号即将来厦云。

《中央日报》1949 年 2 月 22 日

厦门渔业及其他

大川

福建沿海有着取之不竭,用之无尽的广大渔场,可是从来就没有人注意它。反之,在贫瘠的农村上,不是寸土必争,打到头破额裂,便是滴水不让,斗个你死我活。而这被称为山地之国之福建,又不能凿山以为地,化石以成田,使平均其利,各按其业而不争。

如果说我们福建人眼光是短小的,那么,这许多艰难创业的华侨,为国家争取光荣一页,是从哪里来的呢?又假使说我们福建人眼光是远大的,那么,何以一条短短的漳厦铁路,直到如今,还躺在江东桥,不生不死,这是福建人能力不足呢?还是福建人对生产建设,交通建设,都感不到兴趣?

这里所要报道的,是关于渔业上的一些资料,和厦门渔业最近的情形,记者知道福建是拥有一千零数十里海岸线,和 10 万方海里的渔场面积,15 个重要渔业根据地的。可是福建在中国滨海五行省中(东北除外),就不以渔业名,而渔业在福建,不论战前和战后,也只有退步而没进步的可言,它所以不能进步的缘故在哪里呢?我们要明白渔民事业,应该从渔民本身负起,如果自己本位没有创造的能力，政府又无切实的扶植，社会上又乏督促和教育渔民子弟的教育机构，替他们灌输新式的科学知识，把这一块艰巨的基础先行奠定，徒然叫喊、鼓励、惋惜，是不会发生任何效果的。

现在先说厦门，据统计：目前厦门渔民计有 429 户，而战前是 830 户，前后比较，已减少半数。渔民，现在是 3028 名，战前 4025 名，今昔比较，减少 997 名。渔船，目前是 193 艘，而在战前则有 404 艘，比例是减少了 211 艘。从这些统计数字里面，可以看出渔户、渔船之减少都在半数之间，而渔民则只少去四分之一弱，这可以显示渔民的生活状况，是大大的今不如昔了。另一方面船小人多，渔获之数量，自然减少，另方面食指增加，则消费转巨。故目下大多数之渔民，皆望天打卦，苟延残喘而已。苟或船只损坏，帆樯破漏，或家庭伙伴，生老病死，遭遇变故者，惟有仰藉高利贷以挣扎应付而已，有何能力从事发展。一般不明渔民状况者多以一年来鱼季收获较减，谓为渔区发生变化所致，其实渔获减少不外：（一）船只减少。（二）老成凋谢，修补乏力，不敢深入远处。（三）乃为最大原因耳。

从近日中央社所发表之《本省渔业善后物资 500 吨值 70 万美元，由于本省沿海渔区治安不好，经决定先运往台湾保存，俟时局安定，再议分配》之一则新闻观之，政府方面对本省渔业之复兴，渔民之救济，是怎样一个观法，以及这些物资，配到了许久，何以直到今天始见提起，真使人有莫名其谜之感，无怪一般渔民对所谓善后物资的配给，以及农行渔贷的放宽等，不但感不到兴趣，甚至洗耳不愿与闻。可怜劫后的渔民，就只有从高利贷方面以某自力更生矣。

查厦港渔民，分水居、陆处两种，水居者户、船、人数，已如上述。陆居者亦有四千余人，分处于大学保、太平保、新生保、凤山保、福海保一带。此辈皆为出海渔民之眷属，非孺、媪即退老不能工作者。此外美仁宫有舢艚约 28 至 30 艘，亦可名之曰夫妇艇，乃在旁近海岸线钓黄花鱼及鲫鱼者。又一部惠安籍渔民约 300 人，皆为独身汉，其捕鱼系采游击战方法，出没无定。战后，厦门渔船只有四种，即“大钓艚”、“网钩”、“网艚”、“虾艇”或“蚝艇”是也。

至于渔款之收获，据民国三十七年（1948 年）的统计：（一）白带鱼 876970.2 斤，（二）鲨鱼 1219943.6 斤，（三）鲳鱼 886253.9 斤，（四）黄花鱼 3140380 斤，（五）加勒鱼 24458.5 斤。这是去年较大宗的鱼类的收获，如果拿战前的收获比较一下，未免瞠乎其后，如果照此情形挣扎下去，去年如此，今年可知；今年如此，明年更可知。那吗[么]，福建渔业的前途，从此只有破

产,更谈不到复兴与发展也。(上)

《江声报》1949 年 8 月 15 日

厦门渔业及其他

福建渔业根据地公 15 处,为西洋岛、北菱、虎山、霞浦、三沙湾、梅花、琯头、兴化、南日岛、坛泉岛、厦门、金门、铜山岛,这些渔产地分布本省沿海岸之厦门、福州、金门、惠安、平潭、林森、长乐、同安、晋江、福清、海澄、兴化、福安、宁德、福鼎、霞浦、连江、东山等十八个县市。战时渔产之收获,以东山居第一位,兴化第二,连江第三,平潭第四,宁德第五,晋江第六,福鼎第七,长乐第八,惠安第九,霞浦第十,厦门排在第十一。但以鱼价折合金额计算,则连江转为第一位,兴化第二,东山反落第三,惠安第四,厦门跳登第五,平潭第六,此乃鱼类时价不同,而地方销流情形亦异也。

兹将民国二十三年(1934 年)有关机构之统计数字详志如下。

渔获数量:(一)东山 3132505 担,金额 3000050 元。(二)兴化 1334705 担,金额 3004710 元。(三)连江 434918 担,金额 3488511 元。(四)平潭 165660 担,金额 1108960 元。(五)宁德 93200 担,金额 739200 元。(六)晋江 89525 担,金额 962000 元。(七)福鼎 86900 担,金额 972500 元。(八)长乐 82270 担,金额 786700 元。(九)惠安 77345 担,1549650 担[元]。(十)霞浦 72720 担,金额 795000 元。(十一)厦门 70310 担,金额 1243800 元。其中渔获数量最少者为福安,仅 840 担,金额 6720 元。次则金门 9855 担,金额 90750 元,连同福州、林森、同安、福清、海澄在内,全省渔获数量是 5792594 担,金额是 19893086 元。若把同年期的山东省 1195685 担,广东省的 2965928 担,江苏省的 2985039 担,上海市的 1171638 担,浙江省的 2353704 担,相与比较,福建渔业在中国,还是足以骄傲的。可惜战后,本省县市渔业,都缺乏精确的统计,甚至毫无办理,从口头上的报道去研究,是不足据为实录的,只能就渔船数量和渔民数量之增减,窥其轮廓而已。

现在把鱼类分布在本省沿海的情形,再为分述如下:(一)大黄鱼,即黄花鱼,俗呼黄瓜鱼。此鱼周年均有,五六月最盛,渔场在厦门外港,崇武近海,海坛、东引、三星、沙堤一带。(二)小黄鱼,形比黄花而小,二三月最盛,四月次之,三都澳最多,三星次之。(三)鲷鱼,周年地(均)有,十月至翌年二月最盛,渔区在厦门、金门、崇武、海坛、白犬、三星外海。(四)带鱼,统称白鱼，十月至翌年二三月产之，以十二月与正月为最盛，产地通同上。（五）马头鱼，八月之翌年三月最多，产地在东山、厦门、金门、崇武、东引、七星等外海。（六）鲨鱼，周年均有，秋冬特多，产地同马头鱼。（七）勒鱼，形似时鱼，勒者多刺谓也。五至九月均有。六七月最盛，产区在崇武、白犬、东引、西洋岛、七星等近海。（八）海鳗，周年均有，春秋雨季最盛，全省近海均有出产，厦门、金门、崇武、白犬、东引、七星等近海为多。（九）鲳鱼，四五月最盛，产于东山、厦门、金门、崇武、白犬、海坛、西洋岛、嵛山、七星等近海。（十）马鲛鱼，四月至七月有之，产地为东山、厦门、崇武、东引、七星等近海。（十一）鲦鱼，七月至九月，产地为厦门、金门、崇武、七星渔场。此外如牡蛎、蛏子、蚶子、紫菜、石花菜、虾、水母等，厦门、金门沿海均有，而以牡蛎一项，厦门产量最多，战前每年约 15233652 担，金额 914019 元。战后初期，据查每年不上 1000 万担，去年稍有增加，但无精确的统计。按，牡蛎即蚝，其壳可以烧作石灰之用。上述数量乃系虚重，此乃厦门唯一的海产，产期五月至八月。

战前本省的新式渔船，在实业部登记的，有闽南渔业合资公司 4 艘，泉州启化公司 6 艘，南中渔业股份有限公司 2 艘，其总吨数为 416 吨强，其中只有南中公司南中第一号及南中第二号，根据地在厦门外，其他 10 艘均属于泉州。战后，这些新式渔船已不复存在，有之仍为旧式的而已。据中国经济年鉴所载：福建全省渔民资本只有 970 余万元，而用之以分配于 99000 余的渔民，平均每一渔民资本约为百元，以 900 余万元之资本，而狩获 1900 余万元之渔获物，虽则有一本利之所获，可是其间有丰歉不同者，有因风浪而遭毁灭者，即幸而有获，每一渔民终年辛劳之所得，亦不过百数十元而已，能维持其举家之生活乎？是知其不能矣，既不能，则只有因陋就简，一方借高利贷以挣扎，一方希望能从海底钓上黄金，如是而已，安有余力以补充扩大，研求进步，故曰一言以刮[括]之，福建渔业前途仍是杳茫而悲观。（下）

《江声报》1949 年 8 月 16 日

第二章

工业经济

第一节 民生企业

一、平民工厂

筹办厦门平民工厂 林国赓等发出缘起

党政军警筹备厦门平民工厂以救济失业工友一事,详情已志报载。该厂发起人昨经发出缘起,并订期开会,共策进行,特录缘起原文如下。盖闻《周礼》有考工之记,管子著豪富之篇,诚以致富之源在兴业,兴业之要在专工,时无论今古,国无论东西,胥是道也。吾厦闽南一岛耳,迩来市政粗理,户口渐增,外有繁盛之虚名,内无救济之实力。何以言之,商店为销货之场,工厂为出品之地,商人心理只知竞争贸易,而忽于制造,所以闾阎相望,仅能粉饰升平,而全厦日用所需,大多数为舶来品,踵事增华,靡然成风。至金钱之输出,每□若干巨数,大都茫然不计也。彼无监小民,既无一技之长,以应社会之需要,且值兹生活日高,宁得不生计日蹙乎。起视阛阓,桀黠者沦为盗贼,柔懦者无以生存。循此以往,社会前途,何堪设想。国赓等怒焉忧之,安忍坐视而不急图设备耶?因思苏、浙、津、沪、粤、滇等处,工厂林立,吾厦独付缺如,若再视为缓图,未免甘落人后。爰拟觅地建筑,筹集巨资,创立一大规模之平民工厂，救济失业，使小民各适生存，其利一。制造国货，使利权不致外溢，其利二。收容外来游民，强迫习艺，使社会秩序得保安宁，其利三。且现在各项建设，工人之多，达数万，将来工程结束，亦可以将若辈安置其中，使不至流为匪类，以贻社会之忧，其利四。一举而数善具备，何惮而不为哉！唯兹事体大，厂工甚巨，自非集思广益，曷足促其实现？夙谛执事硕画洪谟，素为桑梓谋盈溢，甚望各具热诚，共襄斯举，将见群策群力，克底于成。全厦民众胥受其益，较之苏、浙、津、沪、粤、滇等处，虽未能与其并驾齐驱，庶几略具规模，藉资编造，诚属急不可缓也。所有办法如何，进行如何，兹定7月2日下午2时假座南洋公会开讨论大会，以定方计，而便筹备。届时务希准临，俾利地方公益为盼。发起人林国赓、高峰、杨廷枢、张锡杰、谢镜波、李世锐、周醒南、韩福海、黄强中、黄伯权、唐素豪、黄奕住、洪晓春、曾国办、曾厚坤、陈长福、郑超凡、陈宗书、邱世定、萧瑞清、周幼梅、廖启埔、吕天宝、林绍裘。

《江声报》1931年7月2日

党政军及各界昨讨论筹办平民工厂
推审查委员五人　负责函聘筹备委员

党政军警倡设厦门平民工厂并由发起人发出缘起，订于昨(2)日下午2时假南洋同业公会开会讨论进行经志本报，查是日至3时许始开会，计出席者周幼梅、曾国办、钱文显(幼梅代)、谢镜波(叶沧洲代)、郑超凡、黄强中、高峰、唐素豪、庄金章、李载明、李世锐、林国赓(林瑞田代)、陈长福、郑剑秋、萧炳荣、张锡杰、洪鸿儒、王宗世、谢绍曾、谭培桀、黄瑞甫、吕天宝、曾厚坤、陈文龙、魏英才、叶可元、周醒南、陈学海、黄伯权、陈少梧、廖启埔、杨廷枢、陈宝全、陈寿桀、刘哲民，黄厝保保民公会代表施志霜，外清保王秋涛，联溪保林廷尧、吴振煜，张后保杨浚泽，吴厝保叶沧河，城内保颜玉泉，张前保李声沂，岐西保徐仁和、曾元秀，连西保卢日章、王挫生，公推洪鸿儒主席，谭培桀记录，郑剑秋司仪。先由主席致开会词，略谓，本埠失业游民良多，如不设法救济，实非地方之福，以是乃有平民工厂之组织。此举关系民生及地方治安至巨，希望大家尽量发表意，俾便共策进行云云。

次张锡杰起谓，诸位今天到这里来，大家都晓得是欲组织平民工厂，而我们在缘起中亦已说得很明白了。兄弟现在再说几句，厦门近年来商业日益发达,五方杂处,失业的愈多,所以游民也逐渐增加。本局博济院从前只有百余人,现在收容的已达300余人了。博济院虽有附工厂,但因为经费缺乏,不能容纳太多。这样一来,有的就资遣回籍,然而这一批去,那一批又来,致街上的游民叫花子还是很多。如果仅由警察捕送博济院,不但将来博济院有人满之患,实际亦无补于事,殊非根本办法。所以我们要想补救办法,就应组织平民工厂。这样可以给他们有饭吃,有地方睡觉,并授以技能。工厂成立当可容纳不少工人,则社会上的秩序,地方上的安宁等等,咸蒙其益了。厦门虽说稍为安定,不过这都是假的,因为厦门是通商口岸,既不能封禁,自不能不准人来,而来的人也不是都有职业,所以失业后的游民,就越来越多了。组织平民工厂,实为当务之急,虽说经费不多,但也可以作个模范,藉资鼓励,或者平民工厂将来会成为大规模也说不定。我们中国人常怀疑多、诚恳少,这是非常错误,希望诸位打破这种观念,凡事须抱必成,自不难达到最后目的。现在平民工厂地址已不成问题,所乏的就是机器,兄弟意思今天应讨论的,不外(一)指举筹备员组织筹委会;(二)筹募经费,望诸位切实讨论云云。再次司令部参谋林瑞田代表警备司令林国赓发表意见,略谓,平民工厂之创设,林司令几年前则认为非常需要,但未克实现,殊属憾事。现在诸位已起而倡设,林司令当然很喜欢,希望能够早日实现,以利地方云云。至此,遂开始讨论。原拟先行推举筹备员19人,负责进行一切。间或谓应以机关社团为单位者,于是议论纷纷,佥谓此举除司令部、公安局、县政府、县党部、水上公安局、路政处等外,余应视其办事能力及能投资为主,不可徒拥空名。最后由周醒南提议,允推审查委员5人,负责选出筹备委员,众咸赞成。结果,推举洪鸿儒、高峰、曾厚坤、杨廷枢、吕天宝五人为审查员,负责函聘筹备委员,直至4时许乃告散会。

《江声报》1931年7月3日

平民工厂筹备员聘就　昨开第一次会议
分配工作　厂址指定后江埭

厦门平民工厂筹备委员经审查委员聘定22人,于昨(8)日午后4时开筹委会成立会,到会者筹备委员全体,张锡杰、杨廷枢、高峰、陈懋奄、洪晓春、郑超凡(周逸安代表)、李世锐(陈应铨代表)、苏耀廷、吕天宝、曾鉴堂、周幼梅、曾厚坤、常幼波、吴时汉、黄瑞甫、周醒南。主席张锡杰、记录陈寿桀,行礼如仪，其议决案如下：一、通过筹备会简章。二、推举洪鸿儒、张锡杰、周醒南、杨廷枢、高峰5人为常务委员。三、推举张锡杰为总务股主任，陈允彩、曾鉴堂为股员，洪鸿儒为财政股主任，黄伯权为股员，周醒南为建筑股主任，李世锐、吕天宝为股员，杨廷枢为劝募股主任，吴时汉、曾厚坤、苏耀廷、郑超凡、黄瑞甫、黄钦书、谢镜波、陈济波、曾国办为股员，高峰为调查股主任，王宗仁、洪雪堂为股员。四、定每星期一日开常务会议一次。五、限四个月内筹备结束（上议案并未改正，系记者临时录就）。又闻厦门平民工厂资本，现经议定暂为10万元，将来扩充至百万元。其厂址已由路政处拨出美仁宫后江埭地面600方丈云。

《江声报》1931年7月9日

平民工厂之筹款办法　募股而外
有"码头捐"与"杂货捐"　第一步以"杂货捐"发行债券

关于平民工艺厂事，昨（27日）公安局张局长告记者会，先筹备会进行颇佳，每次开会，各筹委多准时到会，将来第一步进行，决拟发行债券25万元。该项债券系以出入口之"杂货捐"为抵押，分六年摊还，利率为计1分4厘，比较其他任何种存款利率为高。现债券章程在拟订中，俟开会通过即发行。至所谓"杂货捐"，系照各途商出入口货物征收，例如某途向海关缴税饷每百元抽其1元，于各商家负担至为细微，而为利则甚溥，谅届时各商必能赞成。俟商会召集各途商开会通过，即可向海关接洽进行，预算商家向海关纳税每百元抽捐1元，年可收6万元。以6年计可得36万元，债款25万元，尚剩11万元，则备作还款利息，故计算有1分4厘之利率也。第二步即举行征求各种物品调查，例如某种物品，月可销售若干，成本若干，经专家详细之报告，自可按图索骥，择善而行，庶免货物滞销等弊。余若募捐等等，以各界之热心赞助，众擎易举，以40万元之数目，不难早日足成云云。又平民工厂筹备处，于昨（27）日午后4时开第三次常会。到会者委员17名，主席张锡杰，记录陈戟轩，议决案如下：（一）关于修正工厂章程案，议决由各委员阅后如有意见，按项签注，拟本星期四交会，送陈委员懋曾修改后，再行提会通过。（二）关于审定招股简章案，议决，归劝募股负责修正。至各委员如有意见，亦可提出交会讨论。（三）（四）略。（五）请添聘陈丙丁先生为本处筹委案，决议照办。（六）关于码头工会函请解释抽捐办法，应如何办理案。议决，解释函复。(七)关于函请司令部召集开会,解决同善堂拨款补助案。决议,照办。(八)关于托往南洋一带劝募案,决议,各委员中如有前赴南洋者,由处备函并附章程,托往劝募。

《江声报》1931 年 7 月 28 日

平民工厂分二十队募股　正副队长已定

厦门平民工厂筹备处于 19 日下午四时开临时会议,出席委员郑超凡、曾鉴堂、周醒南(周育贤代)、谢镜波(假林振成代)、苏耀廷、张锡杰、洪晓春、黄钦书(假施子怿代)、黄瑞甫、(曾鉴堂代)、曾厚坤、杨廷枢。主席杨廷枢,记录陈戟轩。议决案如下:一分队招股案,议决,分二十队招股,并函聘洪晓春为队长,黄钦书为总副队长。周醒南为第一队队长,杨德从为副队长。周幼梅为第二队队长,陈鸿波为副队长。苏耀廷为第三队队长,洪清溪为副队长。曾厚坤为第四队队长,曾鉴堂为副队长。张锡杰为第五队队长,郑超凡为副队长。苏壶冰为第六队队长,杨廷枢为副队长。谢镜波为第七队队长,林振成为副队长。黄瑞甫为第八队队长,庄金章为副队长。吕天宝为第九队队长,洪雪堂为副队长。韩福海为第十队队长,陈宗书为副队长。陈瑞清为第十一队队长,陈允彩为副队长。邱世定为第十二队队长,陈耀坤为副队长。吴时汉为第十三队队长,陈实甫为副队长。高峰为第十四队队长,黄强中为副队长。黄伯权为第十五队队长,吴□光为副队长。戴蒸然为第十六队队长,张镇世为副队长。黄超华为第十七队队长,陈由松为副队长。陈清□为第十八队队长,林士杰为副队长。蔡长春为第十九队队长,薛东港为副队长。林绍裘为二十队队长,曾学鲁为副队长。各队队员由正副队长选定后,由处函聘:一、招股时间应如何规定案,议决以三个月内为结束期间。二、各队所招股份应如何限定案。议决:每队最少招足 1000 股。三、对于认股者应如何奖励案。议决,认股在 2000 元以上,悬挂相片于纪念堂,以垂纪念。

《江声报》1931 年 8 月 21 日

平民工厂规划变更地址

厦门平民工厂筹备处,于 5 日开第九次常会,讨论事项如下:

一、关于厂址原定官浔社，现因过海铁桥尚未造成，该址自难适用，应如何变更案。议决函托路政处先就厦门方面设法地址，以便克日规划建筑，请周会办下会答复。二、关于各队招股成绩应如何审查案，议决定下星期一（12日）下午4时邀请各队正副队长及募股员全体到本处为第一次成绩报告，先期由正副总队长发函通知。

《江声报》1931年10月7日

平民工厂先办棉织科　设计俟开股东会解决

厦门平民工厂筹备处委员会昨日下午5时开第十一次常会，到会委员11人，主席张锡杰、记录陈戟轩，开会如仪：（甲）报告事项：一、洪委员晓春报告于上星期四日会同陈君懋曾、曾君鉴堂、周君贤育等亲赴禾山参观民光布厂办理情形，并调查一切内容，附交报告书一份，存处备查。（乙）讨论事项：一、本厂决定办棉织一科。二、招股事宜结束后，各股东应先交股本二成，择期开股东大会。三、所有设计及聘请技师各事宜，由股东会推举数人负责办理。

《江声报》1931年11月4日

平民工厂函路政处从速收买场地

厦门平民工厂筹备处，昨十二次常会，主席张锡杰，甲、报告事项，一、曾委员鉴堂于本月7日（星期六）会同周君贤育到禾山、梧村督竖工厂地址牌，并指定厂界。二、略。乙、讨论事项：一、函路政处请从速收买场地，着手整理，并就二千方丈范围内，绘图设计。二、函同善堂委员会，请将筹股5万元一案，提会通过，迅速函复，以利进行。三、定本13日（星期五）下午2时参观民生织布厂。四、陈君桂琨建议书保留，候提会讨论。

《江声报》1931年11月11日

平民工厂拟借禾山中学试办

厦门平民工厂昨开第十六次常会，出席11人，讨论结果：一、关于各队招股多数均已足额，并缴册到处，仍有少数未经照办者，应如何办理案。议决:对于已足额者,应请查照议决案先交股本二成。对于未满额者,应请克日将册交处,俾便明了,总额由处分别函知。二、暂借相当场所先行试办原议各科案,议决拟借禾山中学,并公推洪委员晓春前往接洽。

《江声报》1931年12月16日

工艺厂地点决在凤屿
筹委会分总务设计财务三股　规定月费百元各委平均捐助
呈请市处指派技术员

平民工艺厂暨平民医院筹备委员会,昨(31)日下午3时开第二次会议,出席者许友超、周醒南、黄友情、王弼卿、洪晓春、林鸿超(王弼卿代),主席许友超,记录谢丹麟。讨论事项:一、主席报告履勘凤岛经过,请公决案。议决,以凤屿为平民工厂地点。二、主席报告中山医院董事会来函,推派丁董事玉树等为代表接洽合作,应如何答复案。议决,候征求胡先生同意。三、主席报告本会组织规程起草完竣,提会公决。议决,修正通过。四、关于本会各股职员人选案。议决,推举王委员弼卿为总务股正股长,林委员鸿超为总务股副股长;周委员醒南为设计股正股长,林委员鸿飞为设计股副股长;黄委员友情为财务股正股长,洪委员晓春为财务股副股长。五、王委员弼卿提议,呈请市政筹备处指派技术人员会同本会设计股办理测量绘图案。议决,呈请市政筹备处指派。六、许委员友超提议(下缺)

《江声报》1933年8月1日

平民厂医院制就图样
全部厅堂房舍百余间　黄、王已赴沪征胡同意

厦门平民工艺厂、平民医院筹备委员黄友情、王弼卿先后往港晤胡文虎,商拨款建筑工厂、医院事,已志本报。昨(8日)下午2时,王氏经搭太古四川轮成行,其平民工厂医院图样亦经制就,内容计礼堂1间、办事室8间、职员膳室1间、书报室1间、职员宿舍8间、俱乐部2间、工人膳室2间、工人宿舍24间、丁役室20间、巡警室2间、材料库5间、货仓5间、警兵丁役1间、普通病室1间、传染病室1间、殓房1间、传达处1间、应接室1间、守望室1间、电力厂1间、厨房2间、浴室2间、厕所2间、洗衣处1间、工场6间,

女讲室1间、女工余室1间、女膳室1间、烹调室1间、女浴室1间、女厕所1间、女工宿舍4间、女工艺室6间、女职员住室4间。该厂图式间隔，如经胡氏同意、即照样建筑云。

《江声报》1933年8月9日

平民工医筹委会向胡文虎建议九点
以五万建医院十五万建工厂　以博济院月费充医院经常费
以前募十万元充工厂活动金

平民工艺厂、平民医院筹委会，派该会委员黄友情、王弼卿持函赴港，晤胡文虎筹商医院及工厂之一切事宜，已志前报。兹录其原函如下：径启者，此次承慨捐巨资，设立思明平民医院暨平民工艺厂，业将筹备委员会组织情形到达在案，现在进行事宜。经筹划就绪，期于最近期间，招标兴工建筑，惟关于建筑图样工程作法及将来之设备保管各节，函待商榷。兹由王委员弼卿、黄委员友情赴港就教，所有待商各点，并列如次：一、现在之博济院为平民医院地址，建筑新病室一座，至少以容纳□百人为限。原有房屋加以修筑，暂作职员宿舍及其他之用。二、博济院每月现由公安局拨付非常费约2400元，即以此款移作平民医院非常费之用。三、平民医院建筑及设备费以5万元为限，就□十万元捐款项下拨出。四、以禾山凤屿山为平民工艺厂地址（面积约6000方丈），由市政筹备处负责征收。五、工艺厂组织，日前至少以容纳300人为限，先设铁工、木工、织工、园艺四科，仍逐渐扩充，照平面图所规定，完成全部计划。六、就捐款项下拨15万元供工艺厂建筑及设备之用。七、工艺厂营业部活动资金，以前厦门平民工厂经募10万元拨用。八、俟筹备委员会结束时，设立平民医院及平民工厂，董事会受市政府筹备处监督指挥，综理一切事务。九、就厦门指定一银行按期支付建筑费。上列各节，除甲五黄□委员将详情面达外，于应函请查照，并盼见复为何。

又思明平民工厂暨平民医院筹备委员会章程拟就，昨呈市筹备处，请准备案，市处当即转呈省政府鉴核备案云。

《江声报》1933年8月10日

平民工厂医院通过包工筑路规程
梧村至凤屿定廿二投标

思明平民工艺厂、平民医院筹备委员会，昨日下午3时开第四次委员会议，出席者许友超、林鸿飞、洪晓春、黄友情、王弼卿、林鸿超。主席许友超，记录陈受禄。甲、报告事项：一、略。二、关于请将前平民工厂股款拨充工艺厂流动资金案，现接厦门商会函复，以前平民工厂筹委会系由前公安局张局长锡杰组织成立，一切情形及委员姓名未甚明了，请径函该筹委会接洽等语。又准公安局交来前平民工厂筹委曾鉴堂一函，内称，定15日召集各委员开会，讨论结果如何再行函达。乙、讨论事项：一总务股及设计股，报告由梧村通凤屿公路已计划完竣，应招标承包，提出投标及承办规程，并图式预算请公决案、议决规程图式均通过，定期本9月22日招标。

附：建设梧村至凤屿马路承办规程

第一条，承办工程人（以下简称承办人）除遵照图则外，须依本说明书办理。第二条，路面平水，如图所示，路基须用一吨以上之石辘压实，压时须洒水。路面修成覆竹形，中部比两旁高8寸，并加铺粗沙厚1寸。第三条，填土部分，路基两旁斜坡为1∶1.5。第四条，掘土部分，及在平地部分路线两旁须开掘水沟，沟面宽2尺，沟底宽1尺，沟深1尺半。第五条，取土地点，指定在凤屿顶，照所定平水掘取，所有应用之轻便铁轨、枕木及泥斗，概由承办人自备。第六条，工程成绩就实地丈量，每星期一次，按照值价发给九成，其余一成俟验收后找给。第七条，全部工程限两个月完工，逾期除因雨水停工不计外，每天罚大洋10元。第八条，承办人须有殷实商店之担保，倘有违约情事，由担保人负责。第九条，本规程自承办合约成之日发生效力。

《江声报》1933年9月15日

工厂医院设凤屿需用土地发生问题
吴佑等呈请收回成命　谓事成则农民先破产

平民工厂医院已决定设于凤屿，并拟筹委会布告招投梧村至凤屿马路工程。盖马路完工，即可开始建筑厂院也。惟需用土地问题，兹有埭头社凤屿代表吴佑等，具呈厂院筹委会，略谓，查凤屿四面环海，地瘠民贫，数百年来农民生斯长斯，全屿尽是田园，计有136斗种之多，及千余坟墓。外无片隙荒地，所有地方纯为农民耕种之田地，终年胼手胝足，劳劳苦苦，牺牲毕生血汗以换得生活代价。今突如其来，欲将凤屿辟作平民工艺厂，暨平民医院，则全屿之田园业产荡然无存，数百农民将流离失所，向之日出而作、日入而息者，必至老弱转于沟壑，壮者散而之四方。政府社会口口声声救济农村破产，今凤屿农民未沾救恩先受破产，言念及此能不痛心。且平民工艺厂、平民医院应择距离城市较近者，方能使市民近水楼台，实受其惠。今欲在辽远之凤屿，事事均感不便。又须填筑梧村至凤屿马路工程，似此工费浩大，非数万不为功，虽热心人士不惜乐解义囊，然时间手续两不经济，而使姗姗来迟，亦非计之得也。厦埠为新兴都市，马路四通八达，荒地甚多，何处不足以建设。亟应沥情呈恳钧会，收回成命，另觅相当地点，为建筑平民工艺厂、平民医院场所，庶不至使凤屿农民惨淡经营之田地，一旦玉石不分，并由佑等为凤屿全体农民请命。伏乞如恳施行，实叨德便云。

《江声报》1933年9月22日

中心区代表会交议
审核各保财政　设平民工艺所

中心区代表会向本届市参会提出三项议题，均经议决通过。该三提案为：甲、审核各保每月财政收支办法。市参会应函市府，令饬各区转饬各保，按月造具收支对照表，并将捐募者姓名详细列举，于次月15日前以前送区，汇送代表会审核。乙、举办平民工艺所，收容乞丐难童。办法为：(一)请由经建公司及本市银行界投资举办；(二)由社会救济事业委员会将所存赈米出粜，以资创办。丙、取缔假借名义向商店捐募办法。各项捐募均应先向市府报请察核，认为合法，始可筹措。否则，勿论用何种方式捐募，均为违法，警察当局应饬属随时查禁。

《江声报》1947年10月23日

二、商务企业

又无电力绞米　米业公会提出质问 “对官厅不敢……对民生漠视”

电灯公司日来又因塔文机损坏停止送电,各米绞商因乏电绞米,由米途同业公会函电灯公司云,径启者,查近日来贵公司又以塔文机损坏,停送全市电力,致敝途米绞用户,又再需电绞米,纷纷到会请求,转函贵公司克日输送,以利民生等由。据此,查此次贵公司又再停送电力已经 3 天,对各机关以及路灯尚能照常开放,可见全都不至损坏,何米绞方面不照输送?实属费解。再查米谷为民生日需要品,比较路灯以利行人更加关切,兹贵公司必鉴去年 11 月全市停电受官厅之责难。今贵公司对官厅方面不敢再事故智,而照常开放,岂对米绞用电以用绞米,有关民生而完全漠视,殊有未合。再贵公司现操全市公用事业之一,办理成绩如是,及对民众方面如何,于贵公司不免自愧。究竟司其责者,不用精神,或所聘用之大机师有疏厥职,此实令人百索不解也。敝会为民生需要,不得不据所请,函贵公司查照,务望接函之日,对米绞用户克期输送,一则以利民食,二则俾顾舆情,以资两便。此致,电灯公司。

《江声报》1931 年 6 月 12 日

尚有人管及“公用”之电灯电力 指委会令速送米绞电力　公安局限两星期购新机

电灯公司电机损坏,不能全部送电,致厦门多陷黑暗。米绞不能开车,市民感受痛苦,该公司具呈指委会声明不能全部送电,请予查核备案。昨(12 日)指委会批该公司呈:所称短期内恢复送电殊属空洞,抑将恢复送电日期切实具报。

又据报载,该公司停送米绞电力已经三日,而各机关以及路灯尚能照常开放。查米食关系民生至重且巨,仰该公司于米绞电力应予照常送电,以继民食。又公安局据呈,昨(12)日指令公司,仰将损坏部分克日修理完竣先行送电,并限于一星期以内定购新机。倘再放纵,即认为该公司无法维持,本局为地方□□□□□,□有另行招商承办,勿谓言之不预也。

《江声报》1931年6月13日

各米粉厂之今昔观
昔每日出品一万二千余斤　今外洋销售仅二十分之一
歇业后各项调查

禾山、将军祠等社米粉厂,因败价短销,屯货过多,宣告自动歇业,事见本报。兹续查各厂资本额,及其按日所出米粉,并今昔之销售比较,及各厂工人生活状况,详为志之。

查禾山自将军祠社起至双涵社止,大小米粉厂计六七十家,间因营业失败,去年间宣告倒闭及收盘改营他业者,约有20余家。照常营业者,剩40左右家。每家资本额除厂内设备一切用具约千元外,大者四五千元,小者2000余元,其资本最厚者有老吉成、荣记、裕发,而吴绵南、合利、农顺、泉盛、合成次之,余皆相客。其按日所制米粉,大厂可出三百四五十斤,小厂可出二百七八十斤,各厂统计,每日可出品12000余斤,价值每斤一角六占。米粉贩有30余人,每人每日可贩卖60斤,销于厦禾鼓间,每日可1800斤。其运销南洋各埠,往年每期轮船均有200余箱(每箱150斤),总数可销2.5万左右斤,其最低限度亦有百数十箱之配运。目下每期轮船只有星洲、岷里拉两埠,可运出十数箱,有时竟无配运。而价格往年每箱平常价可售洋18元或20元,即低可值洋17元,故各厂除300斤成本(每百斤碎米五六元至7元零)20元左右,以及工资、燃料、工人伙食,并纳保安捐等费外,可获利七八元,或十数元亦有之。目前米价虽较往年便宜(每百斤6元),但所售价值,既不如前,最近复一落千丈,每箱仅可售价12元8角至13元,且限于配往岷埠,可得此数,如配往星洲、槟榔屿,只有12元左右。且往年各行商多先出资定制,今各该厂必往招呼,尚患无人授手,其稍去实有天渊之别。故各米粉商处兹绝境,不得不暂宣告歇业。此外各厂工人每厂平均十一二人,统计有500余人,俱赖米粉工以维持全家及国人生活。按各厂工资,分甲乙丙三种,甲种小洋1元二三角,乙种1元,丙种七八角,每天由厂东供给□□。□□多□短工,长工较少。倘遇阴雨,长工有工资,短工则无。然间有功夫较好者,得向各该厂东预借,各该厂恐被他往制造,均有被其侵支,多者数百元,少者则百数十元不等。

此次歇业原因,据米粉商云,现在各该厂有屋存,平均每厂不下五六十箱,资本薄者,无法支撑,不得不暂时歇业。即资本厚者,亦因销路濡滞,逐日所制除成本、工资、什费外,日亏本一二元。不过能维持至今者,盖因米粉汤可供豢豕之料,以图微利而已。

兹将各厂住址、厂号及厂东姓名列后:

厂名	号东姓名	住址
吴泉盛	吴壬贵	将军祠
惠元	秋阿	将军祠
传合盛	侯廿三	将军祠
树美	未详	将军祠
成吉	吴乌生	将军祠
天生利		西边
新美源		将军祠
旧美源		将军祠
□成	何君子	深田内
福建安	庄藕水	深田内
福建兴	庄鸽令	深田内
合利	吴团	双涵
和成	叶进来	双涵
振昌	黄李扁	双涵
荣裕	梁安来	双涵
吴绵南	吴西	双涵
南记	张南	吴村
延记	张矮精	吴村
钿记	未详	吴村
万元	张木水	吴村
全益	张岺	吴村
□元	□□	吴村
元顺	吴坚	吴村
元发	庄天赐	金榜山

续表

厂名	号东姓名	住址
万福成	未详	金榜山
炳记	陈炳洪	官都
长发	陈长发	官都
刘振元	刘乌	文灶社
全德	李德	文灶社
老吉成	黄荣	文灶社
荣记	黄荣	文灶社
裕发	陈金	文灶社
孙记	未详	文灶社
合成	黄为仲、水生叔侄	文灶社
丰顺	吴生财	文灶社
宽裕	未详	塔厝
安记	安薯	塔厝
未详	狗屎	塔厝

《江声报》1933 年 5 月 28 日

两厂竞争冰块大贱卖　一分钱二磅　与前差十倍

鼓浪屿东方制冰厂因与厦港海山制冰厂竞争，彼此杀价，据查旧时冰块每磅售价五分，现降至每磅五文，即一分钱买二磅，其相差至 10 倍。查其竞争原因，大致海山厂所出之冰，多数售诸商船，资为冰鱼之用，销路颇广，逐日可出冰三十吨(按每吨 1600 斤)。东方厂因兼营汽水，故其冰逐日仅十五六吨。近该冰厂部为扩充营业计，冰价骤降，渔船多停而购之，海山营业突受影响，因亦卸价与争。于是两厂各不相下，而食冰者大得便宜矣。据闻现在已有人出为调和，拟用折中办法，否则两厂势不两立，最后胜利必措诸资本雄厚者云。

《江声报》1933 年 6 月 7 日

本市工业之一民光职工二百资本十二万织机百架 每日出布四十匹　全年营业可十万元

本市马路辟通后，电影戏院、娱乐场骤增8间，在建造中者尚有2间，而有关社会民生之工厂，则寂然无闻，以视隔海之鼓浪屿，犹有淘化大同、兆和，方隅之禾山，尚有民光、民生。观此，足觇厦人投资于地方实业，及消费场所冷热状态矣。记者以民光、民生两织布厂，社会人士尚鲜有注意及之者，爰不辞炎燠，于昨(19)日上午10时驱车至禾山竹坑湖之民光织布厂实地调查，为有系统之报告，冀促进社会人士对地方实业之注意。至民生、淘大、兆和，则俟之异日，按民光织布厂址在禾山竹坑湖，距厦市区约30里，为菲律宾侨商杨肇根个人投资创办。该厂成立于民十八年(1929年)冬，初只工场1所，现已添至2所，资本亦由3万余元，陆续增至12万元。盖一小规模之织造厂也。全部建设计织布厂2间、染房1间、引纱1间、机器部1间、弓纱1间，男女厕所、自来水池、电灯发动机均齐备。织布机有99架，发动机1副，磨光机1副。男工50余人，女工80人，童工20人，老妇20余人，全部职工共计200名强。其中老妇及童工均任引纱工作，每纱1包，工值大洋4角2分，努力者日可引2包，最低亦1包。童工年最少者仅7岁，老妇最长者60余岁，其他男女工则均任织布工作。布每匹40码，织1匹可获工资大洋1元，每日工作早晡10小时，男可织20码，女15码。此为普通最低限度，如能照规定时间工作及勤敏者，男可25至30码，女20至25码。厂内有男宿舍3间可住70人，现留厂宿者有40余人。工人籍贯，江苏30人，同安40人，多老妇及童孩，其他均附近各乡及本乡。男女工人住厂染病者，医药费皆厂方任之，每年种痘两次，故患病甚少。每日出布普通40匹左右，本市销路三分之一，漳泉内地二分之零五，外埠三分之零五，小吕宋、爪亚亦有批发，虽为数无多，然亦慰情聊胜无也。营业状况，据厂东杨肇根君言，全年进出10万元左右，初创二年，因规模小，无甚溢利，去年则折阅。因去年底本市各布店仇日启封，廉价拍卖，每元可售七八码。该厂不能不降价竞争，每元亦售五六码。价已降低，布复滞销，故损失甚巨，原拟本年增设马达电机50辆，扩大规模。嗣受日货影响，遂未果行，现厂中有马达机15架，每人每日可出布40码。以马达机制布者，工资发8折，2折归公司消耗及油渣费，每布一匹成本7元余，售价8元二三角，如销路畅，出布多，自可获利，否则只能维持现状。若日货充斥，不受抵制影响，则悲观实甚，是不能不希望社会人士共同维护者也。现在厦市各布店所售之格子布，多日货假冒广东工厂出品者，每元大洋可售六七码，而本厂仿制每元只能售 4 码，因本厂所用之纱线，多系横 32 号“每捆价 250 元”，直四十二号“每捆 300 元”者，而日货布直皆 32 号，其价较廉。一般人只知购便宜货，其他质料坚否，是否仇货，则非所计。官厅对地方实业既无辅助，而社会又不能维护，无怪地方人士投资于工厂事业者之少也云云。又查该厂在大同路设有批发部，陆运在竹坑湖自辟有汽车路，可通达厦市。水运置有电船，从竹坑湖半小时弱可抵新填地，旧路头登岸。厂在胡里南山对面，附近之海墘，即厦岛著名之牛家村。

《江声报》1933 年 6 月 20 日

厦门工厂调查又一淘大出品营业及资本
去年销货三十余万　本年稍逊资本自七万五千增至百万
工人七十名　月薪多则二十五元七八元者居多数

鼓浪屿之淘化大同公司制造厂为厦门工厂资格之最老者，其始资本仅 7.5 万元，近已增至百万元，而香港、温州、厦门均设有分厂。鼓屿始厂且附设机器工厂，可以修理小火轮、电船及制造油渣发动机等，是该厂之内容如何及其营业状况等等，自亦一般所注意者也。爰查其详，以告关心地方实业者，亦勉往勖来之意云尔。

营业状况去年度售出货物价值总数 30 余万元，本年上半年约 14 万元，比较去年稍逊，唯价格则今不如昔。去年该厂出品之普通色菜，每罐售洋一角者，今已减售 9 分。其他各种出品，亦一律 9 折减售，故输出货品总值已较去年递减，而货价亦降跌十分之一也。民国十七八年间(1928—1929 年)，配南洋及菲律宾群岛者，每月约 7000 箱左右(每箱百罐，值 9 元)，现仅千余箱。其原因：一、南洋出产低落，华侨归国者多，销路顿滞。二、民国十九年(1930 年)香港设分厂后，所有运销南洋一带者，均已改由香厂输出也。

资本内容，该厂创始于前清光绪三十四年(1908 年)，当时股本仅 7.5 万元。民国十六年(1927 年)因工厂关系，乃合并大同厂，股本涨至 50 万元，嗣续增至 86.25 万元。本年增足至 100 万元，则以香厂新创，需用益巨也。除股本新旧合计 100 万元外，历年公积金亦达 20 万元。其资本之分配，计鼓浪屿内厝澳始厂 45 万元，厦门虎头山脚分厂 15 万元，温州东门外分厂 6 万元，香港九龙牛头角分厂60万元。建设最完备者，首香港，次鼓屿，厦门制造小部分，温州则仅制鸡、牛、鱼肉罐头食品。据该厂经理苏穆如言，香港初创时预算每年可销南洋200万元，现每年只销四五十万元，相差至3倍有奇，费虽相抵，而利则未见云云。

工人生活就鼓厂言，固定工人有70名，籍贯浙之温州，闽之漳泉均有。薪金最高者，机师每月百零五元，唯只1人，余则25元、16元、七八元不等，而大部分则七八元为多也。工作时间每日8小时，如值需要，间亦有至9小时者，或货物滞销，停工时间亦多。工人伙食由厂方供给，每月每名7元，住宿亦在厂方。此外另雇有临时散工，多鼓屿附近妇女，其工作则切瓜菜、粘商标等，人数日数十人或一二十人不等，工值每日分5角、3角半两等，妇女恃以生活者平均每日有20余人。此外，复附设淘化大同工厂所，地濒海滨，可以修理大火轮电船及制造油渣发动机、制钉机、滚铁线机、铁锅、铁炉等，有工人40余、机师10余、学徒10余，盖一小规模之制造厂也。

机器部分计有油渣发动机1部，马力42匹，系德国出品，如发动全厂各种机器，均可工作。每日只用油渣2珍、车油8磅，其费甚省。另抹胶机1、印罐盖机1、切罐片1、卷罐身机1、合罐盖罐身机1、折罐边机1、试罐机1，宝珍炉2，可以互相替用。榨豆炉1，每15分钟可榨豆饼17包。如以旧式之普通锅榨之，则需时甚久，需锅亦巨也。煮罐鼎3，系杀菌用，全部机器均发动，每日可出罐3万个。

制造品类有鸡、鸭、猪、牛肉、鱼介、咸蔬菜、植物、果子、蜜荐[饯]、酱油、豉油各种，销路以咸蔬菜、豉油、猪肉类为大宗，鸡、鸭、猪、牛等类以价格关系，大部由温州分厂制造，转配厦鼓销售。鱼介碱类则鼓厦出品为大宗，有时鼓厂亦兼制鸡、鸭、猪、牛肉等品，则视时价能否合算为断也。

《江声报》1933年8月2日

旧有公司补请登记法　部定四条　市处布告饬遵

市政筹备处昨布告略云：奉建厅训令，案奉实业部令开：查旧有公司未经登记者，应一律于本年9月30日以前，依法呈请登记，业经令行在案。兹据北平市社会局呈，以据北平工厂联合会呈云：为旧有公司补请登记，法定应具文件，如主管官署检查证书、董监调查报告书，及创立会、决议录等，应如何补具，拟请特订办法，据情转请核示到部。查旧有公司概皆成立多年，原创立时，既未照公司法办理，现在备此，刷发原办法，仰饬所属各公司遵办，等因奉此。查旧有公司补行登记期限已迫，奉令前因，合行粘附原办法，布告周知。仰即依法呈请登记勿延，附原办法一份，一、旧有公司之股份由发起人认定者，应补请主管官署依法检查，出具检查证书。二、旧有公司之股份非由发起人认定者，应由现任董事监察人重行调查，出具报告书，请具登记文件，自不能与法相符。兹为符合事实与法令起见，特订旧有公司补具登记文件办法四条，仰遵办等因。附办法 1 份，奉股东会承认。三、创立会决议录，得以最近修正章程之股东会决议录，选举本届董事、监察人之股东会、决议录，及前条承认董监调查报告书之股东会决议录代替之。四、如第一条及第二条之手续、旧有公司不能依限补请登记者，得于限期内声叙理由，于限期后正式呈请登记。惟时间须预先声明，并经实业部认可。

《江声报》1933 年 9 月 16 日

厦门豆油禁运入漳　总部准咨盐署暂缓进行
兆和豆油运漳被扣

最近漳州禁止本市酱油运入内地行销，本市淘化大同及兆和两大公司认为有损国产实业，经派员分向省政府、绥靖公署及十九路军总指挥部请求保护，并另派专员前往南京交涉。闻总部经准咨闽运副公署，暂缓进口，静候解□。内地采用兆和酱油□家，仍旧采运，昨该公司接其代理人由长途电话报告，被稽核所将货扣留。据该公司负责人云，本国生产落后，实业等于零。今本市仅淘化大同、兆和为具有规模之实业公司，制造国产，当兹政府鼓励实业，正望人民提倡，何可同在国境，划分禁止，得勿引未来投资实业建设者之寒心云云。

《江声报》1933 年 9 月 28 日

禁豆油入漳　两公司反响　电京省当局　请撤销禁令

淘化大同与兆和公司所出品豆油，被禁运入漳，事在交涉，已志昨报。兹录该两公司致京省当局电文如下，南京财政部长宋、实业部长陈、福州省政府蒋主席、绥靖公署蔡主任、建设厅孙厅长、李委员清泉、盐运使署钧鉴，厦门运副及石码盐局禁止本公司等酱油运销内地，宥日将兆和公司运漳货物扣留,并将船及船伙拘禁。似此摧残实业、破坏国货,为世界仅见之创例。处此禁令之下,本公司等势必被迫停业,政府正招来侨资回国建设,而已成实业,受此蹂躏,则提倡保护之明令,已等具交,尚何有建设之可言。万乞严令制止,并撤销禁令,以维实业而重法纪。淘化大同公司、兆和罐头公司同叩,俭。

《江声报》1933 年 9 月 29 日

日布贱价　土布受打击
民光改织蚊帐纱　民生谋改良刷新

厦门织布厂,向有民光、民生两家,民光为菲律宾华侨杨肇根独资经营,民生则股份公司性质也。民光资本 12 万元,创设以来,尚足维持。去岁,受地方不景气影响,及日布之打击,遂于年底宣告结束。迨本年 4 月,杨之戚□某,乃改编蚊帐纱,借以久延该厂一线生命。最近,禾山特区长王儒林,第五区行政专员黄元秀,亦曾前往该厂(在竹坑湖)参观,对该厂历年之艰难奋斗,颇加以劝勉。顾私人企业,能力有限,地方政府及社会人士、海外侨胞,不能起哄共同继获援助,以之与有政府为后盾之整个工商业集团肉搏奋斗,欲其不失败,诚难乎难矣。民生厂址设于厦禾路,资本原定 16 万元,实收 8 万,后增 3 万,共为 11 万元。机器部分,已动用五六万元,其流动资金,亦不过五六万,且须大部分购贮纱线、染料,故开创以来业务种种,亦未见有任何进展。该厂纱布部分,原有动力布机 28 架,水电力布机 34 架,自停梭织全铁布机 2 架,提花机 4 架。本年以来,亦因销路阻滞,只动用一二十架,其余均停顿。在前两年间,全部工人约一百六七十人,去年一二月,尚有百四五十人,至年底骤减至七八十人,近日只剩三四十人而已。该厂全盛时期,年销十一二万元,去年已渐减至 7 万左右。迨去年底,日布大批来厦倾销,以价格相差过巨,遂不得不以缩工,减少生产闻矣。据个中人言,本地土布不能与日布竞争,原因有六:一、日纱布用化学制造,成本较廉。二、日本厂家,有政府为后盾,经济力比较活动巩固。三、出口免税。四、十分之九属水客携带,免纳关税。五、□水差加二四。六、免耗载费。综上原因,本织布已被打击无余,况际此不景气时代,每大洋 1 元,可购日布七八码,而本织布则仅四五码。现时女旗袍 1 件,短袖者只用布 3 码,女短衫 1 件码 8,若购日布,费洋三四角,即可制旗袍一件。一般贪图便宜之国民经济家,大都只顾目前，不计久暂，此尤为本织布不能与日布抗争之最大原因也。惟尚有一线生机者，则日布质轻，只宜于夏天而已，若严冬天气，则非本织布，不能取暖与耐用。此则不能不望社会人士之扶植，及该厂之急起直追也。又闻沪粤各大织布厂，近多改用新式自停梭织布机，因此种织机每一工人可管理 3 架，至 5 架，工省而出品多，自非昔日本制机可比。民生厂当事者鉴于此，正拟具新计划，俟征得股东同意，即积极改良刷新云。

《江声报》1935 年 7 月 14 日

本市国货厂商调查

本会组织于兹，迄经半载有余，除于尽量唤醒国人服用国货外，对于调查本市国货厂商，确亦目前急切之一部分工作。是故在本会第一年计划书中有国货厂商调查之计划，爰经本会检查组于去年中着手。兹将调查所得，披载于下。

厦门国货厂商调查表之一

厂号	第一号		厂名	光化工业社
负责人	一厂东	苏士材	经理	苏士材
技师	姓名	章子荣	籍贯	福建龙岩县
厂址	禾山后江埭		电话	1341
出品	电池		商标	三马久用雨伞等
原料来源	香港　上海　广东			
开设年龄	民国廿二年(1933 年)		资本	大洋 2000 元
组织	合资经营			
职工	40 人		机器	10 余架
每日尽量可产数量	每天可出 600 打		价值	240 元
现在每日出产数量	200 打		价值	80 元
平均每年销售数量	6 万打		价值	2 万元
销场	闽南一带			
营业概况	十分发达			
最近有无何种进行计划				

本埠代理处及代表	开元路发行所代表张国良
备考	据实地调查所见,职工约有120人,机器大小约40架。故资本当不止2000元

厦门国货厂商调查表之二

厂号	第二号		厂名	通行肥皂公司
负责人	一厂东	杨云川	经理	杨云川
技师	姓名	杨云川	籍贯	晋江
厂址	溪岸街72号		电话	
出品	肥皂		商标	飞机　蜻蜓　三光珠等
原料来源	完全国产			
开设年龄	民国廿一年二月开办 (1932年2月)		资本	2000元
组织	独资			
职工	6人		机器	印皂　绞皂　切块等3架
每日尽量可产数量	100箱		价值	500元
现在每日出产数量	6箱		价值	30元
平均每年销售数量	3500箱		价值	1.5万余元
销场	闽南漳泉各地			
营业概况	渐见冷淡			
最近有无何种进行计划	现拟招募股东扩充营业			
本埠代理处及代表	本市酒烟杂货店均有代理			
备考				

厦门国货厂商调查表之三

厂号	第三号		厂名	筹云电机电机制棉厂
负责人	一厂东	廖新民	经理	廖新民
技师	姓名	同上	籍贯	福建安溪
厂址	厦门美仁宫		电话	23□8
出品	药棉　棉被　棉片　碰棉		商标	五福
原料来源	宁波			

开设年龄	民国廿一年(1932 年)起		资本	实数 1 万元
组织	独资			
职工	18 人		机器	8 个
每日尽量可产数量	350 磅		价值	250 元
现在每日出产数量	120 磅		价值	90 余元
平均每年销售数量	药棉计 3 万余磅 棉被、棉片、碰棉 6000 元		价值	2.7 万余元
销场	福建全省,汕头及南洋			
营业概况	近受外货打击,略受影响			
最近有无何种进行计划	拟尽力与外货竞争			
本埠代理处及代表	本市各药房			
备考	每日连棉被等尽量可产 500 元以上			

厦门国货厂商调查表之四

厂号	第四号		厂名	福和诚肥皂厂	
负责人	一厂东		经理	苏达人	
技师	姓名	吴守山	籍贯	福建同安	
厂址	后江埭		电话	2143	
出品	洗衣皂		商标	三星　金马　金钱　手标	
原料来源	上海　天津				
开设年龄	3 年		资本	9 万元	
组织	股份合资				
职工	15 人		机器	割皂机　印皂机	
每日尽量可产数量	500 箱		价值	5000 元	
现在每日出产数量	40 箱		价值	400 元	
平均每年销售数量	1.5 万箱		价值	15 万元	
销场	闽省　云南　广西				
营业概况					
最近有无何种进行计划	扩充新销场				
本埠代理处及代表	洪本部启诚号				

备考	据实际观察,该厂职工约在四五十人,其规模之宏广以及设备之完整,堪称本市皂厂之冠

厦门国货厂商调查表之五

厂号	第五号		厂名	厦门制钉厂	
负责人	一厂东		经理	批发部　胡酒煌 厂务部　白振声	
技师	姓名	白振声	籍贯	安溪	
厂址	文灶社门牌 2 号		电话	2138	
出品	铁钉　铁线		商标	中	
原料来源	欧洲				
开设年龄	廿一年(1932 年)八月间开办		资本	4 万元	
组织	合资经营				
职工	18 人		机器	25 架	
每日尽量可产数量	钉 25 桶　线 25 担		价值	200 元	
现在每日出产数量	同　　同		价值	同	
平均每年销售数量	约 9000 桶线钉		价值	6 万余元	
销场	福建、汕头				
营业概况	颇行发达				
最近有无何种进行计划	虽拟向南洋推销,奈因运费成本关系,未能与外货竞争				
本埠代理处及代表	全市五金店				
备考	厂内有廿五马力渣引擎 1 具,具实际观察,资本当不下 6 万元。规模宏厂,占地百余丈方				

厦门国货厂商调查表之六

厂号	第六号		厂名	庄蒸成肥皂厂
负责人	一厂东	庄有才	经理	庄金安
技师	姓名	黄江海	籍贯	思明

厂址	后江埭	电话	256
出品	冰糖　肥皂	商标	犀牛
原料来源	大部分中国		
开设年龄	民廿二年八月开办 （1933 年 8 月）	资本	1.5 万元
组织	独资经营		
职工	10 人	机器	4 架
每日尽量可产数量	肥皂 50 箱 冰糖 150 箱	价值	肥皂 250 元 冰糖 300 万元
现在每日出产数量	肥皂 8 箱　糖 15 担	价值	皂 40 元 糖 300 元
平均每年销售数量	皂 600 箱，糖 1250 担	价值	皂 3000 元 糖 2.5 万元
销场	中国沿海一带		
营业概况	渐见萧条		
最近有无何种进行计划			
本埠代理处及代表	史巷建仓		
备考			

《国货会刊》第一卷第三期 1936 年 2 月 7 日

厦市设厂制造肥田粉　利用垃圾粪料　每日出品百担

本省农村所用肥料，除农民自调粪尿草灰等类供用外，由外输入之豆饼肥粉，每年数字，至足惊人。肥粉一项，皆系外货，直至今年，始见国产品运闽推销。惟农民皆未惯用，尚须努力宣传，方可畅销也。近有吴宪庭等，在厦制造肥粉，由李仙根计划，设厂于禾山后江埭，一切机器设备等费 4000 余元。现均布置就绪，预定资本为 5 万元。军政界人员，亦有参加者。至其制造原料，系利用本市之垃圾及粪料。目前制造初步，每日须垃圾 200 担，大肥百担，合计 300 担，可制成肥粉百担。其出品售价，定每 200 市斤为 4 元 2

角。与洋肥粉比较，仅及四分之一之价钱。盖洋肥粉每200市斤须十六七元也。

《江声报》1937年4月26日

工务局之调查 日内举办车辆登记 厦市统计 大小六十九工厂

市工务局以本市车辆尚未举办登记，于管理上殊感不便，特定自本月12日起，开始登记本市人力车、脚踏车、货车，包括人力兽力，一律予以检验。如破损过甚，不准行驶。登记合格则发给牌照，每一牌照收取材料费200元，限用一年。

至该局前举办全市工厂统计，兹已完成，其统计如下：电气厂2、电话2、自来水1、酱油2、罐头2、花砖1、修造木船8、锯木5、酒厂10、铁钉1、机器厂9、电池厂2、加工厂24，总上合共大小69厂。

《江声报》1946年4月10日

大同酱园越界筑墙 区代表会请令拆卸 看当局能否尊重民意

本报讯 厦港区民代表会致函厦港区公所：查本会近据保民纷纷到会报告，以本区辖虎头山下大同酱厂工场地址，沦陷期间，为敌拆毁。最近该厂复员，重建工场，不遵原有范围，竟将越界筑墙于公有人行道上。该处为车辆往来热闹之要道，诚恐撞车闯祸，行人无从走避。似此不但妨碍交通，且关生命危险，请迅函区公所责令该厂迅将围墙拆卸，仍留人行道，藉重公安等情。当经派员查明属实，相应函请贵区查照，即希责令该厂克日将围墙拆卸，仍留人行道，藉重公安。至纫公谊。

《星光日报》1947年3月29日

战前厦门最大工厂陶化大同复员中 全部损失百分八十 其他各厂尚难恢复

海外社讯 厦市战前工厂颇夥，沦陷期中，悉遭破坏，迄未恢复，益因政治经济未稳定华侨及稍有资力者均不敢投资建设。实业不振，失业日众，按昔日有罐头厂、酱油厂、花砖厂、肥皂厂、饼干厂、机器厂、制冰厂、冰糖厂、棉织厂、制鞋厂等。其中规模最大者，厂推陶化大同罐头厂，该厂分设厦鼓，最盛时期可容工人千余名，战时遭受损失亦最巨，所存残余财产，不及五分之一。按该厂在清末创于鼓浪屿，原名陶化厂，民三主持者杨就是氏，因纠纷退出，另组大同厂，于火仔垵矮屋 1 栋，艰苦经营，与陶化争一日之短长，终至业务发展，由酱油厂扩充为各种食品罐头工厂。建筑设备亦极完善，最盛时期可容工人 500 余名。每月用盐 500 担，黄豆 500 包，瓜数十担，水果食品，每期出产在 5000 箱以上。一应机器计 15 部，酿酱缸 1 万余个，制豆豉之竹□1 万余面。民国十七年(1928 年)，陶化、大同两厂，为谋向外发展，合并经营，名称亦并为“陶化大同”。出品行销南洋群岛及南北各地，并在温州九龙设厂，合厦鼓计 4 个厂。总公司移设香港，中以九龙厂规模最大，每月外销达数十万元，即厦鼓门市零售每日单铜元一项，则有 10 万枚以上。收入股东红利颇丰，股票亦曾上涨 10 倍，当时与之争衡者，有兆和、康泰两厂，但亦无法与之相敌。厦岛沦陷，该厂不及撤退，遂为敌所觊觎，敌酋与亚院长□部，拟拉拢周逆寿卿出任傀儡，乃指该厂训练壮丁抗日队等等，多方寻隙，逮捕公司董事长林子达及两厂负责人。旋因周逆有意占夺两厂，要求释放，林即逃往香港，以此获免。民国二十八年(1939 年)，敌军部通令出卖火仔垵部分未遂，乃限 30 天内搬迁。该厂原拟觅址搭寮，嗣因时间匆迫，乃迁入大生里。该处房屋之门窗已为敌伪事先拆去，但终不得不暂时利用，(机器部分于合并时迁往九龙得免于难)然后拆卸围墙、砖木塞围大生里房屋门窗，惟自始至末被敌伪偷拆搬卖，及遭轰炸损失，竟达五分之四以上。目前勉强支持，工人仅二十余，日售不过四五十万元而已。近该公司已自港拨款来厦重建厂地，其中火仔垵方面围墙及房屋，已完成一部分。所有木料砖瓦，概系旧存，仅工程费一项，即近 2000 万元之谱，且在大生里之砖瓦，胜利后又被某部队搬去，大部缸瓮亦多被盗卖及被损，仅存 6000 余个。惟现留大生里砖瓦，警局又不准迁回公司，正在交涉中。至鼓厂，亦在修筑中，整个恢复当在五年以后，刻兆和厂正申请行总济助，康泰则尚遥遥无期也。

《星光日报》1947 年 3 月 29 日

厦电灯公司总经理易人　由骆萍踪兼代

海外社讯　商办厦门电灯公司总经理郭宗太，近月来忽萌倦勤之念，屡向董事会提请辞职，均经挽留。惟郭氏去志已决，复于昨（12）日该司举行董事会议时当场提出辞职。董事会以其辞意坚决，乃予照准。所遗总经理一职，暂由常务董事骆萍踪兼代。

《中央日报》1947 年 5 月 14 日

各地冠盖云集厦门　经建公司明日成立
股本可能尽量增加以期充实建设力量
主委胡文虎身体欠适由胡好代表参加

本报讯　福建经济建设公司主任委员胡文虎原定昨日飞厦主持该公司创立会典礼，嗣因身体欠适，特电促其长公子虎标永安堂总经理胡好先生来厦主持开会事宜。时胡氏方率星岛足球队征欧途经缅甸，接电后即日乘机返港，于昨晨转飞来厦，下榻厦大旅社。据称海外侨胞，对经建投资，甚形踊跃，前途非常乐观。至该公司股本问题，当视国内外投资数额之多寡而决定其个人之股额，必要时可能尽予增加，以期充实建设力量云。

又讯　福建经济建设股份有限公司创立会，决于本月 12 日上午 9 时假市商会开幕，各节经志前讯。查各地股东代表，经先后乘机抵达本市，计昨日到厦者计有马来亚股东代表胡文虎（胡好代）、黄重吉、王振相、林树彦、钟文贤、陈春生、苏用芋、黄和水等；越南股东代表，计到厦者有颜子俊、陈锦煌。又本日可到者计有省府刘主席代表朱代杰、丘汉平、陈培琨、丁超五，以上为福州方面代表；宋渊源、陈相康、李君侠 3 人，则代表上海方面股东代表。尚有菲律宾股东代表王泉笙等，当可及时赶到云。

《星光日报》1947 年 7 月 11 日

经建公司今创立会　议事日程已经排定
会期四日定十五日闭幕　丘汉平等今可飞厦参加

本报讯　福建经济建设公司创立会，订今日假市商会举行开幕典礼，选举董监事会议。会议日期预定4日，其议事日程如下：7月12日上午9时至12时30分(夏令时间)成立典礼。一、行礼；二、主席致词；三、长官致词；四、来宾致词；五、本公司代表致谢词；六、茶叙；七、摄影。下午3时至6时30分(夏令时间)第一次会议：一、报告事项；二、通过公司章程草案。7月13日第二次会议：一、报告事项；二、讨论股东提案；三、决定业务方针；四、追认已办事业；五、讨论事项。第三次会议：一、报告事项；二、选举董事及监察人；三、讨论事项。7月14日第四次会议：一、报告事项；二、董监事宣誓就职；三、董监事谈论会。董监事会议：一、报告事项；二、选举常务董事、董事长、副董事长；三、选举常务监察人；四、决定总经理、副总经理人选；五、讨论事项。7月15日常务董事会议：一、总经理报告业务计划；二、审查业务计划；三、聘请秘书主任、会计主任及各业务部门正副经理；四、讨论事项。常务董事会议：一、报告事项；二、讨论事项。

本报讯　经建公司成立在即，省府刘主席因要事不能亲来出席，特派建设厅长朱代杰代表偕财厅长丘汉平，省议长丁超五、省委陈培琨等来厦出席。朱氏等一行原订昨由榕飞厦，本市各机关首长皆至机场鹄候。惟抵达时，始悉榕飞机因机件失灵，无法起飞，朱氏等或可于本日赶厦参加成立典礼云。

又讯　经建公司成立大会，原订本日下午3时假市商会举行成立典礼，只因日来天气酷热，特改于本早9时(夏令时)，仍假原址举行云。

《星光日报》1947年7月12日

经建公司创立会　昨在厦隆重揭幕
参加来宾纷纷致词同申祝贺之忱
下午第一次会通过公司组织章程

厦门12日电　马来亚华侨倡导组织之福建经济建设股份有限公司，经年余之筹备，今日在厦举行正式创立大会。出席股东代表20余人，开幕典礼于上午9时假市商会礼堂举行，到厦门各界首长来宾、股东代表者百余人，由筹备会常务委员会王振相主席致开会词，报告该公司组织之意义与业务范围。厦市长黄天爵、要塞司令腾云、市议会议长陈烈甫、市党部书记长黄谦若、侨务局长江亚醒、华侨协会理事长张澜溪、商会长严焰，均恳切致词，佥以发展本省交通、兴办工矿事业、改良农产品等切需事业，寄望于该公司。继由股东代表何葆仁致答词，末茶叙，11 时礼成摄影散会。午后 3 时举行第一次大会。

《星光日报》1947 年 7 月 13 日

经建公司创立　官方极著热望
本省建设业务范围至广　建设厅长朱代杰氏表示

厦门 12 日电　记者今访代表刘主席来厦参加经建公司创立会之建设厅长朱代杰。省方对该公司之创立极著热望，故除搜集全省工商交通及矿藏等资料以供该公司业务上之参考外，并拟供给必要之技术人员。至该公司之业务范围，已拟具计划草案，实际着手，尚需股东大会讨论。渠认为本省矿产颇丰、农田水利、公路交通多需兴修，则该公司业务途径至广。朱氏下周或赴闽南一行。

《江声报》1947 年 7 月 13 日

筹备经年之经建公司昨晨举行创立会
刘主席代表暨股东二十余人参加　首次会议通过组织章程

经建公司 12 日晨在厦如期举行创立大会，省府刘主席代表朱代杰，榕市股东代表丘汉平、翁赞平，沪股东代表宋子靖、陈祖康、李君侠，均于上午 11 时赶到。省参议会议长丁超五、省委陈培锟，因未能前来、特分函张述、何葆仁代表出席。（中央社）

又讯　马来亚华侨倡导组织之福建经济建设股份有限公司，经年余之筹备，今日在厦举行正式创立大会。出席股东代表 20 余人，开幕典礼于上午 9 时假市商会礼堂举行。到厦门各界首长来宾暨股东代表百余人，由筹备会常务委员王振相主席致开会词，报告该公司组织之意义与业务范围。厦市长黄天爵，要塞司令腾云，市参议会议长陈烈甫，市党部书记长黄谦若，侨务局长江亚醒，华侨协会理事长张澜溪，市商会长严焰，均恳切致词，佥以发展本省交通、兴办工矿事业、改良农产品等切需事业，寄望于该公司。继由股东代表何葆仁致答词，末茶叙。11 时礼成摄影散会。午后 3 时举行第一次大会。（中央社）

经建公司今日下午举行首次会议，到各地股东代表 20 余人。筹备会秘书长何葆仁报告筹备经过后，嗣推胡资周主席，通过该公司组织章程，6时半散会。

《江声报》1947年7月13日

经建会第二日续开二三次会
今晨选举董监事 朱丘二厅长相继演说

福建经济建设股份有限公司创立会昨晨9时继开第二次会议，主席王振相行礼如仪后，由省建设厅长朱代杰演说，略谓政府对该公司之热望，并愿予以全力支持与保障，并报告本省目前经济状况：

(1)贸易：已增至战前四分之一；

(2)工矿：现状甚差，一待尚待努力，公用事业均告亏本，如自来水、汽车、轮船、电灯，亦无法抬头；

(3)交通：较战前退步，系由于交通工具缺乏；

(4)农业：本省农业以茶、纸、糖等为大宗。

然贸易之研究，亦应加努力。最后希望：

一、该公司之业务应由股东之经验而决定；

二、应接受社会之要求；

三、应接受政府之要求，政府当决尽力协助。

继由财政厅长丘汉平演说，以目前币值狂泻，对该公司股本有若大损失，是故对资本运用亟宜迅速。至于所拟进行事业，亦应放大眼光，择一而行，态度坚决。丘氏并贡献意见，对该公司人事制度之健全，最须强调以求公司之永远进步，乃由建设厅视察，启发报告本省矿产状况。各来宾相继演说，则通过该公司章程，下午续开第三次会议。至董事及监察人，业移在今晨第四次会议时选举云。(扬)

《江声报》1947年7月14日

工业同业公会举行常务委会

本市讯 厦门各工业同业公会联合办事处常务委员于昨下午4时在电灯公司四楼开第一次常委会讨论各公会交办事项。一、分配常委会委员工作。(一)财政由郭景村负责；(二)计划由吴文苑、林采之、陈华池、刘清良、黄重生等负责;(三)交际由曾耕烟、白三江、王福禄等负责。二、常委会开会日期,规定每星期五下午4时,在电灯公司四楼(本办事处)开会一次,主席由各常委轮值。三、联席会议交办各案由秘书黄奠璋分别办理。

《中央日报》1948年9月7日

米粉厂今起复业

警局奉令,层饬禾山将军祠、文灶、吴村各社米粉商,即日停止制造米粉各节,已志前报。兹查禾山各米粉厂商同成等号,于18日具结停制后,曾呈市府请求收回成命。昨(23)日午12时,该商代表纪经文等一行3人,复再携呈来厦,前往市府晋谒黄市长,请求体恤商艰。经黄市长亲自接见,各代表申述理由后,黄市长亦认米荒时期已过,无禁止必要,即电话警察局层饬美仁宫分驻所解放禁令,并即面准该商等今日起照常营造,免致失业云。(鲁)

《江声报》1948年11月24日

第二节　机制实业

海军造船所改造计划　萨夷将携之入京

海军厦门造船所所长萨夷,前拟有该所之改造计划,决亲自携带入京,与海长陈绍宽面洽一切。嗣因该所发生守更通同外窃,盗取油木板,为第二分局派出所巡官邓拱一撞见。就捕解局究办之后,萨因此气愤成疾,赴鼓浪屿博爱医院休养,现已稍痊。对通盗之更夫,决函公安局提回,自行惩办。至京行,则在下周之内云。

《江声报》1935年3月17日

厦造铁钉月销九万斤　设厂禾山独家经营
可握闽南潮汕牛耳

本市工商业,借机器生产者,向有制针、制樽杯、制纱袜、制钉厂数家。

近则制针、樽杯、纱袜等厂均告失败，停歇。其能屹然独存者，仅“厦门制钉厂”一家而已。该厂设于禾山文灶社，属股份公司性质，资本额3万元，股东兼经理胡振声、胡迺煌，祖籍安溪，入日籍。机器部分计有制钉机16座、拔线机5架、磨光机2架、发动机1座，除发动机购自德国外，其他均购自日本，全部机件计6000余元，工厂地价及建筑费亦6000余元。现每日夜工作20小时，平均每日夜出钉3000斤。厦门制钉厂，创立于民国二十一年(1932年)，该厂未设立以前，闽南各县所销铁钉，皆由上海及日本两地运来。近则日钉因金票不合算，无货到，沪钉以有该厂竞争，每次配到厦，均受降价打击，故亦停止不来。现该厂营业范围，已浸浸握闽南、潮汕之牛耳。其配往汕头之钉，闻均用帆船运载，免报关税，沪钉之不能与其竞胜，此亦一原因云。

《江声报》1935年7月12日

米粉业破产　香沪商喊救
为原料连带关系　竭请撤销出口税

本市米粉业，前请财部撤销出口税，未获照准。该途商为避免征税，多迁往香港营业。香沪公会以米粉原料，系碎米制造。似此影响该途生意甚大，特于日昨呈厦门商会，历述困难，请转财部。略谓，查本途经营香沪米业，原以由香港进口洋米碎为大宗，碎米进口每年20余万包。此种销售于本市禾山及漳、泉、兴化各内地，以供米粉业制造米粉之用。因国米价值较昂，洋米碎价值稍低，米粉业算本计利，不得不购用洋米碎，并以洋米碎制成米粉，质坚色白，宜于烹调。此项米粉，纯系配往南洋爪哇、菲律宾等埠，为厦市岁出国产大宗。自政府征收洋米进口税，每百公斤碎米征税约1元8角，各米粉业已不堪关税之重累。又有出口米粉每百公斤征税1元5角，按之米碎二百斤，制米粉百斤，连米碎税，每百斤米粉，共征至5元1角之多。叠床架屋，成本过重，自不能与国外免税之米粉竞争。如现时爪哇、菲律宾一带，已由当地米粉工自行制造，不用中国输入。即目下闽南各地米粉业，亦纷纷迁往香港制造，然后由香港配往南洋各属，避免进出口之两重关税。其无迁往可能者，概行停业。碎米途与米粉业，具有连带关系，似此米粉业破产于先，碎米途沦亡于后，征特国产前途摧残无遗。且政府对洋米税收入，亦将锐减不堪。前者米粉业迭经呈请财部豁免米粉条出口税，嗣财政部示以厦埠所制米粉条,未纳出厂税为词,批复不准。窃以闽南米粉业系手工业性质,既无科学化标准化之机器,亦无组织化具体化之工厂名目,每家不过少数工人,胼手砥足,血汗交换粮食。今遭此打击,失业者有数千之众,亦社会前途一大隐忧。为实业计,为平民计,为国课计,政府对此,似应及早提出改善。况洋米既征进口税,而洋米制成米粉条再征出口税,一物两税,于税则显有抵触。基上种种,难安缄默,谨呈钧会转呈财政部、实业部,明令豁免米粉条出口税,以纾商困,而维国产云云。

《江声报》1935 年 10 月 7 日

王仁甫等在厦创设火柴制造厂 机器购自英日　原料皆从外来

粤人王仁甫即王法政,前曾充海关职员,近与厦人张作信、陈镜川等合股,在厦创设福厦火柴工厂。厂址系以 3800 元购买禾祥街 96 号等,房屋 23 间,占地 188 方丈。机器则以 3000 元向英国购来,又以日金 6000 元,购置马力发动机 1 架,砌枝、砌片、整枝、糊纸各机件,亦均运到。安设完毕,开办费约 2 万元。推定陈镜川任经理,机师则聘前佛山广州火柴工厂配药料者充之。职员预订 8 人,女工 100 名,每月每人工资由 8 元至 12 元。男工 25 名,每人每月工薪自 15 元至 35 元。童工 15 名,每人每月由 4 元至 8 元。工作时间定 9 小时。原料购自英德日诸国,但因所需均为爆烈品,须由当地政府及海关证明方能采办。商标定为狮球福禄寿等,将来拟销售本省及南洋各处。现已呈向市府备案,批准后即采办原料,预订 12 月 1 日开幕云。

《江声报》1935 年 10 月 21 日

木炭代油炉在厦推销　厂家派人负责修理

汉口中国煤汽机制厂出品之木炭代油炉,系汽车燃用木炭,即可行驶。去冬,漳嵩、同美两汽车公司,先后购用。因司机不谙管顾,旋即停开。近该厂派技士李振中来厦,至同美、漳嵩两公司观察,并代修理。现两公司再试用木炭车,完全不用汽油,可以行驶自如。李振中拟常驻厦,负责代各公司修理。漳嵩已再订购 6 架,同美再订 2 架云。

《江声报》1935 年 10 月 29 日

福厦龙泉各地设度量衡器厂

福州 21 日电　建厅现决在福州、南平、建阳、连江、龙溪、龙岩、长汀、福安、永安、厦门等地，设度量衡器制造厂 1 所。由榕厦两市府及各区专署负责置办。

除南平、永安两厂完全公营外，余官商合办。各厂成立后，由市派检定员一百三十人，常川驻厂，办理检定。

《星光日报》1946 年 11 月 22 日

行度量衡新制　厦市将设制造厂

福州讯　省府以本省度量衡新制，虽经不断推行，唯其收效仅达□分之五强。考诸不能彻底完成划一原因，固受战事影响，使原定计划不能均付诸实施。同时自民国三十四年(1945 年)各县市度量衡定员全部□彻，关于检查工作亦无从严厉执行。为求尽速完成划一新制，经拟定实施办法：全省设立公营，或官商合营之度量衡制造厂 10 所，于福州、南平、建阳、晋江、龙溪、龙岩、长汀、福安、永春、厦门等处，并于各县市设立器具代售处，□□各厂由各行政区督察专员公□□市筹办。三、度量衡制造厂除第一行政院□□用公营外，其他为官商合营，公股由各县市□□投资，商股由人民，或民营制造□投资。四、各厂设立后，不再发度量衡营业许可照，过去领照之民营协商仍准自由制造。惟所制造度量衡器具，由厂按照各器□□，加□薪利润收购□统销，民营厂商不得私自发售此项产品。五、各厂由建设厅派驻度量衡检定员一至三人，专办检定检查工作，其薪津旅费由厂负担。如徇各县之请求派往协助办理推行，所有旅费由各该县市政府负担。六、各县市视地方情形得分区拟订，□□□一程序，□□省府指派驻厂检定员前往协助办理。

《中央日报》1947 年 5 月 13 日

厦造船厂拟具五年计划　第三期可建万吨级轮船

海军厦门造船所，为吾国东南有数船厂之一，战前设备，尚称完整。沦陷后，所有机械，半被敌人窃运而去。迨至光复，乃由陈文麟接收，唯厂内仅存残骸。后经年余之整理修葺,目下已完成厂屋六所,机器装置14座。该所为求发展,曾数度计划清浚船坞,建筑船槽以便接收民商船之修造,意在减轻国家之负担,而求自给自足。但如迩来物价波动甚剧,所有计划,无形推翻,即如清坞一事,尚未达到理想,一艘废铁轮拆卸工作尚欠完成,致坞中淤泥堆积。机厂虽已安置十之七八,但缺乏经费,不动发动力。最近海军全国修造会议,于本月27日在京召集,厦所长陈文麟,乃于前日飞沪转京出席,并报告接收后情形,大意为:厂屋崩塌,堆积瓦砾。厂内龙机枕木,悉被他迁,残存机械不全。接收船只,均为废置。短期内清除厂内瓦砾,以达军需之急。三、目前急须建坞槽,借以开辟生产途径。闻此次陈氏参加修造会议,将提出五年计划,内分三期进行:第一期,一、建造200吨新船槽一台。二、清理船坞内泥土。三、修理闸水门,抽水机。四、建造堤坝,堵截淤泥,完成所计划机厂设备,添配木工厂,及一切机器。第二期,收买附近民地为工厂储藏室,以建造6000吨船槽,扩充工厂。第三期,扩筑各新地,继续建造万吨级之新船坞,以达到最新式之设备云。

《中央日报》1947年10月31日

工业原料窒息　工厂大部停业

海外社讯　本市光复后,市况曾一度趋于繁荣,当时物资拥前,华侨接踵回国,工厂亦随之复兴。惟事有出人意料之外,三年来,内乱不止,政治社会日趋纷乱,加以海关限制外资入口,以今年来更甚。兹查本市工厂虽有数家设备健全,无如原料、燃料输入困难,价格高昂,以是行将恢复之工厂,复遭打击而停顿。其较有规模之重吉厂、中原厂、民生布厂、厦门纺织公司、中华饼干厂等,现均处于半身不遂之境。重吉厂因受种种限制,目前仅电池与汽水厂有出品,但亦无多。中原纸烟厂因工料日益膨胀,所出品者恐不敷工资,故亦在停顿中。民生布厂与华侨纺织公司两家,以最近棉纱飞涨,亦在半停顿状态。中华饼干厂以原料价昂,早已停顿。中华侨烟厂因不堪受外来货品之袭击,最近出品锐减。故以目前情况,大工业既无法复兴,小工业亦难存在。

《立人日报》1948年7月18日

民光炼油厂址不宜设于市区　市府通知即日迁移

市息　兜阿尾附近喜之民光炼油厂，处于人烟稠密之区，四邻均属民屋，如稍不慎，极易发生火警。该处居民陈德民等，有鉴于斯，特呈请市府饬令该厂迁徙。市府经准如所请，并发出通知书，勒令该厂迅即另迁新址。兹探得原文如下：

据本市禾泰街 21 号住民陈德友等联呈称，窃民等居住本市兜阿尾附近，前五福冰糖厂原址，现由苏□三组设民光炼油厂。民等所有居住之房屋，均毗连该厂，四邻以该厂抽炼汽油，据称装设虽有完备，其汽油质，极易爆发之可能性，民等日夜无不惊惶难安。对于抽炼汽油如果一旦失慎之时，难免演成火灾。至其生命财产，何以保障。查本市原有外人英商亚细亚□号蓄油处，均属危险营业，政府早经勒令迁徙嵩屿，有案可查。为保障人民安全计，理合恳请钧府察核，准予所请，迅即设法制止等情。据此，查汽油质易燃发，为防患未然，及策划邻居安全计，仰该厂迅即另迁新址(周围须有 15 公尺以上之广场)，并将所迁新址报府，以便派员勘验为要云。

《立人日报》1948 年 7 月 19 日

营造厂登记　资额有标准

本报讯　市府为加强管理本市建筑，各营造厂规定应办登记手续，已志本报。币制改革后，关于该业登记之各项资额，顷经内政部规定暂行标准如下：(一)资本甲等 5 万元以上，乙等 2 万元以上，丙等 5000 元以上，丁等 500 元以上。(二)承办工程标准：甲等一切大小工程，乙等 20 万元以下，丙等 5 万元以下，丁等 3000 元以下。(三)承办工程累计：甲等 50 万元，乙等 10 万元，丙等 1 万元，丁等不列。(四)登记费甲等 50 元，乙等 20 元，丙等 10 元，丁等 5 元。据悉，此项规定系内政部于 10 月间币制改革后金圆与美金为 1∶4 之时所订者。市府奉令后，业已转饬各营造厂遵照云。

《中央日报》1949 年 1 月 6 日

第三节　盐场矿务

一、盐业盐务

同安盐商食亏之传闻

近来业盐商者自丙午4月盐价腾贵，每元仅买盐一小担。历丙丁戊己4年，盐价逐月虽升降不一，极贱者每元买至五六小担而已。其贱价多在于炎夏，贵价常在于季春，三四年前大抵如是。盐商者或以盐栈未筑，或以乏本置买，叹为坐失机会。迨及去年或筑盐栈，或借资本于春冬时，盐价每元价值四五小担，则争相购买，多至数万担，少亦数千担。自谓越年必大获厚利，如同安帮各馆其明证也，岂知人谋难以胜天。今年自入春后，亢旱多月，各处所曝场盐堆积如山，每元可买至20担。核算所积盐价至本年，刻本有十分七八。当此盐贱课加私枭充斥办帮，已属为难益之。以栈盐亏本，其景况实不堪设想矣。现任盐道陈都转正在整顿咸[鹾]政，查去年额引外，各帮各有溢运，要将溢运盐斤征厘加课。统算各帮加厘之款，或以数万计，或以数千计，公文逼切毋庸推诿。办盐帮者栈盐亏失已不可支，亏本外又加以溢运加厘，所谓一亏再亏，实为数百年所未有。现闻码属各帮拟再联禀运宪，以冀溢运免加。未悉陈都转肯体恤下情，曲从所请否耶？噫。

《厦门日报》1910年10月12日

同安私盐充斥　盐价一落千丈
各捐税均已恢复征收　曾林屯积私盐数万担

同安讯　同安各项捐税，自前十九路时代，如营业、盐务、煤油、统税、契税、屠宰等，无论国税、省税、地方税，均为粤人包办。十九路败退后，中央派财政特派员委办各税。而同安则委杨捷辅、韩国器前来整理，现营业税由邱炳才假商会开办，屠宰由庄水法等承办，印花闻将由叶子波承办，煤油则由谢德南派陈彬接办，均已开局征收。惟盐务国税，自区宗盛逃走后，盐场秩序纷乱，附近土豪及民众争相贩运。闻莲河存盐，达20余万担，最近已销出半数。盖人民乘此机会，争相采运及屯藏。当区宗盛时，每担盐斤竟售至5元外，今私盐之价，只余每担1元余而已，可见价之贱矣。自杨、韩来同接收各项税务后，对于盐务，以为国家正供，急须整理。于是将同马灌辖之盐务，委叶永安先行负责维持，及严缉私运。叶于到任后，即派员查缉。日昨缉私员巡查至集美社时，在集美码头海隅龙王宫前，搜一帆船，满载私盐，搬载往他处贩售。经该缉私员破获，欲将船扣留查办，而该集美社贩运私盐之人，则指该查缉员为土匪，纠集多人，将该查缉员掳去，夺其枪械。目下叶永安闻报，正在交涉中。至同安盐场，远处海滨，私运之人络绎不绝。叶请多派缉私员分布各处查缉，亦莫能制止。闻有陈某及蒋某向莲河等处采办数万担，运贮于曾林社及山后亭等处，以待将来居奇。盖目下同市盐价，虽有设局征税，每担亦只售大洋2元余至3元而已云。

《江声报》1934年2月10日

盐务局承办期满　已请准延长一年

本市盐务局领办期间，将已届满。承办人乃以接办时收买前届余存之盐过多，短期不能脱销为理由，日前呈请运副公署，转呈财部盐署，请准延长时间，已获照准。昨该局布告，略谓：奉财部福建厦门盐务稽核所指令，前据该局报称，因承买前届余存额盐数千担，期短不能脱销，请求延长领办期间等情，当经分别转呈。兹奉盐务署稽核所指令，略以所请继续承办一事，俾得售清积盐，姑作为特案办理，等因奉此，仰兹局长遵办，等因奉此，本局长自应遵办云。

《江声报》1935年7月7日

食盐二万担专轮运菲　海关扣留多日至昨始予放行

菲律宾月前洪水，盐仓多遭淹没，全岛食盐极感困乏。旅菲华侨王泉笙等，近发起组织裕源公司，派员到厦购盐2万担运菲接济。曾经该公司呈请本省盐署核准采运，并向财部请给护照。该盐今已购足，并经雇轮运往。讵该轮将启碇，忽被厦门海关制止，盖海关尚未奉到财部命令也。惟该公司以停泊1天，须损失500元。乃函厦商会主席洪鸿儒，请为就近代向海关解释,证明该盐确系赴菲接济侨胞,并请代电财部,饬令厦关放行。经商会照转,昨奉财部电复,谓已令饬海关查放,该轮始于昨日开往菲岛云。

《江声报》1935 年 10 月 5 日

盐官卖　厦酱商将起反对

本市食盐向由商人包办,8 月期满。厦门稽核支所所长洪章诚,乃将厦禾鼓食盐及厦港渔盐改为官卖制度,自设厦门盐务收税局,于 9 月 1 日开办,而招商代售,限制买卖。一班酱业商人以此种办法与即将施行之新盐法,大有背道而驰,日前电请上级机关解释。闻已接到复电,以收回官办,系官运商销之意,并非限于官专卖。因此,酱商近将提出反对,但闻内幕至为复杂。

《江声报》1936 年 9 月 17 日

本市食盐官专卖　销路骤减

本市食盐自改为官专卖后,引起酱商反对,曾志前报。查此次官专卖,订法甚苛,限制买盐,不能超过 5 担,酱商感受异常痛苦,而盐之销途,亦大减少。前每月为 2730 担,现自本月 1 日至今,只销售 200 余担。前届包商,尚有新盐万余担,酱商已具呈向京省控告云。

《江声报》1936 年 9 月 19 日

同安商会组考察团订十四进省

同安讯　本县商会执监委 20 人,组织福州商业考察团,订 14 日赴省。关于创设消防队,张光道于 7 日谒夏专员,夏氏已允协助进行。

又同安灌盐务局,订 5 月 1 日起改官办商运。故设收税局,原有盐务局人员,必将一番更动云。

《江声报》1937 年 4 月 9 日

闽盐运济湘赣　集中厦市转运

本市讯　闽盐运济赣湘两省，总数 15 万担，将全部集中闽南盐务局，由厦办理转运。该批食盐之装运，系沪转运公司所承包，其现以装包之麻袋 9 万只，经已到厦卸交该局。除首批济赣民食盐 2000 吨，已由海滇轮起运外，其余正积极加紧中。

《星光日报》1947 年 4 月 7 日

存盐百余万担　全数将集厦门
接济长江沿岸缺盐省份

海外社讯　闽盐管局长杨景寿与财部视察吴之渊联袂视察石码、云霄、东山、四都、诏浦、澳兜等处盐局场后，日昨返厦，今日转往泉属视察莲河、浔尾各场局业务。杨氏行前告记者称：渠已决定将战时疏散于山城、新圩、丰山、佛坛、霞河、东坑、四都等处之囤盐百余万担，悉行集中厦门□以供接济长江沿岸各缺盐省份及与日本交换机器之需。此项业务，将以闽南为重心，故对该局内部人事，将加整饬，俾能提高效率，适应需求，并将筹设俱乐部以调剂员工生活。另将附设招待所宿舍，以利盐务人员往来之膳宿云。

《中央日报》1947 年 5 月 1 日

撤销各县局仓　食盐自由贸易

食盐行销制度，改为自由贸易后，盐务机关，仅在重要据点设仓供售。兹悉：本市闽南盐务管理分局，辖属之平和、漳浦、同安、长泰等支局，于本年 5 月底裁撤。金门、云霄、韶[诏]安等局仓，于 6 月底裁撤。南靖、华安等支局，于 8 月底裁撤。嗣后县民众食盐，应向厦门闽南分局、石码漳澄支局、云霄诏浦盐场公署，及东山之前何、陈城等场务所，缴税领单，就当地盐仓，或赴莲河、浔美、诏浦等盐场领盐云。财政部闽盐局副局长杨景寿，昨由省垣来厦视察莲河等盐场产销情形。据称诏浦盐场及东山盐场剩余盐根，将计划向国外推销，或向邻省易物。

《星光日报》1947 年 6 月 20 日

闽区盐价调整厦门担40万

中央社福州31日电　闽盐管局讯,闽区盐价奉令自12月28日起调整,计厦门区每担40万元,福州区45万,三都区48万,永定区51万,南平区52万,长汀区60万,渔盐30万,农盐23万。按国务会议近通过增加盐税,并拟于民国三十七年(1948年)元旦起比照税额调整盐价。嗣因奸商操纵抢购,故决定提前调整。据该局局长称:此次盐价调整增加虽较多,惟盐价与其他生活必须品比较,仍见低廉,且本省为盐产区,最近盐质大见改善,产销无虞失调。

《江声报》1948年1月1日

去年闽盐销路畅旺　厦局税收五十余亿 共销盐十一万五千担

福建沿海盐产,素负盛名,而厦门为闽南场产之集散地,去年内外销均甚畅旺,是以盐税之收入,更超于本市之直接与货物两税。兹查民国三十六年(1947年)度本市闽南盐务分局,共销盐11.5万担,税收入为55.22亿元,内包括正税21.15亿元,收回盐本运什各费33.34亿元,其他如价本费、盐工福利费等共7300万元,而原配销额为107230担云。

《江声报》1948年1月16日

闽区盐税率经调整完竣

南侨社福州9日电　闽区盐税率及食盐官价,经照金圆券调整,盐税方面,海盐每市担8元,海盐4元。食盐方面,厦门、石码10.24元,福州10.58元,三都赤岐11.08元,南平11.74元,永安、邵武13.41元。

《中央日报》1948年9月10日

二、矿业矿务

闽省矿业史(十)
厦门仅有花岗岩矿　每日二百余人采取

花岗岩矿，即用于伟大建筑物石材，厦门矿物仅此，其最佳者产于泉州南安辖之石垄。所谓“泉州白”、“泉州青”，皆驰名于国内外。其输出外洋，以小吕宋为第一，次为新加坡、槟榔屿。每年输出总额，由2万斤至3万斤，石材之种类，为蓝色花岗岩、白花岗岩及普通花岗岩三种。蓝色花岗岩，品质美丽坚牢，多用于墓碑等。白花岗岩系用于建筑，然普通所用者，多为普通花岗岩。供于台湾建筑之用者，皆系普通花岗岩。厦门花岗岩矿产地，乃在鼓浪屿南方，矿区约2里，地濒于海，以汽船运输，最称便利。目下石工总计200余人，运石车有30余辆，拉车夫20余人，采石铺有7间，采石职工40余人。石工每日之工资，上等5元至5元半，中等3元至4元，下等1元半至2元。膳食均由雇主供给，拉车夫每日工资5角至8角，后押人1角半至2角，膳食系自备。挑工每日自1角5分至两三角，膳食亦自备。扛石工人，长方每张8角，短张6角，每张之重量约1.6万斤，膳食亦自备。石材皆由矿区运至厦门港，以帆船运至汽油[船]中，运费每张2元至3元不等。买卖价格，阔1尺6寸，厚6寸，长1丈5尺，6元半；阔1尺，厚6寸，长每丈3元；阔1尺，厚5寸，长每丈1元20仙。阔8寸，厚4寸5分，长上2丈8尺，中3丈2尺，1元；阔9寸，厚2尺2寸，1元；阔6尺7寸，厚2尺3寸，1元。地基石1元，零碎石每张1.3万斤，6元。小吕宋石材，阔1尺7寸，厚3尺4寸，其长1尺7寸4分者，输出约十分之七。其余二三分，则以粗石输出。以下述钨矿及冻石矿。一、本省钨矿，闽南华安县之新墟，闽北之长乐、霞浦、建阳诸县均产之。钨可制电灯内之线丝，X光线之阴极、内燃机之电接触点，含有钨钢。凡大炮战车等，均以钨铁化合金为之。又钨可制燃料及化学用品，但各县之钨矿，均未经开采与试探。二、冻石矿除意大利、日本、朝鲜有出产外，当推我国。我国浙江之青田冻石，广东之广绿石，湖南之荆石，俱岁有出产。而种类繁多，色彩焕发者，则以福建寿山所产为最，月洋次之。该矿山位于福建闽侯县，距省120里至90里一带。两乡相距约35里。冻石所含水分，较他石为多。每值严冬，往往迸裂。故采石者，每掷于茶油中浸之，浸淫既久,非独可防其迸裂,且可增长其色泽。石之细者,用为图章文具及妇女首饰。昔年每岁产额约□万斤,平均每斤价 1 元 5 角,用为建筑材料及石粉原料等。石粉产额,每年约 6 万斤。平均每斤价 1 元 6 角,销入日本者,约 3 万斤。用为粉纸、粉布、涂料及皂牙粉掺合料及塑像之原料。莆田县之松阳山,亦产冻石,较之闽侯寿山所产者,色类不及甚多,而质亦稍粗。(完)

《江声报》1935 年 12 月 21 日

探矿团技师到厦二十二人
工程处主任赵修晋昨亦到厦　日技师计有十七人

建设厅设立安溪探矿工程处,委赵修晋为主任,进行探测工作。各节业载前报,昨日下午,赵氏经由福州乘车来厦。晚 7 时,应工务局长杨廷玉及市府参事陈宏声合宴于东亚酒楼,是夜下榻天仙旅社。拟留一二日,即偕中外各技师 22 人,出发安溪工作。此 20 余人中,日本技师共 17 人,除日前先到大竹章、相马英雄等 5 人,大竹章已回沪,尚剩 4 人外,前日嵩山丸自上海来厦,复到 13 人,连前共 17 人,均寓鼓浪屿柏源旅馆。又中国技师,前日亦到 2 人云。

《江声报》1935 年 12 月 24 日

探矿事务陈宏声之释疑　陈昨陪余市长拜访各国领事

省府外交科长兼厦门市府参事陈宏声,于前日自省来厦。昨晚 9 时,记者访陈氏于厦大旅社。据谈,本人此来任务,系因与余市长在青岛时,有同事之雅,余未发表厦门市长时,陈主席即曾致电本人,述及余市长即将来厦。迨余市长由沪动身时,陈主席复致电本人,速即来厦,介绍一切,只以汽车中途发生阻挠,致前(22)日下午始抵厦。本(23)日余市长接事后,本人即随同余市长前往拜访驻厦英、日、美、法、荷各国领事及林司令、陈特派员等,此为本人来厦之任务。顾抵厦后,即接陈子博厅长来电,述及安溪探矿事,并谓有日技师 10 余人,搭嵩山丸来厦,嘱为招待,以资联络。同时,杨工务局长亦接陈厅长同样来电,故本(23)晚特假东亚欢宴日技师等。关于安溪探矿事,本年 5 月间,曾发见一种传单,对省府及本人曾发生一种怀疑。事后,经调查结果,知系误会。故陈厅长及本人均认此事有公开发表,使社会明了必要。本日赵主任来厦,所发表之书面谈话,即此事经过之真相。赵主任来厦后，因行色匆促，又因探矿机器仪具等等，须与海关接洽，致未暇与诸位记者畅谈，希为原谅云。

《江声报》1935 年 12 月 24 日

探矿团任务分为四大部　勘察港湾沿九龙江而上至漳平 水电铁道皆并查察　明日由厦分头出发

安溪探矿团赵修晋等一行，自省来厦，将转往安溪工作，业志前报。昨记者晤探测安溪铁矿工程处副工程师林兆晋于南华旅社。据谈：一、赵主任等一行，抵厦后原拟早日往安溪，因试锥机器于上星期日抵厦，尚未向海关领出，须候明日领出，28 日始克成行。二、此次探测工作系分四部：（一）试锥，（二）测矿，（三）铁道工程，（四）港湾调查。统定 28 日全部出发，除港湾部分系由水道外，其余试锥等三部，则由陆首途，经同安赴安溪。三、港湾部分系由本人领导日技师五十岚大辅、石田圣、相马英雄及通译员陈英杰前往。五十岚大辅任职满铁经济调查室第三部水理班，相马英雄任职满铁计划部，皆经验有素。余则原任建厅水利总工程处副工程师也。四、港湾调查目的地及出发程序，系雇佣电船，从嵩屿出发，沿九龙江华安、漳平一带勘察，其主要点在调查各该处水电事业之有无及港湾码头运输之适宜。因漳平陆运可通安溪，水运可由厦门，故勘察地点以达漳平而止。至锻铁方法，电力、煤力均可，而电力尤为迅捷，故水电事业，亦有调查必要云。又查此次建厅所聘之日本技师，大部分皆任职满铁会社，为满铁社之专门技师。兹并调查其姓氏如下：相马英雄、宫腰政二、浅野正虎、佐藤岩、坪井贡、荒谷一雄、坂本峻雄、五十岚大辅、田野铁夫、土口田均、矶端宗次郎、中川喜久松、松田亀三、中山孝雄、大谷孝一、米花宏、石田圣。除大竹章已先返沪外，以上共为 17 人，恰如本报所载。

《江声报》1935 年 12 月 27 日

禾山赤牌山又发现锰矿 西角海滩有矿砂　桥头更有金矿

禾山竹坑湖塞仔山锰矿，经建厅派技师潘承祥来禾测探，设测矿工程事务所于竹坑湖社塞仔山东角之赤牌山。现亦发现有同样之锰脉，据说产量甚丰。塞仔山西角海滩,亦发现矿砂。由此推测,以为近海靠北角之大母山附近,应亦有同样矿物,俟潘技师日内前往测探,方可证明。据潘氏谈,省当局在二十五年(1936年)度先探测产矿区地积约3公顷,将来所需人工,或以禾山区游民充之。运输方面,已拟由竹坑湖开辟轻便铁道,靠于海滨,长约1公里,再雇船运往厦门,甚为便利。记者因谈及桥头金山,于前清时代曾有外国矿师经过其地,以该山系属金矿,乃从事试探。结果,谓金质未至结实时期。此事至今已三十年,潘氏亦谓日内决往勘察。

《江声报》1937年3月31日

福田矿务公司在厦设办事处

本报讯　省府顾问杨启源与漳属人士于去年秋间发起组设福田矿务股份公司于华安三福田乡,计划开采该县储藏之乌矿一节,经见本报。查该公司成立后,即聘工程师前往探验,认为藏量丰富,其质尤优,与湖南汉治平产品同,成分在85%以上。该种乌矿原料可制铅笔与干电池,当于秋末雇工开采,果获良好成绩。现已增加工人50余,每日可出产2吨以上,月约60吨。每吨原售30万元,直接运厦销售于本市及港、沪、福州者,月在30吨。其余30吨则分售于闽西及漳属各县,为制干电池之原料。该公司经理李汉森以近产量不够供应,拟增加工人开采,惟工价随物价而高涨,故由原料价增加至每吨40万元藉资弥补。该公司初筹资5000万元,将来按期逐暂扩充,并拟向港沪采购新式采矿件工具,冀增加产量,以应各地需求。现公司并在厦设办事处,在升平路经纬公司二楼为办理业务之处址云。

《星光日报》1947年2月11日

第三章

交通运输

第一节　路政交通运输

交通警察时有殴人力车夫事
该工会请转饬制止

昨(5日)人力车工会,以交通警察殴打人力车工友,时有所闻,特呈总工会,希予转呈指委会,函转公安局及禾山海军办事处,转饬各警署、交通警察,后对于人力车工友于交通事件未谙时应加以指导,无得再任意加以殴打。兹将其呈录下,呈为呈请事,案经属会人力车工会呈称,窃查厦埠虽为弹丸区域,实属闽南沿海通商之巨镇,中外杂居,人烟稠密,自马路开辟,车辆交通,日见繁盛。惟是职会工友,多系受于生活上所支配。厦市马路他甫辟,而工友辈对于拉车经验,及交通常识,未有十分明了,而违警事件固在不免。乃交通警察对于工友有稍有不是,非但不予指导,屡行任意鞭挞。似此举动,殊背人道主义,非警察应有之态度也。职会负解除工友痛苦之责,未便缄默听之,理合据情呈请钧会,迅乞呈请指委会,转函禾山办事处,及厦市公安局,令饬各警署、通巡警,后力加指导,无得任意鞭挞,及种种压迫手段,以除痛苦,然维人道云云。

《民钟日报》1930年3月6日

泉厦交通恢复
由集美转高崎至美仁宫　水路平稳可保无虞

兹敝公司等为谋旅客之利便与安全起见,特由同马总站、泉安公司、同美公司联络组织联车。凡旅客欲由泉赴厦者,可至水头搭车直透集美,不须逐站换车之麻烦。而集美至高崎之电船,则由厦集电船公司负责运载。此处水路平稳,航线比五通减少数倍,旅客来往可保无虞。特定五月十日起通车,谨此通告。

同美汽车路公司　同马总站　泉安汽车路公司　同启

《民钟日报》1930 年 5 月 9 日

市财局准缓征养路费
惟牌照费须预缴　订 28 日检查车辆

本市特别汽车行及运输车行等,昨复派代表十余人,向市党处请愿。恳予转请财局暂缓征收汽车养路费及牌照费。经市党处派干事谢心铭同往财局请求。结果,牌照费预缴,养路费暂缓征收,各代表认为满意,告辞而出。

又息　本市车辆业呈请减轻捐款,未获照准。该会以人力车收入每月 5700 元,一向由会负责,按月分两期交清,9 月份以征收困难,呈向市局声明,不能再为负责。至 18 日,财局已令警费征收所向人力车行直接征收,至 22 日止,仅收 1100 余元。营业汽车按季征收,每季每辆缴纳车照费、养路费 87 元,如此奇重,诚难负担。而市府又奉省令,养路费展期续征一年,经由会呈请收回成命,已批示不准。现欠捐未缴者甚多,财局曾发通知书,限各车行于 27 日前,扫数缴清。28 日举行总检查。至各车商呈请限制车辆数额,及取缔自用人力车,财局对限制车辆数额不准,对于取缔自用人力货车则函公安局办理云。

《江声报》1935 年 9 月 25 日

华侨竞请投资厦市
建设交通事业　市府尚待考虑未予答覆

日寇屈膝，厦岛重光，海外侨胞于雀跃祖国抗战胜利之余，莫不关怀建设事业，以重整锦绣河山。前新加坡车业公会主席黄文祥与陈文旌等，发起筹备建设厦市交通事业，筹划数月，集资国币 2 万万元，并推黄、陈为正副筹备主任，积极推进办理。该会并于 2 月至 3 月间，数度函电本市市府、市商会，将投资该项事业详情为告，请予协助。唯及今数月，犹未接获市府覆示。星洲车业公会复于近日电询市府，请速见示。据悉：市府以该车业公会未电请投资该项事业之前，已有菲律宾、南通运输股份公司筹备人黄和德等，先申请以美金 500 万，用投斯业。第以洽议至今将及半载，黄等尚未作何进行，市府现尚在考虑中。

《星光日报》1946 年 8 月 18 日

厦禾同安交通发展

禾山讯　厦禾汽车公司因鉴连日来高崎方面来往旅客拥紧，故决定今(15)日增加客车一辆，川驶厦禾路线。高崎班车，每日午后 2 时加行一次，江头站午后 5 时加行一次。在高崎、集美间，亦计划改用电船，曾与同美汽车公司高崎人士商妥办法，大约在明春元旦，即可通车。是则同安与厦禾交通，已日见发展云。

《江声报》1946 年 12 月 15 日

民营商办公路得有专营权利　建设厅经已规定办法

本报讯　关于闽省各长途汽车公司驻厦联合办事处请求提高专营路线修治费，以维民营专业案，经奉建设厅批示到厦，略以政府筑路，交民办汽车公司租营，仅保有专营权 10 年。民营汽车公司负担全部经费筑路，得保有专营权 30 年。因政府筑路交由民营，其筑路费经用系由政府负担，故专营费规定按每月营业总收入征收 10%。商民所筑之路，其筑路费由商民投资，故专营费减负 3%。上项权利义务规定，至为均衡，且汽车经主管官署检验领有牌照,照章缴纳年捐养路费后,原即可通行全国,就法理言,任何专营路线均无禁止其他车辆通行之规定及理由。惟政府为维护民办事业保障专营权益并避免营业竞争起见,特予规定。其他营业车辆,不得在民办专营路线内招揽营业,如必须通过该线时,除照章缴纳养路费外,得按该车营业总收入加收3%之修治费。此正所以弥补专营公司之损耗,所定费率亦甚平允,所请各节,均属误解,未便照办云。

《中央日报》1947年5月7日

曾厝垵交通新讯

厦市国立侨师学校,以本市南通水陆运输公司所购置之汽车第一批10辆已抵厦,而市区尚乏公共汽车之装备。该校距市遥远,师生往返颇觉步履为难,曾函公司,请发车行驶曾厝垵。该公司以路权问题据情呈市府,请求行驶曾厝垵线去后,历市府批示,市区至曾厝垵一段,经由省府建设厅与本市厦禾汽车公司,订有租约尚未满期,未便照准。至市区及由市区至大桥头一段,如该公司能发车行驶,维持交通,原则照准。该公司奉示后,拟先发一二辆行驶云。

《厦门大报》1947年5月30日

今晨厦鼓轮渡禁驶　午前市面情形紧张 午后交通恢复如常

国立厦门大学学生自治会原订于昨(2)日举行之“反内战”“反饥饿”大游行一节,已经事实证明停止。但今日谣言仍炽,市面情势顿形严重,且有今晨8时有人举行大游行之消息。宪军警当局乃于清晨宣布特别戒严,并断绝厦鼓轮渡及海面“双桨”“舨舢”载客往返,以防意外,并由水警处派电艇一艘,由军警宪联令巡逻海面。时厦鼓码头因交通隔绝,欲渡海者互鹄立于厦鼓码头,尤以鼓浪屿码头渡客尤多。时民众议论纷纷,有谓政府禁止罢工、罢市,何以叫人罢海。盖未稔政府临时处理之苦衷也。□□局准双桨接载需要渡海者,时欲渡厦之商人、公员甚多,双桨载客初为每人500元,继之为1000元。至船少人多之时,则涨为每人2000元。每船载八九人,十一二人亦有之。嗣船由厦返鼓,价始能恢复每名500元。但由厦载客往鼓之双桨，则寥寥数艘而已。至 11 时 45 分，情势稍弛，轮渡电船始恢复行驶。

另悉，厦港区厦门大学一带，今晨宪警林立，执行特别戒严。鼓浪屿厦大新生院训导课，今晨特贴出布告，略以昨晚奉校长电告，新生院诸生今(3)日一律须到院上课，如有事故缺席，须以书面向训导课报告请假。又今晨鼓厦大新生院学生上课约八十余名，惟风传 10 时将到厦游行。然至 11 时许仍无动静，下午则上课者无人云。

又市政府及要塞司令部，为预防万一，确保安全起见，昨特联合发出布告，采取紧急措施。兹将原文录后：

查本市区近有共产党潜伏，企图“煽动暴乱”，骚扰治安。兹为维持社会秩序起见，着自本□六月二日起，规定禁止事项于后：(一)禁止集会游行。(二)禁止罢工、罢市。(三)各酒菜馆、娱乐场所，限每日午后 11 时(夏令时间)前停止营业。(四)每日午后 11 时至翌晨 5 时 30 分禁止通行。(五)禁放爆竹。以上各项，除分行外，仰各一体知照勿违为要，此布。司令滕云，市长黄天爵。

《厦门大报》1947 年 6 月 3 日

本市水陆交通恢复检查

交通检查，市当局前经奉令停止。惟迩来奸匪活跃，市警局复奉令恢复检查。该局经饬令所属遵办，原文略云：“查抗战胜利以后，交通检查久经停止，乃近来竟时发现匪徒化装旅客，携带短枪混迹轮船、汽车，乘机抢劫。为预防同样事件再度发生，自电到日起，除海轮外，凡来往汽车、汽船，遇有形迹可疑者，准予抽查。中途车站、船埠，只查登车、登船旅客，但不得借故留难，妨害交通云。”

又讯　本市交通汽车、汽船，执行抽查及指挥者，经省保安司令部指定黄市长云。

《厦门大报》1947 年 6 月 4 日

市闻简报

本报讯　厦市府与各银行及经建公司合组之厦门轮渡公司，闻已内定沈可法为经理，叶英为副经理。该公司将于下月 1 日成立，业务除继续办理厦鼓轮渡

外,并将加办厦岛至嵩屿,高崎至集美,五通至刘五店等线轮渡。(国民社)

《中央日报》1947 年 9 月 10 日

厦鼓交通断绝

厦鼓轮渡竟于今日突告停航,两地交通断绝,往来行旅莫不烦言愤激。这样的世界愈来愈糟,愈糟愈乱,令人实有不知处身何世之感!

光复后厦鼓轮渡由工务局接收,以后交万兴行暨民船工友包办。二年以来办理情形不能尽如人意,尤以近来数次机件损坏致轮船遭风浪漂流,使搭客饱受惊险,更是滑天下之大稽,轮船办理之不善,应予纠正或收归。原则上吾人极表赞同,但这里竟有不尽然者,即轮渡之黑幕重重,与官僚资本之作祟。如此而欲轮渡办理之见善,则将从何谈起!

万兴行包办轮渡既有官僚资本之存在,而此次所谓收回自办者,乃实新招垄断金融经济之托拉斯入幕,而将民船工友踢开,如此简直是说“只有官生,而没民活”。办理轮渡既已将工友生活命脉剥夺了,何以在股份里又不许其插足,这不是说肉已取去吃了,连骨都不肯放弃。花言巧语,谁肯相信。

此外吾人尚要发问:(一)违抗上级命令,擅收浮船修理费达 1.35 余亿元,浮船码头修理了没有,此款从何处去?(二)万兴行承包老板是市长的女婿,而参加股份者大都为科长官老爷,这是否官僚资本?官老爷于分内薪水而外,还有“外快”,老百姓要不要生存?(三)科长技士敲索应酬费数百万元,究竟是应酬那里去,也该分明。轮渡仅是小小的一块肉,争夺分割就如此踊跃,而市上满目疮痍的事物,任其腐臭,为什么没有人顾问?

轮渡也该调整改善了,这是市民最迫切的呼吁,可是做事得公明正大,不能专为自己打算盘。如果是公正廉能的人,他会不顾一切把那些裙带关系割开,为工友饭碗问题着想,那么,人家就没有话可说了。

《厦门大报》1947 年 10 月 3 日

哀本市交通

铁　鹰

这十多万人口的小都市,虽然较京沪百万人口是少得太可怜了,但这聊聊[寥寥]的人口中的交通已弄得一塌糊涂了。

旅客要到鼓浪屿海面的船上，每人被船夫强索80万元。要往集美的码头，人人都要收过路钱，否则即有拳头交加的礼遇。这和法国大革命时，贵族筑栏牧税一样，被公认为合理合法的制度(一样)，让他在光天化日下拦路榨钱。近日曾厝垵线汽车因军队买票态度强硬，致起纠纷，卖票司机被殴重伤，该线汽车已停驶数日，致来往公员大受影响。这些严重的交通问题，我们未闻市政当局曾作过有效的措理。大多数的市民每日如此严重问题，市政当局竟视若无睹?

就曾厝垵线厦禾汽车公司停驶来说，车公司以行车未得保障而停驶，这自然社会也很同情，但停驶并不影响与该公司打架兵队，却大大的影响到社会许许多多无辜的旅客。我们总觉得这个僵局坚持下去，不但旅客们感到不必要的严重威胁，而对整个市区交通秩序的负责者应该是一件重大的责任问题。我们认为当局应认真彻查出谁无理肇事者，究查事件发生的责任，然者迅速依法严办，于车公司与旅客各有合理的保障，杜绝以后无理取闹，妨害公共交通的现象。我们认为市民这点小小的要求，市政当局是无理由再视若无睹了。

《星光日报》1947年10月23日

公路征收养路费　系依法办理

本市士达车行等五家，联呈参议会、市商会，反对厦禾车公司，设站征收养路费一事，略情见昨报。昨据各长途汽车公司驻厦办事处息，谓养路费一项，即系战前所谓通过费，因名义上不合，更改为养路费，系奉令征收，各公路皆然。曾经省建设厅一度调整，客运每人每公里380元，货运、三等品每吨每公里3400元，一等品、二等品照规定增加，回空费一律三等品75%计收。又养路费率，调整为货车每吨每公里114元;客车每公里，大客车27座756元，中客车16座448元，小客车6座168元，即自即日起实行。此系去岁6月3日建厅对公路客货运价之调整，业经分电各汽车公司遵照。目下物价指数高涨，如何再度调整，尚未预闻。惟禾山公路原由厦禾公司向建厅承租者，路权规约30年，尚未届满。前南通公司曾向市府洽商行使市区内，亦因路权未有效果，该公司征收养路费，既属调整征收，自非违法云。

《江声报》1948年1月7日

漳厦交通更便捷　漳嵩线日内通车

本市讯　漳嵩汽车公司于漳厦线全程90华里路而桥梁、涵洞修筑完成后，原拟于下月5日通车，嗣因天雨路基未坚，故未实行。旬[旬]来天晴路坚，已决定本7日实行全线通车，今后漳厦商旅当较便利，而迅速矣。又漳龙路原已修竣，亦恢复通车矣。(海外社)

《中央日报》1948年7月5日

第二节　航政交通运输

招商局撤销厦代理　总局派员自办　昨日接收完毕

国营招商局审核股长黄光甫等来厦，曾志本报。昨晨，黄等即至该局厦门代理处秉记行，访晤经理王秉侯，送阅总局训令，略谓：厦代理行筹辟厦菲航线，数月于兹，始克成功。而于一次开航，客数竟教太古行之安庆轮相差三分之一，实代理人办事不力，影响国营事业，至为深巨。应取消其代理权，由本局派黄光甫等前往接收等情。王秉侯当即遵命，将一切手续移交完竣。黄等即在中山路大华船务公司内，设立国营招商局厦门办事处，开始办公，并向海关声明，调换前任手续，订期召集接收自办情形。据秉记行经理王秉侯谈，本行代理招商局厦埠航务，以系国轮事业，故不计利益，格外努力。此次总局以初航客少，指为办理不善，而令取消代理，实则本人早已料及。查海亨轮订期航菲，华侨闻讯，极表爱护。嗣以该轮一再延期，遂使侨胞失望。又因其时节近清明，侨客多忙于扫墓，更因连日风雨，内地搭客来厦候轮者，多被阻碍。或未能久候，而搭外轮，故搭客因而减少。本人服务航界20余年，为谋华侨福利，纵有牺牲，不足计也。今总局接收整理，至为欣慰。……

《江声报》1937年4月21日

太古行奇货可居　不再循用旧例
运货不负责任　入栈缩为三日

本市太古洋行牛庄轮来厦，货载每吨收费 18000 元，岳州轮来厦货载每吨收至 33600 元，一般商家均感过重，颇有怨言。其载单虽注明在海交货，但因驳船不敷，而轮船急于起卸，故多由船搬运入栈。其工资过去应由该行负责，而现则由商家负担，且入栈租金，战前规定二星期不出货者，即须纳租，沦陷后改为一星期纳租，光复后各商家盼望恢复二星期旧例。讵该行近竟规定为三日，过三日即须纳租，如岳州轮起货一日，星期日停止办公一日，三日转眼即至，商家因出货不及，多须纳租，均啧有烦言。又前该行各轮所运货件，由赁主磅重交该轮入仓后，到达时，如有破坏损失，该行须负赔偿之责。现该行对被破损货物概不负责，因之货主受损颇多，均感不平。经将情电沪交涉。闻该行济南轮已由沪 16 日开厦，如今日延期到，明日即可抵达。据商家消息，该轮此次配货甚少云。

又川走沪厦之永大轮，昨由沪抵厦，沪货极少。据查，该轮所运沪货多在涵江起卸，故来厦之货极少云。

又据商界消息，近有鸿江轮船载重三百余吨，由沪开厦，内载本市荣丰、丁福记、南源、四兴等号面粉、豆饼、火柴、黄豆等货颇多，如今明即可抵达。

《江声报》1946 年 4 月 18 日

太古行变更规例　商人咸感不便
市商会函请太古行仍维旧例以恤商艰

市商会昨函太古行，略以前接准贵行函，以本公司对于各商号起运货物工资，无论上下水均由各商号货主自行料理，提单早已规定注明，请转知各商号，依各规定发给工资等由。当经发出照料去后，据各商行到会纷纷称，佥请从前所有各地太古轮运厦货物，所有出入仓工资，并在水脚之内，向由太古行负责发给，成例俱在，似未便遽行变更。至此次牛庄等轮上水工资，各商号未接上海配货之人通知，未便予以接收。又从前各商由太古轮自各处装运物品来厦起卸入仓之期，向以二礼拜为限，现改仓期为三天，对于商家诸多阻碍难行。请函太古行于仓期及各地运经货物出入仓工资，依照向例办理,以维商艰云。

《江声报》1946 年 4 月 21 日

本港八十艘大船幸存者仅两艘
招商局计划贷款　资助舟子造新船

本市海面大舶船,在战前约有 80 余号,专以轮船起卸货物,载量各达二三十吨。厦岛沦陷,十之七八被敌拆毁或改造为他用,现仅存者有两艘。据造船匠云:现在如欲新造是项大舶船,每艘工料需六七十万元,非一般贫苦舟子所能建造。闻市招商局以该项大舶船,对起卸轮船货物,甚为重要,拟货款资助大舶船户,建造大舶船,俾今后可便利轮船起卸货物之需。贷款办法,现正计划中云。

《江声报》1946 年 4 月 28 日

小轮驶台　电请开放以利交通

台湾行政长官公署前以 7、8、9 等月为台风时期,电汽船及机帆船,时告失事。特定非百吨以上之轮船,禁止前往台湾,因之台厦船舶交通,遂告减之。现风期已过,而台湾禁止如故。航政局为此,决电请台湾长官公署开放,以利交通云。

《江声报》1946 年 12 月 31 日

安厦交通轮船任意加价载重　省令严予纠正以安行旅

本报讯　安海至厦门水上交通,原有轮船 12 艘,经常对开。惟各轮船公司为增加收入,节省开支,竟一度联合限制每日航行艘数,致客货拥挤,危险堪虞。而船价每名收费,则增至 12000 元,地方各界因纷纷呈省及四区专署,请求改善。兹查专署昨奉省府代电饬知,以关于调整金门港内河各线,轮汽船运价事项,前经省府代电,商请交通部广州航政局厦门办事处,先由该处依照中央颁定调整运价计算办法,拟定调整成数,列表征得省府同意,后再由该处报局转部决定价目,以资联系,经准电照办。唯未有各线起讫距离里程,复经省府代电查询,迄未准复。而现在加价,亦未准厦处通知。经再由省府电请，嗣后调整运价，仍照前令各电，先由厦处拟定调整成数，载明各线起讫距离里程，征得省府同意后，再行增减，并饬厦门市政府暨水上警察区队等，对于厦门港内河各线轮船、汽船，如有脱班航行，逾量滥载客货事及任意增加运费等情，应即会同交通部广州航政局厦门办事处严予纠正。仰并就地饬属妥予管制，以利行旅云。

《中央日报》1947 年 6 月 19 日

一年来的厦门对外交通

郑嘉辉

厦门为闽省向外交通总枢纽，五口通商之港岸，南洋各属华侨出入必经之地，在地理上，堪称占主要地位之一。战前各国万吨商船往来如鲫，于是厦门遂形成为闽省最繁荣都市。惟自抗战发生，继之太平洋风云弥漫，沿海岸线港湾封锁，所有内河外海轮只汽艇被征军运，凿沉海底，填塞港湾，与被炸破坏，港内外轮只，几骤肃清之态。在沦陷期中，敌人势力时期，其仅有轮只，数量可数，吨位不上千吨之汽艇旗帆船，行驶于港粤沪台及内河少数之走私艇。

光复后复原初期，联总为输送菲岛难侨返国，派出三艘万吨运输舰轮送我难侨返国，前后六次，首次系太平洋之安徽轮，继由联总运输轮舰送。自是之后，厦菲线暂次恢复，而有菲侨所组之中原公司恩典轮与太平洋公司之荣旋、马容轮，胜丰公司之吗丹。（未完）

《星光日报》1948 年 1 月 9 日

一年来的厦门对外交通

其次谈英法荷属马来亚巴城、暹罗、缅甸各属之航运概况，在胜利后，太平开放以来，初有荷商渣华公司之万福士、芝沙运加、芝沙丹尼与英商太古公司之安徽、安庆、贵阳等外人之轮只，行驶星嘉坡、槟城、巴城、泗水、暹罗曼谷、西贡、缅甸各属。该各属虽客货稀少，惟外人为恢复领海权，虽无厚可图，但仍保持其固定航线，渣华公司之芝查运加等时且争航厦菲线，借以争取其优势。惟我收回领海权，其在中国领海内不得轮运中国客货。

同时航行于英荷属者有：华侨与英商合营之和丰、永福两公司之丰庆、丰祥两轮，及夏利南、海利两轮，川行于星槟、巴城、缅甸各港，供应以上各属华侨出入国之运轮。惟丰庆轮于本年夏间，不幸在汕港湾触沉，现仅丰祥一艘航行于英、荷间。

再次谈国内港粤沪津榕各线状况，当厦市光复后，接收敌伪所遗留之轮帕[舶]，改称国平、国保，以及旗帆船之类，实不堪航行，且含万分危险性。惟当复员时，交通工具之缺乏，一般投机商人，不得不于无中取有，虽明知有险，多亦冒险前冲。结果因不堪遭风浪袭击而翻没者，属有所闻。一般死向钱洞里钻动，而牺牲于海洋者，殊不乏其人。

至招商局复员后，千吨以上，至万吨以下之仲凯、培德、廷闿，与海粤、海闽、海滇等数艘，经常航行厦沪台榕粤汕等港。但因胜利后内乱未戢，该局仍需供应军队，是以未能与商民以便利。该局对此殊感缺憾。

该局为图今后发展，计划先在厦建筑码头仓库，但择无相当地点。近决先由沪曳运趸船来厦，借资作临时停靠起卸之便。又感厦市为入超区域所处环境，与南洋各地密切，将来航运整顿，即拟在华南争取航权，将开辟南洋线、星、印荷、缅、暹罗各线，借争国际航权。

至于香港，原为英商得忌利士之海阳轮，行驶厦港线。该公司以无客货供运轮，仅三度来往，即行改航他线。最近更有挪商，本市通安行之代理暹罗、岷里拉、香港、星嘉坡等怡美利商轮六艘，航行厦港汕、岷、暹、曼谷、星各港。香港怡美利，此次因运私货，而被海关破获，处罚 26 亿元，案延多日未决，今后恐亦无意于厦航线矣。以上为外海轮运状况。

现在，再把内河交通略提，内河航运与去年比较，则无大进展。通晋江之安厦线，各轮船公司由各自经营，而合组联营，因未能切实，曾一度无形解散。近复合该线计有 11 艘，该线往返多于洋客，甚形拥挤，业务亦甚可观，惟据该当事仍称亏蚀，原因在调整欠善。厦漳线农商品与厦较密切，航程亦较接近。该线各自经营，故全线达 17 艘之多，而竞争亦甚剧烈，机件完善者占优胜，低劣者则被挤落后。以上两线占内河主干。至其他如码厦仅 4 艘，同厦 4 艘，集厦 4 艘，漳码 5 艘，码安 2 艘，厦沧美 3 艘，金门 1 艘，白水营 2 艘，东云诏 3 艘，计 57 艘。惟该各线汽轮航线无定，有利则朝秦而暮楚，将来漳厦泉路线通车后，汽轮势必被无形淘汰矣。

关于陆上交通之复员，去年间由市府接收厦禾汽车公司，当时仅 3 辆破坏不堪车辆，并由张澜溪等加以整理后，勉强行驶至江头站。以上路面因破坏未加修理，且以各社通达五通、高崎线，乘客稀少，故仅表面交通。经过两三月后，去年7月间，由原商办公司收回，召集股东会，添资重加搜集废车修整与行总拨给工赈一部面粉，修筑路面完成后，至最近始能行五通、高崎、曾厝垵线。现已有8架可行之客货车，但机件仍时受阻碍，为维持现状，乃由南通公司，拨1架予以合作，目前稍见起色。

南通□轮公司系菲侨鸠资所组，去年即在菲向美人承购军用车300辆，用以改装客车。原计划运回国内协助交通，无如在输出入之种种困难，经该公司负责人，经年之奔走，结果先后共运回20辆。抵厦后发现轮油量与路线问题，故意在市内交通之愿望，竟成泡影，兼以该公司股东意见之分岐，卒形成暗潮重重，目前除拨2架与厦禾合作外，余充作临时之租运。至私营有东南运输行、士达汽车行两家，东南有小包车及货车6辆，曾经供应本市之交通运输。因市况不佳，业务难以展开，乃于最近与惠安惠洛公司合作开往该县行驶惠洛线之交通。士达行系小型包车，连其他私人配合计6辆，专供本市婚丧，以及临时之租用。此外行总尚有吉普卫生车军用等车10辆，移交渔业管理处。至市府要塞部巡防处、警局，银行中国、中央两航空公司，及招商局等之私人汽车有28辆。商营者据公路工会之会员登记，有47辆，合计85辆，而向市府建设科，登记者仅75辆。此外三轮车138辆，人力车643辆，自由车1837辆，推货车733辆，由是可以明了市内交通工具已恢复到战前三分之二。惟市内私车与厦禾发生路权争执，致市内之普通交通卒无可能实现为憾。

最后言空运，可谓战前最发展的一个运输机关，在去年中国航空公司，即来设立分处于同安里，为争取领空权，初即开辟厦沪、港、穗、榕及菲律宾，继增航台汕7航线。当时初设立，乘客尚未见如何拥挤，数月后，逐渐活跃。于是中央航空公司亦于去秋间来厦设立办事处，其航程与中国同，惟无直达菲岛线。一班菲侨有从香港转飞菲岛，其票价因被外钞影响且快捷，故乘客搭乘者多。由于旅客多，而形成黑市。黑市之风尤以厦菲线为厉，中中两公司设立后，营业可观，华侨见之无不眼红。于是乃有华侨中菲公司之设，继之环亚、国泰、菲律宾等4家相继来厦设立，但其未取得我政府许可，不得有直达机飞厦门，彼等乃分搭中央、中国两航空公司机飞□，转乘该各公司之直达机前往目的地。当时我央航公司票价仅数十万元，而进至148万元、180万、335万元，而到400万、450万元，一跃而600万元。惟当时华侨外人公司所收价格轻于我，业务不能与争衡，结果乃由600万减至400万元。值此时也，黑市价特别倡厥。盖外公司收美钞，每票100元至116元，而中国直达仅收 400 至 600 万元国币，于是旅客拥挤黑市之风更炽，一任更烈于后任。中国沪总公司负责人，以航空人员待遇超过一般，而有黑市票之发现，对国际上及华侨声望发生重大影响与不良印象，于是决心整理，把贪污人员彻底裁免，重新整理。

在目前每日经常经过厦门转机者六架之多，但仍感供不应求之慨，故总公司拟在厦机场，扩展增辟，冀可容巨型飞机之升降。

记者已把海陆空，过去现在一年来之运输概况，加以叙述其症结原因，一般读者当能明了。惟今后未来之展开情势如何，亦社会人士所关注。南海方面：国营招商局将增加轮只工具，开展国际航线。陆运福泉漳厦，今年度将告现实通车，非但国道、省道，即乡里支路，也可能收复。假使内乱早日平息，交通早日可能恢复。空运方面：中国、中央两国营机构，因遭受外人袭击，已商洽决定增开禾山飞机场，建筑士敏泥飞行道，可容纳四引擎之巨型机。同时华侨经建公司，在今年度亦决定开辟漳龙铁道，则今后海陆空交通，可达完满理想矣。（续完）

《星光日报》1948 年 1 月 11 日

海滨今可抵厦　载有汽车香烟

本报讯　国营招商局所属川走沪厦线之海滨轮，于本月 24 日由沪开厦，可能于今午入港。该轮此行载有麦皮 1.63 万包，香烟 1460 箱，土布 226 件，杂货 3158 件。另有汽车 1 架，计共 21146 件。

《中央日报》1948 年 9 月 26 日

厦交通事业　航运最发达

本报讯　厦岛孤立海中，面积只 30 方里，而为闽南惟一通商口岸，数十县物资吐纳口的小岛，其交通大动脉是维系于海上的船舶。由于地利上的要求，轮船业是全市上交通事业中最发达的。据记者调查，干这一行的有 51 家，经常航行内河有汽船有 80 条。兹将各线的船名列下：

厦门至石码：九龙江、金再兴、金再发、海鹏、万安、神洲。

厦门至石码、漳州：五洲、金都、金陵、民安、进秋、漳江、国光、德鸿安、政和。

厦门至安海：庆和、凯歌、凯旋。

厦门至东石：飞安、侨光。

厦门至围头、安海：飞凤。

厦门至金门：凯星、金青

厦门至海沧：中祥、中和、沧江。

厦门至石美：中美。

厦门至海澄：顺安。

厦门至嵩屿：漳嵩、广州。

厦门至同安：安平、侨旋、后山。

厦门至漳浦：六鳌、侨通。

厦门至汕头、福州：海龙、成舟。

厦门至汕头、云霄：福星。

厦门至兴化：宁海。

厦门至福州、台湾：鹭江、英杭。

厦门至福州：扬子江、鸭绿江。

厦门至东山、云霄：泰山。

厦门至东山：顺昌、利东。

厦门至台湾：亿成、吉和、兴华、顺成、三福、安庆、澎湖、南建、新达成、南进、江兴、海达、大东、荣芳、顺昌、新海宝、建成、德源、永华、吉成。

厦门至汕头：美安、美丰、安东、丰安、国平、浩生、潮安。

厦门至温州：闽南、原子。

厦门至集美：集美。

厦门至台湾、福州：环东、环南。

各线中以直接或经他地至台湾的最多，一共有20条。其次为石码的，有15条。

至于招商局航行厦、榕、沪的，有海滇、海辽、元培等数条。

《中央日报》1949年2月9日

第四章

邮电通信

第一节　电台电信

交通部厦门无线电台收发贺年电报
十二月十五日起至民国十九年一月五日止

国内贺年电报，华文每字收银 2 分，英文每字收银 4 分。每电以 10 字为最少限度，不满 10 字者亦作 10 字计费。如需经由沪福厦港水线递者，应另加水线费与上开价目相同。

国际贺年电报，地点：以马尼拉与美国、加拿大、纽芬兰、菲律宾及荷属东印度为限。价目：国际贺电照寻常电报价目 1/4 收费，每电字数以 10 个字为最少限度，不满 10 字者亦照 10 字计费。

以上贺电概收明码，如有涉及其他事件及密码等均不适用。

《民钟日报》1929 年 12 月 21 日

厦门电报局收发国际夜信电广告

查由太平洋水线传递我国与菲律宾、檀香山及北美洲各处往来之夜信电报，向仅限于上海一处，兹交通部为便利民众通讯起见，特令本局自明年 1

月1日起开始收发此项电报。除将夜电规则附列于后外，所有各处价目表可来局索阅，用登报端，俾众周知。此告。

民国十八年(1929年)12月20日

附国际夜信电报规则于下：

一、国际夜信电报(下文简称夜电)只准用华文或英文明语书写。

二、夜电之收报人姓名、住址之前应加注纳费标签字样，作1字计费。

三、夜电自发报人交局之时起计算至收报人收到之时止，至少须延至24小時投送。局如查有此项电报未满24小时者，得延至24小时后再行投送。

四、夜电每通以20字为最少限度，不满20字者亦作20字计费。逾此按字照扣。

五、夜电暂以南京、上海、北平、天津、汉口、青岛、宁波、广州、厦门等处与左[下]列各处互相往来，由太平洋水线传递者为限，其报价另定之。美国各处、加拿大各处、菲律宾群岛、檀香山。

六，凡迟缓电报办法与上开各条不相抵触者，得适用之。

《民钟日报》1929年12月28日

无线电台将与南洋通报

厦门无线电台系交通部直属。自与国内各大埠，及国外菲律宾、南洋等处通讯以来，各界称便。对于外国人在华经营交通事业，引为耻事，而后争回主权，特由交部核发250华特高力短波机一架。业经该台工程师成家栋架置安适，不日即拟与香港、南洋等要处，直接通报云。

《民钟日报》1930年7月8日

龙溪局无线电台主任黄德琼任厦门无线电台长 黄台长将来厦推进设台工作

龙溪讯　厦岛收复在即，复员亟须积极筹措。兹悉南丰第二区管理员业经指派干员陈兆荣、梁用平担在厦门派遣员，负责接收一切事宜，并饬龙溪局无线电主任黄德琼为厦门无线电台台长。现陈、梁两氏日前已由永抵漳，策划今后厦门一切电政事宜。黄台长业已于五日携报务员佐工役并随带机件一行赴嵩,会同国军待命推进设台工作云。

《新华日报》1945 年 9 月 9 日

商办厦门电话股份有限公司启事

查本公司呈请改订电话收费一案,奉厦门市政府致辰虞府工公字第3703号批示略开:"暂准自本年5月1日起实行改订,俟报省核转报准后,如有增减,应多还少补"等因。兹谨将奉准改订电话各收费列告如下:(一)电话月租正机每架4000元,分后每架□千元。(一)装机费正机每架5000元,分机每架2500元。(一)移机费宅外正机5000元,分机2500元;宅内无论正分机,一律2500元。(一)保证金每架10000元,敬希诸用户亮察,赐予照缴为荷。谨启。

中华民国三十五年(1946年)5月8日

《江声报》1946 年 5 月 8 日

商办厦门电话股份有限公司启事

查本公司最近将编印全市电话号码簿,以应各用户急切需要。惟本公司接收之初整理未周,各用户所用电话其间难免有号码与名称不同,或换名等情事。兹为求编印号码簿确实起见,定自5月26日起至5月底止,凡用户换名或名称与号码不符未经登记者,应即前来本公司办理改正手续,并特予优待名缴改名费。如逾期未来办理者,恕不优待,应依章收缴各费。相应登报,希各用户察照为荷。

民国三十五年(1946年)5月25日

《江声报》1946 年 5 月 28 日

商办厦门电话股份公司改订收费启事

查本公司因收支未能平衡,亏损巨重,曾于本年5月间呈请自6月份电改订收费。在未奉准以前,仍照原有价目暂收,并经通告用户,俟奉准后再□照补。兹奉厦门市政府未灰府工字第7836号通知书开:案奉福建省政府建乙未宋字电开:据厦门电话公司呈请,自6月份起改收月租费,正机一万元,分机 5000 元;装机费,正机 10000 元,分机□千元。移机费,宅外正机 10000 元,分机 5000 元;宅内,正分机一律 5000 元。保证金每架 15000 元。一案□电准,交通部等电,成电复:暂准照办。仰知照,饬知等因。奉此,合行录电转知遵照,并通告用户周知等因。奉此,遵自本年 6 月起,实行增收所有电话用户自 6 月份起短缴费款,并请即赐惠,以资弥补而利维持,无任企幸。谨启。

民国三十五年(1946 年)8 月 13 日

商办厦门电话股份有限公司　启

《江声报》1946 年 8 月 14 日

无线电台台长易人

中央为增进本市广播事业起见,特派翁礼维接充厦门广播电台台长。兹悉翁氏已于日前乘机抵厦,现于本月 6 日接收。据闻该台内部业务,将从事改善,并于最短期内扩大发射电力,借以便利海外侨胞收听云。

《星光日报》1946 年 9 月 7 日

菲厦无线电台　昨起开始直达

查交通部厦门电信局,以本市旅菲侨胞甚多,来往电报频繁,过去须经福州、上海各地接转,有时或受稽延。现已呈准交通部电信总局,开放厦门、菲律宾无线电直达电路,并拨发巨型电机来厦,连日与菲方试通,成果甚佳。业于 10 月 16 日正式通报,今后侨胞通信,益臻便利云。

《星光日报》1946 年 10 月 17 日

商办厦门电话股份有限公司启事

案奉厦门市政府致成养府建 1138 号代电开:案奉省政府致成养建乙字第 15189 号电开:查厦门电话公司请求增加话费价目一案,前经本府电请交通部核在案。兹准交通部成元电丁电复开:准自 11 月份起,改收日租:正机 18000 元,分机 9000 元。装机:正机 18000 元,分机 9000 元。移机:宅外正机 18000 元,分机 10000 万元;宅内正分机均 9000 元。保证金:每 25000 元等由，合行电仰遵照饬遵等因。奉此，合行转电，仰遵照，并公告用户知照”等因。奉此，查本公司前因收支不能平衡，呈请自本年十月份起改日收费。现奉准自11月份起，改□期间月份差误等已电呈请示候。今另行办理补缴外，对于用户短缴费款，暂先遵自11月份起实际补收。敬希亮察。赐□□缴□荷。

《江声报》1946年12月19日

商办厦门电话股份公司启事

查本公司现有交换机容量不敷供应需求，致使公众感受不便，殊深遗憾。兹者本公司进行扩充容量不能完成，凡申请装设新户，自本月起开始登记，俟本公司派员核查认妥后，即进行通知缴费装设。□□用户过户并自本日停止办理，嗣后用户电话无需用时，应即申请退租，由本公司收回，不得再行转租。谨启。

《江声报》1946年12月19日

今后电信交通着重速率改进　厦电信局拟加强各种机件设备

本报讯　本市电信局长杨元拔，于上月22日飞粤，出席交通部第六区电信管理局召开指挥局检讨会议。经任务完毕，日前由粤转香港，搭贵阳轮返厦。据对记者谈称：此次闽粤桂三省各指挥局长十余人，齐集广州参加检讨会议，开会期间自8月25日起至本月4日止，计10天。会中除由各局报告过云业务工作情形，互相检讨一般缺点外，并讨论通过有关改进电信交通重要议决案多起，对于如何改进今后电信交通事业，将特别着重在快速率的改进，错误的甚少，而致力做到普遍地为人民服务。至于厦门局业务前瞻，乃占居闽南对外交通之唯一口岸，咸认为有积极扩展业务范围，加强各补设备必要。最近止分别由榕采购木材一批，以为沟通各地长途电话工具，由粤采购大量电料器材、木杆等约千余吨，已□装招商局自忠轮起运来厦途中云。

又讯　本市电信局因业务日臻发达，原有办公及营业地点不敷凭用，乃再就大台增其楼下部分，将继续装设电信机件云。

《星光日报》1947年9月18日

厦台无线电话昨正式开放　厦穗今可通话

中央社讯　据本市电信局讯：厦门、台北间无线电话，今日正式开放，由黄市长与交部邮电管理局副局长杨铭久开话。晨即开始营业通话，经过情形良好，话音清晰，与市内通话无异。话费每次（3分钟）寻常叫号23500元，加急叫号59000元。厦门、广州间，明日亦可开放，汕头仍定下月1日开放，福州则尚未定期。又福州、厦门间，除上述无线电话该已在装修中外，另拟辟微波无线电话电路。此项微波无线电话线，仅能传音40英里，故晋江、涵江两地设帮电机站，今后榕、厦电话交通必甚便利。

《星光日报》1947年10月27日

邮电视察团抵厦　检讨邮电业务
沟通内陆长途电话线架设完成

本报讯　交通部邮电视察团：交通部专员范玉堂，技正张克文，技士关咏川，邮政总局视察洪荪祥，电信总局视察蔡振东等一行五人，于昨日上午乘海滇轮由沪抵厦，即下榻于鼓浪屿财政局公寓。据悉，该视察团此来任务，为视察本市邮政、电信两局业务，今（16）日将先视导邮政局务，明日考察电信局务，并拟订期召开业务检讨会议。在厦日程约有一星期之逗留，然后转赴汕头、广州等地，继续推进工作。

又讯　关于沟通内陆之福州、漳州、晋江、龙岩、涵江等各长途电话铜线，经本市电信局积极架设，已告完成。而高崎、集美间之海底电线，亦经修通，现电信当局正请示层峰核定后，即可正式开放通话营业。至于厦局新近装置之三路载波机，业在上旬装妥。榕厦间载波机电话，据称，经连日试话，成绩甚佳，将来开放通话以后，其过去所用之微波机，即将拆除，运移他处应用。

《星光日报》1948年7月16日

电信问答　厦门电报局

本局为便利公众，明了拍发电报、电话手续，增加常识起见，特开“电信问答”一栏,洽请江声报按周登载。各贵处如有查询,关于电报、电话应需解释事项,除有关时间性各问题,另行事函奉复外,余均汇登本栏,希各界注意。

(一)中华路陈秋农君问:贵局现已开放内地龙溪等处长途电话,其接挂手续如何?答:请到电信局,向营业处索取长途零售挂号单,依式填写,连同应付通话费,一并交营业员办理挂号手续,然后静候通话。如贵处已装有市内电话,可先来局,洽请登记,填具声请书(格式向营业处索取),并预付长途通话员保证金2500万元,由本局制奉收据,尊处即可挂接与通达长途电话各地,联络通话。俟月终时,本局将贵处所发话费,阅单送请核对。

《江声报》1948年7月26日

厦警备司令部颁布无线电台管制办法
电报电话及收音机亦应登记　不办理申请登记决依法严惩

本报讯　警备部息,查本市近来时有不法之徒,窃听□军电台广播,任意散布谣言,企图扰乱人心,影响治安殊甚。现厦门警备司令部,对此已严密注意防范,并为彻底明了警备区内无线电报(话)台及无线电台收音机设置使用情形,防止奸宄利用及取缔非法无线电台之存在,加以严格管制起见,已拟定无线电台管制办法,及无线电收音机调查登记办法。该两项法令,并经呈报奉准颁布公告施行,嗣后本市所有无线电台及无线电收音机,如有达此两项法令之规定,不办理申请登记手续,经查觉后,决予依法严惩。该两项法令如下:

厦门警备司令部无线电台管制办法

第一条　厦门警备司令部(以下简称本部)为明了本警备区(以下简称本区)内无线电报(话)台(以下简称无线电台)设置情形,及取缔非法无线电台之存在起见,特订本办法。

第二条　在本区内陆海空军暨其他军事机关所有无线电台,均须领有国防部登记证。各公私机关团体暨飞机、船舶专用无线电台,均须领有交通部执照,并分别向本部登记有案者,始准收发通信。

第三条　凡在本区内陆海空军与其他军事机关电台,及公私机关团体飞机、船舶专用无线电台,均应将台名、地址、呼号、波长,机件程式,联络单位,联络时间,电力,收发讯机线路图,证照字号、年月日等,详细填注本部无线电台调查登记表，格式如附表(一)；电台工作人员调查表，格式如附表(二)。各二份，送本部备查。

《星光日报》1949 年 6 月 11 日

第二节　邮政信局

捷鸿信局倒闭　负债达二万余元

本埠洪本部捷鸿银信局，昨(27)晨已宣告倒闭。查该局营业系股东性质，股本仅有 2 万余元，以莲□人张某为经理，年来因南洋商业失败，该局大受打击，致银根每每旋转不灵。前日在泉属所发南洋信款，因无现款可付，故一律贷给该局汇单代用。昨(26)所有汇单均纷纷到局兑现，陷于应付不暇，而所欠某钱庄期票，亦迫交綦紧。该局无法应付，张某遂乘隙逃匿。昨日调查所负债签约达二万余元，惟□倒入各商号均因处于商业不景气之时，□匿讳，不愿发表，以故无从查悉。

《江声报》1932 年 12 月 28 日

新泰倒闭　信业会登记债权今召集会议

磁街新泰批局，日前突告倒闭，拖欠本市各批信局信款甚多，叠经信业公会召集会议，议决通告会员。甲、自 16 日起，尽 2 日内，列单夹信封内，到会登记被欠数目，以凭办理。乙、新泰局所收回文，如不向会员取款，应予接收，否则不得与该局私相授受。倘有需要，应报会办理。丙、会员尚存新泰局未发批信及回文，推和丰、美南、建南、瑞记于明日 10 时到该局取出，以便分发。丁、新筹债权团，应俟全部登记清楚，召集组织。越日，和丰、美南等各派一人到新泰局查询在厦未发批信，经该局人员先将尚存厦埠未发部分，通知各批信局领出。

金门部分，候另案办理。现信业公会计登记 40 余号，有 1.4 万余元之额，即于上月 28 日结束，订今(2 日)假糖油公会，开债权全体会议，解决金门积压未发批信及一切事件。盖该部分有汇票要件,亟须整理也。

《江声报》1935 年 3 月 2 日

新泰倒闭　各债权成立委员会推七委员

磁街新泰批局倒闭,信业公会以会员法益所在,一面派员出面登记,一面召集债权开会,讨论应付办法。日前复假厦禾路糖油公会,召集债权大会,到 40 余号,其议决案,一、对于新泰债权委员会组织案,决议,就本日成立新泰债权团委员会,举和丰、美南、金义隆、建南、南生、新永兴、捷兴七局为委员,指定和丰为主任,负责召集。办事处设在和丰内,于必要时应请本公会派员参加列席。二、债权团费用筹措案,议决,就债权被欠数目先行每百元抽取 1 元,50 元以上者照摊,50 元以下者免,如不足再行摊垫。三、推举临时财政案,议决,推举建南为临时财政。四、金门县政府登报通告,被新泰倒欠各债权,于 2 月 27 日起至 3 月 12 日止,到金门县商会登记案,议决:应将各债权被欠数目列单,由本公会转函金门县商会登记,并呈金门县政府核办。五、新泰局倒闭,所有金厦、禾山、同安、漳属各地侨胞回文被其积压,应设法安慰侨胞案。议决:由本公会印刷通告,详述情形,送海外各埠分发。

《江声报》1935 年 3 月 5 日

天兴信局所存财产　棉侨函请扣押清查

又讯　棉兰中华商会,再函市商会,以天兴信局倒欠该埠侨商达 4 万元,经请转呈市府,将其业产秉公办理,承覆准如所请在案。兹恐悬积日久,在厦债主凭借优先权,将产业执行拍卖,而置国外华侨储款于度外。特再请贵会呈请市府,暂行保管该局业产,并谕令交出账簿,俾资彻底清查。又该局系属本市意兴号支号,经理人系意兴号东陈远獭胞弟。乃该意兴号于天兴倒闭后,竟在报端登载脱离关系。此间债务人亦请追究云。

《江声报》1937 年 3 月 2 日

天兴信局请自行清理　据称负债九万余　其财产亦有九万

本市天兴信局倒闭,经市府令饬银信业公会清理。奈该局当事人避不出面，无从着手，信业会已呈市府核示。昨该局经理陈扬武，乃具书令商会，略称：该局系渠独资经营，年来因地皮惨败，致银根周转不灵，不得已停业清理。该局在营业上所负债款总额为9万余元，而现存地产尚值6万余元，加以被欠3万零元，合计现有财产总额，亦在9万元左右。以上抵偿债额，相差实属无多，为此申明。按照此项计划，自行清理，业于本月4日开始办理，通告各债权查照，并催各债务人清欠，以资偿还。除据情申请厦门市政府备案外，理合叙明缘由，具书恳请钧会察核，俯准备案，并乞指示云。

《江声报》1937年3月16日

民信业会请中行取消民信部　为数千人饭碗　求市商会援助

本市中国银行附设民信部，各民信局有所异议，曾志本报。但闻该民信部，目下尚未切实进行，或须待总行核示。昨本市银信业公会对此已具函市商会，略云：窃本会所属各批信局，其经营银信，不过为便利侨胞，服劳国内外。简言之，不啻为上等劳动阶级。批信局对于银行所发钞票一向努力推销，乃能流通内地，尤以对于中国银行最为卖力。近闻该行泉州支行附设民信部于泉州石狮、安海等处，起用本会前倒闭会员三美信局伙友，供其奔走布置，业于4月1日正式成立。查中国银行为国营机关，鸿猷丕展，信用笃著，何业不可为。近年来南洋商况不景，产业落后，该行目击时艰，既不设法救济，复不受理一切不动产之抵押，以致社会益呈阢陧不安之病态。今幸南洋商况稍有转机，华侨汇款日众，该行竟异想天开，巧立名目，与此上等劳动阶级削价竞争，持较锱铢，诚意中所不及料也。且本会所属批信局，计有七八十家，每家伙友或十数人，或七八人。其服务批信局所获蝇头，不供仰事俯蓄于万一。各批信局因受该行蚕食兼并，一一倒闭。试问其全数伙友，不下数十人，一旦失业，游手好闲，强者铤而走险，作奸犯科；弱者坐食山崩，流为乞丐。其影响社会治安，至深且巨。贵会为商界前驱，领袖群伦，睹此摧残本途营业，压迫劳动阶级之现象，谅不忍袖手旁观，默焉而息。伏乞俯赐转函上海中国银行总管理处，一致声援，恳予克日明令该支行取消附设民信部，以恤商艰，而维营业。相应函达，即希会照，仍盼见复为荷。

《江声报》1937年4月20日

本市邮政支局收寄零星包件

本报讯　本市邮局昨发告,第494号通告:兹为便利公众起见,本辖鼓浪屿及思明北路两支局,定自本月17日起恢复收寄零星包件。合亟通告周知。

《星光日报》1947年3月16日

邮政总局纪念邮票预约期今截止

本报讯　福建邮政管理局发出通告云:查邮政总局成立50周年纪念邮票发售预约期限,原自7月15日起截至8月20日止。兹奉令以公众预约购买者甚为踊跃,特将预约期限展至本年9月10日截止。

《星光日报》1947年9月10日

银信业请求免课营业税

本市批信局,因直接税局欲以依据特种营业税法施行细则第四条第一款末段之规定"及其他经营银行业务之组织"论,予以课税。各批信局接获通知后,咸以批信局乃邮政之附属机构,代理分发侨信,而所有侨款,均由国外信局汇交银行,而国内信局仅代收代付,并非营业性质,与银行业务完全不同,如列与同等,似有未妥。该业同业公会已据理分呈交财两部及直接税署解释,请其收回成命。

《江声报》1947年9月22日

思明邮政分局人员发现集团舞弊案
警局当场捕获夺款二犯

本报讯　迩来市面常发现自台湾邮局寄厦汇款遗失,多以为邮程耽误,未疑有他。讵料29日晚,浮屿分局破获邮局接信员林常禹,及职员陈景桐(均福州人)吞没东南汽车行经理张元信款。查张有友人张锡生,前后由台湾寄款2次,汇票3纸,计国币285万元。查询林常禹时,言语支唔,旋愿负赔偿之责。该张元以此同样事件(再发生,不无舞弊之嫌),管报告浮屿分局,于林交付赔偿失款时间及地点,派警拘捕。果于前(29)日晚8时许,拘获林常禹1名,并查验其欲给张盖章之挂号汇执,并无邮戳,足见确为舞弊是实。越日复在思明北路邮政分局,捕获正犯陈景桐,(挂号组前组长)一并解送警局法办。查陈等干此勾当,已非一次,其中多为一部内勤职员上下串通一气,为有规模之组织。故抽取汇票,向银行领款,得能顺利。查陈景桐有叔陈某,在福建邮局任视察员,有恃无恐,故滥施此种卑劣手段。此案发生后,各方极为注意,深盼有关当局,彻底严究,绳之于法,藉□不肖人员云。

《星光日报》1947年10月2日

邮政局也霉腐了

中国人——说句丢脸的话,什么事都只有偾事,而没有一样称是成功的。以前国家公营的业务机关,如银行、海关、交通、邮电等,还可说是较上轨道。可是随着时代黑风底传染,这些机关也开始在腐烂了,如海关的舞弊敲索,甚至殴人。交通的串通贪污,案子是连篇累牍,数也不清。邮政局好像是比较单纯的,他们一直是固守着岗位,曾未闻有不可告人的事。可是近来也染着传染病,使我们慨叹着中国真没一样值得人!

本市邮政局邮务员孙景桐,听差林常禹,串通舞弊自台湾汇交张武烈款项,就是说明这传染病底爆发。案子是很明了的,刘于案发后,即自对张言愿负责赔偿,可见其心虚若此。如果没有非分擅自拆封吞款,天下间谁愿做此“义务”。现在这事正在侦讯中,大概不日即可水落石出。不过这件案的败露,使我们相信类似事情不知若干,不过尚未发觉而已!

邮政员工职位超然,待遇较别人优厚,尚且如此,难怪那些半生不活的薪水阶级不混水摸鱼乎?我们实感慨着“邮政局也开始腐臭了”。特紧急呼吁:“还我邮政清白来。”

《厦门大报》1947年10月3日

希望厦市邮政局
星期日延长办公时间　榕市实行延长一小时

庄励先生：

谢谢你对我们邮政的匡助！你在回给我们的试验函答覆表里，建议星期日办公的时间应该延长，这种宝贵的提示，使我们有机会来改进，同时也使们知道要怎么样改进，真使我们内心里有就不尽的感激！过去星期日没有放假，各局窗口营业的时间，在夏季本来规定夏令钟上午九时至十一时，下午三时至五时。冬季则由中原钟上午九时至十一时，下午二时至四时。现在接到你的建议后，已把星期日窗口下午营业的钟点，展长一小时，就是夏令至六时止，冬令至五时止，这样谅必可以增加公众的便利。

至信差方面，星期日是照常送信，并没有停止工作。所谓信差，亦中止投递一节，或许你所服务的机关收发人员拒绝接收信差所送的信，那么信差只得将贵处信件留候星期一投送。这点请你细查情形后，再告诉我们。

这次的改革，希望能使你和本市的大家满意。将来还希望你多多给我们帮助，使我们会产生出新的力量来改善邮政，而豪无阻碍地发展繁荣，来为公众服务。务使每个角落里的每个同胞都能感觉到便利和满意。

末了，再让我们谢谢你宝贵的建议！

福建邮政管理局

民国三十六年(1947 年)9 月 29 日

编者按　福州市邮政局星期日时间延长，很多读者也希望厦市邮局能同样实行，以便利寄信的人。

《厦门大报》1947 年 10 月 12 日

厦市邮政局　延长营业时间

本市讯　厦门邮局为便利公众购买邮票并投寄各类邮件起见，特将该局暨各支局每日窗口营业时间延长一小时，平常为上午八时至下午六时。假日为上午九时至十一时，下午三时至六时。

《星光日报》1947 年 10 月 24 日

一个穷学生抗议邮资加价

编辑先生：

自从邮资加价后，物价亦兼着上涨了，加以大钞发行了，更是火上加油。这一下，真把我们穷学生害死了。本来在500元一封平信的时候，我平均每个月发出10封信，也不过是5000元。现在一涨3倍，2000元一封，这无形中每个月要增加我15000元的负担了。政府这种措施，真叫我们哭笑不得。本来国家办邮政，等于是办教育，不应当随意加价（而一加又是3倍），如今这样岂不是摧残教育吗？我在这里，要请政府听听我们的声音，是哭泣，还是欢笑，并希望立法院据理力争，请当局收回加价的成命，则全国人民万幸。（胡里）

《厦门日报》1948年1月7日

再谈邮资加价

中国人做的事使外国人弄得莫名其妙，确实也真有其莫明其妙的地方，譬如邮电加价一项，早不增加，偏要在大钞出笼的时候增加。一方面在大讲其大钞出笼如何系应事实需用而问世，惟恐它刺激物价；一方面则把国营的事业增价，真有如只许州官放火，不许百姓点灯似的。有人说官有两口，这就是吧！

再来还有更其莫明其妙的，邮电加价已经立监院大加反对了，说是怎样不合法律，但这个问题尚闹得不清的时候，而邮费又再增加了，这简直是与立监院开玩笑“你反对我再增加给你看”。我行我素，政府有的是权力，要怎样就怎样？法律也者那只有对民众讲的。

这次邮费再加价，距上次为期不过月余，国内航信一涨就1倍，国外航信亦涨十分之三。这个我人无须上去推究其原因，横直政府自然有理由的，我人只有为政令扼腕与叹惜。

今年即将举行大选，实施宪法，以后无论政府与民众均要循宪法做事，民众要在宪法保护下生活。倘使今后政府仍然如过渡期间的我行我素，则民众何所依靠，抑从何遵宪行法的，此其一。

政府要民众守法，必自我行起，如邮费一再加价者，于法理均有不通。

但类似此种情事,政府固行之有素,民众则大惑不解,此其二。

今后行宪必须自上及下,以为民众之楷模。否则,艰苦缔造的宪法也只好束之高阁。

《厦门大报》1948 所 1 月 7 日

按照物价指数　邮局举办寿险

本报讯　据悉,邮政储金汇业局为配合社会经济现象及保障大众生活安全,举办按物价指数调整之“一年定期寿险”。兹探悉该办法要点如下:

(一)此项寿险以一年为期,每年转换一次。

(二)保额以战前简易寿险保额 50 元至 500 元为基数,按主计处南京趸售物价指数计算。

(三)保负自 12 岁至 60 岁,比例缴付,年龄愈小,缴费愈少。如 30 岁人投保,每季缴付保费 4‰,计 68 万元,照目前便可得到一亿七千万元之赔款,并随物价增加。

(四)保费盈余由该局在每年 2 月 15 日及 8 月 15 日公开抽签,妥为分配。中签机会极多,确为大众谋福利。如公众须知详情,可向邮局或储汇局索阅详章云。

《中央日报》1948 年 4 月 18 日

国际邮资又再调整

本报讯　国际邮件资费,自民国三十七年(1948 年)5 月 19 日起,改订如次:信函初重 20 公分 50000 元,续重每 20 公分 30000 元;明信片单 30000 元,双 60000 元;新闻纸、书籍、印刷物、贸易契货样,每重 50 公分 10000 元(但贸易契每件至少 50000 元,货样每件至少 20000 元)。挂号费每件除普通资费外,另加 70000 元;平快费每件除普通资费外,另加 100000 元。回执费每件 50000 元,查询或补发回执每件 70000 元,撤回或更改地址每件 120000 元。航空费除香港与国内相同外,概按每 10 公分改收 120000 元。寄美航包航空费每公斤 330 万元,国际航空邮简每枚普通邮资及航空费共 85000 元。

《中央日报》1948 年 4 月 24 日

厦邮局增设三赶班航空信筒

本市讯　据息：本市邮政局为加速航空邮递起见，特于该局门口、中山路新绿书店门口及公园南路市政府门口，分设赶班航空邮件信筒三个，凡于每日上午九时十五分务投入海后路该局门口信筒，或上午九时三十分前投入中山路新绿书店门口信筒，或上午九时三十五分前投入公园南路市政府门口信筒之航空邮件，均可赶当天航机发出，一般市民咸称便利。

《星光日报》1948 年 7 月 6 日

货品不得当信夹寄

本市讯　近来水路交通梗阻，航空班机减少，邮运日感困难，不能不按邮件种类权衡缓急，分别先后。唯民众有将货品当作信函夹寄情事，占去有限运输吨位，殊属影响真正通信性质之信函递送率。邮局为尊重公众通信利益，并符合邮章规定起见，对夹寄货品之信函，不论数量多寡，唯有请各界作为小包邮件、包裹，或航空包裹交寄。

《中央日报》1948 年 9 月 3 日

邮资加价　厦明起实施

本报讯　厦门邮局今发出通知，从明(21)日起，国内邮资除航空外照现价增加 400%。例如平信初重 20 公分 15 元，国内航空邮简每枚普通邮资及航空费共 80 元云。

《厦门大报》1949 年 2 月 20 日

邮政在进步吗　请看我这封信

编者先生：

近来的邮政当局，对于广告方面颇下一番工夫，然而不免涉及夸张。下面几件事是事实的，请将此信在街头巷议披露，备邮政当局检讨，我深信它的主管不会要什么证据，或是虚伪应付，并且希望有所改善，庶不负数十年来的盛名！

一、厦门至龙溪,汽船、汽车一天往返五次,但是一封信却要两天才能到达,甚至早晨九时所投邮的,也要延到翌日9时才能收到。

二、在中山路的邮筒上,写有“赶班信筒”的字样。据说凡是信件在上午9时30分以前投入的,当天可以到达寄达地,可是上午8时许到邮政总局去交寄上海的挂号信,竟然也要两天以上才能寄到。

三、本市的信件,不论平信或挂号信,或快信,几乎都不能于当天交寄,当天投交收信人。

《厦门大报》1949年3月9日

邮政人员不怕政府　面对警官拒用什银
警所长出声抓办邮局长具结赔罪

本报讯　警备部稽查处表示欲严办拒用什银之徒,鼓浪屿邮政局售票员林钟基竟不怕,今日上午11时许,有一商人持什银向其购买邮票,林不接收。该商人以邮局售票员拒用什银,即走报岗警黄国强、曾远超,警等即偕该商人同往邮局购邮票,林钟基仍旧拒用。又与警士大发其雄论,二警无奈其何,即走报鼓警分局本驻所所长林光耀。林所长据报后,即前往邮局,该售票员仍不可一世,林所长强欲将其带所。嗣邮局长认错,出具保结随传随到,林所长获具结后,即备文送请鼓分局究办云。

《厦门大报》1949年7月16日

第五章

商业贸易

第一节　商业团体

一、商　会

商部饬查厦商习惯条规

厦门商务总会昨奉商部公文内开：准法部修律大臣沈咨开：本部将修商律，奉旨催办在案，唯中国商人向无法律，各省商人有各省之情形，各业商人有各业之条规。而商律一事关系重要，造端宏大，千头万绪，若不先从调查各省商人之习惯入手，殊难着笔。为此咨请贵部迅饬各省督抚及商会总理迅将所属各商之习惯条规详细调查造册报部前来，则商律庶有告竣之日云云。除复准外，为此札饬厦门商会迅即照办，转饬各分会商人一体遵照，汇齐到部，以凭转咨，是为至要云云。

《厦门日报》1909 年 6 月 26 日

厦门商务总会第五届选举禀部电稿

北京农工商部堂宪钧鉴：遵章举行第五届选举，总理林尔嘉特占多数，协理叶崇禄、洪鸿儒占多数,次傅政,次陈祖琛,佥乞核示祗遵。厦门商务总会议董员等同叩。微。

总理林京堂禀部请辞电稿

北京农工商部堂宪钧鉴:嘉总理会务已历四届,无补公益,有旷职司。此届仍再举充,万难胜任。叩恳宪恩,饬会另举,无任感戴。章京林尔嘉叩。微。

商会初五日

电部挽留商总

总商会本届新举董员于11日接准林总理送到部宪电,谕以本总理邀蒙部宪允准告辞,遵即传知诸公开会,另举以资接办等云。诸位董员于12日下午开会,佥议厦门商会总理,关系非轻。仍再电恳部宪援照向章,以林总理再为代办云。决议后,均先签名请施坐办。主稿阅定后,复盖各号印信,兹将电文录下:

农工商部宪钧鉴,蒸电奉到已遵,传知各途部议,董商员开会另举职等,公同决议,佥以厦门商会总理关系非轻,且于才地资望四字悉合,目下实难。其选可否援照向章,仍准以总理林尔嘉作为代办,以慰众望,而资实益,深感公便。厦门商务总会全体董员同叩。元。

《厦门日报》1909年7月23日

厦商会受理事件规则

商会昨日颁布受理事件规则如下:

第一条,本规则依据思明县厦门商会章程第□章之规定制定之。

第二条,本会受理事件之范图如下:甲、关于筹议工商业之改良及发展事项。乙、关于工商业之征询及通报事项。丙、关于国际贸易之介绍及指导事项。丁、关于工商业之调处及公断事项。戊、关于工商业之证明及鉴定事项。己、关于工商业统计之调查及编纂事项。庚、关于办理商品征集及陈列事项。辛、关于办理商事公告事项。壬、受商人委托办理制券之检定及商业登记事项。癸、受当事人或官厅之委托办理商业预算事项。

第三条,本会受理事件以声请人现为本会会员,照章缴纳本年度会费,其事件以属于商事范围者为限。

第四条，本会会员委托本会办理本规则第二条各款时，须享受免费或减费之权利。

第五条，非会员请求事件，经本会审查确系属于商事范围者，本会得酌量征收办公费代为办理。

第六条，本会征收办公费用每件收费至少 4 元，至多不得过 30 元。

第七条，上项规定之办公费用，如请求办理事件过于繁夥者，经本会常务会议之议决，得酌量增收之。

第八条，关于办理公断清算事项之办公费用，应遵照前部□商事公断处章程规定之办法征收，系争物价额 2% 以下之费用，不受本规则第六条之限制。

第九条，请求人虽为本会会员而该业已有同业公会组织者，应依法加入同业公会，转请办理。

第十条，本会受理事件除其单独订定征费之规定外，悉照本规则办理。

第十一条，本规则经本会执行委员会议决施行之，修正时亦同。

《江声报》1931 年 5 月 30 日

鼓屿区商会组织不合
须先组各业公会加入　省指委会训令遵办

思明县党部昨(4)日奉省指委会训令云：为令遵事，查该县鼓浪屿区商会组织不合，前经本会批驳不准备案，并令行该会先行指导该区各业商人分别组织各业同业公会，然后再以公会会员资格加入该区商会在案。惟迄未据复遵照办理，疏忽已极。合再令催该会，迅即遵照前令，切实办理具复备查，毋再违延为要。此令。

《江声报》1931 年 8 月 5 日

鼓屿区商会实业部核准备案

思明县政府昨发省建设厅训令云：为令遵事，案查前据该县长呈复鼓浪屿区商会，未曾组织同业公会原因，请核转等情。当经转呈事业部核示在案。兹奉指令开：呈悉，既据称该区同业不满七家，无法组公会，所有该会前送章册等件，应准备案。仰转饬知照，此令，等因奉此，合行令仰该县长转饬知照,此令。

《江声报》1931年8月16日

商会十八次常务会议

厦门商会于昨开十八次常务委员会议,讨论事项如下:一、绸布业同业公会函以中山路大新洋服店倒欠会员金协成号等巨款,请函公安局饬署所将该号一切器皿点交该会保管,以候解决,并请转呈省政府咨请各省政府令,饬各县市公安局协缉该号东张祥源到案,以维商业案。议决:准予照办。二、厦门抗日救国会函请派员协同劝募赞助上海各大学生赴东北义勇军费经案。议决:函转各同业公会转知各商号踊跃捐助。三、启成商行呈请证明代理香港顺昌行之属海防中华、印度钵仑英坭公司马红龙标洋灰为非日货,以免内地各处有所误会案。议决:准予证明。四、迩来据各铺户纷纷到会报告,谓公安局警捐征收员不依照本会办理警捐手续,未结束前,复查支配额数征收。又新租铺户亦不依照公安局所规定铺户值百征八,住户值百征二之标准征收,请求设法救济应如何解决案。议决:由洪主席请公安局长严饬该办事人员依照办理,以维威信。

《江声报》1932年1月8日

"防赤费" 海关进出口税附加一成 商会司令部接洽办理

商会昨(20)日下午4时,开第九次执监委员紧急会议,出席者12人,列席者杨延福,主席洪鸿儒,记录林东山。讨论事项如下:一、路政办事处函:以前向本会借款2万元,因时局影响不能如期清还,至前给抵押第四段第六十号地区,因已出售,另以相当地段抵押案。议决:路政处此种举动,对于借款手续殊有未合,应函该处否认,并推举洪鸿儒为代表,向周会办交涉。进出口贸易二、推举代表会同司令部代表,办理征收海关进出口税附加一成"防赤费"案。议决:推举陈瑞清、庄金章负责,与司令部代表接洽办理。三、推派代表与司令部及水上公安局接洽水上交通案。议决:推派魏英才、庄金章为代表,负责办理。四、函海关及水上公安局,取缔泉州安海小火轮不遵照海关规定载货吨数及人额案。议决:通过。五、订期召集各同业工会代表,讨论处理封存日货办法案。议决:订5月23日(星期二)下午4时,召集各关系公会妥商办理。

《江声报》1932 年 5 月 21 日

厦商代表入漳交涉账款　陈瑞清等一行五人

厦门商会昨为本市面粉、北郊等各同业公会函称：漳州各商家借此次“共祸”对于赈项抗不清还事，特派代表陈瑞清、林东山偕同厦商代表黄瑞清、魏英才、曾育智，于今(20)日带函入漳，向龙溪县商会妥商解决。

《江声报》1932 年 8 月 20 日

商会讨论清理聚美办法　组债权团点存货物

关于庄聚美倒闭一案，厦门商会昨(6 日)下午 4 时，召集各债权讨论清理办法。到会者计十九商号，其债务代表庄聚美，伙友庄温议、傅供水，主席陈瑞清、记录林东山。议决：一、推举天南、成□、同源福、聚隆、建成、同兴、□原庄天来、裕大等为债权代表，组织债权团，负责清理该号一切。二、由债权团即日前往该号点存货件，并推代表向抗日声明以免误会。三、点货后逐日收款寄存天南庄。四、庄聚美布庄及庄聚美银店二号营业，由天南、聚隆、庄天来、□天乞负责派人监督，每人月薪 30 大元。五、由会着该号东庄明源出头接洽清理事宜，惟予自由行动云。

《江声报》1932 年 9 月 7 日

商会常会订期调解丰盛债案

商会 23 日下午 4 时开第三十九次常会，出席庄金章、陈瑞清、洪鸿儒等，主席洪鸿儒。讨论事项：一、关于各业营业税业，由洪主席与营业局妥商解决，应函各同业公会克日向营业税局接洽办理案。议决：通过。二、木业同业公会函以订 3 月 28 日下午 3 时改选职员，请派员监选案。议决：推派代表庄国章赴会。三、关于和泰号与建珍号账项纠纷一案应如何解决案。议决：推举陈委员瑞清、黄委员瑞甫负责调解。四、参业同业公会函以会员丰盛号因营业惨败歇业，请召集该号债权镒丰庄等到会调解案。议决：订下星期四召集双方到处调解。五、关于朝记债权团函以该号不能依约清偿折款，请将该号交会保管业产照约拍卖抵偿案。议决:订 3 月 25 日召集朝记庄产业产保管委员会解决之。

《江声报》1933 年 3 月 24 日

同其昌债务昨讨论解决　定办法三条

商会昨集同其昌债权者开会,到 20 余人,主席庄金章,记录林东山。讨论结果,关于同其昌债务。议决:一、债权人及债务人双方同意以二成半清还。二、债权人准债务人将货底设法拍卖清偿。三、还款手续由债务人向债权人直接妥商办理。

《江声报》1933 年 6 月 3 日

商会改选预备戴新帽　呈市处请准改称市商会
无契补税房屋价标准　十七集工商学法团拟定

商会昨开五一次常委会议,出席 4 人,主席洪鸿儒,记录林东山。讨论:一、本会改选期届,现应依法改选,惟查本县已改县制为市制,则县商会名称,应该为市商会。制度所有不同,改选组织,自应变更,应如何办理案。议决:依照商会法施行细则第二条之规定,应沥情呈请思明市政筹备处,准将县商会名称改为市商会,以便依法改选。二、绸布业同业公会函,以统税条例未经公布,而内地统税分局则任意扣货罚办。商人无所遵循,妨害商旅,阻碍国货,恳函统税署,对于药酒出口,奉示应照毛重征税案。议决:函转酒业公会。三、思明契税局函请从速议定业屋估价办法,以便建筑改契及无契补契报税之标准,应如何办理案。议决:定本 17 日邀请工商学各法团到会,妥拟业屋估价标准。

《江声报》1933 年 8 月 11 日

妨碍商业　函海关请即改善

市商会,昨开第六十三次常委会,主席洪鸿儒。议案:一、关于万协美吴迪述、吴迪菊内部纠纷一案,前经吴迪述将历年账簿送请本会清算。兹经调解,由吴迪菊交出支票期票二纸,计共大洋 2 万元,交本会保存,以为清算债款之用，请予备案案。议决：照准。二、关于海关妨碍商业上各问题。议决：推派代表向税务司陈述，请其改善。三、红料业同业公会函，以陈宽柔假冒该会名义，承办红料营业税。经由会分别函税务局，及教费管理厅抗议，请追认案。议决：通过。四、糖油业会函请转请税务局，准将油业营业税照旧归由该本途办理，经于照转，请追认案。议决：通过。五、木业及洋柴业公会，函恳转请财政厅，饬令税务局，依照部定税率，征收营业税案。议决：照转。

《江声报》1934 年 3 月 2 日

各县商会联席会议　规程细则提案办法
厦商会拟定俾代表参阅

市商会订期开闽南各县商会联席会议，讨论救济闽南商业。公函发出后，昨复拟定议事细则，并会议规程，以及提案办法，以俾届时分发出席代表参阅。兹探录如下：

议事细则

第一条，代表席次以报到先后定之。

第二条，总主席因事缺席时，由主席团公推 1 人代理之。

第三条，会议时间每日以 3 小时为限，由下午 2 时至 5 时，遇必要时得延长之。

第四条，本会议须有报到人数过半数之出席方得开会。

第五条，代表到会均须签到，因事不能出度须备函请假，在会议时不得离席及退席。

第六条，议案暨议事日程先期编印分送各代表。

第七条，会议须照会议日程顺序讨论，遇必要时由主席宣告，或代表 3 人以上之动议，经多数赞同变更之。

第八条，会员遇有重要问题，得临时动议，但须有 3 人以上之附议，方得为正式议案。

第九条，每议案提出时，由提议人说明书要旨。

第十条，会员发言时，须起立报明席次。

第十一条，会议时不得有 2 人以上同时发言，如代表同时报告席次时，由主席指定先后发言。

第十二条,代表每次发言,不得逾 10 分钟。

第十三条,同一议案每人发言,不得逾两次,但质疑答辩,不在此限。

第十四条,议案性质相近者,得并案讨论。

第十五条,议案发现前后矛盾,或与现行法令有抵触时,得由提议人自请修改或撤回。

第十六条,议案之审查,由会推定若干人组织审查会。

第十七条,审查会议不得与大会时间相抵触。

第十八条,议案之表决,用举手方式。

第十九条,议案经表决后,不得再行讨论,如须复议时,须经出席代表过半数之可决。

第二十条,会议时,主席得宣告讨□□□□。

会议规程

第一条,闽南各县商会为谋救济并促进各县商业起见,召集联席会议。闽南各县商会为谋救济并促进各县商业起见,召集联席会议。

第二条,本会议由各县商会推代表 2 人组织之。

第三条,本会议议场设在厦门商会。

第四条,本会议会期定于 3 月 15 起至 3 月 17 日止,遇必要时得延长之。

第五条,本会议设主席团 5 人,由各县商会代表推举之,再由主席团推举总主席 1 人。

第六条,本会议议案之范围如下:一、关于各县商业之救济事项。二、关于各县之金融活动筹划事项。三、关于各县之商业改善事项。四、关于有关商业之其他事项。

第七条,本会议以报到代表过半数之出席为开会法定人数。

第八条,本会议表决议案,取决于出席代表之多数可否同数时取决于主席。

第九条,本会议对外各件,以闽南各县商会联席会议行之。

第十条,本会议代表旅费由各县商会负担。

第十一条,本会议议事细则另定之。

第十二条,本会议提案办法另定之。

提案办法

第一条,提案应具充分理由,具体办法,用列举方式,分别开列,以便讨论。

第二条，提案应照后列格式，各自另行缮写，不得并两案为1件。一、提议人；二、议题；三、理由；四、办法。

第三条，提案之范围，限于会议规程第六条各款之规定。

第四条，凡属一地方之特别事项，不具普通性质者，须经审查后，方能提会解决。

第五条，各县提案须于两日前送会，以便整理编入议事日程。

第六条，凡有临时提案，仍应依照格式缮写，于开会前提交主席团付议。

《江声报》1934年3月6日

各途商本途领办减税原则
黄奕守允税收商业并顾减低率由商会常委接洽
遣送费分三等劝募

市商会，昨下午4时，召集各同业公会并该会执监委员，讨论捐税问题。到会者黄瑞甫、陈瑞清、严灼如、洪鸿儒，暨绸布途等21同业公会代表。列席者：税务局黄奕守、洪立勋，理发业黄启如，由洪鸿儒主席。一、报告事项：甲、主席报告，本会据各同业公会，纷纷具书到会，谓闽省年来迭遭变乱，商业凋敝不堪，而各种捐税，又极苛重，实有力不胜任之慨。恳呈当局减轻或裁撤，故特召各代表，并请税务局长到会妥商办法。乙、公安局来函，谓办理资遣散兵及招待各费，为数颇巨，拟由本市各商号分甲等4元，乙等3元，丙等2元募捐，请通告各商号踊跃输将云云。继由税务局长黄奕守发言：谓奉令长税务局，固辞不获，厦市商业凋散，亦属实情，惟求在不影响税收，不妨害商业原则之下，兼筹并顾，妥商办理云云。二、讨论事项：(一)关于公安局资遣散兵各费，分筹募充，应如何解决案。议决：通告各商号踊跃输将，甲等3元，乙等2元，丙等1元，小店铺免。其前经认捐者，亦免再捐。(二)关于各途商对于各种捐税，无力负担，应如何请求减轻或裁撤案。议决：甲、各途营业税，应由各该途根据事实、法令，将应认缴税额，限3日内具函报告本会，然后由会推举代表，与税务局妥商办理，以归本途直接办理为原则。乙、剪发、洗衣、中西衣服业，征收营业税，核与法令抵触，应请税务局撤销。丙、对于请求减轻或撤销捐税事项，由商会常委负责，与税局妥商办理云。

《江声报》1934年3月6日

房铺捐重叠征派　商会决召各界讨论
交涉统税仍用青黄单　减轻营业税今日接商

市商会昨开常会，主席洪鸿儒，讨论：一、各途商具书请求减轻营业税案。议决：由全体委员，订3月9日赴税务局妥商办理。二、本市土地税，即征收房铺捐，又征收田赋，而警察捐亦依照房铺征收。似此一税重叠征收，不特民众无力负担，对于部章，亦有抵触。迭据各同业公会具书到会，请求据理力争抗议案。议决：事关全市民众负担，应订期召集工、商、学、华侨各界讨论之。三、工务局，函请派员参加厦门海关附征堤工费，保管委员会案。议决：由全体常务委员出席参加，函工务局查照。四、海关变更验货手续，对于商业上，诸多困难案。议决：推举陈瑞清、黄瑞甫，请求税务司改善。五、面粉业、棉纱业等各同业公会，函以厦门统税查验所，延用叛逆时代剥削形式，专卖出入口青黄报单，商民既感不便，又遭损失，请据理向该所交涉撤销案。议决：函统税查验所，将该恶例撤销，并派代表庄国章与该所长面洽办理。六、水果业公会函，以太古行金华轮公司新太平轮延期到沪，致该会员配沪水果全无收成，请派代表，协同分向该行交涉，责令赔偿损失案。议决：推派魏英才协同该会代表，向该行接洽办理。七、思东金印花税局函，以奉令定4月1日以前，所有商店人等，积存印花，须一律呈送商会登记，汇送总局盖戳发还，照常贴用，应如何解决案。议决：查印花税票，均属国民政府所颁发，无新旧之分，自应一律通用。如须盖戳，应请总局派员到厦，由会通告各商民人等，将以前印花送请盖戳，以便贴用。八、县党部及县市政府函，以3月12日为总理逝世9周年纪念日，并植树节，请派代表出席案。议决：推派陈极星出席县党部，庄国章出席县市府。

《江声报》1934年3月9日

各县商会联席会议昨第一日讨论救济金融
呈请政府拨棉麦款五百万交国营银行备抵押不动产
发行流通券办法付审查

闽南各县商会联席会议，昨为正式议事第1日，上午9时在厦市商会礼堂举行。

出席代表厦门洪鸿儒、陈瑞清、严灼如、庄金章、杨子晖、黄瑞甫，南靖黄印心，龙岩林则仁(昨误林则源)、张庆云、黄兆源，晋江陈仲瑾、王国栋，同安王修平、庄庆斯，洛阳镇吴新敬，莆田林德成、蔡文玑，平和曾文德、曾铭其，金门陈卓凡，漳浦陈雨苗、陈泗滨，仙游吴平甫、黄奕青，龙溪章无涯、郑彬，海澄陈茹馨、黄曦，惠安林步瀛、周成勋，诏安谢润初、沈季樵，安海陈炎源、伍泽国，马巷陈剑盾、刘幼村，永春吴赐丁等 40 余人。先开审查会，由严灼如主席。

审查结果分为：一、经济，二、捐税，三、治安，四、交通、五、建设，六、其他。审查毕，午餐，下午 2 时 10 分正式会议。主席团入席后，推洪鸿儒为主席团主席，林东山纪录，庄国章司仪。首由大会秘书林东山报告审查大会提案统计 66 项，除暂保留三项外。

经济案：一、设立各县商业银行，救济地方金融案，厦门商会提。二、提倡设立地方银行，救济商困案，莆田商会提。三、活动金融，应组织商业银行案，永春商会提。四、创设闽南商业银行案，涵江商会提。五、组织闽南商业银行以推用角票并在各县设立分行案，惠安商会提。以上并案讨论，议决：视各县之需要，由各县商会提倡组织，并由本联席会议设法援助。六、救济金融活动案，晋江商会提。七、关于金融之救济事项案，龙溪商会提。八、救济金融案，安海镇商会提。九、请政府饬令国家银行指拨巨款放借，以维金融商业案，厦门商会提。十、请政府将棉麦借款由各县商会承领一部分，以资活动各地金融案，马巷镇商会提。以上并案讨论，议决：甲、由本联席会呈请政府，令饬国营银行及中国银行兼营不动产抵押。乙、由本联会呈请政府，由棉麦借款项下拨出 500 万元，交由国营银行及中国银行，作闽南县抵押不动产准备金。丙、由本联席会函请各县商会将未还省公债列报本会，以便呈请省府发还，借资救济金融之恐慌。丁、由本会推举审查员，审查发行流通券办法，以资救济各县金融。十一、关于市面行使小票案，安海商会提。议决：付审查。十二、救济农村即以救济商业案，马巷商会提。十三、改善商业必先繁荣农村案，惠安商会提。十四、各县救济闽南商业之衰落案，洛阳商会提。以上合并讨论，议决：并入其他类议案解决。十五、救济农村为促进商业根本案。议决：并入治安议案讨论之。议毕散会，订今 17 日继续会议，讨论各县捐税问题，原提案已见昨报，今略。

又龙岩代表林则仁来函声明，15 日演说，未曾提及“队伍随便占驻民房”至合作社仍旧存在一节，乃指驻军筹设合作社，商人为救济商业，不过盼望其莫照过去驻军办法,决不敢干涉其设立合作社云云。

《江声报》1934 年 3 月 17 日

各县商会联席会议　昨第二日讨论裁减捐税
汇集土货等苛杂税目呈请裁撤　建议试行土地法取消变相苛税
营业税请由途商摊缴

闽南各县商会联席会议,昨 17 日为正式会议第一日,到会代表无甚变更,由主席团推举主席陈仲瑾,记录林东山。先经大会秘书林东山宣读第一日议决案,并报告到会人数,及第一日会议交付审查结果。即开始讨论:一、关于安海镇商会提议,市面行使山票案,经审查结果,交晋江县商会暨安海镇商会,协同斟酌办理,必要时由本联席会设法援助案。议决:通过。二、关于龙溪县商会提议,救济金融一案,经审查员审查结果,该县衙联合各县商会,组织一大规模金融维持会,使用一种代价之流通券一事,因各县情形不同,应由各县自行组织金融维持会,妥议办理案。议决:通过。三、请政府取消通过税及通过税变相之营业税,实行征收营业税案,厦门商会提。四、电请政府体恤本县叠遭□□蹂躏,灾情特重,准予免除境内一切苛杂捐税案,龙溪商会提。五、请求蠲减商家负担税目案,安海商会提。六、呈请政府撤销各地非法关卡,以利商贾案,永春商会提。七、请求政府切实取消苛捐杂税案,惠安商会提。八、呈请政府撤销厘金变相之漳州西溪营业税,以恤商困案,平和商会提。九、取消溪船由泉州至安南永内地沿途关卡案,晋江商会提。十、关于马巷糖烟酒类及猪捐,应请政府减轻税率案,马巷商会提。以上并案讨论,议决:请各县商会于大会闭会后二星期内,将各该县通过税及苛杂捐税以及通过税变相之营业税,列报本联席会,以便呈请政府撤销,以纾民困。十一、请政府取消或减轻省产土货苛捐杂税案,厦门商会提。十二、呈请政府明令免征内地土产出口税,借以奖励生产救济农村经济案,龙岩商会提。十三、请取消土糖营业税以救济农村扶助生产案,诏安商会提。以上并案讨论,议决:甲、由本联席会呈请政府撤销本省土糖税,以资奖励,而维国产。乙、请各县商会于大会闭会后两星期内,将该县土产及征税税率,列报本联席会,以便分别呈请政府取消或减轻。十四、为印花税苛政案,金门商会提。十五、关于印花税案,龙溪商会提。以上二案合并讨论,议决:甲、印花票为有价证券,应无新旧之分,应呈请财政部及印花税总局,通饬各县印花税局，凡属国民政府所颁发之印花，应一律通用。乙、由本联席会专函印花税总局，饬令各县印花税局，凡零星现款买卖货物，不得勒贴印花。十六、请政府试行土地税法，取消类似土地税之各种苛税，以挽产业跌落，救济金融活动案，厦门商会提。议决：由本联席会建议立法院，就厦门试行土地法，取消类似土地税之各种苛税。十七、请政府迅令取消船税案，厦门商会提。议决：查该税为旧府所设立苛税之一种，非法征收，应由本联席会电请行政院及省政府迅令撤销，以维交通，而利商贾。十八、公布屠宰税征收税率案。议决：由本联席会函请省政府财政厅公布屠宰税率，取消包办制度。十九、关于各业营业税照章应由纳税者直接缴纳，不得由人承揽包办案，晋江商会提。议决：由本联席会呈请省政府及财政厅，准饬各县税务局，对于各业营业税，应由各该途商自行摊缴，不得由人承揽包办。二十、请由大会名义，呈请省政府，转咨广东省政府，取消汕头征收闽省仁油及茶叶进口税，以资救济农村，扶助生产案。议决：通过。廿一、请由大会名义，呈请政府，对于地方受军事影响，生理停顿期间，准予豁免征收营业税案，晋江商会提。议决：通过。

又讯　厦门市商会，订今(18)日下午5时，假南洋商业同业公会，宴请闽南各县商会代表。昨经分发请柬云。

《江声报》1934年3月18日

各县商会联席会议昨决议三十一案并行闭幕
请尽量收编民军提出四项办法　严禁驻军驻民房勒兵差营商业
组织各县商会联合办事处

闽南各县商会联席会议，昨为正式会议之第三日，并行闭幕式。是日出席代表，仍无变更，大会公推龙溪商会代表郑彬为主席团主席，林东山记录。上午10时开会，先经大会秘书林东山宣读第2日议决案，并报告到会人数后，即开始讨论治安、交通、建设及其他各提案。12时午餐，下午1时，继续讨论，仍由郑彬主席。议至4时，乃宣布大会终止，推厦门商会代表洪鸿儒，行闭幕式。礼毕散会，全体到南洋公会摄影，并由市商会欢宴各代表。兹将昨最后一日所讨论提案，录志如下：一、请政府编遣民军借收治安建设之效案，厦门商会提。二、请政府收容民军，俾使地方安宁，商业安定案，马巷商会提。三、呈请保安处，剿抚闽南各县土匪案，莆田商会提。四、请政府限期肃清匪类，使社会安定，救济商困案，莆田商会提。五、地方治安，关于商业之命脉案，永春商会提。六、请政府收编地方民军，以免影响商业案，平和商会提。以上并案讨论，议决：由本联席会呈请政府，尽量收编民军，如有贻害地方，扰乱治安者，应请政府痛剿，以维治安，而安商业，并由本联席会建议政府，对于收编民军作下列办法：甲、除保安队外，编为国军；乙、除国军外，编为路工队，以开拓全省公路；丙、除路工队外，编为垦荒队，指定区域，为垦荒场所；丁、保安队经费，由省府拨发，国军由中央拨发，路工队由建设厅之建设费项下拨发，垦荒队由省政府拨发。七、请政府维护各县车路交通，以利商旅案，厦门商会提。议决：由本联席会呈请政府，设法救济各汽车公司，并促其恢复原状，切实维护。八、关于维持水陆交通，借利商贾案，龙溪商会提。议决：由漳码厦商会拟具办法，交由本联席会核办。九、促成漳龙铁路建设案，厦门商会提。议决：由本联席会呈请中央政府实业部，暨省政府，请嘉奖该路发起人，并函请漳龙铁路筹备处委员会，继续努力。十、请政府迅即完成浦和支路，以利交通案，漳浦商会提。议决：由本联席会呈请建设厅，迅即办理。十一、建设路政，以利商贾运输案，平和商会提。议决：由该县商会拟具办法，交本联席会核办。十二、各县商会组织，提倡国货会并设立国货介绍所以资提倡国货案，厦门商会提。十三、提倡国货以免金融外溢，洛阳商会提。十四、拟设国货促进会借资观摩案，龙溪商会提。议决：各县商会应组织提倡国货会，或国货促进会，并设立国货介绍所。十五、设立闽南各县商会联合办事处案，厦门商会提。十六、组织闽南各县商人团体案，惠安商会提。十七、组织闽南各县商会联合会案，晋江商会提。以上合并讨论，议决：由闽南各县商会在厦设立联合办事处，并推举厦门市商会、晋江县商会、龙溪县商会、漳浦县商会、永春县商会负责办理办事处一切事宜。十八、组织本省商会联合会案，金门商会提。议决：由出席本联席会议各县商会代表联名发起，呈请省党部许可后筹备组织之。十九、请省政府召集全省善后会议案，厦门商会提。议决：转照省政府。二十、请设立各县善后会议案，厦门商会提。议决：由各县商会负责召集各界组织之。二十一、呈请政府规定各县政府办理驻防军队木器禾草办法，并准作正报销案，同安商会提。二十二、否认政府无转押借款并办理兵差案，惠安商会提。二十三、呈请军政当局解除商会办理兵差案，安海商会提。以上并案讨论，议决：甲、由本联席会呈请政府，通令各县行政机关，切实负责办理兵差，不得推诿商会办理。乙、由本联席会呈请军事当局，通令各部军队过境，不得向商会勒办兵差。二十四、请政府令饬军事当局，严禁军人合作社贩卖民众商品，夺取商人利益案，厦门商会提。二十五、电请中央及军事委员会，令各地驻军不得兼营商业案，龙岩商会提。以上两案并案讨论，议决：由本联席会呈请最高军事当局，严禁各地驻军，不得以合作社名义兼营商品，夺取商人利益。二十六、关于商业改善事项案，厦门商会提。议决：呈请政府建议：一、外籍与国籍纳税义务，一律平等。二、保障华侨回国投资。三、开设工厂，容纳失业平民。四、提高与土货抵触之洋货税。二十七、电请中央制止各地驻军及地方保安团不准自发钞票案，龙岩商会提。议决：本案须由该县将经过详细情形函本联席会照转最高军事当局，严令制止。二十八、呈请军政当局速派大军搜剿小山城“土共”案，漳浦商会提。议决：由本联席会呈请军政当局，速派大军切实负责剿灭肃清□□。二十九、请军事当局于军队调动时，通令所属部队，勿驻扎商店民房案，安海商会提。议决：由本联席会呈请最高军事当局，通令各部军队，不得驻扎商店民房。三十、关于本联席会议所议一切议决案，应交本会主席团切实办理案，同安县商会提。议决：通过。三十一、关于本会议招待费，由厦门商会支付，但此后一切费用，应如何分担案，同安县商会提。议决：由主席团预算，分别支配。讨论终结后，由厦门商会主席洪鸿儒行闭会式，其致词略谓：本会发起邀请闽南各县商会来兹开会，共图救济劫后商业。荷承诸君远道莅临，共同切磋，将见闽南商业有转机希望。尚祈不遗在远，时加指导，巩固团结，共谋商业改善，则所获利益，不仅闽南商家已也。惟是招待不周，诸多简慢，并道歉忱，敬祝健康云云。晋江商会代表陈仲瑾代表各县商会答词，略谓：各县商会今蒙厦门商会邀请，得以共集一堂，讨论救济商业事项，并承指导招待，滋深感激。谨代表各县商会，向厦门商会道谢！但内地情形，极多荆棘，进行既不容易，说话尤感困难，希望此后闽南商会精神团结，共谋商业上之改善。谨。

《江声报》1934 年 3 月 19 日

改善公共事业　各途商亟起响应　商会定五日召集讨论

面粉、肥粉、棉纱、香沪等业公会，昨函市商会，略谓：年来厦市商况之萧条衰滞，较任何商埠为甚，如无救济办法，相继歇业，自在意中。救济之道，当以减缩各费为先。查本市电灯、自来水及民产事业办理不善，民生殊有妨碍，而任意苛取，市民啧有烦言。报载各保联合会议，决改善电灯、自来水及民产各案，与敝会等正拟提向各该公司异议之点略同。事关改良公共事业，特附议该各案，请贵会定期邀集各业公会，另行妥议，以资改善云云。市商会接函后，昨适开第66次常委会议，当提出讨论：一、面粉业、棉纱业、香沪业等同业公会函，以电灯、自来水、民产公司等巧立苛刻条例，强迫收取，请订期召集各同业公会，妥议改善案。议决：定4月5日函邀各同业公会负责人，到会妥商改善办法。二、振陶兴公司债款案。议决：查该案该号各债权到会决议，准该号东恳求以□折摊还债款，限两个月作一期清还，在4月清还一折，5月清还一折。

《江声报》1934年3月30日

商会呈请省府　华洋纳税平等　地税合征
如任籍商抗税华商增重负担　则厦门虽不续东北亦非吾有

本报讯　厦门商会昨开75次常委会议，主席洪鸿儒，纪录林东山。讨论：一、比年以来，本市商业因种种影响，日益凋敝。倘不亟图救济办法，则前途不堪设想，应如何办理案。议决：由会呈请省府及财厅，甲、华洋纳税应一律平等待遇。乙、土地税合并征收。丙、营业税遵照部章办理，以纾商困而资救济。二、□记债务案还未结，□债务人，应于两个月内设法还清债款，议毕散会。附录该会致省府，呈文如下：呈为呈请事，窃厦为通商口岸，闽南枢纽，全省经济之中心，地方之荣衰，关系闽省前途至为重要。比年以来，外受南洋不景气之影响，内因地方迭遭变故，闽南农村破产，加以捐税苛重，民力不胜负担，以致商业凋敝，金融枯竭，倘不□□□□管见如下：甲、华洋待遇应一律平等也。查厦门华洋杂处，外籍人民对于各种捐税（如屋铺捐、地租、警捐、契税、营业税等），均借外籍为护符，抗拒缴纳，而政府税收又不容或减，失之于外籍则加取诸华籍，于华商负担益重，维持愈艰，倒闭频闻，而籍商则因捐税免，负担轻。想长此以往，不过数年，则厦门虽不为东北之续，亦非吾有矣。言念及此，不寒而栗，此其一。乙、土地税应合并征收也，厦门业屋，既征收地租，又征收房铺捐，而公安警捐，复依照房铺租之标准，按月征收。此三者均为土地税，而竟各立机关，虚糜公帑，叠床架屋，重叠征收，既失中央统一税制之旨，复违钧长解除民痛、裁撤苛捐杂税之义，此其二。丙、营业税应照部章征收也。厦门自裁厘而后，改办营业税，税务当局均不遵照部章办理，如海味类营业税，为渔税之变相；水果业营业税，为水果捐之变相。杉木红料业营业税，则为杉木红料捐之变相。此种捐税或经中央明令裁撤，或税率至多不过2‰。渔税中央明令裁撤，水果业、杉木业、红料业营业税率部定为2‰，而税务当局委人包办，税率均在50‰以上。其余各种营业税多不遵照部定税率征收，又不依法设立。营业税评议委员会（本会曾函税务局设立营业税评议委员会，税务局置之不复）似此横征暴敛，民何以堪，此其三。以上种种，关系地方国家前途至巨且大，心所谓危，难安缄默。为此理合具文，呈请钧长迅筹救济办法，并乞察核施行，地方幸甚，国家幸甚。谨呈福建省政府陈，福建省政府财政厅长徐，厦门商会主席洪鸿儒。

《江声报》1934年7月27日

商会决函纸业会　制止征收旧报纸税　海面治安定期再议

商会昨为海面治安及旧报纸税问题，召集各关系团体开会。是日到者有香沪、绸布、面粉、航业等代表暨商会执监多人，主席洪鸿儒，记录林东山。讨论：一、香沪商业同业公会函，以纸业同业公会代表陈文升委人非法新征通过税，变相之旧报纸营业税，请严令制止案。议决：查该纸业同业公会委人征收通过税变相之旧报纸营业税，违反部定税法，殊属不合，应函该公会制止。否则因此酿成纠纷、发生意外，应由该公会负责，并着该公会于3日内答复，以凭核办。二、迩来海盗横行，杀人越货，商业行旅极受影响，应设法救济案。议决：订9月24日召集各同业公会及各小轮船公司，开会讨论办法。

《江声报》1934年9月19日

金同厦海上护商　商会今讨论

五区行政专员杨用斌，与本市商会主席洪鸿儒等，面商金同厦海上护商问题。商会昨函各同业公会代表暨全体执监委员云：查近来海面匪盗横行，杀人越货，时有所闻，影响商旅，至巨且大。本会特订9月27日（星期四）下午4时，召集本会执监委员及各同业公会代表，讨论救济办法。除分函外，相应函请查照，务希准时出席云云。

《江声报》1934年9月27日

昨商会议七案　市场请减租　召劳资酌商

商会昨开90次常委会议,到者5人,主席洪鸿儒,记录林东山。讨论:一、仰光帮米商公会函,以会员陈吉庆被匪绑掳,现已获案,恳转呈当局处以极刑案。议决:准予转呈。二、新大厦餐室号东冯宝甫、陈大华函,以无辜被捕,请函高等分院准予保释案。议决:通过。三、绸布业同业公会函,以会员林怡山之子林尧无辜被禁,请函法院准予保释案。议决:通过。四、火柴业同业公会请转海关,对于破获漏税火柴应照章焚毁,勿得拍卖案。议决:照转。五、香沪商案同业公会函,以会员同丰米郊被劫一案,请函公安局严予鞫惩案。议决:通过。六、洋柴业同业公会函,以本途营业税负担太重,请呈财部转饬税务局遵照部定税率征收案。议决:准予转请。七、厦门公安局函,以据八市场铺户瑞顺□号,请减租金,请查复案。议决:订7月11日召集该市场业佃,两方到会,征询意见,以凭核办。

《江声报》1935年7月5日

商会执监会议讨论筹助水警经费　磋商放款救济商业

市商会昨(25)日下午5时开执监委员会,出席者吴时汉、严焰、吴祐、黄世勋、魏英才、黄瑞甫、陈瑞清、庄金章、蔡建芳、翁吉人、汪筱岩、吴在桥、杨景文等13人,主席陈瑞清,纪录林东山。讨论事项:一、厦门市政府函请办垫散兵遣配费,公安局函催筹解购械款项,水警第二大队函请筹助经费应如何解决案。议决:定7月29日(星期一)下午5时,召集各同业公会讨论办法。二、前堤工处向本会借款2万元,迄今日久未见照约清还,应派员向工务局请其设法拨还案。议决:通过。三、严委员焰提议,请向银行磋商放款救济本市商业案。议决:推派代表洪鸿儒、陈瑞清、严焰、黄瑞甫、庄金章晋谒王市长妥商办法。四、厦门市政府函准日本领事署函,以订期举行台湾博览会,请征集本市出品案。议决:函各同业公会转知所属各会员知照。五、新加坡中华总商会订期举行国货扩大展览推销大会,请征集本市国货出品案。议决:函各同业公会转知所属国货商号知照。

《江声报》1935年7月26日

禾山商会改选委员第一次会议

禾山商会昨日下午4时开改选委员会第一次会议，出席者蒋玉麟、王维星、林元昌、吴登科、林天赞，列席区长王儒林，主席蒋玉麟。讨论事项，拟重新登记会员案。议决：甲、推举蒋玉麟、陈安晋、叶天来、林元昌、王维星、吴登科、林天赞等为登记员。乙、呈请特种区署布告禾山商店一体加入，略。三[丙]、关于本会经费应如何筹措案。议决：经蒙王区长准予按月拨给补助，暂免另行筹措。

《江声报》1935年7月26日

商会对筹措枪械费及散兵遣散费议以自来水押金利息拨充

市商会昨(29)日下午5时，开执监委员及各同业公会联席会议，主席洪鸿儒，记录林东山。讨论事项：关于公安局函请筹措枪械费，市政府函请筹措散兵遣配费，应如何妥筹办法案。议决：据面粉、绸布、杂货、肥粉、棉纱、颜料、五金、海产、香沪商等各同业公会代表称，查该案前经由会议决，向各同业公会及各公司筹募应付。但值此商业惨败，金融枯竭之秋，筹措款项，实在为难，如欲按户分配负担，又感麻烦。查自来水公司对于水表押柜金，原有发给利息，惟(民国)二十三年(1934年)度水表押柜金，迄今尚未发给，应由会通告自来水各用户，将该押柜金利息拨充此项费用，以维地方治安，各用户当无不赞成，并由会推派代表庄金章、严焰、杨景文，会同市政府及公安局向自来水公司商量，将该款先行拨付，以济要需。闻各代表订今(30)日上午10时，齐集商会，联袂同往市府，谒市长王固磐报告此项决议，及妥商救济本市金融办法云。

又据该会发言人云：自来水公司原设有水表押柜金，除特有优先权者免缴外，其余用户或20元或30不一，代理自来水商则须先缴押柜金100元，规定一年利率6厘，至年终发给用户，历办无异。去年度此项押柜金利息，全年统计为数约达3000元左右，现在停发。商会以目前对公安局及市政府函请设法购枪及遣送等费，各商号处此财源枯竭、百业零落之境，应募维艰，故该会决将该项报请当局，向自来水公司提出应用。能否实现，尚待事实证明也。

《江声报》1935 年 7 月 30 日

保险公司股东纠纷　十七商号请商会仲裁

市商会昨函晋江商会,略谓,据绸布公会函准俊记等 17 商号代表李世俊、石鼎宗等书称:敝号等于民国二十年(1931 年)冬,由泉厦各同业共组泉厦绸布同业保险股份有限公司,股本 3 万元。先收五成,泉州募股十分六,厦门十分四。厦设办事处,泉设分处,办理配运绸布保险。民国二十一年(1932 年),永春同业加入,更名为永泉厦绸布业保险股份有限公司。民国二十四年(1935 年)1 月,豫丰银庄停顿,公司存款问题,泉厦董事发生纠纷,呈请转函晋江商会,订期召集开该公司泉方之同益号,及黄晋源、金源隆、詹合顺、广隆昌,及敝代表等开会,予以公平合理之裁判而息讼端等由。应请准予转函晋江县商会,订期召集双方到会仲裁等由,相应函达贵会查照。希予如请办理云云。

《江声报》1935 年 9 月 1 日

非常时期市商会执监委员不得离职

市商会昨复召集全体执监委员会议,主席洪鸿儒,记录严焰。讨论非常时期协助军政当局巩固地方治安事宜,当经议决:一、本会全体执监委员,在此非常时期,不得擅离职守。二、各同业公会负责人,遇有本会会议时,应准时到会协助本会办理一切事宜。三、函请各同业公会全体委员,应随时协助本会进行所应办事项。

《江声报》1937 年 8 月 25 日

市商会欢迎陈团　洪鸿儒致词

市商会执监委员洪鸿儒、李世俊、黄瑞甫、严焰、庄金章、陈瑞清、林启成、吴在桥等,昨代表全厦各途商,向驻厦国军 941 团本部欢迎慰劳。由政训处员张杰文,导往谒陈团长,由洪鸿儒代表致词:一、贵团此次奉命莅厦镇压,驱逐魑魅之徒,雪过去数十年耻辱,全厦商民,同声佩颂。二、陈团长以大无长精神，负起守土卫民之责，人心始定，快慰万分。敝会同人，特代表全市商民致慰云。词毕，叙谈片刻，乃请告退。

《江声报》1937 年 8 月 28 日

商会正式呈请维持战时商业 流通货物金融 便利往来行旅

市商会为维持厦市商业，将向市当局有所献议，略情志昨本报。兹查其所献议四点，昨已正式分呈筹备司令部、市政府，请予采纳施行。原文如次：窃维值此长期抗战起见，地方商业秩序，亟应维持，俾商业得资活动，人心得以安定，所谓安内始足攘外也。乃迩来本市对于内地货物及金融之流通，行旅之往来，窒碍诸多。仅条陈意见，务须饬令军警机关，迅予改善，地方幸甚。附请求改善意见四点如下：一、各项货物除柴、米、炭、盐为明定禁止出口者外，其余杂粮及各项货物，应准自由流通。理由：厦为闽南货物转运之机构，所有贸易，均视漳泉各内地之销运。乃迩来军警对于各项货物运销内地及鼓浪屿，均予禁止。似此，对于地方商业秩序，影响至巨，应请通令军警机关，除柴、米、盐、炭及明令禁止出口货外，其余杂粮及各项货物，应准自由流通，以维商业，而保秩序。二、各银行应在厦设办事处，以利商业。理由：现在买货均为现款，自各银行迁移鼓浪屿后，商人欲支交款项，时间极形窒碍，且携带现款，路上亦感危险，影响金融商业至巨。对于治安，亦生影响。虑请令饬各银行在厦设立办事处，以便支交，而利商业。三、国币应准自由携带。理由：现在内地及禾鼓货物买卖，既为现款，乃军警对于内地及鼓浪屿旅客携带国币来往，均予禁止，影响商业至巨。应请通令军警机关，对于国币应准自由携带，俾金融得以流通，商业得以资活动。四、妇孺及老弱行李，应准自由携带。理由：查政府明令，在此非常时期，妇孺老弱皆撤退安全区域。惟妇孺老弱来往内地及鼓浪屿，携带行李，军警均予禁止，致人心惶惶。应请通令军警机关，对于妇孺老弱来往内地行李，准予自由携带云。

《江声报》1937 年 9 月 11 日

厦战时贸易订原则五条
运销　管理　储存　评价　昨谈话会之结果

市府以值此非常时期，为保障后方工商业，增进抗战力量，特谕财局秘书刘鞠民，召集市商会执监委及各业代表，讨论发展本市贸易及管理办法。刘奉令后于昨日下午3时，即经召集各商代表，在市商会开谈话会，彼此交换意见。结果，决定精神合作，原则五点，即：一、货物运销，由军政当局妥为设筹，以期畅旺。二、各项贸易，在不违背管理原则下，予以尽量发展。三、货物出入口之管理手续，当力求简易化。四、日用必需品之囤储，视地方之需要与商家之能力而定，其数量以切符实际为宜。五、日用必需品如要评定价格，当极力避免中间者与消费者之摩擦，以臻合理化。

《江声报》1937年12月25日

电灯增收保证金　商会订期协议
促税局发还重征糖税　电省取消买卖手续费

市商会一届理监事首次联席会议，于5日下午举行。出席骆萍踪、庄金章、魏英才、杨玉光、李世俊、黄天锡、苏向仁、严焰、丁乃扬、许显西、翁吉人等，主席严焰，纪录陈山明。其讨论事项：一、本市防疫工作及防疫经费，应如何办理案。议决：定本月9日下午3时，召开各同业公会负责人联席会议，详细讨论。二、本市消防队经费应如何筹募案。议决：并第一案办理。三、电灯公司增收用电保证金，应如何洽商决定案。议决：请电灯公司李副经理，于9日下午3时列席，说明并协议。四、本会前代各同业公会向市府购买之粮米，应如何催交案。议决：由会呈催市府如限交米。五、未入会之公司行号申请本会出具证明文件，应如何办理案。议决：未加入本会者请其先行入会，然后予以证明。六、理事会常会应如何定期举行案。议决：定每星期五下午3时举行。七、本会财政应推何人负责案。当场票选常务理事骆萍踪负责。八、理事会办理细则拟订案。议决：交秘书草拟提会。九、本会已正式成立，应如何接收改组办事处财产案件案。议决：由常务理事负责接收具报。十、货物税局双重征收糖税，迄今尚未发还，应如何办理案。议决：函请货物税局依法退还，以符法令。十一、各商户纷纷来会报告连日发生盗窃货物案件，请呈请政府查缉，本会应如何办理案。议决：呈请市府商警局严密查缉。十二、本会经常费预算应如何编定案。议决：量入为出，由常务理事编造预算书，提下会讨论。

电文

又市商会昨电省府刘主席，原文如次：

福建省政府主席刘钧鉴：本会等以战后商业破碎，商民不堪重叠荷负，且国家正着力于经济复员之推进，货物买卖，不堪一牛数皮，激涨物价，紊乱金融，经以致寅艳商总改字第202号代电，请取消买卖双方手续费在案。惟以未奉复示，本市商民咸以征收是项手续费，各地设关立卡，生产运输，紧缩阻带，于经济复员与国计民生，均有绝大影响。省内民意机关及商人团体，皆有同感，并曾纷纷呼吁取消。本会等为战后经济与国计民生计，越觉难安缄默，谨再电渎察核，迅将该项手续费，命令取消。仍乞电示，至深感祷。

《江声报》1946年4月7日

抢运湾厦赋谷　商会将予协助
对太古行货运问题　议定四项处理原则

市商会昨(27)日召开第三次理监事联席会议，到会者骆萍踪、李世俊，列席者市政府吴春熙及太古行代表邱世定。议决要案如下：

(一)关于市政府代表吴主任秘书到会称：现在市政府采存内地谷米，尚有5万担左右，计(长泰)15000担、(南安)5000担、(漳浦)3200担、(南靖)10000担、(龙溪)10000担。该项米款，经市政府付交一部分，均执有出仓单，应设法运配，以救米荒，应如何解决案。议决：推举简监事存诚及庄金章、骆萍踪、魏英才、苏向仁等监事负责办理，并拟具办法，提会通过。

(二)本会商业调处公断委员会委员，应如何聘任案。议决：聘请李世俊为主任委员，陈清波、杨玉光、汪筱岩、吴□添、林世进、黄友杰、林絜成、蔡吉堂、陈镜珲、杨绍海、石鼎宗、陈式三、林大胜、石定国等14人为委员。

(三)关于太古行与各商号对于出入口工资及仓期诸问题发生纠纷一事，应如何妥商解决案。议决：(甲)入仓仓期，以船抵港二星期为限。(乙)各商号自□处配运太古轮货件到厦，以交船单及批单□□为标准。如有损失，太古行应将交船单交付提货人，向上海交涉，否则由太古行负责赔偿。(丙)取消出仓费。(丁)除已入口之岳州等轮，入仓工资由各提货人负担外，嗣后对于入仓工力,由太古行与工人商定最低工价,以免商人增损加重,并由太古行函上海总行对于入仓工资,应依照向例,将该工力并入载资之内,否则应由太古行函上海各配货者,函知厦门各商号。该项办法最迟以一个月为限,如上海不来函通知,该项工力,由太古行负责。

《江声报》1946 年 4 月 28 日

为经济人贸易中心　商余俱乐部昨成立

本报讯　市商会商余俱乐部于昨(21)日中午 12 时 10 分假该会礼堂举行成立典礼。出席各机关首长及来宾会员等 80 余人,主席庄金章即席报告俱乐部成立意义,继由筹备主任杨玉光报告筹备经过。略谓该部筹备迄今已二阅月,参加会员计 136 名,每名收入会金 20 万元,为该部经费,并由商会聘请严焰、庄金章、骆萍踪等 11 人为董事。互推严焰为董事长,负责一切业务。至该部组织情形、计设总务、服务、研究、康乐、戏剧等五股及书报室。聘陈山明为总干事,庄金章为总务主任,赖建勋副之。林江村为服务股主任,王则敏副之。林黎成为研究股主任,魏英才、陈振源副之。陈长汉为股员,陈水南为戏剧主任,陈敬运副之。林自添为书报室管理员。后由黄谦若、丘启明、洪晓春、陈瑞清等人相继致词,对于俱乐部之创立意义,指示甚详。略谓除为商余正当娱乐场所外,甚至为经济人贸易中心。及交换商业知识,讨论地方兴革事宜之良好处所。至下午 1 时许礼成,即在商会门前摄影纪念。下午 2 时举行聚餐后,并在五楼俱乐部请厦市票友请多人唱北调《甘露寺》等出,以助余兴云。

《中央日报》1947 年 9 月 22 日

二、同业公会

工商同业公会委员不足人数　不能仍旧存在

关于凡一区域内同业公司行号有 7 家以上,依工商同业公会往之规定设立同业公会,并加入当地商会。继因营业变迁,公会所属之会员,其有改业或停业,致不足法定数目时,该公会是否继续存在或解散问题,司法院已有解释。略谓:查工商同业法第三条工商同业公会之设立,既须有同业公司行号7家以上之发起。而依同法第九条同业公会之委员,至少亦须置7人。依同法第十条,此等职员之选任,应准甲商会法第十八条就会员选任之。依工商同业公会法第七条同业公会之会员,应以同业之公司行号为限,如果因营业变迁停业或改业致会员不足7人,则同业公会之委员,势亦不足7人,该原组织之公会,即因委员不足法定人数而当然不能仍旧继续存在云。

《江声报》1931年11月10日

金银器工会改选理监事

本市讯　厦门市金银器业职业工会,于(2)日下午2时假市党部礼堂召开第二届理监事选举大会,出席者社会科长丘启明及陈泳沂、郭金河,市党部陈醒民,总工会曾幻痴暨有关社团代表10余人,及该会全体会员计达百余人,主席王庆乾。行礼如仪后,即开始选举,情绪热烈。结果林立兴获选监事长,林梓坤、李昌华为常务理事,张芾棠、邵家海、方银生、黄隆铨为理事,王庆乾、原贤镜、陈行水为候补理事,陈水俤为常务监事,蔡玉麟为理事,方颜俊为候补监事。

《中央日报》1948年4月4日

金银同业公会举行理监会议 商讨币制改革后收兑制造等手续

市息　本市金银器同业公会,以本月20日,政府改革币制及禁止金银外币流通买卖,业经公布在案。除已函知各同业,对于金条银块暨行禁止流通买卖,凡我会员务宜怀遵以待政府法令外,并特召集第五次理监联席会议。兹将议案志下:一、查此次政府颁布改革币制,本会应遵令以金圆进行价格交易案。议决:通过。二、关于本会奉令依照订定银楼业收兑及制造饰金管理办法应由公会规定,以及价格,应依照银行挂牌金价,另加营业费用及利润20%,应如何规定案。议决:(一)饰金价格暂定兑出为金圆券21元,收入为金圆券19元(以市秤计算)。(二)银饰价格暂定兑出为金圆券3.3元,收入为2.7元(以市秤计算)。三、查此次政府颁布改革币制,对于本途收兑及制造饰金,限制市秤1两、饰银20两之限额,应如何办理案。议决:

函京、沪各地银楼业公会，查询该情形，以资参考。四、关于价格依照牌价另加利润20%收取。对于改造饰品应另加工资及消耗费，应如何规定案。议决：金银饰品改造每元应贴消耗费2分。如成色不足者，以成数计算，惟工资依照前定实行。五、案准福建省度量衡检定所厦门分所函称，本市金银业应行改用新市秤，应如何办理案。议决：推派方书记前往洽商报会办理。

《立人日报》1948年8月24日

六途商公会组评议会　督促会员遵行

本报讯　糖油、肥料、香沪、面粉、粮食、山货公会，于日昨在厦禾路糖油公会内开理监事暨有关会员联席会，讨论议案数四：

（一）本会为维护新经济政策，组物价评议小组委员，以便督促会员遵行。公推许显西、叶潮来、陈庆安、郭礽强、陈敬遵、魏英才、黄友杰、林瑞金、陈留青等9人为委员，并推许显西为召集人。（二）招商局函复催讨装出舱费理由五点，据复理由不合实际，应再据理函复交涉取消。（三）粮部规定本省南运面粉4万包，厦区配额本会会员未得配给，应呈省府暨粮食部申请厦区配额，交由本会摊派合格粮商承运，以符公允。并函市商会分电各主管机关，准予体察实际交会摊配。（四）香沪公会奉准更名为厦门市南北货商业同业公会，改选日期定10月9日下午3时，在糖油公会礼堂召集会员大会，举行改选，并呈报市府派员监选。

《中央日报》1948年9月30日

绸布公会加强组织

本市讯　本市绸布公会，前（3）日下午2时在该会礼堂召开（民国）三十八年（1949年）度第一次会员大会，讨论今后工作计划。决议要案多件：（一）对未入会会员依照人民团体组织办法，强制促其入会，借以健全组织。（二）设置业余俱乐部，定期举行交谊会。（三）各种税捐采用统收统缴办法。（四）星期日继续休业，借以调剂精神，对原有罚则重行修正，改用处罚五四元斜。检举不限于该会会员，并得以四六抽为奖金。又该会新任理监事，对会务之策划不遗余力，此次国税局拟增收民国三十七年（1948年）上半年所利得税5倍，咸感不平。决议：拥护市商会，坚决抗议，派员彻底交涉之主张。

《中央日报》1949年1月6日

蜜果公会昨日成立

市息　本市蜜果业,全途虽仅12家,然所产畅销南洋,为一地方特产。该业向并于酱料业,合组一途。去年底,该业认为有独立成会之必要,乃呈请市府准予组织成立公会,遂进行筹备,匝日而成。昨日下午6时在东亚酒家举行成立大会,并选出理事庄垂应、黄应传、周立成等3人,候补苏才甫、颜凤仪,监事梁阴培,候补杨福锦。互推周协成为常务理事,职员同时举行就职典礼。

《立人日报》1948年1月9日

进出口公会改选理监事

本市讯　本市进出口公会理监事任期届满,依法抽签改选半数,于本月1日下午3时在该会二楼举行改选大会,市府社会科陈咏沂,市党部代表陈醒民,市商会代表庄国章均莅临参加指导监选。出席会员100余人,行礼如仪,首由主席严焰致开会词,既由监选员陈咏沂,市党部代表陈醒民相继演讲。旋即讨论提案:一、张彩云提:出口青□纸箔装货工人勒索津贴,应请严厉取缔。议决:呈详市府严厉取缔,并荼通知各会员今后如有此举,应详报本会转请有关机关办理。二、杜德馨提:进口商输入合格通知书核准货品拘束,影响业务甚巨,应请增列。议决:各进口商战前确有经营之货品,因证件遗失,输管会未列入合格者,可申请公会查明后转函补列,并通知各会员将补列货品于本月15日以前报会汇转输管处办理。三、杨庆祥提:出口商应兼营进口,以补外汇损失续。议决:由会通知各出口商(未申请进口合格者报会转函本市输管处建议层峰采纳,临时动议:(一)严□培提:厦门区进口限制应请增加。(二)张□卿提:由大会名义请输管会输出推广,经请国家行局放宽出口贷款,以促进对外贸易。以上两条函请本市输管处转请层峰采纳。(三)张□卿提:由大会名义函请海关以输管会已签发许可证数月,应准照常进口,以维政府信用,而免商家损失。(四)陈瑞清提:海关对进口货估价、□前报关价格,辄被更改处罚,嗣后应请改善。以上两条议决:函请海关办理见覆。四、陈瑞清提:函请海关对于进口货物估价,应以市府或商会为标准。议决:通过。继即开始选举。结果纪肃亭、李清黎、林增来、张彩云中选理事,吕水龙中选监事,即定本月 3 日下午 5 时在本会互选常务理事、理事长。

《中央日报》1948 年 9 月 3 日

第二节　商业服务

菜馆联倒

寮仔后酒菜馆前共七八家,今春倒闭数家,幸七月花捐开办,酒馆生意复振。不料前月又停花捐,酒馆生意因之冷落。昨 1 日倒闭酒馆 2 家,一醉香楼,一四海春。刻仅存广兴楼 1 家,硕果仅存,岌岌吁[乎]可危矣。

《厦门日报》1909 年 10 月 17 日

善于经营

厦地为通商口岸,凡百生理经已林立,惟茶室尚付缺如,前年却有某甲仿照福州,在水仙宫开设三山汤房茶室,迄今已两载矣。闻内中茶烟均用上等,所在亦极清雅,颇为往来行人休憩之便。现因近在聚英戏团,生理倍形热闹。此亦某甲之善于经营也。

《厦门日报》1910 年 10 月 15 日

公安局昨颁布管旅店营业规则　今日起限一月呈请立案

昨(14)日厦门市公安局布告第 101 号云,为布告事,查厦门为东南交通冲要之区,轮船辐辏,商贾聚集。迩来市区改建,各处商旅,往来日益繁盛,旅店营业,自亦见发达。此项旅店营业,为本局所应注意者厥有两端,一为旅店对于旅客之待遇及其内部设备问题,一为旅店与地方治安问题。前者如旅客之迎送,行李之运输保管,起居饮食之卫生设备,旅行方法之指导,旅店均须于可能范围内予旅客以最大之便利。后者因频年匪氛不靖,奸宄痞棍及反动分子,或因各地缉拿有案,或因被剿溃鼠,缘交通利便之故,潜踪来厦,实繁有徒。旅店为若辈最易匿居之所,一失觉察,危害立生,关系治安至为重大。本局为兼筹并顾起见,兹特制定管理旅店营业暂行规谓,公布施行,并查本市旅馆客栈,前经呈请本局核准立案者固属多数,而未经立案营业多年者亦间有之。今就立案者稽其现在之店东、店员户籍营业状况,因历时既久,情形变迁,或店东易主,或招人移开,或扩充营业,与原案不符者比比皆是。急应一律重新立案,以便察查,而资保证。兹定于 8 月 15 日起至 9 月 15 日止,限一个月内,凡厦市警区内,无论新旧旅馆客栈,以前已否立案,概须遵照本规则第三条之规定,到局呈请立案,经本剧批准后,由局发给营业许可证,方准营业。除呈报并分别函令外,合行布告,仰本市各旅店一体知悉。须知此种办法,事关尔等营业前途,及地方安宁秩序,务于限内立案,领证营业,俾获正当保障。倘逾期抗不遵令,一经查出,即于勒令停业,决不姑宽。其各凛遵,切切此布。附粘发管理旅店营业暂行规则一件,中华民国二十年(1931 年)8 月 24 日。局长张鸿杰。(规则明日续刊)

《江声报》1931 年 8 月 15 日

烹饪业调查　华商江河日下　籍商蒸蒸日上

本报特讯　本市烹饪业,如酒楼、菜馆、虾面店、点心店皆包括在内,共 70 余家。年来因不景气影响,约倒闭 10 余家,但同时日籍民所营之酒菜馆亦增 10 余家。本地籍之菜馆多不能与竞争,其最大原因则籍商可免纳营业税、教育捐,而海味等类又大多漏关税,成本既廉,招往遂易,放账亦不怕倒。缘此种种打击,国籍之烹饪业遂不免相形见绌也。往时南轩、东园、东亚各大酒楼,每日门市可收入二三百元者,现百元亦不易达到。百业不景气,生活愈艰窘,宴饮者亦日见减少,此□烹饪业前途,更将有江河日下之势。唯据个中人言,营此途者,如不能支持,每停歇一家,即有台籍者一家继起,亦可见厦门现时情况之一斑云。按烹饪业营业税,前为该途承办,月缴课款 500 元。近因商业萧条,本途不愿继续,由税务局直接征收,每月不上 400 元云。

《江声报》1934 年 5 月 11 日

永安堂轻气球明日演放

胡文虎近由德国定制轻气球一个，该球用电汽发动，能飞升天际，高可数千尺。球之下端系以绳及布织成虎标药品广告，由地面仰观，各样毕肖。该球先由德运抵新加坡升放，又转运港汕放演，现特派放球技师孙集永与胡茂经，昨日抵厦，定17日，在厦门永安堂分行天台放演云。

《江声报》1934年10月16日

中国旅行社在厦不设分社
因预算二年须损失万元　官德满已返沪

中国旅行社前由沪派官德满来厦，拟设分社于中国实业银行内，业志前报。兹查官氏向各方面先着手调查，在厦应否设分社，有无利可图。结果，咸感困难。盖厦门出洋旅客来往船票，向系各船头行经营，成根深蒂固，设在厦门设分社，初二年间必受亏本，不能与之竞争。预算在2年间损失，约在1万元以上，官氏即将情电上海总行。经得覆电，谓果能亏本，可不必设分社，故官氏即于上期船搭济南轮返沪矣。

《江声报》1935年7月9日

顶上工夫　今昔兴替谈
“剃”而“剪”而“烫”　“店”而“担”而“包”　三部曲向后转

厦门最早之剃头店，以时间已久，无从稽考，要为本地人所营，而其设备简陋，则可断言。光绪末年，福州景华轩开设，其规模一新，称新剃头店焉。续后，双娥眉等继起，福州帮已凌驾本地帮而上之，惟其时尚为“辫子”时代，无所谓剪发店。鼎革以还，政府不许蓄辫，于是剃头店兼营剪发，理发店兴焉。

三大帮福州最多

查本市业此者以福州人居绝对多数，往昔称三大帮，即福州、广州、兴化是。今则广帮衰落，兴化跃进，同时温州亦进占一席，仍以福州居首。据□□年春调查，福帮66家，广帮14，兴帮仅4家。22年来，兴化、温州涌增，全途已 120 多家，最近并艺徒所设之简陋店计之，达 150 余家。计福州帮七八十家，兴化帮 40 多，温州 10 余，广东与本地各五六，是诚大观哉。

论价目广东不廉

剪发价目，大抵各帮廉于广帮。广东比较干净，时间又能经济，在昔普通价为 1 角至角半，广东须角半至 2 角，无何各奖五占。青年会理发室开业后，更抬至 3 角，女子剪则大 1 元，而后或高或低，迄无定例。党军入闽，理发工会应运产生，乃由会公订价目，为广东 3 角，余均一角半，女则一律 1 元。嗣福州帮海陆春、维利宾等开设，门面堂皇，设置卫生，一洗福州帮予人以不洁之印象。于是其取价，亦跻于广东。最近南星理发室，更索价至 4 角，是则价之最昂者矣。其他烫发，则大多 1 元以上。然此仅就该途之营业之盛者而言，若以全途论，则近顷理发价目，平均仅在 1 角左右。

今与昔情景变迁

营业今昔，在昔景气佳时，座上客常满，维利宾初创，月收达八九百元，而年关之“加 5 升”、“倍升”时期，更 3 倍于此。近以景况不佳，面包重于整容，一月三剪者，减缩而一，修面者绝无仅有，女子之月剪者，延为季剪。善打算盘之经济博士，更舍“店剪”而就“担剪”、“包剪”，于是理发店殆矣。百五之店，求其能获盈余，十无其一。据该途中人言，本市之业此“头顶工夫”者，不下 1500 人，内走担有 490 多，手提包剪，亦有 500 左右。此“担剪”、“包剪”为该途之催命鬼。

收艺徒饿坏老师

而此百五店号，每年可造出艺徒 200，则今后之业此者，势非逢人便拉，或改途，则不能使肚肠不造反矣。此辈艺徒，以福、兴人最多。彼辈艺成，既须领薪，老店安插不下，乃不得不离店别谋，因而大之三五集团，资本数十，租用一二靠椅，偏街僻巷，合设一家，小者则月给 2 元，向兴化帮租用理发担一肩，或手提包剪具，则可随处招揽生意。薄利多剪，最合时宜，于是“店剪”僵而不死。店剪里资本仅一二千，但如收盘，笨大家私，既乏下手，必须另租栈趸，仍须吃本。故大多虽负债维持而仍不能收盘，盖欲罢不能也。维持之法，当然在广招徕，招徕之方，则减价是耳。故百五店剪，十之九店大减其价，尤以内街、海口、厦港、禾山等处，减得厉害。美仁宫每角可剪三四头，江头每角二三片，内街、海口，最高不超 1 角，是可见其营业之惨败矣。

《江声报》1935 年 7 月 31 日

民产公司市府派员今接收整理
整理期间六个月　昨公布办法八条

市府据民产公司呈称，该公司因劳资纠纷，层见叠出，对内对外，窘困日深，业务无由推进，亏蚀既巨，请委派专员接收整理，并拟具整理办法八条，以为权限时间根据等情。经市府查核，准予照办，并委叶树坤为“厦门市整理民产公司办事处”主任，饬于今(1)日前往接收设处整理，一面发出布告。兹录整理民产公司办法如下：一、由市府派员充办事处主任，秉承市府命令，及公安、财政、工务三局监督，接办民产公司一切业务。其原有该公司董事会，在整理期间内，不得干涉办事处行政事宜。但办事处收支账目，得由公司推举负责代表2人稽察。二、在整理期间，其营业之盈亏，仍由民产公司负责。三、原有挑粪夫改为清洁队，设稽查长一，稽查三，以资督促。所有应用队夫额数，由办事处按照地段大小及工作多寡支配。其饷项每月每名定为若干，分作若干次发放，均由办事处主任核拟，呈请市府核准备案。四、民产公司旧欠工友工资，由办事处在追收商铺住户短欠清洁费账内匀摊。其在整理期内饷项，则由办事处负责发放。五、原有清洁捐每期由办事处按期收缴市府800元，不得延欠。其旧欠捐款，应于按月开支剩余项下陆续摊还。六、办事处职司概由办事处主任委充，呈请市府备案。七、办事处所有按月收支各款，应造具清册呈报市府察核备案。八、整理期间定为六个月，由民国二十四年(1935年)10月1日起，至二十五年(1936年)3月31日止。期满结束，交还该公司自办。

《江声报》1935年10月1日

本市民产公司过去弊端及现在整理
粪夫编为清洁队　公厕积粪大清理

民产公司于本月首，由市府派叶树坤主任整理，今已半月，究该公司过去之内容如何，亦有足使人注意者。据叶氏语记者，该公司与路政处所订合约，系以厦市与禾山豆仔尾为营业处所，负帮助整洁全市卫生。民国二十一年(1932年)年底，该公司开办，应建公厕40所，仅建半数。划豆仔尾、草仔垵两大地带，归入另组小公司承包，所有征收工资及雇用工友，均由小公司自办，致该两处商铺住户倒粪工作，与民产未成立前，毫无改善。如草仔垵、麦仔庭、山仔顶各公厕，时有满溢之虞。故年来舆论极为不满。厦港第四分局辖区，该公司又以地广人稀，离粪栈过远，运输不便，每月入不敷出，自愿放弃不管，一任旧坞头各据一方，雇工倒粪，征收工资。因此厦港卫生清洁，亦无改善可言。是该公司实际自办者，惟大王与福磐鼎，此两部分，全厦最繁盛之区，关系全市卫生亦最巨。但公司成立，即与工友工头纠纷，双方敌对，工人组织工会为对抗之团体，每人每日所得工资，由工头向公司支取转发。故公司对于各个工友，无管理调动之权，工友私收商铺住户津贴，公司无权取缔。工友需索津贴之款，几于每户皆有，稍不如意，即行停倒。住户往公司交涉，而公司又毫无办法。因此，住户多数不愿交款与公司，而惟有津贴工友，粪溺方有出路。工友每名每日支公司之工资小洋 7 角，如有停欠一天，翌日即行全体罢工。因此工友既支每日 7 角之工资，复支每月中住户之津贴，收入之丰，可破全国工人工资之纪录。至公司内部股东，意见分歧，分派争权，且有加入其他小公司，再谋暗中营利者。缘此，小公司对于包办课款，任意挨欠不交，加以住户不愿交款与公司，征收方法又极腐败，舞弊营私，司空见惯。结果每月入不抵出，积欠工友工资，职员薪水，及公安局卫生补助费等项，亦无款筹还(按本年积欠 7000 余元)。以故工潮更形剧烈，而股东董事之斗争，亦更形恶化。市长以此种情势，若不彻底改良，实为全市民众切实之痛苦。乃派本人为整理办事处主任，并付以处理设施之全权。自 1 日接收开办，迄今适届两周，所进行各事，(一)调查商铺住户数目，征收清洁费额数及工作情形。(二)通告各住户按期交付清洁费。所有前此津贴费、倒桶费、年节红包礼等，一律取消。如有停倒，请立刻通知办事处查办。(三)约束征收人员，不准舞弊，并清查旧征收员舞弊情形及证据。(四)前民产公司工友改编为清洁队队夫，由稽查长陈钟奇督率，下分三组，每组置稽查员一人，清洁队夫若干人，按地段大小与户数多寡分配之。(五)现编之清洁队，系大王与福磐鼎部分，其草阿垵、豆阿尾与厦门港三部分，则当陆续实现。(六)现编之清洁队，15 日起一律穿着号衣，以便住户之记认。号衣系蓝色背心，背面大圆形白地红字，极为明显。嗣后如有强索津贴，或工作不力，住户只须记明号码通知办事处取缔。(七)清理公厕，查猫阿庭、山阿顶各处公厕，前此每处积粪少则数百担，多者两三千担，皆将盈溢。现已由办事处派夫运除，日内全部即将运清，并派定常备夫三人专司洗扫之责。

《江声报》1935 年 10 月 17 日

民产公司收回自办　昨谒市长

民产公司董事会以该公司主任叶树坤,任期已满,要求收回自办。昨再派董事长吴清坡、董事陈锡祥及粪业工会代表黄涛声往谒李市长,呈述理由,市长□候查明核办。

《江声报》1937 年 5 月 11 日

公园艇租收入可观　修理郑祠将次完成

市工务局清浚中山公园河水,特造小艇 10 艘以资游人泛游。前月 16 日已开始出租,每舟每小时租金 4 角。迄今将近一月,总收约 300 元,造舟总计仅费 300 余元,此后每月预算可获净利 200 余元(除开费以外),全夏季可收入千余元。即以该项资为公园修理费,诚一举数善也。又工务局长刘元瓒雇工修理中岩郑成功祠,及澎湖阵亡将士墓,现将次完工。计需工资 160 余元,由工务局拨付,俟全部竣工,勒石纪念。

《江声报》1937 年 5 月 13 日

不算职业的另一业　三十六行外的另一行　港厦“跑单帮”

本报记者贝垒

“跑帮”是三十六行以外的另一行业,它的鼻祖是谁,起自何时,到现在还没人来加以考证。不过,若以我国各行业的祖师都是名赫一时的人物的逻辑讲来。如木匠是鲁班,娼妓是管仲,理发是吕仲宾,那么,我们可以请发财后的范蠡来登这一行“九五”宝座。由此,也可以说“跑单帮”是起自战国时。

“跑单帮”这一名词似乎是战后才为大家耳熟的,到现在已是尽人周知。战时滇缅公路上的“黄鱼”,战后的“单帮客”是异地同工,本来他们多是穷光蛋,可是不久之后,莫不腰缠万贯,摇身一变,而为销金窟里的豪客。“单帮”是发财捷径之一,容易发财,跑的人莫怪越来越多。据禾山机场关卡的检查员说:港厦班机的搭客,十分之八是跑单帮的。此外,还有由海轮的。干这一行的人有多少,无人去统计,也无法统计。不过,如组起同业公会来,包管也成为大业之一。

“单帮”怎样跑法？被尊为祖师的范蠡，并有遗著或口诀留下，后来冒牌写的《陶朱致富全书》、《陶朱致富十诫》中也丝毫没有提及，就是到现在出版界中还没有本《跑单帮 A、B、C》或《单帮客必读》这一类书问世。不过帮客单却都是机智伶俐的家伙，性别不拘，老少具备。

厦门是闽南唯一商埠，数十县所需的洋货都赖这里供应。自输入施行管制后，口旁一切洋货，穿的如现今衣袜、呢绒、毕支（璃丝），吃的如鲍鱼、海参、燕窝，都禁止进口，即准许申请进口的如西药、炼奶等，课税都在100%以上。能够法外进口，可赚大利，这就是单帮客千方百计用心的目的。

离厦门最近的而洋货最便宜的是香港，飞机只需1小时多，轮船也只一昼夜，来回的班机、船舶又多，来往便利，于是冒险家咸仆仆于港厦线上。

单帮客可分为海空二类，交通工具空中的自然飞机，海的是轮船，在这机票、船票难购之时，能够按时购的，是单帮客首要本领。否则，难以飞渡江山，任他天大本领也无从施展。

在香港许多东西是禁止出口的，可是这些东西都是厦市畅销货，香港关卡只要纳些便利费，就可顺利无阻。这些东西经过了关卡，飞天或是下海，就可以一帆风顺地变到厦门，可是许多岔子也都发生在这里。

厦门禾山机场，执行检查的只有海关，一样可以纳便利费。可是无划一的规定，有时不免索取过高，如数付与无啥利头，不给呢？关员扛起官腔，“此关不通”。没钱难过“鬼门关”，内行人自然晓得，做得老练的早已先行通了关卒，免得一番讨价还价的麻烦，可以过了这最后的一关了。（上）

《中央日报》1949年2月14日

不算职业的另一业　三十六行外的另一行　港厦“跑单帮”

本报记者贝垒

“单帮客”分子多半是流氓，过关时脱不了本色，他们所带的私货，常得吃软怕硬的鬼卒们的另眼优待，便利费予以折扣优待，甚或一概豁免。这自然要引起其他单帮客的眼红，相继效法，于是泱泱乎流氓之风吹遍单帮。远[这]一来，鬼卒们大感头疼，公私两失，将心一横，抓他一二起，有时却也风波不生，顺利解关。但一碰到硬头货，如当场夺走，或事后持枪入关追讨，被外报记者认为怪异的事，就从此发生。

上面说过，“单帮客”男女具备，能够装腔作势，吓吓鬼卒的，只有阳性的男人才办得到。至于女的(尤其是年青的),有她们的看家本领撒娇,几个媚眼,飞得鬼卒们心酥目眩,马马虎虎,私货看作行李,"派司"过去。

此外,"单帮客"分子,尚有制服阶级,太太、小姐、老爷、阔佬,几乎包括三十六行人物。不过他们不是常川帮客,或是因公之便,或是顺途偶尔为之,若广泛地讲起来,"跑单帮"虽是三十六行另外的一行,但"单帮客"却包尽三十六行的人物。

"单帮客"的资本,大者美金数千,少者数百亦可。多少虽然不等,但都是孤注一掷,并不如普通商家分注运用,所以"单帮货"过关后,当然是急求脱手,马上很快的分散在市场。如海后路、开元路的地摊所排的西装、大衣,大同路百货商场的玻璃丝袜、唇红、领带等奢侈洋品,都是单帮货。至于专售"单帮客"的商店,则汇集在中山路近海的下半段,它们所陈列货品,有打火机、照相机、手表、机器脚踏车、毛织衣料、现成西装、大衣、风雨衣,以至扭[纽]扣、发梳、女内裤、乳罩、香烟、盘尼西林、肺劳针等等,不像西药房,也不像钟表店。总之,哪一行都不像,但哪一行的东西多少总有一点。"单帮店"中的货色,正如"单帮客"的分子,包罗三十六行。

"单帮客"对社会经济的利弊如何?那很难严格地来加以评判,大略说起来,害的方面是破坏国家的输管政策,好的方面是增加物资来源,解决许多在三十六行中失业者的生计问题。总之,"跑单帮"的勃兴,是反常社会的一种畸形现象,被我们尊为祖师的范蠡,在战国时"跑单帮"发大财,现在的世景岂不也跟战国时有点像吗?(下)

《中央日报》1949 年 2 月 16 日

第三节　国货展会

商会广征各地物产　将举行国货展览会

昨(8)日厦门商会致函各地商会云:径启者,查提倡国货为当务之急,本会有鉴及此,订期举行国货展览会。现在积极筹备,广征各地物产,借资陈列。素仰贵会对于提倡国货极具热忱,用特函请查照,务希广为征集,以为观摩攻错之资，期收振兴实业之效，并乞转劝各出品家踊跃参加，尽于民国二十一年(1932 年)1 月 15 日以前将国货货样及商标汇寄到会，俾得蔚成大观。国货前途，实多利赖。

同时复致函各处工厂商号云：径启者，查提倡国货为当务之急，本会有鉴及此，订期举行国货展览会。现正积极筹备，广征各地物产，以资陈列。素仰贵公司对于提倡国货颇具热忱，用特函请查照，务希踊跃参加，并乞将出品之国货样品及商标尽于民国二十一年(1932 年)1 月 15 日以前汇寄到会，俾得蔚成大观。国货前途，实多利赖。

《江声报》1931 年 12 月 9 日

提倡国货筹委会第一次会议　议决委员一律服用国货

县党部昨召集提倡国货筹备委员会第一次会议，出席者江维三、王铮民、吴主策、黄奕守、陈荣方、刘尊光、黄天降、陈极星、林士麟、陈清波、陈瑞清、余少文，主席刘尊光，记录赖联辉。讨论事项：一、拟订本会组织大纲案。议决：请县党部起草交会办理。二、密。三、关于刊刻本会印信案。议决：刊长方木质印一颗，文曰“思明县提倡国货委员会印”。四、关于指定办公地点案。议决：暂假县党部。五、本会委员应一律服用国货以资提倡案。议决：通过。

《江声报》1931 年 12 月 25 日

抗日救国会推吴纯波等负责筹办国货陈列所

厦门抗日救国会，于昨(13)日下午 4 时，开第二十五次执裁联席会议。出席者十二委员，主席黄幼垣，记录张圣才。其讨论结果如下：一、密。二、关于筹办国货陈列所案，议决举吴纯波、黄瑞甫、陈瑞清、张圣才、许春草、林启成、陈桂琛、林东山、余少文负责设计。三、关于启南、元昌两号石柱参应如何证明案。议决举黄瑞甫、严灼如、余篆 3 人负责审查。四、密。五、关于瑞昌号呈请放行被扣日布案。议决查本埠仇货只许尽 2 月 5 日内在本埠发售，倘该布有配运内地之实据，即不能放还，交常务委员查明办理。

《江声报》1932 年 1 月 14 日

诗诬中华商会派代表来厦调查国货　函厦商会照料

厦门商会昨接沙胜越诗诬坡中华商会函,谓该会为推销国货,促进吾国经济繁荣起见,公推常务陈仲篪、冯汉雄为代表,归国调查各地情况及国货贸易,并推销该坡土产,并以联络商情,企谋两地营业发展。该代表到时,请予照料一切云。

《江声报》1933 年 6 月 16 日

河北国货展览一月　建厅令厦商会代为征品

商会昨接建厅训令,略云,案奉实业部令开,案据河北省实业厅呈称,据河北省国货陈列馆呈称,案查职馆拟于本年 10 月间举行国货展览会一个月,业经呈奉核准在案。惟查我国幅员辽阔,各有县市出产不少精良之品,乘此广为征求,可资观摩提倡,自亦出品家之所乐为。拟请钧厅准予转呈实业部,通令各省实业厅,转饬各省县市国币厂商,于本届展览会将重要出品在 9 月底以前径寄来津,并将品名、价值、数量、出品人住址等项逐一开明,以便陈列而资参考,理合备文呈请鉴核施行等情。据此,查该馆举行国货展览会,拟广征各省市出品,藉资参考,而便提倡,于国货前途,不无稗[裨]益,似属可行。理合请钧部审核俯准,通令各省实业厅转饬各县市国货厂商,依期选送出品,俾便陈列等情。除分行并指令外,仰该厅转饬所属,广征出品,依期选寄该馆,以资展览而推销云。

《江声报》1933 年 9 月 6 日

省展会期近　国货运省　市筹处派员商诸监督署

市筹备处前奉省政府令,征集国货出品,运往福州展览。现省国货展览会开幕期近,市筹处于昨日派该职员黄希前往厦门海关监督署,接洽配运出口手续,以便届时通行无阻云。兹录市筹备处昨致海关监督署庄伟刚函,原文如下:“径启者,敝处奉省政府令,征集国货出品运往福州国货展览会陈列。对于此项货品起运,特派职员黄希前往贵署有所接洽,相应函请查照为荷”云云。

《江声报》1933 年 9 月 13 日

市处集国货一百五十一件　汇送省展会呈省府备案

市政筹备处昨呈省政府云，呈为呈报事，查接管前思明县政府卷内，奉钧厅第二九零三号训令，略谓，为令行事，案据建设厅呈称，查本省于本年双十节日，在西湖公园举办国货展览会，仰该县政府遵即负责如期征送，以供陈列。请即转饬商会暨国货团体遵照办理，并选派专员协同前往各工厂、团体机关、国货商场，广为征集。计先后集有出品人 45 家，出品国货百五十一件，业经派员汇送福州国货展览会收存，请察核备案云云。又函国货展览会一件，呈建设厅一件，略同，从略。

《江声报》1933 年 9 月 14 日

青年会发起国货展览　并订中秋夜开灯虎大会

基督教青年会去年曾联合本市各界举行第 1 届国货展览会，现该会又在计划本年再举行第 2 次展览，并扩大规模。定本月(24 日)下午 5 时，函邀各界在该会联席讨论筹备进行事宜。又该会定本年废历(农历)中秋晚举行灯虎大会，敦本市老书宿儒主持。其棋赛给奖式，已于昨晚会员交谊会同时举行。

《江声报》1933 年 9 月 24 日

三届国展会分股筹备　会场布置大体拟定

厦门第 3 届国货展览会昨开三次筹委会议，主席刘德仁。讨论一、选举各股主任。议决，义务股刘德仁、白群生，经济股谢□□、常旭，宣传股蔡重光、董庸，建设股杨惠平、吴江水，陈列股杨仲英、李水发，统计股邵启泰、张育灵，游艺股李维修、周淑逊，审查股总商会、海关、公安局、县党部、厦门大学，纠察股陈侃、易敬简、林友礼、刘汉东，救护股陈宣方、林朝贵，征集股金少安、庄金章、石鼎宗、杨树榕。二、会场设计，议决，楼下全部为贩卖部，二楼及天台全部为陈列室，运动场为游艺场，并在门外设食品部。三、货品保管，议决，零碎物件放置妥当，并向纠察股建议注意夜间巡守。四、征集货品奖励,议决,以陈列地位尺寸为比例,前3名有特别奖品,其余凡满20尺者均有奖品。五、征募经济,议决,交经济股负责积极进行捐募。

《江声报》1934年10月19日

本市国货展览下月十日提灯游行 广告免费军乐免费 会场收费游行收费

厦门第3届国货展览会,24日五次筹备会议,主席刘德仁。议决一、国货提灯大会,日期11月10日晚6时,地点中山公园。二、提灯会路段,依照特种宣传会建议,请总务股参加决定。三、向公安局广告处商请免费,派韦廷钧、刘德仁、常旭、沈志生前往。四、函教局、党部、商会转达各该属团体参加。五、提灯大会经费依照预算大洋百元。六、提灯大会军乐队函请同文、建筑。七、提灯大会本会职员应全体参加。八、组织妇女国货游行队,派纪翠霞、韦廷钧负责组织办理。九、提灯大会纠察,由纠察股负责。大会总指挥,由特种宣传委员推定。十、提灯会参加者应注重国货商标及有意义者,否则由纠察股取消其参加权利。十一、商标游行,酌收费用,第1枝2元,国货传单每千张2元5角(每加1枝1元),由会顾工担任。汽车每辆4元。十二、商标游行日期,14、18两天上午9时举行。十三、贩卖场所收费规定特等15元,甲等8元,乙等6元。会场食品部甲40元,乙30元,另卖出百元抽5元(补助10天游艺之经费),游艺食品部每家15元。十四、徽章式样规定心形,内书"厦门第3届国货展览会"。十五、各股主任及股员补推,庄金章为副主任,纪如贞为征集股,夏毅为宣传股,叶祖乾为游艺股,戴云峰为经济股,郭鸿溪为审查股,陈木火为建设股。

《江声报》1934年10月26日

田珍莹来厦征集特产 赴省竞赛

商会昨奉省政府建设厅训令云,查本省特产竞赛会开幕期迫,对于各县特产亟应迅速征集,以资竞赛。兹派委员田珍莹驰往该县,会同该会直接向当地各出品商选择产品,一面劝谕各商号检送产品来省参加竞赛。除分令外,合行令仰该会遵照办理。

《江声报》1935年7月9日

国货商场如此下场
一变二变三变　终于原形出现

海后之国货商场，由难产而开幕，以迄首次开门，二度“闭结”，乃至非罢不可，欲罢不能，经过情形均载本报。续查该场当闭结之顷，新经理阮振喜及蔡少东等尚应付有方，能将债主索款、职员索薪一一安顿，一方则催收各商号租金，一方由黄世昌向林殷等借款，于是二度关门，不于7月10日实现。其时，黄、阮与林清呈商议出让，条件已议妥，只欠过银。嗣清呈退缩，恐承盘后，旧债捣乱，遂作罢论。时又有林朝贵亦思承盘，因与该地承租者罗百氏接，条件计划，各物具备，定16日接办。事前，林向各方宣传，煞有介事，但又因最后一接未洽，事或泡影。罗百氏为厦大英文教授，和昌拍卖馆之创办人，黄世昌倡设“中外商展会”，承租太古旷地之接头人，即罗百氏也。故罗亦商场之关系人，日前，罗以被太古洋行催讨地租，罗即转追于阮，而阮无切实之答复，罗怒，乃偕该场债权人方圆枋厂工人，前往拆台，致与阮等冲突。此昨载之“较闹一场”也。昨(23)日，各商家以剧部又已停顿一周，商场几无商可业。益以天气酷热，肉体敌不过头上铅板传下之热度，于是皆以急走为快，昨乃相率罄其所有离场。

《江声报》1935年7月24日

国货商场散场后　国货会呈请取缔

本市提倡国货会，昨呈市党部、市政府，略谓，查国货商场以及陈列馆等之设，首要在提倡国货。本市年来对于国货陈列展览，以及国货商场，不少热心人士起而提倡设立，唯是社会不免有一班投机分子，应恃势之趋向，乘机取巧，借国货为名，而以非国货混什其间，更张大名目，为“国货大商场”以博民众之趋从。似此用欺骗手腕，混乱是非，使大众对于国货失却信仰，影响于提倡国货前途，至为巨大，如最近海口之“国货大商场”，种种措施，甚至内部组织，亦令人莫解，引起社会诸多误会。似此情形，设不严加纠正，力予取缔，对于本会进行，实深妨碍。为此呈恳督核，乞迅严加取缔，并请准如所请，今后凡欲以国货名义开设商场或陈列展览等，须经本会备查，并派员调查监督，方为有效。以杜混化云云。

《江声报》1935 年 7 月 26 日

国货定义

本市提倡国货会,昨议决:拟定国货定义为“凡货品产自国人股本所经营者,均为国货”,候呈上级核示后公布施行。一、国货标语印就,函请工务局拨广告地位,及义务分贴。二、刘德仁辞职,经市党部改聘许幼芳接充。

《江声报》1935 年 9 月 26 日

闽商参与台博会得奖计二十三家 茶 漆 印泥 肉脯 账簿

福州讯　本省参加台湾博览会,物品价值计 4 万余元,售出 2.7 万元。最受欢迎者为皮箱、皮枕、木刻、木画、豉油、茶叶。会未闭幕,即经售罄。脱胎漆品、印泥亦极受彼方人士欢迎,然因价格颇贵,故难完全售尽。在闽起运,计 60 箱。此次运回尚有余品 18 箱,已由督运出品专员宋增矩等运返,21 日可以发还各商。至此次参与斯会,我国及彼邦统计出品 7 万余件,得奖者只 920 件,吾闽计得 23 件,即 23 家之商号。兹详录于后,漳州一[乙]尘庐印泥、绮红轩印泥、丽华斋印泥,厦门荛阳铁观音茶叶,晋江眉峰铁观音茶叶,厦门林增来铁观音茶叶,建瓯詹华璧瓜子金茶叶,福州福茂春花香茶叶、福胜春莲心茶叶、沈绍安兰记脱胎漆品、民天厂豉油,厦门黄金香肉脯罐头、锦记密洋梅,福安叶振丰银器,福鼎宝芳楼银器,福州陈树荣木画,厦门洪大川之香、新合美之香、新南州花砖,福州钦记木刻、黄森康木刻,厦门通美账簿、麒麟寅记条丝。以上每家各得一等奖章 1 面,一等优良奖状 1 幅。建厅即可颁给各商收领云。

《江声报》1935 年 12 月 24 日

本会消息　第二十次会议录

地点:市商会

时间:民国廿五年(1936 年)1 月 11 日下午 4 时

出席委员:陈信如、许幻芳、林慕仁、庄金章、纪经三、伍远资、洪素香、陈

瑞清

主席:庄金章

纪录:信如

讨论事项:

一、据国展会设计股主任林慕仁提前会交拟国展会及商场计划书,业经寻觅商会两透楼屋及第五市场两所为会所。至开支方面,亦经拟具预算书,请审查核定案。

议决:将计划书送交正副会长审查决定之。

二、伍委员远资提拟,由会函请工务局准许在本市内特设本会专用宣传广告牌20处,以广国货宣传,当否请公决案。

议决:通过。

本会为筹设国货商场及举办国货展览,于民国廿五年(1936年)元月18日下午2时邀请各界代表开联席会议录。

地点:厦门市商会。

出席者:林慕仁、黄奕守、陈良汉、陈信如、伍远资、庄金章、石鼎宗、苏其昌、廖新民等10余人。

列席者:陈联芬、洪鸿儒。

主席:黄奕守。

纪录:陈信如。

讨论事项:

一、关于国货展览及国货商场地点应如何规定案。

议决:规定厦门市商会两边楼屋为场所。

二、关于国货展览开办费,应如何推员继续筹措案。

议决:仍推陈特派员联芬、洪主席鸿儒、黄主席奕守、庄常委金章等四人继续负责募集。

三、关于展览会陈列货品应如何征求案。

议决:即日分发国货登记书向各厂商开始征集。

四、据闻近日本市发现有少数人巧用国货名义四出招摇,致乱社会视听。似此影响国货前途,本会应如何设法取缔案。

议决:由会派员切实调查,苟有发现该项情事,即呈请当局严予取缔。

《国货会刊》第一卷第三期 1936年2月7日

本会消息

本市提倡国货委员会鉴于迩来国产在市面之滞销,及洋货之猖獗,曾经第二十四次常会精心研讨救济办法。结果佥认国货之滞销最大原因,系民众之无根本觉悟及认识,但其主要焦点,即在乎洋货走私之侵袭,及利用航业发达航运之侵略。因即决议制定表式附函各国货厂商,请将营业困难情形,及需要救济要点,切实填造,以使汇转层峰,请求救济。想此事关发展国产,充实国力,救济国家基本工商业,国货商当能尽情缕述,而执政者睹此困难情节,为国计民生,当亦能采纳苦情,予以相当救济。兹特不惜编幅,谨将原函及表转载如下:

查本会切实调查本市各国货厂商,营业情形及需要救济各项,以便转请当局设法补救。业经前会议决,编制调查表分发各厂商填就送会,以便分别转请当局补救,以拯国产。此致各国货厂商。

《国货会刊》第一卷第九期 1936 年 8 月 8 日

国展会聘名人任名誉会长董事

本市国展筹备会昨开二次会议,到 30 余人,主席洪鸿儒。讨论:一、本会名誉正副会长及名誉董事敦请案。议决:敦请蒋主任鼎文为名誉正会长,陈联芬、李时霖、林向今、李清泉、黄奕住、林文庆为名誉副会长。沈觐康、易鼎、张锡杰、朱平之、江亚醒、周敬瑜、刘元瓒、李丕树、黄超华、黄世金、叶元璋、陈维屏、陈文麟、周幼梅、黄天恩、张宝镜、黄丙丁、邱世定、陈绍宗及各银行长为名誉董事。二、本会开办各费筹备案。议决:先向市商会借垫 100 元。三、准董庸函称,假新世界举行国货游艺会,请派员指导案。议决:查民国二十五年(1936 年)度国展,本会正在筹办,所请举办游艺暂缓进行。四、各股工作计划案。议决:交各该股主任拟具工作计划及经费预算,提会核议。五、常会日期案,议决:定每星期三。

《江声报》1936 年 9 月 17 日

国展经费四千元　半收陈列费　半向外募捐

厦市国展筹备会昨开七次会议，讨论各股主任所拟经济预算。业经统计，应在 4000 元之谱，拟按陈列展览各商号抽集 2000 元，余 2000 元向各银行公司、公会及热心人士劝募充用案。议决：照拟具经济预算通过。二、展览贩卖间格价目案。议决：规定每格 10 元，凡定 2 格者以 9 折计算，3 格以上以 8 折计算。三、本会经费劝募案，议决：定 10 月 6 日起开始劝募。其劝募办法由财政、总务两股设计，并推正副会长及各股正副主任共同负责。

《江声报》1936 年 10 月 4 日

市国展会今日起开始征品

厦市国展筹备会昨开八次会议，到 20 余人，主席陈瑞清。讨论一、征集股定期开始征集案，议决：定 10 月 8 日起开始征集。二、本会宣传工作计划案，议决：市宣传股负责计划。三、林世品提：本会各筹备员应于展览期间内服用一律国布制服，以示提倡案。议决：推李世俊、石鼎宗、蔡重光物色标本，提会解决。

《江声报》1936 年 10 月 8 日

本市建筑国货陈列所
地点决仍在月眉池　函吴莼波查问存款

本市筹建国货陈列所、市民公所，委员会昨假市商会开会。到余少文、陈秉涵、许春草、陈丹初、纪经三、林启成、庄金章等，主席许春草，记录陈秉涵。讨论：一、建筑国货陈列所、市民公所，原议将月眉池地段拍卖，另择地点建筑。嗣因向路政当局请地手续进行阻碍，故而终止。今应如何积极筹备案，议决：就月眉池基本地段建筑。二、国货陈列所、市民公所建筑费应如何筹募案。议决：除由本会剩余存款悉数拨充，不足之数会同市商会向各界劝募。三、前寄存财政股主任吴莼波地契，及银行簿据、厦门银行存款暨地段历年租金，现因急于建筑，应先行结束公布，以昭大信而利进行案。议决：函吴莼波，于下会 5 月 6 日将所有一切手续，携会出席报告。四、厦门市提倡国货委员会,将筹设国货陈列馆,函请本会派固定代表共同策划案。议决:推举余少文、庄金章、林启成为固定代表。五、本会会所应假定何处案。议决:暂假市商会3楼。

《江声报》1937年4月30日

市闻简报

本报讯　全国国货展览会开幕期近,本市商会顷续收到参加展览商品一批。计有龙溪严茂记水仙花头20颗,晓星果子酒银杯牌大号荔枝酒12矸,小号30矸。堡垒牌大号葡萄酒12矸,天益寿中药房大号参茸固本酒12矸。由鼎盛轮运沪参加展出云。

《中央日报》1947年9月10日

第四节　国内贸易

一、市场贸易

猪行禀请迁移

陈纪二姓猪行向均开设典宝路头已20年矣,唯该地乃陈姓势力范围。近纪姓与陈姓因争挑水巷码头,纪姓猪行恐在典宝路头被陈姓抢掠不能贸易,昨特禀明委员,拟将纪姓所开猪行移草仔垵地方,未卜委员准否。

《厦门日报》1909年11月19日

札委茶务讲习所

闽省大宪昨札到厦,以中国出口大宗驰名海外者,唯茶而已。迭奉部文饬加整顿,迄今日久,徒托空言。现咨议局各议员请饬产茶之区,各设一茶务讲习所,札委老于是业者住所,整顿讲究改良。查厦文圃、锦祥二茶庄,著名中外，开设多年，于茶中精微奥窍之最深。兹特委为厦门茶务讲习所总理协理，随时聚集同业研究讲习，以收利权云。

《厦门日报》1909 年 12 月 6 日

大帮米进口

厦市米粮现反贵至 6 元 2 角 1 担，上海米闻信，昨特由图南船载来新米颇多。大约米价可望稍平矣。

《厦门日报》1910 年 11 月 5 日

减租运动第一声　第五市场摊商向县指委会呼吁

第五市场鲜鱼、猪肉、蔬菜各摊商，因负担租金过重，请指委会，迅令该场内各店业主减轻租金。其呈云，呈为负担过重，亏本不堪，佥恳予迅令市场业主减少租金事。窃商等向以些微资本在塔仔街大使宫一带经营猪肉、鲜鱼、蔬菜等类，因店租低廉，可博增头微利，藉维一家生活。嗣以路政改良，瓮菜河第五市场建筑告成，为排卖肉、鱼、蔬菜之场所，而市场业主以为垄断可登，所定店租价格，各间每月多者 36 元，少者亦廿元以上。商等早知租金过昂，迁入必致亏本，是以商等迟迟观望，不敢遽行迁入。然以市区观瞻所系，公共卫生攸关，不得已含辛茹苦，勉强迁入，姑为一试。讵迁入后，货物来源日益昂贵，场内生意日见萧条，自迁入迄今，甫阅数月，商等皆亏本，其巨势难维持，若不减少租金，则商等必尽数倒闭。（中略）不特商等待养之父母、妻子陷于冻馁，即附近居民，亦无将以佐食，害伊胡底。素稔钧会秉总理民生主义，于恤弱小商民，为全厦民众所感戴。合亟沥情，佥恳钧会体察，迅令第五市场业主，将场内各店租金一律减轻，以苏商困而经民食，实感党便云云。

《江声报》1931 年 5 月 22 日

第三市场租金　路政处覆未便核减

漳厦海军警备司令部路政办事处，昨日函覆县党部云，案准贵会函据第一市场各商号等恳转函饬令该场业主，酌减租金，以恤商艰，请查照核办见覆等由。准此,查该市场本处售价计合大洋7万元,而该业主现收租金计息尚不及5万,自应加租,未便自饬核减云云。

《江声报》1931年10月10日

鼓商会昨召商民开会　劝履行排摊时间

鼓浪屿各商店自会审公堂、区商会,联衔通告各商家,于晨9时,所有排出沟外货物,尽行收入沟内之后。但近日鲜果、鱼摊、蔬菜等商,仍未履约,区商会主席李家祺出劝无效。日前工部局长巴士,曾向会审公堂报告,罗乃将工部局意转达李嘉祺。李乃于昨(4日)晚召集各商民开会,力劝遵行,再印就通告2000张,即晚分发各商户。如再不履行,区商会概不负责任,由工部局执行取缔权限云。

《江声报》1932年12月5日

鼓浪屿小贩四月大增多　向工部局领照　计四百七十人

鼓浪屿业小贩者,逐月须向工部局给领牌照,方许贩卖。据工部局统计,小贩凡400余人,逐月牌照费收入,即在400元左右。其中缴纳牌照费,分为三种,(一)鱼肉滩牌费逐月3元,(二)鱼肉担逐月1元,(三)除鱼滩担外,各小贩逐月5角。兹将1月至4月份小贩增减之比较调查如下:1月份出照397张,缴纳3元者30人,1元者32人,5角者335人;2月份给照374张,缴纳3元者31人,1元者29人,5角者314人;3月份给照404张,缴纳3元者34人,1元者30人,5角者340人;4月份给照470张,缴纳3元者32人,1元者34人,5角者404人。按4月份小贩与2月份之比,增加96人云。

《江声报》1933年5月12日

鼓屿日销牛乳千斤
乳商二十五家养牛二百余头　工部局年征牛税四百余元

鼓浪屿牛乳商统计25家,蓄牛凡235头,其中水牛224头、洋牛11头。工部局征税每年每头2元,可得470元。据乳商云,水牛每头逐日可摄取纯乳约4斤左右,洋牛每头逐日可摄乳约18斤,是则水牛224头逐日可得乳八九百斤，洋牛 11 头可得乳 200 斤左右，合计逐日出牛乳千斤以上。查其逐日摄取牛乳，均供鼓岛居民需用，而厦门亦有少数食鼓屿乳商之牛乳。查其总数销售厦门，每日不过几十斤而已。兹将 25 家牛乳商及蓄牛多少，列表如下：

店名	号东	蓄牛多少
滋化	吴益和	33 头
德发	周定	6 头
新兴	周土生	11 头
顺兴	黄丁	8 头
新盛发	陈来水	9 头
畜牧公司	吴细英	5 头
兴记	范我	8 头
惠兴	蔡文盛	7 头
新万盛	王桂生	7 头
益寿	朱发	12 头
新泉发	陈春发	8 头
合成	周马量	10 头
振兴	陈壬	6 头
利民	何元良	25 头
新发兴	陈进来	5 头
福和	黄花狗	4 头
春记	周德	5 头
美华学院	安特逊	14 头
良兴	周吉王	5 头
新永谷	黄文福	4 头
利源	余本章	5 头
香兰	陈华	4 头
和兴	蔡玉成	5 头

统计 25 家，蓄牛凡 235 头，除美华安特逊蓄牛 14 头、中洋牛 11 头外，余

均水牛。

《江声报》1933 年 5 月 22 日

水果商迁移问题昨立约九条完满解决
业主偿迁徙费每号百元　宏汉路屋租以九厘计息

市公安局奉令执行，限本市各水果商 15 日以前一律迁往宏汉路新行营业，如违或鼓动风潮，即拘拿严办各节。业志本报。昨 15 已限满，水果业同业公会代表吴在桥等，于上午十一时至公安局向局长林鸿飞要求展限，辗转磋商至下午 4 时许始散。结果，水果途方面允迁宏汉路营业，市局及工务局方面则予以充分时间，俾便结束迁徙云。此为代表赴市局请求经过，最后□分局昨奉局令召集水果途商代表，到局切实解决，订立条约如后：一、迁徙损失费每号由业主补偿 100 元，自来水与电灯二项，将来不算入租内。二、店税照方丈计算，以 9 厘计息。三、迁徙后两个月方得起税。四、官厅通告，所有水果、笋菜、番薯等类，指定由宏汉路起卸，否则由官厅负责取缔。五、宏汉路应造码头，以便起卸。六、码头工友由会雇用。七、公会一所准收三分之一租金。八、宏汉路指定为营业水果、笋菜、番薯等类，不得另外在其他地点营业。九、各水果店如有契约问题，由官负责解决。以上各项由政府负责，经由代表许美树、白文□、叶淇水、吴兹沂、吴在溪、三合吴在桥、三德严灼如等，签字盖印。

《江声报》1933 年 6 月 16 日

摊商离市场　市场主人请饬搬回

厦港第三市场业主颜串，具呈特种公安局称，厦埠市场开办之初，政府规定，凡在市场界内 1500 尺及特订范围以内，所有鱼肉、蔬菜、鸡鸭等各铺摊，一律迁入市场营业。前经漳厦海军警备司令部路政处，严令搬迁，并由公安局切实取缔在案。乃历时稍久，狡猾之徒，玩忽心生，逾越轨外，串所承领厦港碧山路第三市场界内，如太平桥、金新街一带，当伪府叛变之际，即有 10 余商户，夤缘时机，私在该处开设鱼肉、蔬菜铺摊，以贱价争售货物，引诱佃户迁出市场。本年 2 月间，曾荷钧局派警到处赶迁，距未经旬，即恢复原状。嗣后设铺营业者，仍继续不绝，铺数现已增至 10 余，市面营业状况，亦几可与市场相拮抗。爰根据收府颁给遵办书内第一条之规定，呈请钧局俯准令饬第4分局，就近派警严饬搬迁，或迁入市场营业云。

《江声报》1934年6月27日

厦门米商运米到沪被扣
十六家扣留一万五千包　昨电沪商会交涉放行

今年长江一带旱魃水灾，交相为厉，而漳属秋收，尚不甚恶。故最近厦门香沪途米商，曾配运漳米赴沪销售，以漳属米价，固尚可和盘。惟据运日本市各报电讯，沪奸商因闽海关征收洋米税，特向台湾订购日米，装运到厦，连日分配运沪，混充国米，以图取利。香沪帮各会员，亦接有上海来电，或云到申国米，因事被江海关扣留；或云国米被诬指为日米，被申关扣留。现正设法交涉放行。昨14日，香沪同业公会特召集紧急会议，到会者除运米到申之16家商铺代表外，并会员数十人，由汪肖严主席。讨论结果，议决起草电文，请由厦商会致电上海江海关市商会、泉漳会馆、杂粮公会，转咨申关放行。

电沪原文如下：（上衔略）据厦香沪米业公会报称，会员德泰、绵瑞、惠隆、福源、长益源、永源、永丰、合丰、福源记、鼎源、鼎丰、美记、建仓、联洽洋、有利、惠源等16家，于冬日配济两轮漳属土米百三十包往申，经厦关证明，确系国米，申关亦经验明放行。嗣续配岳州、福平、南昌、庆元、涵江等轮。国米1.5238万包，均由厦关验讫，给予放行单各在案。讵抵沪后，申关突将该米悉数扣留，未稔何故。查该米纯系国米，若扣留日久，必生霉坏，商家血本攸关，闻讯焦急万分，恳电江海关放行，并请电沪各机关，迅予放行，以维农运等情。查该会所称各节，确属实情。且国米与洋米不难辨别，务须准如所请办理，以维商业，毋任祷盼。厦门商会，□。

《江声报》1934年8月15日

厦门运沪米已证明非洋米
沪关允先缴税放行　如无反证再予发还

上海17日电　厦米运沪，盛传系日米转口，江海关最近扣留1.5万包，厦门石码商会在17日电沪商会海关粮食业公会，证明为漳米，谓漳本产米区,前因荒歉未出口。本年新谷丰登,顾运沪,顾馨一住检视后,经证该米非洋米,海关允照进口洋米缴税,即予放行。以后如无他反证,即行发还。

本市息　上海商会电覆厦商会,对本埠米商运沪大宗白米被扣,拒绝证明,业载本报。本市香沪同业公会为此,昨再召开紧集会议,讨论结果:一、再呈由商会电沪切实证明,如有冒充洋米,愿负完全责任。二、呈由商会函海关监督署,电江海关证明放行,所有费用概由配货人负担。又昨济南轮赴沪,本市鼎昌、协隆、福源等号,再配白米1500余包往沪发售,经海关查验放行。本市商会昨亦再电沪商会,文云,上海市商会、杂粮公会、江海关鉴,铣电悉,已据情传该香沪帮。据称,因漳米丰收,又值长江旱魃,在沪需米甚殷,米商为酌盈济虚,装配漳米运沪接济,虽与向来情形相反,但事实具在,不容泯没。且洋米与国米,性质大不相同,真伪不难辨别,倘有洋米冒充,本途愿负全责,乞再电申商会证明,以分黑白等情。查此次运沪白米,确属国产,请克日验明放行,以昭公允,而维商业,厦门商会,筱。又石码商会电沪云,上海关监督、市商会、泉漳会馆鉴,刻准米业公会称,厦米商向漳采米运沪,被沪关误会洋米扣留,请电证明等由。查漳为产米著区,市村经济,素恃米出口为调剂,上年旱灾,米转入口。旱谷丰收,出口陡增,厦米运沪,确系漳米。合为证明,乞察照。石码商会,筱。

《江声报》1934年8月18日

米银禁出口竟成空话　商家自有算盘　海关要等命令

商会召各业商会议,决定禁运白银、白米出口,而银钱商米商,配运米银出口如故。24日,钱商配海阳白银40余万运港,安达30余万元,改订星期二,配海澄轮出口。昨(25)日,太古洋行之太原轮往沪,镇邦路成义粮庄,配该轮银条2件、7000余两。永康庄配1件、4000左右两,计3件1.2万两左右。又海关监督,昨函复商会,谓禁运银米,须政府命令,厦关未便擅行。米商方面,亦仍扫集市上积存白米,配运赴沪。24日,香沪帮配太古之毓济轮4000余包运沪。昨(25)日,复续配太古之毓大轮2000余包。前昨2日,本市输出白米,又已6000余包。观此则禁运米银出口,竟成空话。惟昨据钱庄方面云,下期输该商拟暂停配,以观洋商是否一致停配,再作打算云。

《江声报》1934年8月26日

不上一月米出口已六万包
米业会请暂禁出口　调查米业再定限制

米业公会以白米大宗外运，有碍民食，昨分呈党政机关，请设法限制。原呈略云：闽南本非米区，历年仰给洋米，今夏季产米初收，即大宗输出，虽谓运销粮食接济华北，如果尽罄所有，终致救人不能救己。本来外运计自8月3日起至29日，统计运申达6万包，重9.6万余担。在未配米出口，白早每担5元2角5占，白占6.3元，糙米4.2元。今则白早飞涨7.3元，白占7.5元，糙米6.2元。前后比较，担米高涨至2元之巨，平民感受米贵莫不叫苦。若不限制，米渐空虚，前日本市商会有禁米出口之议，而海关监督以限于部令，不能执行。将来竞配，数必加增，查之连日米尽收藏，完全备配，市上存米，已呈空虚。万一米店无米可售，平民粮食将谁供给。合应据情呈请，恳讯函海关监督转令海关，对本米外运暂时禁止，即请着手调查米区产量去路，和盘统筹而后按月限制输出。如此则利益贫民生，农村亦可活动云。

《江声报》1934年9月1日

省垣米商向厦购米万包　日内派员来厦接洽

省会米商众丰裕，以省垣米价日涨，拟在漳州、厦门两处购办食米1万包，业由闽侯商会代为转呈省府，奉准给照采办。该号于本期轮可派人来厦，以便分向漳厦米商接购运云。

《江声报》1935年3月27日

第一市场租金问题
商民呈市公安局　勿被林颜氏蒙蔽

第一市场商民联合会代表萧森泉、曾国生等，昨致呈市公安局云，呈为呈请事，窃商等素在桥亭街营业鱼肉菜生理，民国十六年（1927年）市政改革前，堤工办事处建筑第一市场，指令为商等营业场所。是年10月建筑完竣，逼商等迁入营业，商等为仰体政府整顿市政之意，不得不忍遵迁，并向前堤工处租赁每间大洋 8 元 5 角。嗣后不知如何,有林颜氏者代堤工处向商等收取税金。迨民国十九年(1930 年),林颜氏借口该市场建筑不合卫生,拟拆卸重建,增加租金。商等以营业关系,拆卸之后,一时何来适当地点可以搬迁,即提出抗议。该林颜氏乃将市场门面翻建四间,另订租价,其余悉仍其旧。惟每间则欲加价 5 元、8 元、10 元不等,而商等则未予承认,乃该林颜氏则以此谓商等拖欠其租金,蒙请钧局及公安第一分局,迭次传押商等追讨租金。伏念际兹不景气时代,营业惨败之秋,鬻子借垫维持,尚觉困难,林颜氏不知具何心肝,租金不予降减,反欲增加,是诚昧良至极。商等不堪其压迫,谨沥情呈恳钧长察准,饬令公安第一分局勿受林颜氏蒙蔽传讯押追,并乞将该案移请商会秉公处决,以遏纠纷,而昭公允。曷胜感激逼切待命之至。

《江声报》1935 年 7 月 16 日

庆和海产店谋复业　桃园菜馆宣告倒闭

打铁路头庆和海产店倒闭,店东许怡事先逃匿,经海产公会召集该号债权登记,成立债权团。决议订 6 日将该号货底及家私等拍卖,款项暂存银行,以待法律解决。经至商会派员莅场监卖,嗣接商会转财局函知,以该号曾欠警捐,应派代表到局磋商,故是日拍卖未举行。旋由该号东许怡,托商会常委黄瑞甫出为调解,向各债权解释,请准该号复业,债务按期摊还。昨(8)日下午 3 时,该号债权团假洪本部义泰楼顶开会,讨论复业摊还,已有具体办法云。又开元路桃园菜馆昨日倒闭,该号东将店中贵重物品搬走,事被二分局警长邵懋令知悉。昨晨 3 时,带警捕该店伙方区河一名,并派警将店内所留粗重器具点交地保林福祥、业主杨清源看管,方区河已解总局办理云。

《江声报》1935 年 10 月 9 日

鹭江道一带商贩请展期迁移　昨呈商会乞转市府

市工务局以鹭江道、提督道后,搭寮贩卖食物,有碍观瞻,迭函公安局派警取缔。昨该处摊贩 30 家代表吴甜、方和尚、杨诵等具呈商会,谓若等小本经营,市区店屋月租数十金,何能负担。故于鹭江道一带隙地暂时搭盖经营,既无碍交通,而可省屋租,公私两便。赖此生活者,不下数十家,若一旦被驱他处,将无法营业,而绝生机。今为数百人生存计,亟请转函市府,饬令工务局俯恤民艰，暂缓赶迁，准予展限至废历年底，自动另觅场所迁移，以延残喘云。

《江声报》1935 年 10 月 15 日

清记茶庄昨倒闭　店东逃匿

大同路林清记茶庄，开设多年，迩以营业不振，亏空甚巨。月来渐觉无法维持，店东早已避匿，昨乃宣告倒闭。店屋及一切器具，由二分局派员点交报保看管，以待债权解决。

《江声报》1935 年 10 月 23 日

本市米商向浙江续购白米万五千包

本市米商□记号，向浙江平阳县购运白米 5000 包，经商会转请财部，咨行浙省府照准，饬令平阳县放行。现该号决再购运 5000 包，昨请商会仍为转请放行，以三个月为期，陆续配厦，商会当准照为转请。又香沪米商美记号，亦向平阳县采办白米万包，经商会代请后，昨接浙省府电复，略谓，代电悉，已再电饬平阳县，将该商号未配之米，给证验放。至请饬该县给发运照，寄由贵会转给一节，核与本省呈准之浙江省食粮进口登记办法不符，仍应由该号径向该县领证配运云。

《江声报》1937 年 3 月 4 日

警局令实行市场分类营业
昨百余商号聊呈　请市政府收回成命

警局整理市容，令全厦市场分类营业。各市场商民对此，以一旦变更必受损失，群相恐惶。日前乃假屠宰会开会，决请商会转陈市府，饬令收回成命。昨各市场商百五十二家联名呈商会，文云：窃据市场管理员通知，市政府为整理市容，拟将市场各途商按类划分营业等语。商等逖听之余，惶惑殊深。查本市各市场之商号，原于市外营业。嗣奉令选入，而业主乘抬高租金，威胁恫吓，压迫备至。商等迫不得已，虽受损失，忍痛适从。但年来受不景气之影响，商业惨败，维持尤难。若果实行分类，商等将无噍类。伏查民国十九年(1930年)间,张锡杰长公安局时,曾一度将第四市场分类,乃实行之后,附近公路之商号,位居前行者,营业倍增。而位居较后者,则冷落无人问津,以致无法维持,纷纷停业达60间之多。商等以前车可鉴,誓难遵从。而各市场之建筑间隔分隔,形同普通商店。上有层楼,又似住宅。其与各国市场比拟,诚天壤之别。其建筑之缺乏合理,至为明显。故各号为适应该项建筑,均居家于楼上。因当日建筑不合所用,有将内部添建或改造者,费资亦不少。且因地点不同,租金互异。及各商号对于租金,各有积欠。一旦分类,难免与业主发生争执,而生冲突。同途为争夺营业,势将酿成风潮。基上理由,恳请钧会准予转请市政府,令饬警察局,资予施行,以杜纠纷而恤商难云云。查联呈之商号,共有152家之众。兹从略。

《江声报》1937年3月9日

米粉面线概禁止出口　警备部昨训令着粮食部遵办理

警备司令部昨训令市抗敌会粮食部,略谓,据报告厦禾面线米粉,日来大宗输出,影响民食至巨,应予禁止出口,仰该部遵照办理云云。查禾山米粉厂,现有三十余家,每家米粉工人十余名,统计不下二三百名,如禁止米粉出口,则米粉厂商须停止制造,工人不免失业。然米粉出口,然米粉出口确有影响粮食,自不能因噎废食而不禁止出口,特当局必能善处之也。

《江声报》1937年3月9日

源成米绞请免迁移　市商会函水警队

市商会昨函水警第二大队,谓据源成米绞书称,敝号租赁本市打铁街楼屋底层,营业米绞,安设机器及建设费已达2000余元。乃水警第二大队租住该屋第三、第四2层楼,以敝号绞米时机声振动,有碍办公,严令迁移他处。奉令之下,曷胜骇惑。查水警办公处系在四楼,距楼层甚远,应不致有防碍之处。且米绞为正当营业,既无违法,自不致有受限制,况本市米绞计有80余家,未闻有迫令迁移者。诚恐此事出于误会,谨据呈请察核,准速代向水警第二大队详细解释,俾得继续工作,以利营业等由。据此,相应函请查照见复为荷。

《江声报》1937年4月10日

米绞米店今日总停业　为电灯公司停给电力
米绞存米将霉　市民无处买米

本市米业公会,反对电灯变更底度,抬高电费。电灯公司派匠,将长益源、新盛两米绞电线剪断,停止供给电力,致该米绞无法开车。公会认公司此举为阻碍营业,影响民食。日前曾派代表翁毓文等6人,向市党政当局请愿,未得结果。故昨晨起,各米绞对于各米店,一致停止买卖,实行罢业,以待解决。而各米店以米绞停业,彼等无米可卖,亦于昨日午后在米商休憩所开紧急会议。议决,米店来源既断,订今(30)日起,全市米店,亦一律停止营业,以响应米绞。香沪采运米业同业公会,则以米绞停业,连日由上海、汉口运到湘糙及杜糙等七八千包,堆积栈上。暑天既迫,势将发霉,销路已绝,将来损失甚大。因此亦开紧急会议,并呈市府予以设法救济。其呈文略称,电灯公司一意孤行,不顾民食治安,突于27日开始向米绞商剪电,致该途一概停止购买糙米。该途营业,与本途有连带关系。盖本途采配糙米,转售该途电绞。今该途停购,则本途趸积糙米,将无人问津。际兹潮湿天气,必呈霉坏,商家血本无归。倘令相持不决,则本会会员为前途利害计,定当电达外埠止配。厦埠如肇米荒,则地方治安,势将不堪。用是具呈钧府,迅予妥筹善后办法,直接使米绞商得以安心营业,间接免本途陷于停顿云。

《江声报》1937年4月30日

芜湖国米运销考察团抵厦
市当局昨日商定盛大欢迎周启刚

芜湖国米运销考察团,昨乘海门轮自汕抵厦。本市商会及香沪业代表汪筱岩、魏国源、翁吉人等出为招待。该团考察目的为:一、如何改善华中各省米谷之品质,使其适合华南各地消费之需要。二、如何稳定市价,使生产者不致谷贱伤农,消费者不致米贵伤民。三、如何求产销市场组织合理化,以期减低费用,改善运销。四、联络感情,消弭产销双方隔阂,庶国计民生,两有裨益。

又讯　中央侨委会副会长周启刚,视察华南各地侨务,不日自粤到厦,市侨局已在赶制工作报告,俾周氏到时面呈核示。局长江亚醒昨并分访市党政当局,商洽欢迎办法,已决定届时市党政当局,召集各机关团体代表,参加盛大欢迎。

《江声报》1937 年 7 月 9 日

厦当局严禁粮食出口　昨运鼓屿亦受扣问

洪本部长益源米店伙林澳中,昨(25)午押白米 32 包,由鹭江道下船,将载往鼓屿。岗警瞥见,以在此非常时期,押米下船不无嫌疑,遂捕往北区分局研究。据供,所押白米,为本号售与鼓屿泉和 16 包,玉丰 18 包,今午欲运送该号。讯后,警局仍予扣留查究,该长益源号东闻悉,即将情呈请米业工会及保甲长,请到局解释。经该会推派常务王远川暨甲长到局,复明该号白米,确系运交鼓屿,并无其他违法售出,该局始予放行。

《江声报》1937 年 8 月 26 日

厦市妇孺移乡　人口减少过半
全省冬耕民食绰有余裕　市内囤米充实销路阻滞

省府通令,沿海各地及重要市区,皆属将妇孺移住乡村,疏散居住,是可知全省军事布置周妥,于必要时即可应战矣。查妇孺移乡,泉、漳、厦人民多已提早行之,厦市妇孺老弱更已大部散入内地,现留厦者多系壮丁及少数限于经济未能迁移者,由民食之推算,昔金厦每日需米 800 包,现每日只需 300 包(军食在外)。可知因妇孺之迁移,厦市人口,已减少过半,更因去老弱而留少壮,厦市粮米之储备,遂益充实。又查本年省内各地,秋收皆极丰稔,往岁全省民食统计,须短缺 200 万担,今年因储积之富,秋收之丰,已足供给。近复厉行冬耕,预算可收 500 万担,是则全省粮食,且有余剩,军备抚妥。粮食既足,敌如来犯,当必予以重创也。兹志最近粮米市情如后:

厦门米市自上月中旬新谷登场,价格即渐趋下,每担跌落自 3 元 5 角,至近 1 元。上周评价,机油、机战两庄,自 6 元 7 角降至五元七八角。大埔新占由 5 元 7 角 5 分降至 5 元 3〈角〉。本季早占有 6 元 2 角降至五元四五角,机早由 5 元 8 角降至五元三四角。大埔皮绞粮米由 6 元 2 角降至 5 元 4 角 5 分。昨据抗敌会粮食部副部长魏国源谈,本市粮米经粮食部统制,对于各商家存储,均由会支配,各商号自己收储,各须照数储积,不得减少。惟本市昔每日需米 800 包，近因妇孺老弱移居乡村，人口减少，现每日只需 300 包，需用数额已少过半，因此米之销路遂受影响。

由厦转口以前亦甚多数，自敌舰骚扰华南沿海，交通阻滞，泉州停止来厦采办，汕头前来厦采配甚巨。今亦因限制运往外省，遂即停配，致本市存米供过于求。新谷登场后，产品如海澄、大埔、石码、漳州等处，每日来源甚旺，因本季各地丰收。

产区农户以厦门米市较为高昂，为流动农村金融，多急急运厦销售。如新占米到头已涌，而米身犹未曝干，不能久藏，易于发霉，故不得不由新占先行脱售。于是旧存之种米，置本高昂，损失匪轻，假如存数以万包计，每包约须蚀本 2 元，计须亏蚀 2 万元。储粮乃由粮食部支配，着米商照额存储，以本市米商号数言，每家每月仅轮值售一次，虽内地产区新粟售价 3 元左右，辗白米复兑 4 元 4 角，而运厦之费及略偿旧存损失，不能不以现定之价发售。

办理统制之粮食部仅为支配，非若合作或大公司，得失盈亏，均由米商自己负责。然为稳定价格，而不统筹兼顾，则米商亏本滋大。故新占售价略加 3 或 5 角，藉资弥补种米栈存之损失，是以新占售价，超过原定价格，亦以新占曝干可买储存。

至于九八扣实，前因支配商存米虽自己收储，而损失概由粮食部负责。为节省一切粮食部与支配商手续便利起见，乃以九八扣实，给与支配商，而一切损失及上水工钱及驳船费等，改由支配商自理。在此非常时期，粮食部为预备将来计，已严限商户储粮，每户须备足三个月，并经函市警局协同办理。凡市民务须遵令储存，以免查觉而受处分。

鼓屿方面，前虽经向银行界接商借款，定购粮米 5000 担，但至今尚迟迟未行。但屿上商民住户，亦须与厦市同样储存，以防万一。因目下米价相宜，人口减少，厦鼓人民对当局此项备粮之命令，已多数遵行。

《江声报》1937 年 11 月 29 日

糖商争配　刁糖销沪
国保及建成号　运出大批土货

本市糖商，近以刁糖运沪，有利可图。迩来配沪货物，概以刁糖为主。查刁糖一货，即属土糖类，近日每担价约在 3.1 万或 3.2 万元之谱，昨日下午五时本市开沪电船有国保号,今(17)日有建成号。其所承运货品,国保号有红茶、刁糖、桂元干、清果等621件,建成号有刁糖、桂元、清果等651件云。

《江声报》1946年4月17日

金铺闭门静候沪讯
法币继续运厦　米市微抑油粉同声稳定

海外社讯　金融问题:一、各银楼闭门之后,当局虽表示饰金之翻制及珠宝之买卖,仍可自由经营,惟金银途认为饰金翻制为数有限,珠宝如点黄金镶嵌,亦属无人买卖。故今日各银楼均不开门,等候沪银楼业向中央请示结果而定。二、昨海黔轮运来钞票82箱,系中国农民向总行配寄厦分行者,央行昨亦由飞机接到总行运来80余箱,以供兑换外钞之用。传此两批钞票,总数近400亿元,若然则连上月底一批计算,厦市已运到法币800亿元矣。三、央行兑换外钞结果,英镑□币为数极微,港币昨一日闻兑换5000余元。

米市遭受一般奸商兴波作浪,又值春雨连绵,乘机囤积操纵减奖,昨复步升。今漳码续有抵埠,故涨风亦似稍戢,囤商因亦未敢冒险图利,价看跌,登瑞成占米出盘每担8.5万元,芜湖米担下降二码,7.6万元可购。且日来益同人有大量平价米,每人可买3斤,每斤400元,一般贫民略沾其惠,生油价仍叫25.5万元。因同安来货尚多,粉市平稳。火柴因潮汕续有进货,价盘变动,持于平局。

本市银楼自昨暂告停止营业,饰金买卖突告无门,一些婀娜奶奶有感首饰装修困难之慨。该途职工失业数百人,静候当局处置,设法救济。台币入盘退5点,仍27元,出盘28元。

《星光日报》1947年3月8日

第五市场明年元旦开幕

市府为整饰市容,计划恢复第五市场,经令警察局,通知妙香路现营之华侨旅社楼下,所有住户一律搬迁。至该旅社则展至本年底他迁,有该处住户张瑞芳所营茶摊,经警局迭次通知迁移,仍抗不理,思明分局乃予强制执行。其他住户,亦在查屋他迁。闻第五市场,订于明年元旦开幕,所有后路及思明东路一带菜摊,均可一律迁入。届时市容可望焕然一新。

《中央日报》1947 年 10 月 27 日

奸商搜购白米漏海　当局决予取缔
米价昨续下挫　蓬莱米少有问津

本报讯　市府昨代电市商会谓:查本市粮价自改用金圆券以来,市面售价尚能稳定。惟据报日来有少数不肖奸商,企图购米外运港、汕一带牟利,扰乱市场,殊属不法,亟应严予取缔,以安民生。合行电仰遵照,并转饬各商号切实遵照为要。

又讯　内地昨日涌来大批食米供应,以致市面存货充斥,且执货者手头拮据,多廉价抛售,行情遂见退却,午市新种米盘 20 元 5 角,已较评价降低 6 角半。上占米做 24 元,较昨日挫一码。铁绞米仅拉住 20 元大关(评价为 20 元 05 角)。蓬莱米做盘 18 元 5 角,较评价高 1 元。唯市况冷淡,问津者寥寥。

《中央日报》1948 年 9 月 12 日

食油销路呆滞　一蹶不振

本报讯　当局禁止食油出口,本市花生油销路即告呆滞,昨市续挫一码,抢叫 48 元求兑。这个价格已较价便宜不少,个中原因,系存底充沛。同时政府禁止外运,遂致香港、汕头一带采帮遭受困难,造成有货无客状况,市价乃逾趋下游。

《中央日报》1948 年 9 月 12 日

供给稀少采客踊跃　米市涨风未戢
执户扳持生油看好

本报讯　昨日米市又再上升,因石码方面报价新种米每担(法币)6200 万元,折金圆约为 20 元零 7 角。此外,尚须附加运费及消耗(每担)金圆 1 元,合共成本每担须 21 元 7 角。故昨日本埠晨市开兑即叫 21 元 5 角,蓬莱因来源稀少,价亦扳挺。昨市担上 20 元大关,市况异常热烈,而一般采客亦多踊跃下手。

又讯　花生油仔货空虚,后货未稳。市况昨趋俏热,晨市开盘48元1角。晚市尚在看好,故执货多未肯抛出,唯价脚已逼近50元大关,每市担叫盘49元。

《中央日报》1948年9月24日

鼓各市场提示菜价供评价参考

本报讯　厦鼓各公共市场,因市警局召集场商会议,决定牌示青菜价格,悬挂各市场以杜抬价,乃于昨联呈将青菜利蚀情形报告市府,以供评议时参考。该呈所提略为:(一)青菜部分如青葱、韭菜、油菜、菜头、土白菜等,成把菜蔬每10斤除消水量,去草及烂叶,损失二成,实存8斤出售。若加利润二成,则利蚀须加四成,照顶盘菜行采购价1角,其小卖应兑1角4分,方免亏本。(二)北葱、洋薯、菜瓜、芋头等干货虽无水量可消,但应除腐烂、沙土以利润加二成计,则原本1角小卖1角2分为标准云。

《中央日报》1948年9月25日

产区虽报高　米市仍镇静

本报讯　产区粮价新种米担6100万元(法币),唯昨日本市米市并不为所动,因前日警局召询粮食业公会负责人时,曾孜孜劝导共体时艰,勿违国家法令。故昨日米市之镇静,非出无因。据粮食商人称:本市非产米区,所需食米均须外米供应,是以本市行情胥视产区价格而定。当局如能切实疏导来源,同时对漏海私运粮食逃往香港之不法分子,缉获后押送特刑庭,以儆效尤,则本市粮价当能入正轨步。

《中央日报》1948年9月27日

食米回抵限价　面粉略挺升　肥料亦微扬

本报讯　产区米价继续报奖,石码方面新种米价格(法币)6100万元,本市米商业于于当局报价,故昨日本市米市虽平,唯价格仍低。旋于评价之内,旧占米、新种米各拉住□价并行,前者开24元4角,后者开21元。近来米价亦转低，昨日开价已叩20元大关，其他各唛均以按照评定价格开。面粉亦略有挺升，因迩来后货不继之故，牧童牌叫13元，兵船牌叫21元5角。肥料方面，豆饼微扬，肥粉小挫，大统□□做5元2角，乌月肥田粉退回41元3角，□□做32元。

《中央日报》1948年9月29日

二、产业贸易

土店大获厚利

厦门市面本年各业平淡无大出入，经纪者详为调查，商务一途唯土药一项均得厚利，有获利10余万者，有得利10万、8万者，至少亦得利二三万不等。推原其故，因禁烟例，严禁种例更严。土商早知土药之价必涨，去冬乘土药价廉时，土商等已在香港议定土价定购若干箱。及本年土药日涨1日，甚至前月每大土一枚洋三十五六元。迨购货到厦陡涨47元1枚，土得利元10余。亦有今日买土明日涨价者，以此土药各商大得3倍利市。然利则利矣，无如为日无多何。

《厦门日报》1909年11月15日

糖业获利

厦门商务今年尚属平平，获利者唯土药及糖业二行。土药之获利已详前报，而同业近日其价大涨。闻外洋各埠今年出糖不旺，漳糖价乃大涨，刻每担十五六元，尚须再增云。诚糖业一大转机也。

《厦门日报》1909年12月6日

批绸缎　客吃倒账

昨闻有绍兴某客，向以发绸缎生意为业，略有资本，来厦住在某上海店内，专贩绸缎批发各店零售，利亦甚微。讵绸缎发出均无现洋，期限或40天或一个月交款，不知何故。向章如此，咄咄怪事，乃某客人极诚实，地方又生疏,其绸缎发与关帝庙前某绸布庄二三百。两月前竟遭倒账,人逃无踪。可见生意难做一叹。

《厦门日报》1910 年 10 月 13 日

标封昭文号绸庄

葡商德万昌钱庄倒盘后,业经代理葡萄牙领事事示谕各债主,开列被欠清单到署报案,以便核办,迭详报端。兹本初 10 日,又经代领事派捕将庙前街昭文号绸庄一并封标,不知如何追办,容俟查明续登。(而)

《厦门日报》1910 年 10 月 14 日

中原店停闭　存货经署封存

思明南路中原布庄昨(22)日宣告停闭。昨早 10 时许,由债权者到一区署报告,即由署派本驻所巡官刘建安前往查视,并由债权人将所存布匹等,均封存于玻璃柜内,以为将来变卖抵偿之价。昨晚该店已由债权人派人监守矣。据闻,号所欠债项约 8000 元,但货底、家私等可值数千元云。

《江声报》1932 年 8 月 23 日

绸布途大不景气
倒闭停业者已十余家　石鼎宗谈不振原因

本市近来百业凋零,已臻极度。对于各途商营业状况,当为驻会人士所注意。昨日记者特赴访绸布公会执委石鼎宗,询以本年该途营业得失情形,蒙作如下谈话(以下均系石氏所谈):

绸布业往年营业,统计约在 800 万之数,本年则仅有 400 万左右。其锐减原因,可以下数点概括之:

一、物价暴落。例如往年白布 1 匹,可兑 12 元,今年只可兑 7 元 5 角。其营业额数差率,由 1000 降至 625。

二、红军陷漳时,金融紊乱,银根周转不灵,各号营业相率缩小。

三、南洋不景气,银信业失援,间有数号藉信款维持营业者,因而购买力遂致薄弱。

四、棉布向由日本输入为大宗，全市棉布几占60%。自日人入侵我东省，所有日本布匹完全停止输进。

五、上海出品中国布匹，虽幸日见增加，然所转运销售，表面上虽谓泉漳二属12县，实际上只销运漳州7县而已，而现在只销5县。盖云霄、诏安等处，距离汕头市不远，故大多向汕市直接输进。且泉属目前亦因抵制问题，俱由上海直接采办，由秀涂、石狮等处起卸，无须经过厦门转运，致厦门各绸布商无能再分杯羔矣。

六、其他舶来货品如欧美呢羽哔支，因增加关税，由厦门海关入口者成本极昂。故泉漳两属，一以石狮为起点，一以东山为起点，均备帆船或电船，直接向香沪台湾私运进口。

绸布业有以上六大原因，故倒闭停业之声，接踵不已。就现在统计，倒闭停业已达10余家，所负债数目皆在50万以上。本年绸布之得失，观此亦可以明了矣。

《江声报》1933年1月13日

本市外人商店调查
计四十家日最多英次之　三分局辖内占二十九家

本市外人营业之商店，据调查统计凡40家，日本人15家、英商10家、美商5家、荷兰商3家、法商2家、印度2家、德商1家、葡萄牙商一家。其在公安第一分局辖内者4家，即思明北路美商1家、思明南路日商□家、印度商1家，思明东路英商1家。公安第二分局辖内4家，即厦禾路美商1家、英商1家、开元路葡萄牙商1家、担水巷美商1家。第三分局辖内29家、即水仙路日商1家、三条街荷商□家、美商□家、日商1家，中山路法商1家、英商4家、日商2家、美商1家、德商□家、印度商1家，晨光路英商1家，海后路英商3家、荷商1家、日商2家，柴桥内日商1家、布袋街日商□家，新路头日商1家，大同路日商□家、局口日商1家，衡竹路日商□家、大史巷法商1家。第四分局辖内1家，即碧山路英商1家、思明南路日商1家、打石市日商1家。以上统计均系纯粹外人开设者，挂籍牌之商号在外。

《江声报》1933年6月2日

杂货途四月止倒闭十六家　一周中歇业五家
杂货公会诉苦请免追征加税

思明县杂货业同业公会昨(22)日函总商会云,敬启者,此次思金营业税局以奉省财厅令,着各同业所有本年加税由3月份起算,该局现正加紧进征。查该税增加期间,前经钧会与税局接洽,订由3月1起算。又经函知各同业对诸所属商店发表,按月按户摊派无异,今忽欲再进补2月加税之额,万难办到。盖当局欲发命令易,同业公会欲劝募难,值此百业衰颓之际、经济恐慌之秋,商人已感万分困难,况兼各种捐税,重叠加征、逐月课额,已觉无法收清,遑论追补,以属会言。本年4月份止,同业者倒闭16家,5月26日起一星期中,停业歇业者5家,现时已濒破产者不知凡几。其余隶外国籍挂洋行牌者。月多1月,属会逐月赔垫,为数不少。惨状如斯,正以当局不谅求减为苦,今者复有追捕2月加税命令之颁,是使各商绝无生存之望。事关全厦商业生机,用敢函请钧会召集各同业说法,签请财厅对于税款恒情,兼筹并顾,豁免追补2月份加税,以苏商困,而顺舆情。实感公便。

《江声报》1933年6月22日

杂货业今昔比较　销售数量减三分之二
半年中倒歇改途三十余家　原因有五　毛织国货一线生机

本市杂货商店,去年因不景气之影响,倒闭及自动停业暨改营别业者,计有72家。本年上半年截至近日止,倒闭者复有福隆兴、建昌、良友、同其昌、瑞英、永业、人生、达记、庆和九家,自动收盘及改业者金协春等四五家。另歇业者20余家。中除达记、瑞英、金协春、庆和为杂货郊外,余俱商店,百业之不景气,足觇一斑已。查该途之不景气原因:一、关税骤增,外国金价暴涨。二、兴泉一带,概由上海直接配运。三、内地土匪未克肃清,商旅往来不便,兼以本年早稻失收,至购卖力顿减。四、店租昂贵,又因拆卸马路,重叠移徙,无形之损失至巨。五、营业税、铺捐、警捐,种种均加重,此为大部分原因。而各地困于经济,亦其一也。当民国十六七年间,洋货进口达200万元左右,民国十八(1929年)增至300零万,自是以后逐年递减,去年减至百七十余元。本年截至目下止,不及50万元,视民十八竟差三分之二。杂货商店于民国二十年(1931年)间,有百八十余家,去年倒闭72家,本年上半年再减十五六家,歇业者20余家,新开者不过20余家,其现状正如秋后叶,只见其稀也。据杂货途中人言,因关税之加重及外汇之暴涨,而国货乃稍转机,如毛巾、纱袜、棉毡、纱衫、沙厘器皿,均畅销国货,以价廉质美,洋货难与竞也。

《江声报》1933年8月1日

本市绸布营业之调查
数月中倒闭歇业十五家　积存日货约达一百万元

去年今年上半年比较,绸布为繁荣之区之大宗营业,本市前数年销售及转运内地,年计在500万以上,其营业均以下半年为佳,上半年则较冷淡。本年营业状况已大非昔比,盖上半年全市营业仅150万元,与去年比较,已减少33%。若与前数年比较,则不及半数。查其原因有三:一、内地农产价贱,捐税增加,失业人数陡增,购买力低减。二、本市因抵制日货,台人乘机设肆,竞兑劣货。三、内地方面如泉属各处,则多由上海直接采办。按本市向年所销绸布,均由上海入口,"香港入口者亦有少许",其中外货居多,国货则极少数。自今年6月起,海关增加入口税,外货渐减,最近几至断绝。然由上海入口之货,除中国自制造之一部分完全国货外,外人在上海设厂制造者达80%,市价较诸去年约跌三成。因商况恶劣不能维持停业或倒闭者,数月中竟达15家之多,计有聚隆、聚美、成记、中原、胜丰等5家倒闭,鸿生、鸿章、德隆、远茂、志芳、美伦、金源利、元升、金协成、华利等10家停业,或合并改组。如以资本计算,则损失在50万元以上。各号旧存日货无法脱手者,亦约在百万元。此次存货影响该途商业颇大,本年营业之衰落,实为10余年来所未有云。

《江声报》1933年8月6日

亚细亚油地租借合同　下周将签订

英商亚细亚火油公司租借嵩屿附近火车站地段开辟油地,曾经拟定合同,着手开工。嗣当地地方官及社团以该地系海澄县属,该公司不与海澄县府接洽,而与厦门官厅办理,且无向当地政府登记,诸多不合,起而反对,迭经交涉。最近经中央核准租借,租金每平1.07万元,租期75年,乃以合同文字修正,两须慎重。故又挨延,现双方经已商酌同意,闻下星期将正式签订云。

《江声报》1933年9月9日

全市各杉行限期搬迁 各在后江埭建筑杉场 无力自筑则向人承租

市工务局前曾呈准市处,饬令本市木业杉行等,一律迁移后江埭营业,并限期搬迁,曾志本报。兹查工务局日前并曾函木业同业会,着转饬所属会员搬迁。该会据此,经数次召开会员大会,皆以不足法定人数,遂无结果。前日乃将经过情形函复工务局,该局以此案前经拟具办法,呈准市处布告通知,迄今日久,尚不遵令迁移。木业途召开会员会,又不到会,认为有意延抗,乃再呈请市处饬令市公安局严予执行,务即搬迁后江埭,以便整理改善。

《江声报》1933年9月23日

土产特贸第二批八十箱运厦 缉私队赴高崎护运 运照仅载二十箱

本市海丰公司屘存同安特货,经禁烟督察处驻闽办事处核准,派缉私队长严守让护运来厦销售。该公司前经运载一批抵厦,至前(1)日下午2时,复会同缉私队长严守让到高崎护运一大批,计40袋。每袋2木箱,统共80箱。该箱上虽贴有特字标记,但所持财政厅护照1张,仅载明20箱,核与该护照不符,遂被巡辑队扣留,着令车送办事处。旋经该公司负责人解释后,准予放行,仍由严守让率队押载运来本市洪本部该洋行内云。

《江声报》1934年5月3日

同安特货运厦 前后三批百三十四箱

领办同厦特货之海丰公司,连日将同安屘存大宗特货,分批护运来厦,已志本报。

由同安运载一批,计36袋、72木箱,经由集美转厦电船,径运禾山高崎登岸，雇由货车转运。海军办事处据报，仍派员前往高崎检查，如数登记，即电市局，准予放行。仍由缉私队护押到洪本部庆发洋行内起卸，统计运来3批，总数134箱云。

《江声报》1934年5月4日

泰丰欠债八万余　昨日倒闭

本市丹霞宫38号庄泰丰经营之泰丰洋纸郊，开设已二三十年，尚称发达。乃年来受不景气影响，销货日减，周转日窘，最近庄以不易维持，遂于昨日宣告倒闭，并于事前率妻子潜逃。据闻所负债款，为数不下8万余元，就中例款占居多数。昨晨各存户闻讯，纷纷到处提款，但已不见庄之人影，各懊丧而返。又闻庄曾对人云，虽破产还债，且虞不足。

《江声报》1934年6月4日

本市公膏拟定承销办法　厦禾月销一万六千两
全市设四个分销所　已定十五日开办

鹭通承销承运特货公司，订9月1日开办，已载前报。兹查该公司因内部种种筹备不及，特故期本月15日开办。至本市售卖公膏，闻系由日籍民王某、何某等另组公司向鹭承包。厦市每日拟承销烟膏400两，全月1.2万两。禾山每日百余两，全月4000两。合计全厦(鼓浪屿除外)每月认销1.6万两。其办法拟就第一二三四分局所辖境内之适中地点，各设公膏分销所一处，分配辖境内烟厕认销。本月15日可与三通公司同时开办。据个中人言，现全市烟厕600余家，每日可销烟膏800两云。

《江声报》1934年9月1日

鸦片膏六百斤自泉运厦

鹭江公司，5日由泉运来鸦片膏20珍，用全禾汽车公司第一三一五号长途汽车运送来厦，径驶升平路运入惠通街该公司。查该鸦片每珍三十斤，计膏600斤，沿途由监护队押送来厦。

《江声报》1934年9月7日

食糖管理会决设闽南推销处　吴祐往接洽未得完满

财部颁布食糖运销管理大纲后，并在沪设立食糖运销管理委员会，以梁敬享为委员长，同时组官商合办之中华糖业股份有限公司于上海，由爪哇侨商黄建源代表为总经理，股本共 300 万。由黄建源认股 175 万，财部认 65 万，余 60 万招商参加。经招足股额，现食糖管委会决在厦设闽南推销处，漳泉设立分销处，拟由本途领办，日前曾函本市糖油业公会，推派代表到沪接洽，经该会推举委员吴祐前往调查糖价，及推销办法。因价格系由中华糖公司拟定，对推销处及分销处仲钱 1 元 2 角半之规定，认未适当，接洽无甚完满，该公司乃嘱吴暂返，俟内部组织完密后，即将章程寄阅，再往商洽。现吴已于日昨趁轮抵厦，定本 10 日开会报告赴沪接洽经过详情云。

《江声报》1935 年 7 月 9 日

挽得一些利权　开滦玻璃畅销　每年数在四千余箱

日昨和记开盘普通玻璃每箱计 100 方□，价 6 元 5 角，销路平平。在昔玻璃销售者，皆以比产为大宗。自吾国开滦设厂制造以来，运销各地。民十五(1926 年)年间，遍及厦市。近又以关税关系，比货目下每箱须 7 元 2 角，未能和盘。故开滦玻璃在厦甚然畅销，每年数在四千余箱。兹将各货行情列下：普通每箱 6 元 5 角，24 两庄每箱 20 元至 30 元，32 两庄每箱 30 元至 48 元。

《江声报》1935 年 9 月 1 日

鼓浪屿概查　药店多于米店
食物摊胜过商铺　圆仔汤大发利市

华议会方倡议收回鼓浪屿，或改设特区法院，则此鼓浪屿之现在状况若何，亦值得注意。顾鼓屿一岛耳，熟知者固可一目了然，惟多数人则皆未及深知，今为一查志之。

全岛面积只三里有奇，市衢仅龙头大街、河仔墘、日兴街。地区大致分为内厝澳、乌埭路、黄家渡路、田仔学、鹿耳礁等。店铺皆小本经营，营业较大有大同淘化、兆和、康泰等酱厂，次则东方冰汽厂、牛皮厂、花砖厂。店铺最大为华南、期昌、惠源、合源、太平四家。又次则为米业，计有47号，每日销售除六丰分栈可售出百元左右外，余均二三十元，或十数元不等。年来受不景气影响，米店歇业者有利益、合茂、怡裕、合益、南兴、合顺发、丰美等7家，所负之债自五千余元至一二千元，最低六七百元，但被人欠账每号最少亦达一二百元。近有米业公会组织，公定现银交易，公秤量出，藉资补救。

中西药铺计50余家，其多竟超过于米店，最近仍有增无减，营业亦皆不恶。西药途规模较宏者如救世医院、博爱医院及最近鼓浪屿医院扩大组织之平民医院等。私人所设医院，每日多有数十元收入。某医院开业仅一二年，现在自建洋楼一座，值2万余元，可知利之厚矣。中药一途，较著者为福林春、益寿春、平民药铺等，每日门市可兑40余元。其他一二十元或十余元不等。中医之最老者为李家麟、谢宝三，次则黄思藻、黄奕田等。

绸布商号大小计24号，最大为惠济堂、纶华泰、永余等分号，除惠济堂外，相继歇业。布途近受日货充斥，先后歇业者亦数家。其他柴炭途，均系漳属旅鼓者经营，营业较大者为金瑞丰，柴炭每日可售六七十元。

制造皮鞋，上海鞋店去年每日尚可收入七八十元，现只三四十元。本地人所营之皮鞋，每日只售一二十元。综计17号，维持皆感困难。

杂货商贩，如理发途，计有22号，分为福州帮、兴化帮，惟台人所营者，每日可收七八元。至点心店，如郑海、郑一秋之圆仔汤，每日可收四五十元。又次猪、牛、羊、菜、鱼、干果等途，过去营业，皆可博得微利，今已大非昔比矣。

《江声报》1935年10月7日

益华栈债券昨会议　依破产办理　许其复业

水仙路益华岷栈前年倒闭，月前该号负责人李逢锭，曾向地院准依破产法办理，即于昨午2时，会计师王蕴玉事务所召开债权会议，到四分之三以上。当推监督人地院推事王持彦主席，监督辅助人王蕴玉报告审查来往账项。结果议决，继续营业，并通过和解方案：一、债权人同意债务人继续营业。二、所负债款母利，结算至民国二十三年（1934年）12月31日止，以后概停给利息。三、债务人应速力催欠款，准拨3000元为继续营业之资金，余由债权人保管，摊还各债权人。四、每年如年终有盈利者，以六成为债务人之流动金,四成分给各债权人。五、债权人及债务人双方不得以原有账款互相抵账。六、债权人应自选代表二人,监督栈中营业及开支。大纲照上决定,详细条文俟法院裁定公告云。

《江声报》1935年12月16日

南方药房倒闭　已接洽清理
欠人多属例项　被欠亦数万元

中山路南方药房倒闭,已载本报。昨查之三分局,据云,该号未倒闭之前一夜,有汽车1辆,到店运载货物。岗警初不加注,嗣见原车复驶抵店前,岗警始向前盘查,旋乃驶去。翌晨,各商铺开门,该号铁棚犹紧锁未开,分局据岗警报告,即派巡官刘受益到店查勘。此时店中已无一人,只得饬警暂时看顾。而检阅户口,所报经理姓名系籍商林木土,因又通知日领事署派员,会同前往丰南银庄,向林查询究竟。林云,南方药房与彼无干,该户籍经理姓名,系前在港仔口时,彼开设天南洋行在该号3楼所报,不知今犹未改云云。旋复往中山路新新杂货店3楼,查问律师高维濂,高云南方药房现归王丽明经营,与乃翁高大方无关等语。该局仍派刘巡官到店检点一切,交由该处甲长及该段地保共同负责看守,并另派一警协助维持,以待该号债权人解决。昨西药业同业公会,曾接经理王丽明函,声明停业原因,略谓,该号受不景气影响,一时周转不灵,且因历年亏耗,所有欠人,迭被急急催还,人欠则不易收回,店中存货,又难售出,故于14日歇业,请代为设法清理云云。昨适该会四次执委会议,当经提出讨论。结果,决转函市商会,请予召集该号债权人,讨论清理办法。又查该号经理人王丽明,为商会监委,经营南方药房,迄今已二十余载。本市西药业,如福建、东方、闽南、白记、英华、五洲等药房,各仅被欠数十或数百元,全药业中被欠货款,约在三四千元。其他以例款居多,计有思明北路源成典铺例项5000元,施清风例项数千元,系施代友人存寄该号者,统计欠人约四五万元,人欠约有二三万元,又有存货。如人欠能十足收回,尚无亏负。又王于宣告倒闭后,即分函各债权人,叙述经过,大约日内即可设法清理云。

《江声报》1935年12月16日

本市绸布业国货销售日广
专营外货转多亏蚀　全市五十五家资本八十余万

本市绸布业，现有55家，其中日籍占十分之四。据查全途资本为85.86万元，中以惠济堂、同英等号资本较巨。昔者售卖布帛，系以欧洲之呢羽哔叽支及日本之人造丝，棉织物为大宗，国货之绸缎次之。去年以来，则国产布类出品增多，销售亦广。日货渐形屯市，专营外货者，转多亏蚀，各绸布店除门市部外，如同英、俊记、胜隆、怡美、新福源、隆顺，皆兼营批发，配运于内地各县。在民国十八年（1929年）以前，营业兴盛，全途有90余家。民国二十三年（1934年）以后渐减，全途店员现为1269人。待遇方面，门市伙友月薪多系10元以下。年来兴泉方面，皆直接向沪采运。台湾则有“走水”携带，亦多转售内地布贩，故本市销入内地日减。去年收盘及倒闭者，有锦隆、三友、顺泰、怡康祥、怡昌、裕丰隆、美美、同记、荀美、启华等10家。现存之55家，店号如下，同英、俊记、胜隆、怡美、惠济堂、永余、新裕源、建成、振大、南泰成、庆懋裕、华民、纶华祥、余裕、同时新、华记、隆顺、语记、南兴、裕兴、天元齐、百大、日新、同裕、文元、丽鹿、端章、华厦、新顺隆、泰□、协益、和发、益兴、文裕、天德、源隆、菊元、利生、美新、章守记、锦成泰、联盛、瑞盛、□记、新同利、成昌、裕泰、永长泰。

《江声报》1937年3月1日

国产火柴统制推销　联营社厦设支社　组织内容分三部

实业部为统制推销国产火柴，及便利统税征收，去年联合火柴商，在沪组织中华火柴产销联营社，设分社于全国各省市。本市近委任大中华火柴公司驻厦经理林锦贤为支社主任，支社内部分会计、营业、什务等三部，于3月1日正式成立，社址设于升平路。凡本市进口火柴，除粤汕方面产品，因双方接洽尚未就绪，可自由销售外，其他概归该支社统筹推销。

《江声报》1937年3月6日

厦市商店歇业十之八九
米商买卖亦清淡　照相业畸形发达

厦市商业受时局影响,日来益见冷落,百货店、绸布店大多关门,其他各业亦以伙友回籍,宣布暂停买卖。点心店、酒楼、咖啡馆、娱乐场,则无客问津,歇业者十之八九。入晚八九时后,街道上行人即暂稀少。总之,全市商店停业者,已达十分之八以上。惟照相馆营业独盛,贴用良民证之2寸相片,每组3张,原价3角,前周奖至5角。日来少数照相馆,更高抬至8角。此外如米业,所卖之米虽为日食必需,然因市上人口减少,故营业竟亦一落千丈,栈上存货,殊鲜交易。而南溪产区以销路疲赖,昨仍无续运到厦,市面囤户,仅少数本街帮零星成交而已。昨市开盘,系无起落。大埔皮绞、白占旧斤每担兑八元六七角,糙幼占五元七八角。大埔皮绞新糙种4元9角5分,白种6元零4分,新糙早4元6角5分。栈货江桥黄豆、绵裕山漳客采去60包,系仍6元7角。

《江声报》1937年3月7日

东北土产将运厦倾销
日台居留民大组合　鸦片大王为主脑

台人杨松去冬由伪满来厦,推销东北出产之豆饼、面粉、肥粉、水泥、棉纱等物。特联络本市日台居留民,设大规模之承销公司,拟即大宗运厦,倾销于泉漳各地。杨抵厦时,曾由某船头行东林某,出向接洽承销。嗣因条件磋商未洽,乃由台绅及陈某与鸦片大王等,出向杨氏商洽,组织华南贸易公司。经鸦片大王两度往返天津接洽,现事已成熟。其内部组织,亦已计议就绪,不久即欲将上述诸货运厦销售云。

《江声报》1937年3月8日

维持商业　商会献议三点　商店一小部复业
十日内健全保甲　市民二百移泉　昨被原船配回

厦市督促商店复业,以使市面恢复常态,实为目前急切之务。现当局已决定一二日内甄别与补充保甲长，10 日内完成健全保甲组织，免使市民再有慌张迁移。市商会则拟具非常时期维持商业三点，将请市当局采纳。前昨两日，各商店已渐见有开门复业者矣。惟有数业于短期内似无恢复可能，如珠宝业，因珠宝金饰无人购买，纵开市亦等于关门。故连日来金价狂跌，赤金每钱竟跌价至四五元。又如古董店、娱乐场、酒楼等，皆无恢复营业可能。至市民移居，日来亦仍如故。前昨顺兴、顺利两轮，载由厦移居泉属者二百余人，皆未持有市政府之移转证，致被当地驻军禁止上陆，悉数原轮配回厦市。兹分志各详情如下：

整理保甲　厦门警备司令部命令整理厦市保甲，由 6 日起，三天内将全市保甲长予以甄别及补充。昨市警局户籍室主任，以迩因时局关系，市民纷纷移居，市内保甲长亦多他徙，召集开会颇感困难。经访师政训处熊干事，详为解释，并订一二日内先将保甲长补充完毕，约十日内完成本市保甲。

商店复业　至厦市商业，迩因时局影响，原已陷于半停顿。前数日又因敌舰、敌机袭厦，于是相率歇业。五六日来照常开业者，十无其一。而歇业者又皆为大商店，故市面顿呈极度萧条。一二日来各商觉厦市防务巩固，秩序安常，敌机三度来袭，皆不得逞，营业久停，损失巨大。因此大同路、中山路、开元路、镇邦路等一带，除较大商店及百货店仍关门，其他于前昨两日均已陆续开市，市上行人亦渐见增多。

金价狂跌　惟珠宝业因银行限制支款，银根困难。盖以时局关系，珠宝金饰，无人受手，故必陷于长久停顿。赤金价格，亦因之狂跌。足赤金业店方皆无意承买，客方则皆急欲脱手，以俾得款济急。昨市面少数金铺交易市秤收进，每钱为七元八九角，兑出则为十元零一二角，较之前月同日价格，每钱竟跌下四五元之多。昨日虽仍有交易，然均为收进，而无兑出。故价虽平宜，而店方亦不能有入无出也。

请利商便　市商会连日警局分派员警，劝导商民复业，而较大之商店，开业者终仍极少。良以店门一开，即须负担房铺租、统一捐、营业税等，牟利既难，支出不免，是为不敢开业之最大原因。以此该商会特拟定非常时期应行改善数端，请求当局采纳。其改善之点为：一、安定商业，值此非常时期，攘外尤宜安内，所有进出口货物，除米、盐、柴、炭、面粉禁止出口外，其他杂粮货物，恳准自由流通，使金融流转，商业活动。二、商家采购货品，均须现款交易，各银行现移鼓屿办公，商民支款咸感困难，应请政府令各银行在厦设立联合办事处，以利支款。三、检查行人，凡内地往来行旅及市民出入携有现款者,应准自由携带,勿有留难。上述三项,今明日着由该会主席洪鸿儒,晋谒军政当局,请求采纳云。

迁居损失　厦市人民最近迁居,大多出于仓皇。初无久迁之计,常见有由厦移鼓,由鼓移漳、移泉,又再移厦而出洋或赴香港,更有再由香港迁回厦鼓或转入内地者。似此徒见慌张,而无决断,其损失实至巨大。前昨川走东石之顺兴、顺利两轮,各载百余客赴东石,皆由本市欲迁居泉属各地者。卒因当地驻军以该客而无厦门市政府移转证,认为手续欠妥,遂将该客二百余名,仍由原轮载返厦门,是又损失之一也。

《江声报》1937 年 3 月 10 日

二月份本市商店新张十二　歇业十九

新年以来,本市商店新张者有之,然歇业者实较新张为多。就 2 月份调查,新张者 12 家,多为门市小经纪。而歇业者则有 19 家,规模皆较新张者为大。兹分志之。

新张者　中山路元昌康记药材店,资本 500 元,店员 4 人。中山路云记虾面店,资本 200 元,店员 4 人。妙香路妙香居点心店,资本 30 元,店员 3 人。思明南路茂发烟店,资本 500 元,店员 3 人。黄厝巷诚记古玩店,资本 100 元,店员 1 人。思明南路三福鞋店,资本 240 元,店员 7 人。大中路香港丰茂农艺公司厦门办事处农艺用品,店员 3 人。中山路黑白照相馆,店员 3 人。金新街李朝杂货店,资本 150 元,店员 1 人。金新街许兴海柴米店,资本 150 元,店员 1 人。思明南路陈庆泉豆腐店,资本 70 元,店员 4 人。

歇业者　蛤记虾面店、元昌药材店、隆盛杂货店,资本 300 元。成源金纸店,资本 1000 元。祥茂糖油店,资本 1500 元。茶摊,资本 30 元。杂货资本 15 元。三友布匹店,资本 5000 元。振成玻璃店,资本 200 元。协顺泰海产杂货店,资本 1500 元。合兴洋□店,资本 30 元。饼店,资本 10 元。永利洋服店,资本 1400 元。新明电业公司,资本 5000 元。倍荣万记钱业,资本 2000 元。西装工友合作社,资本 500 元。黄明杂货店,资本 300 元。元康参药店(迁移),资本 1000 元。饶丰美柴米店,资本 1000 元。

《江声报》1937 年 3 月 23 日

红料业衰落的可怜　销路只剩十分之一　价格降下三分之二　建筑物中所业账累累　故纷纷倒闭

建筑物中所用之灰砖瓦，本市总称为红料，业此者于马路开头之初计达40余家，年销砖瓦3000余万块，约值20余万元。年来地价跌落，房产无人过问，建筑减少，该业亦一落千丈，去年仅销售300余万块，值万余元。较之以前，仅及十分之一。乃今年来更形减少，由1月份至3月仅销60余万块，而价格随之狂跌。在七八年前，总砖每千块为二十八九元，今兑11元5角。故业此者大叫艰难，按本市红料，均来自漳码一带，由漳码出口时，须纳“红料教育附捐”每千块1元3角许。本市进口又须缴纳营业税，此项营业税由本途自办，估价每千块16元，征税45‰。该途又因积欠本市教育补助费600元，故自今年度起，每千块另须加征7角2分。至出产地之价格，昔大兴建筑之时，每千块须十八九元至二十元，近每千块降落为6元，成本虽贱，但因销路减少，且呆账累累，故纷纷倒闭。目前本市经营是业者，仅存金隆兴、金义成、泉发、建美、陶陶、三益兴、裕源，及鼓浪屿源利、合利、金乾源等10家。载料船舶，亦由五六十只减至八九只。至于该途资本，前每家多者达八九万元，少亦三四万元，今则每家不及二三千元。盖销货既少，亦不须多大资本也。

《江声报》1937年4月2日

籍商聘日技师　化学制造煤油　诏安等处均有制造　厦市煤油销路大减

本市自设电灯，煤油销路大减，据油商言，目下煤油销于用为灯火者仅内街居家未设电灯之户，其数至微。次则销出一部为机械洗涤之需，其余概销内地。因内地乡村仍均燃用油灯也，惟年来某国籍民以轻本多利之法与华商合营，在内地赁租民房，秘密仿制，伪造商标，以相混淆。据查诏安含英乡，现亦有籍商聘请日技师多人，在该处赁租民房，用附近溪水及土油渣等项，以化学方法制成煤油，每日出产30余珍。其所用油珍系派人向各处收买旧煤油桶，其油每珍旧价亦4元左右。该主事人遇有远近旅客欲往参观者，均予拒绝，或否认有制造煤油之事。又闻其他沿海各县亦多有仿造者，故将来由厦运销之煤油,势必江湖日下云。

《江声报》1937 年 5 月 15 日

厦国货公司资本定十万

省令十七县市各设国货公司或商店,由官商合办,详情已志本报。关于本市国货公司,市府已奉建厅函达,请即招商组织,拟至少招股 5 万元。一面由联营公司,亦至少投资 5 万元,凡在漳州、石码、同安、龙岩、诏安、漳浦等处设立之国货商店,统由厦门国货公司与之订约联合营业,以资提倡。市府据函后,已调令市商会遵照筹办。

《江声报》1937 年 5 月 27 日

非常时期厦市之商业　但觉买卖减少未见任何异状

自华北抗敌以迄二次沪战爆发,厦市除官绅富户眷属,迁居鼓屿或香港南洋外,其余四民,皆各安业,无任何异状。市上商业,亦甚稳定,惟月来营业比较平常清淡而已。其清淡原因,一、厦市为转运营业,月来泉漳各内地,皆作战时准备,商业半陷停顿,厦市随之而受影响。二、抗战开始,智者准备应敌,愚者准备避难,除日常所需,其余皆不购置,各商买卖因之减少。三、在此国难当头,而施行营业税新章,各商对此认为未当。又逢市面冷淡,索性暂停向外采办货物,以待时机。上述各点,实为最大原因,观夫 6 月份海关税收 80 余万,7 月份锐减至 40 余万,市面之冷落可知矣。更将各业概况分述如下:

金融业　自华北战事爆发迄今,各银行、钱庄营业如常,未受任何影响,往来汇款数额亦不消减。外汇方面,经中央银行之竭力维持,最近行市亦无若何变化。二次沪战爆发后,上海银行界奉财部令,放假 2 天,本市则仍甚稳定,内外汇兑,均照常营业,惟各银行对信用贷款,月来稍有限制,金融界之能如此稳定,皆因市民深明此我国为生存而战,无可避免。商人亦不愿乘国难而投机营利,抑亦无机可投也。

粮米业　漳局本季新谷歉收,其产量仅及本年十之六七,6 月杪新米即已运厦,然米价尚称平稳。自前月 8 日,卢沟桥事发,至 16 日后,无多大起落,大埔皮绞白种,盘旋于五元五六七角之间。铁绞新白种为 5 元 4 角,新糙种5元至5元1角。至17日,因上海办庄误会禁面粉出口为禁粮食出口,电厦报告,致屯米之商户闻讯,乘机居奇,价格突奖,一日三变,皮绞大埔白种,由5元7角奖至6元3角,新糙种售至□元五六角,铁绞白种涨至5元8角。旋悉禁运粮食不确,市价立跌二三角,自后无再变化。迨至4日,传漳码各地产区当局禁运出口,于是行情又涨3角。大埔皮绞白种,涨逾6元5角,但未几又以领照即可购运,来源又见涌旺。入8月后,栈存充斥而天气炎热,久栈势将发霉,囤户皆欲卸价求售,因而大埔皮绞白种由6元5角跌至6元□毛,新糙种跌至5元,铁绞白种降至五元二三角,日来仍守摈局。13日因二次沪战发生,略受影响,咸以此后申米来源,势将告绝,致货主复图报挽,价格又提高四五分。但至昨日,以申厦航运未停,再趋疲软。即日回复前状,按自7月1日至昨日止,漳属各地运到白米,计46672包。申米机早、术米,湖南糙早、□油等,亦运到9139包,温州亦到940包,总计运厦之米已达五万六千七百五十一包。目下市上销路呆滞,各米号栈存尚有2万余包,故本市民食亦见充裕。

面粉业　自卢沟桥开战,面粉市势,初尚平稳,渔翁标每包4元3角6分。至17日,因上海禁运出口,涨至5元2角,造成空前纪录。至25日以后,因财部订有变通购运变法,市价遂逐步下游。入8月份后,每包招售4元4角4分,尚无人承受。至13日,二次沪战开幕,太原轮由上海运到2000余包,货主以为此后来源势将告绝,致不肯轻脱,均暂上栈。但市下栈存尚有万包左右,欲高抬其价,亦殊难矣。

海味业　虽农历七月普度已届,惟当局禁令重申,又逢华北及沪战发生,各地商民平日恶敌,现漳泉各地商家,多已宣誓不再买卖仇货,而海味中仇货占居七八。厦门抗私,虽未发动,然内地销场失绝,因陷于一蹶不振。□月来各埠运到骤减,行市冷静,观望前途,至为黯淡。而目前之营业,与去年之同月比较,销量竟不及十之二三。

珠宝业　自抗敌战事开始,国人准备抗战,对于金银首饰,变卖不暇,鲜有购置者,故珠宝商营业较之5月间,不及十分之五。该途美人宫瑞和一家,已因此宣告暂时停业。该号东且于日前率眷回省,该号原兼工场,专门代各金铺包打金器,收取工资,故不甚重要。余均照常营业。至于金价,6月间市面成交,收钱兑出11元9角,将入11元7角。迨至平津相继沦亡,上海市价腾昂,于是本市价亦奖至每钱13元5毛,采入为13元3角。至11日中央及交通两行,为欲平稳市份,出为倾售,自是市价回跌,兑出每钱为13元,采入12元8角。前日本市少数金铺，因图厚利，配沪转售，致亏本甚巨。连日申市，因中央银行休假，致无行情，市面金铺成交，兑出为12元1角，采入11元8角。但虽有行品，以申市银界放假，无处脱手，亦无收受之意，市况遂呈清闲。

绸布业　因时局影响，漳泉各属秋布勤销，均无来厦采办。故该业批发，仅存十分之二，而门市零售，因市民富户移眷，亦为之冷落，仅存十分之五。以价格言，国货尚称平稳，私货则无人问津，价格亦惨败，例如印花俯绸，前每匹卖10元，现以5元求售，且无人接受。

百货业　因时局关系，全民准备抗战，中等阶级及富户，多纷纷迁移于安全地带，于搬取迁移之间，正嫌其累，更无添购者。因此百货商业，亦极度清淡，如大同路各百货店，每日营业，多不及往时十分之五六。惟营业虽极清淡，该商等之捐输抗战则甚踊跃。

柴炭业　自八八事变，又逢天雨绵绵，山洪暴涨，北溪一带船户停航，无货运漳，本市来源告绝。自10日至今，均无货运到，但自抗日开始，市民对于柴炭，争相囤积，以备万一。而市面底存稀薄，不敷供销，价格因之跃升，□□柴把，每元由三十把涨至十四把。同安清炭每担由二元二三角奖至二元七八角，较之平常，约涨加二□□。

娱乐场　自抗战以来，市民皆关心国事，每于入夜之际，争买晚报阅览。于是戏等项娱乐场，门庭皆极冷落，如思明戏院，前日放映联艺出品《革命之花》巨片，连映9场，预算收入千二三百元，但结果仅收四五百元，他片亦可想而知。故目下各戏院，大多放映二三轮影片，维持过渡。舞场等亦因无人，皆以鉴于国难严重，除少数醉生梦死之徒，则无人涉足，其冷淡情形更于各戏院。酒楼因中等阶级多迁移，官绅减少宴客，营业亦均衰替。据说与常月比较，实不及十之三四。

《江声报》1937年8月16日

金钢钻利市　珠宝商贾颇活跃

本市珠宝业，当敌伪时代，极其萧条，而敌人偶或发觉市民出卖珠宝，即认为卖者必属富商贵户，被借故勒索，拘捕陷害者，不知凡几。以是中上之家，大多设法内移，以保安全，于是珠宝途不免陷于开门而停业。光复后，各途骤形活跃，珠宝商自亦不在例外，迩者珠宝交易之繁，几不逊于战前。当光复之初，泉漳各属珠宝商，尤其泉属晋南一带收贩之商贾，迭以金钢钻为唯一对象，在斯购买，来厦出售。贾人利厚，铺商之分沾亦优，按金钢钻多来自南洋爪亚及墨西哥等处，战前之一二万元价值者，今已抬高为一二百万。次之，战前之千元价值者，今亦奖为10万元以上，即如纯质钻皮，每粒最近售价亦多在三五万元之间，钻贩于去年底以前，因皆带厦招售。今则华侨回国众多，侨汇亦已通畅，泉属有钻之家，多已不必出售。以此厦市钻石价格，益见抬高。钻本来自外洋，今亦转变，盖本市玩钻之流渐鲜，钻之销路，反被侨客收购，而备带往南洋。盖以南洋购买力，较厦为强也。此外，钻之外流于上海、香港者，亦颇不鲜。近数日上海钻商，数十人来厦收买，现均寄寓旅邸，惟迩日中介人奔走搜集，卒皆未可多得。今仍继续搜集中，俾应航期分返港沪云。

《江声报》1946年4月10日

人为重重苛扰下　厦门地位日渐陷落
漳泉商人多直接雇船航行港沪
市上商业凋零舞场酒楼亦衰退

本市自光复，市上商店开业虽如雨后春笋，除营出入口商外，余多外强中干，且以机关林立，税局手续麻烦，配货来厦者几视为畏途。为避免无畏损失，所有商船载货多直接转口，如漳属港沪所配之货，均直接驶靠石码起卸收货，泉属者亦多驶至秀涂、安海起货，惠安獭窟、峰尾时有电船帆船直透台湾、沈家门、□州。据泉州统计，最近每月港沪驶泉之船达18艘，而石码每月亦有数艘。故本市一班商人，反时常入漳泉采货来厦应市，而商船直接载货来厦者反寥寥无几。本市过去为漳泉货物转运之枢纽，而今成为死港，倘各机关税局如不迅予设法改善其对检查及征税办法，即本市商业势必一落千丈，大好商港亦为变一风景区而已。目前本市表面最繁荣者为舞场、戏院、菜馆、点心店，但较之初光复时已大不相同，舞场老板亦以亏本争相奔告，开点心店及菜馆亦不若前此之车水马龙。但入舞场及菜馆者如非发胜利财之阔老，即系税务人员。此外为一部分商人，为营业上而应酬，方涉足舞场、菜馆，而大部分市民则因米珠薪桂，无法维持，终日生活在挣扎中，对于舞场、酒楼，自不敢问津。且本市大工厂毫无，小工厂过去虽有数家，但多未复工，出产毫无。水上交通，海上巨舶多未定期通航，仅有内河各港船只，近虽日告增加，计同安港有颖州、中和、中美、中兴，安海港计凯旋、太平、大通、锦兴，漳码港计漳美、国光、龙澄、漳龙、信通、成仁、鹭青甲、鱼雷、金再兴、捷通、永利、九龙江、胜利、德鸣、洪江、重庆、青年甲、漳厦、海宁，金门港海英、白水营港国光。以上各船数多，但吨位较之战前，则仅十分之二三而已。如此本市海上交通，厄于船舶之缺乏，兼之人为之阻碍，欲恢复战前之繁荣地位，诚恐非短期内所可实现。

《江声报》1946 年 4 月 15 日

昨日物价
白米稍回　其他不变

米价昨日稍为回缩，成记白米早市开盘每担 8.5 万元，什占 8.2 万元，白糙 7.3 万元，红糙 7 万元。晚市成记占米降至 8.3 万元，什米 8 万元，各梯降二三级。红白糙持平无起落，生油及金钱兵船洋粉仍保守原价，黄花鱼及虾无货，惟蚝兑价每斤升奖 200 元。至三盘门市零售米商，成记占仍在 950 元，什占 900 元，红糙米 800 元。但刁糖降为 12 万元，台白每担略奖 5000 元，猪肉及猪油无升降，豆油亦坐定。兹将本日物价指数报告如下：

沪粉兵船	75000 元
沪粉金钱	70000 元
洋粉	70000 元
净肉每市斤	3000 元
猪脚每市斤	2600 元
板油每市斤	3200 元
水油每市斤	2000 元
蚝每市斤	900 元
白带鱼	1600 元
豆油(甲)每市斤	2000 元
(乙)	1200 元
(丙)	1000 元
成记占拒	83000 元

续表

什白米担	80000 元
白糙米担	73000 元
红糙米担	70000 元
挑糖担	120000 元
台白担	230000 元
花生油担	250000 元
黄花鱼虾无货	无货

《江声报》1947 年 2 月 16 日

金银器商今复业　善后尚属有待
黄金饰金买卖候政府核定

本报讯　市金银器商同业公会，奉令禁止黄金条块饰金买卖，并令停业后，员工生活前途茫茫，发生恐慌，要求资方设法维持。该业自本月 6 日停业至今，艰于应付，已推派代表陈花苍、丘沧泽等 6 人，向市商会请求救济。当由该会严理事长接见，对于该业请求极表同情，乃偕同代表前往市府，由主任秘书吴春熙延见，邀同财政科长苏梦西、代理警察局长刘泽生磋商结果，除黄金饰金买卖听候全国同业代表团请求政府核示决定外，暂依照饰金处理办法办理。其余珠玉羡石银器，因不在禁止之列，即劝各代表转劝该业会员暂时开门，维持现状。至于员工生活，仍须勉力负担，以安定社会秩序。各代表返会后，即于 15 日上午 10 时召开会员大会，讨论结果，接受市府与市商会劝告，定今日复业云，

《星光日报》1947 年 3 月 16 日

纱布禁运营业迟滞　税额反而增加
绸布商会请求改善　案在经济部核办中

本报讯　市参议会前准市绸布商业同业公会函：以自去年 11 月经济部管制纱布南运以来，输入减少，而营业税则一加再加，诚难维持。查纱布管

制,原为防止走私,但厦门输入布匹,除供在地实销并销闽南一带,民众需要已感不足,且海关查缉严密,未闻由厦走私之事,但因此管制而使行商凭其势力购到布匹,管委会之编额,可由市府许可证见之。今为挽救社会经济危机,请转呈行政院经济部,令纺织管理委员会对于布匹运销厦门之管制,予以撤销,或特别设法宽放配额,由该绸布商业同业公会公平分配一案,顷该会已接奉行政院复,将该案交由经济部核办云。

《江声报》1947 年 7 月 25 日

棉纱有行无市

纱市因沪价略奖,执货者雄心勃勃,昨市猛告抬高,二十支天女、地球俱上 1300 万大关。奈买方因跳升过剧,无意下手,以致有行无市。今午行情略见回分,然较周三俱奖 10 码,二十支天女以 1280 万元成交,二十支双地球叫 1290 万,二十支双狮 1260 万。惟彩五小纱上开各嘿俱有应市,买方以品咨逊色,每件较昨市回分 10 万,价为 1230 万元,有买。布匹市况仍淡,行情持稳。

《中央日报》1947 年 9 月 6 日

寒令杂货　步步高升

杂货行情有进无退,周来市况因时届秋季,买方对夏货采纳稍见软手,故市价略呈胶者。袜类等因厂方叫奖,市销颇畅,行情呈秀。鸽美兰花男女袜每打续涨三四千元,二磅金龙热水瓶胃纳亦健,每打健奖万元,佛手车线亦然。回力等嘿[黑]胶鞋俱续涨,升二三万元。

羊毛自半月前外汇改订后,一般货方均看高,行情奖升加 5。周来季节虽未到临,惟买方颇有搜求,故行情步步梯升。正蜜蜂每磅叫至 30 万元,学士嘿亦挺至 19 万,有卖。其他普通杂嘿羊毛,亦奖至 17 万元。

《中央日报》1947 年 9 月 6 日

昨粮食荣辱互见
米源不继行情梯升　面粉山积价趋下坡

本报讯　昨粮市荣辱互见，米市存底空虚，内地后货因雨阻未继，以致行情梯升。集合降新早米每担跳上 27.5 万元后，存底一市兑出，成记嘿虽有少许，惟执货者看高心切，行情亦续挺 5 码。晨开 27.5 万，集成早米叫至 26 万，本后早米喊至 26 万开外，下手者寥寥无几，市况平淡。

面粉因市货山积，泉帮亦出至厦出抛，无奈买方存心观望，抛货者为周转银根计，行情逐见下游。兵船粉午市见分 2 码，价为 17.3 万有卖。其他牧童嘿亦频频下坠，杂粮黄豆货丰，大盘每担较前下跌 5000 元，价开 30 万。生仁开 45 万，乌豆仍叫 36 万，麦皮胄[胃]纳颇佳，昨市续涨五码，大盘价追 8 万大关。生油静极思动，昨市因获悉台湾报奖，日帮采户踊跃下手，行情遂一路呈俏，晨市晋 90 万做开后，午后又挺升 2 万元，价开 92 万元。

《中央日报》1947 年 9 月 6 日

昨金钞再见回缩　棉纱盘价略提升

本报讯　金融市况，昨疲后见软，市价与港价背盘，票尾晨起 1285，午市叫 128，本市央行外挂牌基数亦突告提升，美钞至 4 万元，英镑亦提 5000，牌挂 118000 元。按票尾缩小，外汇提升，黑市金钞应普遍上涨。几周来因飓风狂雨，昨市天气放晴，泉属侨客陆续抵埠抛卸，经记银庄因乏去路，银根短紧，行情遂即压低，港纸买入叫 7080，兑出叫 7130。美钞亦猛降至 4 万关头做开，沽入 39800，其他各港色纸亦纷纷相率下跌，行价一时难见挺荣。台币因英杭轮由台湾抵埠，人心转懈，每元亦跟跌 2 点，午市为 54 元与 53 元。黄金自海关破获大批私金后，市况顿见动摇。搜求者亦较敛迹，大盘今开 277 万入，79 万元出，较昨市见分 3 码。饰金亦尾随回 5，申汇因色纸受挫，市面银根普紧，行情十致[持续]直下，晨开新华行以九三折兑出云。棉纱因申价抬奖，本市买方颇有下手，行情步步高升。二十支天女今奖 5 码，地球亦然，复追 1300 万关头。金双狮仍以昨收市价做开，彩五子则叫至 1270 万元云。

《中央日报》1947 年 9 月 7 日

金纱昨见回扬　棉纱涨风未戢

本报讯　黑市金纱前市因去胃呆滞，以致市价软化。迨至前午，市面获悉央行外汇基本数提升，人心稍见提坚。美钞有客下手，市况顿呈笑意，今市每元复跳上4万关边，沽入叫40100元，出40300元。港币虽票尾昨伸至129收市，然因美钞转机，价亦提奖4点，黑市银庄沽入叫7120元，兑出7120元。其他各港色纸亦俱呈坚，台币颇有做开，惟行请仍见胶着，昨市以52元有买。黄金因台湾价报五七余，台帮采户踊跃下手，人心大振，49条见奖2点，晋280万开。宋条亦迫280万开头，市况甚佳，行情大呈俏中。饰金亦跟奖5点，出叫29万元，入27万。申汇今因周末停开，棉纱涨风复呈炽热。周五以来，因中价十级提升，故执货者遂乘机呼应。各唛纱价，昨货方因有客观注，雄心勃勃，每件突猛涨三四十万元。廿支天女纱，午市以1320万成交，双地球则叠奖10码，价为1330万。廿支金双狮亦暴奖40码，晋1300万关头。其他各唛亦俱雀跃，市况颇佳云。

《中央日报》1947年9月8日

本市商情　色纸见好

本报讯　昨色纸市况见好，午间美钞较略好2点，出价404，入照例少。宋纸因此亦突破2万，出叫20100，入恰在2万齐头。叻纸自亦跟提2点，纸仍为7170，入则跳一点，申汇再执。昨较退一点，银行以九二折做开，饰金平平。

《中央日报》1947年9月9日

洋纸上扬　纱市回缩

纸类市情，半月来步步高升，有进无退，虽进退不厉，然积累惊人。日来稳定，昨市再接再厉，又告上扬，白报连奖2万，打字机纸亦叫高3万，油色光亦跟升32万。40磅牛皮上90万关，32磅牛皮肿[踵]跃最快，昨已高距[踞]70万高峰。土产纸则沉着如前。

纱市前午一度跑红，市势已馁。申汇又缩1，于是炽热之纱市顿见回缩。

昨市便入于平稳状态，但货方叫价仍如前。二十支天女开 1320 万，双地球 1330 万。布匹亦因申汇之软，行情微跌，采客见分下手，市况则颇呈笑意云。

《中央日报》1947 年 9 月 9 日

豆饼肥料　荣辱互见

肥粉涨风今已告臓[炽]，惟豆饼却由软转好。今日惠山长记各 1000，台糖升奖不遏，市势热烘烘。今市又高涨 2 万，但糖已盛极而衰，今市每担各小 5000，市况甚见平淡云。

《中央日报》1947 年 9 月 9 日

本市电灯　再度加价　本月每度四千一百五

本报讯　厦市府函市参议会，以据本市商办厦门电灯公司，先后代电申请，增收燃料附加费及调整基本电价一案。经本府初审为：(一)8 月份燃料附加费，每度准增收(347)元，连以前基本电价则电灯每度(3297)元，电力每度(2997)元。(二)9 月份电价电灯每度(4150)元，电力电热(3900)元。(三)10 月份电价电灯每度(4500)元，电力电热每度(4200)元。惟自 9 月 1 日起供电时间应由下午 5 时半至翌晨 5 时，除呈报层峰外，相应函达查照云。

《中央日报》1947 年 9 月 9 日

米糖齐跌　肥粉仍坚

米市后货涌至，市情疲软，昨又各小数千，惟上占米仍屹立未动。面粉市货充足，昨成交又跌至 16.9 万(兵船)。麦皮亦叫低至 7.7 万。生油市独好，午间开 90 万另 5。

糖市已告沉静，台粉蜜暂时维持旧价。糖则略分，漳刁小溪各小 5000，市况平平。肥粉仍有挺势，豆饼长字、惠山，今各挺升一二千不等。红月肥粉则上 80 万关。乌月越关而上，午叫 81 万。三角肥粉亦奖万元，为 66 万元，市况不劣。

《中央日报》1947 年 9 月 10 日

本市商情　棉纱再跌　色纸又疲

昨棉纱市况固申汇已跌至9折，且申方来电告跌。重打击之下，行情遂由软而分。二十支彩五子午开1260万，较前叫小15万。二十支天女叫小20万，开1300万。20支地球开1310万，亦小20码。色纸市场颇静，昨交易价目又告缩小，各低三四点不等。饰金出略削5000，市淡。

《中央日报》1947年9月10日

自来水加价
十加仑百五十元　代售户禁止抬价

本报讯　自来水公司，前日具函市府要求加价，经志(10日)本报。昨(13)日下午4时，在市府建设科召开初审厦鼓自来水收费会议。出席有参议会代表翁保，市府会计室覃景煌，统计室郭秋□，建设科吴郭荣，社会科丘启明，列席叶国强，自来水公司代表等。讨论决议：厦市每10加仑150元，鼓浪屿400元。至本市各代售户平时水价任意提高，影响用户生活匪浅。该公司有鉴及此，拟订日内召集各代售人讨论办法。届时并邀市府参议会参加，以昭慎重云。

《中央日报》1947年9月14日

理发再增价　小市民有披发之叹

本报讯　本市理发同业公会13日具呈市府，请求增加工价。兹将新旧价目查志于下：(甲等)旧价理发5000元，电吹2000元，油腊1000元；新价理发12000元，电吹4000元，油腊2000元。(乙等)旧价理发4000元，电吹2000元，油腊1000元；新价理发10000元，电吹4000元，油腊2000元。(丙等)旧价理发4000元，新价9000元。市府拟函参议会，并将案提交评委会审议，然后批复决定。查理发工资，两月中3次增价。倘所求即遂，一般小市民，将“披发”之叹矣！

《中央日报》1947年9月19日

二十四家公司改普通行号

关于滥用公司名义各商号，市府业经先后限期令缴执照，倘非公司组织者，并饬禁止使用公司名义。至目前止，闻呈请取消其公司名义改为普通行号者，计有中山路亚洲、华大、珍元、捷新，大同路永佳、捷克、永华、永新、鼎新、大升、大陆、金山，大中路南方印务、镇邦路一家兄弟、泰山路联友、开元路同光及烟酒摊，鹭江道惠庆、公和成，升平路恒祥、福利，海后路得丰、同安，古营路潮盛等24家。上列各号嗣后一切对外，均不得再使用公司名义，另有镇邦路太平公司，及鼓浪屿龙头平安公司等二家，均呈报停业。其余逾限犹未遵公司法办理者，闻将分批依法罚办外，并仍令取缔其公司名义。

《中央日报》1947年10月26日

本市棉纱公会呼吁改善
棉纱联合配销　小型纱厂业务将受严重打击

南侨社厦门讯　本市棉纱商业同业公会昨呈市府，请查经济部纺织事业调节委员会制定之调节纱布供需实施方案。对于棉纱方面，系联合配销办法，凭证购纱，完全以复制业为配销对象，按该办法实施，除大型复制业可直接凭证配纱外，经营纱业商户，须有复制业织户等之委托，始得购纱，非经核准，不得配纱。运销外埠之纱商，此法宜普遍施行，则我纱商同业，即应受严格限制。丧失经营权利，不独抹煞纱业历史地位，抑且严峻促其毁灭，此其一。内地手工纺织业小本经营，向赖纱商零把供应。闽南此类纱厂，为数不下数10家，倘被一例管制，则棉纱采购困难，业务必遭严重打击。在此经济危机日深时期，加重民间手工艺之姑胁，此其二。商业原为生产与消费之桥梁，负有调供求、通有无之重大作命，倘予摒弃一停，供求失其联系，徒生不良影响，此其三。抑有进者，当局管制物资，其要图应在生产效率之提高，与供求调制之灵活，一味束制商人，结果必致生产萎缩，货流窒息。为国计民生与本业前途着想，应请分向当局呼吁改善，按实际需要检交钧府转由本会分配各纱商以维纱商业务，而利手工职业。

《立人日报》1948年1月12日

市商会代电呼吁　恢复纱布南运

本报讯　自当局颁布纱布南运禁令后,本市一般纱布来源即告断绝,长此以往,供应既缺乏,必至造成纱布涨风,动摇人心至巨。市商会有鉴于斯,乃于昨(2日)发出代电一通,呈请行政院经济管制委员会、中华民国全国商会联合会暨上海区经济管制督导员俞(鸿钧)蒋(经国),呼吁收回纱布南运禁令,恢复棉纱自由经销,以安定八闽民生。兹录其原电文如下:"准本市丝绸呢绒布匹商业同业公会代电开:(原文参阅本报上月31日新闻版)查限制纱布南运,目的当在防止私运出口。此项限制前曾一度实施,其利害得失,因有事实表明,毋庸赘陈。至因限制而后生之产区呆滞,销路恐慌,以及窒息工商诸病象,本会前曾数度呈陈,有关各方亦屡加呼吁,乃蒙当局明察解禁。讵解禁未久,竟又重限制,运销业务再遭阻隔。窃以为政府果欲防止私运出口,尽有加强□私诸法可资运用,不此之图而遂限制产销两区货流,似属因噎废食,必无裨益。准函前由,理合电请察核,赐予收回成命,恢复自由运销云。"

又讯　市棉纱商业同业公会昨代电市商会,原文如下:

查闽南为缺棉之区,所需棉纱一向仰给上海,战前输入量以千计,抗战而后来源断绝,遂致一般平民衣裳褴褛,百结堪怜。迨胜利以还,虽来源稍舒,但输入仍属有限,供不应求,待补仍切。昨据上海电讯,以上海棉纱经当局实限制南运,消息传来,不胜惶惑,深恐以后棉纱供求不调,价格难免上涨,闽南数百万民生问题将受莫大影响。更恐因而刺激其他物价,对新币之前途抑交堪虞。即若依照限制南运办法第三点规定,以各地棉纱如有正当需要,可由上海或各地制造厂申请配给,则查闽南民众多为自纺自织,鲜具规模厂家,申请配给实难普及,亦属未便。为此恳代电行政院及有关当局,详察民瘼,准予关禁,或酌情改由本会申请配给,以安民生,而利国计。

商会接电后,经已将情转电上述各有关经济当局请求云。

《中央日报》1948年9月3日

来源畅旺 去路滞化 台米将再跌
昨已退守十九圆关

本报讯　近数日来，台米涌到数千包，持平中之米价，受此洪流夹击，昨上等台米失守 20 圆关，退入 19。去路滞化，情势岌岌，可能再跌。本地新旧粳受此影响，前途亦告黯淡，惟均苦守评定价格。据米行中人云：不日如内地新粳续至，孤车之本地米价亦将惨败。

《中央日报》1948 年 9 月 4 日

海滇轮运来百余件 纱布昨趋软
二批纱布将接踵而来

本报讯　自当局限制纱布南运消息发表后，本市纱布商户以兹后来源阻梗，奇货可居，多坚持不放，少数售出，亦均超出“八一九”市场，如天女纱由金圆 750 圆喊至千余圆，且均抱再涨希望。闻市府定于下星期所召开纱布评价会议，纱布途将以超“八一九”百分三十强，价格要求作为钦定价格。讵好境异变，海滇轮由沪昨午抵厦，除豆饼万片、麦皮 2 万余包及香烟、肥、黄豆、土纸、京果、铜条等甚多外，并运来纱 165 件，布 1000 余匹，且第 2 批纱布不日亦将接踵而至，数目不亚于昨。纱布囤户受此打击，已有少数将所囤纱布以件金圆 900 余圆抛出。一般咸信今后如源源而来，本市纱布定必更趋下跌运。

《中央日报》1948 年 9 月 4 日

当局严格执行管制 物价渐趋平稳
纱布粮食肥料昨仍相继下挫

本报讯　自财政经济紧急处分令切实执行后，市场情况已渐平静，一般零售商亦相继标明金圆券价格。系因当局物价资料之搜集略延时日，尚未正确评价，故一般物价仍不乏比“八一九”价格为高者。至于重要日用品如纱布、粮食、肥料，近日来因后货涌到，市面供过于求，交易尤鲜，各项价格即相继下跌。

昨纱布行市因后货大批涌到，情况愈下，且申汇日昨一再缩小至95折收入，执货者遂不得不急流勇退，廿枝地球纱退居九一□，红人□、□飞机拾级直下，抓住926圆□放，唯买客仍存观望，成交寥寥。内地米市因受大批蓬莱米运厦打击，市况大为衰颓，成记新米仅做盘21圆，普通新米20圆，旧占米降低1级，成盘28圆有卖。

肥料因非需要期间，每豆饼、肥田粉皆贬价，大统饼片叫5元2角5分，长字饼亦然。惠山饼片叫5元2角，其他各项均退数点不等。□□月眉肥田粉紧拉40圆大关，乌月眉□44，市况冷淡。

《中央日报》1948年9月5日

四千余吨豆饼糖　昨由沪起运厦穗

本报上海简讯　国营招商局"汉民轮"自沪装糖、豆饼、白矾等2100吨，于前(8)晨运往广州供应。"其美"自沪装豆饼及麸皮等2200吨，定昨(9)日运往厦门应需云。

《中央日报》1948年9月10日

本市布商改用市尺

本报讯　今(10)日起，本市各布商将一律改用市尺为标准，(前系用"码"，每码折合市尺约2尺7寸1余1。)同时各布店所标列的价格，亦改以市尺为本位。

《中央日报》1948年9月10日

本市生油花生实销数量不多

本报讯　市糖油商业公会昨代电市商会，制送本市花生油及花生吞吐总量数字，计每年运入：花生油4万担，花生5000担。每月实销：生油1200担，花生200担，其余数量系转销外埠(闽省各县)。唯本市非产地，向由同安、漳浦、金门、南安等处输入。本年旱灾严重，收获减少，已呈求过于供之现象，故月来均由台省输入云(按：每年9、10、11三个月系全年出产时间)。

《中央日报》1948年9月21日

纱布如有正当需要可以申请配给

本报讯　自当局宣布纱布禁止南运之后，本市棉纱、绸布两途之仰给即告断绝。迨后乃据实陈情市商会转请当局呼吁改善。昨（20）日市商会接行政院秘书处代电称：该市对于纱布如有正当需要，可依照限制纱布南运暂行管理办法第三条（按该条文为：各地棉纱如有正当需要，可由上海或各地制造厂申请配给）之规定申请配给，并一面述明需要缘由及数量，报请广州区物资调节委员会核办云。

《中央日报》1948 年 9 月 21 日

金饰业危机
有人爬进居奇待价　收入毫无存货暂罄

本报讯　本市金饰业未来危机重重，因自币制改革以后，当局严禁黄金持有，金饰业生路即塞断了来源。同时，在一般拥有巨资之大盘商操纵之下，迩近已完全宣告闭盘不售。故连日来金饰业营业几乎全部兑出，毫无收入，一旦存货告罄，势将闭门。故连日来金饰业除了尽量向门市爬进而外，简直是坐而待毙，致造成市面缺货状态。往昔，执本市金饰业牛耳之镇邦路通义（前系承义）及华源两家金铺，平时抛售及吸入数量可以左右整个黄金市场。查通义号老板系余温（同安人），华源号老板系钟明山（安溪人），彼等经营直接向香港采购巨批“港条”运厦牟利，两家每次出入均以数千两计。此次本市饰金恐慌因素，一部分为一般持有外币者向央行兑换后，大肆套购饰金；一部分则系有营金饰业者居奇待价，扰乱金融市场。

《中央日报》1948 年 9 月 24 日

供不应求　棉纱又奖

本报讯　棉纱行市再接再厉，昨日开市以后即一帆风顺，泉州报价二十支天女纱 900 元，漳州帮客多来厦搜购，致造成涨风二十支红人钟纱已告无货。天女、地球虽有开盘供应，唯执货者尚在踌躇。昨市天女、地球件以 890 元成交，十支织女叫 630 元乏客，布市俏好，各唛应时布类每匹奖 1.2 元不等。其他市情稍转。

《中央日报》1948 年 9 月 24 日

厦棉纱公会请求每月配给千件
执者强扳采者踊跃纱市旺坚

本报讯　自纱布禁止南运以后，本市仰给之途即告断绝。嗣经市商会通电有关经济当局，呼吁收回成命。旋奉行政院复电，嘱依照禁令第二条，理由呈请广州区物资调节委员会，取得许可证后向上海厂家直接采购。唯目前秋销期届，待补甚殷。闻上海方面经核准曾批棉纱 3000 件，即将起运广州区供应，而闽南单独向隅。市棉纱业同业公会为恐存货一旦空虚，则影响民生至巨，乃于日昨代电市府，转陈上海经济当局，准予每日配给棉纱 1000 件，以供应闽南市场之需要。

又讯　棉纱行市大跑红运，执货者银根松弛，闭盘高唱，本来市况愈热，采客愈踊跃下手，更因漳州、石码方面土布当销，需纱甚切，□客多来厦采买，价遂扳升。20 支双地球、天女，开盘各打通 900 元大关，唯有市无货。红人钟价叫 898 元，10 支蓝魁星猛跳三级，件开 700 元大关。20 支双狮昨市亦告露面，价做 865 元。其他如：廿支彩飞机、红魁星、彩魁星、10 支织女等唛皆各闭盘不售，市况陷入紊乱。

《中央日报》1948 年 9 月 25 日

棉纱市情混乱　全部闭盘拒售

本报讯　当局表示决心打老虎后，棉纱昨日全部闭盘不售，前(25)日二十支双地球、二十支天女两唛收盘价做 935 元，超出评价甚巨。一般棉纱商因之请求市府重评，结果二十支双地球、二十支天女各评定 898 元，二十支红人钟、二十支彩飞机各评定 890 元。若依照 25 日价格，每件亦超越评价 37 元。当局对此辈玩法奸商甚为愤怒，决予严厉制裁。风声一泄，棉纱商竞相闭盘拒售，暗中转运外埠牟利。是以昨日行市在若辈操纵之下，即赶入黑市，人和路□□及人同路泰信两“牙行”亦无形中停止交易。

《中央日报》1948 年 9 月 27 日

银楼饰金　限制购买

本报讯　金饰业危机仍未稍减，由于一周来侨汇巨批涌来，过剩游资大肆作祟，市面饰金被搜购将尽。最近银楼兑出饰金，每件最多不超过 1 钱 5 分（金戒指），每人限购 1 只云。

《中央日报》1948 年 9 月 27 日

奸商漏海牟利　生油价坚俏
超越评价达七元以上

本报讯　由于油头帮商人大肆来厦搜集偷运转往香港牟利，是以本市连日来油市异常坚俏，昨日本市花生油曾一度高叫至 53 元 5 角（评价为 46 元 5 角），超出限价 7 元。午后采客裹足不前，价遂退居 52 元求沽。花生仁□□□□，市价高至 28 元 5 角（评价为 23 元），超出限价 5 元 5 角。盖自当局限制花生油及花生仁禁止出口三个月以后，油头、香港方面因来源奇绌，价格高涨，是以有一般商人由厦门领得证明书（载明系运往汕头供应）后，漏海偷逃往香港牟利而套取大量奢饰品转入，贻害国家民生至巨。希当局能予严密查缉制裁，而收抑平物价实效。

《中央日报》1948 年 9 月 29 日

本市金饰业无形停市

本报讯　本市近银楼业迩近无形中陷入无市状态，因门市收入□无，大盘闭开，金银楼业存货空虚，无法维持，故日昨本市 70 余家金银楼一概乏金供给。故市民有□需要用者，竟无处购买。至于外传饰金流入黑市一节，据该业人谓绝无此事，因此次黄金来源缺乏，香港方面严禁出口，且巨批侨汇涌到，一般侨眷多大量收储饰金。另方面，一般持有外币者向中央银行换得金圆券后，亦大事抢购饰金，金饰业资本有限，经不起暴风雨摧残。故目前本市金饰业均奄奄一息。

《中央日报》1948 年 9 月 29 日

棉纱扶摇直上　生油再奖　打破最高纪录

本报讯　本市纱价竟与上海背道而驰，最近沪市报纸迭次报告厦市反而涨价□传，分析个中原因有三，一、布禁止南运以后来源支绌，虽有变通办法可以申请，但手续麻烦。二、内地土布当市，漳码帮客多来厦采购布匹，以应需要。三、大量游资作祟，执货者头寸松弛，不肯降低售价，因之在三重订货下，价格遂扶摇直上。昨市开价，各唛均□二□，□□地球、天女件叫947元，红人钟开945元，彩飞机开943元，其他各高皆告售尽。

又讯　油市昨日再告飞腾，破历来最高纪录，花生油担叫54元，已超出前定价47元5角。一般执货者尚在观望，还不以为然抛售。

《中央日报》1948年9月30日

绸布商呼吁取消纱布禁运　市商会电请政院交涉中

本报讯　本市绸布商为了政府纱布禁止南运，曾好几次请市商会转向当局交涉，但是到现在还未得要领。最近绸布商又以行政院工商部令美援花纱布联营处，恢复前纱管处所举办的限制纱布南运办法，函请市商会转请中央政府取缔禁运。原函如下：

函启者：顷息行政院工商部命令美援花纱布联营处，恢复前纱管处所举办之限制纱布南运办法，政府如此措施，只求一地利益，不顾华南各省市民之影响，诚属不智不均之政策。查华南非产棉地区，兼以工业落后，所需纱布均仰给上海之供应，一旦来源断绝，有货稀少。际此严寒，人民衣着需要迫切，本市地处华南商业转运枢纽，影响民生，扰害商务至巨。相应函请查照，着即转请中央政府体恤民艰，令饬工商部联营处给予取缔禁运，以疏民困，而利商务。市商会据函后，昨天电请行政院照办，原电如下：行政院长孙钧鉴：闽南非产棉地区，兼以工业落后，所需纱布皆仰给沪上。此次沪市当局忽又禁止纱布南运，闽民衣着断绝来源，民生顿起恐慌。窃吾闽省乃国土之一部分，闽民亦国民之一部分，实应一视同仁，而不容歧视。厦市乃闽南转运枢纽，货流之疏滞，关系国计民生，荣枯所系，难安缄默，理合电请钧察，迅饬沪市取消禁令，以利贸易而苏民困，不胜迫切之至。

《中央日报》1949年2月9日

第五节　对外贸易

一、海关管理

移号交易

厦地洋关税银向例归某号交易，收银后亦存放某号，历办以来已多年矣。近闻洋税司以厦开设大清银行，乃为国家正当之银行，洋关亦为国家之关卡，所有税款亦移归大清银行交易。故该银行生理日见畅旺云。

《厦门日报》1909 年 12 月 27 日

厦关监督署七一起月减三百五十元

厦门海关监督署逐月经常费为 2850 元，最近财政部以各地 50 里内常关已撤，50 里外分关，则划归税务司管辖，遂将各地关署经费核减，以节开支。昨厦门关监督署已接到财部减费明令，定 7 月 1 日起，厦关署经费逐月减为 2500 元云。

《江声报》1931 年 6 月 25 日

厦海关裁撤九分卡　员役一部调回一部遣散

厦门海关原设有 18 分卡，为蚶江、永(宁)深(沪)、祥芝、古浮、浦内、围头、云霄、旧镇、宫口、泉州、安海、秀涂、獭窟、石井、东山、石码、石美、金门。近该关因蚶江等分卡，逐月收入均不敷出。为节省经费起见，乃将蚶江、永深、祥芝、古浮、浦内、围头、云霄、旧镇、宫口 9 分卡裁撤，业于日前实行。至各该被裁分卡员役，除一小部分调回海关，或分配其他未裁各卡服务外，余均遣散。现留之 9 分卡为泉州、安海、秀涂、獭窟、石井、东山、石码、石美、金门云。

《江声报》1932 年 7 月 9 日

关监督布告　船舶丈量检验移交航政处接管

广州航政局厦门办事处,已于本月17日启用关防,开始办公各节,经志本报。兹查厦门关监督许凤藻,税务司□□□,以该关兼管之船舶丈量检验各手续,业定于29日移交办事处接管,特联衔布告,俾商民一体知照。其布告云:"为布告事,现奉国民政府财政部令,饬将本关兼管之船舶丈量检验各事宜,移交广州航政局接管办理等因。奉此,兹定于本月19日,将本关兼管船舶丈量检验各事宜,移交该局厦门办事处接管,仰各商人等一体知照。此布。"

《江声报》1932年8月31日

船舶丈量检验仍归厦门海关兼管　航政局已暂停进行

厦门关监督,及税务司公署,昨布告第四号云:为布告事,案查前奉国民政府财政部令饬将本关兼管之船舶丈量检验各事宜,移交广州航政局厦门办事处接管,业经遵办并颁发第二五号布告在案。现奉国民政府令开,以该办事处现已暂行停止,所有船舶丈量检验各事宜,自即日起,仍归厦门关兼管等因奉此,自应遵办。合亟布告,仰各商人等一体知照,此布。监督庄伟刚,税务司萨督安。

《江声报》1933年1月21日

厦税务司已改委　意大利人柏思充任

海关税务司萨督安,调任拱北关税务司,已志本报。兹查厦门关税务司职,总税务司已改委意大利人柏思充任。柏氏月内可到厦接事,萨俟柏来卸交后,始赴拱北关履新。

《江声报》1933年3月26日

新税务司柏士昨到厦　今日到关视事

厦门关税务司柏士由沪乘太古公司山东轮来厦,昨(23)日可抵埠各情,经志是日本报。昨(23)日上午11时许，柏氏已乘该轮来。上岸后，寓鼓浪屿税务司公馆，定今(24)日过厦到海关视察，然后订期就职云。

《江声报》1933年5月24日

航海信号悬旗鸣笛问话
海关明年新规定　废用打灯呼救记号

厦门关税务司公署，昨发布告云：案本总税务司令开，自民国二十三年(1934年)1月1日起，凡属海关船艇在日间与其他航行船只通讯，应采用下列之信号，先用汽笛信号，计放汽笛短声1次、长声1次，又短声2次，使该船知所注意。次用悬旗信号[应用民国二十年(1931年)国际通用旗号，如遇紧急事故，并可用双旗号]，此项信号视当时需要情形如何，以便酌定悬挂，如左NO应停，应刻停WZ应立刻停轮，DG应立刻抛锚。俟其遵令停轮后，再悬示旗号如下，RU往何处去？RW由何处来？同时海关舰艇应驶近该船绕行一匝，以便于必要时用传声筒盘查。如其所答语意尚属满意，即可任其前驶，免予检查。其放汽笛1短声、1长声，又2短声，即表示停轮，有要事传达之意，不得擅自变更。抑尤应注意者，20年国际通信号既已规定VERY灯为呼救记号，其以前作为夜间制止民船前进之用，应予废止等因奉此，合亟布告各航商人等一体周知云。

《江声报》1933年9月3日

东山观音澳两关卡　厦门海关派员接管

关务署近将东山、观音澳两卡划归厦门关管辖，厦门经委定陈启禧为东山分关主任，陈时雍为观音澳分关主任，并派日前考取之官员6名，杨麒麟、黄晨光、刘茂桥充东山巡员，叶茂发、邱世远、姚南田充观音澳巡员。杨等已于26日乘春星舰赴东山，叶等则定29日随陈时雍仍乘春星赴观音澳，分关均定7月1日接管云。

《江声报》1934年6月28日

厦门海关监督署撤销　合并税务司公署办公

全国海关监督署经财部以值此非常时期，为节省开支，充裕国库，通饬一律撤销，监督合并驻关办公。福州业已遵办，厦监督署亦经遵于本月1日实行裁撤，监督乔□生，现已移驻海关税务署三楼办公。

《江声报》1937年11月5日

海关奉托代征厦门港浚河费

厦门关税务司公署昨布告第122号云：查福建省政府委托本关代征晋江及九龙江两航道浚河费一案，经以第99号及第106号先后布告周知在案。嗣复准福建省政府电，请代征厦门港道浚河费，略以呈奉行政院已敬五交卯电令核准，所请于厦门港道征收浚河费一案，准照闽江浚河费征收办法办理，除饬财政部转饬厦门关协助代征外，特电遵照等因，相应电请查照，克日开始代征。关于厦门市政府征收之码头费，当即饬令停止征收，等由过关。经呈奉总税务司署电令核准照办，兹将福建省政府委托本关代征厦门港道浚河费开征日期及捐率与办法开示于下。(明续)

《江声报》1947年8月20日

二、关税征管

海关新颁土货转口复出口出洋纳税办法
厦门关监督税务司公署昨(五)日会衔布告云

为布告事，兹经规定，凡由此一通商口岸被一通商口岸转口出洋，或复出口出洋之土货，自布告之日起，按照下列办法办理：一、(甲)运往通商口岸应完转口税，运往外洋应免出口税之土货，包括绸缎、漆器、纸伞在内。报明经过其他口岸转口出洋者，现须按照运往外洋机制厂货，经过通商口岸办法办理，即该货于起运口岸免税，惟于副报单上加盖戳记载明。如于最后口岸规定转口出洋期间内不运往外洋时，由该口征收转口税。(乙)凡上述土货在原运口岸报明，于一年内由最后口岸复出口往外洋者，应于原运口岸完转口税，俟该货确于上述期间内复出口往外洋，将纳税证或出口证书呈验，则所纳转口税由运往外洋之最后口岸发还。再上诉办法施行时，所有漆器、纸伞保结办法一概作废，惟草帽及草帽鞭现行保结，以及纳税办法悉行照旧办理。二、(甲)凡运往通商口岸应免转口税运出外洋，免出口税之土货，在原运口岸报明转口出洋者，应在该口完纳出口税。嗣后该货如于规定期限内并不在最后口岸转口出洋，应由销耗该货之口岸查核原运口岸所发之纳税体及出口证书，将已纳了出口税发还。(乙)凡上述土货在原运口岸报明于一年内由最后口岸复出口往外洋者，应于该口完出口税。如该货一年以内并不复出口往外洋时，应由销耗该货之口岸查核原运口岸所发之纳税证及出口证书，将已纳之出口税发还。三、凡应纳税土货报明经过其他口岸装运出洋，其出口税业于原运口岸完纳者，如最后并不出洋，而在其他口岸销耗时，应由销耗该货之口岸查明原运口岸所发之纳税证或出口证书，将转口税与出口税相差之数发还或补收之。四、凡应纳税土货并不报运转口或复出口往外洋，惟在国内装运，其转口税业于原运口岸完纳者，嗣后由其他口岸于原件到达该口一年内复出口往外洋时，应由最后口岸查核原运口岸所发之纳税证或出口证书，将出口税相差之数补收或发还之。以上办法，仰各商人等一体遵照，特此布告。

《江声报》1931 年 9 月 6 日

古柯叶限制入口办法
系制高根原料　仅许医药之用

厦海关税务司公署，昨贴第四十四号布告云："为布告事，案奉总税务司令，奉国民政府令开，查古柯叶一项，系制造高根之原料，应予援照现行限制入口办法，除经特准之医生、药商、化学商具有保结外，不准贩运入口。仰即转令遵照等因奉此，合行布告各商人等一体遵照可也。此布，税务司侯礼威。"

《江声报》1931 年 9 月 30 日

蚕丝出口税例一八〇至一八四　海关布告取消

厦门海关监督及税务司昨日联衔发出布告云:“为布告事,现奉国民政府令开,现行(出口税则内载之一八〇至一八四等号)蚕丝出口税例,自本年5月18日起一律取消。等因奉此,合函布告通知。此布。”

《江声报》1932年5月21日

白米自由出口　商会函关署知照

商会昨(18)日函厦门海关监督云,径启者,前因“赤党”陷漳,本会及地方当局,为维持本埠民食起见,限制白米出口。后向本会领取遵照,才准放行。现漳码秩序业经恢复,对于白米一项,自应准予自由出口,以利商业。为此函请贵监督转知海关税务司查照办理,实为公便云云。

《江声报》1932年6月19日

领事签证货单章程略有修正　关监督再出布告

厦门关监督及税务司会衔布告,实行领事签证货单办法,经载前报。近关监督及税务司又奉到财政关务署令,对征税条文略有修正。昨关监督署及税务司,业再发帖布告,仰各商人等一件[律]知照矣。原文如下:“为布告事,照得中华民国驻外领事馆,发给领事签证货单章程,实行办法,业由本关第二十二号布告在案。现又奉财政部关务署令,该章程第六条所列甲、乙、丙三项原文,应即取消,并改正如下,甲:凡于民国二十一年(1932年)9月及10月间,由外洋装运,未经有领领事签证货单之货,提取人应向海关缴纳上开签证费5个海关金单位,由海关补发签证货单。乙:凡于民国二十一年(1932年)11月及12月间,由外洋装运未经领馆有事签证货单之货,提货人应向海关缴纳上开签证费2倍之数,计10个海关金单位。丙:凡于民国二十二年(1933年)1月1日,或是日以后,由外埠装运,未经领有领事签证货单之货,提货人应按本章程第九条所规定,向海关缴纳罚款15个海关金单位,由关补发签证货单。饬□遵照办理等因奉此,合函布告通知。此布。”

《江声报》1932年9月2日

海关布告　丝及丝织品出口免税

厦门海关监督公署及税务司昨发出布告云：为布告事，照得（现行出口税则内之一八〇至一八四等号）蚕丝及土丝出口税例一律取消，业经本关先后颁发第一四号及第廿九号布告各在案。现奉国民政府令开，下列丝类货品于报运出洋时，应予免征出口税，以示一律待遇等因奉此，应需遵办。合函告周知，此布。计开出口税，则□八□号丝棉，一九九号丝纱、丝线，二□二号（甲）衣服及衣着零件纯蚕丝制，（乙）衣服及衣着零件什蚕丝制，二一三号之一部未列名纺织品杂以蚕丝或什蚕丝制品为限云云。

《江声报》1932 年 9 月 11 日

夺支票　海关报水人几失之意外

厦门海关上月在高崎破获漏税白糖九十三包，已志本报。据查该糖经由关发售，应给报水人四成赏款一千一百余元。昨（七）日上午十一时，该报水人到海关领款，由关给以中国银行一千一百支票一张。该报水人持票方出关署，突有数人趋前，夺其支票而逸。追之不获，亟入税务司报告。由税务司以电报通知中行停付，另行换给支票向颁云。

《江声报》1933 年 1 月 8 日

海关布告修正　柴油进口税则

制煤汽油者应另加税，厦门关监督及税务司公署，昨发出第一号布告云："为布告事。现奉国民政府另开，现行进口税则第四九一号，应自本年 1 月 5 日修正如下，柴油吨 2.90 金单位，下附注凡进口柴油，若作制炼汽油者，每吨应于原定税率外加征金 23.40 金单位。凡进口柴油商人应于报运进口时声该油系作何用，如非作制炼之用者，应由该商人出具保结，担保该油如日后察出系作制炼之用者，应担负其所差之税额。仰即遵照办理等因奉此，合亟布告。仰各商人一体知照，此布。监督庄伟刚，税务司萨督安。"

《江声报》1933 年 1 月 10 日

海关布告　完纳船钞改用银本位
净吨数在一百五十吨　前纳四钱现改六角半

本埠海关监督庄伟刚税务司萨督安昨会衔布告云：为会衔布告事，现奉国民政府财政部令开，自本年3月10日起，各种船只净吨数在150吨，每吨前完船钞关平银4钱者，现应完银本位币6角5分。其在150吨或150吨以下，每吨前完船钞关平银1钱者，现应完银本位币1角5分，并于是日起，将征收装载甲板上货物之船钞，即行取消。凡未经满期之船钞，执照继续有效，截至期满之日为止。仰即遵照等因奉此，合亟布告，仰各商人一体知照。此布云云。

《江声报》1933年3月15日

海关获漏税白糖
帆船与糖廿六包一并没收充公

昨(十五)晨五时，海关第四十九号电船，在同安澳头海面截获无号码小帆船一艘，载漏税白糖二十六包。当将该船拖回厦门，船货一并没收充公。

《江声报》1933年3月16日

粤汕海关裁减油渣税后
厦炼油公司要求一律待遇

本市三光国民炼油公司，昨(15)日下午2时派代表到商会面称，谓本埠海关，日前曾奉财政部令，加征油渣关税，每吨增率至关金21圆之多。近查广州、汕头海关，因增加过重，引起商民反对，力请该地当局取消。业经核准，裁撤多日，而厦门何能独异，迄今尚无表示。应请商会函请海关当局查询究竟，准予一视同仁，将该油渣加税裁减，以恤商艰云云。经商会秘书林东山面允照办云。

《江声报》1933年3月16日

海关昨破获新地亚轮漏税白糖　计五十包改装面粉 前获二百五十包白糖　配庆元轮运沪发售

昨日上午九时，新地空轮由香港来厦，海关三总关关员下轮检查，获漏税白糖五十包，每包约重五十斤。改装面粉，为关员察破，没收充公。厦海关前积存白糖二百五十包，重四百余担，昨日配庆元轮运沪发售。又海关日前在东山、南澳间破获汽油六百二十珍，昨有人向海关出价一千一百五十元订购，海关尚未答应云。

《江声报》1933 年 3 月 26 日

燕窝洋参改定税率　即日起一律值百抽四十

厦门海关监督署、税务司公署，昨会衔发贴第三十二号布告云：为会衔布告事，现奉财政部令饬，进口税则内载，第 328 号洋参税率，及第 276 燕窝税率，自今日起，应行修改如下，号列 328 拣净洋参、未拣净洋参（参须、参蒂、碎参在内，野参不在内）甲上等（每斤值过 60，2.5 金单位）值百抽 40，乙次等（每斤值过 43，7.5 金单位，不过 61，2.5 金单位）值百抽 40，丙三等（每斤值过 19，2.5 金单位；不过 43，7.5 金单位）值百抽 40，丁四等（每斤值过 10，5 金单位；不过 19，2.5 金单位）值百抽 40，戊五等（每斤值过 5，2.5 金单位；不过 10，5 金单位）值百抽 40，己六等（每斤值不过 5，2.5 金单位）值百抽 40。号列 276 燕窝，甲毛燕窝（拣净燕窝屑在内）值百抽 40；乙白燕窝，值百抽 40。仰即遵照办理，等因奉此，自应遵办。合亟布告周知，特此布告。监督庄伟刚，代理税务司哈金苏。

《江声报》1933 年 5 月 24 日

土货经过口岸　应照税则完纳转口税 以前交缴押金扣抵发还　税务司关监督会衔布告

厦门海关监督庄伟刚、税务司柏思，昨会衔布告云：为会衔布告事，案奉政部关务署令开，凡土货由通商口岸用内港输船运往内地，于途中经过一通商口岸之界内，或由内地运往通商口岸经过另一通商口岸之界内者，应照现行转口税则完纳转口税。若该货系机制货品,则按照机制货物征税,等因奉此,自应遵照办理。凡商人前有缴纳押金者,即行来关完纳转口税,本关当将押金发还。抑或由押金内加抵转口税后,由关将所余之数发还该商领讫,以清手续。合亟布告,仰商人民等一体周知,此布。

《江声报》1933 年 8 月 8 日

旧废铜铁船禁止出口　廿九起实行　昨布告知照

厦门关监督税务司公署,昨布告云:奉财部关务署令开,旧废铜铁铅等,转奉行政两院令饬,通令海关严禁出口,自应遵办。惟查此项金属品,不外下列二种:一、拆毁或用过之铜铁铅制之品件,即此项金属之半制品(如片板条竿等),及完制品(如丝绳管子机件炮弹及其他一切铜铁铅等之制品种类甚多)之系破碎或锈蚀不堪,再直接用以改制其他项物件者。二、铜铁铅等之灰屑片段等,即此项金属之原料品,或制品施行加二手续所剩余之废料。凡铜铁铅品之具有(一)项或(二)项性质,且只和复制用者,均得为废。本案所称废铜铁铅等属,应即以此为范围,并包括其合金品在内,仰即遵办等因。奉此,兹订本年 8 月 29 日起,凡属上述各项旧废金属品,一律禁止出口前往外洋,合亟布告各商人等一体知照云。

《江声报》1933 年 9 月 5 日

海关覆商会　检验米包　系恐米中装糖

商会昨接厦关税务司公署函,略云,准贵会函,以仁成、振川等声称米货一项,本免纳税饷,向来由香港进口大米米碎,均无须过关查验。因海关慎重起见,令载到验货厂请验,复改为在原配船上查验。现改为仍载到验货厂查验,有种种困难,等因准此,查凡洋米由仰光及槟榔屿等处报运进口,实际上多在原船扦探,海关如遇认为有必须过验之时,亦可在原船上施行查验,惟商人应缴纳特别检验费。至于大米米碎由香港进口,因袋内时有私装糖货,本关对于由该处运来之米货,必须令其运至进口验货厂详细检查,以杜弊端云云。商会按函后,已函转香沪同业会查照云。

《江声报》1933 年 9 月 8 日

土糖造制有无搀洋糖　出口时应报明并缴所用洋糖税单　否则充公

海关税务司公署，昨发出布告云，嗣后凡报运土制糖出口，应于报关时在保单上注明此糖是否纯粹土产，抑为洋糖与土糖混合品。如系混合品，即将土糖及洋糖混合之成分分别注明，而该洋糖之等第，亦应同时列入，并呈缴其所混合洋糖之完税凭单。此项凭单必须确实与所搀入洋糖之等第相符合，方得放行。倘未能呈验此项凭单，定将该糖全数充公。合亟布告周知云云。

《江声报》1933 年 9 月 27 日

柴油进口改订税率　昨海关布告

厦门关监督、税务司公署，昨会衔布告，略谓：查柴油每吨以 2.90 金单位征税，若作制炼煤汽油用者，每吨应于原定税率以外，加征税金 23.40 金单位。及进口柴油商人应于报运进口时，声明该油系作何用。如非制炼之用者，应由该商人出具保结担保，业于 1 月 5 日颁发布告在案。兹又奉财部关务署令，对于以上办法即行废止，并于布告日起，按照另订如下分类，作为征税上之标准柴油，甲、比重于摄氏 2 度时在 0.900 以上，暨着火点（根据克氏测验法）在摄氏 95 度以上者，每吨 2.90 金单位。乙、其他（供提炼用之原油在内）每吨 26.30 金单位。至于煤油税率，仍照旧章。惟应注意者，进口税则内列号第五三二号所称之煤油，应即改正。如下煤油（包括其他供点燃用之矿物油，其比重达 0.78～0.90 者），案查本年 2 月 1 日起，为新制度量衡实行之日。以上所称之吨位，自应照公吨计算等因。奉此，仰各商人等周知云。

《江声报》1934 年 1 月 31 日

商会电财部　碎米税请明定减轻

香沪同业会为洋米税归海关征收，米碎税率问题曾函市商会，请电财部并函请关督署、税务司，酌予减轻。商会据函后，昨已转电财部，文云，据香沪同业公会函称,奉海关通告,以本年3月15日起,凡由外洋输运米谷在本省进口者,暂定按照现行税率半数完纳税课。查海关对于洋米碎并无定何税率,此项米碎,系制米粉及饲牲畜之用,其价值只有食米半数,若与大米同等征税,则商家负担不起。若照谷类估价征税,尚嫌过重,请转电财政部,对于米碎准予减轻税率,以恤商难等情。查该同业公会所陈各节,尚属实情。谨据情电恳钧部俯准所请,以示体恤云。

《江声报》1934年3月17日

修正进口税则厦门六日实行 东三省来往民船依航运章程管理

国府修正进口税则,海关已奉到令知,将于一二日内公布实施,经志本报。昨(7)日关署经发帖布告,此项新税则,于6日起实施,原文略云,奉国民政府财政部令饬,修正进口税则,定于民国二十三年(1934年)7月6日起施行,前检发该项修订税则,令俾遵照,等因奉此,自应遵办云云。同日,海关复□□会衔布告云,案奉财政部令,嗣后往来东三省水口贸易民船,应暂按管理航海民船航运章程管理,不得直接驶往沿海,未设关卡他方起卸货物,并应重行注册,仰即遵照等因。奉此,自应遵照办理,仰各该民船航商一体遵照。此布。

《江声报》1934年7月8日

银币化学品限制进口　海关昨布告

厦门关监督、税务司公署昨日布告,奉财部关务署规定限制化学品进口办法二条:(一)凡化学品含氯化钠(即食盐),其成分过30%者,一律禁止进口;(二)凡化学品含氯化钠(即食盐),其成分过20%或下者,准予进口,着商民人等知照。又布告,关于禁止外国银币进口,除鹰洋(即英洋)、大洋(即站人洋)、日洋(即龙番),仍旧禁止进口外。其他国家之银主辅币,即系外国自行通用之法货,无论数量多寡,均可进口,勿将禁止云。

《江声报》1934年9月5日

米碎多缴税额悉数退还　税务司复函商会

厦门关税务司公署昨(29)日复函厦门市商会云,前准贵会公函略开,接据香沪同业公会函称,关于由港运来米碎,请将以前多缴税额悉数退还,以恤商难一事,本关当即函复,俟呈请总税务司核示后,再行函达各在案。兹奉到总务司令示,准将此项多征税额归还该商等因。奉此,特此函复,即希查照,转知香沪商业同业公会知照米商,向本关总务课领取可也。

《江声报》1934 年 9 月 30 日

修正土产出口税法　厦海关迄未实行

本市土产经纪业同业公会,昨函商会云,案查关于修正海关出口税一节,业蒙国民政府于 6 月 25 日公布在案,现在厦门海关迄未遵行。查本会所属各会员商号,均系经营土产事业,际兹目下货价惨收之秋,益以外货充斥,所受打击至深且巨,对此出口税一项,亟待实施,以资维持。为此相应函请贵会查照,迅赐转函厦门海关,促其早日遵照中央命令实行,以维土产。至感德便云云。

《江声报》1935 年 7 月 20 日

国内粮米自由运输　海关昨布告

厦门海关监督及税务司公署,昨会衔发贴布告云,案查限制粮食出口各办法,曾于民国二十三年(1934 年)10 月 18 日,颁发第一零八六号布告在案。兹奉财政部关务署令开,凡商民输运米及其他粮食,前经各县或由本省运往他省,一律准予自由,勿庸呈验。福建省政府护照,其贩运出洋,仍行严加禁止,等因奉此,合行布告商民人等一体周知。此布。

《江声报》1935 年 9 月 1 日

大宗金条被海关扣留
称系运沪非配往外国　珠宝会呈请发还

本市光兴珠宝商前日配太原轮金条 2 件，计 51 条，计重 670 两。据云将行运沪，被海关关员检查，认有走私嫌疑，即予扣留。昨该号具书珠宝公会，谓该金条确系配往上海，并非私运外国，请求函请市商会，咨请海关税务司予以放行云。

《江声报》1935 年 10 月 31 日

海关验货所暂行法三条

厦门海关验货所经建筑完成，昨开始在该所验货，订定暂行办法三条：即一、所有经海关验竣而未搬出货物，不逾三日者(星期及假日不算)免予收费，第四日起，每件每日收国币三角，但收货人业已呈请提货，而本关以有各项原因未能准其接取者，得税务司察看情形，酌量办理。二、货物堆放至十五日仍未据收货人呈请报关及将货移出者，本关得令由经手报运之轮船公司代为报关，并于缴纳税钞及堆放费后立将货物取去，不得迟延。三、本关收到收货人或轮船公司所缴之堆放费，发给押款收据，俟奉总税务司署将本场所管理章颁到关时再为清算。如该章所订堆放较本关所定三角为少，当将溢多款数发还，否则亦当补足。

《江声报》1937 年 5 月 11 日

火柴、水泥、卷烟各改订统税　分别按级征收

海关昨布告，谓奉财部令，卷烟、火柴及水泥之统税税率，现经分别更订如下：一、卷烟 5 万枝价在 800 元以上者为第一级，征税 800 元；5 万枝登记价在 400 元以上至 800 元者为第二级，征税 400 元；5 万枝登记价在 200 元以上至 400 元者为第三级，征税 200 元；5 万枝登记价在 200 元以下者为第四级，征税 100 元。二、火柴、硫化磷、火柴，甲级缴税 12 元 6 角，乙级 15 元 6 角。安全火柴，甲级缴税 15 元 6 角，乙级 20 元 1 角，丙级 24 元。三、水泥每件 170 公斤，缴税 1 元 5 角，113 公斤又三分之二者 1 元，85 公斤者 7 角 5

分，63公斤又二分之一者5角7分半，56公斤又三分之二者5角，49公斤又十分之九者4角5分，42公斤又五分之一者3角7分半。

《江声报》1937年5月15日

火麻苎麻禁止输出

又海关昨通告，关于麻类整竹根及火麻等禁止出口，曾移通饬在案。兹奉财部令，所有火麻及苎麻皮等各货，应并禁止运往外洋及东三省，自11月1日起实行。

《江声报》1937年11月5日

商人报运货物　得自行报关
海关颁管制报关行规则　限制收费严防敲诈行为

厦海关税务司公署，订定管理报关行规则，内有关商人各条，兹探录如下：

（一）各报关行暨其分行所用办理报关业务之员工，一切行为，应由各该报关行暨其分行负完全责任，如查有假借名义，向客商敲诈情事，海关得随时取消其营业执照，并得没收其保证金之一部分或全部分。

（二）全国各地报关行应依照附表格式重庆关区报关行同业公会拟订，并根据所列各货收费标准，参酌当地情形，拟订收费价额表，呈由各该关区税务司审核批准，然后由同业公会负责缮发各会员行照额收费，不得任意更改或巧立收费名目。但为适应实际情形起见，于每半年开始，得由同业公会公议调整收费价额，惟仍须呈经批准后，方可照收之。无同业公会地点，得依照总关所在地议定之价额表为收费标准。上项收费价额表，经批准实施后，必须在报关行门首显明张贴，俾众阅览，免滋流弊，并于收费后制给收据，以资查考。倘有违反上项规定，海关得视其情节之轻重，将其营业执照暂行停止效力或予注销，或按章处以适当之惩罚。

（三）凡商人报运货物或自行报关，或委托报关行代报，听其自便，海关并无必须由报关行代报之规定，报关行不得视为专利，借口包揽。

《江声报》1946年4月20日

退还进口附加费仍是碍难照准

本报讯　关于厦海关自2月6日至16日所向各途商征课之进口附加费,前厦市商会电呈财政部请求退还,藉体商艰。兹悉,财部昨电复该会谓:查进口附加费之废止,系遵奉政府本年2月16日宣布之经济紧急措施方案之规定办理,其在海关未奉到上项废止命令以前,洋货进口则照政府规定缴纳附加费。该会所请转饬海关将2月6日至16日所缴之附加费退还一节,应毋庸议云。

《星光日报》1947年3月24日

关税附加期满奉令延征一年
厦海关贴布告通知各商号

厦海关奉令附加关税一节,前志本报。兹查附税迄今将已期满,昨日厦海关复贴布告,略以奉总税务司令饬自本年7月1日起将关税附加税延征一年,已转各商号遵办云云。据悉,该附加税办法系依征税额每百元附加五元云。

《江声报》1947年6月18日

船钞吨税增加
行驶内河木船免征税　报缉私货提奖为三成

本市海关税务司关于船钞吨税征收率,经以第9号布告周知在案。兹奉总税务司署,转奉政府令,以现行船钞吨税,应予增加,特为布告规定如下:一、轮船注册100吨以上者,每吨应纳船钞国币6500元。二、轮船注册在100吨及以下者,每吨纳船钞国币1500元。三、航海木船一律照100吨以下征收,其行驶内河之木船,仍予免税。各关于奉电日起,凡遇轮船及航海木船请领或换船钞执照时,一律按新律征收,各航商应一体遵照云。

又讯　该关顷转奉财政部令,略以海关根据密报,因而缉获之私货,应按由关处分后,所得款项之三成,发给该密报人为奖金,并无最高款额之限制云。

《中央日报》1947 年 10 月 25 日

关税附加税　继续征收

厦海关奉总税务司令，以关税附加税及临时附加税征收期限，加税至本年 6 月 30 日止，均已满期，应予延征。但延征期限，另行饬知，该关昨已布告，遵照继续征收云。（愚）

《江声报》1948 年 7 月 2 日

海关进口税则明令修正公布　附加税自本日起停征

市息　厦门关税务司公署昨发出布告称：奉总税务司电令以海关进口税则业经层奉总统明令修正公布，饬即遵照实施等因，遵于本年 8 月 9 日起施行。该项修正税则各商可至本关在闽等语。又该司奉总税务司电令，以转奉财政部令饬于实施修正海关进口税则日起，同时停征海关附加税及临时附加税，转行遵照等因。该司已布告，所有自本年 8 月 9 日起，按照修正进口税则纳税之货物，对于原按进口税征收 5%，与 45%之海关附加税及临时附加税，应予同时停征云。

《立人日报》1948 年 8 月 10 日

海关昨发出布告
结汇出口货转内销　免征 30%保证金
呈递进口报单应附发票

市息　厦门关税务司公署，昨发出布告二通，其一，查关于应行结汇出口货物，经由海道或越出陆地国境转口内销，中途须经外国口岸或领土，或运往邻近外国口岸或领土者，于报运时，应向海关缴纳相当货价百者须 30 元保证金放行一事，本关经以第八四号布告通知在案。兹奉总税务司署理令，略以嗣后各关对于结汇出口货物，报运经由海道或越出陆地国境转口内销者，暂免征收 30%保证金。惟货主应取具殷实铺保，保证货物运抵目的地，取得内销证件后，于限期内呈缴原出口地海关销案。如于限期内，不能缴验内销证件，应由货主或铺保，向指定银行补办结售外汇手续等因。奉此,自应遵办。除分令外,合行布告周知。此布。

其二,查进口税则暂行章程第一款第二节规定:"呈递进口报单时,应呈验真正发票,厂家发票亦包括在内。该发票应载明该货售于进口商之价值,并由进口商证明无讹,所有运费保险费及其他各费,亦应详载无遗,且所有发票,均应抄录副本送关存留。"乃日久玩生,间有一部分商人,未照上项□□掠理,显有未合。兹特重申布告周知,商人务于呈递进口报单时,缴验真正发票,及证明无讹之副本一份,以凭办理是项单据,均须附载声明"兹谨证明上述事项及数目,均系确实无讹"等字样,由报关人签字,本关方予接受。新近关税减让表实施,尤须参阅真正发票,倘商人于呈递进口报单时,未将真正发票缴验,及不能申述足使海关认为满意之理由致使验征稽延,应由商人自行负责。且该商人对于海关所征该货之税额,即无提出抗议之权,特此布告周知。

《立人日报》1948 年 8 月 22 日

三、进出口贸易

出口货物何多

近日新米货物出口之件甚多,昨开往上海之轮,装载货物已万余担矣。尚有数千担无地可装,只得报明洋关将货物单送批退载,俟下轮再运。闻以冰糖、桂圆干、水仙花头最居多数云。

《厦门日报》1910 年 11 月 12 日

英商请厦米运汕二千包

昨(28)有英商永福公司陈献其具理由函商会,请转请海关准予运米起汕头,略谓,禁米出口系政府维持民食政策,本行素营仰光白米,此次运米者颇多,米价渐平,因本省收谷既丰厚,不必仰赖洋米。今又运入洋米,势当暂行囤积,红腐堪虞。近查汕头需米甚多,以厦埠剩余之米,运赴汕头销售,惟入口而又出口,现拟备配洋米 2000 包赴汕头销售,恳乞钧会察夺,准予函请关监督转达海关知照放行。

《江声报》1931 年 7 月 29 日

鼎美采办大批日本面粉
今日将到首次计万包　反日会警告厦鼓用户

本埠鼎美洋行，于日前向日本三井洋行代办宝船标竹嘿标面粉共 6 万包。闻今(6)日午将先由大阪日轮运载 1 万包来厦，各界反日会经查得向鼎美定购仇货者如下：关仔内泉成、旧路头永发、打铁益美、典宝士裕、鼓屿合顺、新合成，城内松发、聊美、万顺成、南泰，溪岸成裕、顺义、合和，厦港福成等号。昨(5)日抗日会已函以上各商号警告矣。又反日会以本市晨光路卜内门代售日本劣制三酸等货，昨特去函云，此次日人无端占我东三省，惨杀我军民，蔑弃国际公法，破坏东亚和平，敝国人民同深愤激。本埠民众业经一致决议实行，对日经济绝交，现查贵行有代售日本之黄强水、盐强水、硫化酸等货，不能与敝国民众表同情，深以为憾。惟敝国民众此次对日实抱决心，倘贵行为图谋微利代售日货，恐起敝国民众之误会，对于贵行肥田粉营业必受影响，殊非所以重贵我平日和睦之情感也。专此奉达，即希三思办理为荷。

《江声报》1931 年 10 月 6 日

周间进口货调查　土货无大宗出口无布告

本周间厦门海关进出口货物统计，以洋米入口为大宗，其次为烟枝、电油、火油、车油。出口货物因系零星少数，海关未列表布告，故莫从知其数目，唯据海关中人云，厦门出口货物，内有金银、冥纸、面线、米粉、茶叶、蜡烛、瓣香、蚊烟等数种，皆畅销南洋群岛。

近因南洋各岛工商业颓败，华侨纷纷自动或被配回国。在南洋各岛之工商业中人，既日见减少，此种金银、冥纸、香烛，只华人所需之迷信物，由厦配出，自亦大不如前。他如茶叶、蚊烟，因受台湾出产之打击，亦日渐低落，故出口货物虽有上述数种，以无大宗之配出，海关乃未列表布告也。

兹将 10 月 27 日起至 11 月 7 日止，一周间厦门海关所发表之进口货物表，译载如下：

日期	船名	埠名	进出口	品名	洋土货	数量
10月27日	长庆	上海	进	烟枝	土	6900担
10月25日	济南	上海	进	烟枝	土	15820担
10月26日	芝利亚	香港	进	电油	洋	59490.00加仑
同	同	同	进	火油	洋	108670.00加仑
同	同	同	进	雪文腊	洋	803.94担
10月31日	济南	同	进	米	洋	180.00担
11月2日	船号不明	上海	进	烟枝	土	91.25担
同	广东	香港	进	面粉	洋	330.75担
同	丰庆	香港	进	米	洋	495.00担
同	芝加令	泗水	进	白糖		3320.00担
同	同	三吧垄	进	白糖		4980.00担
11月3日	沈阳	香港	进	电油(箱装)		1000.00加仑
同	同	同	进	同		22952.00加仑
同	同	同	进	同美(箱装)		6980.00加仑
同	同	同	进	火油(箱装)		38060.00加仑
同	同	同	进	滑车油		30.00加仑
同	同	同	进	米		1648.80加仑[担]
11月5日	城都	申	进	烟枝		432.85担
同	城都	申	进	蜡烛		37.50担
同	太原	申	进	面粉		5982.10担
同	城都	申	进	面粉		1727.25担
同	海澄	香港	进	油渣		30.72丹
同	海澄	同	进	米		1047.60担
10月26日	船名不明	同	进	滑车油		2187.00加仑
10月26日	同	同	进	油渣		30.00丹
11月2日	广东	同	进	米		180.00担
11月6日	太原	同	进	面粉		771.75担
11月6日	太原	同	进	米		2136.60担
11月7日	济南	申	进	烟枝		252.67担

11月7日	济南	申	进	面粉		4226.25担

《江声报》1931年11月11日

一周间进口货统计
米、面粉、糖到者不少　烟枝每周均估重要位置

前周海关进口货物统计，属于舶来品者计19宗，属于土产者只6宗。此6宗土货有3宗为烟枝，2宗面粉，1宗蜡烛。烟枝一项，虽属国货，而原料则亦舶来品也。兹将海关所布告之进口货物排名表译录如下（由11月16日起至21日止）：

日期（1931年）	船名	进口	埠名	货品	土洋货	数量
11月7日	济南	进	上海	烟枝	土	15.30担
11月14日	无恙	同	同	蜡烛	同	18.75担
同	太原	同	同	烟枝	同	40.50担
同	无恙	同	同	面粉	同	1286.25担
同	济南	同	香港	雪文腊	洋	789.14担
11月16日	广东	同	同	面粉	同	1783.98担
同	海澄	同	同	滑车油	同	510加仑
同	广东	同	同	雪文腊	同	20.00担
同	海澄	同	同	米	同	4051.80担
同	广东	同	同	米	同	3514.90担
同	同	同	同	白糖	同	2450.00担
同	海澄	同	同	同	同	1660.00担
11月17日	芝沙路亚	同	马力克巴鞭（泗水）	雪文腊	同	26871担
同		同	巴的底先冰（泗水）	同	同	1653.75担

同	同	同	泗里末	同	同	335.89 担
同	同	同	同	白糖	同	12591.10 担
同	同	同	巴苏哥老琼	同	同	2905.00 担
同	同	同	香港	同	同	4980.00 担
11 月 19 日	海宁	同	同	油渣	同	30.29 丹
同	同	同	同	米	同	2721.60 担
11 月 20 日	太原	同	同	同	同	1846.80 担
同	同	同	同	白糖	同	235.50 担
11 月 21 日	海澄	同	上海	烟枝	土	345.90 担
同	同	同	同	同	洋	1000 万枝
同	同	同	同	面粉	土	7456.58 担

《江声报》1931 年 11 月 24 日

去年度厦海关税收状况　计关平银四百二十余万元
本年起严格取缔漏税

民国二十年(1931 年)度厦门海关进出口正附税,计收关平银 420 余万元。比较十九年(1930 年)度,增收 70 万元。据官署息,十九年(1930 年)度海关进出口正附各税,计收 350 余万元,去年虽增收 70 万,但实际则减收。因二十年(1931 年)新税则施后,税率已较前增征也。去年海关贸易状况,上半季殊欠佳,下半季虽稍起色,卒因洋货进口税重,舶来品如毕支、洋参、燕窝等物,进口递减。此为税收欠佳之最大原因。其次则税率既重,一般洋货商贩,多趋于漏税之一途,海关方面虽时有破获,终亦无法可以消弭。则以此辈伎俩多端,殊不易破也。最近海关为税收计,特添置鹭江巡船 1 艘,在每一轮船将进口之前得到报告,即立派该巡船前往若干海里外查缉有无漏税走私情事。又自本年起,凡所没收之漏税货物,一律予以拍卖,为严格之取缔云。

《江声报》1932 年 1 月 8 日

民国二十年度秋季厦海关华洋贸易统计 （一续）

金属及矿物（马口铁素）11650 担，（马口铁丝）142 担，（镀锌钢铁瓦纹片）334 担，（镀锌钢铁平片）5027 担，（钢铁丝）359□担，（铅块及铅条）541 担，（锡锭及锡块）1146 担，（未列名金属及矿物）关平两 10432。

鱼介海产品（黑海参）10 担，（白海参）2230 担，（鱿鱼及墨鱼）3195 担，（干鱼、烟熏鱼）18098 担，（咸青鳞鱼）16085 担，（未列名咸鱼）4358 担，（散装虾干、虾米）5830 担。

荤食罐头食物及日用杂货（燕窝）145 斤，（饼干）关平两 8789，（炼乳）3925 担，（茶叶）117 担。

粮食果品药材子仁香料菜蔬（八角茴香）24 担，（米）431813 担，（面粉）98307 但，（洋参）3133 斤，（未列名药材）关平两 41794，（香菌）12 担。

糖（在和兰标本色第 11 号以下者）650 担，（和兰标本色第 11 号至 17 号者）112684 担，（和兰标本色第 18 号及以上者）87872 担，（冰糖）302 担，（糖浆）43987 担。

酒啤酒烧酒饮冰等（瓶装白兰地酒、高日白兰地酒、威士忌酒、杜松烧酒、糖酒、其他烧酒）472 打。烟草（纸烟）64923 枝，（雪茄烟）49 枝。

化学产品（桶装阿摩尼亚、氯化亚、硇砂、硫酸亚、肥料）153514 担，（硼砂、净硼砂）117 担，（纯碱）3324 担，（烧碱）1713 担，（其他碱）1096 担，（未列名药剂及丸散膏丹、化学产品）关平两 260807。（未完）

《江声报》1932 年 1 月 21 日

民国二十年度秋季厦海关华洋贸易统计 （二续）

染料颜色 （未列名各色染料）关平两 80881，（栲皮）3187 担，（儿茶（栲皮胶）或槟榔膏，人造靛油、靛浆，内含靛精二成）698 担，（……内含靛精五成）426 担，（苏木）785 担。

烛、胶、油、皂、蜡等，（蜡烛）4 担，（矿质、汽发油、石硇汽油、扁□汽油）606991 美加仑（每加仑即华约 7.5 升，如煤油 1 木箱，内容 10 加仑），（柴油）1212 吨（每吨即华 1610 担，（美国箱煤油）607845 美加仑，（婆罗岛箱煤油）112200 美加仑，（婆罗岛舱煤油）77401 美加仑，（苏门答腊箱煤油）56250 美加仑,(苏门答腊舱煤油)414456 美加仑,(滑物油)102279 美加仑。家用及洗衣肥皂(益点肥皂在内)1087 担,(香肥皂、化妆香肥皂)关平两 9605,(石蜡)33572 担。书籍、地图、纸及木质纸浆(光或毛普通印书纸)5194 担。(未完)

《江声报》1932 年 1 月 24 日

民国二十年度秋季厦海关华洋贸易统计 (续二十日)

生熟皮货(猪牛羊熟皮)20 担,(熟黄牛皮)3 担。骨、毛羽、发毛、角、介壳、筋、长牙等(未列名骨、角、介壳、筋、长牙等)67477 关平两。

木、竹、藤(藤心、藤保)1163 担,(藤片)53 担,(檀香)23 担,(檀香末)332 担。煤、燃料、沥青、柏油(煤)20091 吨。(搪瓷铁器其他面盆、碗、杯、有耳杯及未列名搪瓷铁器)关平两 61735,(玻璃片)4782 英方尺。

石料及泥土制品(水泥)240369 担,(扇、伞、御日伞)63428 柄。锉、针(手工缝针)21349 枝。火柴及制造材料(木梗火柴)135786 箩(144 个为 1 箩)。杂货(钟表)关平两 381510,(未列名袜)244 打,(其他橡皮树胶制品)关平两 78800,(灯及灯器)关平两 42333,(其他机器及机器零件)关平两 89730。

土货、动物及产品(蛋及蛋产品、皮蛋、咸蛋)906830 个,(鱼介海产品、虾干、虾米)1359 担。

植物产品,木除外(大豆、豌豆)265388 担,(米)13843 担,(茯苓)216 担,(棉花)996 担,(火麻)1641 担,(苎麻)596 担,(面粉)239448 担,(金针菜)3。(下缺)

《江声报》1932 年 1 月 28 日

民国二十年度秋季厦海关华洋贸易统计 (续二十二日)

(干果制果黑枣)1095 担,(红枣)966 担,(鲜菜花生仁)8304 担,(梨)9203 担,(黑木耳)914 担,(茶油)763 担,(香油)760 担,(瓜子)5877 担,(芝麻)2103 担,(豆饼)773271 担,(其他红茶)□1 担,(春绿茶)3899 担,(烟叶)4232 担,(烟丝)27 担,(粉丝)8765 担,(土酒)24207 担。

织造品暨□物(丝除外)及衣着(粗细斜纹布)46320 匹,(土布)1375 担,

（市布、粗布）113082 匹，（本色棉纱）16599 担，（衣着、便帽、帽、靴、鞋、皮鞋不在内）191885 双。

木、纸、燃料（煤）27662 吨，（上海厂制纸）931 担。

矿砂、金属、矿物及制品（黄铜器）449 担。杂货（印本书籍）1067 担，（建筑材料水泥）219204 担，（石膏）2338 担，（蜡烛）2547 担，（纸烟）16502 担，（炮竹）9269 担，（肥料、化学肥料、硫酸铔）44997 担，（火柴）302859 箩，（草席、蒲草席）85597 条，（药材）关平两 100122。（未完）

《江声报》1932 年 2 月 3 日

民国二十年度秋季厦海关华洋贸易统计(续二日)

出口各货（以下系出口往外洋及通商口岸大宗土货，复出口货不在内）

动物及产物品，咸鱼 578 担，生黄牛皮 33 担，熟牛皮 817 担。

植物产品（木除外），火麻 950，干果、制果、荔枝 4631，桂圆 5682，橘子 7582 担，蒜头 605 担，酱油 12582 担，赤糖 8708 担，白糖 1066 担，冰糖 17723 担，其他红茶 6004 担，烟叶 1554 担，烟丝 4481 担，大头菜、咸罗卜干 3699 担，罐头菜蔬 286505 打，未列名干鲜咸菜蔬 2047 担，粉丝 22376 担，酒、烧酒、药酒 3784 担。

（织造品暨产物及衣着，丝除外）苎麻关平两 16119，木燃料、纸、上等纸 3161 担，下等纸 138 担，纸箔、铅箔 20868 担。

杂货、砖瓦 133 块，明矾 171 担，碱关平两 1437，粗瓶器（非瓦器陶器）1188 担，未列名蜜饯、糖果、糖食 988 担，渔网 165 担，神香 2297 担，药材关平两 24041，瓦器、陶器（非磁器）441 担，石料及石器关平两 9426，纸伞 1370 柄。

复出口货（以下系复出口各宗，系土货）

洋货漂白或染色棉布，日本染色素粗细斜纹布（仅三线或四线组）260 匹。鱼介海产品，白海参无。

糕食果品药材，洋参 450 斤，未列名药材关平两 225。糖，和兰标本色第 11 号至第 17 号 8368 担。烟草、纸烟 4050 枝。

化学产品，碱 5 担。染料颜色，人造靛油 266 担，煤 2 吨。

土货植物产物（木除外），烟叶 743 担，织造品暨织物，土布 26 担。

杂货，药材 1162 担，纸伞 204235 柄。

出口连复出口茶类　运往香港者，红茶 91 担，绿茶 210 担，茶梗 1 担。运往新加坡等处者，红茶 564 担，绿茶 1343 担。运往荷兰东印度者，红茶 121 担，绿茶 316 担，花烟茶 2 担。运往印度者，红茶 12 担，绿茶 155 担。运往台湾者，红茶 45 担，绿茶 115 担，毛茶 12 担。运往菲律宾者，红茶 292 担，绿茶 5 担，毛茶 26 担。（完）

《江声报》1932 年 2 月 10 日

白米自由出口　商会函关署知照

商会昨（18）日函厦门海关监督云，径启者，前因红军陷漳，本会及地方当局，为维持本埠民食起见，限制白米出口。后向本会领取遵照，才准放行。现漳码秩序业经恢复，对于白米一项，自应准予自由出口，以利商业。为此函请贵监督转知海关税务司查照办理，实为公便云云。

《江声报》1932 年 6 月 19 日

俄油决在厦竞争　已派员筹设油池

全省汽车联合会日前议决尽量采用俄油一节，已载本报。闻此消息传后，美孚等三油公司，即将油价自 13 元 4 角，降至 11 元 4 角。惟上海俄油代理人昨（14）亦派宋某到厦，拟购地建设油池等事云。据宋云，将来决以最廉之价格与其他油公司竞争市场云。

《江声报》1932 年 10 月 17 日

厦门茶叶之今昔

孟叔章

中国为茶之原产地，昔时之出产与贸易，均占世界之首位，与蚕丝同为外人仰给于我之货品，亦我国对外输出唯一之名产。其后因别国之移植，供给不求诸我。别国之出产增盛，畅销为其所夺。1907 年后，印度、锡兰出口之激增，实予华茶以莫大之打击，英美市场，侵夺几半，输出地之独占者仅剩俄国。而俄国乃成华茶输出占 50%以上之唯一市场。

俄国之采办华茶，本取诸福建闽侯。大宗均系砖茶，其后转向汉口、九江。至于闽南茶产之输出，昔多运赴美欧，漳泉之乌龙，安溪之铁观音、铁罗汉，合台湾之乌龙，以厦门为集中出口之地。而厦门之对外贸易，亦因茶而益盛。考茶之英名为“Tea”。“Tea”者，厦门音读茶为“ti”之衍音也，他国茶字亦多为英文“Tea”之同音字。是厦茶对外贸易最早之明证。厦门茶之输出国以美占首位，西欧次之。美人好乌龙，而厦口输出亦以乌龙占最多，1877 年之输出总数达 90000 担。其后逐年递减，1887 年得 41820 担。1891 年已减至 23910 担矣。土产而外，台湾乌龙在基隆未开埠前，由厦转口，数亦不弱。其消长可于下表见之。

1874 年	24610 担	1894 年	137245 担
1884 年	98754 担	1904 年	100883 担
1891 年	152000 担(最多年份)	1906 年	69005 担

1906 年以后，台湾输出，径运外洋，厦门转口之贸易于是消灭，厦口茶输出之重要地位，为之减色。土产之贸易，亦因种植不良，制法仍旧，减退不少。欧战之后，略有改良，海外贸易稍见进步。兹将最近数年由厦门海关出口连复出口茶类运往外洋及通商口岸之统计制表如后。(担为单位)

年份	红茶	绿茶	毛茶	茶梗	茶末	共计
1924	8621	580		39	28	9268
1925	8041	676		23		8740
1926	11945	528		1		12473 [12474]
1927	11728	922	101	8	4	12763
1928	11424	716	111	15	8	12274 [12264]
1929	13329	1826	396	26		15577
1930	11427	870	143	17		12457

出口各类中以红茶为大宗，土产出口占最多额，洋土各货之复出口为量甚少。下表分示出口与复出口所占数字。

年份	红茶出口土货	红茶复出口洋土各货	总额
1924	8470 担	151	8621
1925	8011	40	8041
1926	11678	267	11945
1927	11701	27	11728
1928	11424		11424
1929	13329		13329
1930	11424	3	11427

输出以红茶为主,绿茶次之,而由外洋及通商口岸输入者,则以绿茶为最多,诚以嗜茶者之所好不同。闽南人亦不少用绿茶者也,至厦埠就地需要,究竟多少,无从统计。据华人平均每人每年需 2 斤半计,则厦埠居民 30 万,每年总计当亦在 75000 担左右。兹将厦口输入之大宗者列下。(担为单位)

年份	海关进口洋货 红茶	海关进口土货 绿茶(熙春)	
1922	459	316	未详
1923	6	749	又
1924	246	491	又
1925	249	292	又
1926	167	629	又
1927	427	70	6095
1928	62	67	5294
1929	106	145	356
1930	302	66	2753

常关进口绿茶

1922	89	1927	3641
1923	23	1928	3393

续表

1922	89	1927	3641
1924	105	1929	3898
1925	130	1930	3232
1926	4683		

茶类之输出与输入，既如上述矣。输入为量不多，姑置不论。输出之地带，以何处为最多乎？谨辑下表，以供比较。

1927 年与 1930 年厦海关茶类出口运往地统计表

（担为单位）

	红茶		绿茶		毛茶		茶梗		茶末	
	1927	1930	1927	1930	1927	1930	1927	1930	1927	1930
香港	1361	1589	12	10	46					
安南	86	无	2							
新加坡	8507	7203	359	157	55	20		17		
爪哇	878	896	无	15						
印度	360	471	391	135			3			
日本台湾	247	583		3			3		4	
菲律宾	150	611	59	276		123	2			
外洋共	11589	11353	823	596	101	143	8	17	4	
通商口岸	39	74	99	274						
总计	1178	1147	92	870	10	143	8	17	4	

厦门业查者都四五十家，入思明县（厦门本思明县治，今改设市）茶叶同业公会者计 20 余家，大抵均营出口业。金泰、和泰 2 家，其最著者也。兹蒋已入同业公会各自号抄如下列：

万泉　金泰　宜香　奇泰美　泉馨　奇春

芳茂　铭发　文记　福美　可成　泉□

锦祥　万发　泰发　福泉　芳林　清记

和泰　荛阳　芳记　德发　芳圃　崇茂耀记

锦春　同芳辉记　和安　万春　莲圃　协昌

联成　岩泉　合圃　岩泉长记等

除前列已入公会各庄外，另有文圃茶庄者，开设已数十年，在武夷有茶山，小种茶之南洋销路最广。比以家务纷争，停业诉讼，继续与否，尚不可知。若能恢复旧业，在对外贸易上为力殊多，否则深可惜矣。

公会之宗旨，以谋本业之利益为主。但所活动者多在消极方面，如关于税收问题、运输问题等。对于积极方面，如种植之如何提倡改良，烘焙之如何得时得法，包装上之如何出陈务新，茶质上之如何应人嗜好，似欠研究。设能务此，庶几于海外经济衰落之秋，外货竞争之场，对已失市场可得恢复之道，对未拓贸易能求推销之术矣。公会同人，其勉乎哉。

《江声报》1933 年 5 月 7 日

闽厦三都澳三海关报告民国二十一年度贸易状况

厦关：致败三端惟土布与英货进口可观
闽关：进出口货品均减惟茶业尚见稳定
三都：划界分关影响税收茶业数量锐减

民国二十一年(1932 年)度厦门、闽海、三都澳三海关贸易状况。兹调查如下：据厦门关报告，是年厦门贸易益觉萎靡，究其症结所在，不外以下三端：

一、抵货运动虽缓急靡定，然终年未懈，以致日货进口寥寥，国货与他国产品，遂得乘机取而代之。

二、内地□□滋蔓难图，四五月间尤为猖獗。厦门亦濒于危，直至十九路军开到进剿，始向省境西南溃窜。但克复区域，满目荒凉，资产之家多已他徙，商业恢复尚须数月。

三、海峡殖民地与荷属东印度等处之华侨，年内返归本埠者，已达 5.7 万人。由马尼拉、台湾、香港及经过香港回国者，亦不下 5.5 万人。衰败情形有加无减。回忆上年贸易报告，曾谓厦门之繁荣，端赖华侨汇款，以资维护，惟闽籍侨民，则自上年以还，多赋归来。其余居留海外者，收入亦皆锐减，以故流入本埠之资金，遂日见短绌。凡此诸端，均足以影响本埠进出口贸易，彰彰明也。本年直接进口洋货总值，计由上年关平银 2500 万两，降至 2430 万两，跌落之数尚不为巨，惟主要进口货物中之棉布，竟由 310 万两减为170万两。考其衰落若是之故，上述原因，固为厉阶，而金银汇价不利，与进口税率增高，亦皆有相当之影响也。惟本埠工厂出品则大见增加，而沪、汕两埠之棉布，亦源源而来，或足偿其所失矣。此外由英国输入之棉布，品质优良，足以代替日本产品，尤以色、素、粗、细斜纹布为最。至于建筑材料，如金属制品、木材及电料等，进口亦有可观。直接出口土货，由上年310万两跌为220万两，其中主要货物如药材、酱油、粉、辣、纸箔以及罐头、菜蔬、衣料皆为海外华侨需用之物品。故其贸易之盛衰，纯视侨民购买力之强弱以为断，侨民景况既如上述，则本年土货出口锐减，自无足怪矣。

闽海关报告：闽省□□终年猖獗，贸易孔道，时生阻梗，甚至闽赣界之城镇，如建宁、邵武、崇安、浦城等处，且曾一度失陷，备遭荼毒。□□平西北，沿闽赣干路一带重镇，实际虽未被匪占据，然邻近该路村落已蹂躏不堪矣。幸而本省第二货物散集中心之延平，年内并未受有重大威胁，货物运输仍得借此要路以达福州。然亦不无劫掠之虞，商旅咸惴惴不安，其予贸易之影响，较之交通断绝，不过50步与百步耳。盖当赣边"赤焰"方张之际，延平、福州间亦不安谧，所有经过货物，皆须缴纳半官性质之税捐于匪首，然后沿途始得通行无阻。本年商务因内地捐税，既甚繁重，海外市面又复萧条，顿形跌落，自在意中。是以本年报经海关各货，无不低减甚巨，直接进口洋货总值计由上年关平银770万两降至680万两，而进口土货，亦自1870万两跌为1440万两。至直接出口土货，上年尚达530万两，本年则为310万两，而运往通商口岸者，上年不下1340万两之多，本年则降为1200万两矣。惟以福州位于港、沪之间，故巨量洋货，皆可由该两大商埠输入，但按海关统计之编制，凡由香港输入本埠之货物，概以直接进口洋货计算，载入统计之内。至由上海输入者，则因其既为该埠复出口之货物，故不再列本埠统计之内，以免重复。由是可知，本埠直接进口洋货数字不足以代表本埠洋货实销之数也明矣。本年直接进口洋货总值，较之上年约减关平银90万两，不振情形甚为显明。其中主要进口货物可分3组。棉布与石油产易为第1组，鱼介与海产品为第2组，杂粮与麦粉为第3组，第1、第3两组因日本侵略东北，与摧残上海，激起人民抵货运动，进口大受打击。国产棉布乘时畅销，获利尚丰，而苏俄印花布、煤油、棉线输入亦夥，但日货仍复源源而来，并未因之而断绝。本埠出产货物，素以茶叶为大宗，历年咸占出口贸易之半数而强，惟本年红茶出口，则为清淡之一年，且海外销路日趋衰落，瞻望前途，甚为悲观。究其原因，国内外虽兼有之，然不外以下五端，本省采茶工人多数来自江西,近年闽赣边界"赤党"盘踞,工人执役,顿生困难,一也。红军既在产区勒征重捐,复于途中强索规费,层层剥削,无力负担,二也。上年除茶存底过丰,资金积压甚巨,致茶商拖欠银行之款无法偿还,本年新茶上市,亦皆无力采购,三也。伦敦及其他海外市场需要不殷,因之本年产量虽微,仍不得善价而沽,四也。金银汇价,仍属不利,本年汇率较上年腾涨25%,结果茶业所售之价,遂跌落35%至40%之间,五也。但年内曾有少数锡兰茶业输入本埠熏制,然后运销美国,实属创见。其为尝试性质,毫无疑义。良以福州气候对于种植薰茶所用之茉莉花等最为适宜。附近一带种植茉莉区域甚大,由是福州非独为闽省西南各地茶业转运之枢纽,且系三都澳及长江各埠茶业薰制与集散之中心。加以绿茶,因国内需求较殷,来此薰者日增,以故本埠实业中,茶业一项尚见稳定。惟红茶销路日蹙,若不设法挽救,诚恐全国茶业将蒙巨大影响,非仅本埠一处之损失而已也。

三都澳报告本年本埠变迁事项与贸易关系至巨者,厥为三沙湾,又称东冲口,划入本埠港口界限之内,及1月1日东冲民船分卡,改为福海关分关是也。盖东冲扼三都出入门户,而茶业又为本埠繁荣所关,畴昔商人皆借内河民船运茶出境,以为避纳转口税项之计,自东冲改为分关后,避税伎俩无从再施,莫不阻丧异常,因之内河船只吨数突然减少。而按照普通行轮章程行使之船只,乃日见增多矣。溯自三都澳关为通商口岸以来,迄今24载,其间贸易情形,殊少变更之处,茶业仍为本埠主要产品,历年出口数量,虽属甚巨,然并无在本圩交易者,不过由产茶之区运往福州销售,取道于此而已。本年茶市异常清淡,产销各业,均感失望。各种茶叶出口总数本年仅有85881担,实开光绪二十八年(1902年)以来之最低纪录,其中红茶一项,由上年280062担降至11652担,约减58%。绿茶亦由83137担跌为74229担。推原其故,半由内地盗匪滋扰,半由上年飓风为灾,而福州市场存底丰厚,本年需要无多亦为其一因。本年茶业不但出口数量锐减,而价格亦甚跌落,坂洋工茶每担仅售银48两至50两,而上年则为62两至65两。政和茶叶亦因品质不佳,每担售价仅为57两5钱,而上年则为80两。盖红茶市面之荣枯全视海外销路与市价为转移,而绿茶则纯视国内为销场,故其需要较为稳定。此外纸张与陶器,亦属主要出口货物,本年尚称畅旺。本埠与台湾之贸易,因抵货运动,并未稍懈,故甚寥寥,无足重轻矣。

《江声报》1933年8月6日

厦关七年来税收比较
由十八年起突飞猛进　因税率增高及外货多输入

民国二十一年(1932年)度,厦门海关税课数目及其贸易情形,已志本报。兹将该关所公布之民国十六年(1927年)至民国二十一年(1932年)度税课比较续志如下,观此足觇厦市数年来商务递嬗之一斑欤。

年度	税课总数
十六年(1927年)	1174989两2分1厘
十七年(1928年)	1171898两4钱9分3厘
十八年(1929年)	2177232两3钱2分6厘
十九年(1930年)	3456993两9钱
二十年(1931年)	4243165两7分9厘
二十一年(1932年)	4209073两4钱9分

综观上表,民国十六年(1927年)、十七年(1928年)两年,相差无几;十八年(1929年)、十九年(1930年)两年,则骤增百万及百余万。其原因由于厦市路政改观,内地公路逐渐沟通,相需铁器、材木、洋灰、电油、汽车油及各种车辆材料较巨也。二十年(1931年)至二十一年(1932年)两年,皆420余万,此则关税增加影响。本年下半年虽尚未知,然就目前不景气观察,或在二十一年(1932年)仲季之间也。

《江声报》1933年8月11日

海关验货于商不便　香沪业呈商会转请改善

市商会昨接香沪同业会呈文,略云,案准属会会员仁成、振川等声称,窃会员素营米碎业,查米货一项,本免纳饷,向凡由香港进口大米米碎,均无须过关查顺。迩因海关须逐载到验货厂请验,并于副载字上由海关加盖"赴验"二字,凡来货到厂时,准予随时检验,以免滞留。迨本年2月间,蒙前税务司体贴商艰,由海关派员在原配货之火船上查验,得免赴关为难,以省手续。此种办法会员等均称利便,讵施行未久海关又变更规程,向之在船查验者,今须逐载停泊于火船边,以待海关派员监视,将货押到验货厂,方得检验放行。有时逢海关事忙,常候至终日未得离开,若遇风浪激大,货驳停泊在轮边,尤属危险。且有时货经出便未得关员前往押载,致使停泊在关口,越日方得请验,种种困难莫可言状。苟无改善办法,此去北风将起,前途危险,何堪设想等词。查所称确系实情,请钧会转函税务司,嗣后凡由香港进口大米米碎,准予照旧在原配货之火船上派员检验,以省手续而利商便云。

《江声报》1933 年 9 月 3 日

福厦澳三口六月份进出船只吨数　上半年进口船四百余艘

厦进口四十一艘　出口三十三艘　进口九万余吨　出口七万余吨

本年 6 月份,福州、厦门、三都澳商船进出口只数及吨数。兹据福厦澳三海关统计如下:福州关进口 10 艘,计 12516 吨;出口 8 艘,计 12678 吨。厦门关进口 41 艘,计 90991 吨;出口 33 艘,计 72545 吨。三都澳关进口 1 艘,计 4070 吨,出口无。又 1 至 6 月福州关进出口统计 105 艘,厦门关 428 艘,三都澳关 17 艘。

《江声报》1933 年 9 月 6 日

福厦澳三海关六月份进出口货值比较

福州入超万余　三都澳入超六万余　厦门入超一百六十九万六千余元

本年上半年福州入超三百六十余万　厦门入超一千六百余万

本年 6 月份,福厦澳三海关进出口货物价值数字,兹调查如下:福州关进口 407367 金单位,合国币 769924 元;出口 385634 金单位,合国币 728848 元。是月入超国币 41076 元。厦门关进口 980506 金单位,合国币 1853156 元;出口 83065 金单位,合国币 156993 元。是月入超国币 1696163 元。三都澳关进口 37066 金单位,合国币 70055 元;出口 809 金单位,合国币 1528 元。是月入超国币 68527 元。福厦澳三关合计 6 月份入超为国币 1805766 元。三关比较,厦关入超最多,其数字占 90%以上。又福州关 1 至 6 月份,上半年入超统计为国币 366.8 万元,厦门关 1 至 6 月 1618.7 万元,三都澳关 4.7 万元,福厦澳三关上半年入超总数共计则为 1990.2 万元也。

《江声报》1933 年 9 月 6 日

海关覆商会　检验米包　系恐米中装糖

商会昨接厦关税务司公署函，略云，准贵会函，以仁成、振川等声称米货一项，本免纳税饷，向来由香港进口大米米碎，均无须过关查验。因海关慎重起见，令载到验货厂请验，复改为在原配船上查验。现改为仍载到验货厂查验，有种种困难，等因准此，查凡洋米由仰光及槟榔屿等处报运进口，实际上多在原船扦探，海关如遇认为有必须过验之时，亦可在原船上施行查验，惟商人应缴纳特别检验费。至于大米米碎由香港进口，因袋内时有私装糖货，本关对于由该处运来之米货，必须令其运至进口验货厂详细检查，以杜弊端云云。商会按函后，已函转香沪同业会查照云。

《江声报》1933 年 9 月 8 日

厦海关八月份税收总计二十九万八千余元 较上月减少二万余元

本年 8 月份，厦门海关税收总数，据该关统计，为国币 297174.95 元。又泉州分卡 8.40 元，石码分卡 1768.12 元，比较七月份厦门海关减收 22201.66 元。泉州分卡增收 2.40 元，石码分卡 1553.81 元。秀涂分卡上月份税收 9.84 元，本月份无。又厦门、泉州、石码三关卡 8 月份税收合计 198950.47 元，比较上月实减 20657.28 元。

《江声报》1933 年 9 月 9 日

大碎米过关检验　激动香沪商停止起货 安徽轮到厦停工五小时代表交涉卒获完满答复 将来向关具保不私装糖货尚须各方面磋商

本市香沪同业公会，近以海关对该会所属会员由香入口大米米碎不在原轮检验，着须逐载过关。该会认为阻碍会员营业甚大，曾于日前呈请厦门商会，咨函海关准予仍在原轮查验，以利商运。去后，海关税务司令答复：谓鉴于商人有私装糖货情事，故必须如此做法。嗣该会再召开会议议决，再呈商会转函海关，以私装糖货所有破获均非该会会员，不能负责。为慎重办理计,该会得令会员向海关具保,不作私装糖货,如或犯者,听由海关、税务司严重处分,并派翁吉人、魏英才为代表,欲会同商会代表到海关向税务司陈述在原轮检验必要。讵代表未动身而海关又于香入口大米米碎,责令须待全部起清方准过关查验。该会以米载有时盈千累万,非一日所可起清,或因被压在别货货底,或逢潮流急激。顾此欲付全部出清方验,有时必辗转空耗一日工夫,有时且须搁载于海,危险殊甚!咸认此举为制香沪途之死命,特议决13日安徽轮载到米件,不予起货,以作消极表示,期促海关注意。一面通告会员遵办,一面函驳船工会、落海工会,通知工友取同一态度。盖全部起清方行验货,于驳船工友、落海工友,均有直接困难、做不到之苦衷。昨早天亮安徽轮抵埠,果一致停止起卸,他途亦表同情,一律不起,税务司对此不能不加注意,即太古行亦视为紧张,派员向税务司陈述。

10时许,商会主席洪鸿儒偕同香沪公会代表翁吉人到海关晤税务司,经答应设想相当办法,并云鼓因私运糖货者众,受上峰责令严格办理,非彼过事吹求,但商人既有困难,可想一妨私装利商便办法。今日安徽轮得准在原轮检验在相当办法未实现以前,如有续到米件,亦得予商家以方便。洪与翁均认满意,一场风波冰销瓦解。综计安徽轮入口停止起卸有五时之久,该会遂再通告会员,并订明日午后四时再召集执委会,讨论相当办法,微闻所谓相当办法,即该会所提向海关具保不作私装糖货情事。惟此事船头行方面亦有关,故须经各方一度磋商,原则上税务司已表示容纳,所讨论者仅在于手续上问题耳。

《江声报》1933年9月14日

香沪商召开大会　决反对洋米进口征税
港米进口检验酌定办法
检验特费商由船头行负担　本国米入口请免关验

本市香沪同业公会,日前因海关欲令对入口米件全部出清方予检验,认此为该途营业生死关头,故13日安徽轮抵埠,所到米件,一致不予起卸。税务司视此为严重,商会主席洪鸿儒亦恐风潮扩大,乃会同香沪同业公会执委员翁吉人,晤税务司商量救济办法。税务司当下答应对于嗣后入口米件准予仍在原轮检验,惟须由商会着该香沪途会员,具结不作私运情事,后缴纳特别费,各情已志14日本报。但香沪公会以税务司原则上虽已承认,其间所有具保手续，与夫特别费之缴纳，尚须经一番考虑。17 日午后 6 时，该会特假南轩酒楼召集会员大会，作长时间讨论。到 60 余人，席间并议决反对洋米征税，以闽省有特殊关系，若欲征税，必陷民食于恐慌，即举汪筱岩为主席、陈病闲为记录，魏英哉司仪。先由翁报告与商会主席晤税务局经过，会员纷纷发表意见，最终议决如下各案：一、报载洋米入口拟征税率，事关全省民食，应如何设法救济案。议决：查闽南并非产米区域，历来均仰给洋米接济，去年又值旱魃为虐，尤感急需，与他省性质大不相同，若征税率，必陷民食于恐慌，应呈思明市商会召集执监委员会，电请政府注重民食，权衡轻重，勿只顾税款收入，不计民生大害。二、关于翁吉人报告，被派会同商会主席晤税务司，磋商由香入口米载检验事。经税务司答应，着须由商会列具本途会员名录，保证不作私运情事，并颁缴纳在轮检验特别费，应如何办理案。议决：甲、由会员立单向本会担保不作私运情事，然后由会转呈商会，请咨函税务司，声明本会愿负一切责任。乙、所有会员向本会具结保户，准由会员连环担保，或相当商户，经本会派员审查合格者亦可。丙、所有会员保户，指定翁吉人、魏英才、汪筱岩为审查员。丁、凡本会会员由香运进米载，其报关载字由自己行号先行盖章，然后本会方得加盖会章。戊、所有载字由会员派人直接到落海理货工会报关处报关，以待本会派员加盖印章。己、推举洪良程为本会掌印员。庚、在轮检验特别费，应由会派代表向各船头行磋商，请其负担。辛、所有会员米载标头，应刊表送香港代办家，嗣后对于与会员雷同标头，应随时加以注意，电达本会核办。二、对于上海入口本国米粮，厦海关经接申关照会，自免再行检验，应呈商会咨函海关，对于由申入口之本国米粮，准予免验以利商便案。议决：通过。议毕，已 9 时许，乃会餐散会云。

《江声报》1933 年 9 月 19 日

反对洋米进口征税　香沪商呈商会转请取消动议税务局调查进口米

本市香沪同业工会反对洋米征税一事已志昨报，查该项洋米征税消息，连日传闻甚哄，近日米市且无行情，税务局亦填格派员向各米商调查入口数量，当非空穴来风。香沪同业公会致市商会呈，照录于下：呈为呈请事，案查米粮一项关系民食，前者湘省当局借口于救济农村破产，向政府提议，欲征洋米进口税。嗣经某当道反对暨国人非议之声四起，故未果行。近复有某省举办洋米入口税已成事实,某省将继起放行,报章记载,道路传闻,夫岂无因?他省不必论,姑就闽南言,闽南四面环海,地势不宜于耕种,居民多侨商海外,所需粮食,除赖漳属一部分出产外,向多仰给台湾之米。自台湾割归日本后,乃转而仰给于仰光、暹罗、安南等埠洋米,每年入厦门口者数约 30 万包,除供本埠民食外,其余转运泉州、安海、同安、兴化各内地。从前江苏、浙江、湖南等省亦有北米到厦,年来因北方各产米区域逼于天灾人祸,自顾已属不暇,安有剩余可济邻省之用?早已绝迹多年矣。近闻上海虽有配到北米,然为数亦殊寥寥,杯水车薪,无济于事,益以本年闽南旱魃为灾,春季已收获乏望,秋收亦属徒然,向之漳属运米接济厦门者,今则须由厦门转运洋米入漳属接济。其余如内地之需要洋米,更不待言,故本年洋米入口……(下缺)

《江声报》1933 年 9 月 20 日

面粉麦皮关验阻滞　向税务司接洽请开方便

商会昨函厦门关税务司,略云,据面粉业会函,查面粉麦皮本属粮食,凡由上海进口,均已在沪纳完饷税,并经验明放行,无须过关检验。乃迩来厦关对面粉麦皮逐载赴验货厂请验,有时关员如未往查,常俟至终日,未得离开,或货经出便,未得海关派员前往押载,常致停泊关口多日,方得请验。若遇风浪巨大,危险异常,且有时因载字批明若干包,分配驳船若干只,至赴验时关员亦未肯准将验讫者先行起卸,必须待至载字包数验对清楚,方准放行,请派代表会同属会代表黄瑞甫、蔡建芳前往,请予改善。嗣后凡由上海进口面粉麦皮,准予在原配货之轮上检验等情。据此,兹特推举陈常委瑞清会同黄、蔡二代表亲诣贵关面商一切,至请查照接洽云。

《江声报》1933 年 9 月 21 日

洋米进口征税声中本市米商之两样心肠
既认关系民食不应征税　又复投机运积以图厚利

香沪同业公会以据报财部拟在福建征收洋米进口税,呈市商会转呈省府财部反对征收,同时本市米粮同业公会亦开会反对,各情已数志本报。查自洋米进口征税消息传出后,反对者已正式呈请收回成命,当非无稽。而各米商且多有需向香港配运多量白米，希图投机获利者，可知洋米进口征税，在米商眼光，似去实行已不在远矣。昨据米业公会消息，此次传财部拟征本省洋米进口税，系得自香汕米香方面消息，言之凿凿，殆非空穴来风。即粤省举办中，亦经米商纷起反对，原定每包征收1元，兹闻粤当局已定核减至6角。然此事各米商以关系粮食问题，故仍坚持反对。查福建省仰给洋米已不自今日始，以前每年进口约10余万包，去年骤增至30余万包，本年进口数目虽尚未确知多少，然推测本年进口数较去年又当加倍也。且本年洋米价钱如现下市面行情，每担仅6元数角，泉属一带向来靠厦运米接济，漳属向可运米消厦，今年亦竟仰赖洋米之接济，故洋米进口突增此为一大原因。若闽北方面，如建宁等处，原亦产米之区，可以输运省垣，今年亦告米荒。余如闽侯、延平等处，一向之专靠洋米，故与泉厦无异。虽芜湖常有由沪运米到省，然其数甚少。本省之粮食，以今年言之，几无处不赖洋米也。今若加征进口税，米商因而艰于营业，黠者或乘机操纵，于民食实大有影响云。

《江声报》1933年9月25日

关税附加堤费

一月份收入统计五千九百四十元五角　许凤藻进省有所接洽

本市第二段堤工经费垫款28万余元，经工务局呈准省府，商由厦门海关税务局，照海关附加2%，于本年1月5日起实行该项堤工附加。本省收复后，仍照旧征收。盖以该款关系地方建设甚巨。海关监督许凤藻经呈报财政部，有继续办理可能也。查1月份堤工附加税，据海关税务署公布，实收国币5940.5元。又海关监督许凤藻前日由厦晋省，闻对兹事，将向新省府有所接洽云。

《江声报》1934年2月10日

洋米进口税准照原税率六成征收

税局着将登记米件于今日补税　昨最后磋商已可解决

洋米入口税，经财特署委林献巩到厦设局，准备继续征收。各米商则呈请商会电转省当局撤销去后，越日凉州、安徽两轮由港运到洋米4348包，被米税局制止起卸。旋经仰光、香沪两帮公会代表交涉，米税局方面准予暂先起卸。米商自该批洋米被米税局扣留后,连日均派代表向局长林献玑商洽,以原订税率,洋米每百斤征税1元,大绞米每百斤0.9元,粹米每百斤0.8元,殊觉过重,力请减轻,拟以五成认缴,藉轻民负。但往返磋商,迄无结果。嗣林氏乃允为代电财特署请示。昨该局已奉到财特派员徐桴来电,准以六成征收,以恤民艰。该局奉电后,即于是日午后邀请米商代表陈□涵等到局,作最后之商决,声言无论如何,应依照上峰命令进行,着各米商将登记洋米于今日按章到局纳税。各米商已有允意云。

《江声报》1934年2月11日

商会电财部　碎米税请明定减轻

香沪同业会为洋米税归海关征收,米碎税率问题曾函市商会,请电财部并函请关督署、税务司,酌予减轻。商会据函后,昨已转电财部,文云,据香沪同业公会函称,奉海关通告,以本年3月15日起,凡由外洋输运米谷在本省进口者,暂定按照现行税率半数完纳税课。查海关对于洋米碎并无定何税率,此项米碎,系制米粉及饲牲畜之用,其价值只有食米半数,若与大米同等征税,则商家负担不起。若照谷类估价征税,尚嫌过重,请转电财政部,对于米碎准予减轻税率,以恤商难等情。查该同业公会所陈各节,尚属实情。谨据情电恳钧部俯准所请,以示体恤云。

《江声报》1934年3月17日

港米到厦泊验货厂准速检验

市商会前据香沪同业公会称,由香入口米件,关员往往迟延时间,不予立时检验,商人大感不便,请转严重取缔等情。昨该会得海关复函云,谓本关检验进口货物办法,应由运货驳船泊近海关进口验货厂,以凭循序检验,乃该项驳船,往往迟缓,以致查验未毕,有不及放行之处。若商人急促运货,驳船迅驶停泊验货厂,本关自当从速查验。又近来米碎及整米税率不同,必须提取米样,以定税课。又查有由香港运来之米包内,藏运私糖之事,本关不得不慎重检验,以杜流弊,故觉手续繁多,本税务司已饬知人员,对于香沪运来之米速予检验,以恤商艰云云。

《江声报》1934年5月3日

仰光米商调查米市　李石醒到厦

仰光米商李石醒，日昨到厦，属有仰光实得力米商帮使命，调查洋米、国米在厦销场状况。李与本市仰光帮陈秘书友谊深厚，陈询以祖关征收洋米税，于洋米影响若何，李谓，仰光米商因洋米税实行，不无影响，如汕头现状，销场仅及以前十分之二，厦门洋米销路亦日就退落。但仰光米商目的地系在印度、实叻等处，该处产米无多，人口又众，全赖仰米接济。汕头、厦门之销仰米，无重大关系，李将于日内赴汕头、广东、上海及长江一带考察，然后回仰云。

《江声报》1934 年 8 月 15 日

民国二十三年度厦门商船往来统计八百六十一艘

财政部关务署最近发表去年 12 月份厦门、福州、三都澳各关，商船来往数目如下：一、厦门关进口 30 艘，出口 44 艘。二、福州关进口 8 艘，出口 7 艘。三、三都澳关，进出口均无。又 1 至 12 月全年统计厦门关进出口合计 861 艘，福州关 217 艘，三都澳关 20 艘云。

《江声报》1935 年 3 月 1 日

去年十二月福厦澳进出口统计入超百十五万元

去年 12 月份，厦门、福州、三都澳三海关，进出口货物价值，据关务署发表统计如次：一、厦门关进口值金单位 590060 元，折合国币 1170679 元；出口金单位 149316 元，合国币 296243 元。是月入超国币 874436 元。二、福主关进口金单位 197179 元，折合国币 391203 元；出口金单位 59046 元，折合国币 111714 元。是月入超国币 274056 元。三、三都澳关进口金单位 901 元，折合国币 1787 元，出口无。是月入超国币 1780 元。福厦澳三关合计共入超国币百十五万零二百七十二元。

《江声报》1935 年 3 月 1 日

二月份海关税收统计
三十七万六千余元　较一月减五万余元

本年2月份海关各项税收计276821.052元,中东山分卡收入793.49元,泉州分卡19.05元,秀涂分卡542.75元,石码及观音澳分卡无。堤费附加收入6568.77元,总计384745.11元。与1月份比较,减少59480.822元。

《江声报》1935年3月16日

六月份厦门关税收计七十六万余元
堤工费附加万三千余元

6月份厦门海关税收,据海关统计,共为760783.87元,计厦门关收744742.81元,东山分卡收1265.52元,泉州关收1109.04元,秀涂分卡无,石码收149.77元,观音澳收197.85元,堤工附加收13318.88元。

《江声报》1935年7月6日

漏税火柴闽南海滨最盛
漳泉俨如自由商场　国货会请财部救济

厦门市提倡国货委员会,昨呈财政部,谓据大中华火柴股份有限公司厦门事务所呈略称,本公司近受漏私火柴之打击,营业上一败涂地,几于一蹶不振。查漏税火柴以闽南沿海为最盛,几于无孔不穿,遍地舶来充斥,几成外人市场,政府虽云侦缉,而漏风未见稍戢,最厉害者为泉属之莲河、东石、石井、塘东、浦内、崇武、萧厝、三江口、金门等,漳属之港尾、浮□桥、浮宫、漳浦、旧镇、东山、云霄、绍安等,以其地僻法远,俨如自由商场,不知税率为何物,奸商获利之所在,不惜干犯科律,为外人张目。如前次漳浦县派员往诏安调查,讵查者未到,早有密探驰报,该奸商仓猝,将漏税火柴搬至暗室,门前略排几包。迨查者临境越街探视,以为门市区区不与计较,孰知暗室私藏为数何只百珍,全市何只千珍,区区一隅,尚至于此,大埠更免置述。夫舶来漏税火柴既属走私免税,每珍售价5元一二角,便可盈利,较之国产火柴,其成本及各费须在7元,比舶来漏税者昂至3元左右(如每珍免纳统税元2元

9角，成本不过4元9角）。因此无法争衡，任凭侵袭，（中略）乞转请国府财政部，准大中华火柴在福建省内，依照旧税率每珍征税1元2角半，一方转饬各关卡、税所严缉漏私，处以重刑云云。

《江声报》1935年7月21日

走漏关税到处有机关
厦门销糖月二千包　报税仅有数百包

厦市每月所销白糖，据查约2000包左右，而向海关报税进口，运往漳码内地销售者，自本年1月起至9月19日止，总数仅4969包。此4000余包中，8月份进口尚及千包，9月截至昨（19）日止，则仅百余包，且概系运往漳码内地者，厦市则未销半包也。据查海澄属之海沧方面，私糖近多由该处上岸，运往漳码。同时漳浦县属之佛昙，亦有大规模之走私机关组织，对岸私糖可直接运往该两地，转往内地销售。因之洋糖进口，近日乃骤然减少，海关对此已有所闻，将于近日派巡缉舰巡弋该处海面，以防偷漏。至本市销糖，月约2000包，全数多系私货。其囤积之所，有青屿、港尾、乌丘屿等处，起卸地点则在厦港、曾厝垵、禾山、五通一带。其由对岸运来，多以电船或渔轮装载，迨抵目的地后，即分批出发，或以帆船，或则渔船，陆续载出。运出之时，每以满载者居中，而前后左右，则护以轻装帆船，其中亦载有货物，但不甚多。倘遇关舰，其载货少者，必故作张皇，或转舵走避，关舰每中其计，虽亦有缉获，而此大宗之漏税货物，已安然到达彼岸矣。间有关舰向满载货之船追缉，此掩护之船，必起而包围，务使满载者脱险而后已。盖货多之船必有保镖，或10数人，或20人不等。关舰迫之急，则开枪抗拒。岸上亦有响应者，因之关舰每遇此种情形时，必舍重就轻，不欲与之作困兽斗，而此辈可幸免。故虽时有破获，实际固未尝损其毫末也。现仅厦门港一隅，营此种私糖者，已有10余家，无怪一般人有白糖在厦无税之称也。至泉州方面，其偷卸地点，则在东石口南门外一带云。

《江声报》1935年9月20日

厦门粮米进出口状况　米商向财部委员报告 请撤米粉出口税　以维米碎之销售

财部国定税则委员会,派周启东、郭丹等到厦,调查米、糖、水果等土产,已志本报。查周、郭二氏,日昨在商会召集香沪商公会、仰光米柴公会,及在地帮米业等,查询粮米种类,各代表当一一详告。计洋米种类有暹罗、西贡、仰光等类,暹罗出产米碎、米酪,西贡出产安南占,仰光出产敏党米,分大绞、小绞两项。米酪、米碎乃专门制造米粉糕粿,及养饲牲畜之用,穷苦贫民亦多有吃米碎以求节省者。此项碎米进口,年有20万包,安南占专供民食,岁入10余万包。敏党大绞岁入亦10数万包,小绞岁入3万包。至国米出产,如漳属石码海澄,每岁输出,无从统计。芜湖之米,罕入厦口,而厦地洋米,又须转入内地各县。盖除漳属外闽南各县多非产米区域,在漳属丰收时,每年尚须40万包洋米接济,若在歉岁,需要更多。每年分上下两季,1月至6月需用洋米,7月至12月,则需用国米,故洋米仅能做半年生理。且厦门不比汕头,汕头与芜湖有直透船,4天可到。厦埠尚须由上海转运,其间应稽延至15天之久。去岁洋米税归关征收时,厦兴安街美记,曾配一帮芜湖米,结果米质发臭。因国米多含有水分,不耐久存,且有故意湿水,以求增多重量者。汕头现时芜湖米颇有销路,每年入口近百万包。盖汕头内地交通发达,国米抵埠,容易找得去路。若厦埠则舟车费时,芜湖米之少到厦市者,此亦一大原因。总之,国米运闽,实不甚适合销售,否则米商谁不喜欢经营国米云云。

又香沪代表报告,谓碎米与米粉,具有连带关系,要求撤销米粉出口税,以免业此者多跑往香港营生,并提出诉愿呈文。周郭二氏颇表同情,并言沪报载,10月1日财部将撤销米粉出口税,以尚未见诸明文,确否未知,但所提确具理由,许为转达。香沪代表又谓,如果撤销出口税,每箱仅省1元,收效很少,最好仿效欧西征税办法,米既征税,制造米粉后,能再扣回税额,斯可符一物一税之旨,并使民能得收实惠。该委员唯唯称是。查询至6时许散会云。

《江声报》1935年10月9日

本月厦门海关无报税进口糖　破获私糖十批九百二十五包 三月来走税进口五千包

泉厦漳码，日常所食之糖，皆属非正式进口之私糖，已无可讳言。据查海关12月份所破获私糖，共有10批。一、28包，二、36包，三、214包，四、22包，五、3包，六、122包，七、144包，八、46包，九、264包，十、46包，合共925包。此925包，其中浸湿破碎者，在厦拍卖约100包。其余800余包，均配往上海销售。而由厦门港偷运入口，曾向糖税局报税，而不向海关报税者，闻有310余包，此为12月份白糖私运大概情形。据个中人言，自10、11、12月份三个月中，私糖进口共达5000包左右，每包以166斤计，应纳海关税23元6角。是此五千包之私糖，仅海关一部分之损失，已不下10余万元矣。就目下糖价言，私糖在漳每百斤售18元余，在泉售17元余，在厦售20元零2角（昨日之行情）。如系正式进口者，每百斤至少须售23元余，相差达3元余，无怪自11月至今，正式报关进口之糖，乃无半包也。

查由厦进口洋糖，以前除销流本市外，并运销漳码泉州一带，近则泉州、漳州、石码均销私糖，正式之糖可谓绝无仅有。据糖税局中人言，现在漳州一带所销白糖，均系由旧镇私运前往，此中有可疑之点三：一、由旧镇运往漳州之私糖，必须经过旧桥，旧桥驻有军队，不知以何方法越过此桥。二、闻石码海关分卡，近曾调查漳码私糖之来源，欲向私运商人，每包私征1元5角，各私商尚未允许。三、如由海关派员会同军警常川驻守旧桥，则漳浦一带之私糖必不能越桥而过，但海关均不暇计及此也。

据一般视察，一、私糖可以通过旧桥，该地驻军不能不负相当责任。二、私糖运漳，须藉汽车为工具，汽车公司应能知之。在海关方面，只求月有些少破获，关员可得几成之奖金，而不知国税损失之甚大也。而本届新华董未产生时，原任洋董苏为霖，则与巴氏再作聘约，期订三年，薪俸暨食住储蓄等，仍每月1600元左右，三年后可请假五个月返英，并须给予夫妇2人旅费，巴氏无违法，不得辞退。如巴氏违法失职，亦须六个月后始离职。该约经原任华董洪朝焕签字，故现任华董虽据理力争，多方交涉，而不获圆满解决。在纳税者理由，谓苟一味依凭聘约，则巴氏前无加薪可能。反之，则苏为霖与订聘约，亦已无效。若凭聘约，巴氏应吐出以前加薪款项；不凭契约，则薪俸可依随时情形酌定云云。华议会已接受纳税者议案，交由华董，再向该局董事会力争云。

《江声报》1935 年 12 月 30 日

八月份闽入超六十万 福澳出超七万元 厦入超七十余万

福厦澳三海关 8 月份出入口贸易，经税务署发表，计福州关入口 452414 元，出口 476184 元，是月出超 23770 元。厦门关入口 1205581 元，出口 334267 元，是月入超 791314 元。三都澳关出超 47801 元。计三关对抵外，尚入超 601415 元云。

《江声报》1936 年 10 月 6 日

九月份厦海关税收统计

厦门海关 9 月份税收，计厦关进口税 452388.82 元，出口税 15711.41 元，转口税 11788.8 元，附加税 1545.04 元。又船钞 21749.2 元，东山、泉州分卡均无，秀涂分卡 116.35 元，石码分卡 53.17 元，观音澳分卡 1716.58 元，又 123.65 元，提工附加税 8631.04 元，总共 513184.12 元。

《江声报》1936 年 10 月 10 日

香沪公会再请洋米进口免税 援照粤例一视同仁 调剂粮食救济工商

本市香沪采运米业公会，昨函市商会请转电层峰，对洋米及米碎准援粤省例，进口免税。原函文云，闽非产米之区，向须外米接济，前以粤省对洋米进口准予半税征收，闽粤毗邻，同属仰给洋米，本会因是曾经呈蒙钧会转电行政院、财政部，准照粤省办法减轻半税，未得要领。现财部对粤进口洋米，又于 4 月 1 日起，核定米谷各 200 万石限期免税，对本会所请则未见采纳。似此政令两歧，待遇不均，殊失政府一视同仁本意，且本市米贵不亚粤省，非暂仰洋米调剂，无以抑平米价，安定人心。至于洋米碎一项，尤为闽南米粉丝输出外洋之大宗，国产采入制出，利无外溢，尤能维系数千工友生活。值兹地方景气不佳，关系工商业甚巨，前部定洋米全税，米碎半税。迨去年 4

月 11 日，对米碎改征全税。自是米碎无法进口，致粉丝工厂纷纷停业，大半迁往香港制造，以避免米碎入口税及粉丝征出口税。全部工人失业，社会突呈恐慌。且米碎为唯一制造粉丝特殊原料，非同粮食可比，自不能影响国米推销。应恳钧会一并转电层峰，对洋米及米碎准根据粤省核定进口免税办法，以示均衡，而平米价云。

《江声报》1937 年 4 月 7 日

海关税收三月份激增总计七十七万九千元
破近年来之纪录

厦门海关上月(3 月)税收激增，其全月总数为国币 779082.96 元，破 12 年来之每月税收最高纪录。其中进口税为 721712.04 元，出口税 15163.74 元，转口税 8545.86 元，附加税 1633.9 元，船钞 16429.85 元。东山分卡 697.14 元，又 43.97 元。泉州分卡 4.2 元，秀涂分卡 116.35 元，石码分卡 12.9 元。观音澳 1206.79 元，又 113.9 元。堤工附加 13402.32 元，合如上数。

《江声报》1937 年 4 月 11 日

四月份厦关税收五十一万四千余元

又讯　厦门海关 4 月份税收总数为 517090.84 万元，计其中进口税 460835.69 元，出口税 14431.89 元，转口税 5559.78 元，附加税 1419.16 元，船钞 23731 元。另东山分卡 1514.54 元，又 0.96 元。泉州分卡 469.21 元，又 76.5 元。秀涂分卡 113.7 元，石码分卡 31.08 元，观音澳 208.76 元，堤工附加税 8785.68 元，合如上数。

《江声报》1937 年 5 月 11 日

台湾香蕉运闽去年万八千件
在厦销售占四分之三　运入内地仅四分之一

台湾水果运闽推销，在厦设有“青果荷受组合”。据云去年台湾香蕉运闽总数，为 1.8 万余件，其中销于本埠者四分之三，即 1.3 万余件；销于内地者四分之一,即4000余件。此4000余件,分销于泉州、石狮、安海、漳码等处。而各处每月平均销数,仅有400余件。安海方面传说,每月进口6000件,泉安可销2000余件,殊不事实。至于配入内地饷税,亦照完纳,经海关签放行,乃由顺安轮转运载,所传漏税,亦非事实,且无可能。而货物运往,每次仅派一人押运,并与各承买人会账,所谓"赳赳者多人,携带影机,或提硬皮账簿,到处摄写",皆无其事云云。姑并志之,果有漏税及擅在内地摄影等情,自可以国法制之也。

《江声报》1937年5月13日

海关上月税收八十六万余元　破数年来最高纪录

厦门海关6月份税收,激增至861447.22元,突破二数年来每月税收最高纪录。其中进口税816473.6元,出口税13374.51元,转口税5647.75元,附加税1425.2元。船钞7107.55元,东山分卡945.87元,泉州分卡295.7元,又10.65元。秀涂分卡146.8元,石码分卡6.08元,又57.46元。观音澳752.87元,又1.5元。堤工附加税15201.68元,合如上数。

《江声报》1937年7月13日

厦门海关十月份税收
进出口税十三万余元　转口税九万余元

厦门海关税收,以往岁平均计算,每月约为50万元。今年1月至7月情形相似,8月以后,因全面抗战开展,进口货减少,税收亦随之而减。然8月份总收尚有30余万元,至9月份乃锐减为13.2万余元,详细数目皆已志载本报。兹查10月份进口税为130380.95元,较之9月份,又减2000余元。惟是月开征土货转口税,该项转口税10月份总收为91193.67元,故海关10月份总收入为221575.62元。细目如下:一、进口税104745.4□元;二、出口税8217.51元;三、转口税58317.42元;四、进口附加税5234.85元;五、出口附加税561.77元;六、进口赈灾附加税5234.74元;七、出口赈灾附加税561.77元;八、漳州分卡转口税6851.39元;九、泉州分卡转口税8084.35元;十、观音澳81.75元;十一、秀涂分卡35.66元;十二、石码分卡转口税16683.66元;十三、东山分卡转口税1139.44元;十四、船钞厦门收入5824.4

元；十五、观音澳□元5角，总合如上数。

《江声报》1937年11月18日

厦市繁荣的问题　洋货进口本省仅限榕厦两港联合检查海关立场不能赞同

本市水上交通，因检查麻烦，关税壁垒，各处商家视若畏途，港沪船只均直接驶往泉州、安海、石码等地起卸，然后将货转运来厦销售，各情经志本报。记者昨为此事往访海关谢副税务司，兹将问答录下：

问：本市检查机关众多，手续繁什，有无计划联合检查以免骚扰商旅？

答：海关为政府规定唯一负责货运检查机关，该机关检查立场如何，非我所知。日前市参议会亦曾来函谈及此事，本关曾以负责立场答复，无需与他机关联合检查必要，以免抵触法令。

问：不设海关之处是否可准洋货进口？

答：本省洋货进出口之海关，经规定福州与厦门，其他均不准办理。进出口贸易暂行办法，于本年3月1日起实行后，内地及无海关地方与外埠（如香港）间之贸易，均在禁止之列。现本关正积极调查各地洋货进口情形，以便查缉，此后如有此事，倘系商民不明法理，即应运厦补办纳税。如系故意走私，定予没收充公。

问：国内货物运输应无限制并免缴税，当可免予检查？

答：货物在国内运输，虽无限制并免缴税，唯为查缉违禁违章及洋货漏税起见，检查仍属必要，但须力求简捷，以利航运。惟改善检查手续，各界如有意见，尽可以书面或口头向本关建议，本人无任欢迎。

问：最近沪港轮船来厦不多，厦市繁荣极受打击，海关有无补救办法？

答：最近商船来厦稀少，有其特殊原因，本关属中央机关，业务范围为政府所规定，一切措施均以法令为根据，目的在繁荣商业，绝不使有打击繁荣之举。且本关经费每月须1000万元，今每月收入仅500余万元，不敷甚巨，岂愿地方商业不繁荣乎？

问：近有某某报关行时令商人购买美国香烟等物应酬关员，从中取利，贵税务司有无闻及？

答：此事本关绝对禁止，报关行应办手续及费用，本关均有明文规定，其任务系在不明手续之商人办理一切，本人意见甚愿商人领取关单自行报关。

如有不明手续可向本关问事处请示,自能妥为指导,并盼各商家如有被报关行藉词敲诈者,尽可到本关检举,自应严办。日昨举行纪念周,本人亦曾向各同人训话,务须洁身自爱,利便商人,报关手续,如有舞场应酬,均应谢绝云云。

《江声报》1946 年 4 月 18 日

禁止外货进口　外货依然充斥

海外社讯　厦岛收复后,一年余来,市况之繁荣悉赖于外货之畅流,交通之便利,货物尚持相当价格。惟自去年底当局禁止外货进口之后,物价因之高涨,造成少数人之利益增加走私与庇护走私者的机会。顷据厦市某有资格商家称:海关禁止外货进口,市面应已绝迹,然而洋烟、洋酒、化妆品等,仍充斥市面,究系从何入口,似成一大疑问。故若干商人虽口称提倡国货,实际上一般生产专业,仍处于停顿状态,原料来源既缺,工厂亦无人举办。而沪货又遭受限制,且经最近金融外钞波动,影响所及,捐税增加,经营外货几全停闭,物价因之暴涨,购买力因之衰颓,一般人民生活顿遭重大打击。此种现状,只造成海关人员包庇走私之风而减少国家之税收,当局非加改善,将使社会日陷于不安。最近更拟加增财产税、特种营业税、交易税,据一般商人口吻,以上各种新税,果如实行,则各途商业必停闭也云。

《星光日报》1947 年 3 月 19 日

两月来进口货面粉最多　输管处统计

本报讯　输入临时管理委会厦长区办事处,为奉令执行实施输入许可制度,两月余以来,经会同海关严厉依照修正进出口贸易暂行办法推进工作,本市各进出口商家依法办理申请领证手续者,已达 200 余家之多。据悉:该处对于两月来输入货品之统计,当以面粉一类为最多,惟最近粮食部对于粮食一类已有划一分配成议,刻正呈请核示中。在未奉复前,面粉入口仍遵照原办法办理云。

又讯　输入临管委会厦处,现系假址省银行二楼办公,因感工作上有种种不便,闻本周内将迁移至升平路新址云。

《星光日报》1947 年 3 月 26 日

报验出口货品商家多昧履行

本报讯　市商品检验分处自来厦成立开始业务以来，据悉因进出口商多未明了其检验之意义，乃在提高货物品质，发展国际贸易。故数月来对于检验之出口货品，仅限于茶叶为大宗，其余青果、菜补等则甚少数。其出口运销目的地，则多位香港及南洋群岛，而进口报验之货物，仅有黄、白蜡部分。闻该处目前最着重业务，出口货品以茶叶、进口货品以肥田料为主要对象云。

《星光日报》1947 年 3 月 26 日

杜绝漏税偷运　限期申请补税

厦门货物税分局昨函市商会，略以转奉财政部代电开，查进出口贸易暂行办法，业于民国三十五年(1946 年)11 月 17 日奉行政院令公布修正。关于国外进口应征货物税之货品如卷烟、雪茄烟、烟丝、火柴、皮革、洋烟、啤酒、饮料品等项，依照该修正办法(三)(乙)之规定，系在暂予停止输入之列。又茶业、皮货、化妆品三项，依附表(四)之规定，系禁止进口货品。惟改制伊始，上项所列货品起运在途者，暂仍得凭许可证进口。本部为严密管理，取缔私货起见，规定凡已进口上列各项机关核领执照，运销后应于运达指销地点，报由所在地税务机关登记。如须拆箱饬销时，并应报请货物税机关派员监视，拆箱卷烟于每条，其他货品于包装或容量器上加盖验戳，方准行销。其不能盖戳之货品，应另纸盖印，粘贴于货件之上。在已拆箱行销于未完之货品，亦应报请登记，补具验戳，如违即以漏税货件论处。业于民国三十五年(1946 年)12 月 27 日通令各区，暨各直辖货物税局饬属遵办，并公告周知在案。现上列各项应予停止，或禁止之国外进口，应征货物税品，尚未实行禁进，难保不无奸商乘机私运情弊，亟宜加强管制，以杜偷漏，电饬所属切实遵办，随时核报。各商如持有已税舶来卷烟、洋酒、烟丝、火柴等货品，不论整件或拆箱行销未完之货品，应持同原完税照来局申请登记，给证实贴货件之上，加盖验戳，方准行销。至未税者，为体恤商艰，姑准相当期限内申请补税，如违以漏税货品论处。相应电请查照，即希转饬各途商遵办。商会阅悉后，已将原电分送烟酒各业，酒业、茶业、鞋业、烹饪业、百货商业等同业公会

知照云。(梧)

《江声报》1947年7月17日

商联会在沪召开对外贸易会议　函市商会提供方案

本报讯　市商会,顷接南京全国商联会来函,订于9月15日至17日,假上海市商会举行全国对外贸易会议,商讨一切事宜。兹将原函探录如下:本会为挽救我国进出口贸易危机,商讨改进方案,并配合政府经济总动员实施纲领起见,前经理监事联席会议,决定于9月15日起之17日,假沪市商会举行全国对外贸易会议3天。除呈请行政院张院长、经济部陈部长莅临指导,并请本会骆清华、李荐廷、何雅谷诸理事,代表本会前赴青岛、天津、北平、汉口、广州等处,分别商洽,及分电本会所属会员单位,各推派代表及专家各2人至4人,出席参加外,谨特函达查照,届时务祈拨冗出席。如有关于对日贸易,开放之意见,及其他发展我国特产对外贸易之方案提案,请于9月10日前寄交本会上海市商会内本会上海分事务所,以便汇印。至希于9月12日起,到本会事务所报到云。(荣)

《中央日报》1947年9月7日

粮部批放面粉运厦　湘米济闽洽运中
对外贸易会议决案一项　严焰归来发表谈话

市讯　市商会理事长严焰,代表本省商会联合会出席全国对外贸易会议,于昨(6日)乘中航机返厦,发表谈话如次:本人此次代表福建省商会联合会出席全国对外贸易会议,于9月13日赴沪,15开会。出席37单位,代表及专家165人,所收提案及临时动议共128件。综其崖略,举凡十端,一、贸易政策之确定。二、贸易行政一元化。三、进口管制之目标。四、推广出口之计划。五、同业关系之加强。六、加强海外之关系。七、贸易金融之调整。八、运输保险之改进。九、华南走私之纠检。十、扶助南洋之贸易。会期原定3日,嗣以案甚多,延会1日,至18日下午闭幕。翌日,厦出席全国商议会临时理监事联席会议。关于对日贸易,政府徇驻日盟军麦帅总部之请,准予开放,惟与会同人,以和约未订,贸易一项,暂时保留,以促盟邦之注意,维持国内工业之现状。至大会问题,国民代表商业团体增定为44名,内中有女性 4 名，立法委员会增定为 10 名，全国 36 省 8 特别市，国代之分省或分区选举。社会部与内政部，尚在洽商中。至立法委员之选举，当以分区办法，平均 4 个半县市，乃能得到 1 名。本人于会后赴京一周，以本市面粉甚缺，8、9 两月未装，经蒙林前田□处长□□介绍，向粮部请求批放，业已发出运照，交与厂商付装，不久当可源源运厦。惟小麦甚稀，粉价要奖，粮会部批准湖南济闽之米，现由全省商联会理事长蔡友兰前往洽运，本人已云函求拨，并询问交米交款交运办法。如能合算，则本市米源，当有另一途径。

《中央日报》1947 年 10 月 7 日

输出口制造原料将酌准输入　输管会拟就办法即付实施

本市讯　华南区商人以数日来因政府实行输入限额，致华南一带贸易一蹶不振。一般商人曾联呈输管会请求放宽输入管制，或准许自备外汇购连货物，俾货物得以流通港厦粤间，以换救商场危机。兹悉，输管当局接到此项建议后，经过详细研讨，认为(一)关于请求放宽输入限额及准许商人自备外汇购许工业产品输出所得外汇输入同值之原料，其性质类于连销制，短期内亦难办理。惟当局为减低外销产品之生产外本，鼓励输出起见，将拟定上述出品制造原料输入办法，以解救目前输分品之窘状。

又讯　输管会当局顷拟定《输出品制造原料输入办法》乙种，其主要内容为准许制造外销产品所需原料作额以外之输入。此项办法俟经最高行政机关核准后即可什[付]诸实施云。(南侨社)

《中央日报》1947 年 12 月 12 日

输入许可证绝不准转让
一经发觉吊销登记证

本报讯　市商会昨接本市输管会函称：以层奉总会代电，以据上海 3 月 7 日大陆转载，4 月 5 日广州路透电译称第四季输入许可证经签发后，持有该证之商人将其许可证权利转售与未经核准之进口商，获利甚丰。又据大公报回载(生胶片)输入许可证转售，可获限额原值 139％利益。其他货物之许可证，尤以药品更甚，转售可以获利 60％至 100％不等等语。查许可证绝对不准转让，经前输入区时管理委员会于民国三十五年(1946 年)11 月 28

日第二号公告,倘经发觉私相转让情形,立即吊销双方进出口商所领之登记证云。

《中央日报》1948 年 4 月 12 日

输管会厦区处 核定五、六、七等月进口商配额

市讯 输管处因第四季附表二类配额,较第四季减少一半,故本季 5、6、7 等月应配给各进口厂商之外汇额,即须比例核减。但该处在未奉到减额命令以前,即已将 5 月份各进口厂商许可证,按以前所定级额如数签发,超过现在定额颇多。兹经该处依照咨询会议之决议,核计 5 月份各进口厂商所得之配额,照原定级额应作为 8 折,6、7 两月因增加新核,准登记之工厂 12 家,按照登记办法第五条申请之进口商 36 家比例,分配其折扣为大,应作为 7.5 折。所有 5 月份各级进口厂商多领之二成外汇额,均于 6、7 两月内一并扣还。闻该处现正照上项标准,按各厂商登记证所载之货品,及应得之金额核发通知书,俾各进口厂商得以依照申请,送由指定银行转处核签许可证云。

《立人日报》1948 年 7 月 23 日

英商大宝山轮载来大批洋货

又讯 本市英商得忌利士洋行代理之大宝山,昨日由港抵厦,载来大批洋货,计有:洋打字机纸 741 件、本皮 193 件、玻璃纸 526 件,如油封 96 件、印刷纸 383 件、牛乳 88 件、烟纸 758 件、华士苓 20 件、蜡油纸 30 件、冰箱 4 件、织线 192 件、石棉板 9 件、招贴纸 24 件、哥士的 6 件、红凡蜡 27 件、洋纸 167 件、封纸 234 件、染料 47 件、道林 184 件、猪油渣 13 件、生漆 6 件、红纸皮 19 件、砂红 33 件、木香 15 件、亚细亚滑车油 50 桶、油渣 90 桶、德士古油羔 4 桶、滑机油 63 桶,计共载重 900 吨云。

《中央日报》1948 年 9 月 4 日

第六章

财政税收

第一节　财政物资

一、财政经济

厦官产处改漳厦官产处　另委杨靖之已来厦

厦门官产处原由省财厅委陈震为委员，于3月间开始进行。陈自接办后，因诸多束手，致无成绩。省财厅因是改委杨靖之充任，并合漳厦两地，改设漳厦官产处，以杨为处长。现杨已来厦，日内即设处开办云。

《江声报》1931年6月21日

市处本年度支出概算　总数五万余薪俸占四万余
收入全部由财厅支付　工务局亦须赶编造报

思明市政筹备处近奉省政府财政厅指令，催将民国二十二年(1933年)度岁出入概算书造送汇编，所属公安、工务两局，亦应转令编送。处长许友超奉令，昨经将该处民国二十二年(1933年)度岁出概算书编送，兹录其呈财厅文及概算书如下：

呈文：呈为呈送事，案奉钧厅指令，催将民国二十二年(1933 年)度岁出入概算书造送汇编、内开，该处概算，应照现在收支之数编列，其工务局概算，亦应转令从速编送外。查本处现在尚无直接收入，按月经常费系由钧厅支付，岁入概算书自可无须编制。兹谨将民国二十二年(1933 年)度岁出概算书照数编列，缮具一份，并转令工务局从速编送外，合极备文呈送察核汇报，实为公便。

概算书，思明市政筹备处民国二十二年(1933 年)7 月 1 日起至民国二十三年(1934 年)6 月 30 日止。概算表：一、思明市政筹备处经费 51108 元：第一项俸薪 41268 元，第一目俸给 33720 元，第一节□□俸 4800 元，第二节参事俸 6000 元，第三节秘书俸 3000 元，第四节科长俸 7200 元，第五节技正俸 2400 元，第六节科员俸 10320 元；第二目薪水 5280 元，第一节催员薪 5280 元；第三目工饷 2268 元，第一节工饷 2268 元。第二项办公费 7440 元，第一目文具 1080 元，第一节纸张 360 元，第二节笔墨 120 元，第三节印件 360 元，第四节杂品 240 元，第二目邮电 840 元，第一节邮费 360 元，第二节电报 360 元，第三节电话 120 元，第三目租金 2400 元，第一节房屋 2400 元；第四目消耗 1560 元，第一节电灯 240 元，第二节茶水 120 元，第三节柴炭 240 元，第四节汽车油 960 元；第五目杂费 1560 元，第一节广告 360 元，第二节杂支 1200 元。第三项特别费 2400 元，第一目处长办公费 2400 元，第一节处长办公费 2400 元。

又该处所属公安、工务两局，原就本市捐税拨充费用。公安局概算书，业经呈奉民政厅，合以收支互抵不敷甚巨，饬设法补救，并经修正呈送核转在案。又工务概算书，该处拟俟市政府成立，所有收支预算定案以后，另编造送，亦经财厅指令。略谓：该处虽属临时性质，但筹备期限未经明文规定，自应照现在收支之数编列。至工务局收支情形如何，本厅无案可稽，必应由处转令从速编送云云。

《江声报》1933 年 6 月 18 日

厦市收支国库兼理　免另设市库

市财政局长罗宗孟昨奉市府训令云：案准财政部咨开，查本部成立后，所有收支事项，业于福州、厦门分设国库，以资办理。现在福建划分四省，关于闽海省及厦门特别市一切收入，概应由国库暂行兼理，各该省市毋庸另设省市库。除分别咨知令遵外，相应咨请查照等由。准此，合行令仰该局长即便遵照。此令。

《江声报》1934 年 1 月 7 日

思明县财建两科　归并财工两处　科秘由公安局员兼充

福州 9 日下午 6 时电　民政厅令思明县政府将财政、建设两科，并入特种公安局财物、工务两处，其科长秘书亦由局员兼充，以节省经费。

《江声报》1934 年 6 月 10 日

禾山特区署上月收支　入六千二百余元　出六千零六十余

禾山特种区署昨发表 6 月份收支数目如下：计收旧存 5 月份 260.58 元，新收 6 月份省发行政经费 900 元，警捐 1860.57 元，人力车捐 1500 元，屠宰检验费 720 元，鹭通公司补助费 500 元，电灯公司 80 元，特别汽车捐 149.7 元，猪进口捐 50 元，收请愿警 26 元，收 4 月份下半接济 497.24 元，收 4 月份警捐小洋贴水 7.05 元，共收 6290.56 元。支出区署行政经费 900 元，水警第二大队补助费 4000 元，保甲巡官书记等薪水 184 元，征收所经费 309 元，汽车油费 35.3 元，犯人口粮 32.2 元，征收员奖金 30 元，午节警士出巡赏金 10 元，补助教育会 20 元，补支 4 月份下半行政经费 450 元，补 4 月份下半保甲巡官书记录事等薪水 92 元，补支 4 月份汽车费 2 元，共支 6064.5 元，尚存 490.64 元。

《江声报》1935 年 7 月 25 日

厦市财政每月不敷三四千元
租赋处今日接收　整理办法已规定

市财局长周敬瑜谈，租赋归财局办理，范围为全厦市区。昨(17)日将接收租赋处，将来由局增设第三股负责。第三股长已委定娄慕韩，股员则调用局中一二股 3 人，余 5 人任用租赋处旧员，租赋整由。目前应办事务：一、土地登记，本市土地测量，早经完竣，惟未登记。二、地租征收，本市民国二十

二、二十三(1933年、1934年)两年地租,尚有一部分未缴,决照旧续行征收。民国二十四年(1935年)度地租征收办法,则依财厅新章办理。至估价前,租赋处曾聘请地方绅商十余人,组织地租评价委会。现该会存在与否,候接收后解决。验契方面,经8月31日截止,但业主缴局契据,尚有一部未经各区保长盖章证明者,亦有本人未盖章者。现存局内契约计200余张,候手续办妥分发。至本市财政收支预算,目下收入每月约4万余元,支出5.4万余元,不敷三四千元。如省方按月照拨补助费4100元,当不至短缺。又本市教育费,因过去积欠太多,自财局7月成立迄今,已发给予两个月,此后仍当按月发给云。

《江声报》1935年9月17日

财政困难　市府将紧缩
禁烟委会日内组织　土地税即开始征收

市长王固磐赴省回厦后,昨记者趋谒,叩询任务。承告此次进省,多有报告及请示:一、禁烟,省令须设禁烟委会,日内即函各界及地方耆绅,共同组织。成立后再设戒烟所,收容烟民戒吸。二、土地税法,经省府颁下,本市由财局及禾山特区署办理。财局已设第三股专理此事,不久开始征收。三、本市财政收入锐减,今惟开源节流。节流方面,不外裁员减薪与俭得各费,将各职员可免者裁去,有缺者暂不补充。市府新预算,已呈省府,现省府正审核中。省库补助市府经费为4100元,惟目前本省实行减政,9月份起只发9折云云。

记者问:外交视察员林绍楠此次来厦,闻对太古栈桥、百家村、茂后等事件,已拟定方案,由市府负责处理,未稔确否。

王市长答:林专员专为办理各案而来,市府未受嘱托,各案或须林专员赴京向外交部报告后,方能决定进行计划云。

《江声报》1935年10月10日

财政局报告本市财政收支
原预算相差五万元　重编预算呈省核示

市府昨纪念周,财局报告财务工作,其要有三:一、奉令施行新会计制度，已派一股股长陈心雄晋省实地考察，公毕回厦，造具报告书，呈报市府在案。二、省府令饬审理本市民国二十五年(1936年)度地方预算书，岁入经常门数目，除由省指定用途之财务补助费3.2万元外，与本府原编岁入预算数比较，实际上相差5万余元。就中如房铺税一项，列收年额12万余元，实际去年只收10万，相差几及2万元。余如屠宰检验费、鸡鸭鹅检验费、宴席教育捐、车捐、契税附加等均列收过巨。审编岁出经常门，除行政、建设、慈善协助等费，比较民国二十四年(1935年)度预算数无甚增减，教育、保甲、壮丁及预备等费，比较民国二十四年(1935年)度略增。而实际上本年度行政、建设、教育各费及适应事实之需要，又不能不稍事增加。故现在除将岁出极力缩减外，岁入则就各项税收于可能范围内尽量加增，经重编预算呈送省府核示。三、8月份市税收入及经费发放日期，查8月份各项税款，截至8月29日止，共已收入4.3万余元。30、31日两天尚可收入7000元左右，因各项税款月底比较，多收至8月份经费。除已陆续拨付约3万元外，公安局警饷拟于9月1日发清，本府暨各局薪饷及教育经费，则拟9月5日以内发放。

《江声报》1936年9月1日

同安县政会议　通过三十一案
统制运输　完成话网　建造县堂　宽筹教费

同安讯　同安召开二次县政会议，已志本报。查该会于2月28日举行，讨论两日，于1日完毕。此次会议，各科处、各学校、各团体提案均属于民、财、建、教要案。兹录通过各案如下：

民政组：一、设立游学习艺所案；二、筹设城区菜市场案；三、建仓积谷以利防饥案；四、筹款拓建戒烟医院案；五、严禁保甲人员就地私收捐款案。

财政组：一、房铺宅地税解缴改善案；二、请省银行设立同安办事处，调剂地方金融案；三、请地方士绅一致倡导人民自动投税案；四、提请将本县房铺宅地税改为分季征收，以省手续案；五、请筹款补□教育补助费案。

建设组：一、设立小本借贷所案；二、统制运输发展地方经济案；三、厉行垦荒发展地方经济案；四、完成同古、灌美两路，以利交通案；五、改建城区沟渠以维卫生案；六、劝办墓地植树案；七、举办联保及学校造林案；八、推广车辆以节人力车；九、架设通达各联保电话网，以利通讯案；十、消除各地断墙破壁，以免积秽藏污案；十一、保护森林案；十二、设立农业示范区案。

教育组:一、促进小学老师进修案;二、劝募教育经费运动案;三、组织地方教育辅导案;四、推行民众识字五人团办法案;五、各保甲长应负协助推行义教责任案。

其他组:一、便利囚犯家属明了案,以杜流弊案;二、提倡人民节约储蓄案;三、募建本府大礼堂案;四、筹建监狱工场案。

《江声报》1937 年 3 月 3 日

编制地方概算应注意事项 厦市岁出入概算 财局方着手编造

本市民国二十六年(1937 年)度财政收支概算,财局已据省府颁发编制概算应注意事项所规定,着手编制,预计分为市府、警察、财政、工务等 4 个单位,废除汇编制度。日内编竣,即呈省府核示。省府颁发之编制民国二十六年(1937 年)度县市地方概算应注意事项,摘要如下:一、各县编造总概算,应依据量入为出原则,尽量缩减不经济支出,务使实际收支得以适合。二、凡属县地方之一切收入支出,应分编为岁入及岁出概算,并各按其性质,分为经常、临时两门。三、县地方概算均应满收满支,不得将收支各数互相抵除。四、五、六略。七、凡田赋各项附加,在土地陈报完成县份,应按核定新税率照数编列。其未完成县份,仍照原税率办理。八、九略。十、县地方捐税征收手续费,除另有规定外,以一成为原则,并在备考栏注明各项提支成数及年额。十一、凡有下列情形之一者,不得列入概算。甲、未经本省府核准之收入;乙、已经核定删除之收支;丙、各社团法团补助费。十二、各项经费非依据法令,或已呈准有案,及因事实上必不可少者,均不得超过上年度核定预算数。其有增加,应注明其理由于备考栏。十三、略。十四、各县地方借欠款项,应另案清理,呈经本府核定后,再言筹还办法,在未清理就绪以前,暂不准编入本年度概算。十五、各县地方预备费,应比照岁出概算总数3%为原则。其收入过少,事务过繁县份,准予增加,但最多亦不得超过15%,以示限制。如有专款,亦应提出列入预备费并列预备费,并在专款对照表注明其提出数。十六、各项收支在上年度县地方预算公布后,其有变动,经专案呈准者,应按其性质,分别编入本年度概算,并须注明奉准年月日,及府发文号数,以便审核。十七、凡有特种区之县份,县区地方概算,应分别编制。但岁入、岁出各款如何划分,仍由县区妥为商洽。十八、十九略。

《江声报》1937 年 4 月 3 日

李市长晋省商本市财政　预算每月不敷二万 请划三税归诸市库

厦门市长李时霖，昨晨遵陆赴省，据查其此行任务，固不仅一端，而最重要则为财政问题，盖本市财政支出激增。据说一二两月份，已不敷 11000 余元，3 月份亦不敷五六千元，长此以往，势难维持。而民国二十六年（1937 年）度新预算支出数目，又较民国二十五年（1936 年）度增加，每月计须 7 万余元，收入每月平均则仅 57000 余元，收支相较，每月不敷几达 2 万元。故李市长之晋省，拟请省府将本市屠宰附加、地租、营业税等项拨归市府，预计三项收入约 13000 余元，如是方可挹注。又以陈主席赴京归来，对于本市市政，亦当详细请示，俾可遵循云。

《江声报》1937 年 4 月 8 日

财局公布收支

财局昨公告：去年 8 月总收 53814.2 元，总支 58473.62 元；9 月总收 57082.38 元，总支 56606.65 元；10 月总收 59771.42 元，总支 52980.70 元；11 月总收 51470.6767 元，总支 5000.78 元；12 月总收 59682.83 元，总支 59971.41 元。是月市库总存 72720.31 元。

《江声报》1937 年 5 月 1 日

厦鼓轮渡　归辖财局　今日接收

厦讯　轮渡管理处，依统一财政原则，本应归辖财局，然因开办伊始，统属未能划清，自高市长莅任，即令暂归市府秘书处管辖，百凡处置，终觉未便。现已命令归由财局监督指挥，并着于今（1）日接收。财局奉令后，印刷布告，将于今日贴出，略云：案查本市轮渡管理处，前市政府令饬归由本局监督指挥一案，当经呈奉批回，准于 12 月 1 日接收具报等因。奉此，除派员遵长接收具报外，合行通告周知云。

《江声报》1937 年 12 月 1 日

本市财政支出预算今年度三十六亿元　比省定预算超出一倍

本报讯　昨(24)日市府纪念周,由财政科科长苏梦西作工作报告。兹探志原文如下:

一、本年度预算核算及支出数字膨大情形

本市本年度地方总预算,经于年度开始时编拟呈省核定全年度支出总额为18.97亿余元,每月平均约需1.57亿余元。是项预算公教人员待遇,系按去年度生补费6万元加倍数360倍计算。嗣后报载中央调整各地公教人员待遇,本市列为二级后,各同仁纷请按二级标准发给。故由科一再呈电向省请示标准结果,迄今方始奉到正式明令,今后若按二级生补费14万加倍数950倍,长警按职员生补费七成支给,公役士兵按六成支给,全市人事费用月需2.2亿余元,加上办公事业各费,月需2.5亿至3亿元左右,与省定本年度预算是超出1倍。回头来看民国三十五年(1946年)度开始是初全年度预算2.1亿余元,平均每月1700余万元来比较,月增2.8亿余之多,就今年度以每月需要3亿元推算,即全年度需用36亿元,较去年增加约为18倍也。就是今年一个月的支出,比较去年最初预算一年的支出还要多,比以本年度本市财政负担的数字比上年度来得更大。

二、各项税捐整理及收入情形

本市税捐以屠宰、筵席、娱乐、契税、营业税等为主要,以1月份收入1.68亿余元,惟其中5000余万系上年度营业税款。2月份收入1.22亿余,其中1000余万元为上年度营业税款,就以上两月份收入,平均地方税收入每月约1.2亿元左右。现在每月支出需3亿元,除地方税1.2亿元外,所短之额,需赖营业税整理来弥补。营业税按去年度比额,秋冬两季为4亿元,每季2亿元,本年度比额为16亿元,恰与上年度比较增1倍。上年度因接办伊始,一切准备手续较繁,故先托由商会承办。今年度因支出预算膨大,非加强整理不可,所以曾经由府发动各科室同仁协助稽征处出发调查。按营业税法规定,须先调查而后复查,经复查后核定税额发给通知单,开始征收。如是一来就要耗费许多时间。现在预算如是膨大,市库负担甚重,需款孔亟,故春季仍由商会承办。当然与直接征收税额有所差异,不过为应付目前财政难关,不得不以缩短时间为原则,拟比照省定配额增加一倍,转由商会继续承办。经数度磋商,结果只允照比额增加一成,即春季一、二、三三个月为 4.4 亿元。按本年规定省得五成五，市得四成五计算，春季本市应得 1.9 亿余，以此来抵补三、四两月份的支出，还是不够，还是要亏累。如果五六月份再不以全力来应付去整理，恐怕亏空更甚，本市财政前途仍未可乐观。

三、办理田赋经过及催征情形

征粮情形　本市本年度田赋，系收复后第一次开征，照通案应于 11 月开征，奈因第一次开征，一切准备手续及本市系折征代金，最初省定代金额过高，一再请减，至 12 月中旬方始奉准，故于 1 月才得开征。以全部造单，总额为 16252.67 元（因一部分为无法送出之联单），以每元折征代金 11814 元来计算，全部代金额为 363562224 元。现已征起 292825925 元，已达八成以上，其中尚有一部分未收者，系因联单姓名错误、地址错误、台湾人产业纠纷等，所以不能全部收足。现在已会同地政局办理，补正地粮继续征收，拟定于 4 月底将此须工作作一个结束。

四、本市粮食供应及调节情形

粮食供应　市府以前经办粮食来源，一部分系长泰等县未接运民食米尾数，一部分系由中央分配田赋实物，前者系有价款，后者无价拨给，未接运民米尾数。最近将 1490 市担变价清还积欠各县价款，中央分配田赋实物，系就同安拨谷 4000 石，除拨发警役食米外，尚余千余担，经市座准予变价抵补一至四各月份市库亏累。至于本市为调节民食，曾于去年刘主席莅厦时，曾答请准再续拨售民食米若干石。嗣于去年底奉拨粮贷款 4 亿元，除 1 亿元于 1 月中旬收到已购谷存储外，其余 3 亿元，系于 2 月下旬方于收到。现已将购 1 亿元谷及 3 亿元现款，移由本市粮食调节会负责办理。近奉省令，指定龙溪售谷 8000 石，已由调节会派员前往洽购，以便调节民食。

《星光日报》1947 年 3 月 25 日

民国三十六年度本市总预算
支出数字庞大　超出省定一倍

昨（24）日市府纪念周，由财政科科长苏庆西作工作报告，兹探志原文如下：

本年预算　数字庞大

本市本年度地方总预算，经于年度开始时，编拟呈省核定，全年度支出总额为 18.97 余亿元，每月平均约需 1.57 余亿元。是项预算公教人员待遇，系按去年度生补费6万元加倍数360倍计算。嗣后报载中央调整各地公教人员待遇,本市列为二级后,各同仁纷请按二级标准发给。故由科一再呈电向省请示标准,结果迄今方始奉到正式明令,今后若按二级生补费14万加倍数950倍,长警按职员生补费七成支给,公役士兵按六成支给,全市人事费用月需2.2余亿元,加上办公事业各费,月需2.5亿至3亿元左右,与省定本年度预算已超出1倍。回头来看民国三十五年(1946年)度开始,最初全年度预算2.1余亿元,平均每月1700余万元来比较,月增2.8余亿之多。就今年度以每月需要3亿元推算,即全年度需用36亿元,较去年增加约18倍。也就是今年一个月的支出,比较去年最初预算1年的支出还要多,所以本年度本市财政负担的数字,比上年度来得更大。

各项税捐　整理收入

本市捐税以屠宰、筵席、娱乐、契税、营业税等为主要,1月份收入1.68余亿元,惟其中5000余万系上年度营业税款。2月份收入1.22余亿,其中1000余万元为上年度营业税款,就以上两月份收入,平均地方税收入每月约1.2亿元左右。现在每月支出需1亿元,除地方税1.2亿元外,所短之额,需赖营业税整理来弥补。营业税按去年度比额,秋冬两季为4亿元,每季2亿元,本年度比额为16亿元,恰与上年度比较增1倍。上年度因接办伊始,一切准备手续较繁,故托由商会承办。今年度支出预算庞大,非加强整理不可,所以曾经由府发动各科室同仁协助稽征处出发调查,按营业税法规定:须先调查而后复查,经复查后核定税额,发给通知单,开始征收。如是一来就要耗费许多时间。现在预算如是庞大,市库负担甚重,需款孔亟,故春季仍由商会承办。当然与直接征收税额有所差异,不过为应付目前财政难关,不得不以缩短时间为原则,原拟以比照省定配额增加1倍,暂由商会继续承办。数度磋商,结果只允照比额增加一成,即春季1、2、3三个月为4.4亿元。按本年规定省得五成五,市得四成五计算,春季本市应得1.9余亿,以此来抵补3、4两月份的支出,还是不够,还是要亏累。如果5、6月份再不以全力来应付去整理,恐怕亏空更甚,本市财政前途,仍未可乐观。

办理田赋　催征经过

本市本年度田赋,系收复后第一次开征。照通案应于11月开征,奈因第一次开征,一切准备手续,及本市系折征代金,最初省定代金额过高,一再请减,至12月中旬方始奉准,故于1月才得开征。以全部造单总额为16252.67元(因一部分为无法送出之联单),以每元折征代金11814元来计算，全部代金额为363562224元，现已征起292825925元，已达八成以上。其中尚有一部分未收者，系因联单姓名错误、地址错误、台湾人产业纠纷等，所以不能全部收足。现在已会同地政局办理补正地粮，继续征收，拟定于4月底将此项工作作一个结束。

粮食供应　调节情形

市府以前经办粮食来源，一部分系长泰等县未接运民食米尾数，一部分系中央分配田赋实物，前者系有价款，后者无价拨给。未接运民米尾数，最近将1490市担变价清还积欠各县价款，中央分配田赋实物，系就同安拨谷4000石，除拨发警役食米外，尚余千余担，经市座准予变价抵补1至4各月份市库亏累。至于本市为调节民食，曾于去年主席莅厦时，曾签请准再续拨售民食米若干石，嗣于去年底奉拨粮贷款4亿元，除1亿元于1月中旬收到，已购谷存储外，其余3亿元系于2月下旬方始收到。现将已购1亿元谷及3亿元现款移由本市粮食调节会负责办理。近奉省令，指定龙溪售谷八千石，已由调节会派员前往洽购，以便调节民食。（完）

《江声报》1947年3月25日

土地税营业税　划归县市收入

本报讯　市参议会顷层奉省府代电开：准将乐县参议会建议，修正财政收支系统法，增列县财政收入一案，请查照由。兹将原议案探志如次：查县为自治单位，故县有自治工作不能办好，宪政实施难收预期效果，次万事非钱莫举。现有财政收入不多，不能配合自治事业之实际需要，实有变更财政收入系统法，增列县财政收入必要。除建议中央将财政收支系统法予以变更，县财源除原有规定者外，将土地税（即田赋）、营业税全部划拨县收入外，分电各县市参议会一致主张云。

《中央日报》1947年9月14日

民国三十六年度市库岁出入累计
地方与省税收入百亿余元　经常费等计出四十八亿余

本市讯　民国三十六年（1947年）度本市市库岁出入累计，顷经市税捐处并会计室统计如下：

(甲)地方税民国三十六年(1947年)1月1日起至12月31日止，营业税款116182341780[1161823417.80]元，契税款351654750元，房捐款553759640元，屠宰税款3383515350元。营业牌照税款377950000元，使用牌照税款23543500元，筵席捐款359114180元，娱乐捐款907136069元，漏税罚锾款13011950元，滞税罚锾款22338800元，结婚证书款600000元，支解费款1525530元，广告费款24561100元，商业登记款29507150元，检定费款239810元，公产款150254772元，码头捐款30536540元，轮渡收入款51150000元，警捐款10676300元，地方捐献款20000000元，耕牛基金款125982000元，合计地方税各款收入总数为7619908628.80元。

(乙)省税契税附加45464500元，营业税2421749280元，追收民国三十五年(1946年)度营业税13550989元，合计经收省税为51480764769元，总合计为10100673397.80元。

(经常门)政权行政支出19540600元，行政支出202365080元，教育文化支出12983910元，经济及建设支出476300元，卫生支出3130385元，社会及社会救济支出977020元，保安及警察支出65311438元，财务支出2335895元，公务员退休及抚恤支出135000元，辅助及协助支出20401930元，生活补助费支出162561534.67元，其他支出2140910元，预备金125761060元，合计经常费支出639081157.67元。(临时门)行政支出8247460元，教育文化支出8801640元，经济及建设支出9578120元，卫生支出23499960元，社会及社会救济支出6848280元，保安及警察支出172334130元，财务支出7935000元，合计临时费支出237044590元，总计岁出分类累积为4879121747.67元(按以上数目为市府会计室统计，包括已付未付，经法定预决算程序之岁出款数。尚有其他债务发生者，俟本年3年底全部决算时始能确年其总数)。(厦工社)

《星光日报》1948年2月3日

本市一至五月　财政收支数字

本报讯　市府日昨发表1至5月份，本市财政收支情形如下：

月份	收入部分	支出部分
1 月份	2576731831.00 元	2309148399.06 元
2 月份	3122511230.00 元	3478332100.99 元
3 月份	4410636988.80 元	4836359014.50 元
4 月份	7475134673.60 元	5590379542.00 元
5 月份	16294051927.16 元	14787305477.93 元
合计	33879066650.56 元	30003534434.08[31001524534.48]元

《星光日报》1948 年 7 月 5 日

本市市库收支目前当可平衡

本报讯　关于市府目前每月之收支，其人事费用按照 63 万倍计算，以及其他预算与差价，月需 500 亿元之支出，而收入各种捐税统计，亦达 500 亿元，可以相抵。但营业税部分每月最低额须能收足 380 亿，否则不敷。其他稍收如鸠收不起，必致拖欠应发款额，而无法发清。兹分别探志其收支部门项目数字如下：

收入部门：

一、行商营业税 4000000000 元（系以全市每月应收见商营业税 90 亿元，一应得 45％，计如上数）。

二、营业税 3350000000 元（系以全市每月地方捐献 300 亿营业税，正税约 80 亿，除省应得外，一应得 45％，计 35 亿元）。

三、筵席捐 1000000000 元。

四、娱乐捐 1000000000 元。

六、屠宰税 70000000000 元。

七、其他各项规费及契税、公产租金等，计 1500000000 元。

支出部门：

一、人事费用，35000000000 元（内员 825 人，平均每人每月底薪 42 元，应支 6592500000 元；警兵 448 人，平均每人每月底薪 30 元，应支 467200000

元;夫役 3148,平均每月底薪 18 元,应支 3946320000 元。以上按照 63 万倍计算)。

二、各级机关学校办公费,4000000000 元(包括纸张、文具购置等费在内)。

临时费 4000000000 元(包括警察队、兵服装械弹,各机关修缮及戡乱委员会经费,预算未确定前,亦并合在内)。

四、最低事业费,4000000000 元(包括会计统计、卫生救济、教育、建设、保安各项事业费在内)。

五、救济院及拘留所囚犯口粮差价 1000000000 元(包括救济院民及警察局拘留所人犯食米与市价相差价格之拨补)。

六、长警、佚[夫]役、士兵食米差价 3000000000 元,(包括全市长警、佚[夫]役,士兵 762 人,所需食米与市价相差价格之拨补)。

《星光日报》1948 年 7 月 18 日

市府举行工作会报　从新调整各项税率
警局奉令办理户口异动登记　市政职员每人发米半担济急

本报讯　市府昨(17)日下午 3 时,在会议厅举行工作会报,由李怡星市长亲自主持,先聆取各单位主管业务报告后,继则综纳各方意见,讨论:(一)市府教育科奉命改设教育局订自 3 月 1 日成立。(二)关于整理税收必须做到,甲、革除利用职务中饱税款不法税吏;乙、从新调整各种税率,牌照税候厘订税率后征收,在整理期间,暂缓举办;丙、杜绝滞收税款陋习,以免金圆贬值。(三)关于待遇问题,本月份发清过去积欠薪俸,今后按照政院颁布待遇标准 100 倍计薪,预计市库月支 1000 万金元,由税捐处财政科积极开辟财源,调整新税率,以裕市库。(四)关于今后工作各单位主管,应督责所属,努力奉命,不得稍为松弛。

又讯　关于税收折征实物问题,记者昨据新任财政科长李金赞谈称:本市房捐及公产租金,依照目前需要,实应改征实物为宜。盖本市一般楼房租金,多以白米计租。同时房捐征收实物,亦符合法令规定。市府为开辟财源,昨特电省府请示关于房捐(即地价税)及公产租金改收白米,倘经省方核准,相信本市财政必达平衡,公教待遇,亦可望提高。

又讯　市警局奉令,办理普通户口查记及接受户口异动申报登记等事项外，尤注重特种户口之调查管理。举凡有业务攸关公共秩序与社会治安、善良风化等，均为特种户口之范围。经先就特科营业户口之娱乐场所、饮食业、咖啡室、旅栈、旧货商等查记竣事。兹以时局动荡，本市人口复杂，治安极堪重视，该局为确切管制上述特种户口，加强维护治安起见，特令饬各分局，自昨日起实行全市特种户口总核对，指派各分局之主办户口人员会同该管所长、警员办理，并派总局户口人员分赴督导。关于各户之人口状况及设备，均予详细查察核，今后依层令管制，凡有人口异动，应先向总局行政科办理户口申报手续后，始准发给营业执照或许可证，否则决予取缔，依法罚办。

南侨社讯　李市长接任后，以该府人员待遇菲薄，生活维艰，特先设法向积谷保管委员会，借到食米350担，每人发给50斤，以济急窘。（南侨社）

《星光日报》1949年2月18日

增加税收充裕市库　财科拟具调整方案
订屠宰、营业、房铺、筵席四税源比率

本报讯　李怡星市长下车伊始，为提高公教人员待遇，充裕市库，特饬财政科会同税捐处，锐意整理税收，以达财政平衡理想。现经财政科及税捐处会签拟具调整税收方案，呈请李市长核示。兹摘录方案内容如下：本市四大税源百分比率定为：屠宰税30%、营业税30%、房铺税25%、娱乐筵席及其他15%，纠正过去以屠宰税为第一项税收之错误。今后将侧重营业税及房铺捐两项，至各项税收整理办法为：（一）屠宰税：每头牲口应按其前一日价格课以10%，猪每只以百斤计（使用及支解费在外），牛每只以200斤计，羊每只25斤计，为严防舞弊漏税规定：（1）凡经营屠宰业务之住商及贩商应行总登记并发给牌照，以便严密管理。（2）规定监视屠宰场规则，每日派遣职员轮流到场管理。（3）为杜绝屠宰场以外之私宰情弊发生，责成警局查缉，并将漏税罚金按百分率提作酬赏。（二）营业税：税额按市府统计室制订各业物价指数调整之。课征办法，过去系采分配税法，因辗转假托，税权易为商业团体操纵，弊端甚大。若采定市税法，则无此弊，惟调查工作繁重，一时难办。目前暂行“分配税法”，待调查工作办竣，即改用“定率税法”。（三）房铺捐：税率按下列评定等级：（1）使用价值，依据地籍整理处估定地价表。（2）外标估定，依据建筑物之层数、材料暨面积，至税额调整按食米折合金圆计算，每月15日至20日分发通知单，21日至25日收税，逾期课以滞纳金。

(四)娱乐税及筵食捐，按营业额征课前者25%，由各司业团体分旬代收纳，逾期课以滞纳金。

《星光日报》1949年2月23日

整理税捐充裕市库　市府拟就具体方案
调查工作竣后改用定率税法

本报讯　李市长为充裕市库，提高工作人员待遇，特饬财政科会同稽征处拟具税捐整理方案，以凭整理本市税收。兹悉，该方案已拟就。

内容：将本市四大税源百分比率定为屠宰税30%，营业税30%，房铺税25%，娱乐筵席及其他15%，纠正过去以屠宰税为第一项税收之错误，今后将侧重营业税及房铺捐两项。

至各项税收整理办法为：一、屠宰税：每头牲口应按其前一日价格课以10%，猪每只以100斤计(使用及支解费在内)，牛每只以200斤计，羊每只以25斤计，为严防舞弊漏税，规定(一)凡经营屠宰弃[业]务之住商及贩商，应行总登记，并发给牌照，以便严密管理。(二)规定监视屠宰场规则，每日派遣职员，轮流到场管理。(三)为杜绝屠宰场以外之私宰情弊发生，责成警局查缉，并将漏税罚金按百分率提作酬赏。二、营业税：税额按市府统计室制订各业物价指数调整之。课征办法过去系采分配税法，因辗转假托，税权易为商业团体操纵，弊端甚大。今后采定率税法，则无此弊。惟调查工作繁重，一时难办，目前暂行"分配税法"，待调查工作办竣后，即改用"定率税法"。三、房铺捐：税率按下列评定等级，(一)使用价值，依据地籍整理处估定地价表。(二)外标估定，依据建筑物之层数、材料暨面积。至税额调整按食米折合金圆计算，每月15日至20日分发通知单，22日至25日收税，逾期课以滞纳金。四、娱乐税及筵食捐：按营业额征课，前者25%，由各同业团体分旬代收代纳，逾期课以滞纳金。

《中央日报》1949年2月23日

整理本市各项税捐　市政府拟定具体方案
营业税将按物价指数计征

市讯　市府为整理本市各项税捐，借使充裕市库，提高工作人员待遇，经已饬财政科暨税稽征处，拟其新方案。将本市四大税源百分比率，定为屠宰税与营业税各30%，娱乐筵席及其他15%，公产房铺税25%。其税额调整，并以食米为根据，折合金圆计算，以免物价波动过剧之损失。其办法：

一、屠宰税：每头牲口按其价格课以20%，猪每只以百斤计（使用及支解费在外），牛每只以200斤计，羊每只25斤计，为严防舞弊漏税规定：（一）凡经营屠宰业务之住商及贩商，应行总登记，并发给牌照，以便严密管理。（二）规定监视屠宰场规则，每日派遣职员轮流到场管理。（三）为杜绝屠宰场以外之私宰情弊发生，责成警局，查缉并将漏税罚金，按百分率提作酬赏。

二、营业税：税额按市府统计室制订，各业物价指数调整之课征办法，过去系采分配税法，因辗转假托，税权易为商业团体操纵，弊端甚大。若采定市税法，则无此弊，惟调查工作繁重，一时难办，目前暂"分配税法"待调查工作办竣后，即改用"定率税法"。

三、房铺捐，税率按下列评定等级：（一）使用价值，依据地籍整理处，估定地价表。（二）外标估定，依据建筑物之层数、材料暨面积。至税额调整，按食米折合金圆计算，每月15日至22日分发通知单，21日至25日收税，逾期课以滞纳金。

四、娱乐税及筵食捐按营业额征课，前者25%，由各同业团分旬代收代纳，逾期课以滞纳金云。（青）。

《立人日报》1949年2月23日

增加税收裕市库
营业税按指数调整　屠宰税照时价征收

本报讯　市府为平衡市库收支，减少财政赤字，乃着手整理税收，并饬税捐处及财政科共同拟具本市四大捐税整理方案，提经前次市政会议通过。兹特摘录方案内容如下：（一）税收之百分比，定为屠宰税占30%，营业税占30%，房铺捐25%，娱乐、筵席及其他占15%。（二）征税办法：屠宰捐对猪每百斤课征10斤之额，牛每百斤课征20斤，羊每25斤课征2.5斤，逐日按照时价缴纳。营业税即日起派员举行全市营业税总普查，征收税额按"八一九"为基数之100分，开始逐月按市府统计室编制之物价指数调整。房捐方面，本年春季暂按照"底额"1000倍征收，夏季起随地籍整理处，地价之调整按季征收。娱乐捐加附于门票及茶水25%，市府随时派员查核。筵席捐征

收20%,并为避免假冒稽查人员名义从事非法敲诈,规定稽查人员于进行其勤务时,均得佩戴臂章。(行)

《星光日报》1949年3月19日

应付金融剧烈波动　市税征收拟改税元
照中央规定每税元黄金一分　并指定金银店代办换购手续

南侨社讯　市府以近日金融波动剧烈,税收受金元贬值影响损失至大,员工待遇,受亏更甚,决将各项税收改征"税元",并由财政科拟具办法,俟提经市政会议通过,并征求参议会同意,即可实现。兹探悉:该办法系依据行政院会议通过之税元单位制,并参酌福州市政府委托市金银业同业公会代收税元暂行办法订定,其内容要点为:(一)照中央规定税元每元比值黄金1分(成色9999)。(二)税元专供纳税之用,不得在市面流通。(三)由市府责令本市金银业同业公会按各税捐稽征分处,每分处辖区暂定2家之原则,指定交通便利,信用可靠之会员商8家负责代办换购手续。(四)代办商之保证责任,由金银业同业公会负责。(五)缴纳人向各代办商号换购税元,应照当时黄金市价自由商定代办,商号不抬价格。(六)由市府印制代收税元三联单,交代商备用。(七)缴纳人换购税元后,持自代收联单报缴税款。(八)市库收到"代收联单",验明盖印,于当日持向代办商号提取黄金存库。(九)缴纳人得以黄金向代办商号请求代收,代办商号不得拒绝,亦不得加收手续,惟成色不足者,缴纳人应依商业规例补足。

《星光日报》1949年4月26日

二、借贷债券

商会昨通过应募短期库券五万元　附各行商债额支配表

厦门商会为劝募省短期库券,特于昨(23)日下午4时召集各同业公会代表讨论办法。到会者钱庄业、杂货业、参药业等20余同业公会,思明县长杨廷櫂亦亲自出席劝募,并说明还款及发息办法。主席洪鸿儒讨论结果:一、关于思明县政府奉令严限劝募省短期库券5万元案埋头苦,议决:依照县政府支配各业公会及银行公司等负担额数，由会函达各该公会及银行公司知照，于2日内将承认额数覆复过会，以便汇报。兹附录短期库券5万元，县政府拟分配如下表：中国银行5000元，中南银行4000元，厦门银行1000元，电话公司1000元，电灯公司1000元，自来水公司1000元，淘化大同公司2000元，南洋烟草公司1000元，兆和公司1000元，南洋公会1000元，火柴公会300元，钱庄公会4000元，杂货公会500元，面粉公会1000元，煤油公会1000元，肥料公会1000元，绸布公会1000元，水果公会500元，典业公会1000元，泉郊公会300元，荣业公会300元，国产烟公会300元，轮船公会1000元，照相公会200元，华侨银信公会1000元，茶业公会500元，航业公会1000元，纸业公会、壳灰业公会200元，西药业公会300元，香沪公会500元，酒业公会500元，棉纱公会500元，海产公会500元，柴炭公会200元，屠宰公会500元，猪行公会500元，汽车公会1000元，颜料公会200元，烟酒公会500元。

《江声报》1931年5月23日

商会将仍出席同善堂管委会
昨二次执监联会决议　短期库券量力负担

思明县厦门商会于昨(4)日下午4时开第二次执监委员联席会，到会者庄金章、吴佑、严焰、汪筱岩、魏英才、翁吉人、黄植庭、曾鉴堂、洪鸿儒、吴时汉、蔡建芳、石鼎宗、陈瑞清、吴在桥、林永年、黄瑞甫。主席洪鸿儒，行礼如仪，讨论事项：一、思明县政府函请转知各同业公会承募省短期库券案。议决：函转各同业公会量力负担。二、钱庄同业公会函，以厦门短波无线电台送电延缓，影响商业，请电交通部饬令整顿案。议决：应于将情电请。三、菜业会员长盛号与水果业会员瑞利号因事纠纷，请召会秉公处决案。议决：该案由常务委员办理，并订6月5日召会仲裁。四、本会业经依法改组，本会代表应照常出席同善堂管理委员会案。议决：呈请县指委员会办理。五、讨论本会受理事件规则案。议决：将原草案修改通过。六、讨论执行委员会议事细则案。议决：照草案通过。

《江声报》1931年6月5日

二百万“彩票”——“兴业地券”势必流毒厦门 堤岸数日内可开工

省政府委员兼财政厅长何公敢日前到厦,与厦门警备司令林国赓、路政处会办周醒南商定发行“厦门新筑堤岸兴业地券”,200万抽签发卖,已拟定章程,呈请省政府核准备案,克期举行各节,业载7日本报。昨据路政处负责者云:关于此项兴业地券,因填筑堤岸工程费关系,非发卖无以进行,具已呈准省政府备案,故无论如何必须举办。现堤岸工程已得荷兰治港公司来函,6月半间即可派人来厦兴工,届时即须发行此项兴业地券,以应需用。又周醒南以厦门市政、堤工两处,历年办理并未结束,作一有系统之报告。因于日前下手谕于该两处职员,关于市政、堤工历来进行工程种种,统限于本年12月底一律结束。届时,即将已成未成之工程概况编纂成书,作为厦门市政第一期工作报告。明年起再进行第二期,庶免一往直前,漫无止境,才使厦人明了本市路政进行情形。其余在最近期间,除堤岸将着手兴筑外,并拟规划由碧山岩新筑一路,直透虎园路。但能否实现,尚未敢决定,因现时正在拟议与计划中云云。

《江声报》1931年6月12日

县府电财厅请指定 厦中行支付短期库券本息　并将关税正券发下

思明县政府奉省财厅令在厦募短期库券5万元,因厦市各商多因前募关税库券、款交、正式债券尚未发来,及短期券本息支付之保障如何,不免疑虑,致进行窒碍。昨(12)日县长杨廷枢特电财政厅,请将前募关税库券之正式债券发下,并指定厦门中国银行为短期库券本息支付机关,以释群疑而利进行。电云:

福建财政厅厅长何钧鉴,奉令劝募短期库券,各商均藉词关税正券尚未发下,进行甚形阻碍,恳乞将关税正券发县,并指定厦门中国银行为短期库券支付息本机关为祷。思明县县长杨廷枢叩,文。(十二)

《江声报》1931年6月13日

短库券商会已配定　同业量力摊认外　余由股户负担 印花分别摊认不得过二千　营业税自缴拒绝征收

昨(23)日下午4时，厦门商会开执监委员联席会议及各途业代表会议，到会者执监委员12人，同业公会代表20人，主席洪鸿瑞，记录林东山。讨论事项如下：一、关于思明县政府函催各途商应募省短期库券5万元，应如何解决案。议决：甲、该库券除由各同业公会量力负担外，余由各股户负担。乙、公决中国银行负担3000元，中南银行2000元，厦门银行500元，电话公司300元，电灯公司500元，自来水公司500元，淘化大同公司600元，南洋烟草公司200元，兆和公司300元，南洋业400元，火药业100元，钱庄业2000元，杂货业300元，面粉业400元，糖油业200元，肥粉业400元，绸布业800元，水果业200元，戏院影片业1000元，珠宝业400元，客栈船票业500元，鞋业200元，猪行业200元，渔业100元，谷产业100元，烟果业50元，粪业50元，红料业200元，糕饼业50元，木业100元，烹饪业100元，洋柴业100元，岷栈业400元，米业200元，典业800元，泉郊业100元，参药业300元，国产烟丝烟药100元，轮船业500元，华侨民信业500元，茶业200元，航业700元，纸业500元，壳灰业100元，西药业100元，香沪业200元，酒业300元，棉纱业100元，海产业300元，柴炭业100元，屠宰业200元。丙、由商会函达各同业公会几各银行公司知照，限一星期内送会汇解，俾免县政府派员催缴。丁、凡未加入同业公会及未组织公会各商号，由县政府直接配募。二、关于思金印花税分局函请各途商按月认缴印花税，应如何办理案。议决：除由新组织各同业公会分摊认缴外，余则依照从前各行商原有认缴分摊方法办理，至多不得过2000元。三、查部定营业税法，营业税应由商人直接缴纳，乃日来省财政当局竟派员到厦开征竹木业及笋纸类货物营业税，违反法令，本会应如何表示案。议决：由商会通告各同业公会，依法向思同金营业税局认缴该营业税。其有违法征收者，应予坚决拒绝否认。

《江声报》1931年6月24日

省党报载　厦各界请禁兴业地券　内政部咨请省府查复

5日福建民国日报载：财政厅将厦门堤工两岸填出新地，所得地皮发行兴业债券200万元，分两期开录。兹厦门各界以此债券，即有奖义券，形似赌博，前禁示经有案，已呈由内部，准予严切查禁，以固公安。闻内部据情，以咨请闽省府查复云。

编者按　兴业地券为堤工处与财政厅议定，呈省府核准发行者。当此议初起时，本报于6月7日社评《不要在厦播彩瓷恣夺》，即根据其为赌博性质，反对其发行。并以厦门市政改建、筹款均就地皮及公产之收用，不出以增加人民负担之捐税派款及其他不良手段，为国中良好现象，亦漳厦警备司令林向今先生之功。今虽筑堤需资，但可以地皮借债，或以为抵押，举行募债，最低限度只能"有奖债券"。如有奖储蓄然，不能出以"有奖义券"之指地与厦门人赌200万之博(平均每人达负担10元)。并希望厦当局顾全信用，财厅毋急不暇择。此文发表后，政府及民间均未发生反应，而兴业地券固已发行于厦门多日，省民国日报载厦各界呈内部请禁。此消息在厦门则本报至此时尚未得之，但内部既已令省府查复，自是事实。省府对此案之呈覆如何，则省垣方面无消息，福建民国日报亦未有刊载。惟吾人固极望省政府及厦门一手主持市政改建之当局，对此与厦门人作每人押注10元200万元之大赌博有以补救之。其法，最好改为债券也。

《江声报》1931年9月8日

财厅催募二期库券　厦门派二十万元

省财政厅昨函商会，谓前奉省政府委员会议决，令催募本省二期库券，厦门市派募20万元。前经由厅分函贵会，并令思明县会同募办在案。计今多日未据报告开募情形，现省中待用甚急，应函贵会并令催思明县克日募解，以应急需云云。

《江声报》1932年8月20日

二期库券催解五万　商会电省不能应募

县商会昨(8)接县政府公函云：径启者，前奉财政厅令饬劝募第2期短期库券20万元等因，业经抄录□议案及还本付息表各1份，函请贵会查照办理在案。兹又奉省政府江电开：查该厅二期库券限9月10日前仰速协同商会先行设筹5万元，如期按额报解该款，准由来届库券项下拨还，切勿延误。等因奉此，相应函达查照，希速设筹为荷云云。县长杨廷枢于昨(8)日下午4时亲到商会会商设筹款，结果商会无法应募，电省云：

福建省政府、福建财政厅钧鉴，本日杨县长到会磋商劝募二期短期库券。查厦门因“赤党”影响，商景萧条，且迭次公债未发还本。此次劝募，甚感困难，恳乞收回成命。厦商会叩，庚。（八）

《江声报》1932年9月9日

厦门借款今日再开会讨论　省电准统税随收随还

关于厦门60万借款事，经当局与商会连日讨论办法，结果银行允拨借20万元，以统税抵还。但银行界以须商会不动产抵押，并加盖各委员名印。因此商会复于7日拟再开会妥商，并讨论市府所定统税抵还草约。因出席人数不足，致流会未开，经续志昨日本报。昨(8)日商会复接统税征收所函，以财部借款事，已奉到蒋部长电，准由统税随收随还等语。该会阅函后，昨又发函各执监委员，订今(9)日午后开会讨论借款问题。兹照录原函如下：“径启者，兹订本月9日星期二下午2时开执监委员会议，讨论关于借款事宜。事关紧要，务请届时准临为荷。”

《江声报》1934年1月9日

市政奖券　周醒南请准发行
月发五万　一年为限　可盈余二十四万

市工务局长周醒南此次进省，向省主席陈仪及建设厅长陈体诚，力辞工务局长职。经陈主席、陈厅长慰勉，并允予对经济方面尽量帮助，周已打销辞意，回厦视事，各情已早志前报。闻周氏在省时，曾向陈主席、陈厅长提议关于市政筹款办法数点，其中一项即拟发行一种市政奖券。此种奖券拟仿照中央航空奖券，及汕头市政奖券办法，每月发行一次，每次1万条，每条售大洋5元，分为十则，每则5角。奖款年2.5万元，经售及印刷各费5000元，尚余2万元，则拨还马路收买等费，以一年为限，公家可得24万元。经陈主席面允，提省厅会议解决，俟核准后即可实行云。

《江声报》1934年3月4日

留春阁朝记　药途债团决三成抵偿　呈请备案

众药业公会，昨呈市商会，谓留春阁朝记，因生意亏耗，无力继续营业，由本会自动组织债权团，清理该号债务。经一次大会，推柯伯耀、陈润生、吴文斗、杜德馨、吴炎东、蔡沧海、林东山等为债权团代表，负责办理。二次大会讨论进行方案，除将现款、货物点存外，尚有□牌价值，及赖厝埕店屋一座，估计合并抵偿全数30%。当经四次大会议决通过，以三成抵偿，并先提一成发交各债权人支领。尚有一成候招牌□人承顶，赖厝埕店屋发卖，再为分发，请代转公安局、地方法院备案，以利进行云。

《江声报》1934年3月25日

市商会允筹借一万二千元为本县教费

厦门商会昨开72次常委会议，主席洪鸿儒，记录林东山。讨论：一、厦门教育经费管理处，及思明县教育局，函请筹借大洋12000余元，并列送玉禾教育基金□业屋4号为胎押□案。议决：事关维持地方教育，应予筹借，并推举主席负责办理。二、参药业同业公会函请转函思明税务局，依法设立思明营业税评议会案。议决：查该案前经本会函请思明税务局依法组织，应行函催从速组织之。三、颜料五金同业公会函，以会员金记号货件，寄存海关验货厂被窃，请函海关严行究追案。议决：通过。四、中西服装业同业公会函，以会员新昌公司被前杜特派员欠军服用品7000余元，请呈东路总部转呈蒋军委长，准予指拨清还案。议决：准予转请。五、红料业同业公会函，会员三益兴号被欠久和公司林永俊采办红料，建筑同善堂业屋，立有向同善堂支领凭条。现林永俊已故，其家属争领该款，请函同善堂准予照付案。议决：照转。

《江声报》1934年6月15日

庆发店底　明日拍卖　债权执行　商会监视

庆发号债权人宜美、新哲、谋成、义泰、丰裕等20家，昨联呈商会，略云：商等与庆发海产店东林皆再、经理陈西，交易以来，被欠货款甚巨，该店东竟席卷远逃。商等血本有关，乃于9月5日起，通告该店各债权人，于5日内来义泰□登记，至9月20日登记完毕，始知被其积欠货账及店租等，共计大洋7800余元。当经召集全体债权人会议，于月20日成立庆发债权团。9月21日，全体债权人到庆发号共同检查存货家私及估价。23日公开将所有存货及家私等物发卖，所得之款统存厦门商业银行，以待解决，并议决函请商会暨海产业公会，届时派员莅场监视，以便证明，而昭郑重。请准派员莅临，俾资证明云。

《江声报》1934年9月22日

工务处还清借款十万
今后海关附税收入可悉还积欠堤工费

本市工务处前堤岸工程，由荷兰治港公司承包，计建筑费200余万元，除陆续交付外，尚欠30余万。近年向中央银行借出10万元，交付该公司，嗣又由该处向财部请准，由厦门海关附加进口税2%以还前欠。经去年1月抽收以来，计已十四个月，所欠中央银行之款，已偿还清楚。今后附加税收入，则系清偿治港公司之工程费。（厦门社）

《江声报》1935年3月15日

周敬瑜昨到商会接洽筹款

市财局长周敬瑜与第三股长娄慕韩，昨奉令至商会，商洽省派厦市公路股款15000元事，并附带洽商散兵遣配及购枪等费垫款。关于公路股款，由商会决议，订期邀各殷商富户开会分配。对于购械遣送散兵等费，据周氏云，苟将自来水用户押柜金拨充，应候呈请省府，往返需时，缓不济急。故请另筹善法，以资归垫。商会主席洪鸿儒、常委庄金章等，答谓：商会此项提议如不能实行，无论何事，多干不通。盖商会因筹款困难，故想出此项办法，市府如认为正当，应予协助。

《江声报》1935年10月4日

市工务局割地还商会借款 玉紫管委会具呈请移拨一部抵欠

市工务局昨函商会,谓前路政处向贵会押借 2 万元,计共欠本息 29833.33 元一案。兹拟指拨后江埭 9 号及 5 号地区 20494 井,每井地价 27 元,计共 29833.38 元并抵外,尚应找缴 5 分。兹特列单函达,希即派员携带借款合约及借款收据来局办理。再本局现奉市政府交下玉紫财产管理委员会来呈,以贵会于民国十二年(1923 年)间向该会借款 1 万元,截至本年 4 月,共欠本息 18000 元。延不偿还,请将应还贵会之款移拨地区,抵还本息等情,并请查照见复云。

《江声报》1937 年 7 月 27 日

市民大会财产契券请市商会接收保管

厦市筹建国货陈列所及市民公所委员会,昨函市商会,略云:民国十六年(1927 年)厦市各社团议决,将厦门市往日市民大会剩余款项,购买月眉池地段以为建筑市民公所暨国货陈列所,并举定许春草等 9 人为筹备建筑委员,仍由原财政吴纯波君承担继保管财产契券各在案。兹吴纯波函辞财政,经本委员会议决,准予辞职,所有本会财产契卷,推举贵会保管收支,定期接收。合应函请贵会查照办理订期接收,并将接收日期,先行函达本委员会,以便转告吴纯波移交云。

《江声报》1937 年 8 月 6 日

小本贷款已退还银行　市财局借贷处结束

市府前者设有小本供贷处,但贷出无多。近因受时局影响,该处已于前月结束。市财局为清理手续,已于 4 日将前向各银行借贷资金之 2.1 万余元,扫数退还。前被人贷去者,有一部未能收回者,多由保人理还。惟闻尚有一小部,因人事变迁,仍未索回,但为数至微云。

《江声报》1937 年 12 月 6 日

厦市公债库券　募销成绩良好　中行已售三千余万元

海外社讯　厦市中央银行奉令组设民国三十六年(1947 年)美金公债短期库券募销委员会后,各行开始悬牌募销。该会工作亦颇积极,认购者甚形踊跃。据查中国银行已销售值国币 3000 余万元,中兴银行 500 余万元,中南银行亦承销数千万元,惟尚未缴款,其他各银行经销犹未计入。据某金融界人士谈称:目前人民购买库券公债均甚合算,允以商业银行为然。盖商业银行之民家存款,例须缴纳准备金,如以准备金移购库券,其利益之优厚且远胜于普通之利息云。

《中央日报》1947 年 5 月 17 日

美金公债　缴美钞免手续费

本报讯　本市中央银行昨奉其总行国库局急电,略以准财部 9 月 3 日电。民国三十六年(1947 年)美金公债,应暂以美金外汇发售为限。认购人以美金现钞缴购者,并免收手续费。该行奉电后,以克日发售云。

《中央日报》1947 年 9 月 6 日

三种公债　抽签还本

本报讯　市府昨(9 日)奉省政府训令,略以民国二十五年(1936 年)复兴公债,第 23 次还本。民国二十八年(1939 年)年建设公债,第二期债票第 12 次还本。及民国三十年军需公债,第一期债票第 9 次还本。业于 7 月 10 日在上海执行抽签。所有中签债票,应还本金,由各地中、中、交、农四银行,与中央信托局经付云。

《中央日报》1947 年 9 月 10 日

三、物资调节

民政厅令　查禁私运米谷出口
违者全数充公　五成备荒　五成充赏

思明县政府昨奉省民政厅训令云,案奉省政府训令开,案据福建消费公社主任吴通呈称,窃查闽省产米,本属供不应求,向赖上游及外省输米接济。近来上游各县因□□骚扰,民众流离,田园荒芜,所获之稻,除供给各该县外,无力接济省食。而长江一带鱼米之乡,又因洪水为灾,收成无几,自顾不暇,安望接济。近查沪浙各地米价陡涨,现在闽省虽未波及,诚恐奸商牟利,潜行运出,则省内之粮食愈见不敷,势必随而高涨。职社知有此情,用敢冒昧渎陈均府察鉴,伏乞准照职社去年呈情之禁米罚则及奖励报水章程,核准成案,出示严禁,并通令沿属各县政府各关卡切实遵照,除正确执照输运省内外,其余一律严禁输出,庶免借端偷漏而维民食,俟筹有向外购运办法,再行呈请补助,以期接济。是否有当,请查核施行等情。据此,除批示外,合行令仰该厅长查案核办此令,等因奉此,查上年6月间,奉省政府令,以消费公社所请破获私运米谷出口,即予全数没收,提出五成备荒,五成充赏,尚属可行。应即督饬所属严密查禁,如有发现私运出口情事,应立即呈请核示,数量少者,即照前项提成办法办理,仍应呈报备查等因。业经本厅以第1024号训令通饬遵办在案,奉令前因,除分令外,合行令仰该县长遵照前今各令切实查禁,随时具报。此令。

《江声报》1931年9月30日

新度量衡米药金银　三业商皆未遵行

市府昨布告,略谓:据度量衡检定员翁中衡呈称,本市推行度量衡,关于杆秤一项,推行已十之七八。惟各商民人等,仍多偷用旧秤,而米业所用之磅秤量器,及药材业、金银业所用之等秤砝码等,迄今尚未遵换新器,实属玩法。现奉省府令限6月底完成划一新器,兹期限已届,亟应积极进行,以免延情。据此,查划一度量衡新器,期限届满,各商民人等亟应一律换用,以符功令。除分令市商会转饬各同业公会一体遵照外,合行布告,仰各商民人等一体周知云。

《江声报》1935 年 7 月 7 日

仰光赈款二千元　暂存厦商会

本市华侨银行前日接到仰光华侨电汇赈款 2000 元(前误载 5000 元),交由市商会施赈。昨该行已将原电送达商会,该会以该电并未指明放赈何处,拟将款暂存该行收管,俟接详细函告后,始掣据向其支领云。

《江声报》1935 年 10 月 27 日

市府调查各粮食　制表三种分令填报

市府昨令豆干、屠宰、糖油、水果、鸡鸭蛋、酱料等同业公会及渔会,谓本市各项粮预销售价格高下,与市民生活极有关系,各项粮食皆系各地输入,有时因缺乏来源,致市价涨落不定。此与民食关系至巨,本府亟待调查,以资统计。业经制就粮食调查表甲乙□□,分饬米业,面粉业公会,按月查填具报。兹再制就丙种粮食类调查表,仰该会遵照表式,按月填报。又令香沪属采运米业公会、鼓屿米业、本市面粉业公会,着将各粮食销售积存、价格涨落情形查填具报云。

《江声报》1936 年 9 月 20 日

八大途商新市斤切实奉行

市府为划一度量衡新器,特令商会转知面粉、香沪、肥粉、土产、棉纱、仰光、北郊、糖油等八大途商于本年 1 月 1 日起,实行新市斤。经商会函达各该业遵照,各该途商以事关法令,特于前日召开联席会议,即由废历元旦日起,一律实行。昨再通告所属各会员知照,略言:一、废历元旦起,实行新市斤,经本联会通告在案。诚恐尚未一致切实履行,合再印刷通告,仰所属各会员,尽于农历元月初十日内,一致切实履行,幸勿玩视。二、本联会所编制三联还款凭单,兹经决议,在未实行以前,对于兑货,暂以现款交易。三、关于买卖货款,其银尾概以法币计算。凡属采客,不得沿用旧例,以小洋找还。

《江声报》1937 年 2 月 21 日

粮食会请开放内地杂粮肥料
茂源等七家支配囤米　源成福源各核减积额

本市粮食维持委员会,昨(31)日下午4时,开五次会议,出席委员6人,列席商会执监委等,由李时霖市长主席,严焰记录。讨论:一、运往内地各处杂粮及肥料,沿途军警多有误会扣留,应如何办理案。议决:根据第二次第七条决议案。统制范围暂限于米、柴、炭、盐四项,其余谷种、杂粮以及肥料等货物,如系运往内地各处,应请军政当局通饬所属,准予通行。二、本会委员,除常务委员外,其余委员应如何分配工作案。议决:推举汪筱严、蔡建芳为事务股正、副主任,林文庆、魏□原为交际股正、副主任,杨子晖为文书股主任。三、拟聘魏英才、吴在桥为交际员,王远川、魏金火、杨锦川、吴锡璜为侨务调查员,严灼如为文书股员,郭妈固、黄心传为事务股出纳员;吴廷骏、黄元赐、陈银珠、蔡海赞为事务股粂粜员案。议决:通过。四、各商号米经□配存米者,应再分配案。议决:茂源、源成、源丰、瑞产、瑞裕、朝记、协□各存米百十包,源成准减存五十包,福源准减存100包,并□通知。

《江声报》1937年3月1日

商店售货发单须遵照规定　务要明明白白　不得马马虎虎

市府昨奉省令,略谓:查各商店所具销售货物发票,为各机关支出单据之一种,依据各项法规之规定,其书写方法、钤盖店章、贴用印花,均有一定规律,方足为有效凭据。近查各机关计算书类附呈商店发票,往往不盖商号正式印章,仅有"银钱货物不准支取"、"蒙付货款收条为凭"、"计数不缴"、"不凭支取"等字样之戳记,岂能认为合法证据?此虽各商店狃于积习未知改正,而各机关出纳人员未谙法规,不能逐一指示,亦有错误。值此整饬计政之际,亟应加以纠正。兹将商店发票应行更正各点,分列于下:一、须书明付款机关之名称。二、须注明收款人(即商店)之详细住址。三、金额须大写,不得涂改(应书折合国币之总数,不得杂列各种货币)。四、须开列物品之单价、数量、尺码及总数。五、须书明实收现金数目,并在数目上盖门市收款及正式店号印章。其价格在10元以上者,并应另具正式收据。六、凡不属于同一节内列报之物品,应分别开具发票(例如笔墨纸张应分作两纸,此项倘不明了，应由采买人员加以分析指示）。七、物品材料名称，不得书写别名。八、依法贴定印花，3 元以上应贴 1 分，10 元以上贴 2 分，百元以上贴 3 分，余类推。九、须注明国历年月日，不得涂改。十、字迹、印章须书盖明晰。以上各项，应由各商店注意改正，务期悉合定章。除分令外，合行令仰该市长，迅转商会，通告各商店后，嗣后对于门市发票，务须切实奉行，毋得仍沿旧习，并饬承办人员知照。

《江声报》1937 年 3 月 27 日

输财抗敌信业踊跃应征　职业界抗敌会订十七日成立

本市各界输财抗敌，连日俱见踊跃，商界方面，除绸布、日货两途，各已征募 2000 余元外。银信业会李成田、林国梁等，昨亦出向同业劝募，计捷□、大元、远裕、顺记、建南、和盛等号各捐 50 元，其余 30 元、20 元不等。总计昨日认捐者 32 号，数逾千元。今日继续征募，预算可达 2000 元。旅栈公会，亦订今日出发劝捐，钱庄、面粉、糖油、米业、参药等各途商，亦将继续，其成绩当更有可观也。本市职业界，昨召集组织厦门市职业界抗敌后援会筹备会，到高启良、庄雪轩、童如、陈有才、林景章、毛志宏、林岷峨、傅天赏、侯光辉、陈有德、林慕麟、沈志寿、毕惠通、胡焕文、戴世钦、何炳坤、陈海涛、王文龙、严溪泉、马德斌、黄天送、李永亭、林耀星、刘逢祺、林焕星、曾从、杨基华、林文川、吴仲贤、李惠容、陈美欢、陈体关、苏璧、庄剑、黄电钟、钟□等 36 人，主席庄云轩。决议：推举高启良、庄雪轩、童如、陈有才、黄电钟、钟□、林慕麟、戴世钦、陈美欢、曾从、胡焕文、李惠容、侯光辉、毕惠通、陈有德等 15 人为筹备委员。二、定 17 日下午 4 时开成立大会。三、成立大会地点假通俗教育社。

《江声报》1937 年 8 月 11 日

鼓屿决定积谷五千担
款由某股户垫付　今分函漳厦当局

鼓屿华人议事会，以时局紧张，迁移来鼓者多，人口激增，对于粮食问题，亟宜考虑。昨特召集开会，决议备储早粟 5000 担，约需 2 万余元。该款经李家麒征得某股户同情，愿先垫付，以俾实行购存，俾届时或平粜供应平民。该会并备文定今(16)日呈请厦门市政府转电157师司令部,及海澄县政府,于购运时准予放行。一面通知各米商,多趸米谷,每担准予照成本加3角出粜,不得任意高抬,违者请官究办。

《江声报》1937年8月16日

厦市组织粮食维持会
电请财部准洋米免税　消防设计会已成立

本市党政军商等机关代表,昨假市商会,讨论本市粮食问题。到10余人,主席陈联芬,记录林东山。当经决议组织本市粮食维持委员会,推陈联芬、李时霖、林国赓、洪鸿儒、杨景文、林启成、汪筱岩、魏国源、蔡建芳等为委员。互推陈联芬、李时霖、洪鸿儒为常务委员。至维持粮食办法,亦已详细拟定计划,分别进行。闻将由该会名义,电请财政部准予洋米免税输入。又市抗敌会昨召集全市各保消防队负责人,到市党部开会,讨论消防办法。到20余人,主席陈联芬,讨论结果,决组织本市消防设计委员会,内部分总务、组织、宣传、救灾等4股。各股人员亦均选定,宣告成立。

《江声报》1937年8月17日

市商会议定维持粮食办法
确定积粮资金及来源　每日集会共维治安

市商会昨(22)日下午□时,召集各同业公会代表、各公司负责人,暨执监委员,举行联席会,讨论维持本市粮食。到20余人,主席洪鸿儒,记录林东山。讨论结果:一、本市粮食应如何维持案。议决:请粮食维持委员会统筹办理,其办法如下:甲、统制全市粮食(输出入及流通方法);乙、确定积粮数目;丙、确定粮食来源;丁、确定积粮资金来源。二、值兹非常时期,亟须集思广益,共维地方治安案。议决:由会函各同业公会负责人,及本会执监委员,于每日下午3时至5时,在本会集议研究一切。

《江声报》1937年8月23日

厦市柴米问题
统制粮食　急救柴荒　商会提出两个办法

市商会昨再集各业代表，暨执监委员，会议维持本市粮食。到20余人，主席洪鸿儒，记录林东山。讨论结果：对于米业公会所提粮食统制初步工作草案，及柴炭业商杨锡川所拟柴炭救济意见，决交粮食维持会研究，再呈市府核办。该项粮食统制草案，及救济柴炭意见书，分录如下：

粮食统制

初步工作，甲、输入办理事项，一、各地粮食输入数量，应向粮食会登记；二、凡粮食出口，应向粮会请给许可证；三、泉属同安、金门等处来本市采购粮食，在可能范围内，应予供给，以资流通。说明一、二两项，为明确进出数量，以便统计。第三项，厦岛为闽南交通核心，粮食尤应以整个闽南着眼，不宜仅顾自身，切断粮运转输，致各该地民食军糈深受影响。乙、粮商利润规定：一、由粮商团体，将粮价逐日在报上公布；二、粮食会每周举行价格审查。三、粮商利润，批发商2%，零售商4%（依福州规定）。丙、消费及存量之调查：一、确查人口数，以求销量之切实估计；二、函粮食团体，每周负责存量查报；三、调查米粮各种浪费数量。说明：一、厦市人口为18万，如成人每日消费量为1市斤，每日总需量则为七八百包，一月须2万余包。惟现下人口锐减，销量减少，应向市府调查户口确数，以便切实估计；二、在此非常时期，粮食动态，甚关重要，由粮食团体负责查报，以明现况；三、本市酒厂多家，每日酿酒浪费数量，应行查明，俾必要时限制。丁、办理仓储及资金筹措：一、粮食应备足三个月之用，惟为减轻财力，须先储藏1万包；二、粮食资金请向银行界洽商；三、所储之量，非急需时不得散粜。说明：一、储粮所以防荒，振饥为战时安定地方基本。厦市乃国防前线，一旦粮缺，势恐饥民蜂起，军糈无着，影响至巨。故对仓储，尤当未雨绸缪。至储量搜足供三个月为度，资本应请银行界办理，庶克□济。戊、仓储来源：一、向香港采购；二、向仰光采购；三、向漳属采购。说明：仓储之米，须取干燥耐藏之质，方无发霉之虞。洋米质燥，经年不坏，故采储以洋米为宜。一、就近向香港采购；二、向仰光采购，计程半月可运到达。至漳属之米，价较洋米为廉，但不堪久藏，为整个闽南粮食着想，如战事延长，将来或感不足。因洋米未征税前，每年进口约80万包，加税后转由上海采购国米。兹上海轮停航，粮道已绝，此不敷之数，非取给洋米,则将来粮食危机,实不堪设想。

救济柴炭

意见:按本坞日常所用柴炭,大部分由漳码运下,其由两溪及高镇运下者甚少。迩来柴炭所以昂贵,原因乃石码驻军团部以在此非常时期,为防万一,着将进出该港帆船,多做登记,留置候用,而柴炭途前所雇佣之柴船,当亦不能例外。于是本市近日燃料,顿感恐慌。按本市每日需用燃料约需柴把 4 万把以上(煤炭不计),而目前所雇小船运载每日只 1 万把左右,不能如常时大最运载,故存货极少,最多只足供用 7 天。是本市燃料一项,倘不及早设法准备,将来当难免受有米无柴之苦痛。鄙见应由本会火速派员携函向石码驻军请求救助,凡属往日运柴之船,不得扣留,应听其依旧源源运载来厦。同时本会应再派员调查现在本市各柴店存货若干,以便通知切实载备,而免临时恐慌,此系粗浅之意见云。

又讯　本市柴价,昨日续奖,向之每元售 40 把者,前周每元尚售 20 把,而昨日每元仅售 17 把。苟不及早设法救济,殷户固有囤积,可济眼前,平民则立受绝大影响矣。

《江声报》1937 年 8 月 24 日

厦市统制米盐柴炭　筹款三十六万增储米粮
禾山鼓屿各定流通办法　推定机关社团负责军运

本市粮食统制委会,昨三次会议,主席陈式锐,记录严焰。讨论:一、米业会所提统制粮食办法草案。议决:照案通过。二、本市粮食除原存外,拟再储米 3 万包,估价 36 万元,此项资本筹措案。议决:甲、由本会筹集 16 万元(各商户投资)。乙、推举市党部、市政府、市商会代表,向各银行商借 20 万元。三、存米调查案。议决:制表交米业公会,将逐日出入□存量报会备查。四、经售米粮限于投资商人案。议决:通过。五、厦禾鼓米粮流通案。议决:除本市得自流通外,鼓浪屿、禾山米商采米,应取具不资敌保结,并分别由鼓屿区商会及禾山各联保主任证明案。议决:通过。六、维持三个月柴炭消费案。议决:甲、柴船运柴由会商请驻军,予以便利。乙、函煤炭业公会,转知炭商尽量储炭,并请当局予以保护。七、本市粮食统制范围案。议决:暂限于米柴炭盐四项。八、本会会所案。议决:暂假市商会。九、本会常川干事案。议决:由市商会担任。

又讯　管制交通委会，昨三次会议，主席陈信如。讨论：一、加推941团政训处骆汝骏，警察局廖醒德，水警队陈文忠，工务局陈支开为本会委员兼常务委员案。议决：通过。二、本会会所拟迁厦禾路224号一楼办公案。议决：通过。三、军事运输，拟由各联系机关团体联合办理，以利进行案。议决：甲、推举941团、警察局、水警队、汽车公司、轮船公会、民船工会、驳船公会、码头工会、商会，各派固定代表1人为办事员。乙、办公地址暂假市商会。丙、由本月17日起开始办公。

《江声报》1937年8月27日

厦市储粮以洋米为宜　面粉为第二粮食　厦年销百余万包

本市粮食维持会，昨五次会议，主席陈式锐。议决：一、向银行商借20万元办法，以透支性质借出，专用购贮粮米，除将该米抵押外，并由本会常务委员连带负责。二、发给出入米照，由会决定，请市政府发给。三、厦门市抗敌后援会函，将本会移交社训义勇队指挥部管辖，应即照办。四、拟具本会简章，以利进行。推举杨子晖起草，提会通过。

又息　据商界中人言，在此非常时期，不第粮米统制，即一切副粮亦应统制，惟此次决囤米3万包，商界摊配资本16万元，其中被指定分摊之商号，有素非业米者，殊恐未能熟识。且米既囤积，资金不能流转，在此期间，商家亦不无困难之点。至于购囤之米，当以洋米为宜。盖洋米曝干，可以久藏至数月，漳属之早米则易霉坏，且运漳之米济厦，诚所谓挖肉补疮，亦未尽善。苟能依照粤省办法，径向仰光购运，进口时由海关登记税额，暂缓缴纳，则每包成本仅6元左右，其价转较漳米为廉。又面粉目下仍可由香港运厦，麦花、□燕两标，每包售价6元左右，而进口税征8角2分。此税似亦可呈请财部暂免，则每包成本仅为五元一二角，较国粉亦便宜三四角。查厦市面粉进口，每年百余万包，亦粮食中之次要者。故当局应予注意及之，米与面粉，皆可令商家最低限度之囤积，准其自由进出，禁止运外。如是资金乃得流通，货物上可以新易旧，不致发霉云云。

《江声报》1937年8月30日

全厦商店即日复业
如有观望以妨害治安论处　并禁止高抬物价以维民食
非常时期筹款四万

市商会昨下午5时，召集各业代表联席会议。到30余人，主席庄金章，纪录林东山。讨论：一、在此长期抗战时期，治安商业，亟应维持。乃本市商店照常营业者固多，游移观望者亦不少。应如何办理案。议决：除由本会通告全市商店即日照常开市营业外，并鸣锣通知，如有观望不开者，以妨害治安论罪，由会呈请当局严予惩处。二、本会筹备非常时期用款4万元，应如何办理案。议决：由会分向各同业公会、各公司、各殷户派借，以资应付。三、奉市政府调令，举办留厦台民登记，及华商冒挂籍牌一事，应如何办理案。议决：函各同业公会转知所属各会员，并由会通告。四、奉市府训令，制止高抬物价，应如何办理案。议决：函各同业公会转知所属各会员不得抬高居奇，以维民食。

又讯　市府参事室王办事员谈：一、本市在此时局紧张，市面商家多数关门逃避，致市景萧条。本府前曾布告，通令各商恢复营业，惟各商均未遵办。今决极力劝告，并令市商会设想劝导，务令悉数复业，恢复常态，以繁荣市面。二、在此非常时期，对于战时失业救济办法，为当前急务。本府对此，已正在积极计划，将来可饬由第一科负责办理。三、对非常时期财政问题，本府早有计划，惟当此市面商业冷落，未易办到。故日内或将与各界关系者谈商，设法筹措。

《江声报》1937年9月14日

决抑平本市米价　提高公务员待遇
黄市长在招待记者会称

本报讯　兼市长黄天爵于昨晨10时在其私邸招待本市各报记者，计出席星光、江声、闽南、青年、立人暨本报记者等6人。黄氏首先垂询本市各报财政困难情形，谓沪上报纸每份售至3000元以上尚感亏本，惟新闻记者生活则不若本市之清苦。嗣谈及本市防疫物价及提高公教人员待遇等问题。

《中央日报》1946年4月7日

战时停用商标　申请备案
限六月底截止

市商会昨分函各业商会，略以准经济部商标局公函，查国货厂商在非常时期，其商标停止使用，具有下列原因之一者："一、厂被敌人侵占不能出品者。二、为暴力胁迫致停止营业者。三、所有生产营业遭受炮火毁损，一时不能复业者。四、战事影响，无力经营，以致停业者。"得备具切实证件，呈由本局查核备案。但经查明或据利害关系人之反证，确与呈报不符者，仍得依照商标法第18条之规定办理。是项办法原为保护被迫停止营业厂商注册商标权益而设，前经本局呈奉核准，经刊登商标公报公告有案。兹奉经济部训令，略以该项办法所定呈报备案手续，准限至（民国）三十五年（1946年）6月底截止办理，应由该局登报公告，俾各厂商得依限遵办等因。除分别登报公告外，特函达查照等由。准此，应请查照云。

《江声报》1946年4月9日

商会商准行总驻厦办事处　拨借面粉一万包平售
分电省府行总迅拨粮食救荒　拟向温州各产米区购运食米

本市米荒日趋严重，市商会于本（22）早发电省政府及救济总署迅拨大量粮食救济，并于下午3时召集理监事及米业公会代表到会讨论紧急救济办法。到会者全体理监事，列席者市政府代表吴春熙及米业代表魏金火等。决议案如左[下]：（一）由会请市政府向救济署厦门办事处商借面粉1万包，交由本会拍卖，并由本会保证负责清偿。（二）由本会请市政府拟具严厉取缔食粮囤积办法。（三）电请省政府转电救济总署浙闽分署，准迅发大量粮食救济。（四）米商兑米，应依照来源价格加合法利润，不得居奇。（五）由米业公会派员协助市政府向产米区长泰、南靖、漳浦、南安等处担运济厦民米。

又市商会决定向救济署驻厦办事处商借面粉1万包，闻经该办事处许允，日内即可拨出交付各区公所及益同人公会平售，每斤定价为300元云。

《江声报》1946年4月23日

市商会函财局催讨结价糙米　益同人白米款尚无着

益同人公会,日前获前派员前往龙溪洽商,省府电准发白米1万石,救济厦市。该会经于雇运来厦,惟因款项无着。

《星光日报》1946年5月7日

市财政仍零乱　平米尚有问题
市府人员多售衣服维生

本报讯　市财政局过者理财办粮业务,极感零乱,缺少计划。自苏梦西接长后,此种现象,仍未消除,此乃工务、卫生两局长求去之主因。查市府前以平价米每市单价款8000元,分配每机关最多30担,经由市府批准在案。后财局将该批白米另作他用,至有少数机关未领,惟允后批漳米一到,即可续拨。杨庚生被殴案发生,苏接财局虽经未领机关向□,先□诸前任经办,后乃称清理未竣。是否有额,尚难逆料,故未领机关对市府此举,认为厚此薄彼,极感不满。□□□□吴主任秘书春熙语记者,前次售给各机关平价米价款8000元,省来电应改补为每担26000元,市府已再向省请求按照原价办理。至于今后市府所运来厦之米,将以市价发售,做弥补本市财政之不足云。又市府职员平价米,如秘书室职员已领150斤,其他单位职员有者仅领出50斤或100斤,对此不均,职员颇啧有烦言。据记者调查结果,市府人员偷售衣服、家具以维生活者,颇不乏人。

《星光日报》1946年5月18日

省府遵照中央指示将恢复管制物价
榕厦两市试办限量配给　福州粮价金钞继续下挫

中央社福州15日电　省当局以物价普遍上涨,民生俱感威胁,特遵照中央指示,恢复管制物价,已由建厅拟具实行办法大纲,将提上周例会核议。所订主要各点为:(一)切实执行评价。(二)取缔囤积居奇。(三)限制粮食外运。(四)试用限量配给,受管制之物品,为甲、粮食类,米谷、麦、面粉、高粱、粟、玉蜀黍、豆类;乙、服用类,棉花、棉纱、棉布;丙、燃料类,木炭;丁、日用品类，菜油、花生油、茶油。上列各项物品，除粮食类以全省为范围外，余以福州、厦门、林森、南平、建瓯、邵武、永春、龙溪、晋江、莆田、宁德 11 市县为范围。限制粮食外运一项，系指出省境者，省内各地仍自由流通。第四项办法，拟暂就榕、厦两市对米源缺乏之重要民生需品，酌定一二种试办。

《江声报》1947 年 2 月 16 日

芜米万担发交供应　赶运各地指拨赋谷
鼓励人民告发粮食囤积漏海　厦市调节会昨商定平抑办法

本报讯　本市粮食调节委员会，昨（13 日）下午 3 时半假市府会议厅召开第十次会议，对调节本市民食及平抑粮价开辟米源，均作详尽之商讨。决议案如下：一、本市日来米价，受各地粮价及物价影响，亦随之暴涨，应如何平抑案。议决：（一）将本会现有存谷万五千担赶运来厦，仍按户口平售供应。（二）请市府发出中白米 500 担至 1000 担，交米业公会照市价供应。（三）最近芜湖运厦白米数约 1 万担左右，饬米业公会分别查点供应，不得囤积，并将情报清备查。二、本会供应平民食米，价格应如何调整案。决议：每市担以 10 万元发售。三、教育会请购食米请公决案。决议：公私之学校教职，每人以售拨食米以市担为原则。每人先拨售 50 市斤，每市担以 95000 元之计算。四、关于本市米源应如何开辟案。议决：（一）电省田粮处速将前准每月拨售 5000 担米集运来厦。（二）电省财政厅请饬龙溪县政府，将本市已缴款未准拨省谷 3500 担速发，以便接运来厦。（三）□□□平粜会查询办理情形，再促厦门集资购粮运厦。（四）请省准将闽南各县省谷，及可变价赋谷悉数拨售本市，供应足食。五、关于本市粮食如何加紧管制案。决议：（一）请市府严令各粮商按照规定办理粮商登记，并严格取缔非粮商经营粮食。（二）粮米进口须报验登记，出口依法请准。（三）依照规定审理存粮登记。（四）粮米绝对禁止漏海，并发动各机关及□□机构协助政府依法执行。六、关于粮商或非粮商囤积居奇偷漏等应如何取缔案。议决：请市府严密取缔囤积居奇，（一）经查觉，应依法严惩。（二）准由人民检举告密囤积者，除粮米价售外，并提奖食物一成。漏海除标售外，提奖食物三成。

《中央日报》1947 年 5 月 14 日

泗水厦门公会捐六千余万
益同人公会请拨为平价食堂维持平卖粮费

益同人公会与行总厦处合办之平价食堂,期限已届,6 月底应即撤销。惟查该会为继续该项善举,近已极力设法,俾使继续维持。据息,前日有泗水厦门公会以厦米价贵昂,平民困难,乃捐国币 6600 余万元,汇厦当局,酌情救济,并派高标熙主持其务。该会近日商准高氏,拟将款拨充平价食堂之平卖粮费。闻高已口头允许,一俟接奉泗水厦门公会核准后,即可提拨,而平价食堂当可继续维持数月云云。

《江声报》1947 年 6 月 17 日

取缔囤积居奇办法
应审慎执行以免扰及市廛　省府通令各县市注意办理

南侨社讯　关于非常时期取缔日用重要物品囤积居奇办法,前经经济部指定,本省各县市如服用类:棉花、棉纱、皮革、棉布、麻布。燃料类:煤炭、木炭。日用品类:皂碱、火柴、菜籽、菜油、颜料(包括染料)、茶油、花生油、麻油,及其种子等之取缔囤积居奇区域。省府近以各地主管官署,对于立法原旨及执行手续,间有未尽明了,特再将部颁该办法执行取缔应行注意事项,通令各县市政府,切。其内容如次:(一)关于囤积居奇之定义。实审慎办理在该办法已有明白昭示。盖有储物资备供需要,在战时及平时俱有其重要性。商货存储于正常营运者原不在取缔之列,惟囤积而有居奇行为,企图牟取过分利得,而影响市场供需,致生缺乏或波动市价者,则为维护公众利益,自不能稍事姑息。各主管官署执行取缔时,对于生产者或购运者到达市场过程中之物品,务须设法予以疏畅,勿加阻挠。则间有业务上之需要,或限于事实而致稍有积滞时,亦应力予协助,不得动以囤积居奇论处,致碍产运来源。(二)该办法所定取缔方法,施于非商人或商人,并不一致。在非商人方面,原以大量购存物品为取缔之条件。所云大量,系指超过自用数量,企图盈利者而言。非商人之认定则应以向非经营商业或仍有字号而并未依法履行商业登记,或已有行业工会而不加入者为准。凡此类商人或经营商业之商人,而有囤积行为依法应限期责令出售,并禁止其嗣后之大量存贮。至商人方面居奇与否，应依该办法第四条查明已否应市销售，及有无抬价情事；以资认定所存货物。其因季节关系，在市上无销路者，自无应市销售之可能，即未便认为居奇，而予以取。如确有居奇行为，取缔之法仍以责令应市出售为主。遇有需要，并可酌定期间依限稽核。上述非商人与商人之区别，关系颇大。而处分轻重，亦有不同。主管官署尤宜详加判别，按其情节分别处理。（三）实施取缔首重登记检查。惟此多对于工商各业关系密切，措施稍有不慎，即足以扰及市廛。故认定需要办理各项登记检查手续，务须简单敏捷，力避苛繁，并应饬由各该同业公会办理施行时，并宜因势利导，妥为劝谕。藉使商人乐于遵办，不至意图规避。即于取缔工作，亦易推行。此点关系匪浅，主管官署务应深切体会，至各项管制法令，尤应印送各同业公会，分别晓谕商民，咸使知悉，以免误触法网云。

《中央日报》1947 年 9 月 14 日

调解会发表本市粮食现状
二十五亿元贷款获准　当可抑平粮价高涨

本报讯　本市地属孤岛，粮食来源，素仰给于外运。如无适当调节，民食时受影响。日昨央行总裁张嘉敖氏来厦，吴主任秘书曾将情面达，并请准贷予 20 亿至 25 亿巨款，对今后本市粮食，裨益良多。记者顷据粮食调节会黄秘书谈称，本市调节会，系于去年遵照省令，由党团民意机关、商会及地方人士等组织。办理以来，因资金有限，难以掌握大量粮米，致未能达到预期效果。查本市人口约计 20 万人，以每人每日需中白米乙市斤计，每日即需 20 万市斤。每月共需 600 万市斤（6 万市担）。惟米粮来源，除禾山农田一隅，全年仅收获稻谷约 4 万市担左右外，其余均由省内与省内各县运供。省外多者系芜米，省内如海澄、龙溪、漳浦等邻近县份。本市来源匮乏，既如上述，故如何调节盈补，实为粮政之首务。本会自办理以来因乏大量资金，致调节数量，非常有限。前虽经省拨粮贷 4 亿元，然与实际需要相去甚远。故前后仅能向省请购粮米 1.6 万余担。经分别于米价波动时，按日售粮，及分区抛售，颇收平抑之效。惟今已先后售罄，自是项资金业已到期，偿还清楚。调节会虽尽力策划，但巧妇难为无米之炊，未能发挥调节效能。至本会所需资金，如按目下米价每市担中白米 25 万元计算，以每月需量 6 万市担估计，至小需拥有 1 万市担之米源始足资调节。所需资金共 25 亿以上不为功，亦惟有拥有巨额资金,始可灵活应用,以平稳粮价而确保民食无虞。此次张总裁答应拨给粮贷20亿至25亿,是诚本市市民之福音,希望该款能早日领到。今后自可撒手做去,以尽本会之任务云。(南侨社)

《中央日报》1947年9月21日

厦门市八月份物价指数 省统计处昨发表

中央社福州26日电　据省统计处发表厦门市8月份物价指数如次:一、国货价格总指数3992182,内食物类3882664,其中粮食401300,其他食品3756473,衣着类5028633,燃料类5353400,金属电料类3952754,建筑材料类3193154,什项类32368312。国货及外国货价格总指数4082064,内食物类同一衣着类5467762,燃料类4626578,金属电料类4351610,建筑材料类3193154,什项类35005003。零星国货价格总指数394570,内食物类3845600。其中粮食3954664,其他食品3785645,衣着类5484538,燃料类4703056,什项类27222064。机关办公用品价格总指数3797581,全文具类465512□,消耗类4183982,印刷类5384563,邮电旅费类1063212,修缮类4044173,什项类3772245。

《中央日报》1947年9月27日

现有存粮拨售贫户　各机关得购食米　粮食调节会昨议决

市粮食调节委员会于昨日下午10时假市府会议厅召开第十四次会议,出席黄德威、林纯仁、陈烈甫、张澜溪、严焰、彭农泉、苏梦西、魏金火,主席黄天爵(苏梦要代)。讨论事项:一、关于本会现有存粮,应如何清理及配售案。议决:甲、由储运、会计、稽核,会同清理,并限2日内将实存数目报核。乙、将实存粮米,以贫民为对象,悉数拨售各□,仍照前订价□,每市斤1500元。丙、为加紧工作计,拟设临时人员乙组,其人员由各组派乙人会办。二、省拨六七月份民食米价,经已核定,应如何接售案。议决:甲、由储运组加紧接运。乙、拨一部分(照前次分配额)配售各机关,每市担实售国币22万元。丙,为周转购米价款,拨一部分按照市价抛售。三、龙溪赋谷3500石,系交石码华侨合作社及源成号,承碾率,应如何核定案。议决:碾糙七五,碾中白米九四半(照目前所交米样为标准)。四、关于仓库管理及进出仓库手续,应如何严密办理案。议决:照第三次各组联席会议所议定办法切实办理。五、会计组拟关于本会招商承运粮米办法乙份,应如何决定。议决:交黄秘书德威及储运穆核审查,签请主任委员核定办理。

《中央日报》1947 年 10 月 12 日

日来米荒愈严重　市民束腰待解悬
李主席昨急电市府饬办三事　旧存赋米外调军粮悉令应市

日来米荒愈见严重,市民已多因无米可买,而以杂粮充饥者,贫户则多束腰忍饥。昨日有若干米店推称存米售罄,无法续配,闭门停业。究竟本市存粮是否确已空缺,抑米商看高心切,囤积居奇,市民咸望当局速作彻查,以解倒悬。兹悉省府李主席闻悉本市米荒严重,特急电市府,饬办三事:(一)着该市政府责令粮食公会,劝导粮商务将存米照常应市,不准收存,其售价以不得超过"八一九"市价为限,并严密取缔囤积居奇,违则依法严惩。(二)前厦门区粮运处运厦旧存赋米 3000 余担,业经电厦门区储运处拨交厦市调节会,照"八一九"限价,售济民食。应由市政府迅与调配会洽商妥为配售。(三)上海福建建设公司等在芜湖购米抵缴本省外调军粮,由省田粮处在厦门拨还该公司等食米,原应交请该公司等在省内自由销售。兹以厦市米源不裕,已电饬将拨还之米,按照"八一九"市价即在厦销售,供应民食。应由该市政府监督办理云。

《江声报》1947 年 10 月 17 日

只有天晓得　本市存米数　不足一日粮

据本市粮食公会会员存米数量清册所载,本市现有存粮米商 175 家,计存粮 1267 市担(各机关寄存已扣除),即 12.67 万市斤。倘以全市 16 万人口每人每日食米 1 斤计算,则上述存米尚不足全市 1 日之食用,令人难以置信,真是只有天晓得!又遍查清册,不见本市若干大户米商之存粮载入,故此中漏洞必多。查市府日前饬令商家列报存货,曾晓谕应据实登记,一经查出有匿报情事,应受违反经济管制惩处。现市府等机关组织之登记物资检查队将于明日起展开工作,且看奸商如何试法。(厚)

《江声报》1947 年 10 月 17 日

华南区生活指数与厦门不符
厦大及各中央机关人员　昨分别电请列为第二区

昨报载行政院发表公教人员生活指数,华南区代表数为 6.5 万倍。本市国立厦门大学教职员暨中央驻厦各机关人员,以其距离厦门实际生活情形过远,因于昨日分别致电行政院、教育部,请求列为第二区 11.5 万倍。兹探志该两电如下:(一)国立厦门大学全体教职员致行政院张院长、教育部朱部长电,南京行政院院长张、教育部部长朱鉴:厦门受侨汇影响,物价高出国内各地,同仁生活极感困苦。兹据福建省政府统计,去年 12 月份公教人员生活指数已达 11 万倍以上。顷阅报载华南区代表指数 6.5 万倍,相差甚巨,未悉厦门列入何区?加以此后教职员特别补助费决定取消,而实物配售又未推行厦门,且物价又在腾涌日上之中。凡此种情,均使本校同仁彷徨不安,日夕难度,为此电恳钧院部(转呈院方)将厦门列在 11 万倍指数相近区域,借救困难,而苏喘息。临电祈祷之至!国立厦门大学全体教职员叩。(二)中央驻厦各机关联合致行政院张院长电,南京行政院院长张钧鉴:顷阅报载钧院第三十八次会议通过,各区公教人员生活指数,华南区代表指数为 6.5 万倍,厦门是否列入华南区,此间各级公教人员甚感惶惑不安。查厦门为华侨出入口岸,侨客商民常以外钞交易,因而物价高冠全国。上年分区物价调整待遇,曾蒙钧院列为一级。嗣改二级,即感失之平允。目前实际生活指数已达 16 万倍左右,物价尚在腾沸上升,依照福建省政府统计上年 12 月份公教人员生活指数亦已达 11 万倍以上。此次分区按生活指数调整待遇,厦门实应列在第 2 区 11.5 万倍,俾得名实相符。如照华南区 6.5 万倍,则与实际相差太远。近两三月来,物价上涨已达 5 至 10 倍,照 6.5 万倍调整待遇尚不及 1 倍。如此,不特令此间公教人员趋于绝境,即与我政府改善公教人员待遇之旨意亦违。驻厦各中央机关同仁,为员工生活计,为政府信誉计,用特郑重电恳钧长将厦市生活指数列在京沪区之上(因京沪尚有实物发给),俾解倒悬,而召公允。临电惶惑,不胜企祷之至。

《江声报》1948 年 1 月 15 日

虽闻调整声　未见喜气扬
依新办法仍多问题　公教人员命定该愁

轰传已久之中央公教人员待遇，照生活指数核发一节，际兹物价复临大潮之时，一般受薪阶级莫不寄以殷切期望。但自国务会议议决，行政院核定发表后，大多数复频失望。例以超级之厦门大学教职员待遇而言，原照第二级99万元之基本数四千倍之薪俸加成之外，另加比照第一级之差额以特别补助费列支，此外教授有50万元之研究费，副教授则40万元，讲师30万元，助教20万元。支最高薪600元之教授，每月可有四百余万元。今调整后（研究费仍旧）若以第4区6.5万倍计算，不过600余万元，实加率仅50%，较之上年10月份调整之增加率140%，相差太甚。至素为其他中央级公教人员所羡慕之海关待遇，原为照普通之津贴与加成外，另加米贴一担半（240斤）之代金，及总数（米贴在内）25%之奖金，中级职员可有500余万元。邮政局照上年11月份之物价指数，低级者亦可支300余万元左右。盐务局则照薪津之总数另加30%，中级者有200余万元。新办法施行后，此些特殊项目，是否照旧，诸有问题，故虽云增加，除一些个人有特殊办法者外，仍不见喜气云。

《江声报》1948年1月16日

数种工资评议
民船过渡一万元　印刷增加十四成

本报讯　市府社会科，于昨（3）日下午3时召开各途劳资评议会，计邀请各机关代表及劳资双方代表20余人。评议结果以民船过渡1万元，内河3万元，包括上落各一次散客每名7万元，由5月4日开始实行。糕饼途工资以3月份在372500至229500元者增加十四成，如超出评议数额者，由劳资双方协调，5月1日实行。印刷依照3月份增加工资十四成，亦由5月1日施行。鞋业评议议决先由劳资洽请后报核，其他各途另订日期举行评议。6时散会。

《中央日报》1948年4月4日

金门洽购漳米二万担 日内分批起运

金门讯 金门县为缺米之区,迩来粮价飞涨,民食堪虞。新任县长沈乃光为此,特于日前亲偕该县议长林清池、副议长兼商会长陈卓凡赴漳州,向五区专署洽购民米济急。经蒙郭专员答允拨予2万担,因财力关系,将分批起运,首批750担已先行运出,日内即可抵金。又沈氏此行并向漳厦军事当局请示有关兵役事宜,现任务已毕,定本(7日)由厦反金。

《中央日报》1948年4月7日

厦粮食调节会将被清算彻查

本报讯 前日本市数报揭载厦市粮食调节会职员捏名冒领平价米及挪用盈利价款一节,引起各方注意。关于售粮底册之"新华小学"一校,据教育科方面息,本市并无"新华小学",故引人疑问更大,外间啧有烦言。闻本市数参议员已拟联名函请当局公开组会清算彻查,以明真相云。

《中央日报》1948年4月18日

市参会再电粮食部续拨粮来厦售济 此次芜米三千包被垄断操纵 嗣后应先商讨妥善配售办法

本市讯 市参会上月因本市米荒严重,曾电南京粮食部,饬中粮公司运粮来厦售济,昨已获该部覆电,允饬中粮公司照办。市参会决再电粮部续运巨量白米来厦,并于配售时会同本市有关机关先事商洽,以免流于受人垄断之弊。兹将电文录后:厦市米价飞涨甚剧,石逾千万,升斗小民,大受威胁。此次中国粮食公司运厦芜米3000包,虽经抛售,惟全数落于一二米奸之手,二三盘商未得分配,致该途奸垄断居奇,国仓停兑。□或本市米价登高峰,不惟未收调节之效,且造成人为米荒,影响民食,深且巨。窃思本市粮米,全仰给于外埠,一旦来源短少,立呈腾涨。本会为安定民食,特再电恳钧部饬令中粮公司续运巨量白米来厦,以裕米源,而抑粮价。惟为避免再蹈前辙计,请饬该公司押运人员,于米到埠时邀集市府及各机关首长开会商讨妥善配售办法,以收调剂民仓之效。(南侨社)

《星光日报》1948年6月4日

正确资料已搜齐　物价将重新评定
高雨龙洪炳煌二人被捕

本报讯　市府物价会报工作小组经常纠缉队，于9月3日由警局宪兵队水警分局指派员警合组执行查纠本市物价工作，并由市府颁发白色三角形队旗1面，整日逡巡市面，调查各商户物价标售情形。昨(4)日仍复出发继续执行。据悉：两日来执行对象侧重检举外钞黑市买卖，被发现拘获有高雨龙、洪炳煌等2人，暂押于督察处，候令法办。又各途工会前此公订之各种物价，超过市上现售暨“八一九”价格者甚多。兹据该小组郑芝生告记者称：“八一九”前后物价正确资料搜集，已告完竣，即将召集各途商举行会议，重新评定云。

《中央日报》1948年9月5日

物价会报工作小组近日开始评价
纠缉队将续出发查缉

本报讯　市物价汇报工作小组纠缉队，两日来执行结果，于前(4)至大同路同英布庄检查时详阅该号所设账簿，发现该号所登8月19日之价格，与目下该途公会所订标售价格，超过19日价格，达20%。唯据该号东称：“所标售价格均系依照本途公会所公订之价格，本号绝无任意抬高之事，请向公会交涉可也。”该队以此事系属整个性，乃予以警告，饬照8月19日账簿所载价格标售，一面将情报请小组核办。兹悉，该小组现以搜集8月19日物价正确资料行就绪，在未重新评议审查完竣以前，饬令纠缉队对于昨(5)日起暂停执行，一面并于昨下午4时请各途商负责人至市府，面饬其随带所设账簿，于今日上午10时起至下午7时止，并邀请参议会、市商会、宪兵队、水警局、警察局等有关机关进行审查工作，将账簿随时予以抽查。记者据该小组负责人告称：前4日下午面询各途商时，发现其所售价格均超过8月19日价格，达20%。唯据商家称：“所以超过8月19日价格者，系因现申汇、平汇关系，与8月19日之申汇率差加5。故现下不得不予看奖。”本组为慎重计，特令各途商于6日随带账簿来府抽对，并决定于今日审查完竣，俾便纠缉队继续进行执行工作，本审查会将由贵市长亲自主持云。

《中央日报》1948 年 9 月 6 日

当局评物价应兼筹并顾

本报讯　物价管制工作小组今日起将开始评议物价，此次物价之审议，关系整个市场甚巨。因商人在合法利润不可得之下，虽不流入黑市，亦将影响后货。后货一断，则不入黑市不可得矣。平均供应，是物价稳定之根本办法，事实如何，应求顺水推舟。此际物价各地普遍稳定源头的上海，市场已安定不波，故成本不虞变动，审议给予商人以合法的利润，相信商人是乐于接受的。而此后请调整亦宜机警，务使审议适宜，不使过高，亦不使太低，则可收事半功倍之效。

在这里，我还有一个意见贡献于当局者，即各途商所造物价，不乏商人私利之念太重，提出价格，有关自己存货多寡而有偏颇之处。故对于议价事宜，固然不听取别途人意见，然亦不可专听其本途商一面之词，而应两方俱到，庶几核定下来的价目，不致有甲者太高、乙者太低之弊。

《中央日报》1948 年 9 月 6 日

运用合作组织切实平抑物价
合作事业协会提十办法

本报讯　市府奉省府代电，以中国合作事业协会关于运用合作组织，平抑物价意见内容见解正确，认为我国当前经济问题，最显明之现象，厥为物价之上涨，人民至此几已无法维持生活，亟应有紧急有效之措施。兹探志其实施原则如下：在目前情势之下，欲求物价平抑有三大前提：一、必用和平手段自动革新方能使当前经济稳定。二、必以完整有效办法彻底执行，方能使狂妄与恐惧之两种心理因素完全消除。三、必依大众生活需要建立新制，方能奠定平价之永久基础。其办法，(一)设立消费合作社，配给生活必需品。(二)普设产销合作社，集中物资。(三)管制配给品工厂统筹支配。四、实行节约消费，间接增加物资。五、加强出口贸易，平衡外汇收支。六、善用美援加强平价力量。七、消灭游资，试行划账制度。八、改善金融设施，扩大平价产销贷款。九、加强管理合作，促进健全发展。十、严行奖惩办法，树立风纪云。

《中央日报》1948 年 9 月 7 日

物价开始评议
市上价格尚有差别亟待纠查

本报讯　物价会报小组审查会于昨上午 10 时召集百货、山货、绸布、油糖、柴炭、酱油、豆干、青菜、纸箔、肥料、粮食、面粉、烟酒等 13 途商分携所设账簿来府，暨有关各机关在市府会议厅举行物价审查工作。首对绸布途审查时，绸布途负责人发言最为激烈，争执甚久，唯一理由为申汇、平汇关系，必须加 3、加 5 标售方能维持成本。嗣经几度折冲，依照原送价目减少 5%，当送黄市长复核如下：原审查内(一)查下列批发价目，有增加至 30%者，议定照表下列价格一律减 5%。(二)门市(零售)如表列价格。(三)内列批发及零售价格，以 8 月 19 日因申汇关系，均超 20%以上。经黄市长批准如下：照第一办法普减削 5%，门市照议。下午继续进行审查，议定豆干每个 5 分，豆腐 1 分 7，柯把柴 100 市斤 3 元 5 角，松把柴每百市斤 3 元，余各种物品亦有审查。延至下午 8 时散会。决于今日上午 9 时起仍继续进行审查工作。据闻有一部分物价审议，尚未尽达公允，或有放宽审查，可能惟市上各项价格与评议尚差良多。能否切实依照评议价格出售，尚待当局继续严格执行纠查。

《中央日报》1948 年 9 月 7 日

省物价管制督导团　日内来厦工作
省参会决派员调查物价

本报讯　自币制改革后，金圆券发行，市上物价经当局执行管制以来，已渐见安定，其间虽有少数商人阳奉阴违，任意抬高价格，以图牟利，影响金融政策，危害国家以及人民生计，至深且巨。据悉：市物价会报工作小组，为彻底执行，严厉抑制，到达完成管制成果，近日已派出若干审查员深入市场，随时调查高抬价格者，以便报组拘办。又省府物价管制督导团现已由榕出发，日内当可抵达厦市工作云。

南侨社福州 7 日电　闽省参议会驻委会 7 日上午 9 时举行第一次会议，

讨论议案凡9件,重要议案有:一、准四川省参会电请中央各院紧缩组织,以减少国库支出,而增加行政效率案。议决:电复赞同,并电中央采纳。二、准江西南城县参会电建议中央,县参任职满2年以上得铨叙荐任职案。议决:交第一组研究,最后并临时提议,推派代表调查八一九物价工价,及战前物价工价之比较,以供促政府严厉执行财经紧急处分令,彻底抑平物价,使物价恢复战前价格云。

《中央日报》1948年9月8日

轮渡票资评定五分

本报讯　市评议会于前7日下午评议轮渡票资,已志本报。兹该会已将评议情形呈请黄市长核准如下:每票计收票资4分,附加民船工友转业辅助费1分,共收5分。由今(9)日起实行云。

《中央日报》1948年9月9日

九、十、十一三个月食油需用量输管会厦处奉令调查

本报讯　食油禁止出口后,出入管理委员会,顷通电各区办事处调查本年9、10、11三个月当地花生、花生油及其他食油需用量(吞吐总量)准确调查呈报。厦门区办事处于接获命令后,即于昨(8)日代电市商会查询。

《中央日报》1948年9月9日

物价工资昨续评议

本报讯　物价会报工作小组,于昨(9)日下午5时继续作审查西药、裁缝工资及烟酒罐头价格审查如下:(一)西药一部分照原订价审查通过,其他部分该公会再检查门市售价单据,再行审查。(二)裁缝工资:汉衣部分材料工资合计审查如下:(甲)福州及本地工:布旗袍1元6角,布衫裤2元4角,绸棉袍8元4角,夹旗袍6元,绸旗袍3元8角。(乙)上海工:市旗袍1元8角,布衫裤2元7角,绸旗袍4元3角,绸棉袍9元3角,夹旗袍6元6角。(三)烟酒罐头按照原订价审查9折,尚余多种,候日内审查完竣后尚可继续

发表云。

《中央日报》1948年9月10日

上月本市物价指数

中央社福州9日电 据省统计处发表，8月份厦门市各类物价指数如次：趸售国货价格总指数6634374倍，内食物类6767216倍，粮食7980380倍，其他食品5730612倍，衣服类6937169倍，燃料类8230192倍，建筑材料类41043430倍，什项类4990788倍。趸售国货及外国价格总指数6710854倍，零售国货价格总指数6672514倍，机关办公用品价格指数5858327倍。

《中央日报》1948年9月10日

防止物价波动 秋节厉行节约

本报讯 市府顷奉省府电，以配合国家财政经济紧急处分令，防止秋节物价波动，影响紧急管制，特经内政部、会商社会部订定推行秋节节约，活动办法令饬推行具报等情。市府据电后，于昨(11)日上午9时召集各区公所各途公工会及有关各机关讨论事项如下：(一)由本府第六科与曾局会同有关机关团体，遵照省府电令规定下列办法。(二)将原电通知本市各机关团体，并令各区保甲遵令办理。(三)函广播电台、报业公会、戏院公会拒绝广播刊载放映商店作秋节号召顾客之宣传广告，如有已经刊载上项号召广告，着有关公会即时停止。(四)令糕饼公会转知各饼商仅得制售二两或四两，不得超过四两以上之月饼，并予规定价格，应遵令以8月19日物价为准。至前评定月饼价格，应予废止，以符禁令。(五)宣传之新闻标语由第六科拟定，在各报刊发及戏院放映宣传劝导。(六)未奉电令以前，各饼商制成超过四两之月饼姑准发售，即日起禁止再制饼之超过规定两数，违则以法律制裁云。

《中央日报》1948年9月12日

闽粮食调配会近可组织成立 福州厦门两市设立分会

南侨社福州 11 日电　中央为加强管理各省市粮食,前经电闽速即成立民食调配委员会,专责办理。兹悉:闽主办当局业经积极着手筹备,预定近期即可组织成立。组织规程亦经订立,内设委员 15 人,由主席兼主任委员,省参议会议长,民、财、教、建、□、社等厅处长,榕央行经理暨指聘省商会代表□为委员。会内设业务、财政、稽核三组,由田粮处长、财政厅长、央行经理分别负责处理本省各县市粮食调配工作,并为业务需要,决定在福州、厦门两地设立分会,以加强粮食管制工作。

《中央日报》1948 年 9 月 12 日

物价工资评议　昨续进行

本报讯　市物价会报工作小组,于昨下午 5 时举行第十次物价审查会,讨论:(一)蜜果公会价目审查,由该会理事长具结,负责遵照 8 月 19 日价格发售,如有违反情事,该理事长应受法律处分。(二)木器公会价格,由该公会检送 8 月 19 日价格及成本再行审核。该小组并订于本日下午 4 时在市府第四科商讨棉纱、糖油、啤酒等公会请重新评定售价云。

又讯　市府社会科,同时举行评议人力车、金银器工资,人力车工资在 8 月 17 日经评定每段为法币 10 万元,自 17 日后,物价已走下坡,该项评定已属最高额,照理不应项评。经评议员王国祥据理与该科主办人郭金河力争,乃为罢议。金银器工资方面,劳资双方争执甚剧,该主办人不敢遽而判断而无结果。

《中央日报》1948 年 9 月 21 日

蔬菜鲜果评价请求放宽　俾自然供销

本报讯　市鲜果菜商业公会昨函市商会谓:查币制改革以来,政府之管制物价,其意旨在防止囤积居奇,办法可谓良善。而水果、蔬菜一类属于生鲜易烂之货物,既不能囤积,自无法操纵,其所构成为市面行情,胥视产量之丰歉、到货之多寡，与季节之关系而定涨跌。过去凡遇金融波动、物价不安定之时，唯有鲜果、蔬菜仍然以产销情形成市，未曾随波逐流，足见鲜货不能与其他货品相提并论。此次政府对各业评定物价比诸 8 月 19 日价格，多数有合理之调整，唯对鲜果、蔬菜一项之评价，不特未予以合理调整，抑且较 8 月 19 日价格减低数成。似此情形，将使农村生产者裹足停运，对本市供应必大受影响，此点尤足注意。查本市挑挽工资于 9 月 1 日增加四十四成六，其他舟车运费各增加一倍至数倍，每担蔬菜由乡村挑运入漳州城市工资 5 角以上，漳州城市挑运落船 3 角，漳州运至本市载资 7 角 5 分，由码头上水车运入店 3 角 3 分。竹筐或麻袋包装 6 角，肥料合需 5 角，合计 3 元以上。现在土白菜及菜头每担批发价评定 1 元 5 角至 3 元，除一切费用外，农田数月辛劳一无所得。盖物贱伤农，其影响所及，将使生产减少，供求不均，于果菜商业荣辱事小，于本市蔬菜供应事大。敝会鉴于将来生产来源与本市人民副食问题之巨大，难安缄默，相应函请贵会转请市府俯察实际情形、准予放宽鲜果、蔬菜之评价，俾其自然以产销供求之合理，构成市价，则农产之流通与民间副食均所利赖云。

《中央日报》1948 年 9 月 21 日

本市粮食商谋充裕米源
将遵守政令依照限价标售

本市讯　本市粮食公会以近日产区粮价激增，来源缺乏。但为限价评定，诚恐会员采购踌躇不前，影响本市粮食，昨下午 4 时召集各理监事暨有关批发商开紧急座谈会，讨论（一）于产区粮价日涨，来源稀少，应如何开源充裕本市粮食案。议决：劝导会员遵守政令，应依照限价标售。一面呈请政府申述产价倒悬情形，谋畅来源。（二）关于本同业应如何严密管理案。议决：凡未经入会之商号应劝导其依法申请加入，并限于 10 天内到会登记，以便管制。

《中央日报》1948 年 9 月 24 日

棉纱猪肉啤酒价格重评定

本报讯　市物价会报工作小组物价审查会，于昨下午 4 时召开第十二次会议,讨论事项如下:(一)宰公会呈请增价,兹核定每市斤8角,赤肉1元,腿肉9角半,三层肉9角。(二)啤酒暂准照原核定8月19日价格加申汇,更改为每瓶8角(连瓶)。(三)棉纱公会因成本关系,呈请更价,照原核定819价加申汇20%。以上经即呈请黄市长核准公布施行,至7时散会。

《中央日报》1948年9月26日

度量衡大检查下月一日举行

本报讯　市度量衡检定分所,顷为求新制制造精确起见,特于昨日下午4时召集本市各度量衡制造商到建设科研讨改造大小杆秤之标针及刁钮之准则造法,并决定于10月1日举行全市度量衡使用大检查云。又该所办公费依照规定,系编并于市府总预算内,前3、4、5月份每月仅20万元,支绌异常,为求实符计,经将情呈请省检定所,请酌增加。至该所经收申请检定费,前规定(一)杆秤:系每20斤为200元,不到20斤仍照20斤计算。(二)台称:每200市斤起算为8000元,每加200斤酌增收费5000元。兹金圆券发行后,其收费标准仍未奉令规定,继于日前呈请核示云。

《中央日报》1948年9月27日

各途纷纷要求改评　物价又蠢动
市府令饬一律暂缓评议

本报讯　自币制改革后,物价渐趋平稳,唯最近又复蠢动,且有黑市交易,各途商纷则以种种为借口,要求改评。市府据请后,为暂时安定目前物价起见,经令饬一律暂缓评议,并即先行检其确实证件报省核准后,始可能予以改评云。

又讯　市府以市上各唛肥皂,各种价格均有不同,品质也有互异。为求取得评议标准计,经令饬该公会将各种样品检送市府建设科化验。兹以明晰品质优劣,再行予以评价云。

《中央日报》1948年9月30日

市府人员　一般感想

市讯　市府人员对于明年度将裁员事，无所动于中。彼等所最注意者，为待遇调整问题。11月份市府人员待遇，系照10月份增1.5倍发给。彼等均盼望能按政院所定新待遇增发，但闻市库支绌，本12月方可按照5倍发给。但各员工深恐待领5倍薪津时，物价已跳出10倍以上。(邵)

《江声报》1948年12月2日

第二节　税务管理

商会电京请令闽财厅　撤销泉码肥粉稽征所

关于肥粉业与肥粉营业税征收所纠纷事，昨(12)日厦门总商会电国民政府行政院财政部云：南京国民政府林主席、行政院宋院长、财政部宋部长钧鉴：据肥粉业同业公会称，查部定肥粉营业税率为10‰，本会为仰体地方政府苦衷起见，按月向该征收机关认缴营业税4000元，其税率约20‰余，按月缴纳无异。讵该肥粉营业税征收所，将8月份课款收去，对于本会会员8月内进口肥粉不发给充税凭证，通令每包缴纳业税1元，方准发证运销。而财政厅刻在泉码地方设立肥粉营税稽征所，凡由厦门售口肥粉，非执有统税凭证，每包逼征通过税1元，否则将船货扣留。似此上下串通，额外勒征，破坏功令，妨害营业，实法律所不容。恳电中央政府，严令闽省财政厅，对于肥粉营业税遵照部章办理，克日撤销泉码肥粉营业税稽征所，发还石码扣货，以重法纪，而维商业等情。查闽南因□□影响，商业凋敝不堪，商困已极。乃财政厅复不恤商艰，横征暴敛，纵属骚扰，哀我商民，莫知死所。为此呈恳钧长，严令闽财厅遵照部章征收肥粉营业税，撤销泉码稽征所，发还扣货，并请依法惩办，以为破坏功令者戒。临电逼切，乞电示为祷云云。

《江声报》1932年9月13日

契税局分设征收处于鼓浪屿

鼓浪屿会审公堂,昨发贴思明契税局布告云:为布告事,案照鼓浪屿与厦门隔海相望,往返维艰,该处人民购置产业,持契直接来局投税,咸感不便。是以函托鼓浪屿会审公堂协助,并附设征收处代收契据,送局印税,以资利便,历经办理有案。本局长奉会整理思明契税,所有鼓浪屿契税事宜,自应照案办理。至于税率章程,在未奉福建财政厅核定修改以前,暂照原定章程征收。合行布告,仰所属人民一体遵照。尔等如有新置产业,所立契据及管有产业未税契据,均应一律卖契前赴投税,毋得观望漏匿。切切此布,局长蒋□□。

《江声报》1933 年 3 月 13 日

昨日起工务局开征建筑营业税
财厅委托代征建筑包作业　税率按营业额征千分之二

思明市工务局,昨发贴布告云:为布告事,现准财政厅函开,案查福建省征收营业税条例所附税率表内列,包作业应按营业额征收 2‰。查思明专营营造建筑之包作业,尚未征收营业税。现在该处各业营业税均经次第举办,自难独免,致违商人纳税平均待遇之原则。兹拟将此项包作业,委托贵局代为附征,按月汇解本厅核收。至征收手续暨应用单证各项,务请派员与思金营业税局局长林祖泽,副局长李产协商办理。除令饬该局遵照外,相应检同营业税各项章则,函请查照办理,并希见复为荷等由,附送营业税各项章则各一份。准此,兹定于本月 15 日开始附征该项包作业营业税,除函复财厅外,合行布告,仰各建筑商人一体遵照缴纳,毋违。此布。

《江声报》1933 年 5 月 15 日

思明税务局昨函商会　各项税捐概归统一征收

商会昨接税务局公函,略云:奉省财政厅委任令开:兹调派朱公准为思明税务局局长。又奉令开:兹刊就木质钤记一颗,文曰"福建省财政厅思明税务局之钤记",随文颁发,仰即查收,并将启用日期具报。又奉训令:略以福建省财政厅税务局组织规程，业经省政府通过。该规程第一条之规定于本省各县市设置税务局，将普通营业税、房铺捐、屠宰税、牲畜营业税合并统一征收。现思明税务局业经令委该局长林接充，合行令仰遵照，即前往逐项接收，等因奉此，局长遵于本月一日在本市海后路思金营业税局原址设局就职，启钤视事。同日将思金营业税局、思明房铺捐局、契税局等分别接管，嗣后所有各该项税捐，概归本局统一征收云。

《江声报》1933 年 9 月 5 日

税务局办理各税现况　营业税由局直接征收已十余途
一律遵章向局认缴非短期中可办到
正计划整个办法训练调查人员　最感棘手厥为籍商

思明营业、税契、房铺捐等税局合并税务局后，今后税务整理如何，及营业税委办或包商，是否暂维原状，抑已变更计划，固一般所欲知者。记者因于昨日下午 3 时，诣税务局访问局长朱公准氏，承其见告如下：(一)税契、营业税、房铺捐三局已接收清楚，税务局经依照规程，开始进行征收各税，如营业税项，现由局自行派员。直接征收者，有旅馆业等十余途，继续包商或仍由该商认额解缴者约二十余途，其他尚在接洽中。(二)三局合并为一后，事繁人少，且在新旧交代期间，手续诸多未熟，而调查工作又非普通雇员便可担任，须负有核阅账目、观察情形，种种常识才免偾事。故目前直接派人征收者，仅十余途，其他因种种关系，暂时应免更张，俟计划整个办法，然后呈报财厅，请示办理。(三)依照现时税务局预算，各途营业税若一律根据营业税章则办理，由局派员逐店调查自行征收，不但短时间不能办到，即能办到，经费亦感不足。故第一步应训练一部调查人员，庶临时可资应用。将来此项营业证，格式异常完备，经调查员查明后，悬于该店显明之处，使人一望而知该店之营业状况，便于收税者之稽考也。(四)本市税务征收最感棘手者，厥为籍民。盖籍民在厦营商可免纳营业税，赁屋可免纳房铺捐。据当局统计，外籍商人有 6000 左右，其他甲店渠有股份，乙店伊是股东者，更仆难数。照此情形，政府不仅无以自解于人民，而税收方面亦蒙重大之损失。前此税务当局，曾呈财厅转呈财部咨外交部，向各该国使领交涉在案。但外部咨覆，案已交涉中。然此交涉中，几时可以解决，实令人无从把握。现税务局方面除候政府办理外，将另想办法解决此僵局也。(五)国际条例，外人在我国领土内只有永租权而无购买权，今一般外籍民在本市购地建屋者，购时则曰我中国民也。迨政府向其征收房铺捐时，则曰我籍民也。似此矛盾情形，实只有厦门独有，能勿痛心云云。

《江声报》1933 年 9 月 16 日

十二月份税务局收入十万三千

厦门税务局去年 12 月份所收税款，兹调查如下：一、营业税 64614 元。二、契税 9077.41 元。三、铺捐 11236.84 元。四、屠宰税 696 元。五、炮途承办 13069 元。六、教育附加 977.3 元。七、房捐 3390.53 元。统共 103011.16元。

《江声报》1934 年 1 月 5 日

航业会请缉船税局长 昨分呈当局

思明航业同业公会，昨呈市公署、海军要港司令部、市政府云：呈为缉捕伪财部闽南船税分局局长陈荫桂，以儆捐蠹，而维航商事。窃自陈铭枢等背叛党国，组织伪府委蒋光鼐长财部以来，因经济无着，竟私设船税，刻剥船商。委陈荫桂为闽南船税分局长，扣留船具，拘押船民，日数十起。敝会据理交涉，竟受具报伪府通缉。今幸叛逆鼠窜，地方安宁，阴霾扫尽，重见天日。合应将被压迫详情，呈请钧署给予拘捕，按律惩办云云。

《江声报》1934 年 1 月 13 日

船税经反对已将撤销 煤油税每箱减征五角
韩福海谓各捐税均将改善

厦门财政局拟仍征船税，主任原局长引起航业公会提出反对，昨已俱呈要港部，请求撤销，并控告局长谢荫桂在职时，诸多骚扰。昨记者访韩财局长，叩询此事。韩氏云：财政局对于十九路税收，殊未明了，船税既非中央固定税收机关，当予裁撤，以减民众负担。在省府未恢复前，所有前此由财厅发给之各机关经费，现均暂由财局支拨，各税局亦暂归财局管理。此后对于各项税捐，如有不合之处，或民众感觉痛苦，尽可由商会或任何团体，向该项税局直接磋商，设法改善，或向财局报告，以俾妥商办法，分别改善或裁撤。对于各项费用，在可能范围内，均将尽力节缩减削，以避无谓耗费。前此十九路治厦时，各项税收，均与财部规定税额不符，故收入得以增多。今既经海军收复，自当将各项抵触之处，予以取消或减少。如煤油税照十九路所收每箱1元，现照中央财部规定，征收5角。政府职责在于指导民众，改善民众生活，故须力求与民众接近，始能收效。对于各项设施，尤须有具体计划，方可进行，以免毫无成绩云云。

《江声报》1934年1月15日

厦市财政局裁撤　昨点收一切另设税务局
杨天育自兼局长蓝琛副局长　各税收机关一律改称征收所

闽南财政专员杨天育，昨(23)派谢沂接收厦门财政局，已志本报。兹悉谢于昨上午10时率同军公署护兵2名，前往接收。经即日接收完竣，并将厦门财政局改为厦门税务司，局长杨氏自兼，委蓝琛为副局长。下午2时，正副局长均到局视事，同时并贴出布告云："案奉国民政府军事委员会行营财政特派员公署、闽南财政专员办事处令，饬厦门财政局着即裁撤，另组厦门税务局，局长一职暂由本专员兼领，并加委蓝琛为厦门税务局副局长。仰即克日组织成立，奉颁关防一颗，文曰厦门税务局关防，等因奉此，本兼局长等遵于本月23日设局视事，并启用关防，择日另行宣誓就职。除呈报分函暨通令知照外，合行布告。阖厦商民人等，一体知照，此布。"

又昨记者趋访副局长蓝琛，询以各局所人选，及税务局组织。据蓝氏谈：本局人员，暂不变动。各局均改为征收所，所长人选未定，日内方能发表云云。

《江声报》1934年1月24日

税务局发表各职员　吴承凑、金树芬分任科长

厦门税务局职员昨发表委任，局长杨天育自兼，副局长蓝琛。第一科(总务)长吴承凑，科员易士琛、叶于燧、厉立平、陈平葆、龚植瑞、彭少湘；第二科(税务)长金树芬，科员杨诗裕、葛其骏、沈文德，主任科员陈厚道，会计员陈培拱、杨敬新，庶务员王子攸，事务员常明治、陈幼泉、蓝达礼、魏学深、

彭寿祺、陈杰、陈冠生，督催员来汝俊、杨龙寿。又委杨启东为厦门乌车油营业税征收所长，谭培钧为屠宰税主任，所有各种税率均照国府颁布之法令征收云。

《江声报》1934 年 1 月 26 日

鼓浪屿产业税改定税率　分三种办法

鼓浪屿工部局昨发出通告云：为通告事，兹定由本年 1 月 1 日起，至工部局重行估定产业价格，别发撤销通告之日止，所有本屿产业税暂依照下列新定税税率征收：一凡房屋业主不论华人洋人，其系租与华人或自用者，应纳该房屋价值百分之一分二厘五毫。一凡房屋租与洋人者，应纳该房屋价值百分之六厘二五。一凡房屋由洋人承租者，该承租人应按其房屋每年租金估定全数，交纳百分之六分二五云。

《江声报》1934 年 2 月 9 日

教费处会议红料捐　原办未满期准办至期满

市教育经费管理处，3 日开第十次会议，主席黄榜桂，纪录刘燮群，讨论：一、厦市筹处令，市立民校第 4 月份经常费，应俟市筹处令知后始行发往给。二、厦市筹处指令，本处呈请取消每月就全市教育项下提支之教育行政费 474 元，碍难照准等由。再呈市政筹备处，教育经费不敷甚巨，积欠多月，在市处未另筹款以前，请勿提用。三、据总务股黄其华报告，思明红料教育补助费，前由该同业公会承办，因思明红料营业税由思明税务局改委陈宽柔，呈请本处准予承办红料教育补助费。兹为统一征收及增加课款起见，经委由该员自 2 月 26 日起承办，请予追认案。议决通过。四、据总务股黄其华报告，复查红料教育补助费，由该同业公会承办，期限须至本年 3 月底始满，且新承人课款实际上并无增加，应□□□案。议决，在期限未满前，应仍由该同业公会承办，候期满后再行解决，并分令新旧承办人查照。五、六略。七、杉木教育补助费新旧账目，双方争执未清，应如何办理案。议决，推举林东山、杨绪达负责办理。八、本市教育经费每月入不敷出，应如何办理案。议决，定下星期六召集市私立中小学代表，在教育会报告收支情形，并妥筹办法。

《江声报》1934 年 3 月 6 日

捐税监理会调查捐目　函厦商会一周内填送

商会昨接福建省捐税监理会函，略云：案查本会成立伊始，对于本省境内各捐税名目及征收情形亟欲明了，借资研究，俾苛什得以彻底废除，民困早日获苏。兹特由本会制就丁种调查表，分发各县法团翔实填注，俾无举一漏百之弊。贵会为全县商民代表机关，对于兹事自必深表同情，相应检同调查表，函请查照，按项详填。希于文到一星期内，送会为荷云。

《江声报》1935 年 3 月 1 日

漳泉厦煤油税　金如藩续办

泉漳厦煤油税承办人金如藩、陈静臣，以承办期间将满，故近进省逐鹿者颇不乏人。惟财厅所以金、陈办理，尚称顺利，故准继续承办。该局昨已发出通告，略谓：奉全省油业营业税总局电开，本局奉准续办，漳泉厦局长并无易人，仍望照常服务，努力奉公，以重税务，等因奉此，合行布告云。

《江声报》1935 年 3 月 8 日

税务局征收各税
收款时给厅颁税单　交纳税人收执为凭

税务局长陈元章于日前接收视事，已见本报。昨陈又贴出布告，继续催各项捐款，其布告略云：查本局长奉调思明税务局，于本月 13 日接事，业经布告在案。兹以本局所有各营业税、房铺捐、烟酒牌照税、屠宰税等，款备省需，亟应即日接续征收，以资报解。惟本局征收员往征各项税款，务须遵照厅令（于税款收讫时，即填给厅颁税单，交纳税人收执为凭），俾便稽核。各征收员如有私用收条者，请纳税人检据到局告发，立予撤惩。倘纳税人与之私相授受，隐匿不报，已经察觉，定即一体惩究，决不姑宽。除严饬征收员遵照办理，并派员随时稽查外，合行布告，俾众周知。此布。

《江声报》1935 年 3 月 17 日

油业税局组设清查队
闽南闽西陈静臣办理　省厦两局各布告

省油业营业税登记局,近日省总局委陈静臣为局长,万宗成为副局长,于前日到厦设局视事,并发出布告第3号,略云:举令办理漳泉厦与永龙汀,煤汽油业营业税登记局,前为正本清源,祛除积弊起见,由局组设清查队,自本月23日起,分组出发。先由厦市着手,凡在本年3月16日以前,所购煤汽油,虽经贴有本局前任登记证,仍应加贴本任清查证,不另收费,以资识别。其与泉永龙汀各处,即着各该所长分所主任、副主任等,切实负责清查列报,以便发帖清查证。至现用登记税证,在新证未颁发之前,仍暂用旧证,惟于证上加盖圆形篆字中列七星之小章,以杜弊混。此次清查之后,倘有发现旧油未经贴有清查证,即有旧证,亦以漏税论罚。在清查期内,凡有存油,务须尽量报清查点贴证,切勿隐匿自误云云。

又省油业营业税登记局布告第1号略云:查迩来各地私设工厂制造炼油,究非国产,自应饬令稽查员认真稽查,于贴证时,每听均须照章完纳全税,并经呈奉省府财厅指令开,呈悉:各地设厂制造炼油,自非国产可比,亟应由局严切稽查,以杜影射,仰即遵照办理等因。复奉财厅,转省府秘书处函开:奉主席发下驻福州英国领事函,以亚细亚煤油,每听须照省府征收之全税纳,大洋3角,其余煤油多无照完全税。对于英商贸易发生严重困难,函请查照,希即迅予训令禁止,歧视征收等因。(中略)查本局征收此项登记税,对于煤汽油、炼油,已令各分局均应认真稽查,一律完纳全税,勿得歧视,以重邦交云云。

《江声报》1935年3月28日

商会请实施土地税法　财部批已咨请查办

商会、教育会、华侨公会等,联呈财部,请准咨请闽省府令财厅裁撤厦市房铺捐及地租等捐,实施土地税法,以一税收。昨已奉到财部批复,文云:呈悉,已据情咨请闽省政府转饬查明办理云。

《江声报》1935年7月6日

租赋整理处讨论地价问题　今日召集评估委员

思明租赋整理处，订8月1日召集租赋评估地价审查委员，讨论地价问题。昨处主任章世嘉，已发函各审查委员查照，函云：查本主任奉省政府令，饬设处整理。关于厦市未清街道，已一律测丈完毕。其已清街道，因地形变更，应加复测者，亦将次第蒇事告一段落。而审查地价为整理中必要办法，当以改善税率，非根据于地价，不特流弊滋多，抑且负担不均。乃地方社团未能贯彻省政府祛弊恤民意旨，以改办土地税为请。业经奉到省令，核与行政院之规定不合，此时未能实施。其实办土地税，亦属以地价为标准，此项审查，何可观望。主任拟请于8月1日召第三次会议，届时当莅会共同讨论，以资解决。相应函请查照，希即先期函知，务希准临为荷。

《江声报》1935年7月31日

厦门税收仅余五六成
税务局昨日移交　吴春华布告视事

厦门税务局长陈元璋辞职照准，调厅任用。另调晋江税务局长吴春华来厦接任，已载本报。查吴经于2日到厦，昨晨10时许，偕其侄吴承凑前往税务局接收，由旧局长陈元璋亲自移交。吴乃贴出视事布告，至局中人员，除各征收员照旧任用，其余略有更动。第一科长为陈心雄，第二科长吴承凑，科员谭培均、叶子燧、来汝俊、杨祖荣，事务员吴俊卿、林瑞骥、黄福祥、谢谋忠，出纳员吴鸿标。昨午，记者晤吴局长，承吴氏见告，略谓：厦门为一等税务局，以房铺捐营业税收入最巨，房铺捐年收20.4万元，营业税16万元。近因不景气及地方情形复杂关系，致收入锐减。目前房铺捐每月仅收六七千左右元，营业税亦同样减少。此次徐厅长来厦视察，觉厦门所收税款，不过五六成。陈局长原甚认真整理，其如景气不佳何。厅长以本人过去在莆田、晋江等县办理税务，收入有八成之成绩，故奉调来厦。陨越堪虞，唯有负责认真整理，将来收入如何，尚未敢决定。今者秋节迫届，徐厅长连电促令来厦，而新任晋江税务局长蔡鹤年，现因在省手续未竣，尚未到泉接办。故本人离泉后，晋江税务局暂交第一科长林廷棻代理。厦局各种部据账款，陈局长早已赶办，三数日内当能全部接收清楚云云。查吴春华，莆田人，曾充公安局司法科长，莆田、晋江税务局长云。

《江声报》1935 年 9 月 4 日

洋烛肥粉两项税　特种税局布告接办

厦海特种营业税局长刘允中，昨发两布告：一、昨(16)日起，接办肥粉营业税按照旧章继续征税，惟肥粉为舶来货，征税手续应就进口数量先行登记备查，各粉商向仓出货时，应即申报纳税，由局制给单证实贴，验明放行。二、洋烛营业税奉准划一税率，按照各地行销洋烛包装大小，规定分等差别课税。凡 25 斤以下者课税 6 角，20 斤以下者 5 角，15 斤以下者 4 角，10 斤以下者 3 角，25 斤以上每超过 5 斤加税 1 角，登记证一律改为 1 角，庶免并箱贴用。但于验贴后加盖验讫戳记，俾免一证两用之弊。经由财厅编制黄色一角洋烛营业税登记证一种，俾便依照新订税率分别核箱实贴，定本月 16 日起实行。所有以前领用之 5 角登记证，截至 9 月 15 日止，不准再行沿用，俾免混淆云。

《江声报》1936 年 9 月 17 日

同厦金澄糖业税归特种税局　昨已接办

厦海特种营业税局昨布告，略谓：奉财厅令，本省糖业营业税总局局长刘梦旭承办期间，系至 9 月 30 日届满。兹经决定将总局裁撤，所报税务，分别并归各特种营业税局及税务局征收。厦门、同安、金门、海澄等县糖税，划归厦海特种营业税局办理，等因奉此，本局除分饬各该县糖税接收办理外，厦市原有思明糖业营业税局，业于 10 月 1 日，由本局接收归并办理。此后思同金澄各地糖业营税务，统归本局管辖区域。所有进出口糖类，均按率照征。此次政府废除包商收回官办之旨，凡属糖业商人，务各仰体斯意，遵章报纳云。

《江声报》1936 年 10 月 2 日

本市税务下月特殊调查
三十人办理一月　经费二千五百元

本省税务特殊调查，厦市由财厅委财局长周敬瑜兼整理员，赵锡彤为襄理员。调查期间一个月，经费2500元，订4月1日起举办。调查范围计为营业税、房铺税、烟酒牌照税等，调查员30余人，大部分均由选派，担任调查、制图、编册等工作。惟省垣调查既毕，即经用为征税标准，商民皆称未及平衡，现在磋商中，尚未解云。

《江声报》1937年3月24日

本市税务开始特殊调查
昨集各业商会议　杨子晖历诉商艰

厦市税务特殊调查，省令市财局长周敬瑜兼整理员，派赵彤襄理，赵氏及调查员30余人均已到厦，调查范围为营业税、房铺税、烟酒牌照税等，期间即日起至月底止，昨调查员已开始工作。周局长与赵彤昨并假市商会，邀集各同业公会，讨论协助进行，到30余人。由周氏述调查要旨，谓此项调查将为评定税率之标准，如商民认为税额评定过高，或有其他错误，准于接到通知之3日内，检齐关系账簿及附带证明文件，亲到办事处填具声请书，请求复查更正。希望各商号接受调查，切实填报，俾官民两得其便云云。次商会委员杨子晖发表意见，谓政府为平均人民负担，而有此项调查，商民孰不欢迎。惟本市商业，年来形成外强中干，无可讳言，今后内地交通便利，如泉州、涵江，均设海关分卡，台湾、上海轮船，皆可运货直达。苟厦市货物贵于他处，则漳泉各地势必直接向港、沪、台湾运销，而厦之商业，将益破产。抑有言者：一、厦市华洋杂处，商民纳税不能平等。值此商业竞争，全市商店十之六七为籍商。对于缴纳营业税能否一律，苟仍厚彼薄此，势必为渊驱鱼，瞒者均趋便宜，而华商不能立足。此应请政府于税务特殊调查，应先考虑及之。二、各商营业人均须依照资本额纳税，税率是否依照部颁征收，此亦一大问题。三、本市既征营业税，特种营业税局自无设立必要。例如经营海味、茶、糖、面粉、肥田粉等，既按月负担营业税，又须缴纳特种营业税，是一物而同样两税矣。此种非法征收，应请裁撤云云。杨言毕，由赵彤答称，渠系奉派为税务襄理,对此问题,应由商会径呈财局转请省府核示。

《江声报》1937 年 4 月 3 日

特殊调查已完成过半　估量税额发生疑虑 海产税之疑问　财局昨复商会

各地商会请求改善营业税,涵江商会对此,亦电厦查询,经市商会据实电复,并告以即将召集全省商会代表会议。而厦市财局对海产会之质疑,昨亦函复市商会,谓海产税率,按海产即系干海味之一种,遵照财厅令发本省营业税征收章程,未经明定各业课税标准,及税率表内列海味低类贩卖业,按营业税 5‰课征。附注海味特种营业税,非由贩卖商负担,各海味商仍按照营业额 5‰课征普通营业税云云。商会已转知海产会。

特殊调查本市 10 日起举行,已查完竣商号,为中华路、中山路、大同路、思明南路、思明北路、思明东路、思明西路、开元路、开禾路、大中路、镇邦路、霞溪仔、小狱路、开同路、兴安路、洪本部、石浔街、外校场、鹭江道等 2200 余家,全厦商号计为 4000 余号,是调查业已过半。其预计半月后,即可全部完毕。但籍商方面,多未调查,市府正与领团接洽中,故暂缓进行。查现查毕者多为小商号,据说依目下已查商号,估量税额仅可八九万元,而厦市原已征收之普通营业税,计为 12 万余元。未查之商号,多为小资本者,应纳之税,恐不及两三万元,如此则反比旧额为少。按照调查整理,理当过原额,其反不如原额者,乃系从前纳税商号,颇多称为籍民,不肯受查也。闻此种情形,以绸布、杂货、五金、颜料等商号为最多。

《江声报》1937 年 4 月 28 日

关于检查货物　货税局的声明 自称税吏奉公守法　水上检查未曾单独执行

本市货运,因受检查麻烦,各航商视为畏途,前日水警大队经自动取消检查,民众称便,而扰民之买卖手续费亦已停征。至于海关亦向记者表明其立场,对于检验绝对力求简捷,各情均志本报。记者昨复以此事往访货物税局,适局长不在,由劳秘书接见,记者以据外间传说,商人最感不满者为税局检查员在外之行为,而办事员对于填写税票及税照多方留难,如前日晚间到处设敲诈香烟，亦有在各船检查威吓某某电船每月8万元□□等等，未知贵局知否，及意见如何？劳秘书称，局长公出，渠愿将意见代答如下：本人（劳秘书自称）对于税局办理税务，均以税律为根据，全局检查员仅有5人，执行检查时均须身着制服，佩带身份证，会同水陆警察执行，其单独行动陆上间或有之。因临时施检，不及会同警察及保甲长，故不得已权宜处理，水上则绝无其事。盖查验均在岸上执行，此后无论何人如不会同水警而在船上检查敲诈者，均可指警追究，以免毁损本局名誉。至于在陆上假冒本局敲诈香烟之人，本局正在查究中，一经查获，决予依法严办。局内人员亦多奉公守法，最近办理税照税单，均令简捷迅速，按日办清。如每日于下午4时半以前来局办理者，均可即日填发。倘有故意延压，商人尽可来局检举，决予严办。从前检验人员出门验货时，因商人要快捷，时有自动赐给车资之事，本局为恐人言可畏，亦予禁绝。至于入舞场虽属办公以外之事，但为避免外界误会，亦经劝导勿往为宜。本局办理税务，耳目容有未周，此后如有职员违法渎职情事，希望报界同志尽量检举，本局无任欢迎云云。

《江声报》1946年4月19日

货物税局没吞糖税
市商会电财部令饬退还商人

本市商人前由台采糖来厦，海关、货物税局各以奉令征税为辞，争收糖税，商人无奈，只得遵缴。待财部明令归由海关代征，并令货物税局发还税款。讵该局延不发还，市商会为此特电财部饬令退还，其原电如下：

财政部长俞钧鉴，厦货物税局重征台糖税款，迄未退还。商人血本受□□□非常，谨电察核，迅饬退还。厦门市商会理事长严焰写。

《江声报》1946年4月23日

市商会函请直税局　组营业税评委会

本报讯　本市直接税局，对于各商号营业税之调查，诸多不实不尽，以致征收发生纠纷及窒碍。市商会有鉴及此，特于昨日下午3时，召集全体执监理事及各同业公会负责人，并邀请税局代表到会妥商解决。讨论结果：关于营业税事项，经决定，甲、由直接税局于3日内，将各途营业税额送会究研。乙、推举丁乃扬等7人负责办理解决该营业税事项,并由杨玉光负责召集。丙、请直接税局于本5月内,对各途营业税暂行停止催收,由会函直接税局,依法组织厦门市营业税评议委员会云。

《星光日报》1946年5月18日

市税捐经收处昨正式成立　内分三课一室

市税捐经收处,于昨(29)日成立,处长陈国衡,即日设处于厦市经征处办公。内分设三课一室,第一课办理省税,二课市税,三课□务,另设会计室,会计□员,由会计处直接委派。至市区税所,分为鼓屿、禾山、厦港中心区等四所云。

《江声报》1946年8月30日

税捐征收处仍改隶市府

市息　市府领奉省府财甲申江电,以奉院令统一税收,各县市税捐征收权隶属县市政府,前颁□□规程修正,除修正案另令类签发外,仰遵照等因,市府业已转令该处遵照云。按各县市税捐征收处原于财政改制后,由省拟定改隶财厅,由各县市政府监督。经报院后,奉院令仍改隶各县市政府,以一事权云。

《立人日报》1946年9月7日

陈国衡处长　谈本市税收
力谋增加民众负担　克服市府财政困难

市税捐征收处自上月29日成立迄已半月,记者昨访该处处长陈国衡,询以半月来税收情形。据称:本市除一部分税收所遇困难尚未克服外,屠宰税,过去日仅屠60只左右,现已增产每日80只。近因物价上涨,必要时当局可随时调整提高税率。娱乐捐方面,除鼓浪屿戏院由当地征收机关征收外,本市计有一家戏院,由处派监票员到院,综计每日票资,平均可得190万元左右,每月可征600万元左右。筵席捐前系认额性质,原收每月320万元,本市有菜馆30余家,大者约10家。将来拟再调整,收为自办大家菜馆,或派人员每日经常驻店，考其营业成绩，而依照省规定征收。至于报载警捐及迷信捐停征，则迄未见省令，若照财政部意见，如地方财政困难，可得征收，因地制宜之捐税。故本市警捐及尚未举办之迷信捐，自再继续征收。此外码头租费已征收月余，惟成绩尚差，此项收费乃中央所规定，收费标准乃观各地之情形有所不同。本市收费规定：汽船经常靠泊者，每月 1 吨为 2000 元，临时每次 1 吨为 1000 元。民船以担计算，经常靠泊每 10 担每月 2000 元，临时每次 10 担者为 1000 元。当局曾就此事召集各外轮代理船行，如太古、渣华等公司，宣布政府之规定，该公司等亦表示遵办，惟须请示总公司。同时彼等询以如轮船入口时，倘货客不收，或仅载少数货物，是否亦须缴税。关于此点，必要时或向省请示。总之，码头租费如可顺利征收，于财政收入实大，设与其他各种税捐配合，本市财政困难，必能克服自不可待言。

《星光日报》1946 年 9 月 18 日

码头租金　设处经征　邱日三兼主任

又息　市税捐征收处长陈国衡，为利便征收码头租金，收定设立“市税捐征决码头金金驻征处”于水警队附近。该处主管人选，经委派督征员邱日三兼任主任。邱奉令后，定今日设处办公，至码头租金税率，依照省府核定每吨每月征 2000 元，减收 500 元。民船载重每 10 担征 2000 元，减半征费。又该处对于渣华及太古行等输公司纳费问题，经由邱氏前往洽收，各该公司允电请总公司核示后答复。

《立人日报》1946 年 9 月 23 日

查验出入货税　征收处派员驻码头

市息　本市原为一出入口贸易商埠，迩日出入口货物甚多，其大部分悉为行商走水等来往携带。此辈行商走水，随时随地经营，可免种种税收，其中尤以营业税为甚。厦税捐征收处，为弥补此项损失，增加国家收入，特于鹭江道 108 号，设立行住商进出口货物申报处。其后各行商走水，如有货物进出口，均须向该处申请发给证明。其已交纳营业税之住商购买货出口者，可由该住商代为证明申请，而一切未缴纳税捐之货件，均须按章申请完税，然准予出入口。该局为提防走漏税捐,并于各码头派员查检云。

《立人日报》1946 年 10 月 16 日

十一月份本市税收　盈余八千万元 拨作补垫各月亏蚀

市税捐征收处于 11 月份各项收入,已统计完竣,计省税部分者,收入为 27581760 元,市税收入共 113463259 元。查该处合 10 月及 11 月两月份,除支出外尚余 8000 万元左右,因市府前亏垫甚多,故余款仅作弥补之用。

《星光日报》1946 年 12 月 7 日

直税局举办一时所得税

厦门直接税局根据现时经济情形,拟定行商一时所得税稽征办法十八条,呈行政院核示。嗣经核准,奉令施行。该项办法,厦门直接税局近已奉到,兹将该办法探录如下:

第一条,第五类行商,一时所得税之稽征,除依所得税法及同法施行细则之规定办理外,应依本办法办理。

第二条,各行商应于开始营业前,或变更商号名称、营业种类、迁移营业所在地及增减资本额前,依直接税行住商登记办法之规定,向当地主管征收机关办理登记领证手续。

第三条,各行商所属之同业公会负责人,应于会员入会后五日内,编具入会会员清册,报告主管征收机关,并责令各会员办理前项登记领证手续。

第四条,主管征收机关应于每年度开始后一个月内举行行商普查,并随时办理调查,依直接税行住商登记办法,严格执行行商登记。

第五条,凡住商进货,其对方如系行商,应先取具纳税保证(铺保),于进货之次日填具行商货物进货报告表(附表式一),报请主管征收机关查核登记,并于结算账目时,负责扣缴一时所得税。

第六条,凡仓库堆栈与有行商寄存货物,应先取具纳税保证(铺保),于货物入栈之次日填具行商货物入栈报告表(附表式二),报请主管征收机关查核登记,并于货物售脱出栈时,负责扣缴一时所得税。

第七条,前项出栈货物,如系转存他处,并未出售,但其货主尚为未经登记之行商，非责令转向主管征收机关补办直接税，行住商登记仍不得解除扣缴税款之义务。

第八条，凡牙业行纪（包括牙行、牙纪、报关行、委托行、拍卖行及代理行等），应于货物落行或接收售货委托时，取具纳税保证（铺保），填具货物落行报告表或售货受托报告表（附表式三四），报请主管征收机关查核登记，并于买卖成交时，负责向卖方扣缴一时所得税。

第九条，主管征收机关应随时派员调查仓库堆栈、牙业行纪及各业住商之账册单据，其应扣缴税款而未经扣缴者，应限期责令补办扣缴手续，逾期即着负责代纳税款。

第十条，第五、第六两条规定之行商及第八条之卖方、客方，经主管征收机关查明已办直接税行住商登记手续者，得解除各该住商仓库堆栈或牙业行纪扣缴税款之义务。

第十一条，第五条之住商、第六条之仓库堆栈及第八条之牙业行纪，应责令各行商转向主管征收机关办理直接税行住商登记，行商之经办有直接税行、住商登记者、各住商或仓库堆栈牙业行纪，得解除扣缴税款之义务。

第十二条，各住商进货时，应将客户名称及营业地址查明确实，连同所进货物之名称、商标、数量、进价等，详细登账，并将各项进货单据妥为保存，以备主管征收机关调查。

第十三条，各仓库堆栈对于堆存货物之客户名称及营业地址，应查明确实，连同所存货物之名称、商标、数量、估价、栈租及入栈、出栈日期等，详细登账，以备主管征收机关调查。

第十四条，各牙业行纪，对于代客买卖货物，应将买卖客户姓名（或牌号）、住址或地址、货物名称、商标、数量、成交价格、日期及佣金或手续费等，详细登账，并将买卖凭单妥为保存，以备主管征收机关调查。

第十五条，主管征收机关应与当地海关、邮局、货物税局、地方捐税征收机关及有关交通商业主管机关密取联系，随时交换资料或经常派驻人员，其有发现未经登记之行商，应随时责令补具保证或调查课税。

第十六条，各住商及仓库堆栈、牙业行纪，如不依本办法规定办理，应照所得税法第三十七条至第四十条规定，分别处罚，其经依本办法规定完成扣缴责任者，应照所得税法施行细则第九十七条规定，给予扣缴税额5‰之奖励金。

第十七条，主管征收机关，对纳税义务人或扣缴负责人，如有隐匿短报不实情事，应奖励告密或检举。一经查明属实，除依法补税科罚外，并依所得税法施行细则第九十八条及财务罚锾处理办法之规定，随时以罚款三成奖给举发人，并为其严守秘密。

第十八条，本办法自公布日施行。

《江声报》1947 年 2 月 16 日

市商会呈财部税务署迅准纸箔外销免税 盖有退税之名而无实惠之益

本报讯　市商会以关于锡箔及迷信用纸之纳税退税问题，手续麻烦，且诸多遗害。昨特具函本市货物税分局，请转呈财政部税务署迅准纸箔免税，以资救济商艰。兹志其原函文如下：查锡箔及迷信用纸(即金纸箔)，为本市外销首位之商品，□缴收货物税课从价 60%，当经请准予担保出口，请示层峰解决。嗣奉财政部税务署电令准将原完税款，予以核退等因一节。查纳税则税率太高，退税则利息奇重，征收核退，往返需时，利息负担，等于100%，虽有退税之名，而无实惠之益，给国家多添若干手续，毫无收获。在商人因纳税出口，必至□其成本增多，□□继续生产，影响外销，损失极大。数月以来，香港之制造激增，运销剧涨，本市出口，遂致陷于停顿状态，非速明令免税，不能免回外销，而 50 万工人相继失业，将无可为生矣。本会职责所在，对于国计民生，兼筹并顾，难安缄默。相应函请呈财政部税务署迅予明令免税，借资救济，而谋外销云云。

《星光日报》1947 年 3 月 4 日

市商会通函商号申报上年度所得额 税局限令 3 月 15 日以前办竣

本报讯　市商会顷准财政部福建区直接税局厦门分局内□检厦甲字第594 号公函开：现奉财政部直接税署 22022789 号电节开，查国防最高委员会公布之经济紧急措施方案，内关于平衡预算事项，有普遍执行征收直接税之规定，自应加紧稽征第一类营利事业所得税纳税义务人，应于 3 月 15 日以前，将所得额申报各当地主管征收机关，各地主管征收机关，就其申报额计算应纳税额。其有特殊情形，未能于 3 月 15 日以前结算竣事，报经核准者，应充裕估计应纳所利得税额，先缴50%。但结算申报期限，不得超过4月15日。主管征收机关对各申报单位，仍应依照民国三十六年(1947年)度第一类营利事业所得税稽征办法规定实施课核税款。其有延不申报或申报不实，及故为虚伪之报告者，即依所得税法第30条及第38条之规定，从实惩处。上项办法，业经由部呈请行政院听奉国防最高委员会核定，除将原案由部公告通知全国商联会，并函司法行政部令饬各地法院遵将所得税案件，从实惩处外，应将原案函当地商会协助等因。奉此，查所得税法第21条规定：第一类所得应由纳税款人，于每年度结算后一个月内将所得额依规定格式报告于主管征收机关。现本市各商民国三十五年(1946年)度所得额，仍未据申报来本局。为使各商明了申报手续起见，除该项手续公告周知，并将所用申报所得额报告表印并托本市中山路93号焕新写委所印售，一律依表逐项填应刷报核课外，奉电前因，相填申请查照，惠予协助，并希□函各商遵照翔实报告，以凭收知课征，以求公允，而裕库收为荷。兹悉市商会准函后，号为知各同业公会□各有关商知□□云。

《星光日报》1947年3月5日

平衡预算 营利所得加紧稽征

市商会昨接福建省商联合会雨寅微商联榕字第120号代电开：厦门市商会公鉴，案准财政部福建区直接税局雨丑寝华税甲439号代电开：案奉财政部直接税署2月20日京102701电略开，查国防最高委员会公布之经济紧急措施方案内，关于平衡预算事项，有严格执行征收直接税之规定。兹为彻底遵行起见，第一类营利事业所得税自应加紧稽征，经规定纳税义务人，应于3月15日以前，将所得额向各当地主管征收机关申报，由各地主管征收机关就其申报额计算纳税额通知先行纳库。其有特殊情形，未能于3月15日以前结算竣事报经核准者，应先行估计应纳所利得税额，先缴50%，但结算申报期限不得超过4月15日。主管征收机关对各申报单位仍应依照民国三十五年(1946年)度第一类营利事业所得税稽征办法之规定，实施调查核计确实税额。其有延不申报或申报不实，故为处伪之报告者，即依所得税法第30条及38条之规定从严惩处。上项办法业经由部呈请行政院转奉国防最高委员会核定，原案由部公告，通知全国商联会，并函司法行政部令饬各地法院,遵将所利得税案件,从重惩处外,应将原案于当地报纸公告,并函商联会协助。

《江声报》1947 年 3 月 9 日

民国三十六年度营业税　本市拟定预算表

本市民国三十六年(1947 年)度营业税已开始分组调查。兹悉,市府对各项拟定每月预算如下:五金 7200000,新药 2864000,参药 6000000,新药 2864000,参药 6000000,酒商 12000000,烟酒 17268000,钱庄 6720000,旅栈 6240000,六途 96000000,百货 40800000,国际 24000000,绸布 56400000,棉纱 23400000,旧货 3000000,渔商 4200000,裁缝 5400000,蜜料 6480000,银信 3840000,茶 7920000,京果 3000000,烹饪 19200000,纸 7680000,木 16200000,鞋 11520000,金银 21600000,面 864000,报关 2208000,文具 2208000,柴炭 2160000,国药 3000000,照相 960000,理发 3000000,糕饼 8640000,家私 5760000,鲜果 6720000。

《江声报》1947 年 3 月 15 日

同安税捐征收处违法抽取过境税　茶业公会呈请取缔

本报讯　本市茶业公会,以据会员报告,历次由安溪采运茶件,途经同安均被同安县税捐征收处课征过境营业税。查依照营业税法施行细则第 28 条规定:凡行往商采运货物,当地及沿途各征收机关,均不得征收营业税。如于中途销售者,其应纳之营业税,于销售后由销售地之主管征收机关征课。则同安税捐征收处之截收过境营业税,实依法未合,昨特函请市商会转函同安县税捐征收处交涉撤销课征,以苏商困云。

《星光日报》1947 年 3 月 21 日

厦市 3 月份税捐达 1.7 亿　较 2 月份增约 3000 万

海外社讯　厦税捐稽征处顷发表 3 月份各项税收统计,其中市税部分:计营业税 1474874040 元,契税 27088050 元,房捐 1747900 元,屠宰税 69695100 元,营业牌照税 10000 元,使用牌照税 1478000 元,筵席捐 8736000

元,娱乐捐 13376120 元,漏税罚锾 34200 元,使用支船费 1123300 元,广告费 400000 元,商业登记费、无度量衡检定费 27170 元,市公产租金 2348900 元,码头租金 3011250 元,轮渡租金无,警捐 4943800 元,保护耕牛基金 169500 元,合计 15046413040 元。省税部分:计营业税 1890850250 元,营业税协助款 97744920 元,合计 1988595160 元。省市税收入总计:170350082 元,较 2 月份增加 29823914 元。

《星光日报》1947 年 4 月 5 日

直接税所主任调动

鼓浪屿直接税查征所主任王祖奉调厦门分局服务,遗缺调分局税务员杨天赐接充。杨等奉令后,经于昨 2 日开始移接。据杨主任称,目前鼓所工作,侧重所利得税,俾于短期完成,以符层令云。

《江声报》1947 年 5 月 3 日

非直接运输　照章应纳税

本市讯　市商会前准建华运输行函,以该行经营运输业务。关于运输业营业税一项,据报载经财部核准,限期停征在案,特为转函本市税捐稽征处查询办法情形。昨据该处复函称:查运输业停征营业税,系着船务公司直接运输,如招商太古等船务公司而言,前项展限停征令文,本处尚未接到明令。至该处华运输行系属代客配运货件,并非直接运输之列,自应照章纳税云。

《星光日报》1947 年 5 月 3 日

第一类所得税展期申报完竣

本市直接税局以第一类营利事业所得,依法应由纳税义务人于每年度结算后一个月内,将所得额依规定格式报告于主管征收机关。嗣以各商结算期间,多在废历年底,未能如期申报。该局为顾念商情,经予布告延长申报期间至 3 月 15 日。惟迄今尚有商号仍未办理申报,兹再展限至本月 15 日以前申报完竣,逾期依法径行决定其税额云。

《江声报》1947 年 5 月 11 日

税额奇重无法负担
商会请求核减　本年税额达 54 亿

本报讯　本市各商业公会请求核减民国三十五年(1946 年)度综合所利得税额,昨经市商会代电财部直接税署、福建区分局、厦直税局。其原电文云:"厦市孤悬海岛,既无工厂,亦少生产,陷敌八载,物资掠夺,损失巨大。收复后,元气未复,商业仍极冷淡。此次开征本市民国三十五年(1946 年)度各税预算额达 54 亿之巨,确属无法负担。合亟电请体察下情,准予核减,以苏商困,仍祈电示。厦门市商会理事长严焰叩。"

《江声报》1947 年 5 月 22 日

本市直接税分局派队　催缴所利得税
并举行抽查账簿检验印花

本市讯　厦门直接税分局现为加紧稽征达成预算起见,自本月 25 日起派员分队前往各途商号催缴所利得税,并抽查账簿,检查印花。兹将各队人员姓名及工作途别探志于下:(一)第一队吕建元,徐新应、陈平格、杨振辉、李富章,领队吕建元,工作途别百货、西药、茶酒、印刷、照相、洗染、鲜果、五金。(二)第二队陈守经、薛钦培、叶伟、王祖望、颜廷秀,领队陈守经,工作途别钱庄、鞋、国药、人力车、纸、旅栈、酱、蜜。(三)第三队陈天送、孙瑞琦、林葵、陈述仪、吕毓芬,领队陈天送,工作途别参药、制面、文具、金银、糕饼、国际贸易、木器、杉木。(四)第四对黄福玉、刘晨、陈贻俊、黄贞元、郑光昕,领队黄福玉,工作途别鱼摊、旧货、娱乐、服装、灰壳、理发、京果、糖油。

《星光日报》1947 年 6 月 25 日

征收特种营业税　由直接税局负责

本市讯　厦门直接税分局奉财政部福建区直接税局暨福建省政府财政厅会衔训令,以凡属特种营业税法所规定课征范围各税,自 5 月份起由直接税机关征收。兹将原令探录于下:案奉财政部民国三十六年(1947 年)5 月

27日京直式字第2482号训令暨5月29日第38346号电略开：查自民国三十五年(1946年)6月财政收支系统改后，依照修正财政系统法之规定，中央应举办特种营业税，并例示课税对策以为准则。本部遵即拟定税法筹划开征。现此项特种营业税法已奉国民政府于本年5月1日公布施行，凡属特种营业税法所规定课征范围各税，各该省市财政厅、局应即停征，即由各该省市直接税机关负责办理，于5月份起开征并会衔布告周知，仍将洽办情形报核等因，附发特种营业税法及施行细则草案各一份，暨应用书表格式全份，奉此自应遵办。自5月份起，凡属特种营业税法课征范围，如银行业、信托业、保险业交易所暨交易所内所发生之营利事业、进口商营利事业、国际性省际性之交通事业、其他有竞争性之国营事业及中央政府与人民合办之营利事业等，均依照上项规定，由本直接税局各级机构征收，除分令各县、市税捐稽征处各直接税分局所并布告外，合行令仰遵照办理。

《星光日报》1947年6月26日

商店账簿登记盖戳　开立发票硬性规定
财部训令谨防漏税　如有违反解送法院

本报讯　鼓浪屿直接税查征所，于前月开征民国三十五年(1946年)度所利得税，各商号前往缴纳者甚多，因各商较去年明了纳税义务也。惟间尚有少数商号，延时抗缴，经该所造表送局，转送地方法院处办，计有中药业六安斋、福林春豪，成衣号南新、大华二家云。

又讯　本市直接税分局，近层奉财政部训令，略以公司或商号，不依规定设置账簿，或不将账簿送请主管征收机关登记盖戳，及出卖货品不开立发票者，除责令补办外，并处5万元以上、10万元以下之罚锾。至公司商号出卖货品，开立发票，已作硬性规定。至嗣后印花检查人员，应根据被查商号进货账，追阅卖方发票贴印花情形，倘不能检出，即应查明卖方住址，并饬被查商号，具结移送各该地司法机关，依法办理。现该局已分饬各途商遵照办理，并派员分区检查，闻如有不能检出卖方发票时，将依法函移地方法院征办云。

又讯　查商店售卖货品，应开立发货票，并贴足印花，业志前报。近悉本市直接税局，为加强控制漏税，增裕库收起见，经划分本市为三区，派员巡回，厉行检查。如有发现各商号售卖货物不开立发票，或收付货物、银钱、单据、账簿、契据、合同等,不贴用印花者,决即依法移送司法机关罚办云。

《江声报》1947 年 6 月 27 日

本年度第三期　三次调整税额

烟酒糖均增一倍以上

本市货物税分局,接获福建区局 9 月 2 日第 0320 字电,颁布民国三十六年(1947 年)度第 3 期第 3 次调整税额如次:(一)土烟药(甲)151500 元,(乙)115200 元;土烟丝(甲)206900 元,(乙)165500 元。(二)药色酒 258500 元,回龙酒 229700 元,王汾酒 205200 元,土烧酒 196900 元,土黄酒 114900 元,土红酒 114900 元,地瓜酒 102600 元。(三)冰糖 111100 元,盆糖 83300 元,白糖 83300 元,回盆 74100 元,赤糖 61100 元,红糖 51900 元。以上数额,烟酒类税率增加约 20%强,糖类税率增加约 50%强,厦分局经于前(3)日起实施。

《江声报》1947 年 9 月 5 日

追缴利得税　四十一家送法院

本报讯　本市欠缴所利得税商号,前经直接税局送法院追缴处罚者,有鹭江报关行、漳浮等 7 家。前日该局又将欠款商号一批,移送法院,计有镒源、华新、建发、中原、丰裕、建成、复兴、新永安、海兴、复源、莲芳、源生兴记、□域、泉三、逸园、嚼乐、周南成、晋益、维德公司、华大、明明、庆隆、源泰、神州、顺福、思明、美利坚、华泰、大舞、中南、永和、中外、张德发、广源、福隆泰、嘉禾、三元、(酒厂)华兴、万泰昌、柯和成、协丰等 41 家云。

《中央日报》1947 年 9 月 17 日

简讯

市商会昨准市府捐稽征处函:以奉令关于秋季营业税,自本月 15 日开征,至 10 月 10 日以前征完等情。经即转电各同业公会查照云。

《中央日报》1947 年 9 月 17 日

贾汉儒谈厦市税务弊端
印花税差额最巨　陈维罴被控不确

本报讯　福建区直接税局视察贾汉儒，于日前（8月27日）来厦，下榻本市青年服务社。记者趋访，垂询此行任务。据称，此次经分赴同安、龙溪等地，作一般性之业务督导。关于各地之税收，以龙溪县办理成绩最佳，现在已达到总预算80%，同安为50%。至于厦门方面，成绩最差，且各税不能平均发展。单就印花一项而言，原预算全年数达十余亿，而本市过去征收状况，每月仅收达四五千万元而已。距离虽算甚远，其中不无弊端发生，例如各戏院之戏票，印花均贴于存根联，是则难免有重用之弊。同时各商店贩卖货物，每不开发票，逃避印花税数目之巨，不问可知。仅就海关方面进口货物登记计算，本市每月可能征得印花税四五亿元之巨。嗣记者复询以据闻本市印花税，税局交由商会承包，摊配各途认购，而后分摊各途商负担是否合法。据答称，根据税法规定，由商承包，是不合法。惟须视进行程序，有无舞弊。至由商会承包，则尚无所闻。嗣记者询以本市税收距离预算尚远，有无办法补救。据称，厦门为通商要埠，照理税收当不成问题。一面税务人员缺乏自动精神，同时因商人缺乏纳税习惯。至于厦门方面税收，就各自互相弥补。总预算方面，尚可达到，庶望各商人认清纳税义务，弊端当可减少。最后记者询以厦门直接税局长陈维罴，据传被人控告贪污舞弊36条，是否事实，据答不确。闻贾氏日内拟再赴龙溪视察云。

《中央日报》1947年9月17日

市府整理税收　房捐及牌照税限期缴清
戏院娱乐捐月征六千万

市府以本市积欠民国三十五年（1946年）度及民国三十六年（1947年）度春季、夏季房捐及营业牌照税等，数在5亿元以上。为增裕市库，扫清旧欠，特令由税捐稽征处集中全力，组织催征队，分为4组。由该处督征员周韦廉、孙春楼、蔡一民、李德礼，分别率带税务员玉光亚等，挨保催征，统限于本月底以前收清。如有延抗，则由该队指交该辖警察所，协同追缴。闻该税捐催征队，经定本月20日前出发。

又讯 税捐经征处,以各戏院前认缴娱乐捐每月仅四千万元似嫌过轻,特于昨(18日)上午,召集各戏院经理,讨论增税问题。拟按月增至七千万元。后折衷办法,每月改为认额六千万元,并订自9月份起云。

《中央日报》1947年9月19日

直接税不得摊派 应取查账核税制 省参会函各县监察检举

本报讯 省参议会为直接税不得摊派税额,非法估计一案,日昨特电本市参议议会,共同监察检举,借杜弊端。兹探悉原电如下:"查本会第一届第三次大会陈参议员鸿铿提,直接税不得摊派税额,非法估计,以轻人民担负一案。经准福建区直接税局函复:查所利得税之稽征,悉系依照现行所得税法特种过过利得税法,及民国三十六年(1947年)第一类营利事业所得税稽征办法各规定办理,分区分业分别采取查账核税制,及标准计税。如福州、厦门二地之营业,原则上依照账方式调查所得额。但经主管征收机关查明,民国三十五年(1946年)度资本额未满100万元,与收益额未满1000万元者,仍依标准计税制调查所得额。至于其他县份,除(一)公司组织之营业。(二)各级政府所办之公营事业,及官商合办事业。(三)不属于前二项之范围。而账簿完备,经主管征收机关指定者均查账方,或调查所得税额余仍依照标准计税制。"调查所得额,唯对纳税义务人所得额之报告,发现有虚伪隐匿逾限未报者,得依法进行,决定其所得额,或所得总额。纳税义务人对于查定税额,如有不服,应于10日内按查定税额缴二分之一,叙明理由,联同证明交件,申请复查。此项征纳程序法,有明文规定。各主管征收机关,自不得任意变动。倘有非法估计,实为贪污等情事。希贵会随时协助检举事实送局,自当依法严办等由到会。经提本会驻会委员会第八次会议议决,本案既据覆称,概依照稽征办法各规定办理。为恐各地税务机关非法估计,拟由会函各县市参议会转各县市商会,共同严密监察检举,借杜贪污弊端云云。

《中央日报》1947年9月23日

本市九月份税收统计

市财政9月份之收入,顷由税捐稽征处发表,连同省税在内,统计为

654234900元，其中市税方面：营业税收入28625580元，契税31022800元，房捐33960200元，屠宰税302881500元，营业牌税2640000元，使门牌照税3781000元，筵席捐30263300元，娱乐捐106761700元，漏税罚款160000元，使用支解费20505000元，广告费1068800元，市公产租金25507700元，轮渡租金3950000元，保护耕牛基金10368000元，合计611498089元。省税方面：营业税31806210元，营业税协助费3180621元，契税附加7750000元，合计42736831元。统计省市两税，合并收入为654234920元，较之8月份收入，增加数千万元之谱。（海外社）

《中央日报》1947年10月4日

陈鸿钧对记者谈整理本市税收

各项税捐刻在积极整理征收　增辟财源严防漏税以裕库收

本报讯　记者昨趋访市税捐稽征处长陈鸿钧，询问税收整理情形，陈氏语记者，本市税收，如妥以运用合法合理征收，财政前途殊可乐观。本人接任伊始，在就任第一天即率黄市长训令，整理筵席捐。厦市为一通商港岸，酒楼林立，宴客繁多，筵席捐征收税额必然可观。目前采取派员驻征式，困难方面当较过去"包征式"为多。举例言之，则一般所谓"有身份"者，不明国民纳税义务，认为纳税为畏途，多取巧避之，此其一。酒楼常以多报寡，目前一席大菜实非六七十万莫办，而酒楼则以20万元一席报税，征收员询及食客亦以20万元一席对之。因此食客乐得减税，酒楼用此招来，殊不合理，此其二。今后改善，奉黄市长指示，倘再发现类似此其企图减税或免税情事，决予取缔究办。酒楼如复以20万元一席报税，势必实行征买方式，由市府□日订购转售，该税预收项额为1亿元，可能仍由该途认捐。记者复询娱乐捐征收情形，陈继答称：娱乐捐戏院方面认捐每月6000万元，咖啡厅月收8000余万之谱，倘以本市四大咖啡厅征税，经常可能达1亿元左右，但思明南路业余咖啡厅常借名停业，本处已通知该厅负责人，倘未能经常纳税，决予勒令停业。而新营咖啡厅之百老汇，已遵章纳税，本月份可能增收税额。记者再询以营业税传将增收一倍，是否确实。陈答：营业税夏季总额（附加税在内）为8亿，而秋季奉令增至14.5亿，市库附加税约1.5亿元，合计16亿，刻正与市商会接洽征收，以裕财源。记者末以整理屠宰税情形见告，陈处长即谓屠宰税为主要税收之一，倘漏税多，财政必无法整理。本处认为该税征收极为重要,故除派干员在屠兽场严格管理外,并派外勤人员查缉漏税。今后尚须改善者有三点:一、严密进行办理屠宰户登记,以便管理。二、调查毛猪来源数目,令饬猪牙行切实举行毛猪进口登记。三、改验印颜色,以免盗刻印章混目。至于税收人员如敢与屠户私相漏税,舆论暨各界人士加以检举以凭法办。陈氏最后对记者谈称:8 月份库收 5 亿余元,9 月份库收 6 亿余元。收入项目有营业税收入 28625580 元,契税 31022800 元,房捐 33960200 元,屠宰税 302881500 元,营业牌照税 2640000 元,使用牌照税 3781000 元,筵席捐 30263300 元,娱乐捐 106761700 元,漏税罚款 160000 元,使用支解费 20505000 元,广告费 1068800 元,市公产租金 25507700 元,轮渡租金 3950000 元,保护耕牛基金 10368000 元,合计 611498089 元。省税方面:营业税 31806210 元,营业税协助费 3180621 元,契税附加 7750000 元,合计 42736831 元。统计省市两税合并收入为:654234920 元。下月份起,预定征收税项约 8 亿左右,盖本市府所属公教人员新待遇预算(自 9 月份起预追加基数 39 万)为 7.5 亿左右,市库必须征收 8 亿元,方有事业费可开支。

《星光日报》1947 年 10 月 4 日

货物税易长　吴中杰今日接事

货物税厦门市分局长陈龙贤,近奉调浙江丽水局,改调吴中杰来厦接充。吴经于日前抵厦,10 日再行飞省请示,定今 14 日返厦接事。原任局长陈龙贤,刻正办理移交手续。据负责人称,该局民国三十六年(1947 年)1 月至 9 月份业务,总收入达 18 亿元。最近货物价格波动甚剧,对各种课税标准,亦经第 4 期重新评定,分别公布。

《中央日报》1947 年 10 月 14 日

市党部纪念周　陈鸿钧报告税收　屠宰税日收二千余万元　秋季营业税已缴五亿元　筵席捐将调整为二亿元

市党部昨举行总理纪念周,由市政府税捐稽征处处长陈鸿钧工作报告:

甲、省税部分:(一)田赋,(子)补收民国三十五年(1946 年)11813141 元,(丑)民国三十六年(1947 年)度赋额 1625267 元。(二)营业税,一、夏季尚滞欠 1.4 亿元;二、秋季已缴约五亿元余,在赶征中。

乙、市税部分：一、屠宰税调整后，每日平均可收2000余万元。二、公产税每月可征收3000万元。三、房捐税全年预征6亿元，现已起征2亿元。四、娱乐税每月认缴8000万元；五、筵席税全市30家，现可征收6000余万元，下月起拟调整为2亿元。六、牌照税，(子)使用牌照税人力车680辆，脚踏车1600辆，货车300辆，均依预定征收。至未领照者，正商警局共同取缔。(丑)营业牌照税，已申请者11000家，未申请者在调查中。七、租金，(子)房屋计311座，月可收4000万元，冬季已开始，限本月中旬收清。(丑)田园租每年可收30余担，去年照田赋带金收征，本年拟田赋征收时并征。

《江声报》1947年11月4日

税捐处发表本市上月税收 共八亿一千八百四十三万一千一百七十元

本市税捐稽征处发表10月份所收各种税款如下：营业税11167470元，契税23209800元，房捐73806100元，屠宰税485073000元，营业牌照税195000元，使用牌照税1485000元，筵席捐41242100元，娱乐捐123785200元，漏税罚款4928000元，使用支解费19374000元，市公产租金4139700元，广告费465000元，保护耕牛基金25380000元，滞纳罚款4180800元，合计818431170元，较9月份增收2亿元左右。惟倘欲发给新待遇，尚须增收五六亿元以上。

《江声报》1947年11月5日

厦直接税局整理税收　使达到预定额

直接税厦分局所辖范围金门、东山、诏安、云霄、漳浦、海澄连同厦市计八县市，据该局负责人言，依照闽区局规定，全年税额预计在52亿元，惟今年1月至9月份止，仅收18亿元，再加10月份至本月上旬8亿余，与规定数目相差尚远。此中原因，亦即初收复区一般商人不明应尽之义务，允其有一部分税律，如特种营业税，俟今年度始推行。遗产税虽推行多年，但金厦沦陷8年，一般尚未彻底明了。至所利得税，内地各县虽早推行，金厦亦系初次办理，而营业税又回归地方税务，原有之印花税数量无几，而商人对单据未必能依照规定贴足。遗产税亦然，税局亦无法按户调查，于是对税收问题确乎其难。自中央颁布新税律,特种营业税厦局即开始进行办理,特税部门包括轮船、保险、银行、民信局以及专营进口商钱庄业与竞争性专业,对轮船、民信、保险,已于本年5月开始,而银行业最近始核准,10月间才实行。而钱庄业,又在取缔之列,自无课税之理。特税课额银行(中央除外)40%外,余均在1.5%,与其他营业税同,各税之预定额总未能如预计收足。印花税在厦局范围,月预算2亿元,但结果仅收数千万。遗产税预算年在2亿,现仅得6000余万。所利得税年预计2亿,而仅收亿余元之谱,拟加澈干整理,分别人员切实调查,希望达到领定税额云。(海外社)

《中央日报》1947年11月11日

本月增加税收预计十四亿元

本市税捐稽征处,为发给新待遇事,本月份各种税收已予增加,正加紧征收办法中,该税收之预算如下:营业税5.4亿元,契税5000万元,房捐2.5亿元,屠宰税6.5亿元,营业牌照税1亿元,筵席税8000万元,娱乐税1.2亿元,公产租金7500万元,商业登记费3000万元,广告费150万元,滞纳罚金310万元,合计14亿元左右。

又:税捐稽征处顷致函警局,以今后凡以营利为目的之电影、戏剧、歌场及其娱乐场所,暨私人或团体招雇营业性质之戏剧班唱书,或其他娱乐临时演唱,无论有无出售入场券,欲在本市各街道庙宇唱演,除取得警局许可外,各该主持人于未演唱前,须先行往税捐稽征处缴纳娱乐税,否则决予取缔。

《江声报》1947年11月19日

本市上月税收近二十亿元　本月预算十六亿余

税捐稽征处昨日结算11月份税收:营业税487893330元,契税19693000元,房捐194786030元,屠宰税767121000元,营业牌照税201270000元,使用牌照税788500元,筵席捐65464080元,娱乐捐77639675元,漏税罚款4148000元,使用支解费19530000元,市公产租金67413230元,广告费4183600元,滞纳罚锾7997000元,商业登记费34251500元,总共1988178845元,与十月份14亿元估计增加5亿余元。

12月份之预算额为:(一)屠宰税8亿元。(二)房捐2亿元。(三)契税五千万元。(四)娱乐税 1.5 亿元。(五)筵席税 8000 万元。(六)牌照税 5000 万元。(七)田赋 1 亿元。(八)营业税 2 亿元。共 16.6 亿元。

又:今后本市青年男女结婚,结婚证书须加盖市府印鉴,缴纳验印费 20 万元,该证书方为有效。税捐稽征处昨已奉准执行。

《江声报》1947 年 12 月 4 日

杜绝税收流弊　推行自动缴纳

省订共有税自动缴纳程序　明年一月起先从城区实施

南侨社厦门讯　省府以各项税捐,应由纳税义务人自动缴纳,旨在便利商民,藉杜经征人员需索苛扰,法良意美,亟应推行,以符税制,特订定共有税自动缴纳程序,令饬各县市督饬税捐稽征处切实遵照,务自民国三十七(1948 年)年 1 月起,先就城市区域实施,绝对禁止自行收纳,俟城区办理收效,再次第推行于各乡镇。兹将该程序内容志后:

一、各县市税捐稽征处(以下简称稽征处)应按月将各纳税人每月应纳税额分别填发通知书,附同收款书通知各纳税人依限直接向公库缴纳。征收机关对于缴纳及分解手续依国地共分各税征收缴纳办法第七至九各条所规定办理。二、各稽征处应与各地代库密取联系,随时向代库查对纳税人已未缴纳之税款,以备分别催缴,并应于每旬办理分解手续。三、各纳税人于接到应纳营业税通知书,逾 3 日未缴者,征收机关经向代库查明后,应即派员催缴,并于冲要地点遍贴通告,或沿街鸣锣摇铃催缴;逾 5 日未缴者,再派员挨户紧催,并告以如逾 10 日未缴即须照章加收滞纳金。其有逾限 10 日尚不遵缴者,即予依法移送法院罚办。至土地税,亦应于法定期限内自动缴纳。四、纳税人如有不服查定税额可依法申请更正,但仍须先向公库缴纳税款,不得藉词故延。五、各稽征处应于民国三十七年(1948 年)1 月份起先就城市区域,按本程序规定办理,绝对禁止自行收纳,俟城区办理收效后,再次第推行于各乡镇。六、为节省物力计,各稽征处应发通知书格式尺度得照营业税法施行细则附件中折半印用。

《江声报》1947 年 12 月 24 日

去年本市税捐征收　总计七十四余亿元

屠宰三十余亿居首次为营业税

民国三十六年(1947 年)度本市各种税捐征收,昨经稽征处统计,除 12 月 31 日(最后 1 天)因各征收所未及编送外,兹将全年各项征收数额分志如下:(一)营业税 1145433675 元。(二)契税 346592750 元。(三)房捐 551144940 元。(四)屠宰税 3335317359 元。(五)营业牌照税 36230000 元。(六)使用牌照税 23451500 元。(七)筵席捐 345260080 元。(八)娱乐税 672873260 元。(九)漏税罚锾 12956960 元。(十)滞纳罚锾 20279600 元。(十一)结婚证书费 100000 元。(十二)使用支解费 151641300 元。(十三)广告费 14921300 元。(十四)商业登记费 47748650 元。(十五)度量衡检定费 239810 元。(十六)公产租金 141002772 元。(十七)码头租金 30536540 元。(十八)轮渡租金 51150000 元。(十九)警捐 10676300 元。(二十)捐献收入 70000000 元。(二十一)保护耕牛基金 124830000 元。合计 7459556777 元。

《江声报》1948 年 1 月 1 日

去年本市直货两税　征收均超额

直接税四十一亿元所得居首　货物税四十三亿土酒最多

本市为东南一大商埠,自侨汇通畅后,市面日趋繁荣。当此大局震荡,生产萎缩之际,本市一因地方比较安定,二因侨汇汇率日高,游资充斥,虽非物产丰富之区,而贸易尚相当活跃。去年直货两税,均征收超额。兹探悉本市两重要征收国税机关,上年度全年税收数额如次:

直接税局原配额为 35 亿元,实征 41.2 亿余元,内包含:一、综合所得税 1.85 亿余元;二、所得税 14.23 亿余元;三、利得税 5.22 亿余元;四、遗产税 3.5 亿余元;五、印花税 10.99 亿余元;六、营业税 80 万余元;七、特种营业税 5.32 亿余元;八、土地增值税 27 万余元;九、惩赔收入 128 万余元。以上系包括所属各办事处之总数,而厦门一市征额则为 36 亿余元,占总数 80%强。

货物税局原配额 39 亿元,实征达 43.89 亿余元,内一、矿产税 1.4 亿余元;二、卷烟税 3.3 亿余元;三、棉纱税 670 万余元;四、洋啤酒税 4000 万余元;五、火柴 5300 万余元;六、糖类 8.42 亿余元;七、熏烟叶 1000 万余元;八、麦粉2700万余元；九、水泥2.11亿余元；十、皮毛2.24亿余元；十一、茶叶2.02亿余元；十二、化妆品1300万余元；十三、锡箔9.38亿余元；十四、饮料品6400万余元；十五、土烟1.35亿余元；十六、土酒11.4亿余元。综上可见，土酒最巨，糖类次之，其由台湾代征者尚不计在内，向以棉纱及化妆品为最少。此数亦包括所属数字在内，厦门一市则占90%强。

《江声报》1948年1月14日

去年十二月份　市税征收统计

本市税捐稽征处民国三十六年(1947年)度12月份各项市税征收款额，经已统计完竣，兹分志如下：(一)营业税98660227元。(二)契税30656000元。(三)房捐108514360元。屠宰税1019955000元，营业牌照税133890000元，使用牌照税1600000元，筵席税85582750元，娱乐税164822529元，使用支解费19305000元，广告费12808200元，市公产租金25291100元，漏税罚锾1775000元，滞纳罚锾10161000元，结婚证书费600000元，商业登记费15251000元，保护耕牛基金32832000元，合计1761704566元。

《江声报》1948年1月14日

去年闽直接税收成绩破纪录
以厦门、龙溪、南平为最优

中央社福州21日电　去年度闽区直接税收成绩，破历年纪录，据该局负责人称，过去闽区直税税收成绩均欠佳，一般多未能达前预算，去年度预算120.4亿余元，纳税数达150亿余元，创闽区征收成绩之新纪录。各分支单位中，以厦门分局为最优，次为龙溪、南平等，而各类税中以所利得税征最大，次为印花。去年超征主要原因，该局人事安定，各级工作人员努力，及纳税风气好转。

《江声报》1948年1月23日

元月份本市税收达三十七余亿元

本市讯　市税捐征收处顷发表本年度1月份省市税之收入统计如下：

(一)市税方面营业税1023700950元，契税12468000元，房捐47048680元，屠宰税990330000元，营业牌照税20630000元，筵席税83539800元；娱乐税90158980元，使用支解费18765000元，广告费9087500元，市公产租金542700元。漏税罚锾7401600元，滞纳罚锾23367600元，结婚证书费700000元，商业登记费799500元，地方捐献73030800元，保护耕牛基金16128000元，计2516699110元。

(二)省税方面，营业税1137445500元，营业税协助款23744550元，契税附加27847500元，计1279037550元。省市两税合计3795736660元。(海外社)

《星光日报》1948年2月4日

厦上月份税收计七十余亿元

本报讯　厦市税捐稽征处，昨(10)日公告本年度4月份各项税款收入概况及数目：营业税875496555元，契税44250000元，房捐19552600元，营业牌照税931590000元，使用牌照税13550000元，娱乐税206984000元，漏税罚锾11775800元，使用支解费59550000元，公产租金70710000元，耕牛基金22860000元，广告税6440000元，地方捐献2271421400元，商业登记费3571500元，屠宰税2495840000元，结婚证书费400000元，税捐滞纳罚锾21607200元，以上16项税捐合计7156401250元。

《中央日报》1948年4月11日

闽区各类课税物品　财部重颁税价税额

厦门货物税局顷奉财政部代电，以闽区民国三十七年(1948年)度7月份各类课税物品税价及税额业经重新评定，特饬遵照实行，内计十类，一、火柴类税率20%，税价每大箱7200万元，小盒1500万元，税额300万元。水泥类税率15%，每袋50公斤，税价100万元，税额15万元。糖类25%，每百市斤税价冰糖1000万元，税额250万元；盆糖600万元，税额150万元；白糖同上，回盆糖520万元，税额130万元；赤糖440万元，税额110万元；红糖400万元，税额100万元。饮料品类税率20%，内汽水一磅装每打税价48万元，税额5.6万元；果子露一磅装每打税价60万元，税额12万元。锡箔及迷信用纸类税率60%，计甲等锡、锖每市担税价1000万元，税额600万元；乙等630万元，税额378万元。甲等金银纸箔每市担税价560万元，税额3.36万元；乙等税价300万元，税额180万元；甲等黄表纸每市担税价280万元，税额168万元；乙等200万元，税额120万元。毛类机制羊毛线税率15%，每公斤税价40万元，税额66万元。国产烟叶税率烟叶60%，烟丝40%，计烟叶特等每百市斤税价967万元，税额380万元。甲等税价784万元，税额470万元；乙等667万元，税额400万元。烟丝甲等税价200万元，税额80万元；乙等160万元，税额64万元。国产酒类税率100%，计药色酒每百市斤税价440万元，土汾酒400万元，回龙酒380万元，土烧酒300万元，土黄酒180万元，土红酒180万元，地瓜酒140万元，税额均相同。矿产品类计(一)税率3%者，有煤每公吨税价300万元，税额9万元；无烟煤500万元，税额15万元；煤屑160万元，税额4.8万元。毛铁每公吨3200万元，税额96万元；生铁2000万元，税额60万元。(二)税率5%者有石膏，每公担税价240万元，税额12万元；滑石70万元，税额3.5万元。磁土86万元，税额4.3万元，明矾460万元，税额23万元；次矾税价392万元，税额19.6万元；青矾44万元，税额3.2万元。(三)税率10%者，有笔铅粉每公担80万元，税额8万元；砥350万元，税额35万元；土硝500万元，税额50万元；土朱30万元，税额3万元；粉土17万元，税额1.7万元；硫磺1000万元，税额100万元。卷烟类税率100%计，第一等级每箱5万支，税价2000万元。第二级1600万元，第三级1200万元，第四级850万元，第五级600万元，税额均相同。本市货物税局奉令后，业已遵令于7月3日起实施，并呈报财政局部核备云。(国民社)

《江声报》1948年7月5日

今年度上半年本市税收统计
共五百一十五亿七万元

市税捐稽征处于昨日统计民国三十七年(1948年)度上半年(1月至6

月)各种税收数字如下:营业税 10879970865 元,契税 632538000 元,房捐 2859769000 元,营业牌照税 3863510000 元,屠宰税 15325308000 元,使用费 48050000 元,支解费 287978000 元,筵席税 1017675700 元,娱乐税 1666191760 元,公产租金 1063680300 元,地方捐献 12523659860 元,漏税罚锾 55311605 元,滞纳罚锾 468257685 元,其他罚锾 91543924 元。保护耕牛基金 23518800 元,商业登记费 9482400 元,结婚证书费 2700000 元,广告费 47749700 元,契纸工料费 34000 元,征收费 497161870 元,□□□□□□□□□。其中每项税收比较,首推屠宰税为最多,第二为地方捐献,第三营业税,第四营业牌照税,第五房捐,第六娱乐税,第七公产租金,第八筵席税,第九契税,第十滞纳罚锾。(衣)

《江声报》1948 年 7 月 11 日

本市上半年度省市税均增加 市税达五百余亿元

厦门讯　本市今年度半年来省市税经税捐征收处数度调整后,按月均有增加自 1 至 6 月,(一)省税为 19141253223.50 元,市税统计 51570543814.95 元。兹先就省税查志如下:营业税 18849891102.50,契税附加 158010500,营业税罚锾 133641621 元。

(二)市税,营业税 11377132905.95,契税 63257200 元,房捐 2859768080,屠宰税 15325308000,营业牌照税 3863510000,使用牌照税 48100000,筵席捐 1017675700,娱乐捐 1666191760,漏税罚锾 55311600,使用支解费 287695000,公产租金 1058796000,滞纳罚锾 468257685,地方捐献 12523660060,商业登记费 3483400,结婚证书费 2500000,保护耕牛基金 235188000,广告 47749700,其他罚锾 31543924 元。(海外社)

《星光日报》1948 年 7 月 12 日

厦直货两局明日合并

市讯　本市直货两税局,已定 16 日起合并为国税稽征局,由原直税局长陈维罴氏蝉联。原货税局长吴中杰氏,则调长仙游国税局。据悉,陈吴二氏,已定 16 日上午在货税局原址办理交接。惟各职员暂仍分为两处办公,

俟层峰裁员办法到后再行合并一处。又吴中杰氏已订本月 20 日赴仙游，货税局秘书黄其清将偕往。（国民社）

《立人日报》1948 年 8 月 15 日

国税局今开座谈会

厦门国税稽征局，定今日下午 2 时，在该局会议室举行稽征本市本年度下期营利事业所得税座谈会。经函有关机关，各推派代表 3 人出席参加。（厚）

《江声报》1948 年 11 月 3 日

住商限期登记　利得税按图索骥

本市国税稽征局，昨日召集各途商同业公会负责人，在该局会议室举行座谈会，讨论本市本年度营利事业所得税核配事。各出席代表初要求由各途自行分配，然后将配额通知该局依照办理，惟该局认为此举未尽妥善，最后决定由各途于本月 8 日以前，将会员名册附列负担税额百分比，送达该局，以为核配税额之参考。

又住商办理登记，按规定于年初 1 月内将手续办理完竣。查本市住商 3300 余家，迄今申请登记者只近千家。该局顷通知各同业公会，转知各商号，应于本月 10 日以前到局办理登记手续，逾期决移送法院，予以勒令停业之处分。（厚）

《江声报》1948 年 11 月 4 日

国税稽征局　未配售税法

本市日来发现有人持所得税法文、印花税法，向各商号兜售情事。记者特往本市国税稽征局探悉，该局并未派员售卖。至印花税法，自总统府修正颁布后，该局亦仅接得颁布命令。至已印便印花税法，目前虽已奉令配发，但迄未到达，一俟奉到即可无价分发各机关团体备用云。（税）

《江声报》1948 年 11 月 20 日

缴纳税捐　迟早成问题

市讯　市府以民众对于应缴税捐,往往观望不纳,待币值贬低时再三催迫方交出,致使善良民众怨声载道。乃规定凡 11 月以前应缴税捐,如营业税、房捐等等,最迟须于本月 5 日以前缴清,在 5 日以后缴清者,照过去缓纳办法罚锾,逾期则按公务员待遇调整数 7 倍又二成半处罚。查民众对市府应缴纳款项所以敢延缓,乃市府时常将罚款期间延期执行,民众遂更存观望之心。(邵)

《江声报》1948 年 12 月 1 日

国税局两事
催缴旧欠课税　解送舞弊工役

国税局工役李金炎,日前奉令至厦禾路一带,分送商户缴纳税款通知书,竟乘机伪造收据,向隆发杉行诈收税款。迨昨日该局职员刘某前往催税,始行发觉,该伪造之收据上盖有传达室印信。当即回局报告,陈局长立即下条将该工役押送法院究办。

又:年关瞬至,国税局奉令加紧催缴民国三十七年(1948 年)度税款,经限期令商家径往央行缴纳。各商如限缴纳者颇多,延未缴纳者亦属不少。该局为体恤商艰,经再展延至 20 日截止,各商如再逾限未缴,将案移法院罚处。(厚)

《江声报》1948 年 12 月 19 日

国税局发表两项要点
所有各税收加五倍征收

市讯　厦门国税稽征局,昨日下午 3 时,在该局会议室召开税务座谈会,市商会派代表 3 人参加,该局各科主管均出席参加。座谈要点为:一、该局奉令所有税收应按原额增加 5 倍征收。二、住商申请自备外汇输入,除应缴验凭证外,并依行商课税。上述两点经与会代表表示意见后,以事关多数商家利益,未便擅专,故俟今日商会召开第六次理监事联席会议讨论后,始

答复该局参酌办理。(厚)

《江声报》1948 年 12 月 21 日

税局一税两征　商会再提交涉

本报讯　关于税局一税两征事,市商会昨又提出交涉,请求取消住商进出口货物保证手续。兹将原函探志如下:查所得法第二条明白规定,分为两类所得,第一类为"营利事业所得",第五类为"一时所得",即属住商均属第一类范围,行商则属于第五类范围。细阅该法,确无所谓"住商兼营副业,进出口货物应办保证手续"之规定。盖依所得税法之分类,凡第一类住商,应依法办理住商登记,于年终营利结算后,依法课税,行商则依法课征一时所得税,各无正业副业之分。住商进出口货物,更无办理保证手续。相应函请查照,取消住商进出口货物之保证手续,以苏商困云。

《立人日报》1949 年 1 月 19 日

第三节　税捐征收

一、营业税、所得税

竹木三同业反对竹木营业税官征　昨向党政机关请愿

昨(21)日上午 10 时,洋柴同业公会代表杨锦川,杉木同业公会代表王伯川,竹篾同业公会代表陈恒通等,偕赴县指委会请愿,由训练部长唐素豪出见。当询以请愿目的,代表等谓:洋柴、杉木前由本途认缴消费税,系按5‰向本途抽收,经被消费税局拖欠 1000 余元。迨本年改征营业税,本途即于本月 8 日向思同金营业税局承办,课款杉木月缴 220 元,洋柴月 165 元,竹篾营业税月 50 元(现在磋商中)。杉木同业公会已交一个月保证金,一个月预缴金计银 640 元。洋柴同业公会缴交两个月保证金,一个月预缴金,计银 495 元,共缴 1125 元,以 2‰向本途抽收。讵料本月 18 日突有名刘恪臣(变名刘炯会)者,函知各公会,谓奉财厅征办竹木税,经于是日就职云云。亦未言及征收办法及税率。查刘恪臣前任公安局户籍所主任,素系捐蠹,曾办鸡鸭捐等。现公然设所于中和旅社二楼,以吴伯□为坐办,王凯为调查员。20日长兴号运到洋柴,金福利运到杉木,被其扣留捕人,声言须按50‰缴款,经交涉放行矣。职会等以刘恪臣如是举动,非联络一致,与其力争不可,乃同赴思同金营业税局质问局长郑应麟、郑答谓俟财厅来令始能解决云云。查营业税税则第十八条规定为2‰,今洋柴、杉木课款已缴,仅开办10日,而刘恪臣竟设所违章,欲以50‰缴收。似此匪特职会所缴之课款无着,本途亦加负重,职会等为减轻负担计,誓非达到本途承办不止。请钧会力予援助,俾苏民困云云。唐答:当予援助,并着补送呈文,以便转函交涉。代表等认为满意而退,遂再赴司令部、公安局请愿,恳求勿派警帮刘捕人骚扰,司令部军法处长杨廷枢、公安局长张锡杰咸允饬知区警署。下午2时,代表等复赴水上公安分局,由科长陈奎如出见,谓水警1名,乃系在海面维持,俾免发生事故,并非帮刘骚扰者,明日起可召回云云。代表等将情诉于商会,后该会亦允代转交涉。下午3时,竹篾、木业、洋柴三同业公会假木业公会开联席会议。到会者,木业代表王伯川、蓝文井,竹篾业吴宗煌、郭锡贤,洋柴业杨锦川、李炳煌,主席王伯川,纪录郭锡贤。议决事项如下:一、设立同业公会联合办事处,定名为"思明县竹篾木业洋柴三同业公会临时联合办事处"。二、办事处暂假木业同业公会内。三、每同业公会各派代表2人轮流常川办事。四、略。五、推举同业公会为临时财政。六、聘用干事1人。七、始终合作,打倒捐蠹,任何一会勿得私与捐蠹接洽。

《江声报》1931年5月22日

海味营业因昧撤销　财厅有覆电到厦
渔业公会请办阮耕礼

思同益营业税局,近准思明县鱼行业公会公函,略谓:敝会此次推举柯敬贤同志向局认领营业税,讵料近有阮耕礼,串同张金山即臭三等,窃据渔会常务理事主席之名,煽动渔民,反抗海味类营业税,雇人鸣锣,胁迫罢海,越港离去。厦门澳渔民开会捏造谣言,反对现政府非法征税,渔民全部相率离去厦港,莫敢前来,致敝会员各鱼行生业停顿。一星期间,平均损失约计2万左右元。营业恐慌,秩序骚乱,鱼行被欠账款,莫能取偿,若任肆无忌惮,则本途破产立见。当于本月11日召集全体会员大会,议决函请贵局密函公安局，严饬警探搜捕究办，并密呈漳厦海军警备司令部严令拘捕等词在案。为此除分呈外，相应录案，函请查照办理云云。该局又查据厦门海味营业税征收所主任柯敬贤报同前情，该局以渔业税并未奉到撤销明文，再行布告。一面电财政厅，请示接覆电开，真电悉，海味营业税并无撤销，报载失实，仰转饬知云云。

（按）海味营业税撤销，当时省垣确有此讯，载省垣各报。获自省垣方面尤失实也。

《江声报》1931年5月22日

本市未领办各营业税　海产等二十业营业税局拟定每月课额　请商会召各商领办

本埠自举办营业税以来，各途商向思同金营业税局承办者固属不少，然未向该局领办者亦尚多，营业税局为此于昨(23)日函商会，请定期召集各途商认额报办。兹将该局拟定每月额款细数如下：海产、五金、杂货、钱庄各2000元，参药、绸布、华侨银信业、珠宝首饰各1200元，纸途(算纸在内)1600元，北郊1000元，航业600元，电灯电话(电灯300元、电话200元)共500元，糕饼、香沪各500元，米业、棉纱、面粉、火柴各400元，照相200元，大同陶化100元。

商会闻知后，不日将召集各途商开会讨论云。

《江声报》1931年5月24日

财厅厉行营业税　思明县奉到严令“勒令领证完税”再抗“即停止其营业”

思明县政府昨奉财政厅催征营业税之训令，函查福建省征收营业税条例第六条内载，在本条例公布以前，已成立之营业，应公布后一个月内呈报该管征收机关，请领营业证。又同条例十四条，暨福建省营业税罚则第六条内规定，营业者对于每月应纳税款，逾限二月以上不征者，停止其营业等语。按此次条例系本年2月3日经福建省政府委员会第七十六次会议议决公布施行，核计申报领证之期早已届满，应纳税款亦已逾限二月以上，各属商民遵章领证纳税者固居多数，而迟疑观望者仍属不少。际兹军需孔急，岂容任听诿延,自此通告之后,凡有未经领证完税之营业者,亟应遵照条例,严行取缔。事关税收,该县长应共同负责办理,迅即派警会同该县营业税机关,检验商号账簿及文书货物事件,以为估计营业额之标准,并分别传案,勒令领证完税。倘再抗违,即行停止其营业,以□税务,除分令外,合行令仰该县长遵照,认真办理,仍将遵办情形,具报察查,勿得徇延。切切,此令。

《江声报》1931 年 6 月 4 日

绸布营业税十月一日起开征

思明县绸布业同业公会近推派代表吴伯龄,向营业税局认领绸布业等税。该局即为委吴为征收员,饬自 10 月 1 日起开征。昨吴经发贴布告,征收税率,及摊缴手续,照该同业公会所议决办理云。

《江声报》1931 年 10 月 10 日

减收营业税原则及办法

思明县政府昨奉省民政厅训令云:案奉省政府训令开,奉行政院训令开,案据财政、实业两部会称,呈为呈请事,案据上海等处商会及土布业同业公会,先后呈请免征土布业营业税。又自营业税法颁行以后,各业纷纷呈请减免,其中不无可采之处。迭经两部咨商派员会同讨论,对于维护民生,顾全税收,兼筹并顾,妥定标准,以便施行。兹经议决减免营业税之原则及办法四项:一、凡属人工手机织成手工土布,供需两方,皆系贫苦人民,为维护贫苦人民之生计起见,手工土布之制造业及贩卖业,均应免征营业税。兼售他种物品之商店,而以贩卖手工土布为主要营业者,其主要部分亦应剔除免征。二、制造或贩卖农具,中央或各省市政府,认为有提倡或维护之必要时,得酌量免征营业税。其由各省市政府酌量免征者,应报部备案。三、民生必需品及其他救急品之制造业及贩卖业,在灾荒等特殊情势之下,含有救济性质者,中央或各省市政府,得指定区域及期限,临时免征营业税。其由各省市政府指定免征者,应报部备案。四、国内固有产品□□□□□□□□□、织品,在国际贸易情势特殊之下,有提倡维护之必要者,其制造业或贩卖业,中央或各省市政府得酌量减征或免征营业税。其由各省市政府酌量减免者,应报部备案。以上议决办法,拟请钧院通令各省市政府遵照办理。是否有

当，理合具文呈请鉴核、施行等情。据此，当经提出本院第47次国务会议，决议通令各省市政府遵照办理。（下略）

《江声报》1932年1月10日

减收营业税原则及办法

思明县政府昨奉省民政厅训令云：案奉省政府训令开，奉行政院训令开，案据财政、实业两部会称，呈为呈请事，案据上海等处商会及土布业同业公会，先后呈请免征土布业营业税。又自营业税法颁行以后，各业纷纷呈请减免，其中不无可采之处。迭经两部咨商派员会同讨论，对于维护民生，顾全税收，兼筹并顾，妥定标准，以便施行。兹经议决减免营业税之原则及办法四项：一、凡属人工手机织成手工土布，供需两方，皆系贫苦人民，为维护贫苦人民之生计起见，手工土布之制造业及贩卖业，均应免征营业税。兼售他种物品之商店，而以贩卖手工土布为主要营业者，其主要部分亦应剔除免征。二、制造或贩卖农具，中央或各省市政府，认为有提倡或维护之必要时，得酌量免征营业税。其由各省市政府酌量免征者，应报部备案。三、民生必需品及其他救急品之制造业及贩卖业，在灾荒等特殊情势之下，含有救济性质者，中央或各省市政府，得指定区域及期限，临时免征营业税。其由各省市政府指定免征者，应报部备案。四、国内固有产品□□□□□□□□□、织品，在国际贸易情势特殊之下，有提倡维护之必要者，其制造业或贩卖业，中央或各省市政府得酌量减征或免征营业税。其由各省市政府酌量减免者，应报部备案。以上议决办法，拟请钧院通令各省市政府遵照办理。是否有当，理合具文呈请鉴核、施行等情。据此，当经提出本院第47次国务会议，决议通令各省市政府遵照办理。（下略）

《江声报》1932年1月10日

水果营业税开征　反对各自进行

思同金营业税局，于本月1日布告，直接征收水果营业税，各情曾载前报。查本市水果营业税，去年本系由该途商同业公会自办，每月认缴课款2500元，至本年3月间经已期满。该途商同业公会要求减低税额，其理由略谓思明县水果商营业额，每年至多一百万元，依部定税率2‰计算，全年应缴税款只2000元。今月缴250元,万难应命等语。因是税局遂于本月收回自办矣,该局现已在鹭江道设立水果营业税处,开始征收,手续则仍照去年办理。并函照市公安局,请饬各区署队随时协助进行云。

又思明县水果业同业公会,为反对营业税收回自办事,特于昨(5)日下午3时开第9次会员大会,出席者川记等36号。由吴在桥主席,讨论结果:一、前会派代表会同商会代表,向营业税局交涉减至每月1200元,不达目的,应如何办理案。议决再推举许美树、白文继二同志,面请商会派代表转向营业税局交涉,每月至多不得超过1500元,否则本途誓死抵抗。二、每月营业税课款应如何负担案。议决,由本途各号分摊。三、关于交涉营业税,应先向本途各途及外水等公论,以俾联络一致,应推员负责案。议决:甲、除照前所推举办理营业税之代表吴在桥、许美树、叶淇水、叶子贤、胡镒金、宋实甫、卢贞认、王步云、吴在溪、陈天傅、吴文火、陈权楚12人外,再加派吴绅甫、陈维仁、许春城、黄德基、白文继5人,共同负责。乙、吴在桥、宋实甫向各途商联络,并向营业税局交涉。丙、陈天傅、陈维仁、王步云、许美树、陈权楚等,向漳州联络。丁、由许春城、吴文火、白文继、黄德基等,向外水联络。戊、由卢贞认、叶淇水、吴绅甫等,向甘蔗部联络。己、由胡镒金、叶子贤、吴在溪等,向业部联络云云。

《江声报》1932年4月6日

肥粉营业税改征每包一元　肥粉业反对

昨(10日)厦门总商会致本县肥粉营业税征收所函云:径启者,案准肥粉业同业公会函称:查部定肥粉营业税率为30‰。本会为仰体地方政府苦衷起见,按月向该征收机关认缴营业税4000元。其税率约30‰余,除扣抵财政厅旧欠及石码公安局补助费外,每月实缴大洋1100元,按月缴纳无异。讵该肥粉营业税征收所将8月份课款收去,对于本会会员8月以内进口肥粉不发给完税凭证,通令每包缴纳营业税大洋1元,方准运销内地。而财政厅则在泉码地方设立肥粉营业税稽征所,凡由厦进口肥粉,非执有厦门完税凭证,每包征税1元。似此上下串通,额外勒征,违反功令,妨害营业,殊为发指。为此函请贵会转函营业税征收所,对于在8月份肥粉营业税款,经已收去而不发给完税凭证,及由9月1日起每包肥粉通征营业税1元等节,具何理由,据何法令等由,准此相应函请查照均实可覆为荷云。

《江声报》1932 年 9 月 11 日

营业税增加课款　本月份起拟加四成　昨函商会召集讨论

厦门各业营业税总额，在郑应麟长思金营业税局时，月约收 30000 元。嗣肥粉由财厅直接划归本途承办，只剩 24000 元左右。未几，珠宝、杂货、绸布途，以市况萧条，一再求减，遂又由 24000 元而减剩 21000 元左右，此去年冬郑应麟任内之厦门营业税收状况也。本年 1 月 1 日，财厅新委之林祖泽氏接长营业税局后，其第一步进行，系先催收旧欠。因各途商前向税局认领课款时，皆有预缴押柜金，总数在 36000 元左右。去年底，各途商以财厅已另委林氏接长税局，对 12 月课款等均未照缴，总数为 37000 余元。迨新旧移交，各途所欠课款，遂由旧任移交新任办理。故林氏接事后，为清理旧任手续起见，其第一步即催收旧欠也。而第二步进行，乃为增加课款问题。查财厅长范其务，整理全省税收计划，系就原有各种捐税，增征四成。林氏奉到财厅明令，昨已致函商会，请订期召集各途商代表开会讨论，并转录财厅命令，谓 1 月 1 日起，各种营业税即须按照原有课款，加征四成也。

《江声报》1933 年 1 月 8 日

各途商代表反对增加营业税
提出困难数点　议呈财厅依持原状

商会昨日下午 4 时召集各同业公会代表，讨论营业税事宜大会。到会者二十三公会，代表 40 余人，主席陈瑞清，纪录林东山。讨论议案如下：一、关于思金营业税局函知各途商，对于营业税课款中本 1 月起加四认缴，应如何解决案。议决：甲、本埠商业年来极形凋敝，商家维持已感困难，对于增加营业税款一节，实难负担。乙、由各同业公会组织营业税研究会，并推举杂货业、纸业、糖油业、猪行业、鱼行业、水果业、木业、绸布业、茶叶颜料、五金业、红料业、农业、海产业、旅栈业、戏院影片业等同业公会为执行委员，研究一切并订 1 月 12 日召开委员会。丙、由各代表大会将困难情形函请商会转请营业税局，并请财政厅体恤商艰，准予暂维原状。丁、依照部须营业税法，营业税应由各该本途向主管机构直接缴纳，不得由他人承揽包办，如有捐蠹承包领办各种商业税，全体途商共同严重对付云。

又讯　昨(10)日各同业会代表讨论营业税时,营业税局长林祖泽亦莅会报告,略谓此次奉派来厦整理本市营业税,惟有上峰命令是听。又云:厦门营业税,原可征收至20余万之额,现在所缴税款只有二三万。而又如浙江省每年营业税,收至六十余万元,广州市一年间亦可收至百万以上,而厦门则不及十分之一云云。当时各代表曾先后发言,归纳意见如下:

一、厦门商业经济全赖南洋侨商以维持,现在南洋商不景气,况各途几濒破。

二、现因中日案悬未决,各途商受抵制影响。因仇货进口极微,所存者皆系旧存货件。

三、红军陷漳,各商号被漳属拖欠货款甚巨。现在废历年关将届,各途员俱受无形停顿者,当不知凡几。

四、厦门为转进机关,素无出产,又因抵制关系,漳泉二属多数向香沪等埠直接运购。

以上数点,请该局转呈省财政当局,体念商艰云云。议至8时半始告散会。

《江声报》1933年1月11日

各途商定今日开营业税研究会
昨商会税局各有表示　附各途认缴税率

思金营业税局,对于本市各种营业税拟照原额增四成,各途商提出反对各节,已志昨本报。查本市各种营业税,计共31种(表附后),皆系民二十年之间开办。其中之糕饼、洗染等营业税,则系去年9月间始开办也。现下本市各项营业税,皆系由各同业公会自办,每月约可收20000元左右。最近财厅拟将各税增四成,则月可收30000元。惟各途商以商况萧条,请财厅予维持原状。记者为此事,昨分访商会主席陈瑞清,及思金营业税局长林祖泽。兹分志陈林谈话如下:

陈瑞清谈:此次一律增加营业税四成,事实上颇戚困难。原因年来本市商业萧条已极,较之往年更甚。若各种营业税皆增四成额,恐各途商不能负担。总之,政府征收营业税,我们百姓自无可推诿,惟须看负担得起否为断。如果负担得起,当然与政府以缴纳。故现下各途商已组织营业税研究会,定12日召开会讨论斟酌,而后始能决定也。应个人之意见,如果增加,亦应分别办理，较为妥善。如某项营业税可增若干，如某项事若干，某项事实上实办不到者，则免。如此则较之一律增加四成，为比较有伸缩活动也云云。

林祖泽谈：营业税为国家之正当税收，以前厦门未设立营业税，即有厦金，其后取消厘金，改设特税。至民国二十年(1931年)始，先后设立营业税，厘金税亦即同时取消。思明一县营业税，较之浙江省固不能言，而若照额征收，每月亦当在10万元以上。今本县营业税月额，仅约2万元，实相差甚巨也。照财部颁布之征收营业税条例，其课税之税率，如粮食、柴炭系1‰，如药材、棉花、绸缎等则2‰，如五金、颜料、西药、电料、苏广洋货等则系5‰，如系皮革、呢绒、化妆品、香烛、鞭炮、冥楮等业则系抽10‰。今思明税收皆系由各途认缴，并未照营业税条例征收。际兹省府财政困难时，增加四成亦非得已，且增加之数尚不及万元，合以前几月二万元左右。若照贸易标准及税率征收，则现收数目最多仅四分之一或三分之一耳。日前本人到商会，亦曾对各委员言及，现在政府对财政困难已极，应予体谅。

《江声报》1933年1月12日

各途商昨开营业税研究委员会　议由各途具报办税状况并派责任代表到会讨论　商会函税局述困难各点

厦门商会昨(12)日下午4时召集各同业代表，开营业税研究委员会议，出席者14同业公会，代表20余人，主席庄国章，纪录陈秉涵。讨论结果：一、关于各业营业税商应如何研究案。议决：着各途商切实具述该途办理营业税状况，并派责任代表到会讨论办法。二、下会日期订何日举行案，议决定1月16日(星期一)续开会议。

又厦门商会昨(12)日函思金营业税局云：径启者，案据厦门各同业公会代表大会函，称此次思金营业税局饬令各途商对于营业税课款增加四成，认缴一事，当经各业代表集议，讨论特将困难各点，续列于下：厦门为转运机关，无农工产物，所有金融、商业、建设诸事端，均资南洋经济以维持。频年以来，南洋商业日益凋弊，来援沉绝，各途均濒破产，维持极感困难，何能重负税款，其困难者一。从前泉州、漳州、涵江、安海等处，所有货物均由厦埠转口，迩来交通便利，各该处采运货物，均由上海、香港、汕头直接配运，厦埠商业一落千丈，其困难者二。"赤党"陷漳，厦商被漳属各号倒欠货款数在百万以上，银根周转不灵，痛苦实难言宣。现届废历年关，各商受兹影响，正式宣告停业者有所闻,而无停顿者又不知凡几,其困难者三。厦埠进口货物素以为大宗,自暴日不顾国际公法,破坏世界和平,以暴力侵占我东省以来,民众凛国亡之无日,作消极之抵抗,实行对日经济绝交,日货进口遂告断绝,而旧存仇货,数在万万,一时又不得销售。各商忍痛损失,牺牲绝巨,影响营业良非浅鲜,其困难者四。基上理由,当经会众一致议决,和恳贵会函诘营业税局转呈财政厅,俯恤商艰,对于各项营业税暂维原状,办理等情。据此,查该代表大会所称各节,确属实情,据函前情,相应函请贵会体恤商艰,准各所请办理。至纫公谊云云。

《江声报》1933 年 1 月 13 日

各同业明日集会应付营业税
反对财厅接办洋烛营业税　税局函复照厅令办理

各同业公会昨(14)日下午 4 时,开营业税研究委员会,到会全体委员,主席施志霜,纪录陈秉涵。讨论事项:一、关于洋蜡洋烛途代表报告营业税局增税一事,官方正在磋商办法,乃省财厅突然改委派员接办。事关共同利害,请示办法应付案。议决:根据中央颁布营业税法,暨各途商包揽,除由厦门商会电请财厅收回成命外,并着该途勿得移交。办捐者欲强行接收,应由全厦各途商共同对付之。二、营业税局来函,请劝令各途商共体时难,尽量加认,并各途商报告营业税局颁布整理初步,营业税法两条,限各途于 15 日到局承认两案,合并讨论应如何办理案。议决:甲、定星期一上午 9 时,假南洋公会召集各途商代表大会,讨论应付办法。乙、具函警告捐蠹,并将第一条议案提交各途商代表大会解决之。

又厦门商会前函营业税局,请维持原状事,昨该局覆函未便转呈,原文如次:径覆者,顷准贵会公函,以据各同业公会代表大会函述,对于敝局转奉厅令,并饬各途营业税照案增加课额四成一案,缕陈困难情形四点,请转呈暂维原状等情,函转前来。查本市各途营业税,从前所认税额概属低微,现值库款支绌,饷粮紧急,应请贵会照迭次函达办法,分别劝令各途商,共体时难,尽量加认。未便率尔转呈,相应函复查照办理,以策进行,而裕税收。至纫公谊云云。

《江声报》1933 年 1 月 15 日

油业营业税限领标志　逾期概作匿税

昨福建全省油业营业税登记所闽南分所，发贴布告其文云：为布告事，照得本所办理闽南油业营业税登记事务，业已设所稽征。即经分别函告，并派员分赴厦门市各油业商店逐店点明积存库汽油数量，给予标志粘贴，以资办别，附发申报书填缴在案。现各该油业商人，均经遵办，尚恐知而不报，希图取巧，亟应严限清点，以杜冒混。凡积存煤汽油未领标志粘贴者，由布告日期，限3天内具报来所，以便派员点明，给发标志。倘逾期仍不遵报，一经查获，概作匿税论，定行没收拘究。仰各该油业商人一体遵照，毋稍违误云。

又全省汽车公会昨函各会员，谓此次福建财政厅派员来厂举办油业营业税，当以此案经于民国二十一年12月15日奉中央财政部令，饬停征有案，誓难承认。此种非法重征，业由分别电呈中央财政部、福建省政府、省厅、省局察核查，照部令严饬停征云云。

《江声报》1933年1月15日

今日起营业税加四征收　税局定初步整理办法　今日后即依办法执行

思金营业税局昨日分函各同业工会云：径启者，案查本市开办营业税，经郑前局长暂定归途认缴办法，原为新税正在创办，避免纠纷，救济目前，减少官商困难。一时权宜之计，实与政府立法本意大相径庭。本局长奉命整理税收，接事以来，周咨博访，盱衡情势，即不欲操切以从事，亦不敢畏难而苟安。为依照习惯，俯顺舆情起见，拟逐步整理，循序渐进。业经分别函令各同业公会、各征收员，暂照从前成案，一律遵令加增比额四成，自本年1月份起课，迭经限期。着令各途代表暨各征收员来局接洽，以便转请备案，继续承办。连日据照函令来局接洽缴款，请求续办者固属不少，而徘徊观望，意图诿宕者，实居多数。兹特限至本月15日止，倘再不遵迭次函令办理者，即依下列办法执行，不稍姑宽。除通令并分函外，相应函达查照，是所至盼，并附暂时。

《江声报》1933年1月15日

各同业昨日代表大会及向市局税局请愿经过
请营业税二月内暂维现状　税局允承办者可行

各同业公会昨(16)日上午10时，假南洋公会开各业代表大会。到会者50余同业，代表60余人，主席严灼如，纪录林东山。讨论事项：一、关于思金营业税局在各途向该局认缴营业税未届满期期间，强迫各途按月增加四成认纳，不符法理，不恤商艰，应如何决议案。议决：甲、用大会名义电请财政厅陈述苦衷，饬令思金营业税局在二月以内暂维原状办理，并请饬令该局依法组织营业税评议委员会，妥商办理。同时函请商会转呈财政厅，准如所请办理。乙、全体代表同营业税局声请，对于营业税加课一事，暂维原状办理，候2月10日以后妥商解决之。二、据洋蚋烛途代表黄友杰报告，关于营业税加课一事，官商正在磋商办法，乃捐蠹竟向财厅包办接充洋蚋烛营业税，请予援助，应如何解决案。议决：着该途毋得移交，如捐蠹敢强逼接收，由全体途商共同对付之，并函该捐蠹警告。三、思金印花税局不照公安局解决办法履行，现仍大肆骚扰拘人取货，滥行处罚，应如何办理案。议决：推派代表7人，向公安局要求制止。一、着印花税局不得拘捕扣留市民。二、在审理违反印花税案件条例委员会未成立以前，不得擅自处罚。议毕，乃已近午后1时，全体由会出发，径向营业税局请愿。抵局时，推出严灼如、庄国章、施志霜、黄世勋、林□仁、刘全忠6人为代表，登上该局楼上，代达该会请愿理由，由林祖泽亲自出见。首由严灼如、庄国章陈述来意，谓各途商对营业税加课事，经由各业代表集议，答以厦市商景凋敝不堪，况现兹废历年关在即，今日所欲向贵局长请愿者，要求贵局长对加四一事，暂维原状，一俟废历年关后，尽2月10日内外应由各途径向贵局接洽，酌情解决。林局长聆后，即问以对1月份课款应如何解决，严答以照旧缴纳，候2月10日以后或加或减，再行妥商办法。至此，林谓：如果纯粹出自各同业公会领办认缴，自行摊派者，准予展限至2月10日以前办理，在未解决以前，其课款应照常缴纳，候至期满解决后，应再补缴。但有一般另设征收所，在海面征收者，应着各该承办人，克日到局接洽。当时各代表力求一律于2月10日以后办理，林氏对此坚执不肯，于是乃告辞。退局下楼向各途代表报告，转往水仙路谒洋腊灼营业局长，适该局长外出不在，由一捐员出为招待。各代表乃将洋腊灼营业税现经由本途领办，所有押柜金等均缴押前任营业税局，一旦欲收回自办，政府威信何在。因领办期间尚未届，于理未合，请迅停止开征，暂缓进行。否则如引起扩大风潮，本会概不负责，并请派代表1人到商会面叙，该员谓挨局长返后转达。各代表后相率往公安局，时细雨霏霏，各代表冒雨而行，直趋入市公安局，向局长林鸿飞请愿。抵局时，适林因要公乘车欲外出，乃嘱令秘书刘哲民出为代见。当由商会代表黄瑞甫，将思金营业税局强迫各途增加四成认缴情形，向刘申述一下，并报告向营业税暂展限至废历年关后，该局态度强硬，无商量地方，故不得不到局请示等语。次陈瑞清补述理由。正在谈论间，忽局长公毕返，进入会客厅接见。于是当由黄瑞甫仍以前情用汕语向局长陈述，大意谓：废历年关商家会找忙碌，本月各代表到营业税磋商暂缓至废历年关后仅差不上二周期，营业税局长坚执不准。如果照营业税局办法进行，商民势必关门而后亡。本会与公安局负有联带关系，有共同维持治安责任，不得不到局请示，筹划相当办法，免启扩大纠纷，并述洋蜹烛营业税改委事，应请贵局局长勿派警协助进行。林谓：对洋蜡烛营业税局，昨日曾接该局派员携函到局，报称谓该途抗不移交，请余派警协同前往接收。经余嘱令静候省财厅覆示解决，并饬令暂缓接收矣。至营业税局一事，余未能十分明了，请各位暂返，将情缮呈，并派代表2人前来，本局当派刘秘书偕往营业税局妥商办法云。各代表认为满意，遂兴辞而返，仍至商会继续集会，讨论结果：一、关于到营业税局请愿代表报告营业税局对各途领办营业税，有设征收所，有由各途办理者，其由各途办理者，将暂待2月10日以后解决；其设有征收所者，则须克日到局承办。否则改委，应如何办理案。议决：具函营业税局，厦门各业营业税，均系各途公开领办，其设征收所，原属一种征税办事处性质，并非挂羊头卖狗肉之捐蠹中饱作用，应视同仁，全部等至2月10日以后解决。二、据各同业公会代表报告本市有捐虫冒称本途代表，欲向营业税局领办，希图渔利，应如何对付案。议决：着各同业公会代表调查报告，共同对付之。三、彻底援助洋蜡烛途共同对付该途委办捐虫，并函公安局勿得受捐虫瞒耸案。议决：通过。四、函公安局顾念地方治安，商家苦况，转函营业税局对于各业营业税暂待2月10日以后解决案，议决：通过。议后，即由该大会电呈省政府绥靖公署财政厅，体恤商艰，饬令思金营业税局电各途营业税暂维原状，候废历年关后，尽2月妥商解决云。

《江声报》1933年1月17日

各途对加征营业税　仍请二月十日开始接洽
呈商会电省体恤商艰

各同业公会昨（21）日下午4时，开营业税研究委员会。出席者全体委员，主席王伯川，记录陈秉涵。讨论事项：一、关于营业税局来函以照旧率征收者须加四成以上，于1月23日解决。其属于公会摊派者，得求减轻，于1月31日解决，应如何办理案。议决：根据上会第一条议决案，再函营业税局，于2月10日开始接洽。二、对于各途商要求营业税局暂维原状，并于废历元旦后2月10日开始妥商办法，尚未得当局之谅解，应如何办理案。议决：呈厦门商会，电蒋主席体恤商艰，饬令闽省厅照办。三、密。

《江声报》1933年1月22日

本市营业税加课事　黄奕住将出调解

关于本市营业税加课一事，相持不下，一方以商况不佳，商民负担已感困难，不能再加重负。一方以财政困迫，凡百待举，非钱莫行，遂无具体办法。昨据省方来客云，省委李清泉之代表吴半生日前与蒋、蔡范（其务）等谈及厦市营业税事，吴对此有详细报告。蒋范有变通办理表示，并拟由市府筹备处长许友超商请黄奕住出任调解，不日谅可实现云。

《江声报》1933年3月2日

征收营业税　评议委会未成立前
逐日派员协同检查　商铺账簿碍难照准

商会昨2日下午4时开二十六次常务委员会，主席洪鸿儒，记录林东山。讨论事项：一、思金营业税局函请逐日派员协同分发检查商铺账簿，以便作课税标准，应如何办理案。议决：查修正福建省征收营业税条例第十一条规定，依照各省征收营业税大纲第五条之规定，设立营业税评议委员会。又第十二条规定，征收机关于必要时，得检验营业者所用之账簿、文书、货物等件，但须会同当地商会执行之，非经营业税评议委员会之决议许可，不得于检验商店之内，将其账簿、文书、货物等件携出检验。现本市营业税评议委员会尚未成立，碍难照办，应予函复。二、思明汽车业同业公会函，以闽南□类营业税登记所违法征税，复□耸上峰，非法逮捕商民，蹂躏人权，请函立法院及财政部迅电令制止，以重功令，而维税制案。议决：照准。三、庄委员金章提议，准福建花烟酒税局函，以奉令对于本省商家旧存印花，限至4月31日缴交商会，以便汇解总局。加盖小章，分与贴用，经函各同业公会，转知各该所属会员，并登报通告全市商民遵照办理，请追认案。议决：通过。四、庄委员金章提议，准杂货业同业公会函，以会员林锦记、义东林锦山无辜被拘，请函公安局保释，经予照办，请追认案。议决：通过。五、车辆业同业公会函，请转函公安局，体恤商艰，收回添发车照成命案。议决：照转。六、黄委员瑞甫提议，准糖油业同业公会函，请转函海关，□于24号洋白糖，照旧每包以166斤征税，经予照转，请追认案。议决：通过。七、鸡业同业公会函，请转恳十九路军总指挥部准予廖清松保释案。议决：照准。八、水果业同业公会函，以公安局、工务局，迫令水果途商迁移宏汉营业，窒碍诸多，请函公安局、工务局收回成命案。议决：照转。九、民政厅令送上海各厂出品呢羽哔支，饬广为倡用，以资提倡国货案。议决：函各同业公会转知各该所属会员一体倡用。十、福建孤儿院函，请转函泗水吧城、三宝垄等商会协助进行募捐案。议决：照转。十一、香沪业同业公会函，以骆励、骆奕清父子诈骗会员振川、益丰、瑞芳号账款，请函惠安县政府拘缉究办，追回欠款案。议决：照准。十二、警察第一区署函，请拨垫难民遣送费计大洋507元，应如何解决案。议决：由前南洋寄会难民赈济费项下拨垫。十三、关于朝记来函，以业产及账款因商况影响，致折款不能如期清偿，请设法救济。经该庄债权团认为不得要领，请照约将其产业拍卖清偿，应如何解决案。议决：函朝记庄限一星期内如实答复，否则依约执行拍卖。

《江声报》1933年3月3日

商会电省府授权许友超　整理本市各捐税

厦市各界联合会为本市营业税加征事，昨（2）日代电省政府，文云：福州政府蒋主席钧鉴，厦为弹丸小岛，非生产之区，仅为内外货物转运枢纽。年来外遭南洋不景气，内受“赤党”陷漳影响，商业惨败，无可讳言。乃省财厅远在省垣，未蒙鉴及，该以厦市为全省精华，遽将各项捐税大加税率，叠经商民请求减轻，未获要领。窃念厦市民众年须担负税额百余万，已大感困难，令再增税,直接取诸商者,间接即取诸民。目下地方元气未复,民间仍是满目疮痍,政府似应权衡轻重,稍宽时日,以期兼筹并顾。现市府不久成立,许处长久历商场,洞悉商家苦况,最好授许处长以整理各项捐税特权,俾得通盘计划,酌盈济虚,以收官民合作之效,而免上下隔膜之虞。伏乞俯如所请,电饬祇遵为感,厦门各界联合会叩,冬。

《江声报》1933 年 3 月 3 日

财厅复商会　营业税照未减额再增四成
郑任减额未经核准　各属遵行碍难独异

厦门商会昨奉财政厅函云:径复者,案准贵会函,以召集各同业公会代表到会,尽量认缴营业税,各代表以勉力认加,附认加额数一单,请由公会承办摊缴等由准此。查各项捐税,现经本厅重新整理,饬令照原额增加四成以上解缴,藉裕税收,各属经已遵行。该处碍难独异,单内所列增加一成、二成、三成者,核与通案不符,未便照准。至单内如糖、五金、颜料、珠宝、绸布、参药、杂货、旅馆、海产等业所列原额一栏,均系思金营业税局前局长郑应麟任内。但该途请减额数未经本厅核准有案,若照此减额增加核计,反不及原认额数,殊与本厅整理税收本旨大相径庭。现在加成办法,自应按照未请减以前原额,再行增加,呈局核办。其照相、北郊、纸等业,已请增加四成者,究竟是否尽实,应由思金营业税局察酌,各该业营业情形,核准各该途领征解。其五金、颜料、绸布等业,郑前任未经呈请本厅核准,擅自核减,情弊显然,不但不承认,原当照数追收,兹亦特别宽大。着各该本途加回郑前任所减课额外,再增加二成,即准该各途领回征解。除令思金营业税局遵办外,相应函复查照,并妥为劝导各途商,仰体时艰,勉力支持为荷。此致厦门商会。福建省政府财政厅长范其务。2 月 29 日。

《江声报》1933 年 3 月 4 日

营业税问题日内或可解决

关于营业税加课一事,官商相持未决各情,已迭志本报。兹查商会日前接财政厅长范其务复函后,当分函各同业公会查照,复于前昨 2 日下午 4 时召开各业代表研究营业税委员会,到会讨论增减问题。佥谓商民痛苦,已得政府谅解，自应体念政府苦衷，不得不忍痛负担。结果仍由商会主席洪鸿儒与市府筹备处长许友超氏通盘计划办法完善后，再行提会讨论，然后请许代向省政府及财政厅妥商接洽，日内当有具体解决云。

《江声报》1933 年 3 月 6 日

营业税加减昨商谈无结果

本市商会及营业税局，前各接到财政厅函令，决定折衷办法，准予郑前局长核减未准之绸布、洋什、五金各途，加回郑前任原额再加一成，以示体恤。至其余未解决之茶糖、纸木、红料各途，则饬局自行征收，业见本报。昨(7)日商会方面举派主席洪晓春、秘书林东山至税局，与林局长商谈，请将上列各项加回原额，不再加二解决此事，林未接受云。

《江声报》1933 年 3 月 8 日

营业税加成事　五金杂货等途已承认　竹木等候三日内报会解决　但要求三月一日起征

商会昨(8)日下午 4 时开各同业公会代表会议，讨论解决营业税加成事，当由主席洪鸿儒报告。昨(7)日会秘书林东山赴思金营业税局商洽，请求照郑前任内核减加四成认缴以及要求撤回省委之洋蚋灼及厦委之乌油、水果等税，仍归由各该本途认领缴课等问题，该局均未接纳。据局长林祖泽谓：渠一切财厅之命函令是听，只能依照郑任原额加二成征收。至撤回省厦委任之洋蚋等税，政府为顾全威信计，不能出尔反尔，须俟期满再行核夺云云。各代表当即提出意见，讨论颇久，当场承认者有五金、杂货、绸布、纸业、糖油、家私等途。其余如红料、竹木、洋柴、茶等业，于 2 日内报会。然后仍由洪与营业税局接洽，并请对各途认领期间，应由 3 月 1 日起加成解课，1、2 两月份仍应照旧完纳。但另委之水果、乌油、洋蚋等，应再妥商办法，并订本(9)日续开会议，讨论房铺捐及警捐问题云。

《江声报》1933 年 3 月 9 日

本市营业税昨大部解决　只红料等五途尚有考虑 课款照原额各有增加　两林已电范免来

关于本市营业税加课事已于昨(9)日大部解决,惟珠宝途确有困难,红料、茶叶、竹木、纸等五途,尚未足额,税局拟批承或自征耳。昨林鸿飞、林祖泽两局长,已联电范厅长请免莅厦。查财政厅长范其务氏,以本市捐潮事,拟于本月12日亲来处办一切。昨(9)日下午3时,市商会推举主席洪晓春,与营业税局长林祖泽商决各途认缴加成税额,并邀市公安局长林鸿飞氏以个人资格参与商议。至5时许,各途认缴加成税额,大体经林祖泽局长面准,惟茶、糖、竹木、纸、红料五途尚须加,方得续办。盖查迩来有人拟以年额大洋一十万元分向省财厅及本市营业税局领办竹木、纸、茶、糖、红料五类营业税,按照消费税率就货课征。故税局对此等项,尚未能遽准商界所请也。林祖泽局长并向洪晓春提出各途商应办手续:一、着各商将申请书直接或由公会间接汇转到局,以便依法发给营业证。二、各税之属按照营业大小派款者,应将各商店名号、住址、营业种类、全年课额、每月课额,由征收员列册呈报本局。其属于按货课税者,应将税率呈报,以便核传,而杜纠纷。三、限3天至5天内,由各途原委办人,补具保证金申请书,及店保到局,以便核委转呈。当经洪氏允为转告各途遵办,此事遂告解决。林鸿飞、林祖泽二氏,当于即晚将情联名电范厅长报告,并请免莅厦。原电云:"急,闽城财政厅厅长范钧鉴,江函鱼虞各电均经奉悉,思金营业税加课一案,现经与商会洪正主席晓春磋商,全部遵照钧令认办,惟珠宝确有困难,红料、茶叶、竹木、纸尚未足额,拟批承或自征,免烦钧长莅厦解决。职林鸿飞、林祖泽同叩,佳。"至于已解决各途,除洋蜡等十六途经见3月3日本报外,兹将昨(9)日已商妥解决之各途承办者,其原有每月课额,及现在每月课额,探志于次:一、珠宝业营业税,每月原额400元,请由本局呈恳财政厅准免加二解缴。二、五金颜料营业税,每月原额700元,应遵厅令加二解缴,月缴税额840元。三、杂货营业税,每月原额900元,应遵厅令加二解缴,月缴税额1080元。四、绸布营业税,每月原额800元,应遵厅令加二解缴,月缴税额960元。五、海产营业税每月原额800元,应遵厅令加二解缴,月缴税额960元。六、西药营业税,每月原额100元,应遵厅令加四解缴,月缴税额140元。七、糖营业税,每月1200元,请由本局呈恳财政厅,准加四解缴,月缴税额1680元。八、客炮营业税，每月 400 元，现加为月缴 600 元。九、谷产营业税，每月原额 50 元，遵厅令加缴，月缴税额 70 元。十、照相业营业税，每月原额 40 元，遵厅令加四（解缴），每月缴额 56 元。十一、面粉业营业税，每月原额 150 元，现加为月缴税额 165 元。十二、北郊营业税，每月原额 300 元，现遵厅令加四解缴，月缴 420 元。十三、柴业营业税，每月原额 620 元，现遵厅令加四解缴，月缴 868 元。税局以奉令自征，最低须加六成方准转请归途照旧继办。十四、家私业营业税，每月原额 150 元，现遵厅令加三解缴，月缴 195 元。十五、红料业请照旧解缴，每月 1200 元。税局以最低须加至 1320 元，方准转呈续办。十六、油业营业税，原额 40 元，现拟每月遵缴 56 元。十七、茶业营业税，原额 600 元，现拟每月遵缴 840 元。十八、关于已行解决之途商承办及委办者其原有课额，及现在每月课额已志 3 月 3 日本报，兹并附志如下：（一）洋蜡途，原课月 1300 元，现课 2000 元。（二）猪牙途，原课月 1720 元，现课 2400 元。（三）乌车油途，原课 1000 元，现课 1600 元。（四）客炮途，原课 400 元，现课 600 元。（五）水果途，原课 1800 元，现课 3500 元。（六）酒菜茶楼，原课 1070 元，现课 1500 元。（七）海味，原课 4000 元，现课 5600 元。（八）旅馆，原课 450 元，现由局自征约六七百元。（九）谷产原课 50 元，现课 70 元。（十）鞋业，原课 110 元，现由局自收约 200 元。（十一）西药途，原课 70 元，现自征约 700 元。（十二）参药途，原课 500 元，现由局自行征收约 700 元。（十三）淘化公司，原课 40 元，现课 83 元。（十四）戏院，原课约 500 元，现如旧数。（十五）油业，原课 40 元，现课 60 元。（十六）糕饼，原课 100 元，现课 150 元。

《江声报》1933 年 3 月 10 日

水产营业税招人承投　全年底价六千元

思金营业税局昨发贴布告云：为布告事，照得思明水产营业税部分，前经本局郑前任合并批与思明海味业营业税征收主任柯敬贤领办。现查海味业营业税部分已奉财政厅委任李局长广材为南岛海味业营业税局长，设局征收自应划归接办，惟水产业一部分之营业税，仍属本局范围，亟应招商投承，以补收入。合将招投简章发出布告，俾本市商民一体知悉云云。兹将竞投思明水产业营业税简章列后：（一）底价，思明水产业营业税，经本局核定价全年 6000 元，每月 500 元，竞投时以此为最低底价。（二）税率悉照从前水产消费率，估价课税 5%，就从前之淡水水产征收配合办理，不得涉及其他。

(三)竞投人资格,竞投人以有中华民国国籍,年龄20岁以上,有正当职业,未受刑事处分者为合格。(四)挂号竞投者,须向本局会计处填具年龄、籍贯、住址、签名盖章,并交保证金100元,收回收据,凭收据入场竞投。(五)竞投方法及手续,用公开竞投方法竞投时,由本局委员依次询问竞投者加价,第一人答复,再即第二人、第三人,顺次询问毕,周而复始,以出价至无人再加之价,即为最高之额准予投得。(六)制限须有3人以上,方准开投,每人每次加年额最少须10元,每人每次出价不得逾5分钟,并不得交头接耳互商。(七)制裁投得者,由本局当堂宣布全年投得税额,投得者须于2日内备具两个月保证金,邀请殷实店保2家。是以担负赔偿全年税款来局具结担保,方准承办。过期没收保证金,取消原案,另行招投。投不得者领回保证金。(八)缴款期限于每月5号以前,须将是月税款缴清,如有拖延过时,由本局撤办。(九)竞投时间定2月15日下午2时在海后路7号2楼本局竞投。(十)如有发现串通弊等情事,由本局临时制裁。

《江声报》1933年3月10日

钱庄业营业税　税局通告
本年一月份起值千抽十开征

本埠钱庄总数,及其资本额,据营业税局调查,约有百余家,而资本额则仅报五六十万元,则甚少。昨该局已通告本市各钱庄,定自本年份起,开征本市钱庄业营业税,税率以资本额10‰,按店直接课征,钱业公会曾派陈桂璋等与该局长林祖泽商谈此事,尚在磋商办法中。兹将该局之通告原文附后:案照本市各类营业依法课税将次完竣,惟钱庄一途尚未举办,匪独无以裕库收,且非公平负担之道。本局现定本年份起开征本市钱庄业营业税,按照财政部修正本省营业税税率,以资本额数10‰。按店直接课征,暂照各钱庄向同业公会注册之资本额为课税标准,业经布告在案,特再挨户通告周知。务各迅将向同业公会所报之资本额,以千分率科计值千抽十,匀作十二个月摊缴,速即先缴本年一二两月税款。一面仍将公积金数目克日列报,以凭依率核加税额,补征汇解,而重税收,毋稍抗违,此告云云。

《江声报》1933年3月11日

各途营业税解决后商会昨分函各同业公会 今日开会讨论应办事项

厦门商会为各途营业税，经已全部解决。昨日特分函各同业公会，由3月1日起，每月应缴营业税商号，应其申请者，直接认纳或由公会汇解营业税局，以便该局依法发给营业证。又各公会之属于派款者，应将已派各店号住址营业全年派额，每月派款列册呈报。其属于按质课征者，应将税率呈报营业税局，以便核转，以杜纠纷。各途应于5日内由原委办人补具保证金申请书，及店保缴交营业税局，以便该局加委转呈备案云云。又订3月15日星期三下午4时召开各同业公会代表会议，讨论应办事项云。

《江声报》1933年3月15日

营业税局催钱庄业从速缴税　覆钱庄公会函 中外商人一律征税　首先缴纳为外商倡

思金营业税局昨(21)为催钱庄营业税，函覆钱庄公会云：径启者，案准合函。关于敝局函请劝导会员缴纳营业税一案，略以银钱两业，乃地方金融枢纽。虽有部令之颁，未见各省实行，当此商业凋敝，倒闭时闻，且洋商居半，舍此征彼，未免自创。兼之弹丸小岛，钱途华洋并立，纳税如不平均，与减轻国货税收有相背驰，应请暂缓进行，并盼见复，等由准此。查钱银两业，俱系营业之一种，依照条例，有课税规定，无豁免明文，各省皆已实行，未闻有缓征之例。设有一二违法抗税者，此乃不循正轨之奸商，断不能援以为例，借为口实。至商业凋敝一节，似属实情，惟地球各国，及本国各省，同受商业不景气之影响，未闻因噎废食，停止税收。且本市商途数十，或关民生，或属工艺，资本不满千，营业不过万，均已依法纳税，行之有年。钱庄途为资本集团，反不遵章纳税，安能责之中小商人邪？不料号称金融枢纽之钱庄，乃竟出此要求，以视守法纳税之中小商人，悬殊有如霄壤，实出理法之外。又谓：洋商店于半数，舍此征彼，未免自创一节，尤属不明大体。查营业税为最良税法，各国久已通行，外商在本国内经营商业，既受本国法律保护，当有纳税义务。且本税条例公布之日，经政府通告各国承认。又郑前局长任内，迭准驻厦各国领事来函，皆无阻止，敝局税务之进行，即本市外商亦多照纳。

现在英政府已向我国表示,英驻华商民皆可照付一切正式合法捐款,不平等条约正在积极取消,本税已在国际承认之列。敝局又迭奉层宪电令,略以外商在本国经营商业,一律征收营业税,以示待遇平等。是外商之有纳税义务已如上述,可无舍此征彼,未免自创之虑。但课征贵有程序,责己而后责人,贵会员如果具有天良,顾全大局,自应首先缴纳,为外商倡。即在厦门经营商业之外商,久育先进国文化,亦须遵章纳税,表示文明国民之精神。若有一二不顾公理,希图避免者,定行依照手续,呈请列宪提出交涉,务达华洋一律平等待遇之原则,以裕课税,而示大公。准函前由,相应函复查照,希即转知会员,按月将该庄税款扫数来局完纳,以便汇解。倘仍藉词诿延,定自3月份起,照章加收滞纳罚金。逾限3月,即行停止营业,仍追缴罚金税款,以示儆戒,决不瞻徇云云。

又局长致林祖泽函钱庄公会主席,吴时汉劝吴所经理之□华庄先纳税,略谓,据敝局催收员报告称,昨赴贵庄催缴税款,执事答以候各家缴交,再行照办等语。贵庄资本雄厚,为本市各庄之魁,若论财产缴税,理应居先。以地位言,执事身任钱庄公会主席,应为全体会员表率完纳,奚可后人。况是中国商民,更应踊跃输将,为外国籍商之倡。用特函达执事,希即查照核定税额,克日来局清缴,并转励华商先行缴纳,幸勿再延云云。

《江声报》1933年3月22日

砖瓦营业税　招商竞投承包

思金营业税局为招商竞投承包砖瓦业营业税今(22)日布告第十四号云:思明砖瓦业营业税系属就货课征,承原办期间计至本年4月底届满,招商竞投。兹底价全年税额14400元,税率照旧就货估值,按千分率抽47‰。竞投期间,定本月27日下午2时在海后路7号2楼本局竞投。

《江声报》1933年3月22日

砖瓦业更正营业税率"四十五"非"四十七"

本市红料业同业公会昨(22)为砖瓦营业税率事函商会,砖瓦营业税税率营业税局布告照旧就货估值按千分率抽47‰,定本月27日招商竞投。查原定系按千分率抽45‰,请转函思金营业税局更正。又商会昨为海味营业税局事电省财厅云：据思明鱼行同业公会报称，前海味营业税年限未届，财厅派委李广才于3月8日接办，所有押柜预缴金8000元，未蒙发还。至2月下半月残余税款2200余元，思金营业税局则逐日派员督警临门守催，请准先制止催收，将该会押柜预缴金指款拨还。

《江声报》1933年3月23日

商会函财厅请一视同仁　准茶税加课由三月起算

厦门商会昨函致省财厅，略云：据茶商同业会函称，奉钧会函开，准思金营业税局函开，前准贵会函：请转呈财政厅，对于杂货等公会2月份加课税额免予追缴，以恤商困等情，业经转呈并先函复在案。现奉财政厅指令开，呈悉，据称思明县布业、海产、杂货、珠宝、颜料、五金、木器、家私各营业税，请免征本年2月份加额课款等情，应准自3月份起，照认加课额解缴，以示体恤。惟茶木两业既系就货登记，其2月份自应照加额课款解缴等因奉此，相应函达转知等因准此，特函达查照等因。查各业营业税遵照厅令归本途领办，自3月份起照认加课额解缴，系当时洪主席与该局商妥之全厦各途商整个办法，曾经本会向该局立有领办声请书及保结状，载明领办期间，系本年1月起至12月底止。

增加课额，则自3月份起。现各业既经获准，自应一视同仁。况茶商系属国产，在此南洋商业不景气，茶业状况愈下，其销类比较前2年仅有五六成之谱，税局近在咫尺，知之甚详。所以欲由本途领办者，乃避免包捐之骚扰，故忍痛承认，增加税款。目下税收巨绌，逐月缴课，牵罗补屋，困难万分。政府似应体恤民情，审查其税收之长短，不当以就货登记，而另眼看待。况闽省施行营业税，尚未趋正轨，就货课征，比比皆是，原系不得已之权宜办法，岂独茶业为然，应请钧会转呈至财厅，对于加课准照各途商成案，自3月份缴起，以资体恤，等情据此。查此案前准思金营业税局来函，当经分转各关系同业公会知照在案。兹据茶业系属国产，照准各途商成案，倘属正当之要求，务请查照，依准所请办理。至为感纫云云。

《江声报》1933年8月2日

水果税包商大呼亏本　说得有条有段　谓无违法

思明水果营业税征收所昨向各报记者称:该所自本年 2 月 14 日办理至今计有 6 个半月,共收入大洋 17000 余元,除每月缴课 3500 元、统缴 22700 余元外,尚不敷出 5000 余元,经费支出尚不在内。此中亏空,业水果者莫不洞悉。关于税率问题,本所均遵营业税局颁发征收,并无额外增加,至外水(非来自漳泉内地者)来件,亦当遵章征收。后因该水果公会要求减轻,本所允予变通办法,遂双方订定如香蕉、苹果、梨等,每百斤原率均在 3 角左右,准改收每件(重量每件二三百斤不等)1 角 4 分,与原率比较减轻甚多,并未违法征及其他云。

《江声报》1933 年 9 月 2 日

水果业公会对水果税所辩诘五点

本市水果同业公会,昨晚招待新闻界,报告数点,摘志如下:一、水果营业征收所谓系多数果商推举出来承办,其实并非事实。二、该所谓由旧办时领干薪之地痞欲援例要求,不得,遂借词诋毁云云。此则该会果欲牟利,则该捐早由该会自办。三、外水货(按即天津、上海、广东等处来货)每件 1 角,如香蕉、苹果等每件税率,外水货每件 1 角,内地如漳属者当然照 3 角缴纳,该会并未向该所要求订约每件 1 角 4 分之事。四、各水果每件 50 斤以下者每 4 件作为 1 担,50 斤以上者每 2 件为 1 担,百斤以上者 1 件为 1 担。该所对予于未满 50 者作 50 计,未满百斤者作百斤计,何异擅增税率。五、调查员有无刁难,使货腐烂,此有事实证明云云。

《江声报》1933 年 9 月 6 日

水果税所昨函商会　谓水果会诋毁将由法律质问

商会昨接水果营业税征收所公函,略谓:水果同业会致贵会呈文,涉及敝所,阅读之下,莫名骇异。敝所办理水果捐率,均遵思金营业税局颁发税率征收,无额外苛勒。外水来货,敝所原拟照章征税,每件(重量二三百斤不等)约 3 角左右。嗣公会求例外减少,敝所以货件无多,准改征 1 角 4 分,公会不知，反谓违法征收。至请敝所派员横列码头，逐件过秤，致果物曝烂。此贵会近在咫尺，不难查实。又谓敝所职多属土匪，可谓极诋毁能事，敝所为名誉计，万难缄默，当由法律质问。贵会系商民指导者，当不至被该公会蒙耸倒置。特陈梗概，务希查照云。

《江声报》1933 年 9 月 8 日

海味税开征　月可缴课四千元
渔户请归本途领办　财局令向税局接洽

南岛海味营业税，自委吴家麟承办后，已开始办公。查本市渔业每年出产约有百余万元，其征收办法，系值百抽五。故每年约可征至 5 万元以上。除税局开支以外，每月仍可缴课款 4000 元之谱。各渔户闻吴家麟被委，即联名呈财政局，请求改归本途承办。昨财政局对此案已发出批示，令该渔户直接向海味营业税局接洽云。

《江声报》1934 年 1 月 18 日

裁减营业税昨会议结果　呈请裁减者计二十一途
韩福海答复俟省府成立请减　最终决议两案

市商会昨下午 3 时，召集各同业公会，暨各轮船公司等代表，并请财政局长列席，会商各途营业税，及讨论内地交通等事宜。到会代表 30 余人，主席洪鸿儒，记录林东山。首由主席宣布宗旨，次林东山报告各途商呈请，酌减营业税情形：一、杂货，原额 900 元，后减 600 元，十九路军入闽，增至 1080 元，请求减轻案。二、纸业原额 620 元，增至 930 元，要求恢复原额案。三、木业，原额 660 元，增至 1680 元，请求尽量商减案。四、糖油业，原额 1200 元，增至 1680 元，请求恢复原额案。五、猪行，原额 1720 元，增至 2400 元，请求恢复原额案。六、烹饪业，原额 570 元，增至 1000 元，请准撤销。七、中西服装，向无课税，亦负担 170 元，请予撤销案。八、面粉业，原无负税，所加五成，请豁免或酌减案。九、鱼行，月课 4000 元，未敢承办，请由本途自办案。十、绸布业，原额已降至六成余不及七成，后增至原额加二成，请求减轻案。十一、北郊，原认 300 元，增至 420 元，豆饼业竟设局征收，请将此项款税撤销案。十二、参药业，郑应麟任内为 490 元，不领办后，前营业税局强制征收。现在无论承办或自办,均请减轻案。十三、钱庄业,原无负担营业税,请求停止案。十四、海产,原额800元,后减540元,再增至960元,请予少轻案。十五、珠宝业,原额260元,增至400元,请照原额再行少轻案。十六、颜料五金业,原额700元,后少500元,再增至840元,请求少轻半数案。十七、水果业,请求遵照部令征收,不得违法勒缴案。十八、西药业,原额70元,请恢复原状案。十九、淘化大同,原额40元,十九路入闽加倍有奇,请恢复原状案。二十、汽车业,请遵照部令撤销煤汽油营业税案。报告毕,财局长韩福海言,大意谓:现值军事时期,在在需款,请各途商暂时忍痛,照旧认缴,共维时艰。俟省府成立后,再请财厅酌予少轻。兄弟系本地人,对商家所受痛苦,知之甚详。但营业税系省税,所有收入,均系拨充军费,并非海军当局所征收,亦非本人能主裁。深盼各位勉为其难,暂照原状缴纳云云。最后讨论结果:一、关于各业营业税,在十九路军执政时,强制征收,额外苛勒,商民负担,至为奇重。现在国军收复,重见天日,对此苛征暴敛,应如何办理案。议决:甲、本市营业税负担本重,十九路军执政时强制征收,目下商况惨淡,濒于破产,应由商会将各业情形,函请当局尽量少轻,以恤商困。乙、裁缝、理发、洗衣等营业税,系属工人,与营业税法相抵触,应请即日撤销。二、关于房铺一项,病商害民,应如何请求撤销案。议决:函请海军司令部暨财政局,迅予撤销云。

《江声报》1934年1月21日

营业税减免候厅示　预缴两个月着即缴局

市商会请减各途营业税,经将各途拟定认额表送税务局,业由税局据情转厅。昨该局函复商会,商会即转各同业公会,略谓:兹准税务局复函开,所拟各途商营业税额表,在未奉准以前,各途商先缴税款两个月,其中西服、理发、洗衣、洋洗染营业税,暂行停征。查中西服等各项营业税,应否取消,及各途税额,如何核减,事关变更定案,应候据情转呈财厅核示,一俟奉复,再行函达。至各途商先缴两个月税款一节,务请贵会速即转知各途商,尽限两日内,如数缴局,勿为短延,俾资汇解云云。

《江声报》1934年3月20日

洗衣、理发税照旧征收　税务局布告“未敢擅专”

税务局以本市理发、洗衣业等营业税，在前十九路治闽时，经已开征。现虽经市商会及各同业公会呈请撤销，惟该局以未奉厅令，除函复商会外，昨又发出布告，并训令各征收员，着在省令未到以前，仍行照旧征收。布告云：案照本市理发、洗衣、中西服洗染等业营业税，迭据各该业代表吁请取消，并准市商会转请前来。查各该项营业税，历经前任办理有案，既准市商会转请免征各情，纯为体恤手工业商店起见，惟事关变更成案，本局未便擅专，应候转呈财政厅核示办理，在来奉准以前，自当照案，仍旧征收，以重税务，除由局分别派员办理外，合行布告各该业商等，一体知悉。务须依照（民国）二十二年（1933 年）份原认额数，将应缴税款，交由各该征收员核收，以凭制据安业云。

《江声报》1934 年 3 月 22 日

旧报纸征营业税　纸商反对　决停止配运

思明税务局最近派员开征本市旧纸业营业税，税率预定每担纸抽税大洋 1.20 元，事志本报。续查此项旧报纸纯系由香港方面输入，为本市香沪商帮所兼营，该途商自接到税务局通知书之后，佥以此种报纸乃系废纸，空前未闻政府有征税情事，当此政府废除苟捐杂税声中，税务局复再开征所谓旧报纸营业税，均甚骇异。昨午后开会员大会，讨论应付办法，议决：甲、呈由厦门商会，申请财政厅饬令思明税务局，收回征收旧报业营收税成命，以符政府废除苛什捐税之成案；乙、通告全体会员所有采定期货，尽于三日内到本会办事处登记报额。此外应截止配运，以待诉愿撤销云。

《江声报》1934 年 9 月 6 日

奶出于畜必纳畜税　奶商呈商会请为正谬

思明牛马羊乳业公会昨具书商会，谓敝会会员手足胼胝，作牛马奴隶，始取其乳贩卖。原为生计所迫，微贱生涯，非豢养牲畜者可比。乃牲畜营养税局强向各乳户征抽牲畜营业税，各乳户处此压迫，呼吁无门，遂为捐蠹之俎上肉。如该公司所云,乳出于牛马羊必纳牲畜税,则糕饼、面线、面条等以面粉制造,亦须认纳面粉税乎?请求钧会体念商艰,迅赐函转该局,停止此种无理违法之征求!并转函公安局,通令各分局勿为派警协助,以保治安云。

《江声报》1934 年 9 月 7 日

纸业税局扣旧报纸　追缴押柜金　请商会交涉

香沪商业同业公会,昨呈商会略云:关于纸业营业税局委任余泽,非法征收旧报纸税,派员截船扣货一案,前经本会派萧瑞甫、魏英才、翁吉人等,到纸业公会向该会主席交涉。该会自知不合,当即答应撤销余泽委任,复于本月 27 日,函复本会在案。乃余泽本日复发出布告,略云:旧报纸营业税,现在呈候财政厅核定税额,在未奉令之先,所有应纳旧报纸税,自应由各商人依照原定税率缴具押柜金,来所请求登记,以待解决。该布告所云,究竟与征税有何分别,又敢于本日扣留本会会员协隆号入口旧报纸 300 件。似此弁髦法纪,亟应沥情呈请钧会,转电财部财厅彻底取缔。一面转函特种公安局,饬令水上警察队,对所谓旧报纸税局人员,予以缉办云云。

《江声报》1934 年 9 月 30 日

药用蜂蜜免纳营业税　财厅令省税局具报

本市庙后街源荣泰记药行,于前日由兴化运到药用蜂蜜 40 珍,被厦门糖业税扣留,令缴纳课款。该行将情形报告参药公会,该会据情,即派该会秘书林中虎前往交涉,几经折冲,始许具条领回。一面具情呈报财厅核示。昨奉财厅批示,略谓:据呈已悉,所称各节如果尽实,殊属未合。业经令省糖业税总局查明具报,俟复核夺,此批云云。

《江声报》1935 年 7 月 27 日

淘化大同营业税请求减轻

淘化大同以前此月缴营业税 50 元,今因营业退化,一落万丈,曾于上月函税务局,恳恤商艰,准予由 10 月份起,月缴纳 20 元。蒙覆示,未便照准。

昨具函商会，谓该公司诚因营业锐减过甚，海关出口可查，即公司账簿亦可资鉴，非无理要求。请转税务局，准予减轻税款30元云。

《江声报》1935年10月19日

土糖运厦过三关征五税　每百斤纳1元8分
糖油会查报财政部

财部以土糖减税，产销仍未畅达，实缘各地包商任意提高税率，自应切实查禁，以符政府维护土产本意。当通饬各地将该项捐税名称、税率及有无重征等6点，查明具复。厦商会奉令后，即经转知糖油公会，着即查报，以凭核转。昨该会业已调查完毕，谓土糖一名青糖，又称刁糖。自出产地运至销售地之漳厦，沿途征税凡5次，每百斤课税1元零8占。(一)由琯溪、长泰之蔗厂出口，每百斤征税三角五六分。(二)运到漳州，再征糖捐(即前厘金变相)，复征糖类营业税。两项每百斤约征四角二三分。(三)由漳州运经石码，每百再抽税8占。(四)厦入口征糖类营业税每百斤1角5分。统计5处，共课税一元零八占。白糖一项，由琯溪、长泰出口至漳州，均照青糖税率抽收，运至石码，每百斤征收2角5分。厦门糖类营业税每百斤征收5角，土冰糖税漳厦均照白糖税征收，每百斤5角。冬瓜糖桔饼，漳州、福州均免税。厦门糖类营业税局，每件100斤抽税5角。以上概系包办性质，往年糖出产约40余万担，去年仅产20余万担云云。

又查思明糖类营业税局征收税率调查表上，列为(一)洋白糖每包164斤，征税7角。每袋100斤或征2角5分，或5角4分不等。(二)洋车糖每百斤装征税3角，每135斤装征税4角。(三)糖水每珍分大中小三种，大8角，中6角，小4角3分。(四)白冰糖每包1元。(五)赤冰糖每箱100斤征2角或3角5分(财厅原定百斤7角)。(六)马玉山糖类临时估价值百抽五。(七)赤刁糖每百斤1角5分或2角4分。(八)糖员每百斤1角6分或2角7分。(九)冬瓜糖每百斤5角。(十)冬瓜糖每件双装3角，单装1角5分，或每百斤2角4分。(十一)麦芽膏每百斤5角。(十二)冬蜜每珍3角5分3厘。(十三)片糖每件2角，菜白糖每百斤2角或2角4分。(十四)土白糖每包百斤者4角或5角6分。(十五)冰水每担2角或2角4分。其他未列各糖，系临时估价征收，月可收入800元。

《江声报》1935年10月21日

财厅增订十六种营业税　航空券经售业　征资额千分八

市财局奉财厅令,略谓:据省会税务局长兼省会税务整理员钟百之,列陈本省营业税征收章程未经明定各业,应如何课税,业经由厅分别拟定课税标准及税率,提经省委会通过,咨部备案云云。附各业课税标准及税率表如下:制造纸联业资本额征收税率5‰,锡铸制造业10‰,裱褙业、成衣业8‰,洋洗馆业8‰,供食料豆类之贩费等5‰,铜锣及其他国乐器业5‰,豆饼、肥田粉贩卖业5‰,竹木笋竹器贩卖业5‰,竹篷业8‰,海味纸类贩卖业5‰,经售航空券业8‰,塑佛业、美术8‰,塑佛业、美术书业、画相业、书幕业10‰,锡铸贩卖业10‰。

附注:(一)竹藤品及其他杂品之手工业商店所售物品,虽多自制,但系直接售与消费者,其营业性质,显与零卖批发之制造业不同,且其资本多不及法定起税标准,而营业收入额又非低微。倘与制造业一律按资本额课税,显失公平,自应以营业额为课税标准,其税率应按营业税征收章程贩卖业税率表之规定办理。(二)西乐社系艺术团体,其组合虽以营利为目的,但应与自由职业者同受免征营业税之待遇。(三)猪羊肉贩卖商既经负担屠宰税,应暂免征营业税。(四)海味特种营业税,非由贩卖商负担,各海味商仍须按照营业额5‰,课征普通营业税。(五)鸡鸭栈之营业性质,既与牙纪相同,应该按照整理私牙办法,责令领证缴纳牙行营业税。(六)各帮庄店营业情形不一,如系专营代理买卖之居间商,自按代理介绍业课税。倘大部分兼贩卖者,仍须依照物品贩卖业核定税额。(七)大猪牙、小猪牙、羊牙、梅李柿牙、城台鱼牙、鲜果牙、蛎蛏蛤牙、花生牙等八种官牙,既课牙税,无须改征营业税。惟鲜鱼牙及梅李柿牙,向有征收贾捐,应将贾捐原额并入牙税征收。(八)现在普通营业税既经照章办理。在按调查底册开征时,各商栈及当商原纳之贾捐,应即布告取消,惟有会当商业准减半征收当税,在贾捐取消后,自须责令全数缴纳。

《江声报》1937年4月10日

营业税新章足制华商死命
市商会痛切条陈　昨分呈政院省府

厦市各同业公会反对省颁营业税新章，举办特殊调查，昨经由市商会转呈政院、省府，请饬暂缓进行。呈文如下：窃维人民纳税固应尽之义务，而政府征税亦当准情酌理，视地方情形与民力为依归。若不顾法理，不察民情，不审民力，任意请求，使民众无力负担，商人无法营业，实违先总理民生主义之旨，殊非我党政府之所宜有。

厦市比年以来，内受苛捐杂税之剥夺，外受农村破产之牵制，加以"赤党"陷漳，及不景气之影响，商业凋敝，达于极点。乃本省财政厅竟于此时颁布营业税新章，举办特殊调查，变更征税方法，税率苛重，对于地方情形窒碍难行。如果实施，则厦市商业前途不堪设想。本会为政府税收计，为商人营业计，期期以为不可，谨缕述如下：一、营业税实施，则各项特种营业税以及苛捐杂税，应先一律裁撤。否则名为整理，实增重民众之负担，于法于理，两有未合。二、厦为闽南货物转运之枢纽，所有营业，以贩运为大宗，获利至微。捐税重则成本亦重，何能与外埠竞争。今财政厅颁布营业税新章，粮食课税 3‰，较诸部颁税率 1‰，增加一倍。其余各物品税率 5‰，或 8‰，或 10‰，核与部颁各省征收营业税率应照课税标准，用千分法计算，征收至多，不得超过 2‰之规定，相差甚远。似此则竭厦商营利之所得，亦不足以缴纳税款，倘非依照部颁税率，妥予修改，厦商实难堪命。三、厦为通商口岸，华洋杂处，环境特殊，负担捐税不能平衡，事实具在，毋容讳饰，向者营业税归途认征，洋商籍民为顾全团体信誉，尚勉强承认。若新章实施，则洋商籍民势必拒缴。似此洋商籍民可免营业税之负担，成本既轻，华商实无法与之竞争。是新章实施，变更征收办法之日，即华商宣告毕命之时，而□□□待营业，藉资生活计，处此无可奈何之中，逼不获已，必转而入外籍，乃事实上所必然。为渊驱鱼，殊堪痛心，对于税收，亦深受影响，是岂我政府之所乐为耶！基上事实理法毕境，商人认新章之实施，征收办法之变更，为生死之关头，抱誓死力争之决心。当经全市各同业公会，于本月 8 日开联席会议讨论，一致主张，在本省特种营业税及苛捐杂税未撤销，税率未修改，华洋未能一律征收之前，请求省府令饬财厅暂缓调查，维持原状，决议通过在案。并函请本会转呈钧府，体察下情，准如所请办理等情前来，理合据情呈恳察准，俯赐照请办理,以苏民困,而维商业。实感德便。

《江声报》1937 年 4 月 10 日

营业税问题市府昨日谈话　着市商会再集会解释 晋江组会请改税率

李市长昨召市商会执监委员到府谈话,到李世俊、黄瑞甫、严焰、庄金章、陈瑞清、苏其昌、吴开添、杜德馨、翁吉人、汪筱岩等。李市长接见后,即为解释此次政府新颁营业税则与举行特殊调查,纯为剔除弊政,打破包商中饱制度,于商民获益良多。乃有少数人以为损失权利,而商家不明其相,竟起而反对。市商会为全市商民之领导者,应仰体政府苦衷,协助调查,共策进行,不宜以洋商纳税不均为题,而为政府之梗,致失官民合作之旨云云。各代表则咸谓:此次财厅所颁营业税新章,实多窒碍难行,足致华商死命。故各业商会议决定,而请商会转呈请求缓行。事诚出于商人切身关系,非为少数人利权,敢向政府提出异议。窃自民国二十年(1931 年)举办营业税,各商即以华洋纳税不能平衡而请改善,时政府允将各项苛什及通过税等裁撤。商民深体政府苦衷,乃即遵缴,迄今六载于兹。而糖油、红科、肥粉、海产等通过税,依然存在,或且变本加厉。今特殊调查,仍以打破弊端,减轻民众负担为口号,而市财局长及特查襄理员赵锡彤,前日到会开会时,各同业公会代表请问特查后,特种营业税是否撤销。周、赵二氏,均不能答,以是各代表对此,不能无疑。且厦市商业,日形衰落,十九为勉强维持,盖恐一旦关门,店伙众多,谋生无路,于地方治安,殊多妨碍。而各同业公会之认缴营业税,亦并非为个人利益,实冀华洋纳税平均,减轻全途担负,以同业之感情。而向各途中之洋商劝导认缴,为较便利也。又厦市商业类皆为转运机关,非若福州等处之皆系消费场所。近各内地均可直接向沪输运货品,故营业一落千丈。政府亦当为商民计及利害,今以市长对商会有所误会,故言之缕缕,务乞体察云云。最后市长令各代表返会后,须再召开会议,向各同业解释。至洋商纳税问题,政府自应力求使之平衡云。

《江声报》1937 年 4 月 13 日

营业税新章法理与事实　商家皆认为违背
各业分开会员大会决仍彻底请求改善

市商会昨召各业负责人，讨论营业税问题。结果仍认非力议改善，厦商无以图存。决再由各业代表归后，分别召集会员大会，对李市长解释新章各点，详为转告，俾大众明了。又闻各商议定，所请改善及缓行特殊调查，如不达目的，决推代表，向层峰请愿。又据各同业公会负责人及商界重要分子，各述所持理由，略谓：法理方面，一、依全国财政会议，营业税实施，苛杂应即裁撤。又依据营业税大纲第七条："营业税实行后，凡各省原有牙帖税捐、当帖税捐、屠宰税等，以及其他与营业税性质相当之税捐，均应废止。"今本省各项苛杂及非法征收特种营业税，尚未撤销，遽行实施营业税法。对于法理功令，殊有未合。二、依据部颁营业税大纲第四条："营业税率，应照课税标准，用千分法计算征收，至多不得超过 2‰。但关于奢侈营业，及其他有取缔性质者，不在此限。"是今本省营业税新章，粮食业、柴炭业、食盐业规定征收 3‰，其余各业均课税 5‰为起点，较诸旧章或加 1 倍，或数倍不止。不特违反部章，即商人财力，亦负担不起。

事实方面，一、本民国二十六年(1937 年)本市营业，在此三个月统计，与民国二十五年(1936 年)份比较，仅有三分之一。盖因货价升奖，及受内地直接配运影响，营业一落千丈。去年营业一百万，本年只有三四十万。稽诸海关进出口，当可明白。今举办特殊调查，欲以民国二十五年年营业额，为本年课税标准，殊难公允。二、厦门为转运机关，所有货物，多批发贩运内地，如粮食在厦征收营业税 3‰，批运泉漳各属，又须征收 3‰之营业税。如此则由厦转运须多加一倍之营业税及海关转口税。内地商人为减轻捐税负担，势必由香沪等处直接配运，则厦商将何以为营业。是新税实施，厦门变成荒岛矣。三、新税实施，华洋如不能一律征收，则华商与洋商籍民，无法竞存，非停业不可。如是则华商虽极热忱爱国，欲遵章缴纳，亦事实上所不许。四、营业税为转嫁税，税率苛重，影响平民生活至巨，实为整个民生问题，岂仅商人发生抗议已耶云云。

《江声报》1937 年 4 月 15 日

改善营业税　百余代表请愿
李市长多方劝导　吕天宝妙喻解颐
结果再开会妥商

关于请求改善营业税,缓办特殊调查,各业商会代表,订昨日向市府请愿,已志本报。昨午后4时许,各业代表百余人,先集市商会,备请愿旗,而书"厦门市各同业公会代表要求改善营业税请愿团",并由百余代表互推陈瑞清、吕天宝、石鼎宗、杜德馨、庄金章、洪雪堂、魏国英等24人,为各代表之代表。于是集队出发,到市府后,市长出见,同至财局会议厅。市府蒋秘书、财局吴秘书、特查襄理员赵锡彤,亦均列席。代表等将呈文面送市长,并历述营业税之宜改良各点。市长及赵襄理,亦为多方面解释,谈约1小时之久,迄无结果。归纳所谈要点如下:市长解释:一、特殊调查,系照民国二十五年(1936年)3月财部修正本省营业税征收章程,及核定修正烟酒营业牌照税暂行章程,与原定征收思明铺税暂行章程之规定。实属调查税务,并不增加税率,亦不变更税制,目的是要编造一本很详细的收税底册,务使纳税人都明白自己应纳税额多少,不再受人欺骗。一方是奠定地方财政的基础,一方是扫除过去税收的积弊。二、本市奉发特查计划纲要,并暂行办法,以及表册格式,都是在省会实行过去。迩派赵襄理员是亲在省会办理,著在成绩,具有经验,由财厅派来襄理周局长兼整理员进行。各调查员亦半系在省办过的人员,手续熟悉,办理自较得法。三、省会特查,备承省商会协助,如遇有一二商民不明了意义,商会即转为劝导照办。故此次省会办理,很见顺利,以省会地方之大,只于两个月间即告竣事,本市与省会事同一体,亦应请商会力予协助,使调查工作,得以如限完竣。四、年来出国人数增多,华侨汇款返国亦有增加,可望商业趋于繁荣。纳税为人民应尽义务,如厦商既请改善营业税,又请缓办特查,似此不免发生误会,或以为别有原因云云。

代表理由:一、部定营业税章,税率不得超过2‰。今省订新章,以粮食而订税率至3‰,其他更以5‰起码。二、苛杂未废除,特种营业税未撤废,未可遽订营业税法。三、特查系欲以民国二十五年(1936年)度营业,资为本年度缴税标准。不知厦市商业系靠内地,今内地名地如兴化、泉安、漳码,皆因厦市捐税重重,而直接向港沪购运货物,厦市之营业数额顿减。故以去年之营业为今年征税标准,殊难公允。四、商民为自身利害,而向政府请求改善，如竟误会，亦复何言。万一政府不能邀准商民之请，商民亦惟有服从而已，特将来必坐以待毙耳。五、厦门情形与各地不同，惟与上海略同，但上海无营业税之征收。若与福州比较，则有天渊之别，盖福州外籍商户不如厦门之多云云。

所得结果：最后李市长谓：厦市今方举办特查，而各商即起而请求改善营业税，未免过敏。故仍望各商平心静气，各自回归，再行开会详细讨论。本府或即派员参加，冀有良善办法，一俟特查完毕，造报省府，待征收期近，再向省方请求酌量减轻，或另有妥善办法。届时申请，亦未为晚。

妙喻解颐：吕天宝发言谓，市长说商民举动过敏，本代表欲有解答，调查与征税，譬之订婚与结婚，调查时不提请改善，而至征税时始行请求，岂不等于订婚时不反对，结婚日始欲解除婚约乎。李市长笑答：征税与人事不同，如果以此譬喻，假定调查、造报、征税五项，比之看新娘、订婚、结婚。今政府进行调查，而后造报、征税，是调查乃在看新娘之时，是否要订婚或至结婚，尚未可知。乃于此时即行反对，谓非过敏，其可得乎。言已，一阵笑声。结果，市长仍劝回归定期召集大会，妥商适当办法，市府即为酌情办理。各代表唯唯而退，自四许出发，归来已6时矣。

《江声报》1937年4月17日

营业税事　泉漳厦代表将赴京请愿
市商会再订期开会　省定税率又十余种

厦商请求一发，原呈云“属查表”。厦商请求改善营业税，缓办特查，于16日大请愿结果。市长劝再召集各业开会，切实磋商妥善办法。昨由商会已函各同业公会，订20日下午3时，开各业公会执委联席会议。又闻泉漳两商会对此，均决派代表分赴京省请愿。厦商亦决一致，届时将齐集出发。

省讯　财厅近将本省营业税征收章程未经明定各业，再定课税标准及税率，呈请省府咨请财部备案。查制造纸联业系按资本额征收5‰，锡铸造业按资本额征10‰，裱褙成衣业均按资本额征8‰，洋洗馆业按资本额征8‰，供食料豆类之贩卖业按资本额征5‰，铜锣及其他国乐器业按资本额征收5‰，豆饼肥田粉贩卖业按资本额征收5‰，竹木笋竹器贩卖业按资本额征收5‰，竹篷业按资本额征收8‰，海纸类贩卖业按资本额征收5‰，经售航空券业按资本额征收8‰，塑佛业、画相业、画幕业按资本额征收10‰，锡铸贩卖业按资本额征收10‰。

《江声报》1937年4月18日

改善营业税争议之焦点
市特种税与苛杂　年额约在400万元

本省改善营业税问题，省捐监会所拟召集各市县商会代表开会讨论，迄未切实订期召集。而本市各业商会决议召集全省商会代表会议，将于28日由市商会邀请泉漳两商会讨论后，联衔召集。据熟知营业税内容者言，此事解决，似非甚易。盖各地商民之请求，必先废除苛杂及撤销特种营业税，然后遵照部章，征收普通营业税。试就厦市言之，特种业税系征诸肥粉、煤汽油、洋蜡烛、乌车油、糖、茶、海产、竹笋、纸木、旧报纸等项，税率自50‰至100‰。上列各项征收，过去每年有200余万元。盖以煤汽油一项，年额已在八九十万元。就目前状况言之，因煤汽油年额现仅五六十万元，乌车油十余万元，肥粉30余万元，并糖、茶、纸、木等，年额尚有200万元。是此项特种营业税废除，省库对厦市每年之收入，即须减少200万元。若全省计之，数目之巨，已可想见。

苛杂种类，商民所指为苛杂者，即系契税附加教捐，猪牙税附加教捐，房铺捐、地租、房铺响捐、宴席捐、水仙花捐、清洁捐、垃圾捐、屠宰捐、屠宰检验费、鸡鸭捐、鸡鸭鹅蛋检验费、屠宰补助费、渔船补助费、红料补助费等。以上等项房铺捐年额十余万，地租年额8万，房铺响捐年额约30万，合其他总数，亦为百余万元。或归省库，或归市库，是上述各项裁撤，省市课之收入，每年又须减少百余万元。

普通业税，普通营业税，现正调查中。年额若干，尚无预算。据说以目前商况言，苟依部定税率征收，则厦市年额仅可百余万。纵依省订新章征收，以加倍计算，允其量年额亦不过三百万元。

权其轻重，省府必不能许准裁撤特种营业税年额200余万，及裁撤所指苛杂百余万，计共400万元。而始开征年额200余万之普通营业税，故商民之请求，实有须从长讨论，与深切之研究也。

《江声报》1937年4月26日

所得税第一类　本市陆续申报
第二类薪给税款　商学界多自扣缴

本市所得税经省处派员莅厦，督促申报征缴。其第一类各种营利事业资本，迭经由市商会转函各同业公会催报，现已申报者有钱业、百货业、绸布业、珠宝业、参药业、照相业、典当业、茶业、印务业、纸业、渔业、谷产业、自来水公司、电话公司等，其未申报者，亦在陆续填报中。至第二类薪给报酬所得税，除公务员早由各机关负责扣缴，其他从事各业者，亦均先后由各公司、商号、工厂、行栈遵章扣缴，颇见踊跃。新华、国华、通商、辛泰、中兴、农民、交通、中国、中央等银行，电话公司、正大银信局、商务印书馆、世界书局、惠济堂、厦门大学、英华中学、厦门中学、慈勤女中等均经按月遵缴。省处对上各纳税扣缴机关特分函嘉励，原函略谓：迭准将应缴第二类丙项薪给报酬所得税按月扣缴，具见深明大义，体念时艰，爱国之心理未肯后人。崇法之精神堪资矜式，风声所树，嘉慰良深，亟应褒扬，以昭激励云。

《江声报》1937 年 5 月 21 日

讨论营业税　各业商分别推派固定代表

本市各同业公会请求改善营业税，经决议由各途商于一星期内，分头召开委员大会，提出具体主张，推派固定负责代表，然后订期续开联席会议。兹查各同业公会已推举固定代表者，计面粉、糖油、香沪、棉纱、土产等代表吴廷骏、魏国源等，参药代表简存诚、陈必嵩，纸业洪雪堂、火柴业陈瑞清，日内可召集联席会议。

《江声报》1937 年 5 月 21 日

本市普通营业税　财局通知七月开征

本市税务特殊调查现已完毕。财局经通知各商，对应纳税额，决由 7 月 1 日起开征。各商接通知书后，皆报告于各同业公会。市商会俟各业会代表一律推派后，即订期召集会议，讨论具体办法，以俾请求改善云。

《江声报》1937 年 5 月 29 日

煤汽油税减半十一日实行　本市地租即将开征

市府昨布告，民国二十六年（1937 年）份地租，奉省府令，即将开征。各业户于 9 月底以前完纳，援案给予租额 5％奖金；12 月底以前完纳，给予租额 3％奖金，以资鼓励。市府昨奉省府电令，略谓，煤汽油税均经核减一半，煤油每连征收 8 角，汽油每连征 5 角，本 11 日实行开征。

《江声报》1937 年 7 月 7 日

厦市营业税缓行新章暂维原状　候省府命令办理

厦商缴纳营业税者三十途　本途领办与直接征收各半

市财局 6 日分令面粉、绸布、棉纱、钱庄、生油等 15 途同业公会，谓前奉省令，各地方税捐，自民国二十六年（1937 年）度开始，一律收回整理，不准招商承办。兹又奉令，营业税应按特殊调查底册，直接征收，等因奉此，自应遵办。所有本局经征营业税，自 7 月 1 日起，一律收回，由本局直接征收。各该途除 6 月份以前税款，应迅速征缴外，7 月份起，应即停征，并将图记税单证章及欠缴课款，克日呈局，以凭核办云云。各该途同业公会得奉命后，经各遵照停征。故是（6）日唐山运到青岛生油千余珍，油商不知应向何处登记报税，均在观望中。讵同日午后，复得财局谕知，谓营业税新章，原奉命于 7 月 1 日开征。兹再奉财厅令，准予暂缓进行，静候省府命令办理。前此各途认缴之各种营业税，仍准继续办理，由各该公会征缴。于是该批生油，乃仍由该公会继续登记缴税。查本市前此征收营业税者，计三十途商。其中由本途认缴者十五途，余皆已由财局征收。计财局征收者为参药、肥粉、茶、豆饼、豆类、海产、纸、酒、颜料、五金、水果、煤汽油、乌车油、洋蜡烛、海味、爆竹、旅栈、糖业等。其中肥粉、茶业、海产、海味、煤油、乌车油、洋蜡烛、糖类等七途，系由厦海税务局征收，余由财局直接征收。而现仍由本途收缴者，计为钱庄、绸布、面粉、生油、椰油、杂货、珠宝、棉纱、木、米、红料、谷产、糕饼、中西服装、新柴、洋柴等十六途。另有鸡鸭捐一项，该捐亦系由途商向财厅承包，设所征收。上述本途认缴及官办之各种营业税，以煤汽油税额最多，此项在民国二十四年（1935 年），总收达 40 余万元。次肥粉，民国二十五年（1936 年）度总收 20 余万元。乌车油年征 8 万余元，其余则仅二三万元、万余元，最少数千元云。

《江声报》1937 年 7 月 8 日

市商会电层峰缓行新营业税
市财局订今日交接　陈局长谈□财原则

新任市财局长陈运生，昨语记者云：本市财政收支不敷，接收后当视情形整理，一并候省方核示具体计划，然后决定补救办法。至整理税收，当以不增加人民负担为原则，努力行之撙节开支，亦当视情形而定。普通营业税，省府已令开征，不容或缓，吾人当抱定极力减轻民负，不违政府法令做去。至旧有积欠税赋，本人于整理竣事后，当令饬应即缴清云云。查陈氏已定今(6)日接收视事。

又讯　昨日抗敌会征募会议时，商民皆以国难当头，各愿踊跃输将。惟各商店营业，皆缩小于无形，如再实行营业税新章，实负担不起，咸请市商会电令层峰，饬令闽省财政当局，暂缓实行。经商会拟就电文，订今日分呈国府、军委会、行政院、财政部，暨省政府、财政厅，电文云："值兹商业凋敝之秋，闽省苛捐杂税及特税未撤销，遽行实施营业税新章，不特法理所不许，商人实难堪命，且当此国难严重期间，商业已无形停顿，若照新章征收，必陷商民于死地。为此呈请钧座，准电福建省政府，体会厦商，得以苟延残喘。钧座爱民如子，伏乞俯赐如请施行，并示祗遵，曷胜迫切待命之至。"

《江声报》1937 年 8 月 6 日

钱庄信托业　营业税准更正
水火电话业省例可援　财局长陈运生回厦

本市财务局长陈运生，前日因公赴省，现在省公毕，于 29 日返厦。据谈，省方情况甚佳，省府工作人员在非常时期中，工作益见紧张。本人除对于本市财政问题，向林代厅长请示，均获得圆满解决外，而对于本市营业税，亦承示甚详。现省府对于本市钱庄、信托业所请改善营业税等，业已准予更正。即存款可不并在资本之内课税，惟公债金仍应照算。不过自来水公司、电灯、电话营业额，因省方已施行，故绝不能例外更改云云。

《江声报》1937 年 12 月 1 日

厦市各商营业证　财局通告　缴税请领

市财局昨布告云,按照本省营业税征收章程第五条规定:“营业者每年应向征收机关申报营业额一次,请领调查证。”兹查本市营业税,自无特殊调查之后,重新配定税额,奉令核定征收。凡属已纳税商号,亟应颁发营业证,以便悬挂,而资保护。为此合行通告,仰全市商民一体周知。如本年8月份起营业税已遵查定额完缴者,着即携带店章来局具领。其有未经纳税或已纳税无证营业者,自兹通告之后,倘仍故延,尚不遵章纳税领证,定即照案惩罚不贷。特此通告。

《江声报》1937年12月8日

市商会再电请财部　免征所利得税
厦市环境特殊　商人无利可征

市商会日昨电财部,以本市环境特殊,商业元气未复,请予豁免征收民国三十四年(1945年)份所利得税,文略云,财部长俞钧鉴,查沦陷区(民国)三十四年(1945年)份所利得税,政府命令征收,事关通案,厦商何敢独异,惟厦门情形特殊,谨缕陈如下:(一)厦为商品转运地区,沦陷时期,沿海一带悉被敌人封锁,厦商无业可营,停闭歇业,坐食山崩,勉强支撑,破产累累,凄惨情状,匪可言宣,咸在胜利之来临,政府之救济,自顾不暇,何有所利得税之缴纳。(二)沦陷期间,厦市商景均被日敌台人统制,威胁取利,悉为日人台人。日人财产,则被没收,台人则多返台,征收所利得税,实感难行。(三)胜利而后,国军于去年10月3日始行进驻厦门,厦商则于国军接收后,乃纷起筹备复业。而营业开始,则均在本年春间,是在民国三十四年(1945年)份期间,商人无业可营,无利可得,自无所利得税可缴。其上事实理由,经8月29日厦门市各同业公会理事长联席会议,佥请沥情电恳钧座亮鉴,俯察厦市环境不同,情形特殊,体念厦商惨状,原气未复,对于民国三十四年(1945年)份所利得税,豁免征收,而顺舆情,并乞批示祗遵。

《江声报》1946年8月31日

去年度所利得税　大部由奸商负担

市息　直接税务局奉令征收民国三十四年(1945年)度所利得税，近该局同商会酌定分摊数类，并由市商会检举敌伪任内得利最多之奸商，分别负担。闻税局已饬各商民应即将民国三十四年(1945年)度营业情形报核。据悉现已全部报局，各商民应负数额，亦已核定，现已分别通知中云。

《立人日报》1946年9月6日

营业税今起开始普查

市息　本市税捐征收处，自奉令接征营业税后，即布告并函印各商户，关于行住商登记换证，暨7、8两月份营业额，应前往该处申请。现该处已定本年9月18日起，开始全市营业税普查。第恐怕不肖之徒，混水摸鱼，乃通告各商户，以所有调查人员，均应佩有该处证章，并随带调查证件，以资识别云云。

《立人日报》1946年9月18日

全市营业税开始征收　本月税收有起色
公教人员待遇可用甲级支付

市税捐征收处，自积极调整，财政已日有起色，7、8、9三个月营业税，本月起已开始征收，预料可收2亿元左右。此项收入原定50%缴省，余归市库。惟据市府会计室最近已奉令以35%归市库。此2亿元中，则有2500万元为本市每月税款，连其他各项税款，本月份可收至八千万元计算，则10月份预计可收入1亿元以上。据该处负责人今日向记者称，市府所属人员待遇，原为4万元，140倍。若照现在缩科裁员后，提高至第一级6万元、360倍，每月需支薪给八千万元。故10月份公务员待遇自可提高至第一级，俟20日市政会议时提决则可实现。

《星光日报》1946年10月17日

茶叶征税 一片反对声

厦市茶商对于请求撤销茶税颇为积极,除连日召开会议,通电南洋及层峰呼吁外,25日复接上海、泉州各同业公会函电,采同一步骤。该会爰于昨晚7时,再召集理监事联席会议讨论:(一)关于上海市茶叶输出业同业公会25日电,请本会将同业待运外销箱茶数量及同业店号电达,以便汇向财政部税务署饬税局核发免税证案。议决,应予照办,并电复。(二)关于泉州茶商公会,负责人函请联络晋江、龙溪、安溪诸出产茶区,一致主张反对茶叶货物税案,决议函晋江、龙溪、安溪茶叶同业公会,于下星期日,即派代表到厦采茶致步骤,共策进行。(三)关于会同金泰、源美、奇苑、芳茂等,报告崇安货物税局,非法索取10月1日以前业已配出茶件税款,应如何交涉案。议决,查政府征收茶税,始于10月1日,该崇安税局,着再补缴10月1日以前茶税,殊属违法,应函该局取消非法补税,否则分呈层峰抗诉。(四)对于31日主座六秩寿庆,各界提灯大会,本会应热烈参加大会游行案。议决通告会员应热烈参加,于是日午后5时半,齐集本会办事处,各携灯笼由会划一定制。

《星光日报》1946年10月28日

厦民国三十四年度所利得税 商会再请缓征

抗战结束后,中央为体恤沦陷区商艰,曾一度颁令,对所利得税停征1年。惟直接税厦门税局,奉财部令仍继续征收民国三十四年(1945年)税额,商民联请市商会转请财部辖[豁]免。但税局在未奉到财部令前,复行征收,群情惶惑,市商会昨(7)日再度为商民请命辖[豁]免,原电云:

财政部长俞钧鉴,据报载收复区民国三十四年(1945年)度所利得税,经钧部准许辖[豁]免,乃厦税局复强逼征收,群情惶惑,恳迅电令制止,并乞电令祗遵。厦市商会理事长严焰叩,虞。

《星光日报》1946年12月8日

厦门粮食营业税 部令续免一年

财政部前为体恤收复区商艰,曾通令豁免粮食营业税1年。业于本年

10月底期间届满，前月全国商联会在沪开会，承各地商会均呈以粮食商行营业税一项，实感难以负担。且亦足以刺激粮价上涨之影响，特为将情具呈财政部要求豁免，以轻商负。兹悉：财政部已准如所请，自本年10月起至民国三十六年（1947年）9月止，再予缓征1年，并以电覆知照云。

《星光日报》1946年12月13日

鼓世外桃源　商业萧条　捐税负担甚重

鼓浪屿讯　查鼓浪屿区过去有世外桃源之称，以其在外人统治一区，风俗习惯生活状况及卫生设备稍具洋化，是以华侨眷属及有资产之商人，均相应安居于此。抗战胜利后，主权重归故国版图，其人民应享社会之义务权利，与夫政治之管束，与其他区域无异。其有资本经营商业之人，均迁居繁盛之区，从事营商，目下所存者仅有少数华侨眷属及一般普通住民。而商店方面，亦较战前大有今昔之感，况所有经营者，均为零售小贩之三盘商。其市况之萧条，营业之衰落，每日所入难求一家温饱，而其捐款之负担，又纷至沓来，且多属摊派，殊无公允，以致商民无力，叫苦连天。自7、8、9月份营业税改由市府税捐处征收后，该区同业公会负责人乃联合力向税捐处商准自行代配全区税额1000万元，各同业公会即以百分比率共同分配，计绸布业10％、米业15％、家私业5.5％、金银器10％、鞋业8％、服装业10％、渔业2％、烟酒业5％、中西药业3％、饼业4％、烹饪业4％、百货业6％、柴炭业2.5％、豆腐连其他15％，以上计百分。各同业公会即以应得数额召集会员大会，视其营业实况，当场共同分配。闻现所收了，因营业变更或确系无力缴纳者，尚不敷90万元，经商请税捐处准予设法补救云。

《星光日报》1946年12月20日

催税急如星火　鼓商再请减轻

鼓浪屿讯　本区所利得税，奉令开征已久。遵缴者固多，延宕者亦夥。经直接稽查征所加紧催征，查有李朝记、瑞士、隆太、达华、茂益等号，因逾期抗缴税款，已移送法院处罚。又成吉利、正丰、再会等号，亦延宕不交，今税局再度移请法院，以抗缴国课论处，并由该所函请区商会转知各商号，如期清缴云。

鼓浪屿区商会,以该区所有商店全部系零售商,加以光复后,市情萧条,朝不保夕,直接税局进行征收之民国三十四年(1945年)度所利得税。商局难负担,曾两度申请豁免,未邀许准,现仍继续推收,且最近一般殷商,多数移厦,鼓区更形冷落。该会昨特再度具是申请豁免,借以体恤商艰。

《星光日报》1946年12月24日

所利得税征收　商民恳请豁免

鼓屿商会以厦直接税局,此次征收全屿商店所利得税,计配额2400万元。该会屡经向鼓征收处,商免无效。近该会屡接会员呈,以直接税局征收所利得税,依法应根据民国三十四年(1945年)度营业收支课征,讵全屿商店在民国三十四年(1945年)间,仍陷在敌伪魔内,商业概陷衰落,收益毫无,似无根据征收云云。该会以会员所请,确有事实,屡请直税局请准豁免征收,惟卒未获准。经定今日午前,鼓屿各同业公会、理监事及商会理事长等,拟往直接税局请愿,交涉豁免征收。情形如何,且视今日交涉结果决定。

《江声报》1946年12月28日

去年度利得税
鼓区官商讨论　获有解决途径

鼓浪屿区商民,对于民国三十四年(1945年)度所利得税,无法接受鼓直接税查征所之争取年底缴纳,各同业公会理监事,本定昨日午前,往厦门直接税局请愿,已志本报。兹悉昨上午鼓区商会理监事,正在召集渡厦,适直接税局局长陈宁派该局秘书吕建元前往鼓商会洽商。商会理事长陈钦夫,当即召集各理监事在该会商讨。当由商会提出诉愿理由三点:(一)民国三十四年(1945年)底所利得税,应斟酌本区实际特殊情形。如无可能豁免,亦应尽量减轻。(二)提送法院之商户,在全区应否缴纳未解决以前,请设法免受论处。(三)年关已届,少资本之商人,周转不灵,请勿强制追迫联纳。以上三点,经吕秘书解释:以凡征收税额,照法规程序,如有错误,商户得于10日内,对于税额提出异议,并检有关税额证件,申请减轻或提出诉愿。此次各商,均未照通知书内之说明办理,实错误在先。现在各商所要求,(一)当于合法范围内减轻。(二)关于第二条要求,此乃职权问题。(三)请各商户于本年底，尽量先缴。吕秘书任务完毕，返局后，经将情转达陈局长云。

又讯　鼓各商户此次联络要求受纳民国三十四年（1945 年）所利得税及尽量减轻，昨经税局派吕秘书前往鼓商会商讨，各商经已明了无所豁免，只求尽量减轻。虽对于被送法院一部分商户，如无收回论处，则将来该一部分商户，受处罚锾，当由各商共同负责云。

《江声报》1946 年 12 月 29 日

商会召开联席会　调整营业税

本报讯　市商会各同业公会负责人联席会议于前（24）日下午 3 时召开，关于本年春季各业营业税调整，经决定如下：（一）以下列各种材料为调整参考：子、民国三十五年（1946 年）秋冬季商会摊配各业营业税额；丑、本年春季市税捐稽征处预算，各业营业税额；寅、民国三十五年（1946 年）秋冬季各业营业税底册；卯、调查各业日前实际状况，并特别注意进出口及门市两部分状况。（二）由调整会根据以上各种材料，秉公调整，然后提由各业联席会议审查决定。（三）各公会对营业税之调整如有意见，另以书面向调整会提出建议，关于一商号加入数公会，及未入会商号，其营业税摊配如下：（一）一商号加入数公会者，如摊配有所纠纷，应由有关公会会商划分办法。倘不能解决，则通知调整会调处之。（二）由市商会通知各同业公会，各途现有会员，非依合法手续，不得转移会籍。（三）未入会商号，由调整会查明摊配，并酌量加重，借以督促其参加各业组织。

《星光日报》1947 年 3 月 26 日

征收营业税　商店欠缴多

本报讯　本市营业税经商会向各途商催缴，惟商家未如限应缴者甚多，为数达四五亿元。市商会日前曾列出未缴商家呈报市府，经市长黄天爵下令警局将抗缴商家传讯究办。该局司法科奉令后，于昨（24）日立先传中山路张德发、第七市场合兴益及大元、塔仔街裕发、思明南路逸园、中山路新广益六家负责人到科。结果数店号皆认为未缴或缴纳未完原因，乃各该途公会对彼等派额过重所致。后该科饬其将各号应纳之款缴交，至于负担欠公，可向公会理会。

《星光日报》1947年6月25日

加强征收营业税　裁遣不力工作人员　市府会议通过

本报讯　市府昨(5)日上午9时,假该府会议厅举行第二十九次市政会议,市长黄天爵亲自出席主持。行礼如仪后,首由主席报告:(略)。旋作下列各事项之讨论:一、市长交议,关于秋季营业税应如何加强征收案,议决:(一)限本月15日以前,将征收手续准备完毕,并即开征。(二)照前定办法,调动本府各科室人员,协助工作。(三)稽征处人员,在新旧处长未移接前统归由财政科长指挥,并由该科长就其工作情形,严加考核。工作不力者,一律裁遣。(四)9月份营业税,尽十月半以前收清。二、会议室提。拟编民国三十七年(1948年)度市总预算岁出部分预算书,请公决案。议决:经常费部分照案通过。事业费部分,由各单位主管编,拟呈市长核阅,另编事业费预算,提下会通过。

《中央日报》1947年9月6日

茶叶确保外销　得免征营业税

本市讯　本市茶叶公会前函市商会转函同安税捐稽征处,以由安溪直接运销赴厦之茶品,请照规定免征营业税一案。市商会昨接同安税捐稽征处函如下:查本县茶品出口均系由同安茶栈申报投税,核与部定"凡接买与卖仍应得税"之规定,似无不合。至如果由安溪茶农直接运厦外销者,自可照办云。

《星光日报》1947年9月10日

本市营业税秋季加征一倍
改由各途商自行认领

本市营业税系按季征收,夏季数额为8亿3000余万元,此项税款,为市府向本市商人所征收最大税额。但其中市库仅分得四成,除六成应解呈省库。此次省市公教人员待遇奉令提高,省当局以物价日涨,令市府将营业税酌量提高,并经市府财政科与税捐处商定:将秋季营业税照夏季数额加征一倍。

又此税前由商会总认领，再分配与各途商。现市府已改由各途商自行认领，再分配与各商店，并已于本 14 日将绸布、棉纱、木材、六途等 14 途商应纳配额送交各该途商，请分配与各商人。该 14 途商以市府所征额数过巨，无法认领，即将函请由税捐处自行派人向各商人直接征收。

《江声报》1947 年 9 月 19 日

秋季营业税　商会与市府正在商洽中

昨市商会召开理监事各同业公会负责人联席会议，出席理监事暨各同业公会代表计 33 单位，讨论事项：(一)关于秋季营业税经由庄骆二常务理事向市府作初步会商简化缴纳办法，并请求减轻税额。承市长面允，候与财政科及稽征处商酌后解决，各业应如何办理案。议决：一、通告各会员，静候商会与市府洽定后评缴，倘有其他问题，另由商会通知各会员。(二)仍由庄骆二常务理事与市府继续商洽，再行召会解决。

《中央日报》1947 年 10 月 2 日

全国商联会力争粮食免征营业税
电商会请派代表参加请愿

市商会昨接上海全国商联会代电称："粮食业营业税起征在即，各地商会及粮商团体，一再呼吁续名，未邀鉴准。此事关系民生至巨，尤当继续力争，期还初愿，为特电请贵会迅派代表于 10 月 10 日前莅临沪，会同各地粮商团体代表会晋京赓续请愿。事极急迫，企待偕贵代表到沪后，请先来本会事务所(上海市商会内)报到为盼，全国商会联合会理事长王晓籁。"

《中央日报》1947 年 10 月 7 日

秋季营业税　黄市长允予酌减
依春季税额，减数考虑中

本市秋季营业税，市府拟照夏季税额加 5 倍征收，并限期征足。各途商对此表示无力负担，市商会营业税调整委员会昨已开始办理结束，并将征收

员遣散,并于午后派常务理事庄金章、骆萍踪赴市府,向黄市长面请核减,以轻负担,并简化稽征,准由各途商自行认缴。经黄市长面允酌减,依照春季税额增减缴纳。唯减数若干,尚在考虑中,市商会定今再召集各途商负责人开会讨论。

《江声报》1947 年 10 月 7 日

粮食免征营业税　财部批示未便照准

市商会昨奉全国商联会代电开:前准贵会铣代电,关于续志溪[豁]免民国三十六年(1947 年)度粮食营业税,经汇转呈财政部核办在案。兹奉财政部 9 月 22 日批示如下:(一)查所利得税系以营业所得利得实额计课,其营业无所得利得,或所得利得未达征课标准者,均已在免税之列。各粮食商号,如营业获有所得利得而达征课标准者,自应照章课税,以符规定,所请豁免,未便照准。(二)粮食营业税已一再延长豁免期间,本年 9 月底续免期限届满,应即恢复征收,所请继续豁免,碍难照准。(三)印花税系行为凭证税,就凭证贴用印花税票,所请将粮食买卖所立单据免纳印花税一节,应毋庸议云。

《中央日报》1947 年 10 月 12 日

秋季营业税　配额决定

本市秋季营业税,全市征额已减少 1 亿元为 15 亿元。市商会连日邀集各途公会负责人开会分配数额,计全市各途商公会计共 40 单位,连同自来水、电灯、电话、经建等各公司及散户商店,决定依照夏季各商认领加一倍缴纳,统计仅可收至 12 亿余元,尚不敷 2 亿余元。商会拟定由本市各进出口商另分摊负担,昨午后已召集各进出商负责人到会讨论分配办法。

《江声报》1947 年 10 月 12 日

本市冬季营业税　将直接普查征收
陈鸿钧报告普查六要点

本市各途商秋季营业税总额 15 亿元,原由市商会承办转配各途商公会自行摊分。市府以迩来物价波动，公教人员待遇提高，对经费开源，营业税收亦极重要，故冬季营业税拟由稽征处直接普查征收。市府昨(5日)上午9时召集各途商公会理事在会议厅举行冬季营业税普查座谈会，出席黄市长、稽征处陈处长及各途公会29单位。首由黄市长阐述座谈会宗旨(略)，继由陈处长报告营业税普查六要点：(一)民国三十六(1947年)年10月份营业税定日内开始普查，各商号于普查前应将该月营业税收入额或收益额填具申报核税表，径送稽征处查核课税。嗣后甲月申报核税表，应于1月5日前填送，调查人员到地执行工作，应即有关营业账簿单据送核，不得藉故推延。(二)公司商会提出送核账簿，应具有下列主要：甲、记载逐月银钱出入之日记簿；乙、记载逐日物品出入之日记簿；丙、记载银钱物品进出之总簿。(三)公司商号如不照规定时间填送申报税表，或不设置账簿拒绝调查者，即予径行决完税额，并责令先行缴纳。(四)公司商号于接收纳税查定通知书3日内，应将全部税收缴清，逾期即照下列规定加征滞纳罚锾：1.逾限10日以上处以所欠税额十分之二罚锾；2.逾限20日以上处以所欠税额十分之四罚锾；3.逾限30日以上处以所欠税额十分之六罚锾，并封存货物，停止其营业。(五)短期营利事业，应于每次营业结束后5日内填具申报核税表，送请稽征处查核课征营业税。(六)公司商号在各地设有本店或支店者，应分别就地申请调查其应纳营业税，并分别就地缴纳。

《中央日报》1947年12月6日

调查冬季营业税

市府收取账簿核算税款　各途商定今开会商讨对策

本报讯　本市各途商营业税，原由市商会负责征收，已历年余。近市府以该项税款时难按期征妥且各商号在分担上，有时未能切合实际，致小本商户不免有担负过巨情事发生，故乃决定收回自办。已自前(20)日起饬由经征处派员出发调查各商号账簿，以便核算税额。计是日大同路捷克、建成、永康成、南泰成等十余商号账簿，已为收去。昨(21)日亦续收去多家，惟各途商方面认此有碍业务，拟于今(22)日假讯商会召开二十一途商同业公会负责人联席会议，商讨对策，冀求妥善解决办法云。

《中央日报》1947年12月22日

营业税举行普查　商家感手续麻烦

本市税捐稽征处,举行本市冬季营业税普查,颇引各途商业异议。诚以过去各途商营业税,春夏秋三季,皆由各该途认额缴纳,向无准备查税稽账手续,今一旦进行普查,商家殊觉应付困难。佥以此种普查,在政府动员大批税员,增加事业费之开支,且未必有裨税收,在商家则感手续麻烦。加以年关在迩,商业繁忙,现绸布、百货等同业公会,拟将情联函市商会,转请市府,明令税捐稽征处,简化稽征,庶免影响商业云。

《江声报》1947 年 12 月 24 日

昨市府工作会报决议　营业税决自行征收
杜绝漏税严加取缔私宰　市府办公时间重新改订

市息　市府今上午开工作会报,议决案件如下:一、关于本府各单位职员办公出勤应如何加强管理,以求增进工作效率案。议决:由人事室重新拟定,迟到及旷职处分办法签请市长核准施行。二、关于办公时间应重新改订案。议决:改订上午 7:30 至 11:30,下午 1:30 至 5:30。三、关于市商会要求冬季营业税仍由各途商认缴,应如何决定案。议决:依照省令办理,由本府自行征收。四、关于迩来私宰日多,应如何严加取缔以杜漏税案。议决:充实税丁装备,严厉执行取缔,如有破获,除将全部生肉没收外,再依照规定处罚。五、关于警察局提民国三十七年(1948 年)度增设外事科及护照检查站经费支出预算请审核案。议决:修正增设科长 1 员,科员兼股长 2 名,警员 2 名,交会计室办理,追加预算。六、关于民国三十七年(1948 年)度清道夫名额增加 30 名,前经签请市长核准,应请追加预算案。议决:交会计室办理。七、警察局提民产公司所负担之清道夫 50 名,经责拟请由市府统一收支案。议决:由会计室财政科并第六案新办追加。

《立人日报》1948 年 1 月 7 日

营业税问题多　厦漳商民各开会讨论

市税捐稽征处,举行之民国三十六年(1947 年)冬季营业税普查一事,各途公会咸以手续麻烦，纷请市商会，代向市府请求简化征收。昨(7)日下午3时，市商会特邀集各同业公会负责人联席会议，出席家私业等计27单位，讨论结果：(一)关于三十六年(1947年)冬季营业税额要求简化手续案，查榕市及其他各地冬季营业税额，仍系简化认缴，榕厦同为市区，征税宜同一例。况厦市又为沦陷时期较久，元气未复，更难独异，推派代表于今明日赴市府协商，依照榕市简化认缴办法。(二)关于营业税调整会，移送民国三十五年(1946年)秋冬，及民国三十六年(1947年)春夏四季营业税各项手续、审核案，公推家私业等17单位代表，负责办理审查，并予结束。

漳州讯　龙溪县参会首届八次大会经过，业志本报。查此次会议，参议员魏钊、陈毓光以本县秋季营业税，依照5月比额，增加一倍，税征处所发查定书，竟有增加10倍至50倍，派员私洽得手后，将原查定书收回核减，以致巨商负担小于摊贩。又直接税民国三十五年(1946年)度所利得税征毕，另课征卖方税，派员到各商店查货，烦扰商民。为裕库便商计，议决由会召各同业会开座谈会，咨询意见。该会于昨(6)下午召各同业座谈会，并函税捐处、直税局出席。到同业公会19单位，税捐处长廖师曾(直税局未到)，由议长杨逢年主席，报告开会意义后，廖处长亦有所报告，座谈结果：一、冬季营业税之调整，甲、税捐处停止封店，已被封者，如确负担过重，即予查明核减，缴税启封；乙、由各业公会查明确有过重税额，向税征处商请核减，公开处理。二、民国三十七年(1948年)度营业税改善，由各公会自行认缴，如各公会无法认缴，由议会、各公会、税征处协同审议，查定税额，以免纠纷。至直税局派员在商店查货，索阅发票，责成商户补纳卖方税。其实买方业已完税，造成一物两税，由各业公会联呈县议会转函交涉。住商责成补缴行商税，违反法令，呈议会转函交涉。检查卡控制行商，于法不合，联呈议会交涉撤销。至傍晚散会。

《江声报》1948年1月8日

商会呈请市府　简化认缴营业税

市息　市商会昨呈市府，略以查本市各同业公会负责人，于前日召开联席会议，咸以民国三十六年(1947年)冬季营业税，榕市仍系简化认缴，10月至11月，照原额9.576亿元。12月拟加倍征收，尚未决定。是榕市冬季额最多平均增加三成而已。榕厦同为市区，征税应同一例，况厦市沦陷期间较久，元气未复，福讯照旧仍可简化办法，本市更难独异。商人以重负之难堪，当经决议由会呈请准照榕市简化认缴办法，免受普查骚扰之略云云。又该会同时并推派代表往市府谒洽云。

《立人日报》1948 年 1 月 12 日

查征行住商营业税　市府海关采取合作
将由税捐稽征处派员驻关办理
办法已拟妥即可会衔公布实施

南侨社厦门讯　市府鉴于财政为庶政之母，凡百设施，非财莫举，营业税一项，为省市主要共有税源之一，本市征收以来，尚称顺利。兹为配合动员戡乱要政，各项税收，亟待整理，以应库需。特与海关会商，"协助查征行住商营业税联系办法"，并依该办法第四点，订定"厦门市政府行住商报营业税简则"各一种，将由市税捐稽征处派员驻关办理，严密查征。上述办法及简则日内即可由市府及海关会衔公布实施。兹探悉其内容如次：

协助查征行住商营业税联系办法：

厦门市政府与厦门海关为增加国税收入互相协助，切取联系，特商订联系办法如下：（一）查征营业税，无行商住商必须先经税捐处登记并遵章缴纳各项税款取据加盖规定印信后，由各商行径送海关验明前项手续完全，始准办理完纳关税。（二）海关发现前项办理手续不完全之进出口关单，应随时领回补办。（三）办理查征营业税人员应随时与海关办理进出口各部门官员取得密切联系。（四）办理查征营业税手续，经双方会商订定简则，会衔布告，并由海关通知办理进出口主办人员注意。（五）查征手续，尽量于各商行简便，以及妨碍时间为原则。（六）本办法自双方会同公告日起实行。

厦门市政府住商报纳营业税简则：

（一）兹依据协助查征营业税联系办法第四点，特对住行商报纳营业税手续订定简则如下。（二）公司商号货物进出口时，应填具申报单检同营业税调查证，及提货出仓单据，向本市税捐稽征处（以下简称稽征处），驻海关人员办理申报纳税手续。（三）前项申报单分甲乙两联，经查验盖戳后，甲联交申报商收执，乙联抽存备查。（四）进出口商号如无请领营业税调查证，概以一时营利事业论，征收行商营业税。（五）公司商号货物进出口，于报关时，应送验稽征处甲联，查验申报单或营业单联如无前项报纳凭证，海关不于报关起卸货物。(六)公司商号进出口无论住行商各应随同申报纳税凭证,不则以走漏营业税论处,查验人员得予加留货物追究。(七)公司商号申报纳税,其属住商者,应于事前填送印鉴。(八)进出口商号申报货物起运时,应填用原始印鉴,如印鉴更换或遗失,应随时检同新换印鉴,报请稽征处备查。(南侨社)

《立人日报》1948 年 1 月 16 日

营业税问题

商会再请市府恤商艰　准简化缴纳减低派额

本市民国三十六(1947 年)年冬季营业税课征问题,官商尚在相持难解,官方决定普查后,收回自征,商民则以普查烦扰。查之榕市及泉、漳各地,均仍归各途商认纳派额,榕市照秋季底数拟增倍数尚未决定。泉、漳方面,亦均增加一倍,归各途认缴。厦市奚堪独异,据商会严理事长在榕晤黄市长面洽派额,其本意则仅拟增 45 亿元,经力请酌减为 28 亿元,较之榕市及泉、漳各地差额仍巨。市商会复准各途大会函请再为转电市府呼吁,乞予援照榕市简化认缴办法,厦市同一省辖,应予一视同仁,仍照各途简化认纳,以免复查,时间延长,且诸多纷扰。况年关迫届,商人忙于结算,应付尤难。当经各同业公会负责人第 59 次联席会议,讨论结果,以稽征处派额过重,无法负担,请由商会转呈市府,洽商妥善办法,以求公允。昨市商会已据情再电市府,俯念商民困难情形,准予援榕市办法,由各途商简化缴纳,并减低派额云。

《江声报》1948 年 1 月 18 日

粮食营业税缓征　沪市已议决　本市请援例

沪市粮食营业税自全国粮联总会,会同沪市粮商会向当局力请免征以来,业于本月 19 日经沪市政会议决议缓征,呈部备案,获得成效。市粮公会昨亦援例向市府当局交涉请照沪市例缓征,以普济民生。

《江声报》1948 年 1 月 20 日

粮食营业税 粮食商再签请免征

本市粮食商公会,以粮食营业税,经沪市政会议决议缓征有案,日前曾电市府请求援照沪市豁免课征,未蒙照准。该公会昨复电市商会,略谓粮价高涨极点,若再课以重复之营业税,民众如处于水深火热之中,且沪市即首先倡导免征,本市与沪市同为市区,宜同一例,况厦市沦陷期久,元气未复,更难独异。恳赐转电市府,为粮商呼吁请命,准予援照沪市豁免课征云云。

《江声报》1948 年 1 月 23 日

营业税课额已解决 简化未决定

冬季营业税额,经市商会向市府力请减轻负担,业由市长面许照秋季加五倍征收,规定数额 52 亿,各途商对此默认,惟要求将普查底册抄送由各途简化认纳。现闻税捐稽征处尚在犹豫,未肯即送,仍派稽征员挨户催缴,昨各途同业公会,复请商会妥筹善法应付云。

《江声报》1948 年 1 月 25 日

市商会息 营业税尽月底缴清

本市各途公会联席会议,通过民国三十六年(1947 年)冬季营业税额,计分七等,由各途简化认缴,旧历年内,预缴认额半数(25 亿),经志昨报。续据市商会息:关于年内预缴半数一节,席间有数人提议,惟未付诸表决,缘市府以农历年关,在在需款,急难容缓,严令尽于本月底一律如数缴清。否则,仍照营业税法第八条规定办理云。

《江声报》1948 年 1 月 29 日

营业税协议六点

关于民国三十六年(1947 年)冬季营业税额解决后,昨(28)日市商会理事长严焰、常务理事庄金章、理事李世俊等,与税捐稽征处再有协议通告各公会照办。兹将约定办法探志如次:(一)稽征处普查通知书与公会所核定数目相互比照，以为课征标准。（二）截至古历十二月二十日止，须先缴总额数六成以上。（三）古历二十五日以前，全数交情，不得再延，逾期以滞纳处分。（四）底册包括夏秋冬三季，应于年历年终送处，核发税单，逾期即普查确定。（五）散户由稽征处自行征收。（六）各公会不依照上开会办法理者，稽征处即照普查课征，公会不得异议云。

《江声报》1948 年 1 月 30 日

行商一时所得税　厦直税局着手开征

直接税厦门分局接奉财部直接税署代电，以行商一时所得税，各地主管机关，尚有未经开征或虽经开征亦未加紧推动，殊属影响库收，各该局亟应依照前颁行商稽征办法切实普遍开征等因。该分局奉令后，决即遵令开征。昨经通告，凡属本市各途行商配运货物进出口时，均应于事前先向该局办理登记取保等手续，于脱售后，再将营业盈亏情形，报该局核定征免所得税。各船务行、报关行、牙行等，于接到商人委托配运货物或寄售等货物或代办报关手续时，均应依照行商稽征办法负责申报并扣缴税款云。

《江声报》1948 年 1 月 31 日

造酱、肥皂、豆腐　应课征营业税

本市讯　　财政部顷通令到厦，略以最近迭据各地商人呈请将造酱及肥皂补列为民生制造业，减半收税，并将豆腐一业完全免税，特饬知以有关国防民生制造业减半征收营业税之范围，前经奉行政院核定，并由部通行各省遵照办理在案。至造酱、肥皂、豆腐等业未在上述核定范围内，其营业税自应依法征课。但出售豆腐之肩挑负贩，为示体恤起见，其营业税准予免征。按有关民生十二业为：面粉厂、棉麻纺织厂、制糖厂、制革厂、制药厂、医疗器材厂、造船厂、作业工具机械厂、造纸厂、肥田粉厂、食油厂、机动车厂等。（国民社）

《中央日报》1948 年 4 月 1 日

公务员薪资征收所得税

本报讯　本市直接税局顷奉总局令，自4月份起开始课征公务员薪资所得税。该项课征办法系依照国民政府公布依所得税法第五条第三项定额薪资所得调整办法之规定办理，其征收税率如下：(甲)起征额，每月所得额满7910000元者。(乙)税率(一)所得额在7910000元以上者，一律课征1%。(二)所得额在52740000元至105470000元者，就其超过额加征1%。(三)所得额超过105470000元至163670000元者，就其超过额加征3%。(四)所得额超过163670000元以上者，就其超过额加征4%。该局奉令后，经已发函通知本市中央及省市69机关云。

《中央日报》1948年4月13日

所利得税配额各途商请缩减
房铺捐亦决平允摊派

本报讯　市商会日来叠据各同业公会报告，以日来直接税局先后召见各同业公会理事长，分别摊派本期所利得税，并促依限完纳。惟各途公会理事长以本期派额较上期增加4倍至7倍不等，应付深感困难，乃于前(22)日下午8时召开理监事暨各同业公会联席会议，商讨对策。当经议决，请该局划一各途配额倍数，并将倍数尽量缩减。当推举林洁成、郭礼宗、李世俊、石定国、骆萍踪、丁乃杨、陈建和、林江村、许春城、魏英才、简存诚等人负责交涉，并通知各同业公会，在未与该局洽商妥善解决前，不得私自妥洽。否则如有发生事项，该会概不援助。嗣以此次本市房铺捐派额每多超过原租金甚巨，商民不胜负担，经议决由市商会函市参会转函向市府交涉，平允派额，以苏民困云。

《中央日报》1948年4月24日

市商会联席会议　请缓征所利得税

本报讯　昨市商会召开各同业公会第七十五次联席会议，出席绸布代表李世俊等25公会，主席庄金章，纪录严笑棠。讨论事项：

关于民国三十七年(1948年)三十六年(1947年)度所得利税一案。根据直税分局召开座谈会宣布,营利所得税薪给利得税等三项税额为6505336万元,将行开始查定。阅申报5月14日新闻栏,上海市于最近始将6倍预缴辩法决定,并限6月25日交清。本市对于6倍预缴早经劝导照交,已属勉为其难。本案应如何办理案。议决:一、分电财政部福建区局查询全省数目,及厦市配额。二、函直税分局根据上项理由,请求对于余额暂缓进行,并查询全省配额。三、分电榕泉两地商会,查询本年度所利得税派额,与去年比例倍数,及交款日期。

《中央日报》1948年5月16日

各途商所得税　直接税局再限期缴清

本市各途商本年度所得税,前经直接税局奉令转饬暂按6倍估缴,间因多数商号延未缴交,经该局数度宽限后,尚有少数仍未缴清。直接税局昨奉直接税署令,略以各途商营利事业所得税估缴税额,倘有逾限,应一律移请司法机关罚办。该局奉令后,经抄附未缴各商单位,列表令知各业公会转饬各商统限于15日以前扫数缴库。倘再逾延,概予移送法院处罚。(厚)

《江声报》1948年6月7日

夏季营业税额最后核减为三百五十亿

厦市夏季营业税派额过巨,经各途商公会推定负责代表交涉减轻,因相差数字尚多,未得解决,各情已迭见报载。兹悉市府以端午节瞬届,在在需款,市库支付浩繁,连日催收更紧迫。昨日市商会理事长严焰,已与市府作最后洽商,经允减为350亿元,不能再减。今(10)午须由各公会借垫200亿元交稽征处,严氏以如欲先借200亿元,须先统计各公会数字,方易垫借。否则,恐难告贷。闻稽征处正在统计数字中,商会昨晚又召开各同业公会负责人会议,报告经过情形云。(愚)

《江声报》1948年6月10日

闽营业税总预算经提高为一千亿
厦市比额月六十四亿余元

南侨社福州12日电　闽省营业税总预算，经奉政院令提高为1000亿元，省当局为符实际需要，经再将本省各县市营业税，自7月份起各月比额再予提高，福州8919990000元，厦门6455850000元，其余各县照4月份比额一律提高2倍，总计每月省县共得营业税总额为40000308000元。

《江声报》1948年6月13日

未缴营业税商家　市府饬警传催
行住商登记限六月办竣　公员所得税税局催申报

市府昨指令稽征处，以未缴春季营业税商家限即日将名单清理，交由警察局严传讯问。如仍抗不遵缴，即行移送法院依法办理。闻该处奉令后，已列册送警局司法科开始追缴云。

又：市稽征处昨分函各途商公会，以本年行住商登记，曾经派员分组普查在案。惟遵章到处办理申请登记者为数无几，其余部分迄今半载，尚形延滞。殊属不合，请转知所属商店，定期6月底为限，速行到处申请登地[记]，倘再延宕，当依法严予惩处云。（衣）

直接税局奉令恢复征收公务员薪津所得税一节，已志本报。兹悉该局以各机关多未依法将本年度4月份薪给报酬所得税扣缴，特于昨日电催各机关，从速申报。（厚）

《江声报》1948年6月20日

税额难堪担负　营业税通知书
各途商纷请收回更正

本市春季营业税派额过巨，经市商会理事长严焰于日前赴市府作最后商洽总数为350亿元，情已志本报。兹悉，市商会以查本市4、5两月营业税及地方捐献计算方法，以进出口数字2、3、5为原则，门市以春季每月平均数1倍为原则，统计约为317亿，而市长以不足之33亿，由各途商劝导，以后营业税部分按月调整。此消息传出后，各商家对于本市预算增加太多，民力难负，最近接到通知书，进出口超额过巨，而门市乃已春季原底加倍计算，平均实为2倍，如此超额难堪担负，连日各途商公会负责人纷纷到商会请求转请改善。商会据陈后，以各会员所称各节，尚属实情，昨已将情具呈市府察核，迅令税捐稽征处加以考虑，将已发通知书收回更正，俾各商遵书缴纳，以裕市库，而免纠纷云。（愚）

《江声报》1948年6月22日

四五月份营业税照原配额征收 准予展缓至六月底交清

市府于昨日下午在会议厅召开夏季营业税座谈会，出席稽征处处长陈鸿钧及商会代表暨各途商公会代表多人，主席黄市长，报告营业税收要点，略谓：（一）厦门财政专赖营业税维持。（二）以后分配额一律按照春季配额为标准，加上生活指数调整之情形而增加之。（三）物价波动甚剧，税收应争取时间，以拯时艰。嗣后开始讨论决定办法如下：一、四五月份应依照原定配额350亿数，限本月底如数交清，所请核减为317亿办法，因共体市库困难，未能通过。二、各途商要求缓期罚锾一节，经决定各商户于接到四五月份通知书后，准予展缓至6月底交清，7月1日起照章加征罚锾云。（衣）

《江声报》1948年6月25日

七月份营业税应于周内缴清 商会与稽征处已商妥办法

本报讯　市商会于前（19）日假会议厅召开各同业公会负责人第八十九次联席会议，出席粮食、绸布等21单位。讨论事项：庄金章等提：承推派赴稽征处商洽7月份营业税事项，兹将商洽结果报告如下：一、专营进出口者，依照申报额计算纳税，如该月份全无进出口，且无于本埠购进货件者，应免纳税，但须经该辖公司理事长证明属实。二、门市兼营进出口者，如进出口额未超过门市税额，应按各该公会去冬门市营业税底册，照应加倍数计算，不得依上月份超额计算。三、门市商税额如有被估过重者，可由该辖公会理事长向稽征处请求尽量减轻。四、应缴税款限一星期内缴清，以免被罚。当经议决,将以上各点通知公会分别办理云。

《中央日报》1948 年 9 月 21 日

上半年所得税配征办法
商会派代表向税局商洽

昨市商会召开理监事暨各同业公会负责人第九十三次联席会议,出席理监事丁乃扬、魏英才、黄天锡、庄金章暨同业糖油、鞋等计 26 公会代表。主席庄金章报告两事:一、厦门国税稽征局日前召集各公会代表开会,催办下列诸事:(一)限至 11 月 10 日办清营利事业登记。(二)各公会百分比限 11 月 8 日造送。二、本会代表与厦门国税稽征局商洽民国三十七(1948 年)年所利得税及综合所得税情形,继讨论关于民国三十七年(1948 年)度上半年所得税应如何与税局洽议配征办法以求合理案。议决:一、查明本市确实配额。二、派代表向税局洽减税额,然后由其径行公平配征。三、推林江村、简存诚、丁乃扬,郭礼宗、庄金章等 5 人为代表,于 6 日下午 2 时齐集本会,赴本市国税稽征局商洽。(商)

《江声报》1948 年 11 月 6 日

市营业税增征三倍
商会讨论　请求减征

昨市商会召开理监事暨各同业公会负责人第四次联席会议,出席全体理监事暨同业公会棉纱人力车等三十七途。主席庄金章,记录吴世耀,甲、报告事项略。乙、讨论事项:一、关于本会各种会议,秘书处拟具守时办法,请公决案,议决修正通过。二、关于本市 10 月份营业税,市府拟增加 3 倍征收,应如何请求减轻案。议决:月来进口物资减少,市况萧条,应推举蔡衍吉、林江村、魏英才、陈永南、丁乃扬等 5 人为代表,于本 22 日下午 2 时,向市府请求照 9 月份数额缴纳,结果如何,再行召会提出报告。三、关于民国三十七(1948 年)年下半年印花税,经第三次联席会议,推派代表向国税稽征局洽商,结果以 5.75 万元认购,请追认案。议决通过,闭会下午 5 时。

《江声报》1948 年 11 月 22 日

六途商拒绝追加所利得税

市息　昨日下午3时，市糖油、面粉、粮食、南北货、山货、肥料等六途公会，召开理监事临时紧急联席会议，以民国三十七年(1948年)度上半季所利得税，经国税局以百分比估定征收。该商等遵令缴清，已告毕事。乃此次突发表欲追加税额数倍，殊为惶惑，经议决如下：

对于国税局所发本年度上半季所利得税估定书，经会员奉令照缴，今欲追加税额，殊属病商，不能示民以信。案经商会据理力争之中。本会应告会员：在商会未解决以前，应一致拒绝，并与各途商采取同样行动。议至6时散会。

《江声报》1948年12月27日

营业税增征无多　商人请减仍未准

本报讯　本市税捐处自奉令自元月份划拨营业税归省征收，指定该处处长负责代征后，并令增征11、12两月份税额每月提高4倍，约计80余万元，元月份亦提高为90万元。本市各商家于日前数度往谒黄处长，请求转省核减，迄未核准。据黄式厚称："省市政府财源纯赖税收维持，以现财库支绌，公教人员待遇菲薄，有关省市建设亦因经费无着，均感棘手。营业税现虽划为省税，唯关系省政建设至为重大，本市配额按全市三千余家商户分配，每户仅配100余元左右。倘使尽力请减，层峰准减之数当亦相差无多，以目前物价计算，每家仅能请减一包香烟价格而已。为顾及大局计，甚盼各商家能依照配额从速缴纳云。"

《中央日报》1949年1月18日

商会税务组配定　市各途商营业税

本报讯　本市各业公会，暨电灯、电话、自来水等单位营业税，及自卫特捐五六月份应缴额，经市商会税务小组调整分配如下：进出口102.7元，百货2876.4元，绸布2056.5元，金银器2261.9元，旅栈1030.8元，银信705.6元，五金813.2元，纸723.9元，棉纱53.2元，鞋511.3元，酒548.9元，茶

381.8元,烹饪685.1元,糕饼499.6元,鲜果285.1元,裁缝494.9元,柴炭556.3元,新药1059.1元,国药156.9元,京果324.7元,酱园325.8元,蜜果110.8元,鱼摊211.2元,照相68.2元,壳灰红料105.6元,寿板25.4元,钟表292.3元,木器263元,理发207.3元,旧货129.6元,报关204.9元,书籍文具312.2元,印刷271.6元,人力车44.6元,猪牙经纪110元,制面58.5元,豆干62.4元,参药752.3元,烟酒941.2元,六途2575.7元,木业974元,鱼牙纪211.2元,戏院288元,电灯550元,电话250元,自来水200元,合计46单位25673元。(克)

《星光日报》1949年8月4日

二、印花税、牌照税

船商印花改由水上公安检查　水上检查主任撤除

思金印花税分局,拟将水上印花检查主任撤除,船上簿据漏贴印花检查事宜,托由水上公安局负责办理各节,业载本报。昨该局正副局长饶俊、吴颖已拟就撤除布告。

案照航商印花,业已奉令撤销在案,各前任延未实行者,乃为顾全按月秋收比较起见,办理以来,诸涉骚扰。本局长接任伊始,该悉前情,当将客票船用检查所撤销,改委水上印花检查主任,饬令遵章办理。匝月以还,商民仍多烦言,而施行检查手续,亦难臻妥协。兹为贯彻政府体恤航商之意旨,自本年9月18日起,再将水上印花检查主任撤除。关于各船上簿据漏贴印花检查事宜,函请水上公安局,依照部章,于法定期间,会同切实进行。其客票一项,乃银钱收据之一种,迭奉部令,饬即依率贴用。自当仍旧派员遵章办理,除分别函知外,令行布告各航商一体知悉。现在船用印花,已经实行取消,尚有不法之徒,胆敢假借名义,在外私收骚扰者,准即径送水陆公安局,以凭从严惩办,决不姑免。其各凛遵,切切特此布告。20日,饶俊、吴颖。

《江声报》1931年9月22日

全市商家担任印花数量　五十三行二千元

思明印花税已由商会拟定,由10月份起,各业担任数量并由会函各业知照。兹得各业公会担任印花税数目志后：钱庄公会160元，南洋商业公会50元，绸布业公会百六元，药业公会百二元，肥粉业公会50元，面粉业80元，糖油业百三元，杂货业百五元，珠宝业70元，典业80元，茶商业50元，棉纱业30元，木商业30元，香沪业30元、海产业100元，纸业40元，屠宰业30元，酒业50元，米业50元，红料业40元，谷产业20元，糕饼业20元，照相业10元，颜料五金业60元，水果业50元，烟酒业40元，鞋业30元，菜业10元，渔商业40元，渔业10元，新医药业25元，猪行业20元，岷栈业50元，烹饪业50元，牛马羊乳业10元，国产烟业烟丝业10元，车辆业10元，华侨银信业80元，航业20元，洋柴业10元，小轮业20元，汽车业10元，烟果业10元，柴炭业20元，壳灰业20元，中国银行10元，中南银行10元，商业银行10元，电话公司15元，南洋烟草公司15元，淘化大同公司20元，兆和公司10元，北郊业30元。

《江声报》1931年9月23日

印花税直接设局推销
客票印花改在客栈旅社检查

本市印花，前经思金印花税分局，分与各途商承摊配销。近该局得总局令饬，谓此项承摊办法，迹□包办，且不能实行贴用，有碍税务，仰仍由局整理。该局接奉来令后，即令原有推销员，就市内设立推销处，并委苏鸿仲，胡鸣皋为正副主任，负责推销。昨经发贴布告□□□。又该局为客票印花事，昨发贴布告云，前此乘驾电艇时，在水面检查，迹涉嫌疑。现由船票印花税委员，于各轮船收信之前，分赴各客栈、旅社检查推售云。

《江声报》1931年10月10日

商会函公安局勿协搜印花税

商会昨为印花税事函致公安局云：径启者，查部令对于违反印花税案件审理委员会办理，业经财政部通令各省印花税总局转饬遵办在案。至前任思金印花税局局长，不遵令组织，依法办理，有案可稽。乃现任印花税局局长饶俊、吴颖莅任多日，对兹审理违反印花税法委员会，尚未依法组织。兹据各商号纷纷到会报告称，该局迩来派员滥行搜检处罚，扰乱商业，请予设法救济云云。除由本会函请该局从速组织审理违反印花税法委员会,依法办理,以免骚扰纠纷外,相应函请贵局长,在该印花税局未依法成立审理违反印花税法委员会以前,务希通令所属各区署警察,勿得协助该局搜扰,以维治安,而重商业。实感公便。

《江声报》1931 年 10 月 17 日

汽车同业反对车照贴印花　函商会谓交涉免征

汽车业同业公会 3 日致函厦门商会云:径启者,敝会前奉公安局训令,以准思金印花税分局函开,汽车、脚踏车、人力车、货车等执照,应行贴用印花,定 10 月 1 日实行,仰转饬各车行,遵照等因。自经缕述困难情形,函请钧会转函福建印花税总局,准予免贴在案。兹又奉公安局令,以此事未解决以前,每日贴照时间,仍应先行照缴等因。奉此,查印花条例所定印花执照贴用印花,系以价格多寡为标准。其执照一项,当系指购买时所发之执照而言。今思金印花税分局,竟对于公安局每月所发之行车照,亦须一律征贴。查此项行车照,仅为行车凭证,并无价格可为标准,与执照性质既殊,名称复异。若不加分别,统予征收,按之条例,似有不符。各车行因该项条例,未见解释明白,咸有怀疑,兼之事属创始,前此无案可稽,各省市均尚未实行,复无例可援,亦觉无所适从。各车行,因金水涨价,□□□影响,损失甚大。现在每月复须缴纳公安局行车照费 30 元,营业困难,已臻极点。若再逐月加征,此项印花税,必致负累益巨,更难维持。相应函请钧会查照,恳于开会时,将此事一并提出讨论,转函思金印花税分局免予征贴,以轻负担云云。

《江声报》1931 年 11 月 4 日

印税局函商会　汽车执照未便豁免　将举行第二届检查

厦门商会昨接印花烟酒税局公函二则:一、谓关于汽车执照印花,载在条例,未便豁免。二、查应贴印花之契约簿折、单据、凭证,每届六个月即每 5 月及 11 月检查一次,历经办理无异。兹届民国二十年(1931 年)份第二届检查期间,自应照章举行,请贵会查照云。

《江声报》1931 年 11 月 8 日

反对印花税局骚扰　商会昨开各途代表会议
议后赴市局请愿制止　结果有相当办法

厦门商会昨(7)日下午4时，开各同业公会代表会议。到会者27团体，主席陈瑞清，记录林东山。讨论事项：一、思金营业税局函以各项税捐奉厅令，自本年1月起，按照原额增加四成，请劝导各同业公会遵照办理案。议决：订1月10日(星期二)召集各关系同业公会，并函请营业税局长莅会妥商办理。二、关于忠金印花税局迩来恣意检查骚扰市面，违法拘罚，形同绑票，应如何严重对付案。议决：甲、电请财政部、绥靖公署、省政府、省印花税总局严令禁止查办。乙、由各同业公会组织“反对思金印花税局违法委员会”，并推举钱庄业、绸布业、汽车业，并沪商业、珠宝业、旅栈业、颜料业、五金业、面粉业、杂货业、参药业、银信业、水果业、柴炭业、火柴业、洋柴业等15团体为委员。丙、向公安局请愿，制止印花税局违法骚扰拘捕市民以维治安而重商业。议至6时45分，由陈瑞清领导全体代表由商会出发，径赴市局请愿。抵局时，当由林局长邀请各位代表进入内客厅座谈，首由陈瑞清叙述来意，次吴时汉起谓：该局自改委新局长朱焱扬后，私设拘留所，滥拘商民，日拘留百余人，或数十人不等。擅行科罚，核与印花税条例大相径庭。商人对此难堪其扰，故请商会开会讨论，签议向局长请愿制止云云。林局长对各代表所称，当即表示，谓印花税局对截途检查掳人罚款等，亦认为不合。乃嘱该局职员许照垣于今晨协同商会代表，往印花税局，饬令此后对检查印花，勿论在何处，应会同各该管警署或警分所，设在中途检得得贴账簿单据者，亦应请警证明，将带局登记后，即将人放行。俟处理违反印花税案件审理委员会组织成立，共同按章处置，不得擅自拘罚。各代表认此为完满，遂告辞而返。

《江声报》1933年1月8日

印花税查罚中　公安局允商会成立违税审委会办

商会代表洪晓春、陈瑞清、黄瑞甫、庄金章、曾鉴堂、严灼如、吴时汉、李世俊等，昨(14)日于赴司令部后，顺途往谒新公安局长林鸿飞，声明订期谯会林局长，借表欢迎。林局长以现甫视事，无欢迎之可言，一俟将来办理有相当成绩后,当与各位畅饮一番。各代表见林氏辞意坚决,未便勉强,乃将印花税局对局令不听制止,日军骚扰更甚,请求将日前所预定办法五项(参阅10日本报),饬令该局履行。林氏答以当即令该局速即成立违反印花税条例案件审理委员会,着即遵照该局所定办法办理。于是各代表报告以思金营业税局通令照原额加四成认纳,各途商现因商业不景气,组织研究营业税委员会,正在研究中。省财政厅日昨又委派人为厦门洋蜡烛营业税承办人,查该途营业税,经归由纳税人直接认缴,限期未届,欲另包他人,恐启纠纷,希望贵局勿派警协助。经林局答复嘱令,将情具呈财厅直接交涉云云。至此各代表遂告辞而别云。

《江声报》1933年1月15日

思金印花税审查违反税法委员会
昨日开第一次会议暂行条例修正通过

思金印花税局员骚扰商民,经商会交涉,成立思金印花税审查违反印花税法委员会后,昨(21)日下午3时,该委员会召开第一次会议,出席者印花局代表梁少白,公安局代表刘哲民,商事研究会代表严焰,商会代表汪金章,主席梁少白,纪录严焰,讨论事项:甲、主席将本会条例提付公决案,本暂行条例照修正通过,条文如次:一、本条例依照国府财政部颁布条例,参酌地方情形组织之,定名为思金印花税属理违反印花税法委员会暂行条例。二、审理违反印花违法委员会额定委员5人,由思金印花税分局、厦市公安局、思明县政府、厦门商会、商事研究会,各派代表一人组织之,以思金印花税局代表为当然主席。三、审查违反印花税法委员会,于每星期六下午2时至5时,为开会时间。四、思金印花税分局,为发觉商民有违反印花税法时,其检获证物,应送会审理处分,不得私自交各机关执行。五、审理委员会审查后,为认为有违反印花税法时,由各委员签名盖章,移交思金印花税局照判执行。如被处分人不能履行时,得将该案送请公安局执行之。六、如商民等有违反印花税,情愿遵罚,请求立即结案者,得免审查,但处分方式,不得违反条例。七、送公安局执行各案,罚金除公安局提扣办公费二成外,余概由思金印花税局照章支配。八、商民违反印花法,有不服本会处分时,得呈请省局区域内委员会复审之。九、本条例有未尽事宜,将开会修正之。十、本条例自呈准之日施行。乙、关于调查委员如检获违反印花税法之商民,应如何办理案。议决：将该证带局审查，请被获人须同调查员到局登记。

《江声报》1933 年 1 月 22 日

三个月来印花税收入计二万一千元

思金印花税局自开办至今，其每月收入计本年 1 月份七千元，2 月份八千元，3 月份六千余元。现查该局以商店普通印花如单据、账簿经已遵章贴用，但以交通用之船票、戏票，及行政机关之人事凭证尚未按章贴用印花。拟于 4 月初旬召集各关系方面讨论实行印花章程办法，并向新闻界宣布云。查船票、车票按章票资每位 1 元，应贴印花 1 分；戏券、游戏券券资每位在 5 角以上者贴印花 2 分，不满 5 角者贴印花 1 分云。又思金印花税审查违反印花税法委员会，第十次会议主席梁少白审理案件：一、不贴印花者复成号簿 2 本，聚德发号发票 1 张，华昌号汇票 1 张，永泰成号簿 1 本。二，贴花不足数者，永昌号簿 2 本。以上两项并案照章从轻议处，不贴花每本罚 10 元，贴不足者每件处罚 5 元。三、又查重犯不贴花者，有协顺益送金簿 1 本，应议处罚 20 元。

《江声报》1933 年 3 月 25 日

印花烟酒局改换关防　思金东分局长昨日视事

思金东烟酒税稽征分局长曾云，昨布告，略云：奉委遵于本月 21 日到局启钤视事，各烟酒商及家营户，所有应完烟酒税、牌照税。务须克日遵照完纳，毋得迟延玩匿，致干惩处云云。

又福建印花烟酒税局李权，昨在厦贴出布告，略云奉临时财特派员陈委令，遵于本月 18 日到局接收管理。惟自闽省乱作，伪政府财政部变更本局名义为闽延兴龙区印花烟酒税局。原有铜质关防，亦被呈缴伪政府财政部，自应作废。现经呈准，陈特派员暂发木质关防一颗，文曰“财政部福建印花烟酒税局之关防”，谨于本月 19 日启用。合行布告周知云。

《江声报》1934 年 2 月 1 日

印花税局解释三点昨函商会

各县商会联席会议,有关于印花提案三条。思金东印花税局,昨为此函市商会,分述各点,略言:一、商人对于印花,既可一致行动,则印花税当可普及实贴。二、敝局长任内,并未派员征收海面印花,诚恐有人藉端招摇。倘能指明事实,或经当地民众扭送到局,立即依法严惩。三、制止金门印花一节,查金门系敝局所辖,该处接办甫逾1月,印花系按章实贴,何以有苛征情事。日前已经派员往查,再行核办。敝局长到差未及2月,甚愿与邦人诸友,相见以诚,商民漏匿印花者,查获后第一次加以申诫,第二次薄于惩罚。若按照规定,办法极严,敝局只照最低数目处分。

《江声报》1934年3月17日

印花烟酒税　本月起归地方征收　原税局结束

福建印花烟酒税局,昨在厦贴出布告,略谓:奉财政部训令开,案查烟酒牌照税,奉国府公布营业税法,于第二条规定"中央征收之烟酒牌照税,除由中央留十分之一外,其余应拨归各省市,作为地方收入",历经照办在案。此次本部召开全国财政会议,对于各省市减轻田赋附加,废除苛捐杂税后,抵补方法,经大会决议将烟酒牌照税,全部划归地方。本部为调剂地方财政起见,应准改归地方自办,借便稽征。现定自本年7月1日起,实行划出,交由各省市政府依照中央法令章则,接续征收。应由该局电令所属各分局,关于稽征烟酒牌照税事项,限于本年6月30日一律截止,所有本年秋季牌照税,绝对不得再征。其各分局用余牌照,即责成分别种类张数,造具清册,缴由该局汇齐呈缴来部,不许遗留在外,以杜流弊等因。奉此,自应遵办,仰全省各烟酒商民一体周知云。

《江声报》1934年7月6日

商会解释贴印花法　致银行及各途商

市商会昨致函各银行、各同业公会,及各公司云:径启者,查新印花税法,于本9月1日起施行后,迭由各商到会请示,对于9月以前所用之旧簿,应否贴足2角等情。据此，特为解释如下：一、依照法律不溯既往之原则，9月1日以前所用之账簿，既系依据印花税暂行条例贴花，自不受9月1日起施行之新印花税法支配。二、印花税法施行后，印花税暂行条例虽已废止。但以前接[按]照该条例贴花，尚未用完之账簿，依据新印花税法第十条之规定，其所贴印花税票之时效，应截止至年终商业总结束之日为止。

《江声报》1935年9月14日

本市今日印花大检查　调验商铺账簿　劝导市民购贴

财政部特派驻闽督查印花税委员张兆符，日前来厦督查印花税各节，业志本报。兹查张氏连日与市长王固磐、公安局长沈觐康商洽结果，已订于今(1)日由局饬派员警，随同张氏出发，举行印花税大检查。凡各大街市商号，均拟前往调验账簿，有无粘贴印花，并劝导各商民自动购贴，尽国民一分天职。昨晚记者访张氏于天仙旅社，询以闽省印花税销售情形及其递年减销原因。据张氏谈：一、本省各县销售印花最多者为闽侯，每月约销7500左右元。7、8两月较少，亦五六千元。其次为思明，计4月份销4531元，5月份4120元，6月份3656元，7月份2737元，8月份2494元，9月份3775元。二、全省销数，民国二十一年(1932年)22.8万余元，民国二十二年(1933年)31.9万余元，民国二十三年(1934年)1至6月9.97万余元，全年10余万元。是年为历年销数之最低减者。三、自去年9月1日起，印花由各地邮局批售后，政府予商民以多种方便，原冀自由购贴，可以增加税收，但结果竟得其反。其原因不外商民对爱国热度尚极落后，不能追踪欧美人士，有以致之。前此设局办理，推销印花方法，多系向各商号分配。例如每月能贴印花百元者，则摊销40元或若干元。虽不能达到当局目的，亦聊胜于无。今则有并此之数亦不愿购贴者，斯实国人之最大弱点。盖印花税为各国所共认之优良国税，舍此而不愿负担，国家度支更从何处取给。张氏又谈，今后希望：一、商民激发爱国性，一致照章购贴。二、市县府认真检查、劝导云云。

《江声报》1935年10月1日

昨检查印花　十二家簿据被扣　订今日继续抽查

财部特派驻闽督查印花税委员张兆符，昨会同市局督察员邱登岚、卢烈，烟酒印花税局沈阁臣、李友梅及一分局长警等一行六七人，分向中山路段及思明南路等处，抽查商铺簿据有无照贴印花。据烟酒印花税局息，昨日检查结果，发觉大小商店12家，均未遵照部颁之新印花税法实贴。新印花税法系规定凡9月1日所立账簿，须照章实贴2角。9(月)1(日)以前，实贴1角。该号等俱各漏贴，中山路新广益账簿15本，系9(月)1(日)新立，未照新章粘贴。原拟将账簿扣留，嗣张委员妨碍其营业，除10本劝其遵章实贴外，仅扣留5本。此外三友酒家、纶华泰，亦发觉同样漏贴账簿各1本。泰利船务行船单，颐和园凭单各3张，亦皆漏贴，统共12号账簿单折，均予扣留，送入公安局，转法院办理。订今(2)日由烟酒印花税局改派抽查员张彰英、卢季刚会同公安局员警，到第二分局辖内之大同路、思明北路一带抽查云。

《江声报》1935年10月2日

财部督察薛兆棠　奉派来厦视察
抽查两戏院复用印花

财政部直接税署督察薛兆棠，奉派视察广东、福建二省税收。薛氏经于前日抵厦，已志本报。兹悉：现广东税收只完成18%，而福建税收只完成22%，乃为全国税收成绩最低省份。查薛氏现任税署督察，税署以粤闽税收成绩甚低，故派薛视察，明年度税界人事调整，薛氏经被圈定出任广东区局副局长。查薛氏，拟留厦过民国三十六年(1947年)元旦节，定1月3日返南京。

又讯　南京税署督察薛兆棠到厦视察，于日昨接南京税署电，以厦门思明、中华两戏院，对于印花税近被控案到署，饬令就近调查处理。薛氏奉电，于昨日率同厦门直税局吕秘书建元，前往思明、中华二戏院抽查印花。经检得两戏院重复贴用已用过旧印花不少，当即没收。中华戏院重用印花16张，思明戏院重用印花十纸。至于案中情形，刻仍秘密查究中云。

《江声报》1946年12月29日

税局派员　抽查印花

本报讯　厦门直接税局本年度印花税预算庞大，该局为求达到预算，经议决加强抽查印花，以防漏税，而资国库，并决定于两星期内，将全市各商户抽查完毕。经分区负责出动，计分三区、三组，第一区第一组负责人为张学仁、庄鸿基、郑光昕、许金虎、黄贞元，路线开元路、鹭江道、厦禾路、开禾路、思明北路、思明东路；第二区第二组为陈贻俊、吕毓芬、何冲云、王荣光、刘晨，路线思明西路、人和路、新路街、大同路、海后路、横竹路、镇邦路、升平路、大中路；第三区第三组郑长锵、叶铁枪、陈平格、颜廷秀、林友杰，路线思明南路、泰山路、钩仔街、中山路、中华路、水仙路、晨光路。至于禾山、鼓浪屿等处，则由该查征所负责云。

《江声报》1947 年 5 月 31 日

完纳货物税厂商发货票贴花办法

本市直接税分局昨奉到完纳货物税厂商发货票贴花办法一种，原办法如下：(一)凡从事生产货物税物品各厂商(以下简称各厂商)，其产品应依法完纳货物税者，于出售产品开立发货票时，得依本办法规定贴用印花税票。(二)各厂商出售产品，应分别依照营业税法及特种营业税法，开立发货票，如需另立出货栈单者，应分别贴用印花税票。(三)各厂商发货票所列产品售价，应按厂商实际售价开列，其已纳货物税者，准予减除已纳货物税金额，核实开列，依法贴用印花税票，并加盖“外货物税××元，另有完税照”戳记，以备稽查。(四)依本办法贴用印花税票之发货票，应付关于完纳货物税之完税照，不得分离，但不发给完税照之物品，应由货物税驻征人员加盖“已完货物税”戳记证明之。(五)各机制厂商经派有货物税驻厂稽征人员者，得申请援用印花税票简化贴用办法办理。(六)各厂商不得以出货栈单暨货物税完税照分运照代替发货票使用。(七)各厂商兼营零售者，其零售部分不适用本办法之规定。(八)违反本办法规定者，其发货票不得扣除已纳货税物税款。(九)本办法自公布日施行。

《江声报》1947 年 11 月 19 日

外国卷烟　应贴查验证

厦门货物税局，近奉财政部代电，对于外国卷烟恢复逐包实贴查验证，兹查对于市内烟商贩存之外烟补贴查验证办法如下：(一)存量在 5000 枝以下,无论曾否报经登记,逐条盖戳,均限于本年12月底以前报请该局验明,逐包补贴查验证,方准销售。数量在5000枝以上,曾经登记逐条盖戳者,亦予补贴,但超过5000枝未经登记盖戳,又不能呈验完税凭证者,其超过部分应核价补税,逐包贴证销售。(二)已运入口经海关代征货物税之外烟,尚未向该局换领花照者,均准在本年底以前申请补办。嗣后凭已领之许可证进口,经海关代征货物税之烟件,应照规定限期办理换照手续,原装箱烟件,概须拆箱逐包贴证,及在箱面发帖印花,方予放行。(三)补贴查验证事宜,经该局通知市商会及烟酒摊业同业公会,将来烟补贴期间派员协同清查,督饬烟商办理。至烟商领贴查验证,应出具领据,由公会盖章证明,送该局办理。以上办法经该局分别通知暨布告周知,自民国三十七年(1948年)1月1日起,市面零售之外国卷烟一律凭查验证销售,未贴查验证者,查获概以私货论处云。

《中央日报》1947年11月30日

普查印花明起举行

直接税局定明日起分区普查印花,包括各商号进货发票暨出售货物立发票及娱乐场所入场票券等,全市分三区域:第一区中山路、中华路、水仙路、晨光路、泰山路、钩仔路、思明南路。第二区大同路、海后路、横竹路、镇邦路、升平路、大中路、思明西路、人和路、新路街。第三区开元路、鹭江道、厦禾路、开禾路、思明北路、思明东路。

《江声报》1947年11月30日

货易货视同买卖　应开发票贴印花

本报讯　查市面上间有以货换货折价交易双方大多不遵规定,开立凭证(如发票发货单)等,逃避纳税义务。本市直接税分局顷奉层令,以货易货虽非以货币为交易之媒介,然依据民法第398条,倘〈当〉事人双方约定互相移转金钱以外之财产权者,准用关于买卖之规定,自应视同买卖行为,双方均应按营业性质分别依营业税法第9条或特种营业税法第10条之规定,开立发票,并应照原列品名、数量依法折合金额计贴印花税票。倘双方故意规避纳税义务,不开立发货票者,应即依照营业税法第22条、第25条或特种营业税法第19条、第24条之规定，移送法院处罚。闻该局奉令后，经饬检查员随时严密检查，如有发现此种情事，并将依法移送法院处罚，以杜漏逃云。

《中央日报》1948年4月14日

本市车辆牌照税开始征收

市稽征处奉令开征民国三十七年（1948年）度使用牌照税，所有行驶市区之人力车、人力货车、脚踏车、三轮车等，于即日起均需照章前往该处缴纳牌照税，换领新牌照，并限于2月中旬以前全部办理完竣，逾期将转函警局予以惩办。顷该处已函令各该途工会知照办理云。

《江声报》1948年1月29日

市稽征处限期催缴营业牌照税及房捐

据市稽征处息，民国三十七年（1948年）度营业牌照税，经一再通知限本6月底以前交清，不论新旧开设之行号、公司、商店，如有未领到本年度营业牌照者均须于两日内前往该处交税领照，逾期者7月1日起即照原额，加征罚锾2倍。以后每再逾10日不交，递加1倍至5倍为止。其仍不领照交税者，则将认为无营业权利，而照营业牌照税法规定移由司法机关执行停业之处分。

又据称本市中心区及开元区辖之思东、思西、开营、中山、水仙、新禾等各保房捐，前经该处分发通知书，限本月底前缴清，各业主暨住户在2日内备款清交，逾限即由7月1日起加征迟纳罚锾二成云。（衣）

又市税捐稽征处，以本市茶业、六途商业、银信、国药、壳灰、棉纱、参药、鞋业、鱼摊、鱼行、旧货、人力车、旅栈、报关、猪行、柴炭等同业公会，民国三十六年（1947年）4月至12月份，应造住商营业税底册，延未造送，致无法如期转核。现此项底册，省令催送，急如星火，除将百货公会等94公会底册，先行抄送，并分呈财政厅核备外，至未送上述公会底册，经指派该处督征员孙秦穆、庄弗尘专责分途催造外，并将未送底册公会，列具名单呈请市府察核。市府据报，昨已令行市商会转饬各该未造送公会于文到3日内，即将前项底册妥送稽征处汇转云。（愚）

《江声报》1948年6月29日

订立发货单贴印花释疑

本报讯　国税管理局厦门稽征局昨(8)日函市商会，略以层奉财政部电，进口商对于在国外订立发货票，实无使用可言，是否应补贴印花，请贴疑义。查造口商所，国外之发货票，如因收受者仅存自己□□，而不以之为权利□□使用者，自应免贴印花税票。但进口商如□该项外商给予之发票，□以报□及结□外进时，即属使用之性质主因，该使用人加贴印花税票，又□以向轮船公司□取货物之□□，亦系属使用行为，于使用自应用印花税票，商会经转知各商云。

《中央日报》1948年9月29日

印花税额增加巨数　商会议决商洽减轻

市商会昨召开理监事暨各同业公会负责人第二次联席会议，出席全体理监事暨鞋业、钟表等26公会。议决：一、为励行守时运动，嗣后开会拟规定迟到缺席处罚办法交陈秘书草拟提下会讨论。二、关于本市认购印花税额，前经市商会与税局洽定全年75亿元(折合金元2500元)秋、冬两季占65%，应为1,625元。然近本市国税稽征局发表本市下半年印花税为11万余元，比原额增加达68倍，税局迟至近日通知认购。其迟缓原因，系为当局辗转改订办法，并非商家拖延购贴。今竟增加如此巨数，商民无法负担，应请原代表再与税局商洽，以原洽定税额为基础，作合理之调整，俾得兼顾国税收入与商民负担。

《江声报》1948年11月12日

购贴印花办法　商会与国税局商妥

关于民国三十七年(1948年)度下半年购贴印花办法，经商会推派代表与国税稽征局商洽决定，兹探录该办法内容如下：(一)申请购贴印花税票总额为5.75万元。(二)各同业公会申请购贴百分比参照上半年度议定数酌予调整。(三)各同业公会会员申请购贴，一律售给印花税票，以备随时贴用。(四)开立凭证,应依法贴足印花税票。(五)各同业公会应于 11 月 20 日前,造具所属会员申请购印花税票名册 2 份,送国税局查核,非会员名册并应一并造送。(六)各同业公会会员申请购贴额,应于 12 月 10 日前一次购领清楚。(七)逾前项议定限期未购领清楚者,照其原申请购贴额加购二成。(八)各同业公会会员申请购领印花税票以统购为原则。(厚)

《立人日报》1948 年 11 月 18 日

国税稽征局　未配售税法

本市日来发现有人持所得税法文、印花税法,向各商号兜售情事。记者特往本市国税稽征局探悉,该局并未派员售卖。至印花税法,自总统府修正颁布后,该局亦仅接得颁布命令。至已印便印花税法,目前虽已奉令配发,但迄未到达,一俟奉到即可无价分发各机关团体备用云。(税)

《江声报》1948 年 11 月 20 日

缴纳营业牌照税重新申报　市商会请展期

本报讯　昨市商会召开第二届第三次常务理事会议,出席庄金章、魏英才、骆萍踪、郭礼宗,主席庄金章。讨论:一、据进口商纷纷到会称,以进口货值申报后,常被海关改估增高,致稽征处认为申报营业收入额与海关估价不符,短纳营业税,另发通知书,限期补纳差额,变成一条税款分划为原申报额及补纳额两条。总额虽不差,手续则加麻烦,应如何洽请改善案?议决:推魏常务理事洽请稽征处照旧以原申报额合并海关估价之差额统计,通知各住商按月缴纳。二、奉市府令转饬各会员,限元月底以前向稽征处重新办理申报缴纳营业牌照税,逾期则加征罚锾,并勒令停业等因,如何办理请公决案?议决:本市商店,向例皆以旧历年关为年度结账期,其资本额之调整,须俟旧历元月始能决定,且因申报资本额漫无标准,去年曾与当局洽定各业商号分等核定税额之办法,应推请庄理事长洽请当局展限至旧历元月,援照去年成案办理。

《中央日报》1949 年 1 月 16 日

车船牌照税　重新调整

本报讯　本市车辆使[驶]牌照税，前经按照民国三十七年(1948年)标准以35倍调整，旋因情形不符，经市府重新调整，并函市参议会查照。兹探志如下：车(下列税额均以年为单位)，乘人小汽车：20000元至40000元；载货汽车：32000元至64000元；乘人大汽车：32000元至64000元；机器脚踏车：8000元至16000元；兽力驾驶车：8000元至16000元；人力运货车：8000元至16000元；脚踏车：2000元至4000元；三轮车：4000元至8000元；两轮人力车：2000元至4000元。

船：人力驾驶船12000元，机器行使船每吨400至800元。

舆：肩舆800元。

《江声报》1949年3月8日

十元面值印花　今日开始配售
税局将举行印花普查

本报讯　查自金圆印花税票发行以来，本市国税稽征局，以往奉配者最高面仅至1元，致一般凭证，均感贴用麻烦。该局为便利起见，曾设法尽量填发印花税缴款簿，解广代用，案志本报。兹悉，昨由本市邮局寄到印花税票一批，面值约为10元，国税稽征局已在迅速配发中，本日各代售机关即可开售，并凭证如需大额印票者，该局仍继续利用印花税缴款书，尽量填发贴用。

又悉该局以月来因印税税票供应或继或续，深恐商人借词取巧，对于应贴印花税票凭证，仍不遵贴印花，日内将开始举行春季印花普查云。

《立人日报》1949年3月23日

三、统税、特税

国货卷烟公会反对稽征印花特税

昨晚7时国货卷烟业同业公会，开第三次会员大会，探录议案如次：一、据报载省政府中央协款未能照案汇拨，拟稽征卷烟等印花特税。查卷烟当出厂时，已完纳中央统税，负担已重，何堪额外重征，本会对此应如何表示案。议决：（一）函请商会转呈省政府准予免征。（二）呈请县党部、县政府转呈省政府恳准豁免。二、函请上海市华商卷烟厂同业公会，予以援助，径向国民政府财政部交涉，俾免重征。三、关于出席商会代表人选案。议决：推派何远屏、曾国钦、许宗蔡三同志出席。议至9时乃散。

《江声报》1932年1月12日

商会昨开各途代表大会　交涉招商局扣留商家运厦货件对付特税事　定二十四日会员大会讨论

厦门商会昨(21)日下午4时开各公会代表大会，暨执监委员联席会议，出席代表计35人，主席洪鸿儒，记录林东山。讨论事项：一、面粉业同业公会函以厦门招商局局长吴主策，违法扣留商家由沪运厦货件，请予严重交涉案。议决：甲、函招商局准将该货克日放行。乙、电上海招商总局饬令厦门招商分局克日将该货件放行。丙、函会审公堂将该局起运鼓浪屿之货件暂予扣押。丁、电上海泉漳会馆就近向招商总局交涉。戊、所有该货交涉手续，由黄瑞甫、魏英才负责办理。二、关于厦门特税稽征所所长杨靖之违法逼征麦粉、水泥、棉纱、火柴、煤油、卷烟等项特税，开枪威逼请愿商众，破坏中央法令，压迫民众，应如何严重对付案。议决：甲、订1月24日下午2时开会员大会讨论办法。乙、丙(密)。附面粉公会致商会函，函云：径启者，兹据敝会会员永大、乾元、益丰号等声称，敝号等此次由沪配招商局通顺轮运来面粉等货，该载字随轮前来，理应交客出货，方合手续。讵意该局内部发生障碍，竟敢将载字逗留，且言每千包面粉，须交3000元作保证金云云。似此行为，违法至极。为此据情函请贵会迅向招商局严重交涉，在未解决以前，应请函税务司着将该轮扣留，以维商业云云。

附录厦门商会致函鼓浪屿会审公堂云：径启者，本日接据面粉同业公会函称，兹据敝会会员乾元、永大号等声称(中略)等由。据此，当经本会开会议决，函会审公堂将该局起运鼓浪屿之货件，暂予扣押等词在案。相应录案函达贵堂查照办理，并希见复为荷。

又电上海招商总局云：上海招商总局鉴，顷据面粉同业公会函称会员乾元、永大、益丰讯号声称(中略)等情。查厦招商局吴局长主策，违法扣留商家由沪运厦货件，实属不合。特电达贵局长查照，请迅电饬吴局长克日将货件放行，以免纠纷，切盼。厦门商会养（21日）。

《江声报》1932年1月22日

各商业同业公会昨发反对省颁特税宣言 历述反对理由
“破坏统一 弁髦法令 摧残商业 压迫民众”
县政府调停无结果 商家只愿纳中央统税

厦门各途商反对征收特税各情业详载前报，兹查各同业公会自组织厦门商业同业公会，反对弁法征收特税委员会之后，杨县长曾出调停，使事免扩大。闻拟现下可将棉纱、柴、煤油、麦粉四项，暂时停止开征。卷烟、洋灰二项，即着手办理，而四项则听命于中央之示明等情。惟商会则以此种事件，业由各商业同业公会会员代表大会讨论办理，须候由大会表决之。杨谓：商家如认缴是税，一方可免缴纳海关代收税项，即请各商将征关税移缴税，其在沪开征之统税，商家虽已完纳，但在厦再纳特税之后，就可将特税收据，抵缴统税，是商家先后虽两完其税，而结果亦只纳一税云云。闻各途商以系只须纳一次税即中央已有统税之设，何必又多此一举。故此次反对特税事，尚未有解决办法云。

又各商业同业公会昨已发出为反对非法征收麦粉、水泥、棉纱、卷烟、火柴、煤油等特税宣言云。南粤统一，国府重建，各地民众莫不额手称庆，翘企政治之刷新。谓民生涂炭已久，国家复遭巨创，举国上下，必能同心一德，精诚团结。内则整饬官方，修明纲纪，厘定度支，开源节流；外则武力抗日，收复失地，以雪国耻，而保主权，出人民于水火之中，奠党国于磐石之固。庸讵知政府方明令整顿纪纲，革新政治，荡瑕涤秽，与民更始之初，而闽省财厅，竟于此时在厦设立特税稽征所，擅征麦粉、棉纱、水泥、卷烟、火柴、煤油等项特税，破坏国家统一，弁髦中央法令，摧残商业，压迫民众，实属违法至极。本会等切肤有痛，难守缄默，特将反对理由，缕述如下：政府划定税收，有国家税与地方税之别。国家税由中央直接征收，地方税由地方政府征收，实不容有所混淆，致紊行政之统系。乃麦粉、棉纱、水泥、卷烟、火柴及煤油等项，政府所划定为国家税，而由中央直接征以统筹者。讵闽省财厅，竟借口中央协款未拨，决就中央直辖各该统税，由其征收特税。质言之，即截留国税之□□□。诚如是，各省财厅效尤，陷中央财政于绝境，使国家成分裂之局。

国信不立，民生奚赖，此商民反对之理由一也。（未完）

《江声报》1932年1月27日

特税继续征收　商会派代表赴司令部　请转呈省府收回成命

厦门商会于昨日下午4时，开执监委员会，及各同业公会代表会议。到会者执监委员15人，公会代表22人，主席洪鸿儒，记录林东山。行礼如仪毕，其讨论事项：一、关于大会承办本市商印花，逐月课款不敷尚巨，应如何解决案。议决：函钱庄业公会，对于银行印花，应由本会配销，并函各同业公会，转知各会员，对于账簿单据，务须一律照章贴花，否则被稽查员查获，应即依法罚办。二、漳厦海军警备司部函，以准省政府阳电开：奉国府艳电：各省应就地筹款，供给境内军政各费等因。本府以外交紧迫，军糈至关重要，前办各项特税，应继续征收。希转函商会，传谕各途商遵照等由，请查照办理等词，应如何解决案。议决：省府征收特税，核与国府裁厘明令，及宋财政部长本月阳日停止各省借用国税之通电抵触，碍难遵从。并推举魏英才、严灼如、张再锡、陈极星、许宗蔡、庄金章、洪鸿儒为代表，偕同赴司令部陈述苦衷，请其据情转请省府，收回成命，以维法令而恤商艰。

《江声报》1932年2月17日

绸布无分运照　内地税局任意处罚
绸布公会请商会　呈财部明文解释

厦门商会昨日接绸布业同业公会函云：径启者，查统税条例，除在厂所在地临时布告而外，并无印成条文公布全国，以致商人靡所遵循。而各地统税查验所，每任意出入，滥施职权，其摧残国货，妨害商业，至为巨大。缘厦门由上海进口之已完，统税货物均系转运闽南内地销售，或闽南内地小贩来厦购买三匹、五匹，或一件半件，自行带入内地销售。间因不谙税法，或因潮水紧迫关系，忽略未领分运照，及货抵内地（同安、石码等处），则被该地统税查验分所指为漏税，将货没收，并将货主扣押，勒罚巨款，或照货物价值处罚3倍，或照货物税额处罚20倍，均随各地所长之意旨而异（其间小贩因买三匹五匹，一见货物被拿，多不敢出头手承认，听其没收）。对于进口时所执之统税完税准凭照，及海关之报单一概认为无效，甚而对于统税完税凭照效用之期间，亦随各地而异，或准用六个月，或准用一个月，越时均勒重完税款。其压迫商人，甚于从前之厘金，商贩怨声载道。惟据调查，上海统税局则称直接织成品完税凭照有效期间为1年，期满尚可声请展限六个月。如因完税凭照遗失，则照补税。如因不及请领分运照，可照手续补领，并无没收处罚之条文，其保护国货之主意，何如？但是未得当局明文解释，商人实无从遵循。本会为国货前途计，为弱小商贩利害计，难安缄默，特此函请钧会准予呈请财政部统税署，对于各点，迅予明文解释，俾商人有所遵循，不胜感纫之至云云。

《江声报》1933年8月10日

绸布转口统税所留难　商会请财税署示所遵循

绸布业公会，为会员由上海进口之已完统税货物，转运内地或商贩来厦购往，每被该地统税分所指为漏税，将货没收，或将货主扣押勒罚，抑照货价处罚数倍，其妨害商业殊非浅鲜。日前曾致函厦商会，请为转函财部总税署，对以上各点，迅以明文解释，俾该途商有所遵循。去后，昨商会据情函转财部税署，略谓，该会所称各节，确属实情。为此函请贵署对于统税条例及转运手续，应如何办理，明白复示解释，俾商民明了云云。

《江声报》1933年8月13日

土烟丝运销特税区　每百斤征税四元一角五分

商会昨接福建印花烟酒税局一函，略谓：奉财部税务署令，土烟叶刨制成丝，由非特区区域经过时，按照土烟叶特税征收，暂行章程第八条之规定，应向入境第一道特税机关缴纳特税。惟该项土烟丝所用之土烟叶原料，及抽箸[筋]多寡，并其掺料刨制方法，各省不同。兹经本署折中核定，凡由非特税区之土烟丝运销特税区域内时，不问其所用土烟叶抽筋若干及刨制时掺用何种质料，概应按照所用烟丝之实际重量，每百斤一律征收土烟叶特税4元1角5分，以归一致，等因奉此，自应遵办。应请贵会转谕各商知悉云。

《江声报》1933年9月9日

商会函税署　请解释税章
棉纱罚则十倍　果据何项标准

市商会昨发函致中央税署文云：径启者，查棉纱统税处罚章程第三条载“纱商有下列行为之一者，除将有漏税部分棉纱或棉纱直接织成品没收充公外，应按情节轻重，照漏税或冒领退税数目处10倍罚金。其触犯刑律部分，并移送司法机关究办”。

又第四条载“纱商有下列情事之一者，除将漏税部分之棉纱或棉纱直接织成品没收充公外，应按情节轻重或漏税数目处10倍以下之罚金”云云。查上列二条所谓处10倍以下之罚金，似系照漏税数目处罚，并非照货价处罚，乃闽南各统税分局对于处罚不明统税条例，而致漏者，除将货件没收充公外，并照漏税货物价格处以10倍以下罚金，商人叫苦连天，怨声载道。似此行为是否合法，吁请明白解释，至深公感。

《江声报》1933年9月30日

韩福海谈统税稽征办法
稽征所长黄希范昨视事　米税暂撤船税局依旧

市财政局连日派员接收各税局后，各局人选尚未发表。昨记者复访财局长韩福海，询以该局人员是否已内定。据谈：船税局仍陈桂荫，洋米税局暂撤，禾山征收所归禾山海军办事处，租赋处未定。统税稽征所委任黄希范，黄已于今（即昨日）视事。惟税收无几，十九路驻厦，每月可收20余万元，系将中央已征之税重征，使商民重重担负。统税在北方包括卷烟、水泥、棉纱、火柴、麦粉、矿产计六项。而厦门则缺一矿产，仅有五项税。现本局将统税局改为统税稽征所，征收标准，系奉中央命令施行。凡各地既纳统税之货物来厦，不在重收。简言之，统税稽征所系补征漏税耳云云。

《江声报》1934年1月13日

印花烟酒税　本月起归地方征收　原税局结束

福建印花烟酒税局，昨在厦贴出布告，略谓：奉财政部训令开，案查烟酒牌照税,奉国府公布营业税法,于第二条规定"中央征收之烟酒牌照税,除由中央留十分之一外,其余应拨归各省市,作为地方收入",历经照办在案。此次本部召开全国财政会议,对于各省市减轻田赋附加,废除苛捐杂税后,抵补方法,经大会决议将烟酒牌照税,全部划归地方。本部为调剂地方财政起见,应准改归地方自办,借便稽征。现定自本年7月1日起,实行划出,交由各省市政府依照中央法令章则,接续征收。应由该局电令所属各分局,关于稽征烟酒牌照税事项,限于本年6月30日一律截止,所有本年秋季牌照税,绝对不得再征。其各分局用余牌照,即责成分别种类张数,造具清册,缴由该局汇齐呈缴来部,不许遗留在外,以杜流弊等因。奉此,自应遵办,仰全省各烟酒商民一体周知云。

《江声报》1934年7月6日

特种营业税厦海收入激增

肥粉十余万增至三十万　油税稍逊糖税渐起色

厦海特种营业税局自委刘允中整理,收入已有增加。现糖税亦并由该局征收。据该局税务课长周显谟谈:

厦海所辖为厦、同、金、海、云、浦、诏、东、靖、和、溪、泰等各县。经征特种营业税项目,有煤汽油、乌车油、洋蜡烛、海味、肥粉、糖等类。煤汽油一项,包商时代,厦包每年约24万元。现以莆、仙、晋、南、惠、龙溪、汀属各地划出。本局管辖区域税额减去6万元之谱。

各税额定,煤汽油全年18万元,乌车油6万余元,肥粉税11万余元,糖税2万余元,海味7万余元,综计定年额45万元以上。肥粉税每包征1元,民国二十二年(1933年)度收入16万余元,民国二十三年(1934年)9万余元,民国二十四年(1935年)17万余元。本年因东北豆饼鲜到,肥粉畅销。税收增至30万元。

糖税一项,则过去走私甚炽,放洋糖类甚充斥,而税收反无增加。现查缉既严,仍化整为零,私运进口,多由小船登轮,提带上陆。然为数极微,税收影响亦少。目下以较往昔,已无增加现象。全省糖税前财厅预算13万元,今增加规定为23万元。每包糖165斤,过去征税7角,现为9角9分。而税局在鹭江道、厦港、嵩屿等处,均设办事处,配备查验员、税警队,驻扎查缉,并备电艇在海面巡逻,使走私可以渐绝,税得同时增进。推厦埠税务,较诸闽海，福厦两地，情形较特殊。吾人奉令来厦整理，自当不避阻梗。努力干去云。

《江声报》1936 年 10 月 8 日

国产火柴统制推销　联营社厦设支社　组织内容分三部

实业部为统制推销国产火柴，及便利统税征收，去年联合火柴商，在沪组织中华火柴产销联营社，设分社于全国各省市。本市近委任大中华火柴公司驻厦经理林锦贤为支社主任，支社内部分会计、营业、什务等三部，于 3 月 1 日正式成立，社址设于升平路。凡本市进口火柴，除粤汕方面产品，因双方接洽尚未就绪，可自由销售外，其他概归该支社统筹推销。

《江声报》1937 年 3 月 6 日

茶商所请三点税局之答复
省定税章候请示遵行　按期缴款可准予变通

本市茶叶公会代表林济舟、王清音、林勤良、周源、林朝、邵清泉、罗谦益、廖清源、陈病闲等，昨携函向厦海税务局交涉茶税，提出三点：(一)税率应照省定芽茶每百斤征 1 元 6 角，出口箱茶 1 元 1 角 1 分，外省茶 3 元 4 角。(二)税款按期缴纳。(三)福州、漳州、同安等处茶件，入口完税后，无庸再行批验。当由该局窦科长接见。略作如下答复：第一点：省定规章虽已颁布，但未奉令遵行，业已打电话请示，日内得覆，当能照章办理。第二点：省令对缴税，除西北路茶商得填用申请书，由茶栈代缴，南路概须现纳。惟本市茶商确有困难，敝局于可能范围内亦准略予变通，延缓三数日，但须同业或商号担保。第三点：须经敝局考虑后答复，各代表当再申述，谓政府对茶商无论南北路，应一视同仁，仍望准予税款以期限缴纳。因茶件进口，偶逢下雨或节日、星期日银行放假，无法提款缴税。政府在厦又未设有茶仓，若待取款完税，则茶件已不堪收拾，不完则无税单，指为走私。又茶件在省、漳、同安等处已照章完税，自宜一物一税，通行国内外。若出洋要再批验，有时进口茶或分卖于国内外，抑翻庄批发出洋而再批验，实违一物一税原则。茶商对此认为生死关头，倘税局不予救济，则国茶对外运销将受影响云云。窦允研究后于星期一答复,各代表遂辞出,候答复后再行开会。

《江声报》1937 年 5 月 9 日

火柴、水泥、卷烟各改订统税　分别按级征收

海关昨布告,谓奉财部令,卷烟、火柴及水泥之统税税率,现经分别更订如下:一、卷烟 5 万枝价在 800 元以上者为第一级,征税 800 元;5 万枝登记价在 400 元以上至 800 元者为第二级,征税 400 元;5 万枝登记价在 200 元以上至 400 元者为第三级,征税 200 元;5 万枝登记价在 200 元以下者为第四级,征税 100 元。二、火柴、硫化磷、火柴,甲级缴税 12 元 6 角,乙级 15 元 6 角。安全火柴,甲级缴税 15 元 6 角,乙级 20 元 1 角,丙级 24 元。三、水泥每件 170 公斤,缴税 1 元 5 角,113 公斤又三分之二者 1 元,85 公斤者 7 角 5 分,63 公斤又二分之一者 5 角 7 分半,56 公斤又三分之二者 5 角,49 公斤又十分之九者 4 角 5 分,42 公斤又五分之一者 3 角 7 分半。

《江声报》1937 年 5 月 15 日

厦营业税　照特查减一成
已纳特种税者免　财部依原案批示

市商会昨奉财部批示文云:歌代电悉,查闽省整理普通营业税,前于闽侯县商会呈诉案内,业准福建省政府效财二电节开,本省整理善理营业税,准照特殊调查定额,减征十分之一,再就实际情形,分别课税及已纳特种营业税者,即免征普通营业税,并一面将特种营业税加以改善,以轻商人负担等由在案。据呈各节,仰俟咨行福建省政府查核,转饬辩理,此批。

又市商会闻日接思金东烟酒税稽征分局函,略谓:奉层转财部训令开,值此非常时期,军需浩繁,各项统税及烟、酒等税,均先后加征。为谋充实国用,不得不特定暂行办法,将现行印花税率加倍征收,并酌量扩充征税范围,藉资挹注。其处罚漏税罚锾数额,亦分别加重,以利实施。当此全面抗战,税收为军需命严,多得一分税收,即可加强一分国力,商民素明大义,当能共体时艰,勉力照纳,万勿推诿规避,致涉阻挠要政之嫌云。

《江声报》1937 年 11 月 6 日

厦营业税不许援案减征
已纳特种税者准免　公布暂行办法

本市普通营业税，商会奉财部批示，按照省会成案减征一成，经载本报。兹查市财局对比，曾经电省请示，现奉财厅代电，谓该市营业税整理后，额增无几，碍难援照省会成案减征，惟已直接完纳特种营业税者，准予免征，并检发已直接完纳特种营业税之营业税免征普通营业税暂行办法，饬即慎重遵办。该项暂行办法如下：一、凡直接完纳竹、木、笋、茶、海味、糖、肥粉、煤汽油、乌车油、洋蜡烛、废报纸、果植等特种营业税物品，采办商在各该特种营业税未减以前，关于已征特种营业税货品，暂准免征普通营业税。二、前条规定准免普通营业税物品，采办商如有下列各款情形之一者，仍应照章征纳普通营业税。甲、享受免纳特种营业税或奖励金之待遇者。乙、将已纳特种营业税之货品，加工改造其全部或一部者。丙、所纳特种营业税仍向货主扣回者。丁、在出产地采办应征特种营业税之出产品，而无直接完纳特种营业税者。三、已直接完纳特种营业税之采办商除新营业者准以开始营业月份之账簿及特种营业税税单，为已纳特种营业税之证明外，其非新营业者应将上年份账簿连同特种营业税税单及其他足资证明之凭证缴验，以为决定应否免征普通营业税之标准。特种营业税税单保留不全者，得向征收特种营业税机构请给。已纳特种营业税证明书，已纳特种营业税货品之采办商，应将其营业税额另登账簿以便查核。四、依第一条规定，得免普通营业税之物品采办商，应于每年 1 月底以前填具申请书，开列牌号、住址、营业人姓名、全年营业总收入额。采办已直接完纳特种营业税货品之名称及其营业额，□应请免征普通营业税税额等项，连同凭证，送请该管征收机关查核。经派员查明属实，发给通知后，方准分别免征普通营业税，前项申请书，由征收机关发给填用，以昭一律。五、普通营业税征收机关，应于每年 2 月底以前，将该管区域内因直接完纳特种营业税而免征普通营业税之物品采办商，依照申请书所填各项编造底册，呈送财政局，以凭派员调查。

《江声报》1937 年 11 月 12 日

海产业纳特种税　昨日呈请免普通税

海产公会昨函市商会,略谓:已纳特种营业税,免征普通营业税,经财部批示。查本会会员所营海产业,亦系缴纳特种营业税者,乃据各会员纷纷诉称,日来财政局派员到店,推缴海产普通营业税颇严,据此于法令不无抵触。当经本会开会议决,请贵会咨函财政局,对于已缴纳特种营业税之海产业,勿得再派员征收普通营业税,以重功令而维商业云。商会已函请财局遵照办理。

《江声报》1937 年 11 月 12 日

本市烟、酒牌照税　财局布告　限日缴清

市财局昨通告,略谓:财都修正烟、酒牌照税则,烟、酒商每年以 1 月、4 月、7 月、10 月之 1 日至 10 日为换新照时期,不得逾限。兹查本市各烟酒商对于请领牌照,殊多未能遵章办理。现届年终结束,冬季税款积欠尚多,复有少数商民觉有借故抗纳,实属不合,本应加收滞纳罚金,以示儆戒。为念时艰,姑予免究。兹特限定本月 26 日前,各烟酒商如有冬季及以前季份未缴领照纳税者,均须依照特殊调查定额来局清完。倘再违延,决即按章惩处不贷云。

《江声报》1937 年 12 月 23 日

买卖手续费　征及税酒
一物须纳两税　酒商纷起反对

本市开征卖买双方手续费后,对于已完统税之货物,亦附加征税,致商人纷起反对,认为破坏国家税法,加重商人负担,阻碍营业发展,尤其酒商反对尤烈。盖据国产烟酒类税条例第二条规定:“烟酒类税均就产地一道征收,行销国内,各地方政府一律不得重征任何税捐。”同时本市对酒类手续费规定,亦仅征原料酒税,对于复制酒品,无明文规定征收,而禾山经征处主任

许坤培，则遇酒必征，截途扣货，不问是否应纳税捐，一概强迫纳税。其依法章办者，则加重税款，因是引起复制商不满。于昨(23)会议，汇集证据，向层峰呈控，要求撤销苛杂，并惩办该经征处主任滥法扰商云。

《江声报》1946 年 4 月 23 日

货税局申述　台糖退税
俟财政部审核后　始得向国库提还

本市商人，采运台糖，被海关及货物税局重征税捐，乃呈请市商会电财部转饬税局退还税款，经志前报。兹据货物税局称，该局于民国三十四(1945 年)12 月 1 日成立，即准厦门关税务司公署，将台糖统税移送本局征课。嗣该关于去年 12 月 28 日来函称，又奉电代征。本局以原案并未奉到，而部颁收复区货物税稽征办法规定，入境统税货品一律补征，当经分别电请层峰核示。旋以仍未见电示，经商得海关同意，于本(三十五)年(1946 年)元月 17 日起，由本局专责征收，所有税款存储中央银行，候令办理，借便商民。迨同月 18 日复奉财部电，饬运厦台糖统税，应由海关代征，遵于即日停收，并将该期内所收税款，专案移交厦关解库。至于去年 12 月 28 日起至本年元月 17 日止，曾向海关及本局缴纳台糖统税之商号，有泰兴、光华、南成、友联、庆昌、荣丰、延平等 7 家，经申请退税，即分别指饬各该商检具各项纳税凭证，呈送核转。于本(4)月 15 日奉福建区货物税局代电，略以“呈及附件均悉，已检同原件电省核示，凭核准复饬遵”。本局当即转函市商会转饬糖商知照。又复兴商号延至 3 月 15 日始来局申请退税，亦为专案核转。兹以本局经征货物统税遵照公库法规定办理，税款由商人直接缴纳国库，各司经征经收之责。至于退税，应由税务署核转财部审准，分别饬令税务署及国库署转饬本局及厦门国库(中央银行)分署，按照退税手续办理退税。在未奉准前，无法洽请中央银行提拨解库之税款发还云。

《江声报》1946 年 4 月 24 日

货物税局拍卖私货定今日开标

本市货物税局，最近缉获漏税红糖及洋烟酒等私货数起，诚恐日久霉坏,定今(12)日下午2时,在该局礼堂,举行公开拍卖。该局除函请本市各有关机关团体派监开标外,并将各种私货以及拍卖底价及投标办法,发出布告。兹录其投标办法及私货底价表于下:一、拍卖私货原货主,得优先备价,最底价,于投标前来局申请,逾期概不受理。二、商人如欲投标,须先向本局出纳股缴纳押标金国币5000元(另给收据)。三、押标金于开票后,如未中标,翌日凭据发还。如中票弃权,即没收充公。四、每票抵得承投一案,私货一案内有烟或酒分别投标。五、得标人弃权时,由第二票承买,但得票人应于3日内携款前来本局出货,逾限作为弃权论。六、所投之票,应加盖号章及经理人私章,并书明商号地址,否则视为废票。七、投票地点,本市水仙本局礼堂投标箱。八、投标时间民国三十五年(1946年)8月。

《江声报》1946年8月12日

外销中茶取消征税　原收税款发还
出口只须具保记账

福州七日电　本市商界严虑之中销茶类免征统税之财部税务署,已电复准予免征,并可退还已征税款,原电略称:……外销茶类,照案已准免税或退税。沪市茶业输出业等同业公会,曾呈以各地外销茶件,急待起运,请准由商人先行具保记账纳税,给证起运。本署为体恤商艰,并经酌定记账纳税手续,电饬各地货物税机关,遵办以资兼顾云云。

本市讯　查茶业开征统税后,本市未税存茶运销国外,前由该途公会,商准厦门货物税局,准予由会具保免税先行登记出口,并报请层峰核示。兹悉该局顷奉财政部税务署电,以该属直接报运南洋外销茶件,准再出口商人取具铺保,连同黄报单送由该分局核明填发免税照证,俟茶件出口后,由商将原领免税照及海关出口证明装船副提单等件,送该分局核销,并报本署备案。该局奉令后,已函茶叶业公会转饬各该商照遵。

又讯　本市茶商,前已登免税出口之茶件,应由出口商人补具铺保,检齐海关出口证明,装船副提单及原领证明书等件,于10日内呈送该局销案。逾限未能提缴上项证件者,即予照章补税云。

《星光日报》1946年12月8日

今年闽区货物税　预定二百九十七亿

仙游最多龙岩最少

中央社福州2日电　据悉：今年度闽区货物税预算，业经核定为297亿，较去年增加2.4倍。内仙游分局配额最大，达90亿。次为福州、晋江，各65亿。平和30亿，厦门市20亿，龙溪18亿，福安11亿，南平8亿，建瓯5亿，龙岩4亿。据局方表示，今年全国货物税总预算为1.2万余亿，内上海约占半数。闽区虽较去年增加，如能切实把握税源，当不难足额。只仙游糖税一项，可征60亿左右。

《江声报》1947年2月3日

特种营业税限期办申报

厦门直接税分局，奉令举办特种营业税，自本年5月份起开征。现该局对于应课特种营业税之公司行号等，业经布告限于6月25日以前到局申报办理登记手续，请领特种营业税调查证，并将合法账簿送局盖戳。其课征特种营业税范围：一、银行业，包括公营政府与人民合营、民营银行、公司银号、钱庄及其他经营银行业之组织。二、信托业，包括公营政府与人民合营、民营各种信托事业，及兼营信托业之组织。三、保险业，包括公营政府与人民合营、民营保险公司，及兼营保险业务之组织。四、交易所暨交易所内所发生之营利事业。五、进口商营利事业，包括以任何方式专营进口货之中外公司行号，及外商在中华民国境内设有分公司，径销其本厂或他厂出品者之营利事业。六、国际性、省际性之交通事业，包括航空、汽车、轮船三项交通事业，其营业范围超越国际、省际。七、其他有竞争性之国营事业，及中央政府与人民合办之营利事业。至于征收特种营业税之营业不再征普通营业税，另已纳出厂税或出产税之工厂或出产人免征特种营业税，其税率：一、以营业收入额为课征标准者，征收1.5%。二、以营业收益额为课征标准者征收4%，其计算(一)营业收入额，依其各项营业之销货额计算之，其不能依销货额计算者，以其营业所获收益计算其营业收益额。(二)特种营业税按收入额课征者,每三个月查定一次;按收益额课征者,每半年查定一次,按月缴纳云。

《江声报》1947 年 6 月 13 日

特种营业税厦配征二亿　征税范围包括金融机关

中央社福州 15 日电　闽直接税局奉令自 5 月份起开征,特种营业税本年度预算,暂定为 10 亿元,经先配榕分局 3 亿,厦分局 2 亿。因明令于 5 月底奉到,最近开始课征。其属于特种营业税范围者,原由省征、普通营业税之单位,均予移拨。5 月份省已征者,将办理退税手续,按特种营业税之课征范围为银行业、信托业、保险业、交易所暨交易所内发生之营利事业、进口商营利事业、国际性省际性之交通事业,其他有竞争性之国营事业及中央政府与人民合办之营利事业。其税率营业收入额为课征标准者,征收 1.5%;以营业收益额为课征标准者,征收 44%。征收特种营业税之营业,不再征普通营业税,已纳出厂税或出产税之工厂或出产人,免征特种营业税。

《江声报》1947 年 6 月 16 日

特种营业税　税额二亿元

南侨社讯　闽直接税局厦门分局,本年度特种营业税预算税额经闽局定为 2 亿元。闻该局奉令后于本月 14 日派员开始办理普查手续,经派出该局税务员祝丕烟、刘维常负责普查本市进口商、营利事业及其他竞争性之国营及中央与人民合办之营利事业,吴世昌、魏芳负责普查本市交通事业(包括航空、汽车、轮船等),梁础维、郑长锵负责普查信托业、保险业及银行、钱庄。此次普查目的,系在普查以上各单位资本额及 5 月份收益额与其他状况。该局并拟于 7 月 10 日以前查完即开始通知各商纳税云。

《星光日报》1947 年 6 月 19 日

厦区货物税超征一倍以上
上半年达二百九十亿元

民国三十七年(1948年)度1至6月,厦门货物税局暨所辖海澄、同安、东山、金门等县征收各项统税,据统计达290亿元以上,较原预算(141亿)超征一倍以上。(厚)

《江声报》1948年7月26日

四、屠宰税

抽收猪肉捐

前报所记抽收卫生捐一节,闻厦道宪昨已下札抽收肉捐,准各肉店每斤加价4文,由各肉店每只缴4角。不过官取于民,肉店任经手之劳耳。

《厦门日报》1909年10月2日

禾山另设肉捐分局

肉捐一事已详前报,兹详探厦门肉捐,共委韩宝三府经、赖仰根少尉、周畴九二尹、雷伟丞二尹四人,分报开办至禾山一埠。潘少南二尹向办禾山保甲,多年人地熟悉,则委潘君独当一面云。

《厦门日报》1909年10月5日

反对三项附加　屠宰途昨实行罢业

屠途税局各是其是　市筹处对双方批示　均令径请财厅核办

思明屠宰税局,定本月21日起,带征屠宰税教育、公安、路政三项附加,屠宰途拟罢业对待各情,业志本报。昨(23)屠宰途以交涉未达目的,经即日实行罢业。下午6时,屠宰途金和成代表林鸣涛等,假南轩招待本市各报记者,报告该途罢业经过。据林对记者称,该途系由全市屠业合组而成,名金和成公司。自去年起,每月缴财厅屠宰税 3200 元,全年 38400 元,另补助公安局月 1500 元,路政处(现改工务局)月 571.43 元,教育局 1500 元。去年范其务接长财厅,12 月 1 日曾来令本途,命先交两个月保证金 6000 元。12 月 16 日复电令各种捐税,一律加四征收,对屠宰税则拟全年征 15 万元,谓如不能照额缴厅,则须卸办。本途以屠宰正税,每猪一头征 4 角,速善后附加 6 角,合为 1 元,愿照部章交纳,不愿以年额 15 万元承包。因以前年额仅 38400 元,今一旦增至 15 万元,本途实无力负担也。几经接洽无效,财厅乃改委李栋材来厦承办。李于 1 月间到厦,本途乃于 2 月 1 日移交。李氏接办屠宰税后,2 月份约宰猪四千余头,收税款四五千元,以不敷批解,乃向财厅力争屠宰途之三种附加,即公安、教育、路政补助费是。并定 2 月份起,每猪 1 头,要带征三种附加 1 元,合为每猪 1 头应纳税 2 元。本途以此三种系补助地方教育等之乐输,并非附加税,只可由本途直接补助,不能归税局带征。盖该三项补助费,系由本途逐月公摊交付公安、教育两局及路政处,并无定额征税也。查本途之所以不能将此三种补助费交税局带征者:一、本途被财厅欠 10020 余元,翁朝言代表本途时,亦被史(家麟)前厅长欠数千元。又公安局建筑屠兽场,补助 2 万余元;建筑教练所,补助 1 万元。凡此种种款项,皆系挪借而来,不能不设法逐渐偿还。此又税局及财厅方面,所应体谅者也。且税局今日每猪 1 头,要征二元,将来□□□□□□□,加至 3 元或 4 元。本途为清还旧欠,及维持权益起见,故无论如何,此三种补助,决不能由税局带征。而税局方面不能谅解,且强迫征收,并拘捕途商许忠兴、郭应龙 2 人,遂不得不出于罢业之一着。昨(22)下午 4 时,本途派代表林生机、翁朝言、萧森泉,及兄弟(林自称)前往市筹备处请愿,由该处黄秘书接见。黄表示此系财厅事,应径向财厅交涉,该处未便干预,遂无结果。同(22)日上午 10 时,一署长王宗世,及萧森泉暨兄弟等,到公安局谒林局长,本途要求予以援助。林局长表示,财厅命令,应遵照办理,不能违背,并不容敝途有罢业对待之举,并限于今(23)日将三种辅助手续移交。本途乃于昨(22)晚召集会议,议决:一、不能移交。二、如税局定要带征者,本途只能每猪 1 头,带征补助 6 角。三、罢业对待。四、推举萧森泉、林生机、翁朝言、许中兴、孙维□、苏族知、李宗跷、洪海雁、陈美弦、郑振赞、郑支越、郑春海、吕俊品等 27 人,负责办理交涉。故今(23)日起,全途即实行罢业。今(23)日下午 4 时,公安局为此，派第一署长王宗世，及屠兽场主任刘勋名，到商会磋商办法。商会方面，由洪晓春出而接洽，本途则派萧森泉、林生机为代表，到商会接洽，尚无结果云云。又查屠宰途金和成，于民国三年(1914年)间承认屠宰正税，每猪1头征税4角，又省善后附加捐6角，合征1元，由该途公摊。至民国二十一年(1933年)止，全年屠宰税并省善后附加捐课额为38400元，除公安、教育、路政三种补助外，每猪1头，尚须纳屠宰场汤水费5角，检验费5角云。又该途昨罢业后，本市各酒楼菜馆及住户，多渡鼓浪屿购肉，故昨日本市仍有肉可食。鼓屿肉肆，则利市3倍。兹将屠途金和成代表林鸣涛、林生机等56家屠肆，呈市筹备处，及思明屠宰税局呈市筹备处文，暨筹备处批词并志如下：

金和成呈："呈为呈请事，查地方教育、公安、路政三种附加补助费，概由本途前认公摊公缴，已将特殊情形呈明在案，乃思明屠宰税局李栋材，借以带征代缴问题呈厅，被各途抗缴，压迫备至。独不思该三项附加补助费，乃地方上临时特种之需要，是本途为公益而输将，为慈善而捐助，与国家地方捐税办法大不相同。现本年2月份三项附加课款，业经本途公摊分别征缴，蒙给收据在案。本途根据地方各机关三项附加税，各已星散别就。此次李栋材利令智昏，诬诉陈绍光等主使，全属子虚，毫无实据。况事关公共利害问题，出于全途公意，亦非陈绍光等所能把持。本途不欲拖累无辜，用敢沥情剖明，并粘盖全途号印，签乞察核。俯赐令饬思明市公安局，对于地方各项附加，维持原状，以维屠业，实为公便"云云。市政筹备处批示云，批第27号原具呈屠宰途金和成代表林鸣涛等呈一件，为被屠宰税局藉带征附加税压迫，乞令饬维持原状由，呈悉。现拟该屠宰税局来称，该附加税系奉厅令带征代缴，仰即径呈财厅请求核办可也。此批。

税局呈文："呈为呈请事，现据屠宰途金和成函称，本月19日接准贵局令开，案查本局办理思明屠宰税务，所有教育、公安、路政三项附加，系由厅划归由本局带征代解。计自2月1日接办以来，各屠户均延不遵缴，实属不合。兹奉厅令，限自本月21日起，照案带缴，除布告通饬各屠商遵照缴纳外，合行令仰该途知照。自2月1日本局接办日起，截至3月20日止，该途所征存教育等三项附加款项，限于5日内协同屠宰业同业公会来局清算，俾便核结，勿得延误，致干未便等由。准此，敝途立即召集会议，佥谓地方公安、教育、路政之临时补助费,系出于敝途为公益起见,自愿输将,反招责难,殊属无谓。故议决对于以上三种公益,既已停办,亦无烦贵局带征代缴之行为。兹准前由,除电省政府财政厅外,相应函复查照为荷等情据此。查职局带征公安、教育、路政三项附加税款,系奉财政厅明令办理。接办以来,迭被屠宰途金和成威迫各屠商抗缴,业经一再呈奉财政厅核饬奋讯征收,暨电厦门市公安局切实协助各在案。兹据前函,是该途立意与政府为难,确系反动。除分电呈报外,理合备文呈请察核,俯准令饬厦门市公安局,迅于派警察拘金和成代表陈绍光,□□□□□□□□□□□□等到案究办"云云。市呈指令应由该局呈财厅核政筹处据呈,即批示照前办等语。

《江声报》1933 年 3 月 24 日

屠宰途今日复业　三种补助费　各界组保管会办理

昨(24)日下午 4 时,商会为屠宰途附加补助费事,邀请屠宰税局及屠宰途,并党政机关代表莅会,妥商解决。到会者县党部韦廷钧,思明县教育经费管理处代表林东山,厦商会洪鸿儒,思明教育局陈重宗,屠宰税局余楚齐,市公安局代表刘勋名、林廷幹,屠宰途金和成萧森泉、林生机、林鸣涛、许中兴,主席洪鸿儒。讨论事项:一、关于教育、公安、工务等项屠宰补助费,因征收发生纠纷,应如何解决案。议决:甲、在屠宰途未呈准财政处解决以前,该项补助费暂由县党部、公安局、教育会费管理处、工务局、商经、组织保管委员会办理之。乙、屠宰途应即日开业。丙、订 3 月 25 日下午 4 时,开保管委员会,讨论征收办法。

另据屠宰途代表萧森泉称,该途经定今(25)日先行复众,本 3 月份教育等三项补助,仍由本途收集,缴交公安、教育、工务三局。4 月 1 日起,三项补助,每猪 1 头收 6 角,由保管会办理,届时如有不敷,再由本途公摊云

《江声报》1933 年 3 月 25 日

屠宰补助费开保管委会　推商会任财政　费由四月起算

昨下午 4 时,屠宰补助费保管委员会,假商会开会。到县党部韦廷钧,

公安局林廷幹、刘勋名，工务局傅孙辉，屠宰途萧森泉、蔡鹤龄、林鸿涛，商会洪鸿儒，教育经费管理处林东山，主席洪鸿儒。讨论事项、一、规定名称案，议决定名为思明屠宰途补助公安教育工务经费临时保管委员会。二、本会应将调解经过情形，具函报告思明市政筹备处案，议决通过。三、关于该项补助费应如何征收案，议决，着屠宰途将该项补助费每月分六期，每5天为一期缴交本会保管。四、该项补助费经由屠宰途向公安、教育、工务等机关缴交，至3月份。嗣后该途摊缴该项补助费，交由本会保管，应由4月份起算案。议决通过。五、推举委员会保管财政案，议决，推举商会为财政委员。又商会昨接财政厅电，略谓屠宰途以前押柜金，已咨厦思金屠宰税局查复核办云云。

《江声报》1933年3月26日

本市每日宰猪一百五十头　屠税局认系屠商限制
财厅电令准人民自由屠宰开设肉店
税局布告阻碍营业者拿办

本市屠宰途，前因税局带征教育、公安、路政三项附加，曾一度罢市。嗣虽复业，而每日屠途宰猪数额则视前大减，因是税局方面认系屠商垄断市面，限制宰猪所致。盖屠商纳税，系以宰猪为标准也。兹据调查所得，5月1日至10日止。

第一市场：存源计宰猪大小44头，和发大小20头，合和发大26头，长兴大1头，和胜大16头，共107头。

第二市场：隆源大58头，长春大20头，共78头。

第三市场：协发大14头，晋南大19头，连发大13头，福兴大25头，振茂大13头，源发大二十□头，宝源大小16头，共141头。

第四市场：发记大22头，存和大32头，和发大小37头，双春大小9头，顺发大小87头，绵成大24头，协发大17头，德兴大1头，集安大11头，洽春大小15头，瑞祥大小18头，和兴大31头，合发大小78头，共382头。

第五市场：联美大31只，长兴大21只，合记大小25只，泉发大小23只，成源大33只，水仙宫联成大9头，春城大8只，合隆大小86只，顺美大35

只,溢记大30只,顺成大56只,天成大35只,华益大67只,协成大小24只,同成大60只,共466只。

第七市场:和益大小21只,长成大小19只,和美大小20只,永发无,存成大66只,长发大39只,和成大40头,大一大小17只,合德大32只,共254只。竹树脚振发大23只,振记大44只,汇记大1只,共68只。全市(鼓屿、禾山除外)10日内计宰大小1529只,猪以第四市场最多,水仙宫为次,竹树脚最少,六十八只。平均计之,屠兽场□(下文空缺)

《江声报》1933年5月12日

牛羊豕隔江岛上人之肉食
去年食猪万零五百八十八头
食牛千余食羊百余较民国十六年度几加倍

鼓浪屿牛猪羊屠宰,均须向工部局纳税,牛每头纳1.5元,猪、羊每头各纳5角。据工部局统计,猪逐日约宰30余头,牛逐日平均约宰45头,而羊则暑天不宰,寒天2日间平均宰1头。兹调查民国二十一年(1932年)度牛猪羊屠宰按月数目,查志如下:1月份,牛106头、猪872头、羊15头。2月份,牛89头、猪971头、羊7头。3月份,牛95头、猪850头、羊60头。4月份,牛132头、猪868头、羊0。5月份,牛190头、猪951头、羊0。6月份,牛152头、猪910头、羊0。7月份,牛110头、猪868头、羊0。8月份,牛120头、猪986头、羊6头。9月份,牛136头、猪817头、羊13头。10月份,牛146头、猪860头、羊44头。11月份,牛116头、猪849头、羊29头。12月份,牛107头、猪989头、羊6头。全年统计宰牛1499头、猪1.0588万头、羊120头。再将民十六年(1927年)起至民二十一年(1932年)度止,6年间牛猪羊屠宰增减比较,列表如下:

时间	猪	牛	羊
民十六年(1927年)	6698头	936头	58头
民十七年(1928年)	8132头	921头	30头
民十八年(1929年)	7446头	982头	6头
民十九年(1930年)	9704头	1146头	64头

续表

时间	猪	牛	羊
民二十年(1931 年)	1.044 万头	127 头	132 头
民二十一年(1932 年)	1.0588 万头	1499 头	120 头

由上表观察,民二十一年(1932 年)宰猪较民十六年(1927 年)加增 3990 头,宰牛增 563 头,宰羊增 62 头云。

《江声报》1933 年 5 月 15 日

陈伟业到厦　接办屠税厦禾鼓屠税局奉令移交

杨敬领办福建全省屠宰税税务后,厦禾鼓屠宰税已由厅改委陈伟业接办。陈于昨日自省底厦,旧屠宰税局长昨已奉省财政厅令,将钤记、卷宗移交新局长。其令文云:为令遵事,案据杨敬等呈请领办福建全省屠宰税务,业经本厅核准在案。查该邑屠宰税务局系属该局承办范围之内,除分别令委并布告外,合行令仰该局长遵照,迅将该局所有钤记、卷宗,及未用执照等项,克日移交新局长接收,并截清数目,将任内经征各款扫解到厅,以清手续。勿违,此令。

《江声报》1933 年 9 月 30 日

屠税将再委办　屠商请仍由本途缴课
代表接洽未获照准　会员大会决向请愿

本市屠宰税向归本途缴课款,客岁十九军入闽,各项捐税均行改委,屠宰税亦改委李栋材、罗必仁先后包办。此次厦门收复,韩福海长财政局,将屠宰税仍改由该途代表陈绍光、萧森泉领办,月缴课款 7800 元。所有本月份课款,以军糈紧迫,该途业已缴清。近日中央复派杨天育为财政特派员,接收本市各捐税机关。屠宰税亦经该特派员于昨午 2 时邀该途代表陈、萧两人,到局谈话,由蓝琛接洽,定今(24)日欲接收改委。代表等以本途向财政局领办,期限一年,且已缴正税 4679 元。又地方教育、公安、市政附加 3121 元,均系由途摊认云云。蓝表示必欲接收,代表等遂退出。即由该屠宰业公会召集会员紧急大会，当讨论现财政特派员欲再改委办理屠税，本会应如何表示案。议决：应派代表先向财政特派员暨本市各长官请愿仍归本途认课，如不达目的，再召集大会解决。次议决：对于税务司柬邀明日3时派代表到局会商一切，应派原代表陈述本途过去所受痛苦，请继续由途认缴，以维商艰。

《江声报》1934年1月24日

屠税问题　商会两函　分覆税局公会

商会对屠宰税事，昨分别函复税务局及屠宰公会。其覆税务局，略云：接准大函等由，当即转知该途公会。去后，兹据该会送来承办屠宰税收支二单，及公安、教育、工务收据三纸，合将该单据四纸函送，希查照见复云。又厦屠宰公会略谓，接准来函，等由准此。查该案经本会洪主席与税务局蓝局长妥商结果，即以贵会前缴财政局1月份税款大洋7800元，在税务局未清还以前，贵会逐日所宰猪只，准由屠宰税征收登记，至扣抵满足贵会缴交税额7800元为止云。

《江声报》1934年1月31日

屠捐昨解决　终仍归本途领办　以两月盈余归原办人

本市金和成屠宰途，以屠宰税局扣抵前向财政局领办课款7800元，尚未满额。该局现复委人承办因起反响，现兹事犹未解决。该途昨再具呈商会请求援助，谓如不能达到收回预缴课款目的，今明日将再罢业。商会主席洪鸿儒以年关已届，该途罢业太煞风景，昨午乃出代为向税务局磋商。结果税务局允准仍归本途领办，但须以两个月得利解诸现任屠宰税局承办人。业经双方同意，领办期限仍以1年为度，订月内签字移交云。

《江声报》1934年2月11日

厦禾菜牛捐　收回官办

市政局经征之厦禾鼓菜牛捐，前由本途商陈铨认领承办，现已期满。财局遵奉省令，自7月21日起，收回自办，归并屠宰场兼征。现已令原办人遵照交卸，并令屠宰场定期前往接收，赓续收捐。昨并由市府布告周知。

《江声报》1937 年 7 月 17 日

财局整理税收　小猪以大猪论 普通营业税开征　商家尚有所质疑

财局长陈运生接事数日，现对税收已加紧整理，该局第二股长谢肇南辞职，经予慰留，惟谢坚辞，乃予照准。遗缺调第一股长杨允棣接充，递遗由秘书刘鞠氏兼任。前局长俞绍瀛因足疾赴沪就医，所有移交未了手续，由前会计王延修办理。普通营业税已于昨(9)日起开征，征收员系财厅所派来厦之 12 人，另由该局前办理营业税者 3 人向导。现进行伊始，商人有所质疑，征收员即为多方解说，但商民对此，终未能释然。至活猪营业税改归屠宰场征收后，该所主任韩享，现调鸡鸭征收所主任。日前酒楼烹饪业公会，曾具呈财局，请收回小猪照大猪征税成命。该局以酒楼烹饪所用小猪现为小猪、婴猪，则经市府布告禁止宰杀，则其所用之猪，当以大猪论，当□示所请，碍难照准。

《江声报》1937 年 8 月 11 日

陈国衡谈市屠宰税现状

市息　本市税收经收处自成立以来，对于屠宰税收之整理颇为注意，该处陈主任谈称：接收以来，全市屠宰猪只数达 80 余头、牛 4 头、5 头，较前每日宰数已增多 20 头。中秋节前夕，宰数更为可观，旧历十三日，计全市宰猪 101 头、牛 2 头、羊 6 头；14 日，猪 114 头、牛 10 头、羊 8 头；15 日，猪 153 头、牛 14 头、羊 7 头。该处为求宰户报宰方便，除办公时间外，每夜自 7:30 时起值夜办公，至 9:30 时止。上午自 7 时起亦派员先行值班，以防宰户乘机私宰。

《立人日报》1946 年 9 月 17 日

屠宰税额重新厘订

市息　市政府以前订屠宰牲畜标准表，核与现在实际情形，相差甚巨，自应重新调整,以符实际。兹再厘订屠宰标准表如下:猪每头150斤者,支凭解费,使用费合计在内,应纳税额2470元。牛每头重300斤者,连一切费用合计在内,应纳税额38200元。羊每头重30斤者,连一切费用合计在内,应纳税额1820元。所订新税额,自本年9月21日起施行。

《立人日报》1946年9月19日

已觉食肉难　屠宰又增税

市府以际兹戡乱期,各项费用,刻不容缓。又值此物价高涨,公教人员待遇,急待调整。经奉府令调整屠宰税率,借以应付目前财政困难。自本月(7)日起,再行加价,计毛猪重量每头150市斤计算,上月份96000元,(7日)起改征为186000元。牛每头300市斤计算,上月份198000元,改征为387000元。羊每头30市斤,上月份16000元,改征30000元。昨经发出布告,并函送市参议会审议。

《中央日报》1947年10月8日

本市屠宰税加倍征收

市府昨调整本市屠宰税率为10%,共价目如下:毛猪重量150市斤,上月份96000元,改征为186000元。黄牛每头300市斤,上月份198000元,改征为387000元。小羊每头30市斤,上月份16500元,改征为30000元。均自本月7日起征收。

又:本市秋季营业税额,市府原定为16亿元,各途商以负担过重,由市商会派代表向市府请减,各情已志本报。兹悉:该项税额,业经黄市长允予减少1亿元。

又:昨日下午市商会邀请各同业公会负责人开会,对各途认额问题,讨论无有结果。

《江声报》1947年10月8日

提高屠宰税没经过审核　市参会说于法不合

市参会昨函市府,以提高本市屠宰税率,并自10月8日先行实行,未经参会审核通过，于法不合。已由正副议长在调查审核中。

《江声报》1947 年 10 月 22 日

屠宰税率重新调整

市府以前订屠宰牲畜完税价目，核与目前市价相差甚多，特重新调整，以符实际。兹将新核定之价目志下：猪：(一)计税重量 150 斤，(二)每市担价格 25000 元，(三)每头价格 3750000 元，(四)税率 10%，(五)正税 365000 元，(六)耕牛保证基金无，(七)使用费 2000 元，(八)支解费 4000 元，(九)合计 381000 元。

牛：(一)300 斤，(二)16000 元，(三)4800000 元，(四)10%，(五)480000 元，(六)192000 元，(七)2000 元，(八)6000 元，(九)681000 元。

羊：(一)30 斤，(二)16000 元，(三)480000 元(四)10%，(五)48000 元，(六)无，(七)1000 元，(八)2000 元，(九)51000 元。

《江声报》1947 年 11 月 30 日

屠宰税重新调整

市府昨布告称：查前订屠宰牲畜完税价目表，核与实际价格相差甚巨，自应重新调整，以符实际。兹厘订屠宰牲畜完税价目表自 6 月 25 日起施行，附表如下：猪计税重量 150 斤，每市斤价格估 24 万元，每头价格 3600 万元，税率 10%，正税 360 万元，使用费 7000 元，支解费 12000 元，合计 3619000 元。牛计税重量 300 斤，每市斤价格估 20 万元，每头价格 6000 万元，税率 10%，正税 600 万元，耕牛保护基金 240 万元，使用费 9000 元，支解费 18000 元，合计 8427000 元。羊计税重量 30 斤，每市斤价格 20 万元，每头价格 600 万元，税率 10%，正税 60 万元，使用费 3000 元，支解费 7000 元，合计 61 万元。(衣)

《江声报》1948 年 6 月 25 日

同屠宰税增加税率

同安讯　本县屠宰税征税标准，业经县府按屠宰税率 10%标准核定，自

7月1日起提高:(一)猪每只定量150市斤,按肉价每斤22万元计算,课征屠宰税330万元。(二)羊每只定量30市斤,按肉价每斤22万元计算,课征屠宰税66万元。(三)牛每只定量300市斤,按肉价每市斤18万元计算,课征屠宰税540万元。另征附保护耕牛基金216万元,至屠宰使用费、支解费仍照旧征收云。

《立人日报》1948年7月4日

市府调整屠宰完税价

市讯　市府昨发表调整屠宰牲畜完税价目表如下:猪计税重量180斤,每市斤单价650000元,每头价格97000000元,税率10%,正税9750000元,使用费80000元,支解费120000元,合计9950000元。牛计税重量300斤,每市斤单价500000元,每头价格150000000元,税率10%,正税15000000元,耕牛保护基金6000000元,使用费100000元,支解费200000元,合计21300000元。羊计税重量30斤,每市斤单价500000元,每头价格18000000元,税率10%,正税1500000元,使用费30000元,支解费70000元,合计1600000元云。(青)

《立人日报》1948年8月12日

屠宰税昨起增加一倍

屠宰税自昨日起增加1倍,猪每只应纳46元、牛85.5元、羊7.5元。上列税款系按猪肉每斤3元、牛肉2元、羊肉2.5元计算,实际上市价不只此数。(邵)

《江声报》1948年11月17日

屠宰税今日起调整

本报讯　本市屠宰税率,因物价时涨,该项税率调整与事实需要不合,经市府拟定调整方案,已志本报。兹悉:已决自今(25)日起实行调整,特通令各税捐处遵照。

又该税捐处以屠宰税收关系本市公教人员生活甚巨,本市间有不法之徒，拥恃武力，包庇私宰，偷漏税收，纵屡有破获，仍难根绝。该处自本日起，即经常派员分往各地查缉，为恐执行工作时发生困难，转函警局转饬各分局所，随时予以协助，并照章提惩罚金云。

又讯　市府以现行营业牌税的税率估价得太低，即令税收机关暂时停收，等到调整就绪后，再行开征云。

《中央日报》1949 年 2 月 25 日

市府财政科调整屠宰税

本报讯　市府财政科奉命调整各项税收额，经与税捐稽征处拟订由本月 1 日起就屠宰税一项先行调整。兹悉：原屠宰税猪每头课税 4.53 元（包括正税及使用支解费），现调整为 8 元；牛每头课税原 12.05 元（包括正税使用支解费及保护耕牛基金），现调整为 21.8 元；羊每头原课税 0.98 元，现调整为 1.75 元。至其他税收如娱乐、筵席等，原拟照 6 月份调整增加六成至八成。惟各该业以时际炎热暑天，生意不佳，且最近市面复呈不景气现象，为此力恳减少。另据稽征处沈处长学熙表示，可能核减至三成，惟须待财政科批准。至其他税率，亦经决定重新调整，顷正由财科负责划核中。（行）

《星光日报》1949 年 7 月 7 日

五、杂捐、事业费

委办卫生捐

前报所记包办卫生捐一节，现道台以商包恐滋纷扰，特委韩、赖、潘、周 4 员开办，名为官办，尽收尽解。除 3500 元缴省外，其余留作厦门警费，大约不日即可开局矣。

《厦门日报》1909 年 9 月 26 日

洋牌客栈一律缴警捐

厦门寮仔后各客栈多挂各国洋商牌子，不缴坐贾捐、警捐。近经厅宪照会各领事，一律认交警捐。昨张秀夫君传各栈主到局面商警捐一事，各栈在保护之内者,均各认交警捐,每月每栈认捐2元,自正月始照补云。

《厦门日报》1909年10月17日

警捐移归商会

同安县巡警经费前本无几,经新任陈文纬大令与刘巡官再三设法会商绅董,就地筹收各捐,近今每月始有数百金之款。前此捐款均由警局巡官派人催收,现以冬防紧要,乃议将应收各捐款移归商会代为收存,俾刘巡官得以专心办理警察云。

《厦门日报》1909年12月25日

商会各保支配之警捐　公安局征收发生窒碍　今日在公安局商办法

商会昨(19)日接公安局函,以统一警捐。经商会与保联会审查支配捐额后,纳捐者较前稍轻则取之唯恐其后,较前加增则坚吝不纳,请会同各保代表莅局讨论。其函云,径启者,前准贵会送来调查文配警捐各册,并请各代表到局讨论一切,佥以试行征收。经本局连夜赶造收据,派员往收。而所得结果,较本局所定有便宜者,只恐交之不速,稍多一二角即不承认。事关贵会与本届威信,自应另需补救办法,且时间紧迫,有关饷期。兹函订贵会并邀为保民代表,准于本月20日下午2时莅局共同商榷,以利进行,切盼云云。

《江声报》1931年6月20日

乐户捐今日起归局办　包捐者昨交卸

厦市公安局乐户捐征收所裁撤,改设乐户捐管理处,收归局办,委林蒲生为主任,定7月1日开办各情,业载本报。昨(30)林以开办期间已届,当往大生里原乐户捐征收所内布置一切,所有管理需用物件,概由局发给,于昨下午装第3号运输车载往。一面由林印便布告,定于今(1)日发贴。其布告云,为布告事:“案奉厦门市公安局委令第295号开,兹委林蒲生为本局乐户管理处主任,此令。又奉训令第2192号开,为令发事,兹刊发该处末质钤记一颗，文曰厦门市公安局乐户管理处钤记，又末戳一个。合行附发令，仰该主任查收，并将启用日期具报管查，此令各等因奉此。本主任遵于7月1日启钤视事，除呈报外，合行布告各乐户一体周知，此布。主任林蒲生。”昨林已先委前花捐局职员阮汉三为坐办，叶动为会计，其余各职员今日可陆续发表。至前任征收所主任许昭砵，昨已交卸清楚。

《江声报》1931年7月1日

商保支配警捐之问题
(一)商民“有以支配过重者”(二)公安局亦发生种种困难

本市警捐原定按租征捐，调改由商会各保支配，经两会覆查，支配捐额送局。近有以支配过重为请者，商保开会，议再“覆查”，经迭见本报。昨(30)日公安局为统一警捐事，特函商会及各保自治总会云：“径启者，兹准贵会函开，关于警捐一案，迩因少数商号住户纷函到会，声称窒碍。本会为慎重起见，决议由各委员即日分队出发复查，惟在未解决以前，所有声称窒碍各商户住户，由会给与候查凭证，务请贵局长通知各警捐征收员，凡遇执有本会候查证者，暂缓征收，以昭平允，而免纠纷，等由准此。除饬征收员对于铺住户执有候查证暂缓征收外，惟查本局警捐经贵会派员调查，配定捐额，册送在案。兹又以窒碍再须复查，究竟复查几时始可完竣，查后所有捐额与原数能否相符？如有减额，贵会如何设法抵补？且警捐系维本局饷糈，6月份捐款所收无几，而发饷期间复将逼届，应如何筹付之处？相应函请查照，统希克日函复，以凭办理”云云。

《江声报》1931年7月1日

柴炭教育捐仍旧维持　教育局覆商会

商会日前据柴炭业同业公会请转函教育局，请求将教育补助费取消，或减轻。昨(8)日教育局经函复商会云：“径复者，案准贵会函略开，以据柴炭业同业公会函请，转函教育局，俯念商艰，恳请迅赐将前认缴补助费取消或减轻等情。据此，当经常务委员会议决，函转贵局准予撤销在案。相应函达，即希查照办理，等由准此。查本县教育经费原极短绌，所赖以维持者，仅些少之教育补助捐税耳。若并此补助教育捐而取消，则全县教育将何以资维持,且地方教育费前经省府明令,在教费未确定以前,原有地方教育捐款照旧维持。今该公会借口征收营业税而遽请撤销,如果准予所请,则他项教育捐亦一一继起而要求取消。则地方教费破产,而全县教育陷于不可收拾之境矣。贵会为商人领导机关,对于本县教育定能洞悉,地方教育应予扶助,希转知该会,勉以大义,俾地方教育,不致发生影响。前准来函,相应函复查照,希迅饬该公会,在未筹有的款抵补以前,取消一节,难予照准,逐月教捐仍应照旧缴交为荷。"

《江声报》1931 年 7 月 9 日

思明铺捐开征后　收入拨就地党军经费
司令部布告"勿得短匿隐瞒"　铺捐局整理征收简章

思明铺捐开征下忙,已载昨报。查思明铺捐,因所征月课仅 3000 余元,除财厅指拨思明党费 2000 余元外,所余充该局经费尚虞不足。日前财厅乃改委刘学基办理,借以整顿其所超征之款,则拨充此间警备司令部经费。刘接事后,近复呈请漳厦警备司令部为出布告,谕知各商铺踊跃输将,勿得短匿。司令部已准如所请,发出布告,一面并由该局拟定整理征收简章十条,连同通知书散发各商铺遵纳。通知书原文与该局日昨所发布同样,已见昨报不赘,特再探录司令部布告与该局整理征收简章如下:

司令部布告,为布告事,案据思明县铺捐局局长刘学基呈称:案奉福建财政厅训令开,案查思明本属繁盛之区,铺捐一项,尤须照章切实整顿,以裕岁收。凡所有店屋租与营业者,均应按照租金抽收一个月,以符定章。为此合行令仰该局长遵照,认真整顿,勿任隐匿。际兹军需万急之时,此项捐款系属指拨就地党军经费,勿稍延误,致干严处,切切此令。等因奉此,局长遵于本年 7 月 1 日起着手整理。除呈报福建财政厅并函知思明总商会及布告外,理合具文呈请钧部察核备案,并乞俯赐出示布告阖邑民众周知。实为公便,谨呈,等情据此。查铺捐一项,历办有案,既经切实整顿,毋得短匿隐瞒。据呈前情,除指令外,合行布告周知,此布。

思明铺捐局整理征收简章

第一条,凡店户租赁于营业者,均应遵章全年缴纳租金一个月。

第二条,征收办法全年应分上下两忙,每忙应收半个月租金。

第三条,此项铺捐应先由租户缴纳,由本局发给财政厅正式捐票,以为凭据。以后再由租户将此捐票交还业主,以抵租金。苟业主不肯承认时,除将应纳铺捐提款外,可将全部租金扣留。

第四条,上忙铺捐应由1月份租金项下持纳,下忙应由7月份租金项下提征。

第五条,租户不得为业主匿报租金,如有以多报少,一经查出,处以10倍罚金。

第六条,业主既经缴纳铺捐之后,如遇租金被欠,报明本局,自当为之负责追回。

第七条,凡营业店屋系属自有者,应照附近相似店屋租金为缴纳标准。

第八条,本局所派征收员赴往各处征收捐款,均持有财厅正式捐票,以为填给。倘未有正式捐单者,不得付与铺。

第九条,征收员前往征收捐款时,如有营私舞弊及勒收情事,准予来局告发,本局自当惩处。

第十条,本简章已呈请财政厅核准施行。

《江声报》1931年7月17日

反对铺捐　昨商会决议拒纳

昨(23)下午3时,商会第二次执行委员会及各同业公会代表会议议决要案,除见另条外,尚有:一、关于思明铺捐局通告每年实行征收铺捐一个月,分上、下两忙抽收,影响商人至巨,本会应如何表示案。议决:查营业税实施后,铺贾捐理应裁撤,今该局反拟切实整理,实行征收一个月铺捐,殊有未合。应由商会通告各同业公会,转知各会员,一律拒绝,否认缴纳。二、关于香业馥香堂等各商号呈请核议该业营业税率,并请转函思同金营业税局,依照核议税率征收营业税,应如何解决案。议决:查该业全年营业总数不过5万元,依照财政部修正闽省征收营业税条例,香烛业规定征收10‰,则该业全年营业税仅应缴纳500元。惟现在斟酌地方情形,每月应着该业各商号缴纳营业税50元,并由洪主席据情向营业税局接洽办理。三、思明县各界禁烟促进会函请推派固定代表出席案。议决:推派陈委员瑞清为固定代表出席。

《江声报》1931年7月24日

铺捐局请党部　函商会照纳铺捐

县党部昨(一)接思明县铺捐局函云：径启者，案奉福建财政厅第 2086 号训令开：为令遵事，现值“剿赤”军兴，省中饷需方急，待款挹注，所有厦门铺捐、官产各项收入，前经分别令饬该局长切实办理。现在有无进行，预计可收若干，分作几期报解，亟应令饬查报，一面仍奋迅进行，源源解济，以资应付。该局长责任所在，务须认真办理，毋稍玩忽，致干严处。除分令外，合行令仰遵照办理具复察夺，切切此令。等因奉此，查敝局整理铺捐，前经函请思明县商会转知各商民遵章缴纳在案，昨据商会开会，议决：以营业税实施后，铺贾捐理应裁撤，该局反拟征收一个月铺捐，殊有未合，并由会通知各会员，一律拒绝否认等情。查贾捐一项，系征收于营业者，业于去年营业税设立之时，已行裁撤。至铺捐系属国家划定地方收入正税，乃征稽于业主，不过商家暂时尽代缴之义务，其款即由租金扣还，究无丝毫损失。至此种办法，全省一致，本县自难有异。况从前所收铺捐之额，按照定章尚不及十分之二，对于公家岁收，短绌过巨，敝局迭奉厅令，认真整理，势难延缓，而商会为商民之领导，理应明了此项税旨，出为劝导，何能反使抗税，殊有未合。际兹前方“剿赤”军事紧急之状，所有后方接济，尤关紧要，况该项捐款，按月亦系解缴思明分金库，拨充贵部党费之用，更难任其期望。除再函该商会传知各商民遵缴外，相应函请贵部查照，希即转令思明县商会转各同业公会遵照缴纳，藉利进行。实纫公谊。

《江声报》1931 年 8 月 2 日

铺捐问题　商会请司令部转请撤销

厦门商会昨(13)日下午 4 时开第八次常务委员会，到会者洪鸿儒、庄金章、陈瑞清、黄瑞甫，主席洪鸿儒，记录林东山。其讨论结果如下：一、漳厦海军警备司令部函，据思明铺捐局长呈称，转函通知各商户照章遵缴铺捐，应如何解决案。议决：查中央裁厘通令，营业税为地方正税，营业税实施后，所有苛什各税，以及复税等，皆应裁撤。现厦门各业商人，经分□□营业税局认缴巨款，则该与营业税抵触之铺税，自应裁撤，毫无疑义。应沥情并详述厦地民众困难情形，函请司令部俯恤民痛，转呈省政府撤销该捐。二、思明印花税分局函请各途商每月缴印花税款大洋2500元，应如何办理案。议决，推举陈瑞清为代表，先向该局接洽再行办理。三、各业同业公会与鱼行业同业公会，因水产捐发生纠纷，双方各执一词，应如何解决案。议决：着双方于下星期四到会解决。

《江声报》1931年8月14日

昨商会常会决议组海上巡舰经费委会
推八同业及益同人会该会共组　房铺捐问题请“查照办理”

思明县商会于昨(27)日午后4时开第九次常务委员会，到会委员洪鸿儒、黄瑞甫、庄金章、陈瑞清，主席洪鸿儒，记录林东山。讨论事项：一、面粉业等各同业公会函，以此次福建省军需设计委员会厦门分会，议定征收全厦警捐十倍，充“讨赤防共”军费。窒碍难行，纠纷滋甚，请函该会克日召集各界代表妥商办法，并函厦门市公安局暂缓征收，以重军需而安阛阓，应如何办理案。议决：函请福建军需设计委员会厦门分会，及厦门市公安局查照办理。二、商学日报董事会函请派员接办该报社，应如何办理案。议决：推举黄瑞甫、蔡建芳、洪鸿儒、杨子晖、陈瑞清、曾鉴堂、吴时汉，及该社董事余少文，向各团体各个人筹划维持费，并推举庄金章、蔡建芳为代表接办。在未接办以前，仍由该社原负责人负责办理。三、木业、洋柴业、竹篾业等同业公会函，以一般无赖结党成群，阻挠征收该业营业税，请函转水陆公安局，派警保护征收税款案。议决：准予函请。四、关于纸业同业公会与本地帮金纸业公会争执负担省短期库券，应如何解决案。议决：该纸业短期库券500元，由纸业同业公会负担400元，本地帮金纸业公会负担100元，并函思明县政府查照办理。五、关于筹划水上公安巡缉舰费及一切进行事宜，应如何解决案。议决：推举北郊业、面粉业、绸布业、棉纱业、鱼行业、帆船业、水果业、肥粉业等同业公会及益同人公会会同本会代表陈瑞清组织委员会办理之。

《江声报》1931年8月28日

商会议决　“讨赤”房铺捐先征半个月

县商会于昨(21)日午后4时开执监委员会及各界代表会议，主席洪鸿儒，记录林东山，行礼如仪。其讨论事项：一、关于“讨赤”房铺捐照章缴纳，租金半个月(即警捐之5倍)。经省府复电不准,应如何解决案。议决:查"讨赤"房铺捐依章缴纳租金半个月,并无不合。现际军需紧急,应函设计分会,转函房铺捐征收分处,先行照旧缴收房铺租半个月(即警捐5倍),而由分会呈请省府照准。

《江声报》1931年9月22日

柴炭教育捐　暂时照旧征收

厦门总商会昨(19)下午4时,召集柴炭业同业公会会员,解决柴炭教育捐纠纷事。到会者吴聚益号、合□号等34商号,主席陈瑞清,记录林东山。讨论事项列下:一、关于柴炭教育捐纠纷事,应如何解决案。议决:甲、该柴炭教育补助费,照旧由本会认缴,并请商会函教育局,及教育经费管理处查照办理。乙、订期再行召开会员大会,妥定税率,在未开会以前,税率照旧征收。

《江声报》1932年9月20日

鼓华议会请工部局拨税收为教育费
并增设二公厕　报告兼用华文

鼓浪屿市华人议事会,日前致函工部局华董,谓工部局每年市政报告及预算决算单用英文,致多数华人有纳税之义务,而不能明了市政及财政收支,应促该局仿上海公界工部局办法,兼用华文刊印,俾便周知。

又该会致函华董,谓工部局为市政机关,对于教育如图书馆、学校,应设法补助,促进文化。请向工部局提议,自民国二十二年(1933年)度起,以税收十分之一为教育费,分别补助云。

又该会函华董,谓本屿人烟稠密,公厕太少,不敷应用,致山上、海边、路旁旷地,时有人拉溺。请催促工部局执行数年来之议决案,建筑安海角及内厝澳两处公厕,以重卫生,而利民众。

华议会第四届议员任期又将届满,已依照该会组织大纲,函请华董事、华委员召集各团体组织第五届议员选举事务所处理登记。前年已宣誓而登记者,已认为公民,不必重行登记。惟未登记者应补行登记。闻1月10日以前登记,十一二日即选举新议员,以便选举新华董华委员会。

《江声报》1933 年 1 月 1 日

思明县铺贾捐
财厅委梁谦承办　月缴课款十八万四千

思明县铺贾捐，原由财政厅委人办理，嗣以商界反对，难于进行，乃由厅将该捐收归思明县政府办理。经整顿后，逐月收入增至 2 万余元。兹闻财政厅长范其务就职后，有人集股向厅承办，月缴课款 18.4 万元，并预缴一个月现金。因是已由厅委梁谦为思明县铺贾捐局长，梁奉委后，已定下轮来厦接事云。

《江声报》1933 年 1 月 8 日

梁谦今日可抵厦
包额系年缴十八万　海军入厦后铺贾捐沿革

财厅委梁谦为思明铺贾捐局长，梁将来厦各情，已志昨报。兹闻梁氏今(9)日可由省抵厦，至昨载铺贾捐情形，间有出入。爰续查如下：按民国十四年(1925 年)，海军初入厦，欲整顿铺贾捐，曾发生罢市风潮，商会董吕大宝亦因是事被捕。时该捐归思明县办理，每月课款可收千二百元，管其事者，则为郑渭同、黄蔼十也。风潮既平，为归商会办理，由会聘粤人赖仰根者主持。迄民国十九年(1930 年)冬，财厅派陈某来办，商会未允，遂又改归县办。仅 2 月，财厅即更委郑少昊来厦接充，继之者，则为刘钻孙、曾兆耿。至去岁，复归县办。此海军入厦后，思明铺贾捐之沿革也。据闻该捐月可收 2000 元左右，如月缴 2200 元，除开费外，月有五六百元之盈余。因局中员役仅七八人(4 收捐员、1 稽核、1 司账……)，合局租亦不过二三百元也。此次梁某项财厅领办，认额为年缴 18.4 万元，非月缴 18.4 万元。但全市铺贾捐，照现状月只收 3000 左右，就以实额 2000 元计，年亦不过 3.6 万元。而梁乃以 18.4 万元领办，无乃不伦。但知个中内幕言者，厦市铺贾捐，原系每年分上下两忙征收，其捐率系每一家铺户，全年捐其店租 1 月，例如该店月租 120 元，每年即此捐 120 元也。此项捐款分配办法，原业主六成，铺户四成，例如月租 120 元，业主年纳 72 元，铺户则 48 元也。显明率虽如是，而各铺多因种种关系，不肯照实额认缴。即现状言，多者不过缴三四成，少则二成。其间如业主为籍民,则缴者只铺户。铺户为籍民,则缴者只业主。有此特殊情形,捐款遂不能起色。此次梁某年以 18.4 万元,向财厅领办,意者或由此节点加以管理乎,志以观其后。

《江声报》1933 年 1 月 9 日

本市"防赤费"尚有半数未收 商会代表昨谒林国赓陈述困难 林嘱努力凑收俟期再行核定

厦门要港司令林国赓氏,前晨返部,经市商学各界下轮欢迎,并订昨(14)晨往诣林司令,各情已详载本报。兹悉昨(14)日上午 10 时,商会代表洪鸿儒、陈瑞清、黄瑞甫、庄金章、曾鉴堂、严灼如、吴时汉、李世俊等,齐集中山路泰美楼上,联袂赴司令部,晋谒林氏。林当即亲自出见,与各位代表寒暄毕,态度极为消极,谓现在正赶办结束路政处案件,以便清理手续。曾鉴堂报告征收"防赤费"(按即去年,漳州陷落后本市征收之"防赤费")情形,大意本来预定两三个月当可结束,罔料已七八阅月,仅收过十一二万元,尚有半数难收。盖百业凋敝,商铺大受打击,纷到求减征收,殊感困难。林司令对此乃勖其勉强支持,努力凑收,俟废历来春再行核定。直谈至午后 1 时半,始相率告辞而返。

《江声报》1933 年 1 月 15 日

渔船护商捐及船牌费　公安局布告照旧办理

市公安局昨发贴布告云:为布告事,照得厦门水上公安分局,奉令裁撤,归并本局,改为第五区警察署。业经成立,并呈报在案,所有前水上公安分局一切事宜,自应统由该署继续接办。关于水上治安及应收各项捐款,均应照旧办理。兹据呈称,有少数渔民,借端抗纳渔船护商捐,及渔船牌照费情事,殊属不明事体。查护商之举,乃维护航业起见,而牌照之编订,亦属除莠安良之旨,关系水上治安均极巨要,且该项捐收,划入该署常费预算内。职责既难旁贷,警费尤应维持,为此合行布告,仰本港渔民人等一体知悉。嗣后务各照旧缴纳护商捐牌等费,勿得违延阻抗,致干拘究。切切此布"云云。

《江声报》1933 年 1 月 31 日

本市上忙房铺捐十日起开始征收
旧欠铺捐亦附带征收

思明房铺捐局昨发第5号布告云：为布告事，本局前奉福建省政府财政厅颁发思明房铺捐局调查细则，暨思明房铺捐征收章程各一份，下局奉此，节经照印分别布告及通告各在案。查征收章程第四条，本年份房捐第1期，应于1月至3月征收。铺捐上忙应于1月征收，前因本局对于房铺捐额须从新调查整理，需费时日，以致征解逾期。现查铺屋捐额调查已达半数，关于民国二十二年(1933年)份房铺捐款，自应赶速征解，免碍库收。兹定于本月10日起开收本年份应纳房铺捐款，凡已经查实租额者，即由局派员征收。其未经调查者，仍一面派员调查，经查实后即派员到收。铺捐查竣，即调查房捐，继续复收，所有历年旧欠铺捐，亦由征收员查明带收，以重库款。为此布告属内房屋铺户人等一体知悉，凡遇本局征收员到收本年份房铺捐款，仰即遵章缴纳，毋得违延干咎，切切此布。中华民国二十二年(1933年)3月9日，局长邓国桢。

《江声报》1933年3月9日

市公安局通告　警捐照原额加一征收
修订警捐章程等一律作废　租簿印刷费每户收洋四角

厦门市公安局今日发出通告云：为通告事，照得本局此次整理警察捐修订规程，发给租簿，业经分别呈报，函令并布告、通告各在案。本月11日，准厦门商会公函开，此次贵局所订征收警捐，及领用租簿各章规，洵为整理警政经费起见。惟其中诸多窒碍，且现厦市景况萧条，人民亦难多担负。种种苦情，经各方及敝会赴局陈述，承贵局长体察下情，准予酌改，市民均深感戴。至贵局经费不敷，应用在市府未成立以前，拟将警捐现收原额暂行加一征收，其租簿印刷等费，就纳警捐各户，每户征收洋4角，以一次为限，由业佃各半负担，借资弥补各节。事关警费，在市府未成立以前，市民自当暂免负担，惟经承买租簿者，应准将该租簿抵缴，以昭公允。所有存局各租簿希即交由敝会作废。至修订征收警捐章程，及领用租簿规则，应请通告取消等由。准此，当经呈奉思明市政筹备处指令第九号呈一件，为现在商会函请将警捐现收原额暂行加一征收,是否可行,请示遵由。奉指令开,呈悉,既据该商会请求,将警捐现收原额暂行加一征收,及租簿等印刷费收小洋 4 角,由业佃各半负担,以一次为限,并将租簿交该商会作废各节,尚属可行。其余不敷之数,候本处统筹后妥为办理,仰即知照,此令等因奉此,除分别呈报函令并布告外,合行通告,仰阖市业主、租户一体遵照。(一)自 3 月份起,所有警察捐暂照 2 月份原额加一征收,但匿报漏报及新户应从新配捐加一征收。(二)本局修订征收警察捐章程租赁铺屋领用租簿规则,及租赁铺屋取缔规则三项,自布告之日起一律作废。(三)租簿印本无论已发未发,概由本局汇交商会作废。(四)租簿及各项印刷品费用每户收小洋 4 角,业佃各半负担,以一次为限,但已领租簿之户准将原簿缴回,每本发还原缴印刷费小洋 3 角。(五)租簿等印刷费既由本局征收员于征收警察捐时带收,以省手续。特此通告,中华民国二十二年(1933 年)3 月 15 日,局长林鸿飞。

《江声报》1933 年 3 月 15 日

各界联会向市筹处　请房铺捐暂维现状
许友超允转呈省府　捐局表示决继征不缓

厦门各界联合会昨日开会,对于房铺捐,议决派代表带函前往筹备处请求之后,昨代表王连元、庄雪轩、张圣才、沈鸿伯、庄金章等于下午 3 时,往思明市筹备处谒许处长。当由许友超亲自接见,代表即陈述厦门受去年□□陷漳影响,及南洋生意之不景气状,商业益形凋零,厦门人民负担捐税已重。今房铺捐欲征复税,本市人民不能负担,请转呈省政府令制止,并暂时维持原状云云。经许允为转呈省政府,该代表乃返。

关于厦门各界联合会议决通告,市民暂缓缴纳房铺捐,并函该局暂缓征收事,昨据思明房铺捐局长邓国桢氏,发表负责谈话云:查房铺捐为土地建筑物收益税之一种,系向已租赁之房屋业主征收。倘该房屋虽已建筑如未租赁,或空屋,当然不向该屋征收房铺捐。至其税率,系经财政部核准,详见福建财政厅思明房铺捐属征收房铺捐暂行章程内(按,前项章程已志本报)。此项房铺捐,历办有年,并非新近创始,且本局自 3 月 10 日开始征收上半年份之房铺捐,截至昨(16)日已有数十户计 2000 元,前并未闻有反对者,忽于此时而闻反对。总之,本局无论如何,决仍继续进行征收房铺捐。盖本局系奉上峰命令办理，倘上峰有“暂缓征收”之命令，自当遵令办理。惟吾人应有认识者，房铺捐乃政府税收之一项，人民负有纳税之义务云云。

又该局昨接厦门各界联合会函请暂缓进行征房铺捐，以待解决。当经邓局长批云：

来牍阅悉，本局征收思明房铺捐，系奉财政厅命令办理，并遵照财政部核准捐率征收。历办已久，事关库款，断无暂缓进行之理。来牍既无负责签名盖章，该会又未奉准立案，会址究在何处，无从查悉。本无批复必要，惟恐房铺主佃各怀观望，有碍本局职务之进行，姑予批答，以免影响税收。再该会既未奉准立案，及无负责人署名盖章，此后来文，本局概不答复，以省繁牍。此批。

中华民国二十二年(1933年)3月16日。

《江声报》1933年3月17日

省令解散各界联合会后　房铺捐局严催缴捐谓无接奉缓征明文

思明房铺捐昨(19日)布告云：为布告事，现据本局各征收员报称，连日分向厦市商店征收铺捐，有谓昨接本市各界联合会通告，嘱缓缴纳捐款者，有谓房铺捐应俟该会解决后，再行完纳者，虽经多方劝缴，仍然坚执不从，以致税收锐减，如何办理，面请核示等情前来。查本局征收房铺捐款，即系土地建筑收益税之一，隶属福建省政府财政厅职掌范围，本局并无接奉缓征明文，岂容非法团体鼓动违抗，况该厦门各界联合会，并非合法组织，业奉福建省政府电令本市公安局解散。所发梗政抗捐之广告，已如废纸残批。至其前日请求本局暂缓征收之公函，又经批斥不准，凡我市民岂无闻见，何必徘徊观望，自取愆尤。且本市铺捐征收，已阅多年，捐率又非增重。此项捐款，不独本市有之，即近如福州，远如广州、汕头，再远如新加坡，亦莫不按户稽征，遵行无碍，殊非厦门一隅而已。兹再就财政部核准捐率□之，铺捐不过收全年十二分之一，房捐亦不过5%，所征之数甚微，为业主者栋宇云连，收益甚巨，何吝小费，致冒梗政抗捐之恶名；为租户者，朝交捐款，夕即抵租，一转移间，仍归赵璧，何必代人受过。其外籍产业，既受本国法律保护，亦须缴纳捐款，以示平等待遇，而睦邦交。款关库收，又值国家多事，需款孔亟之时，断不容少数奸徒，极端反抗，而本局职司稽征，亦不瞻徇情面，中止进行，除饬各征收员,仍再分途严催缴纳外,合行布告属内各房铺业主、租户人等,一体知悉。如遇本局征收员到收捐款,务须遵照缴纳,毋为莠言所惑,复再诿延。倘仍冥顽不灵,立心抗缴,定必会警拘案押追,并照专条治以抗捐之罪。万勿轻于尝试,致贻后悔为要。此布。

市筹备处长许友超,为本市房铺捐事,订今(20)日下午4时,假该处邀集商会代表,暨思明县长邱铣、市公安局长林鸿飞、房铺捐局长邓国桢等讨论和平解决办法。

《江声报》1933年3月20日

许友超昨以私人资格调解房铺捐但无结果 邓国桢态度强硬　各界联会尚须集议

关于本市房铺捐事,昨(20)日下午4时,由市政筹备处处长许友超氏以私人资格邀集思明县长邱铣,公安局长林鸿飞,房铺捐局长邓国桢,及本市各界代表庄金章、陈瑞清、庄雪轩、张圣才、王连元、黄其华等约30余人,假市筹备处会议室开非正式之谈话会,讨论解决办法。席间各界代表对房铺捐反对征收之理由,及市民年来商况艰难各点历述无遗,而房铺捐局长邓国桢则以奉令征收及各界通告市民缓纳捐款事,认为抗捐行为,态度强硬。辩论至6时许,许、邱、林三氏则以中间人劝解,但以双方相持不下,无结果而散。事后,记者分访许友超,各界联会代表,及房铺捐局长邓国桢,除各界联会,因即晚尚须集议办法,截至晚间11时止,尚未得有何消息外,兹将许、邓二氏之谈话,分志于下:

许友超谈:本日谈话会,系由本人以个人资格邀集,期使捐局与各界代表间得以接近而便商谈解决。房铺捐为政府财政收入之一,人民有纳税义务,对于是项捐款自应担负,但以市民有其苦衷,理当依法向政府请求。本日谈话会虽无甚结果,但各代表及捐局得各述所怀,再经几度商谈,当有解决之一日也云云。

邓国桢谈:(一)本日在市政筹备处并未有正式讨论,不过许处长邀去作私人谈话。(二)说房铺捐事,我已说明铺捐办理已久,捐率现仍照旧,房铺捐亦经财政部核准,福州去年已开办,捐率亦均系与土地建筑物收益税同。广东汕头各处均征收,并非厦门独有,现时不过稍为整理耳。(三)暂缓征收问题,我系奉政府命令执行,断不能停止征收。至谓过于严厉一节,我自到任至今，已经两月，方开始征收，不可谓不缓。开征之初，亦嘱各征收员须以和惋态度解释明白，不可过于急迫。故初征一二日无甚成绩，后来始逐渐增加，乃有所谓各界联合会者，竟通告商民缓缴，遂至人人观望，即订期缴交者，到期亦不肯缴。故不得不带局押追，他们既通告反抗，我亦不能不严厉催追，以维持库款。现拘案之人，因系抗捐，征收员到催一次，到期亦不允缴，所以带案押追，如果将捐款缴清即可放还。（四）要求减轻征收问题，现系照原有部定捐率，如要减轻，须到省请求，我亦无法答应也。（五）现仍继续收捐，本日已收得 700 余元，多数商民已照缴交云。

《江声报》1933 年 3 月 21 日

娱乐捐　民厅核示四办法　市局明日召集磋商　须先纳捐方准看戏　未收附捐不得售票

思明市政筹备处前奉省府民厅转奉内政部来令，饬举办本市娱乐捐，救济东北被难人民。市筹办处奉令后，当转令市公安局负责办理，经市局考虑结果，特拟具办法四点，呈市筹处请核示遵办：一、此种娱乐捐，系向各戏院、娱乐场观客，照入场券价目，抽加一，应否另制单据，或就各戏院、娱乐场入场券，加盖戳记。二、征解捐款费用，如印票券，及汇费等等，可否由捐款项下相抵，抑向旧报销。娱乐捐系乐愉性质，如观客购入场券而不输捐，许其入场观剧否。四、各戏院、娱乐场，系营业性质，如不肖代办此种娱乐捐时，是否另行派人办理。去后，市筹办处复转呈民厅请示。前日经接民厅训令，所列四办法：关于一，制发单据，应准变通办理。关于二，征解款项费用，应由该市公安局经费，撙节开支。关于三，观客入场，应并纳附加捐后，始准售票。关于四，对于各游艺场所，应妥为劝导，饬令遵办。市筹处乃于昨(27)日指令市公安局，饬照民厅所列四办法，克日举办。该局已定明(29)日召集本市各戏院、各娱乐场代表到局接洽，以便办理云。

《江声报》1933 年 5 月 28 日

市财政局将统一本市捐税　省县捐税并归办理　昨委出戏捐征收员

市财政局定 16 日成立，业见本报。市筹备处现正筹备一切成立手续，至前县府所属之一切捐税局,亦经开始整理,并分别委任。昨(9)日委任纪国善为市戏捐征收所委员,该所全年须向市筹备处缴纳款项 1800 元,按月自解 150 元。据蓝琛局长云:财局将来拟将本市原有省县所辖捐税并自财局办理。至省属部分,即由市财局按期呈解省府。至本市各团体之经费,即由财局拨发。盖财局统一之后,非但可以节省耗费,而于一切之筹划亦极便利云。

《江声报》1933 年 8 月 10 日

戏票加赈捐　限征六个月
各地期满停征　厦门又令开征

市筹备处前奉省府令:饬属举办游艺场、戏院附加赈捐,借以救济东北难民,市处经令市公安局举办在案。嗣因本市各戏院、游艺场营业萧条,经影戏业公会一再要求及停业恳免后,市局遂暂缓举办。近市处又奉省民厅,转到行政院、国民政府、中央政治会议等上级机关训令,谓据南京市政府呈,以该市自本年 1 月 14 日起,附加□前项赈捐。现在六个月期届,已令财局停止征收,请鉴核备案,应准予备案。其未征足六个月者,仍应继续附征汇解,以符原案云云。市处奉令,昨经转令市公安局遵办,速将办理情形具报,以凭核转云。

《江声报》1933 年 9 月 13 日

酒楼不代征教育捐　恐赔了酒菜又赔捐款
二十日以前代征款昨已缴清　征收所布告财局指令

本市烹饪业同业公会与宴席教育捐征收所主任刘希贤发生问题后,烹饪公会已决于昨(21)日起不代带收,截至 20 日止,所收之捐款,则扫数缴清。其不能代收原因,据烹饪业中人云:此项三联单系由征收所发出,譬如酒馆开单与顾客,顾客酒后失掉,而命再开,酒馆从命则须赔款,不从则无以取信于顾客。二、顾客到酒楼吃菜或叫菜,间多挂账者,将来菜款能否清还尚未可知,而代收则须缴现款,是赔了本还不了,还要赔教育捐,故无论如何烹饪业决不能代收云云。而征收所则于昨发出布告,略云:奉市财政局指令(指令原文见昨报,故略)等因奉此,除函达该公会知照外,合行布告,仰本市各宴席商号一体遵照，毋得抗违，致干惩办不贷云云。

《江声报》1933年9月22日

税务局布告　铺捐全年分四期征收 第三期本月底即须缴清　过十日加罚逾一月押追

本市铺捐每年向分上、下两忙征收，现税务局援照财厅呈准省府会议通过之全省房铺税征收章程办理，每年改分四期征收。本年下忙第3期，由7月1日起至9月底止实施；第4期，则由10月1日起至12月底止。其布告如下：

为布告事，照得本市铺捐，原分上、下两忙，规定每年1、7两月为纳捐期间，业经历任布告照征在案。惟查此项办法，每年仅定两次纳捐，数目既多，筹缴自属不易，且无科罚规定，致刁狡者得以借故玩延，殊与税收前途大有妨碍。本局长有鉴于此，经呈准福建财政厅，将全年铺捐援照省政府本年6月7日省委会第253次会议通过，全省房铺税征收章程第14条第一项规定，改分四期征收，并将房铺捐援照同条第二项规定，过期不缴税者，应加征滞纳罚金。过期10日者，依照是期税额加征滞纳金十分之一，过期20日加征十分之二，过期1月者得拘案押追，并加征滞纳罚金十分之三。为此合行布告，仰各房铺户一体知照，自布告之日起，本年下忙铺捐改分3、4两期征收，由7月1日起至9月底止为第三期，10月1日起至12月底止为第四期。所有至9月底止应征各期欠缴房铺捐款统限尽9月底止扫数缴清，倘再逾延，即照章处罚不贷。切切此布，局长朱公准。

《江声报》1933年9月27日

公安局捐额调查　月收四万四千四百三十四

市筹备处前饬公安工务二局，并函县府调查本市税捐，以便筹划整理。现查公安局征收之税捐，其总数每月约在44434元以上，每年约在528007元以上。兹列明其种类月额、年额于次：一、警察捐月额25000元，年额30万元。二、取缔妓寮手数料月额9573元，年额114876元。三、取缔清洁所手数料，月额800元，年额9600元。四、取缔车辆手数料，月2600元，年31200元。五、取缔广告手数料，月额800元，年额9600元。六、屠兽肉类检验费

2670 元,年额 32004 元。七、屠宰附加捐,月额 1500 元,年额 18000 元。八、建筑执照费,每月 250 元,每年 3000 元。九、渔船补助费,月 41 元,年 500 元,(按此项系全年分三期缴交大洋 500,按月匀摊整额)。十、旅客登记簿费,月 100 元,年 1200 元。十一、桅灯、船牌、炮、械照费,月 600 元,年 7200 元。十二、护岛照费,月 500 元,年 6000 元。此外尚有验车费、司机照费等,因每月收入数目不多,故未列明。

《江声报》1934 年 3 月 3 日

教局请留三项捐　俟筹有抵补　再行裁撤

厦门鸡鸭、杉木及木炭等捐,经财厅命令撤销,而教育局以该三项捐款,系为本县教育经费与协助费,特于昨日具呈教厅,略谓:本县鸡鸭捐,系地方教育经费;杉木、木炭两项,亦为协助教育经费。报载财政厅将该三捐认为苛杂,决同时裁撤,果尔,则影响本县教费,实非浅鲜。本县教费,前此年有 7 万余元,目下仅 6 万余元,鸡鸭、木炭、杉木三项每年收入达 2 万元。若未筹有确实相当抵补以前,遽将本县所恃为教费收入最大宗之鸡鸭、木炭、杉木三捐,同时取消,是值陷本县教费于绝境。敢恳根据行政院保障教费通令,迅予咨请财厅,凡捐税之为教育经费者,在未确实有相当抵补以前,暂予照旧办理,以资保障,而维教育云。

《江声报》1934 年 7 月 26 日

捐税监理会调查捐目　函厦商会一周内填送

商会昨接福建省捐税监理会函,略云:案查本会成立伊始,对于本省境内各捐税名目及征收情形亟欲明了,借资研究,俾苛什得以彻底废除,民困早日获苏。兹特由本会制就丁种调查表,分发各县法团翔实填注,俾无举一漏百之弊。贵会为全县商民代表机关,对于兹事自必深表同情,相应检同调查表,函请查照,按项详填。希于文到一星期内,送会为荷云。

《江声报》1935 年 3 月 1 日

禾山戏捐准减轻　县局布告

思明县公安局局长谢绍曾对于禾山民众请求减轻戏捐，已准所请，昨特发出布告，略谓："查禾山戏捐附加，现系拨充保甲经费，原分甲、乙、丙3等，京班每日附加9元，乙等七子班与同等之班每日附加6元，丙等傀儡班每日附加2元。兹以民众佥称附加过巨，请求减轻，本局堪酌情行，减为甲等每日附加6元，乙等每日附加3元，丙等附加1元，借示体恤。仰各乡民，一体周知云云。"

《江声报》1935年3月15日

禾山房铺捐再行征收　税务局奉财厅令

禾山地方建设促进会，前为请求省府撤销禾山房铺捐，派代表陈清波、陈菊依晋省面谒财政厅长，商求停止征收，后该项房铺捐亦遂停征。现思明税务局又奉省财厅命令，以房铺捐乃系收益之一种，所谓停征应勿庸议，故该税务局特发出布告，禾山商民周知，对该房铺捐须照章如期缴纳云云。又该税务局已派韩震声为禾山稽征所主任云。

《江声报》1935年7月30日

自来水押金利息　商会请市府严令交出

市商会昨日会议，讨论公安局购械及散兵遣送费，议决：函复市府，饬令公安、财政两局，严令自来水公司，提拨自来水押柜金利息，充购械费及散兵遣配费。其函略云：自来水公司谓，自民国二十三年(1934年)度废止发给押柜金利息，印发修改章程，通告各用户。查国府民营公用事业监督条例第七条规定，"民营公用事业订立或修正有关公众用户之收费及各项规章，应呈由地方监督机关，器具意见转呈中央主管机关核准"方为有效。该公司既未遵照前项条例办理，根本已失其效。其擅行废止发给押柜金利息，违背条例，应受民营公用事业监督条例第21条规定罚金之处分。今该公司蔑视法规，擅易规章，狐埋狐掘，以意为法，殊属不合。为此函请，严饬自来水公司，迅将该押柜金利息提充购械费及散兵遣配费之需，以昭公允，而免纠纷云。

《江声报》1935 年 9 月 17 日

请豁免鞭炮特捐　各炮商再具书商会

厦门炮商日新德等号,反对征收香灼炮箔迷信捐。日前分电财部、省府,请豁免鞭炮一项征捐,曾志本报。昨该商日新德、通元、亨利、庆兆祥、福隆庆、南康、泉瑞、丁元记、大诚、通安等号,复联名具书市商会,恳为转电省府,如请施行,豁免鞭炮特捐,以苏商困云。

《江声报》1935 年 10 月 25 日

鼓屿华议会订期召纳税者大会
讨论减轻房屋捐　提出最后之请求

鼓屿华人纳税者,以年来社会经济恐慌,市境萧条,地价狂跌,屋租锐减,因请工部局节省经费,降低房屋捐。经由华议会交由华董提付该局董事会讨论,顾该局巡捕长兼秘书巴氏,为一己之利益计,遂不能赞同此举。而洋董方面,亦多徇私,因此同持异议。前日董事会议,华董复提出力争,洋方终仍不能以大众利益为依归,案遂依旧悬搁。华议会得息后,已订本 25 日下午 2 时,召集全屿华人纳税者大会,讨论工部局明年度预算,及减轻房屋租一成,仍由华董提付华洋董事会,作最后之商榷。苟再不能如愿,即取有效之策应云。

《江声报》1935 年 12 月 23 日

柴船来厦　沿途六捐　每船须纳四十余元

运载柴把来厦之漳浦、白水营、浮宫等处柴船,向有 50 余艘,现减为 20 余艘。其原因乃薪草每载成本 50 余元,须纳捐 20 余元;木柴每载成本 200 元,须纳税 40 余元。财厅亦知柴捐之苛,已令撤销在案,而各地乃变本加厉,征收益紧。查柴船所纳捐税,漳浦官任有水上便衣队征收,每载 2.8 元;陆上武装队,每载征 11.2 元。港坞每载征 4 元,霞屿柴草捐每载 6 元,白水营柴捐每载 15 元,浮宫出水每载 4 角。又粪水入口捐每百担 1 元,每载 4 元。而此种捐税征收人,大多不出收据,不出姓名款数。近各船户已拟联呈各地官长，请求取消，以维生计。

《江声报》1935 年 12 月 24 日

昨鼓屿华人纳税者大会　决坚持工部局节费减捐
屋捐先减百分之十　巡捕长务必减薪

鼓屿华人议事会，昨召集全屿纳税华人开会，讨论减轻房屋捐及工部局预算等案。到全体议员、华董、华委员，及纳税华人黄廷元、许经权、叶攀桂、黄省堂、苏德秦、苏谷南、许万吉、林文聘、吕双合等 300 余人。主席叶谷虚，当报告本日开会，系为请工部局节费减租。次华董事李汉青报告，近顷华人纳税者，因社会不景气，房租日跌，要求工部局减收房屋捐。同时，各界又请工部局删节浮费，补助慈善教育等项，以增进地方福利。本席忝为华人代表，经提请工部局董事会各洋董加以注意，提前于 11 月起草明年预算案，以便斟酌规定。嗣巴秘书长起草预算案，并无若何撙节，交财政股审议时，该股华董华委员所提议，洋董又不能赞成。遂将各方意见提交董事会，直接讨论。本席乃提出修改预算案意见，甲、应节省开支者：一、局中高级职员薪俸过厚，凡在 500 元以上者应酌减。二、秘书长住宅月租 140 元太不经济，应限定每月最多不得过 100 元。三、巡捕总数可限 100 名。四、侦探队总数可限 20 名。五、马路沟渠各项工程费，每年可限 10000 元。六、领袖领事近年破例支去津贴办公费每年 600 元应删节。七、局中官医仅按月巡视数次，事务简单，应由每月 100 元回复从前每月 50 元之额数。乙、应增加支出者：一、婢女救拔团每年补助费，由 600 元增至 1200 元。二、中山图书馆每年应补助 1200 元。三、偏街僻巷以及公园应酌添电灯。四、给予平民医院补助费。丙、应增加收入者：工部局历年存款于外国银行，均无利息，损失太大。今后存款应设法取得利息。丁、应减少收入者：一、贫妇孤儿手提物品贩卖者，应豁免牌照费。二、房屋捐(亦名产业税)除建筑码头，添置救火机之附加捐当取消外，应一律再减轻 10%。以上提案，于本月 20 日董事会开会时，详加讨论。华洋之间，颇费唇舌，尤以减薪减税两事为甚。现以上各条大部分交各股审查，不日报会解决。夫预算关系居民负担，与市政兴替，今特将起草预算案经过略为报告，应如何主张，希各纳税者兼筹并顾，准情酌理，发抒高见，俾有率循为幸云云。

复次纳税者意见：一、黄廷元谓：目下房屋捐收入，比 10 年前增加甚多，何以捐率亦同时加重,虽应多开支警费,亦用不完。在此不景气以下,至少应请减轻二三成。二、许经权云:工部局用财无标准,所用皆在高级职员身上去,如今应请将防共时所增加之2.5取消,否则纳税者自动减纳2.5,听候解决云云。三、叶攀桂云:本人聆华董事报告,有几点疑问:(一)防共时所增收2.5警捐是否照开支。(二)开支薪水是否可以之增多高级职员薪俸。(三)巴氏新聘约不可推翻,何以巴氏从前何得因汇水涨价请求加薪。(四)鼓浪屿工部局对华人教育公益全不顾及,是何理由。四、黄省堂云:华董此次颇为出力,但据其报告,亦很有困难之处,应先以百分减十为限度,以后再行设法云云。五、吕振中云:巴局长薪俸太高,照理应自动减少,不待交涉。最后,叶攀桂请华董在董事会极力主张减租,通过固好,否则勿予赞同云云。至此,有主张减2.5者,有主张先减一成者。主席乃归纳各人意见,付大众表决:一、此次华人议事会接收纳税者请愿,向工部局请求撙节开支,减轻房屋捐,补助地方公益,由华董据理力争,未能圆满解决。纳税者应如何主张案,议决:一、房屋捐最低限度,先减10%,如不能达到,应再召集纳税者开会讨论。二、请华董在工部局董事会,主张巴秘书长及副巡捕长减支薪俸,如巴等坚执契约,则从前契约未满所加之津贴,应认为不合,请其退还。三、应请工部局尽量设法补助本屿教育慈善事案。四、以后工部局欲估定新建房屋,应请华董及工程股委员,会同办理,不得仅由秘书长擅自决定。五、此后工部局关于与房屋捐有关系问题,应先征求华人纳税者意见云。

《江声报》1935年12月26日

鼓屿华人交涉 华洋纳税平等

详陈地租沿革及不平等之明证 将编组保甲户口

追索电灯公益费 彻究冒名请保曾少乾

鼓屿华议会12日晚开十一次例会,主席叶谷虚,讨论:一、奉驻闽绥靖公署覆函,保曾少乾电,系由华议会主席吴主策,厦门青年会总干事沈志中,龙溪旅厦同乡会主席严焰连衔等因,吴君又称并未参加,本会对此应如何表示。决议:甲、限吴君主策于本月16日前状请厦门地方法院追究,以明真相。乙、吴君主策如逾期不能照办,即将其主席及议员职务停止,听候议处。二、鼓屿中华电汽公司原订应将得利提出二成,为地方教育公益等费,迄今多年丝毫未发。据闻系因该公司董事监察职工家中,浪用电力,全不给价,致耗量过多，不能得利。本会对此应如何表示案，决议：派李家祺、傅超、陈扳英前往调查具报。三、本届议员任期届满，应行改选案。决议：请示外交部、省政府，再行办理。四、编查户口案，决议：编查办法由保甲编查员查明户数，而后召集户主，推选甲长，由甲长推选保长，由保长督同甲长调查人口数，统由华董与工部局协商进行。

黄奕住等具理由书，请据请转函工部局，对于征收地租，华洋须一律平等，不得倚轻倚重案。决议：函请华董查明转商工部局，华洋须一律平等待遇。附原函如次：径启者，准黄奕住等理由书称，查鼓浪屿为公共租界，所有居民无论任何国籍，对于地方上纳税义务，均应平等待遇为原则。此固法理之常，亦中外人士所不能否认者也。故当工部局成立之初，征收地租原定华洋房屋一律征收1%，业主租户各担其半。其停租或不出租而无人住者，业主仅负其应缴之数，而租户应缴之额，则缺而不征，华洋一体，未有歧异。施行以后，历有年所，中外居民均无异议。嗣因工部局为征收便利起见，竟将华人租户应纳之税额，皆由华人业者负担完纳，而以估价不及500元房产，免纳地租为借口。自此以后，华人之有房产者，始则屋租人住，当代租户完纳租税，继则变本加厉，屋无人租者，亦当全负租户应纳税额，而外籍房产，则仍照原定规则，外国业主仅担0.5%地租，其租户应纳之税款，不负其责。似此中外判然，实开世界征税规则未有之先例，此华洋纳税之所由分，华人负担所由重也。现在全屿房屋其价均在500元以上，工部局房产估价簿可为明证。则其所谓500元以下不征租为交换华人业主应纳全部地租者，仅系一种有名无实之条件而已。况数年来固社会不景气之影响，而鼓屿又非营生之场所，居民离散他徙者甚多，房屋过剩，大有供过于求之势，不持屋租低降，其空无人住者，比比然也。

准理衡情　工部局既无500元以下不征租之事实，自应恢复原定征租规则，如屋无租，凡租户应担税额，当缺而不征，以符定章。今乃房屋之属于华人者，仍当完纳全部地租，是无异于使华人业主负担加倍之租税，实其不平等之苛征。孰有甚斯者，此有房屋之华人所由困，有房屋而久无人租者之所以苦也。要之，工部局系华洋合组之机关，中外待遇理应平等，其征税规则，亦应华洋一律，方为公允，不宜华重洋轻，显有歧视。因念贵会为华人最高团体，对于华人受有不平等之待遇，素能主持正义，予以力争。请将所有华人负担过重之不平等地租及其历来沿革情形，函请察核，迅予据理力争，恢复原有华洋平等纳税之规则，以减轻华人之负担，则全鼓华人纳税者幸甚。具理由书黄奕住、黄文圆、陈才植、陈张氏喜鹊、陈吉庆、郑视。

又关于吴主策签署华人议事会名义，向绥署请保曾少乾原电录下：绥署主任蒋钧鉴，查曾少乾自幼经商新加坡，曾在厦市开设丰美参行、桢记钱庄，对于地方公益慈善事业颇多建树。频年安居鼓浪屿，家道殷裕，性行纯良，素无越轨行为。前因故乡族姓事件与人误会，此次被人架诬情所难免，恳请察照，准予保释，无任企祷之至。鼓浪屿华人议事会主席吴主策，厦门青年会总干事沈志中，龙溪旅厦同乡会严焰。

《江声报》1936 年 9 月 14 日

商会决请市府免征路灯捐
谓灯捐已并警捐征收　催海关设验货场

市商会昨开执监委员联席会议，主席洪鸿儒，记录林东山。讨论：一、报载工务局拟办路灯捐，附加电灯征收，增重市面负担，本会应如何表示案。议决：查路灯捐，前经归并统一警捐征收，工务局重行呈请再加，显有重叠。应呈请市政府查案制止。二、南洋公会函请转函海关，迅建验货场所，以免商家损失案。议决：通过。

又关务署发表厦关税务司威勒鼎，调任汕头海关税务司，市商会前日特电请收回成命。昨得关务署电复：谓威勒鼎办理税务，深洽舆情，殊堪欣慰。此次调差，系应关务需要，未便变更。至厦门关现任税务司，亦经本署审慎选派，对于该关税务，当能同样妥善办理云。

《江声报》1936 年 10 月 2 日

路灯捐问题　官民各理由　电灯公司无可表示

市工务局拟征路灯捐，即就电灯费附加一成，经市商会异议，已志本报。查商家理由有三：即一、中央裁厘，取消苛什。通令各省市县政府，不得再借任何名义，擅设捐税。二、路灯捐前张锡杰长公安局时，经将全市公安捐、卫生捐、警察捐、博济院补助费、路灯附加捐等六项，裁并为统一警捐。三、工务局如认路灯须加整理，应责成电灯公司负责，不能将此费加诸市民身上。基上三点，因请市府制止征收。而据工务局局长刘元瓒谈：本人曾经向省府陈主席提议整理路政计划，路灯亦在理之内。所拟提案，均获陈主席批准，乃逐渐进行。路灯捐省垣实行多时，本市开征，实非创举。过去本市路灯，无妥善设施，当局亦未加以探讨。以目前路灯情形观之，尚多应兴应革之处。全市灯数约计1300盏左右，倘欲加以整顿，须增置二三百盏。本人以为路灯设备完善，不但可壮市容，交通治安，亦有关系。近虽有人反对开征路灯捐，谓该捐前已有之，后并于统一警捐。据调查所得，民国十六年（1927年）当局曾于电灯费项下增收三成，充作公安补助费。而统一警捐，则系并合五种不同捐款而统征。前公安局长张锡杰，现在厦任水警第二大队长，不难探询明白。本人任职以来，悉心整理路政，惟限于经济，计划难得完全实现。今拟征收路灯捐，过去且已征收三成，现仅征收一成，不为过也。查本市路灯公司营业，月有三万五六千元收入。若征收一成，则可得3500元。除与电灯公司洽商，拨出一部分充作电力费外，其余捐款，欲整理市容，绰有余裕。且整理路灯，欲臻圆满，至少须二三年时间，耗费须二三万元。又据电灯公司董事谈：关于征收电灯附加捐一成，充为整理路灯费，仅见诸报载，公司尚未正式接得通知函件。故目前公司亦无可据以表示意见云。

《江声报》1936年10月3日

商会决再交涉　规定警捐标准

市商会昨开监委会议，到林启成、翁吉人、陈好礼等，主席黄奕守，记录林东山。议决：一、本市警捐征收漫无标准，市民极感痛苦。应请本会执委会向财局交涉，请其规定标准，以昭公允。二、本会前请执委会办理各案，迄未完全办竣，应函催迅办。

《江声报》1937年3月2日

市商会呈请统一征收地税　裁撤地租铺捐警捐 昨分呈政院财部

市商会昨呈行政院及财政部，略谓：纳税奉公，固人民应尽之义务，而征捐抽税，亦常以法律为依归，视民力之能否胜任为准绳。乃厦市以30里弹丸小岛，捐税之苛繁，莫与伦比。就地税而言，已征房铺捐，又征地租及警捐。地租年由四千余元而至8万元，房铺捐年由3万余元而至10余万元，警捐则由10万元而至20余万元。似此重复苛征，厦民何以堪命。伏查远如太原,近如汕头,盛如汉口,均无房铺捐,即其他各处,间亦有房铺捐之征收,惟多为警察之经费,而不另征警捐。至地租一项,则以各省各地及本省各县之所无,而厦市所独有。此三者均就房屋征税,叠床架屋,实违中央统一税制之旨及废除苛什之功令,且中央明令地方一切对于人民强制征收,均应先经中央政治会议决定原则,立法院审议内容,始得成立。行政院训令皇皇,无难稽查,该房铺捐及地租、警捐,并未曾遵令办理,于法无据,自无存在之可能。矧所得税开征,苛捐杂税即应裁废,中央早有通令。此种苛勒病民之复税,实无存在之理由。本会切身有痛,难安缄默,逼不获已。谨沥情呈恳察准,令饬福建省政府,迅即裁撤厦市房铺捐及地租、警捐,统一征收地税,以重法令,而纾民困,并乞赐示祗遵云。

《江声报》1937 年 4 月 1 日

台湾公会收支　竟与警捐相涉　一闻增捐　便请减捐　财局严惩冒牌籍商

本市警捐,前经商会向市府请求改善征收标准,市长曾允核办。现查财局对本市警捐收入,月计 2 万余元,各国籍民,亦均照纳。惟日本籍民月由台湾居留民会缴纳 1000 元。民国二十三年(1934 年),市府以日籍民居留厦市日多,曾向日领接洽增加为每月 1500 元,尚无结果。讵台湾居留民会,竟以收支减少为词,反拟要求日领向我政府请予减轻。而市府以籍民有增无减,警捐自宜增加,但双方均未正式提出商议。又财局对于冒充籍民抗捐,处罚特重。因商人中有避免缴纳警捐,而每月以若干元向籍民租用籍牌,悬于店内,而将店号改为洋行者。财局查悉后,除令由租屋营业之日起,照纳一切捐款外,并将其送交警局按律重办。最近曾破获数起,均予严罚云。

《江声报》1937 年 4 月 27 日

小港柴船补助费　征收缴县列入预算

市商会昨接水警第二大队部函云,案准贵会函,以本市柴商往漳购柴运厦销售,经过石码,被龙溪小港民船工会勒收水警补助费。难堪剥削,恳请查明是否水警,抑亦该会私擅勒收,请予查复等由前来。兹据该会函复过部,略以该会小港征收柴船运费,每把 5 角,此项系征收船户。

《江声报》1937年8月17日

双方买卖手续费　市府积极推征
昨令商会转饬各公会　遵章完纳不得违延

昨日市府令商会，以查本府开征双方买卖手续费以来，各商民明了事理，遵章缴纳者固多，而怀疑观望者亦复不少。近迭据各经征分处呈，以各商民均以日来报载此项手续费停征，不肯缴纳，阻碍税收至巨，请予出示并令饬市商会转知各同业公会，劝导商民遵章完纳等情，转呈到府。查双方买卖手续费，系属增筹国教基金，勿容稍缓，况此项手续费，省府并无明令停征，在未奉令前，自应积极推征，以维国教经费。除布告并饬财政局转饬经征处严密稽征外，合行令仰该会遵照，饬即转饬各同业公会劝导各商民遵照完纳，勿得违延，致干处罚为要。

《江声报》1946年4月14日

市鲜鱼捐　十五日起开征　税率为百分之四

市教局因教费无着，经决定征收鲜鱼买卖捐税，已志本报。市府昨已决定自8月15日开始征收，经贴出布告云：查本市教育经费短绌，教师待遇自7月份起，依法应比照市级标准提高，经费不敷甚多，且叠奉省府饬令增设学校，需费更巨。兹为援照福州市罗源县等处成例，对鲜鱼买卖附收教育补助费，情志前报。兹经提交市参议会第廿一次驻委会会议，议决修正税率，核定为4%（由8月份起开征），通过函复市府。前次补助费，订自本8月15日开始征收。

《江声报》1946年8月16日

厦开始征收房捐　业主反响分三类

本报讯　市财政局连日派员检户分发应缴房捐通知书，其数目为数千至数万元不等。业主多谓捐额重，有月仅收租金2000元而被派定房捐10000元者。因此房主于接到通知书后，所采取态度，约可分为数类：第一，准备□□佃户租金；第二，请求减轻；第三，不动声色静待政府催收时出作决定。查房捐系归业主缴纳，战前大多以全年中一个月租金为征收标准，其赁居者月计征收,一般人认为此次全年征收额亦不应超过一个月租金。至于租金若干,可饬租户照实其具报。倘业主串通租户,以多报少,政府得依其所租价,作为付还业主应得租金标准。而租赁之权,则归政府所有,政府得公开招人承租,所得溢额价租,即全归市库云。

《中央日报》1946 年 8 月 18 日

警捐迷信捐一律停征

市息　市府昨奉省令,略以准财政部民国三十五年(1946 年)5 月 31 日公函,以函准贵省政府民国三十四年(1945 年)度县市总预算书依照审核意见分别申复一案,内关于原函第四项等捐及第三项迷信捐,均应自民国三十五年(1946 年)度起一律停征,以符功令等由,自应照办。查民国三十五年(1946 年)度上半年度已成过去,前项警捐、迷信捐立即截至 8 月底止停征结束,各县市如因财政困难,有继续征收此项捐必要者,应自本年 9 月 1 日起得改征因地制宜之税捐,抵补挹注,仍应遵照本府致卯文府财乙字第 4890 号代电规定办理。□经县市参议会通议过,呈由本府转请中央核准施行。除函复并通令各区行政督察专员公署暨各县市政府外,合行令仰遵照,并转税捐征收处遵照办理云。

《立人日报》1946 年 9 月 17 日

市税征收处增征筵席捐
烹饪公会紧急集议　决请减轻呼吁参会

本市税捐征收处处长陈国衡,最近为增广税源,将原筵席捐税额月数百万元,拟提高至 2000 万元,并自本月份起开始征收筵席附属品,如酒、汽水、香烟等加二捐税。烹饪公会昨特召开紧急会议,商讨办法,咸以筵席捐一项,前曾由市参议会议决其征收原则,以价值 5000 元者,作为课税起点。今者倘以 2000 万元之税额,依照比例分配,势必须从价值 1000 元之点心品课起。似此对于一般营小本点心贩业,影响殊大,则所有菜馆,亦属负担过重,一致通过呈请酌予减轻,并商市商会呼吁。

《星光日报》1946 年 9 月 18 日

筵席捐新难题
经征处税率难倒菜馆　烹饪业今日开会想法

市息　本市烹饪业公会，前以市府经处对于筵捐拟自 120 万增至 1000 万，特呈请参议会予以议定标准，以免商家无法负担停业。后经参议会议定，以消费 5000 万等征税实行三联制度在案。旋陈国衡来厦接办税捐征收后，即以整理筵席捐为词，拟将该捐增至 2000 万元，并于昨日发出通告，谓征收标准以千元起征，如宴席大菜外，凡酒烟汽水等物，亦须加二征收，各菜馆对此，咸感困难。据称，筵席捐论名思义，系以开筵者起征，今以千元起征，目下每碗点心即在千元上下，实无异征点心捐，且开宴烟酒已交纳酒税、烟税，实不应再予征捐，否则每宴常见烟酒较之菜资为多，实无异增加烟酒税。故已决定本日开会商讨办法，或将再呈市参议会妥予评定。又各菜馆以公务人员或军警聚餐或点心者颇多，倘非经征处派员常驻征，则各菜馆实难办到云云。

《立人日报》1946 年 9 月 18 日

筵席捐自本月起市府直接征收
万元消费附加二成

市府以筵席捐为本市主要税收，为加强征收，及杜流弊，昨特通令本市各商号及各社团，对于直接派员推征各节，请予协助。兹将其原函志下：查筵席税为本市主要税收之一，按照征收规则规定，筵席税应由营业者代向顾客征收之，其税率，按筵席原价征收 20％。迩来物价日涨，筵席消费额逐增，税收反形短绌，影响库收殊巨。本府为整理此项税课，决自 10 月 1 日起，派员直接监征。此后各顾客饮食消费额在 1000 元以上者，照章由营业者代征筵席税 20％，并依照规则第八条之规定：“营业者代征缴报税款如有不实或舞弊情事，按其短缴税额以 1 倍以上 5 倍以下之罚款。其情节较重者，并得勒令停业。”又第十一条规定：“顾客不遵章缴纳税款，营业人应向当地征收机关报告。除饬令照额纳税外，并得处以应纳税额 1 倍以上 5 倍以下之罚款。如抗不遵缴时，得强制执行之”云。

《星光日报》1946 年 10 月 2 日

商会请求市纳房捐依法稽征

房捐条例业经国府修正,明令公布。昨市商会为此特呈市府,请予饬属依法核征,并分函各同业公会,转知所属会员,遵照国府修正房捐条例,依法缴纳。兹将原文探志如下:查房捐条例,业经国民政府修正,明令公布。该条例第四条“房捐捐率不得超过其全年租金10%;住家用房屋出租者,不得超过其全年租金5%;自用者不得超过其房屋现值5‰”云云。本市征收房捐与修正条例,多所出入,市民负担有欠合理。理合呈请察核,赐饬主办科处,依法核征,至为公便云。其致各公会函文同前。

《江声报》1946年12月22日

鱼摊公会续电省府制止征收附捐

市府征收鱼鲜附加教育捐案,鱼摊公会曾电农林部请予制止。昨该会又再电请刘主席,从速饬令停征。兹录原文如下:福建省政府刘钧鉴,厦门市政府以国教经费支绌,征收鱼鲜捐案。查渔税、渔业税,任何机关不得另目收税,早经中央通令有案。本会为此,曾电农林部制止。兹奉农林部京渔致亥巧一三三二七号代电,略以“业经据情电请福建省政府查照,转饬制止见复”等因,本会所属会员四五十家,操业惨苦,为众周知,赖此生活者,不下万人。自市府开征以来,无法营业,而倒闭者已五六家。现各嗷嗷待救,状殊可悯,理合电请钧察,体恤民瘼,迅饬市府克日停止征收,以苏民困,而安民生。厦门市鱼摊公会叩。

又讯　鱼鲜捐自开征迄现月余,均未发给收据,该会经请市府派员,责令征收机构补发。

《江声报》1946年12月29日

公营使用房屋与民营一律征税

关于公营事业机关使用之房屋,应一律征收房捐问题,昨市政府特训令市商会遵照饬知。兹探录原训令如下:案奉福建省政府雨子鱼府财乙〇〇七三四号训令开:案准财政部民国三十五年(1946年)12月11日财地四字第六三三九号公函，以查公营事业。在租税方面，应与民营事业有同样负担，俾资均衡发展。本年修正之营业税、所得税等法，对于公营事业，已无免税之规定。至房捐一项，系属地方法定税课，为配合上项现行国策，及充裕自给财源起见，凡供公营事业使用之房屋，自应比照以上各税法规定，征收房捐。又按修正土地法第191条，载"公有土地及公有建筑改良物，免征土地税及改良物税（在地法未施行之区域为房捐）。但供公营事业使用，或不作公用使用者，不在此限"。依上开但书之规定，对于公营事业使用之房屋，亦应照征房捐，以昭公允，而符规定。相应函请查照并转所属一体遵照等由，应照办。除分令各县市政府及各征收处外，合行令仰遵照，等因奉此，合行令仰遵照云。

《江声报》1947年2月19日

税捐重压　鱼摊营业难

本报讯　市鱼摊公会，昨函市商会，略以查本会会员去年年关倒闭者达10余家之多，其原因系税捐过重，生意不佳。且鱼贩迩来多集中市场附近排卖，以致影响营业，日趋衰落。此次营业税再行增加，本途恐难负担，恳请派员复查，准予减轻，借恤商艰云。

《星光日报》1947年4月10日

馆子上不得　每席五十万课税　筵席税新办法

市府为加紧整理本市筵席税，经厘订筵席税整理办法如下：（一）盘菜（系未及一席之和菜，即8人以下开菜，不及8盘），每盘平均估价定为3万元，照总额课税。（二）筵席每席平均估定为5万元课税。（三）起税点改订为3万元，在3万元以下者，课一成。按筵席娱乐税法第六条规定，各酒家应代征筵席税。（四）按筵席娱乐征收细则第八条规定：甲日代征税款，应于乙日上午12时以前连同收费凭单缴核，联缴交税捐稽征处核收。（五）按筵席娱乐税征收细则第九条规定：各菜馆均应采三联单，故违即依筵席娱乐税法第八条，处以1倍以上，5倍以下罚锾。闻已从本月31日起，由市税捐稽征处派员分往各酒家监视云。

《中央日报》1947年9月25日

商会分电请求取消浚河捐

本报讯　商会昨分别代电行政院、立法院、财政部、省政府等各机关,请求取消浚河捐。该会以浚河捐系地方临时性质捐款,委由海关就货物进口税附收。本来商民极愿以短时间之重负,促使完成浚河工作,罔料实施之后,弊害丛生,进口纳税不特手续为难,抑且拖延时间。如此岂独成本增高,直使进口窒息,调节不灵,商货呆滞。况乎开征时久,寸河未浚,长令如此重负,诚难使民折服。特电请停止征收,以纾商艰云。

《中央日报》1948 年 4 月 4 日

公用事业收费调整
市府正考虑中　可能继国营调整后

本市水电、轮渡等公用事业公司,近日相继呈请市府,略以本月来百物涨价,尤以油渣、煤炭等燃料为最。员工亦因日用品飞涨,请求调整待遇,倘不将价格调整,势必无法维持云云。市府正在考虑予以调整中,据黄市长云:公用事业倘不予以维持,而令停顿,市民所将花费者,自必更大。即以电灯而论,设改用煤油灯,不特费多亦不便。又如自来水每担 1 分,诚较挑海水更便宜。惟公用事业价格之调整,仅在维持继续,使不致中断而已,绝不令有厚利可图云云。据息,调整之事,可能静候国营事业价格调整后再进行。(邵)

《江声报》1948 年 10 月 30 日

公用及娱乐事业　一片请求调整声

市戏院公会昨呈市府,谓最近各种物价较“八一九”平均涨 3 倍余,现有票资,无法维持,请准照前加增 1 倍,即日场为楼下 8 角,楼上 1 元;夜场为楼上 1.2 元,楼下 1 元。

又:电灯公司以台币汇率调整,煤价随而增高,员工待遇因物价高涨亦须调整,请将电灯每度提升为 0.78 元。

又:轮渡公司请求将票资调整为每票 2 角。

以上各种请求调整函呈，各主管科室正签拟意见，送呈市长批示。（邵）

《江声报》1948 年 11 月 3 日

公用事业附加捐　市府将恢复征收
以作卫生建设等经费

南侨社讯　本市各公用事业，原附加市政建设捐一成，惟自 3 月份起停收。市府以本市建设需款甚殷，而卫生防疫等工作，亦非钱莫举，与市参会商洽恢复征收，陈议长原则上已表同意。该款每月可收美金 1000 元，准备以五分之一为卫生设施及清除下水道之需，其余作为建设之用。

《星光日报》1949 年 3 月 31 日

公共事业收费附加
副食差价捐　今开始征收

本报讯　本市军宪警副食差价款统筹委员会暨军民合作总站，于本月 21 日之联席会中，决议由统筹会建议本市党部、市政府、参议会及商会等四单位，联衔布告，就本市电灯、电话、自来水及轮渡等公用事业收费，附加收宪警副食差价捐。案经该四单位同意开办，并订定暂定方法一种，于今(26)日起实施。该办法要点为：(一)附加捐征收对象为本市电灯、电话、自来水、轮渡等用户。电话原附征之救济金停收。

《星光日报》1949 年 8 月 26 日

第七章

金融货币

第一节　金融信托

一、银　行

部员来厦商议要公

北京大清户部银行主事许君，日前特奉部中总理命令，搭轮来厦谒林尔嘉京卿，面商要公云云。现林京卿渡台，许主事遂住商会内以待之。闻所商议系银行内要件云。

《厦门日报》1909 年 6 月 1 日

厦门开大清分银行

度支部以各银行开设在通商口岸，行用纸币，极形畅销，多则数十万以至百万，少亦不下一二十万，以为中国财政之要点也。近年上海、天津、汉口各省开设大清户部银行，行用纸币，原为挽利权起见。现又派许君来厦开设大清分银行，已在各处寻觅高大洋楼云。(上)

《厦门日报》1909 年 6 月 4 日

厦门大清银行分号开张广告

径启者，本银行总行设在京师，外省各埠均设有分行，开办有年，久孚信用。现设分号于厦门镇邦街，专做汇兑存放银两生意，择于九月初二日悬旗开张。诸君赐顾，格外克己，敢冀垂青，用登告白。

《厦门日报》1909 年 10 月 4 日

悬旗吉期

大清银行分设在厦门镇邦街已于昨日行悬旗礼，在地文武各官及绅商各界来宾到行拜贺者，跻跻跄跄，极称一时热闹。闻行中所聘各执事，亦甚得人。从此利用便民，可为大清银行长颂万岁矣。

《厦门日报》1909 年 10 月 17 日

金融机关之活泼

镇邦街大清银行分号于昨初二行升旗礼时，送礼志贺者十分热闹，已登前报。闻该行当事贺话义君、黄植庭君布置井然，一一接待，因国制未敢放炮。据厦老于商界者言：黄植庭为票号老手，熟悉各大钱庄，将来交易必为厦银行首屈一指，获利可操胜算。从此市面金融机关亦活泼多矣，可为贺贺。

《厦门日报》1909 年 10 月 18 日

大批现银到厦

大清银行分号开张以来，贺君、黄君二人经理得法，联络各大行商交易，不久生意十分发达。昨又由闽运来龙洋现银数十万，起存行内云。

《厦门日报》1909 年 11 月 24 日

大清银行营业之发达

大清银行于九月初二来厦开设支行,迄今不过3月之久。而行内贺君、黄君、吴君经理得法,办事公允,所有厦各大钱庄大营业家均纷纷与该银行交易,每日出入总在二三十万之多,闻获利已五六千两矣。将来钞票发行,广为招徕,其获利更不可胜数。记者敢为该银行之前途贺贺。

《厦门日报》1909年12月24日

文武保护交通银行

交通银行乃国家邮传部内所组织者,厦设分行,前月28已开张矣。昨洪军门、郭道台、赵太尊均各出告示一道,略谓交通银行,凡我人民亟宜保护云云。

《厦门日报》1910年10月15日

为中南前日滚支　公安局出示禁谣

前(5)日本市中南银行纸币,因有人故意造作谣言,谓该行纸币此后不能通用,致该行突受影响,发生滚支一节,经载本报。兹查市公安局于昨(6)日接到该行函后,认为此种谣言,有碍他方治安,及扰乱金融,故立出示布告,特录于下:"为布告事,案准厦门中南银行函称,兹因本埠发生中南银行纸币有不稳之谣,讹传所及,以致人情不定,本日纷纷向敝行兑现。敝行特延长兑现时间至夜间11时止,并由本埠各钱庄分头代兑。因此人情安定,兑现者渐松。查中南银行纸币,系由四银行合设专库,发行十足准备,向来信用昭著。乃此次讹言之来,或有奸人故意造谣,藉此扰乱金融。于市面治安影响殊外,当承贵局派员到行维持一切,幸未发生他故,至深感荷。至于奸人造谣,扰乱金融之情事,应请贵局严饬究办,并祈发贴布告,俾众周知,至纫公谊等由。准此,查该中南银行资金雄厚,核自发行纸币以来,准备充足,信用素著。此次突然发生兑现风潮,显有不法之徒,故意造谣,希图扰乱金融。似此妨害治安,殊堪痛恨。除饬属严密查拘外,合行布告,仰本市中外人等,一体知悉,凡持有该行纸币者,切勿轻信谣言,自相惊扰,是为至要。

此布。中华民国二十一年(1932 年)2 月 6 日,局长张锡杰。”

《江声报》1932 年 2 月 7 日

民兴银行决定复业
邹敏初加入资本 行内人员已推出

漳厦民兴银行举行准备复业消息,已见报载。兹闻该银行此次复业计划,系招邹敏初加入资本,以作活动。公布章程,往返磋商,早已议定。人员亦已推定,总经理林靖轩,副经理范芳甫、卢竹安,出纳兼稽核刘志臣。现漳厦方面正准备复业手续,一俟邹敏初由港到厦,便可进行复业云。

《江声报》1933 年 1 月 12 日

商业银行沪行谋发展 设商业储蓄部吸小商户存款

厦门商业银行创办已十四载,沪甬两处均设有分行。现该行欲谋进展,日前沪分行长萧永和应总行电召来厦,商扩充计划。据萧谓,沪战以还,百业襄退,国内如是,世界亦靡不在经济恐慌过程中。迩来储蓄事业,沪汉平津等埠风起云涌,总行之零星存款,其性质与活期储蓄相同。最近零星存额总数达两百万元,成绩似不为弱,沪分行此次拟附设商业储蓄部。目下之普通银行业务无此名称,乃系特创一格,为便利小商家之往来,及小商民之储蓄。缘在银行事业未充分发达之我国习惯,小商家、小店员无银行既无接待机会,银行恒以其进出款项琐屑、簿据纸张印费昂贵,不肯迁就细流。而在另一方面言之,小商家、小店员亦以银行为巨商大贾往来之机关,不敢以琐务相麻烦,于是两方成为参商远隔。乃不厌手续之麻烦,首先创办商业储蓄,现正拟订详章,设法推行云。

《江声报》1933 年 9 月 9 日

中央银行二月十日可告复业 连日清理账务已有头绪

中央银行厦门分行长陈仲玖来厦后,现正赶办账务各项,经连日清理,结果已略有端绪。据该行负责人称,2 月 10 日可宣告复业云。

中央银行厦门分行行长陈仲玖到厦筹备复业,已志前报。昨(29)日午后，据陈行长友人云，厦门中央银行在未被19路军接收以前，即闻有该项消息。故陈君得于事前数日，即将该行发行之钞票携往他去，或汇往上海总行，剩下之20余万元，不及兑往，致被其没收，故损失无几。迨接收后，陈氏率全体行员，齐赴上海，日前已奉总行令，仍偕全体行员返厦筹备恢复。一切账簿，以当时收入库房，故未遗失。现该行职员，仍照旧任用，不再更动，惟该行所有之器具，均被伪民府所设之闽南禁烟督察处搬去应用，自国军收复厦门，该处家私，俱损失无遗。现陈君正在着手购备，将于废历正月初五日复业云。

《江声报》1934年1月30日

黄奕守昨赴沪　将向徐桴接洽厦门税务并向中南总行有所报告

厦门税务局长黄奕守，昨由厦附济南轮赴沪。查黄氏此行任务，系向中南沪总行，报告办理厦门中南行行员舞弊案经过，另一方面则系向福建财政特派员兼财厅长徐桴，接洽税务，及煤油特税问题也。闻中南厦行行员舞弊案，系发觉于废历去年底，其中主要弊端，则为出款抵押品多有不实。经发觉后，当事者已设法弥补，并经总行派员来厦监察，业务上可无问题云云。

《江声报》1934年3月17日

通商交通两银行筹设厦分行　实业银行分行筹备就绪　择定行址在中山路

上海实业银行日前派卞伯屏等来厦筹设分行，已志本报。现查分行行址，已择定中山路127号，即李民兴行旧址，不日开始营业。本市除原有中国、中南、华侨、厦门商业暨外营之汇丰、安达、台湾等银行外，年来先后设立者有国华、中央等行。现筹备将设立者，除上海实业银行外，尚有通商、交通等数家云。

《江声报》1934年5月18日

实业银行开幕　设栈房备存货押款
昨数百人参加开幕礼

实业银行在厦开设分行，于昨5日开幕。该行总管处派总秘书刘子余到厦，参加开幕礼，上午9时半悬旗揭幕，中外军政党商学各界暨银钱业各业公会代表，到行庆贺者数百人。由该行经理卞伯屏，副经理陈国璜，襄理周寅恭、林汉甫，分别招待导往各部参观。据经理卞伯屏云，该行此次在厦开设分行，纯以调剂金融为宗旨，一切手续，力求简便。营业时间，决定酌量延长，并在鹭江路筑广大货栈，以备各界存货押款。该行发行之福建地名兑换券，三种准备十足，已呈准福建省政府、厦门特种公安局备案，布告周知云。

《江声报》1934年7月6日

辛泰银行中止设厦分行
黄鼎铭认为发展不易　交通行下月中开业

沪上各银行，因东四省被日侵占，不能立足，乃谋于闽粤各地发展，详情经志本报。兹查交通行址，已觅定海后路，大阪株式会社隔壁，下月中旬，当可开业。至辛泰银行来厦设分行，事已中辍，缘该行曾派员来厦，与黄鼎铭接洽。嗣黄考虑结果，认为不易进行，乃罢。盖该行并未发行钞票，而借以流通者，则为农商银行之钞票。关于此点，挂辛泰行招牌，而用农商钞票，恐不易得商家信用，此其一。二则该行拟请黄担任厦门分行长，而黄须认辛泰行股本25万元，如无现金，以有价证券作抵亦可。果能实现，亦不过以二三十万元来厦流通，规模既小，发展自难。故黄氏经考虑结果，因作罢论也。

《江声报》1934年7月26日

交通银行昨开幕　各庄购沪单十余万元

交通银行厦分行，昨日举行开幕礼，到银钱两界及各界来宾数百人。是日各钱庄均购上海单，约十七八万元，每千元以九九五折算。

《江声报》1934年10月16日

实业银行挤兑风潮渐平
因上海中国兴业之倒闭　一字之讹引起误会

实业银行厦门分行开幕3月,近因上海中国兴业银行之倒闭,与该行招牌仅讹一字,以致引起误会,昨日上午忽发生挤兑风潮。该行应付裕如,并延长办公时间,以便利持票兑现者,至下午4时,人数逐渐稀少,挤兑风潮,已告平息。据行长卞伯屏、副行长刘荔生云,本日(星期六)办公时间,原定中午11时即止,惟自10时许发生挤兑,敝行为使市人加重信赖,及避免误会,特将办公时间,延至下午4时,同时各钱庄并自动遣派店伙10余人,到行襄理兑换。公安局长王固磐,亦亲到行巡视,并派员警维护。故是日虽曰挤兑,秩序极佳,计本日所换纸币,共约30万元。查敝行在厦所发纸币,仅50万元,其余20余万元,因明日值星期日,为银行例假,故星期一提早于9时开始办公。至漳州代兑换处信通银庄,本行亦于下午,由电船运现款1万元赴嵩,转由中央银行汽车载运赴漳,以备兑现之用。石码方面,亦运有二三千元前往。惟该两地用纸币,为数至少,更不成问题。至存款方面,因敝行开业迄今,为时仅3个多月,为数不多,且本日挤兑,均系由误会发生,各存户因认识较深,均未到行提款。敝行平日信用,有目共睹,绝不因挤兑,而稍受影响也。

厦门商会为实业银行挤兑事,昨发通告云,为通告事,本日报载上海中国实业银行发生挤兑风潮,致市民发生误会,纷向该行厦门分行挤兑。查该行准备充足,信用昭著,仰合市商民对该行钞票,照常行用,毋得自相惊扰。切切此告。

又查该行上海总行,恐本市发生同样挤兑,特由芝利加纳轮,运到白银10万元,以资应付云。

《江声报》1934年10月28日

实业银行准备多量白银
今晨九时提早兑换　昨日专船运银赴码

本市实业银行,前日发生滚支情形,已志昨报。兹查该行以石码亦发生同样滚支,特于昨晨用自备电船一艘,运载现洋1万元赴码,交代理之公益银庄，准备兑现。由水上警察队派督察员陆式重，率水警 4 名护送前往。至石码时，因司舵不谙水线，适值潮退，轮循浅滩而行，致机叶被阻塞坏，不能前进。嗣改用民船搬运上岸，水警督察员及该行办事员等，交代完毕，并携回钞票八千元，即日改乘顺发小火轮返厦覆命。现该行以电船损坏，特向大千租赁电船一艘，连夜由鼓办事处，运载多量现洋过厦，准备今晨提早备兑云。

漳讯　实业、通商两银行自在厦设分行后，漳城代理，即托信通、济川两银庄代为兑换钞票。27 日晨，实业发生挤兑，持钞至该号兑换者颇多，惟该号现款充足，应付裕如，并由其经理知会各商号，十足收用。挤兑风潮，即日平息云。

《江声报》1934 年 10 月 29 日

实业银行昨兑现十万左右　风波平息

本市实业银行 27 日发生挤兑，以该行实力充裕，不至束手。28 日适逢星期例假，昨(29)日晨 9 时，该行提早办公，持票兑现者，已不如 27 日之多。上午继续兑现，下午逐渐稀少，昨竟日总兑现为 10 万元左右。然则市上所存该行钞票，亦不过 10 万元而已。经此一番滚支，转可增进该行之信用也。

《江声报》1934 年 10 月 30 日

商业银行存款人会议　决九日集代表及整委讨论复业等问题

厦门商业银行，订昨(6)日邀集第三批存款人会议，经志本报。昨下午 3 时开会，第三批存款人出席者，共 74 人，存款数字计 12.98 万元。列席者，第一批存户代表 6 人，第二批存户代表 5 人，整理委员会 5 人，推陈清波为临时主席，讨论结果，议决：一、存款拟定拨出半数认股，筹备开业，并推出代表 13 人(内女性 1 人)，参加第一、第二两批存款人，共筹进行，及监督厦门商业银行保管财产事项。二、公推陈荣翁、郑渊其、何明德、王振旅、黄忠慰、陈台养、蒋火炉，及王远昌(代表陈龙生)、苏市(代表苏朝根)、王宗诚(代表叶美良)、洪深水(代表洪善式)、协昌(代表陈金华)、吴成业(代表黄淑顺)等 13 人为本日到会存户代表。三、定本月 9 日下午 3 时，特开存户代表及整理委员全体联席会议，讨论一切进行事宜。讨论事项，并列如下：一、讨论整理资产一切事宜。二、讨论催收放款一切事宜。三、讨论向当地银行团，要求接受抵押品之步骤。四、讨论于最短时间内开业。至6时许始散会。

《江声报》1935 年 7 月 7 日

商业银行存户代表会　全体分为四股筹备复业事宜

厦门商业银行，于前(9)日下午 3 时，在该行二楼大厅，召开第一、二、三批存户代表，及整理委员联席会议。到会存户代表 23 人，整理委员 8 人，公推陈清波为临时主席。讨论结果，一、议决存户代表全体，分为监督、保管、催收、设计 4 股，每股 6 人，各股并推整理委员 2 人参加筹备开业事宜，及进行一切。二、议决推举中国银行、蒋火炉、张万木、叶鸿埙、刘振声、柯世令、陈清波、殷雪圃为保管股，许春草、余篆三、陈金华、孙清濂、洪善式、陈自养、沈锦亭、刘西滨为监督股，孙禄铭、叶朝根、陈荣森、何明德、叶美良、黄忠慰、陈福星、黄伯权为催收股，徐振盛、陈龙生、王振旅、陈荣翁，钱庄公会，郑渊其、余金隆、陈颐堂为设计股。三、议决推举各股正副股长各 1 人，设计股长钱庄公会，副余金隆，监督股长许春草，副刘西滨；催收股长陈荣森，副黄伯权；保管股长中国银行，副殷雪圃。由各股正副股长合为总务股，公推陈清波为总务股主席，殷雪圃、余金隆为副主席。四、议决由本会函请各股职员就职，并订本月 11 日下午 3 时，开各股联席会议。

《江声报》1935 年 7 月 11 日

商业银行储户代表会　昨决分四股办事

厦门商业银行第一二三批储户代表，昨日下午 4 时在该行二楼开代表会议，出席者各储户代表，主席许春华，记录陈龙生，讨论事项：一、本日定名为厦门商业银行第一二三批储户代表会；二、议决分为监督、保管、催收、设计 4 股，每股 6 人，推中国银行、蒋火炉、张万木、叶鸿埙、刘振声、柯世令为保管股，许春草、余篆三、陈金华、张清濂、洪善式、陈台养为监督股，孙禄铭、叶朝根、陈茶森、何明德、叶美良、黄良慰为催收股，徐振盛、陈龙生、王振旅、陈茶森、钱庄公会、郑渊其为设计股等，督促整理委员会，催收放款，及进行一切事宜；三、蒋火炉声请辞保管股职，议决公举黄淑顺补充之；四、各职员订本月 16 日星期二下午 4 时行就职礼，并开讨论复业事宜。

《江声报》1935 年 7 月 14 日

商业银行　储户代表会　推正副股长　限期办登记

厦门商业银行第一二三批储户代表会，昨日下午 4 时在该行二楼，开各职员就职会。出席者各股职员，主席徐春草，记录陈龙生。主席报告开会宗旨后，讨论事项，一、推举许春草为本会主席，陈龙生、刘振声为本会书记。二、每股推举 2 人为正副股长，催收股加举副股长 1 人，议决，推举中国银行为保管股长，张万木为副长；许春草为监督股长，陈金华为副长；叶美良为催收股长，陈荣森、孙禄铭为副长；钱庄公会为设计股长，陈龙生为副长。并推举中国银行、许春草，钱庄公会、叶美良，陈龙生为常务委员。三、议决登报通告厦门商业银行各存户办理登记手续，登记期在国内存户限一个月，国外限 45 天，地点厦门商业银行二楼。四、议决以书面催促整委会，迅将所放各款及所有资产负债，以最近实数详细列表并复业方案一并提交本会审查。五、议决于每星期六下午 4 时开全体代表常会一次，遇必要时由常务会临时召集之，并订 18 日下午 4 时，请各常务委员就职后开始办公。

《江声报》1935 年 7 月 17 日

商业银行整理行务会　函覆储户代表会并与磋商复业事

厦门商业银行整理业务委员会，昨日下午 4 时，在该行二楼开会。出席者整委员陈清波、刘西滨、余金隆等 10 余人，主席陈清波，报告事项略。讨论事项，关于储户代表会来函，请本会将所放各款及所有资产负债，以最近实数详细列表，并复业方案，提交该会审查，应如何办理案。议决函复该会，并与其磋商复业事宜，余略。

《江声报》1935 年 7 月 18 日

银界中人谈救济金融问题
一千万元放款难办到　现在只能从小者着手

商会委员严灼如，前于会议时建议邀请银行界，磋商动产不动产及保证信用放款，两项计 1000 万元，借以救济本市金融。经商会执监联席会议，议决推洪鸿儒、黄瑞甫、陈瑞清、庄金章及建议人严灼如，谒市长王固磐妥商办法，各情均载本报。记者昨以此事，询诸银界中人，据言，目下百业惨败，财源枯竭，银行界非不愿抵押与放款，实□当。兹地价低落，押借期满，不任取赎，故抵押地皮，殊不可靠，如建源、豫丰、商业、南祥、鼎昌等诸行庄盖皆受地皮影响者。故银行界对不动产之抵押及放款，不无戒心。至银行所吸收存款，除经纪公债票及有价股票外，鲜敢移作别用。就现在商况观察，只能从小者着想，救济一般小工商业，若大规模救济，1000 万元岂易事哉。如是则此等事，惟有分试期行，例如第一期三二十万元，最多 50 万元，由各银行均摊救济小工商，用连环保放借。苟第一期成绩好，第二期即再增加。反之，则纵有不利，每家银行亦不至多大影响，如此似较易为云云。日来市上传说台湾银行将发行钞票 100 万元，救济旅厦之台人工商业，昨记者亦以询该银行中人。据称，该行为救济厦市台人工商业，拟印行钞币 20 万或 30 万，以资放贷周转云云。闻该行以旅厦台商信用较孚者不上 30 家，余皆用不着救济，故发行钞票亦无需多至百万云。

《江声报》1935 年 7 月 29 日

商业银行切实清查　不敷数十万　放出十九皆无额
萧永和侵 40 万

商业银行第一二三批存户代表会，办理债权申报，截至 8 月 31 日止。存户到会申报登记者，计户数二千余，银数 170 万元。债权人到会登记者二百十万，已超出总数四分之三。而整委会送到之资产总表 9 份，总数为 310 万元（抵押放款地产证券在内），资产负债对抵外，尚不敷数十万元，且未申报登记者尚不止此也。至商业银行放出之款，据代表会调查，十九皆无额。而上海分行经理萧永和，在沪放出信用透支计福记 5.2 万元，胜记 5 万元，益记 4.2 万元，寿记 2.47 万元，和记 7300 元，恒记 3000 元，恒昌 7000 元，章鹤记 7000 元，朱祥记 7000 元，共 20 万元，皆伪账。又商业厦行停歇时，萧氏复携去 20 余万元。仅萧氏一人，已该 40 余万。至厦行放出信用透支，及资产表等实际情形如何，代表会经定下星期一日开会审查。同时并通告各债权及存户，仍可续行来会申报登记。昨该存户代表会，开第 8 次会议，到 18 人，由许春草主席。讨论：一、本会进行审查厦门商业银行资产事宜，应如何着手案。议决，定 9 月 2 日午后 3 时，召集全体审查委员，讨论进行工作事宜。其审查期间，以1星期为限。二、债权申报时间，已经届满，倘有续请申报，应如何办理案。议决交高律师。

《江声报》1935年9月1日

商业银行存户代表会审查契据　下星期六结束

厦门商业银行存户代表会，昨(14)在高律师事务所，开第10次代表会。到会者17人，由许春草主席，刘振声纪录。除报告外，计议决：一、厦门银行整委会，对于整理仍无具体办法，应如何对付案。议决应根据8月5日、8月10日本会去函再为驳复，并推举孙福铭、徐振盛、陈金华、叶朝根、陈荣森等5人为代表，会同许春草于本16日上午10时赍函前往质问还款办法，报告下会解决。二、审查契据手续繁多，请再展期案。议决应责成审查委员，赶于下星期六结束报告，不得再延。三、申报证应汇送厦门银行查对案。议决交由常务会办理。议毕散会，据查该会俟审查完毕，即将提出具体方案，交由债权大会酌夺。故解决之期已甚近，而代表工作极紧张云。

《江声报》1935年9月15日

商业银行债务尚无清理办法
存户与整委意见相左　双方律师交换意见

厦门商业银行存户代表会与银行整委因各种关系，无从拟具协作方案，代表会法律顾问高维廉，以双方既不能接近，必致重大纠纷，故决于一二日内，先与整委会法律顾问杜保祺等交换意见，以便草拟切实妥善方案，提供双方考虑采纳。据高谈，和解方案计分三层，一为债权与银行妥协条件，一为债权间分配利益方法，另一方案即系对于银行之债务人，定限催收欠款之方案。倘各方对此问题确有解决诚意，谈判自属容易。若经此次接洽而不能收效，则存户方面必须集中力量，为适法之对付。但就目前各方态度推想，和解成分实占大多数云。又代表会于21日开第十一次会议，审查委员报告审查结果，发觉资产目录中所列证券六万七千余元，仅有上海分行之收据。又第二组报告视察不动产及抵押业产经过。第三组报告审查契据手续，计抵押权未经登记者十一宗，共35万余元，已声请而未领证书者1宗，计3万余元。又所有权概未登记，契据内容尚有抵押物一宗，于商业银行未停顿前数日,曾与商业银行约定转押,作为领取兑换券之保证。惟约方成立,而未领券,即发生停业。故此项契券至今仍由通商银行代为保管云。

徐振盛报告,16 日质问结果,整委会主席约定于 21 日书面答复,然至期仍无来信。刘振声报告致整委会质问原函,其文如下:"查厦门商业银行自停顿以还,为时八个月,存户损失无可计算。贵会既负整理之全责,又兼董监经理之职权,顾名思义,应如何慎重筹划,努力兴革,俾存户可以减少亏累,而社会金融亦得借以安宁。不意数月来对于财产之保证金,放款之催收,舞弊职员之追究,经费之节省等,均未见实行。虽经本会去函催促,贵会亦置不理。核其情形,显属违背任务。本会为顾全债权法益计,当经第十次代表会议决等语,记录在卷,除根据 8 月 5 日及 10 日本会去函驳复如上,请予注意外,相应录案备函交由本会代表持往面洽,并希查照为荷"等语。到会各代表对于整委会此种延宕态度,皆极不满。故议决由原代表等继续前往质问,倘仍无结果,即行召集债权会议解决,并推举叶美良、陈龙生、徐振盛、刘振声、张万木,组织研究方案委员会。又对于审查财产所发现之缺点,亦议决交由常委会函请银行当局设法补正。

《江声报》1935 年 9 月 23 日

商业银行债权召开大会　主张发还未满千元存款 已收到提案 3 件

厦门商业银行存户代表会,昨开第 14 次会议,到 15 人,由许春草主席。讨论,一、债权大会日期规定案。议决定本月 26 日,所有地点及应行筹备手续,交由常务委员会办理。二、略。三、召集大会宣言起草案。议决,采取刘振声等提案所述经过情形,以为宣言。议毕散会。查该会收到提案计 3 件,一、陈福星等所提,主张五百元以上,概须认股,以为改组开业计。二、刘振声、张万木所提,主张五百元以下一次发足,未满千元者分两期,余各照等差付还。三、叶美良等所提,主张将债权分三类,或定付款,或割业,或改组营业。此外该会法律顾问高维廉,拟就意见书,详述该行失败之主因,对外责任之问题,资负概况,及债务清偿之研究,并附以债权分配之标准。凡未满千元者,一次发足,共按四期可以结束。对于厦门商业银行及其欠户,亦定有解决原则。据昨日代表谈论,多数主张优待千元以下之存户。至厦门商业银行未收足之股本 45 万元,据高律师谈,在法律上,各股东自应补缴足数，毫无疑义。但此次股东会如有诚意解决此事，愿与债权方面妥协，即未交股本，或可由债权酌量免除全部或一部，亦非不可能云。

《江声报》1935 年 10 月 6 日

复业不能实现　商业银行或宣告破产
先拟定和解方法　再订期开股东会

厦门商业银行昨开第 17 次股东临时会议，出席 23 人，股额 2209 股(该行股东总数 292 户，股额 1.5 万股)。其议决案如下：一、到会人数不足法定之额，应改为谈话会，即将所议决分函通知各股东。二、公推殷雪甫为谈话会临时主席。三、报告事项，略。四、假决议：(一)整理委员会名义，待和解实行后，自行消灭。(二)假决议，在未解决以前，公推殷雪甫监理一切及保管银库，其职权行使与总经理同，惟清理债务，不干其事。(三)假决议，和解完成，整理委员会应给送相当酬劳金。(四)假决议，订 11 月 3 日下午 2 时，在本行再开股东临时大会。(五)假决议，由本日到会股东联名发函，催各未到会之董事监察人，于股东会时应出席，俾得解决一切。其和解方案，并附录如下：一、将本行现存全部财产，清偿全部债权，由债权团自行分配，此后股东不负何种责任。二、无论改组或宣告破产，但旧股东股本已经无存，应即宣告销股权。三、上方案如得债权团同意，本行应推举某某与债权团成立和解契约。四、上开一二两方案，如不能取得债权团同意，应由董事部确请律师、会计师，依照破产法办理云。

《江声报》1935 年 10 月 16 日

中央银行新经理日内到厦

中央银行厦门分会经理陈福恒，昨(18)日由上海乘沪粤机飞厦。查陈氏近奉总行令，调往甘肃兰州，任该处中央分行经理。惟陈氏决辞职不往。此行赴沪，与总行接洽后，即办理交卸手续，候新任经理舒厚德来厦交接，然后赴福州就省立银行常务理事职。至中央厦行新经理舒厚德，21 或 22 日可抵厦云。

《江声报》1935 年 10 月 19 日

商业银行债权大会通过债权分配标准　定十一月二日票选执委

厦门商业银行债权大会，于昨(26)日下午2时假座青年会召集出席债权人596户，计代表债权139.19619万元。主席许春草，纪录刘振声、陈龙生。行礼如仪，主席宣布开会宗旨(报告事项)：第一二三批存户代表会记录员报告过去工作及筹备经过情形。财产审查委员会代表徐振盛，报告过云审查经过情形(讨论事项)：一、关于厦门商业银行债务应如何对付案，议决与该行负责人妥协和解如不能和解清理，即呈请官厅强制执行。二、关于债权人权利应如何分配案。议决，采纳高律师所提意见书(第18面)第1期办法，将现存之现金未满1000元之债权发还全数(即通过之六折半)，其存折仍由债权保存。又100元以上之债权每户摊分100元，以及算二三四期分配办法，均依照高律师意见书办理之。三、关于执行委员会之权限及组织应如何规定案。议决，第一二三批原代表存在并票选执行委员15人，共同负责办理之，并订下星期六再行召集债权大会选举之。议后闭会，按债权会法律顾问高维廉律师所撰"厦门商业银行债务清偿事件意见书"，认该行复业为不可能，乃定各期分配标准如次：第1期，未满1000元之债权发全数，1000以上之债权，照户数均分余剩现款。第2期，1000元以上未满2000元者，发半数；2000元以上未满5000元者，发30%；5000元以上者，发10%。第3期，未满5000元者，发足数；5000元以上未满1万元者，发半数；1万元以上者，发15%。第4期，1万元以下者，发足数；1万元以上者，分割余业，或另定分期办法。

此外即由债权人票选执行委员15人，与银行负责人办理交涉，将现存之财产权利等全部移交，按期分配还款云。

《江声报》1935年10月27日

商业银行破产　昨管理人会议
债权候申报正式开会　今日起接收保管

厦门地方法院受理张万木等，与厦门商业银行声请破产一案，经该院照准选任高维廉、杜葆祺、吴兆麟、钱庄公会，为本件破产管理人后，昨(15)日下午2时，该管理人等在商业银行二楼，召集第一次债权人会议。是日出席债权人200余人，延至下午4时始开会，由法院推事陈国声主席讨论。结果，以出席债权人债额，虽有一百零四五万元，原可开会议决，只因各债权者多未经过在〈正〉式申报，故不能有所议决。当由主席报告种切，略谓：各位管理人、债权人，本日是厦门商业银行破产债权人开第一次会议。此会议乃根据地方法院11月28日所裁定而召集，只以本日签到债权人虽多，而申报者则极少，债额虽有一百零四五万元，原可以开会议决，顾因未经过正式申报手续，遂不能有所议决。所有重要议案，特订下星期日再开会表决，又本日会议，管理人应将厦门商业银行财产已申报之人数，当会报告。但因申报时间匆促，申报人数不多，不能有所报告，亦留待下会报告。目前各项手续，尚未完备，希望未申报者，亦须于下星期内，速来申报。其前此已在别处申报者，亦须一律于下星期内重行申报。下星期日债券会议，所有重要事件即可当场解决。希望大众届时准备，不要自己放弃权利云云。会后，破产管理人复作一度谈话，对管理等事宜，均有讨论。法院方面，亦定今(16)日起，每日上午9时至下午5时，与破产管理人至该行办理接收保管等手续。至晚7时始散。

《江声报》1935年12月16日

厦各银行总存白银二千万　运沪近三百万　将再陆续运往

本市中国银行，昨日太古广东轮，运往上海硬币100万元。中央银行厦分行，亦同轮运沪纸币20万元。计中央、中国两行，前后三次，已运沪硬币283万元，钞币80万元。该项软硬币，均系运交上海中央银行总行存贮者。前日中央分行复派林出纳员前往鼓浪屿四行准备库检点该四行所存硬币，闻共存有400万元，各行所存硬币，以中国银行为最多。全厦各行约共2000万元，将来或将陆续运沪，集中于中央总行保管云。又顺泰号昨日亦运金条100两往沪发售云。

《江声报》1935年12月17日

农商银行昨开幕　第一日营业已大可观

农商银行厦门分行，于昨日开幕。到行观礼者，以银钱界经理、襄理为多。其次则商会各途郊代表，要港司令林国赓、要港副官长蒋英，市公安局长沈觐康，财政局长周敬瑜，工务局长杨廷玉，税务局长吴春华等，亦均莅临。其二三百人，据该行行员称，是日存款于该行者，约百余万元，多银行界及钱业界所存。汇票买卖，达50余号，每号平均以2000元计，亦20余万元。该行前昨日共由沪总行汇到现款20万元云。

《江声报》1935年12月21日

商业银行昨债权大会
现款年内可分发　办法业已假决定

厦门商业银行，经法院裁定破产后，昨日下午2时，在该行二楼召开第2次债权人会议，到会债权四五百人，由法院推事陈国声主席，林玉存记录。二时半开会，主席报告，略谓：今天是债权团第2次会议，应议决之事件共有四项。一、选举监查人。二、财团管理方法。三、现金分配方法。现在就程序依次讨论，刚才本主席接一信，系刘振声提议，附议者张万木、叶凤鸣、中国银行等。是说，现金先发与未满1000元之债权人，现在先请债权管理人报告，第一，新申报债权计109户，债额65781元，旧申报债额1725884.64元。第二，接收公债库券6号，额6.5万元。第三，接收现银1.4万元，寄存交通银行。第四，21、22两日，共接收押放押透契券19宗，银额310140.57元。现存现金有12余万元，应如何分配，及存多少为必要费用，请大家斟酌。今日所议决，应依多数通过，假使有认为于债权不利者，可于5日内向法院异议，现在时间有限，应简单解决。兹先讨论第三项现金分配方法，众鼓掌赞成，并请法院确定分配时间。主席谓，此项应由法院裁定。众又提议，请求法院停止破产执行。主席谓，大家赞成停止者，应于票内书明停止两字；反对停止者，应即书明反对两字。不过我看，最好先议决现金分配方法，假使大家赞成，立于面上书明同意两字。至于分配日期，应依法律决定，就本人审察，当能于年内发出。现在将1000元以上之债权，每户先发50元，余数发与1000元未满之债权，先付表决，以后续有收到之款，再行分配未满1000元者，以六折半限度内为止。其余债权，候全部收到，再行分配。第一，监查人选举数目，不得超出15人之外，应选9人，或11人，或7人，可于票上书明。至人选方面，改日再议。第二，管理方法，应责成破产管理人，催收欠款，及赶紧接收。最后，众提议，照上述议决通告后，倘有人向法院声请异议时，应如何办法。议决，将该债权人应得款项，暂时保存，候大会解决之。先是当讨论现金分配方法时，主席谓，现金只有12万余元，如1000元以下有六折半分发，非有23万元，不敷分配。如候收集至此数始发，唯独缓不济急，亦非1000元以下之债权人所愿。盖年关已届，大家皆需款孔亟也，故欲求应急，只有先将现存之12万余元分配，是1000元以下之债权，可先分得3折余云云。是1000元以上之债权人则表示反对，后乃提出1000元以上，每户发50元；1000元以下，可得三折二五。遂通过。顾在场有谓某甲等7人共存一户千余元，若分50元，每人且拿不到10元。而某乙存900余元，竟得300余元，如此分配，殊不平允者，议论纷纷，人多声难，秩序至极紊乱。结果，虽得通过，而患得患失，当必不少其人也。据商业行中人言，100元以下之存户，共有1900余户，其中数元者有之，数十元者有之，一二十元者有之。假使能照以前计划办理，100元以下之债权，均全数发给，只须2万余元，便可发清。商业行债权总数不过3000余户，以20000余元而可付清1900余户，所余整数债权，不过千余户耳。不愈于今日纷乱之局乎，又昨所议决各案，系一种假议决，其方式均由出席债权人签名于票面，投柜封存，候今日开柜表决，大约赞成者多，可能通过云。又据破产管理人高维廉律师言，上述债权分配方法，系以已经申报者为标准，如截至民国二十五年(1936年)1月5日后，始行申报者，则不能享受债权者之权益云。

《江声报》1935年12月22日

商业银行债权人意见不一　调和两办法

厦门商业银行债权团执委会，昨开9次会议，主席许春草，甲、报告公亲团叶谷虚、高大方、陈秋卿、苏谷南、王宗仁等，向本会调处与第一批债权会和解办法。一、双方承认将库存现款，先行分发。二、破产管理人由双方平均分配，并由公亲团互推苏谷南参加管理人一席。乙、讨论事项：一、公亲团叶谷虚等所提调处第一批债权会和解办法，应如何办理案。议决：甲、根据本会历来所持主张，对于破产管理人，应由债权人大会公开解决之。乙、还款办法，应根据高维廉律师意见书第十八面“分配还款办法”，以六折半计算，先行分发现款与各债权人，以资救济年关岁暮之急需。

《江声报》1935年12月22日

商业银行现款分发半月后实行 办法多数债权赞成　监查人数未确定

商业银行债权人2次会议,议决1000元以上每户先还50元,1000元以下先还三折二五,经志前报。昨日各债权人所投票数,尚未统计完竣,惟赞成现款分配方法者,比较反对者,超过四分之三,大致可以通过。至监查人选举数额,赞成15人者,有200余票,赞成9人者百余票。过200余票者均小债权,百余票者则较多数。但两方面均不足法定票额,故结果9人或15人,须候法院裁。廉律师言,昨(24)日商业行移交现款两宗,一存新华信托银行9万余元,一存交通银行万余元,连前已有12万余元。又契券等亦移交数宗。现款分配办法,俟呈报法院裁定公告,15日后即可分发云云。

《江声报》1935年12月25日

商业银行债团催发库存现款 向法院提出三条　均有完满之答复

厦门商业银行债权团执委会,昨推吕城都、丘步月、陈金华、陈荣森、王伟崖、林学源、陈龙生等为代表,前往地方法院,请见严院长,由推事陈国声接谈。诸代表陈述来意,谓代表等受诸中小债权人委托,向贵院请求三项,一、据代表等向法院收发处调查,关于本月22日贵院召集第二次债权大会,所有议决案,迄28日下午始行呈院。该破产管理人,以似此延误时间,使债权人多受损失,应请法院责令该管理人等,于最短期间内,根据大会议决案,将库存现款先发"三折二五"予各债权人。二、根据大会议决案,尚有应发之"二折二五现款",应请法院责令管理人,于废历年内继续分发,以资救济诸债权人于岁暮年关之急需。三、请法院解释破产管理人对于债权人所负之责任。因大多数债权人,本不信仰"破产法"有解决厦门银行债务案之可能性。第因一部分债权为少数人权益计,自行声请破产,不得不服从于法律之尊严,以期对于债权有所保障。查破产管理人自经法院裁定,已逾月余,成绩毫无。且任意拖延时间,未常稍尽良善管理人之注意。因之该管理人之资格,予大多数债权人发生怀疑,其中一为公会性质,实属空洞。二属律师,其身家财产不足为大多数债权取信。应请法院责令该破产管理人等,提出相当担保，以资隐〔稳〕妥云云。据陈推事答复，关于一二两项，法院对于维护大多数债权权益，深表同情。其第一项一件，当即责令管理人于明日（本31日）由报纸公告之，然后按法律程序，于15天后即开始领款。关于二三两项，法院自当以债权人权益为前提，责令管理人于废历年内继续分发第二期之“三折二”现款。至于第三项意见，在法院立场，似有困难办理之苦衷。倘债权如有正式状请，亦可据实转令该破产管理人遵照，提出担保云云。各代表认为满意，兴辞而出。该债团代表20余人，并于是时假座孙禄铭医室开会，讨论救济五千以下一千以上之债权云。

《江声报》1935年12月31日

股票洋楼十余万　订期拍卖

厦门商业银行为催讨放款，应付秋节，以分发三期千元以上债款之需，日来催收之款，为数不少。该行尚有欠户抵押之电灯、自来水、淘大、银行各种股票数达10余万元，连各押户所押之业屋，经定本月15日在该行公开拍卖，所得之款仍将多摊分发于债权。

《江声报》1936年9月4日

各银行移鼓营业　汇丰安达则仍在厦

本市银行界，因时局严重，除荷商安达银行、英商汇丰银行，仍在厦照常营业外。而中国、中央、交通、农民、中南、华侨及福建省银行等，均奉总行电令，迁移鼓屿营业。惟国营中央、中国、交通、农民四行，以代理救国公债，为便于市民认购，以及调换法币，特在厦由四行组织联合办事处。而设于中国银行储蓄部，省银行金库部，于每日上午10时至12时，仍照常在行收付。

《江声报》1937年3月3日

非常时期安定金融办法　旧存户限制提款　新存户不加限制

厦市各金融机构，昨财部颁到非常时期安定金融办法七条，兹录如下：一、自8月16日起，银行、钱庄各种活期存款，如须向原存银行、钱庄支取者，每户只能照其存款余额，每星期取者5%，但每户每星期至多以提取法币

150 元为限。二、自 8 月 16 日起,凡以法币交付银行、钱庄续存,或开立新户者,得随时照数支取法币,不加限制。三、定期存款未到期者,不得通融提取,如到期后不欲转定期者,须转作活期存款,但以原银行钱庄为限,并照本办法第一条规定办理。四、定期存款未到期前,如存户商经银行、钱庄同意,承做抵押者,每存户至多以法币 1000 元为限,其在 2000 元以内之存额,得以对折作押,但以一次为限。五、工厂、公司、商店及机关之存款,为发付工资或与军事有关须用法币者,得另行商办。六、同业或各户汇款一律以法币收付之。七、本办法于军事结束时停止。以上办法定于本月 16 日起施行云。

《江声报》1937 年 8 月 16 日

安定金融　银钱界一致遵办

本市银钱业奉财政部颁行非常时期安定金融办法,银行界已决遵令办理,惟钱庄业公会,对于限制提款一项,或恐有碍信用。昨特召集执委会议,讨论办法。结果,以漳、码钱业界经次定遵照部令办理,该会亦即决议照办。

《江声报》1937 年 8 月 17 日

商会决遵部令　安定市面金融
商店机关变通领款　须申请四行审核

市商会执监委,昨召各同业公会负责人会议,讨论维持金融。主席洪鸿儒,记录林东山,首报告财部颁下非常时期安定金融办法,次讨论市面金融,应如何维持。结果议决,函各同业公会,转知所属各会员,一律遵照财部定安金融办法办理,并函请各银行,参照部令安定金融办法第五条之规定,对于平常来往商号,在财政部未颁布安定金融办法以前,所有存款,准予照常支付,以免影响。

又息　中央银行昨奉总行来电,略谓准财部函开,案查非常时期安定金融办法,业经公布施行在案,其中第五条规定工厂、公司、商店及机关之存款,为发付工资须用法币者,得另行商办,系为顾全员工生活维持业务起见。此类存款之支付,应由各该工厂、公司、商店及机关之负责人员,备具声请书,开所请求付款数目,请款理由用途及详细支配方法,署名盖章,送经各该地中央、中国、交通、农民四银行审核签准后，方能向原存款银行、钱庄依通常手续支取款项。各该银行、钱庄对于工厂、公司、商店、机关上项支款，经中央、中国、交通、农民四银行审核签准，而在存款范围之内，别无其他不合手续之处者，应即照付，不得拒绝云云。兹已申中央、中国、交通、农民四行，组核审查委员会，即日起在中央银行开始办公，凡工厂、公司、商店及机关如须向原存银行、钱庄支取存款者，可于每日下午4时以前，向该会领取声请书，依式填入，送请审核，第二日上午10时取回核准之件，向原存银行、钱庄恰提存款。

《江声报》1937年8月19日

工矿银行　厦设分行　黄式厚任经理

工矿银行，指派董事黄本源来厦，筹办分行。当已积极进行，不久便可开业。经理一职，内定黄式厚。黄原为省银行泉州分行经理，现已辞去原职，于前日来厦，协同筹备工作。至其省行泉分行遗缺，亦经省行调永春分行经理刘志成接充。又查工矿银行资本金为一万五千万，总行设在重庆，总经理为翟温桥，副经理潘国渠，常务董事黄天任、黄笃初。潘及二黄俱南安人，其总行不久将迁上海。

《江声报》1946年4月9日

厦商业银行债权问题
旧债权团申请继续执行职务

厦门商业银行自民二十四年(1935年)宣告破产后，即经法院依照破产程序办理在案。嗣因厦岛沦陷，所有监查人及管理人许春草、林泉声、王蕴玉、高维廉等均星散他处，遂告停顿。迨厦市光复，法院即据该行股东欧阳秋澄声请重新选任管理人办理，法院据状，即予照准，并订昨日(28日)下午1时假法院召集第三次债权人会议，准备提出协调方案。旋因债权团主席许春草、林泉声等以沦陷前法院所选任之管理人及监查人，已有一部返厦，依法仍得继续执行职务。倘有缺额，自可选任递补，而该欧阳秋澄状请重新选任，于法殊有未合，乃具状向法院声明异议。法院准词，已将第三次债权会宣告留会，另候解决云。

《江声报》1946 年 4 月 29 日

厦门商业银行协调无效　法院裁定不认可

厦门商业银行,自民二十五年(1936 年)宣告破产后,经法院将所有财产估值为六折半,分配各债权人,并已前后清偿七期在案。嗣因厦市沦陷,破产程序无形停顿。迨本市光复,法院再委林清池、施得磬、冯定璋等为管理人,继续清理,并于上月 3 日,召开债权人会议,由管理人提出以全部财产,半归还债务人之调协方案,经通过呈报法院请求认可。是时适旧债权团主席许春草,由渝返厦,认为该调协方案有损害债权人利益,并有违反破产程序,乃并具状法院声明异议。迨昨(15)日,始经法院裁定,其主文为,"本件调协应不认可"。闻此外且严令管理人追缴该行股东所未交股本,准备继续清理云。

《江声报》1946 年 8 月 17 日

中行函复市参会　注意商业银行业务　希望随时供给材料

市息　市参议会第五次大会,参议员吴雅纯,提"函中央银行严格管理营业对象,以免信用膨胀,刺激物价案"。昨日中央银行函复参会,该会对于本市各商业银行业务,历经随时派员前往检查,如发现有对于金融管制法令不符之处,亦均经编制报告,呈请财政部严予纠正,处理有案。嗣后对于本市各商业银行业务之动态,自应随时严加注意,并希惠予协助,供给材料,随时检举云。

《立人日报》1948 年 7 月 28 日

市府举行会议　接受市银行公股转让

市讯　市府昨举行第四五次市政会议。出席各科主管 10 余人,主席黄市长,讨论事项:(一)市长交议,据厦门市银行董事会呈,拟将市府公股尽量减少,并将该减少之股份转让,以示鼓励市民投资地方金融事业。议决,市府公股只占全额 20%,所请减少原则可予接受,拟减少至 2%或 5%,候呈请财政部核示后再行决定。(二)第二科会计室、稽征处共提,奉省令,地方捐献，自7月份起废止，拟自8月份起，改征自卫特捐。议决通过。（三）第二科提，拟将市府公粮，分配拨售本府员工、长警、夫役，议决每百市斤以3000万元折价。其分配数量，则由第二科拟具，签请市长核定云。（青）

《立人日报》1948年8月18日

各地金融机构勿得操纵黑市

本报讯　省当局顷通令各县市政府，略以财政经济紧急处分令之施行，业经分别饬□有案，唯改革币制，管制经济与各金融机构关系最为密切，而其影响亦最大，苟能明（深大□），一致拥护，切实奉行，置国家利益于私人利益之上，绝不投机操纵使起示范领导之作用，则平稳物价，管制经济之目的，当作即速达成。该县（市）辖内金融机构，倘有违法投机操作制□黑市□情事，应即依法严加取缔，仍将办理情形随时报查云。（南侨社）

《中央日报》1948年9月9日

四联总处即可核定贷款实施办法

本报上海讯　币制改革后之贷款政策，各方极为注意，中央日报日前所发《政策及其观念》之社论，尤引起朝野之重视。兹据记者探悉：今后国家行局之贷款，决不依赖发行，政府已确立为金融上之基本原则。四联总处所草拟之新贷款方针，系以此基本原则为依据，已将过去之贷放政策，彻底改变，免使金圆之发行再走向膨胀之路。据中央银行刘副总裁语记者称，以中央银行之立场言，早有此决心，曾邀国家行局负责人，两度举行会议。今后各行局之贷放业务，决以其本身所吸收之存款，为运用资金，中央银行决不轻易抵押，重贴现；各行决不轻易转抵押，重贴现。各行局头寸多可多放，头寸少可少放，无头寸则不放。具体办法，四联总处即可作最后决定。又各行局已有充分准备，实行新贷款方针。新贷款方针施行后，各行局均无若何困难，过去除农贷而外，其他贷款，向中央办理转抵押重贴现之案件尚属不多。目前银根松滥，贷款资金不成问题。

《中央日报》1948年9月27日

二、钱　庄

钱铺倒闭

叠青号钱庄向开镇邦街已有年矣,后移于惠通街。兹于 14 日因支持不起,业已倒闭。闻被倒债项颇觉不少云。

《厦门日报》1909 年 10 月 28 日

三怡彩票到厦

汉口上年三怡大钱庄倒塌,公私款项八百余万,迭评各报。现经鄂督将此金珠首饰分列彩票,照本月湖北票对彩。头彩珍珠一粒,价 2 万元,每张 2 元。其票昨亦到厦,购者不少。

《厦门日报》1909 年 12 月 10 日

德万昌钱庄忽倒巨款

庙后街同泰楼顶德万昌大钱庄,乃汕头曾君所开,家资数十万,身充德记洋行买办。闻此次因购买橡皮股份及洋药亏空巨款,以致倒罢。汕头电报来厦,各银行均往德万昌搬取存款。闻厦共倒八九万上下云。

《厦门日报》1910 年 10 月 1 日

滔滔皆是

自德万昌钱庄倒盘后,连日市上各钱庄均受影响,凡有存款号上者莫不戒心,相继支挪,以致街上各庄银根不能周转。虽素称大有资本者,信用久符,然非存款在人家,所出过账单,市上概不承认。滔滔皆是,未知风波何日静耶。

《厦门日报》1910 年 10 月 4 日

禀追巨款

德万昌钱庄倒盘阅今数天，所有被欠巨款各绅商行户，连日纷纷向厅署禀请封抵拘追者实繁有人。当经厅主赵司马分别批示，如请究追在案。闻汕头、厦门大清银行核计被欠 12 万多元，其余交通银行以及各行户统计亦有十余万。大约被欠者多有朝不及夕之虞。现街上议论纷纷不一，未稔当轴者如何设法究追也，姑志所闻以观其后。

《厦门日报》1910 年 10 月 5 日

朝记钱庄昨停业清理　分号朝宗万宝亦清除
据称受岷埠金合胜拖累　负债九十余万

中山路朝记钱庄，于昨（五）早起已宣布清理。闻同时朝记分号中山路之“朝宗”、“万宝”亦需停业清理，均闭门停止营业并贴出通告云：

启者，敝被吕宋金合胜历年欠债巨款，每次推讨，不足□□，以致银根周转不灵，暂时停业。庄下所有欠人人欠，请于□□期内进来清理。朝记万宝、朝宗钱庄启。

查朝记钱庄下发至今，已阅五十余年。其最初资本，只有四万元左右。原名朝记钱庄，经营□□□一带土产物品，□□□□□□□□兑，目下转入□业范围，已达一百数十万元。经理黄尔学，“朝宗”、“万宝”两钱庄为共分号，同一东家。至此欠停业清理原因，据该庄云，该庄常代理吕宋金合胜汇兑，金合胜主持经理人为胡澄清、胡诸华、胡诸书等兄弟。年来因世界经济凋零，尤其南洋各埠，华商倒闭。华侨失业，为数甚多。金合胜受此影响，亏折甚多。且□胡兄弟等于金合胜之外，复败业□厂及土产等数家，并数家之亏折，使金合胜益形空虚，乃亏累及朝记。至去年年底止，已被负欠数十万元。当时朝记曾经迭次电其设设法汇抵，而胡等迭次皆敷衍搪塞，乃烛见其愈趋愈下，遂加予限制。前日朝记忽得岷金合胜来电，请朝记须再借给宋银五六万元，谓否则无法维持。然此电实如催命之符，使朝记不得不暂停业，而黄本人则尚在岷厦海中。盖黄于未得来电之前，因见情势不佳，亲自前往岷里蚋，与胡兄弟计议挽救，并补还朝记欠款之办法。大约尚未闻及，至朝记宣告停业之后，被欠者约有九十万元左右云云。

又讯　黄于前星期六乘华东轮前往后,此消息有所泄漏,四日前往该庄提回存款者甚多。该庄见大势已去,又接金合胜电,乃于昨晨宣告停业清理。又昨早警三署得讯,即派人到该庄□勘,并点志家私等等。一面并呈报公安局,由局饬探密查该经理踪迹。因据该庄谓赴岷请债,究竟是否如此不可知也。结果如何,容续志。

《江声报》1931 年 8 月 6 日

朝记钱庄停业后　债权团诉追"万宝""朝宗"甚急
昨登记已二十七万余

朝记钱庄停业宣布清理,朝宗、万宝则未。昨日所载,系当晚遣学习外勤记者往抄门贴朝记通告,已为人撕去。当再令其往,必扣开朝记门,询该庄中人原文如何,归谓已询得大意,并出其录下询得之通告,则有朝宗、万宝字样。再询之,则谓询得系联号,同时停业云云。编者以为既询之朝记钱庄中人,自是事实,故有昨日之记载。殆昨日质之该记者,则谓当时因未扣开朝记门,系向附近商店询得者,一时错误,除郑重更正如上外,并向读者道歉。

关于中山路朝记钱庄停闭事,已载于昨日本报。兹续查 5 日朝记贴出"暂时停业"通告后,是日朝记债权者顺记、益华、建南、捷顺安、晋成、永兴、活源、鸿顺、美南等号,即成立"厦门朝记银□债权团"。晚 7 时许,顺记经理吴印心会同三署长警,到中山路万宝、朝宗两庄,将朝宗经理吴寿全,万宝经理黄友以带署,旋送公安局核办。盖谓万宝、朝宗两庄,皆为朝记分号,有串同诈财嫌疑也。6 日晨,朝宗庄以经理吴寿全被捕,影响该庄营业,乃具呈钱庄同业公会,请转函市公安局,准予保释吴寿全,暨函第三署派警到地保护。原文如下:

呈为恳请迅赐转函公安局暨第三区署派警到地保护,并准予保释经理吴寿全,以护营业,而维持之事。窃本钱庄开张迄今,已历多年,信用卓著。事缘昨日朝记钱庄因周转不灵,突告停业,遂有朝记债权人等,以本店商号与朝记相仿佛,或未明真相,误会本店与朝记有关系,或故意遇事生风,希望妨碍本店营业,妄请第三区署,将本店经理吴寿全带署,正拟呈请保释间,突闻朝记债权人等,有于今早集众捣毁本店消息。查本店信用卓著,基金充足,毫无亏空情事,拟照常营业,并就本日起,通知存款各户,前来支回存款。

合亟恳请察核，准予转函公安局暨第三区署派警到地保护，以免不逞之徒，故意兴风作浪，扰乱金融，妨害治安。至本店与朝记有无关系，以及恶意妨害本店信用营业者，应负何种责任，本店当即依法分别径向法院诉追。现在情势极为急迫，亟须察核，迅赐准予如请施行，全市金融幸甚。谨呈厦门钱庄同业公会，具呈朝宗钱庄。八月六日。

钱庄公会得呈后，以公安局经将吴、黄二人解送思明地方法院办理，乃转函法院，代为申请。法院亦允吴具钱庄或珠宝业两家殷实铺保，释外候讯。吴乃托晨光路金泰茶庄等向保，法院以金泰非钱庄未允。嗣吴声称金泰兼营汇兑，资本数十万，法院已有允意，但截至昨下午 6 时许，记者写稿时，吴尚未释出也。同日上午 8 时许，债权团代表许垂烨等，则拟请愿书分往市公安局，系执行委员会请愿。下午 4 时，许复往思明地方法院谒范院长未见，仅带请愿书而返。至公安局，由司法科长许崇岳接见。代表等述来意后，许答案件移送法院，可径向法院声请办理等语。至于执行委员会，由常务唐素豪接见，唐允照转核办。兹并录债权团代表上法院请愿书原文如下：

具请愿书人朝记钱庄债权团代表许垂烨、李克芽、吴道盛、吴修模、施修谅，为诉串同诈财卷逃巨款，请求按律严究，以安商民，而维血本事。窃朝记钱庄为本埠钱业称殷实，平时经营法最稳健，且对投机事业丝毫不为，当兹金贵银贱，南洋汇款充斥，市面银根宽裕，进支周转不应阙如，突于非在年关，兹宣告倒闭，风声所播，阖市哗然。本债权团等一闻斯耗，分头查察，方悉该庄庄东黄尔学，串同黄友以、黄镜湖、黄金临、吴寿全等，星夜将所有现项由该庄屋上搬入万宝、朝宗两庄，卷逃巨款。似此心怀叵测，串同诈财，倒欠达一二百万元之多。若辈野心，公然诈欺，供彼娇妻美妾高楼大厦之挥霍，泯灭良心，莫此为甚。债权等，除即日组织临时债权团，呈请该辖三署，将万宝、朝宗两庄当事人黄友以、吴寿全予等扣押，送局转解钧院按律严究在案。素抑钧院执法以严，亟应集合请愿，万恳为商民做主，请求将在押之黄友以、吴寿全押候跟究，现在逍遥法外之黄尔学等，一并归案，依法究追，以儆奸枭，而维血本，实沾德便。谨呈思明地方法院院长范，厦门朝记银庄债权团具。

先是一星期前，本市各钱业即接钱庄公会通知书，该书内容谓，据朝宗庄来函声明，股东变更，增添股本，并列表如下：

		地址	籍贯
商号	朝宗公司		
资本	6万元		
东家	朝记黄尔学	住小走马路	台湾
	金泰林富阁	鼓浪屿梅园	安溪
	林瑞濂	鼓浪屿内厝澳	安溪
	胡诸南	鼓浪屿岩仔脚	安溪
	胡诸书	鼓浪屿岩仔脚	安溪
	吴寿全	中华路	思明
经理	吴寿全	住中华路	思明人

昨下午四时,记者诣钱庄公会,访问魏子绳。万宝庄亦具理由书于钱庄公会。兹录万宝钱庄之理由书如次。

为请迅乞转函公安局暨第三区署派警保护,一面呈请转函思明地方法院保释经理黄友以事。窃敝庄自开设以来,信用卓著,基金充足,同业及郊户俱有相当信誉,事缘本月五日朝记庄因银根周转不灵,宣告停业清理。不料有朝记债权等,竟图破坏敝庄营业,妄报第三区署,指敝庄与朝记有关,来店将经理黄友以指交,解送公安局,转送地方法院,一面风传有人行将集众来店捣毁等等。窃敝庄是否与朝记有关,自有相当证明,敝庄目下仍照常营业,为避免外界误会起见,已分函各在款郊户来店支取。至该朝记债权等,竟闻无理取闹,意图破坏敝庄营业。敝庄自另具手续,向地方法院起诉。为此谨请钧会,乞即转函公安局及第三区,派警保护营业,一面呈请转函地方法院,将经理黄友以保释,以安营业,以伸人权,至感德便云云。

嗣即由钱庄公会代为转函矣,而朝宗、万宝两面昨日已俱聘请律师,预备反诉。又据万宝方面云,该号股东为黄庚午、白昭苑、吴克颐等三人所组织,黄尔学不过被雇为经理人,无若何关系云云。

钱庄公会访问魏子绳君,据魏告诉记者,朝宗庄以前登记资本一万元,店东则只填黄而学一人。上表系7月29日,函会改填者,资本股东均有增加,且名称亦多公司两字。记者询以朝记负债究竟若干,钱庄公会能知其大概否?□□,朝记当事人已不在,债□□之登记,亦非一时所能蒇事,且现时尚未繇知其确数。又云,据朝记通告,谓被小吕宋金合胜积欠巨款,以致银根周转不灵，迫得暂时停业。此殆未实，查金合胜与朝记来往，至多亦不过欠十万八万，今朝记负债甚巨，或有别种原因耳。又今(6)日上午债权团曾派代表2人到会，声述朝记存意倒欠事，本人嘱补具理由书，以便开会解决。下午理由书已送到，内容略谓：(一)朝记夤夜将现款趸存朝宗、万宝两庄。(二)要求会停止万宝、朝宗两庄营业。(三)请会转函法院、公安局，将朝宗、万宝两庄执行标封。现已提会解决云云。

又债权代表告记者三点，(一)据朝记通告，谓受金合胜拖累，但债团顺记今日得小吕宋复电，则释金合胜现照常营业。(二)朝宗庄最近变更名称。(三)黄而学事先潜匿，显见存意倒闭云云。

朝记债权团昨(6)日止已债权登记者列表如下：

(以元为单位)

打铁街启源号谢养	2192
晋江石厦乡施并铿	1600
晋江石厦乡施并陆	5000
晋江苏厝乡苏朝略	5000
晋江石厦乡苏色娘	3000
安海顺利信局	12000
晋江石厦乡施学虎	8000
和凤宫永昌号王齐	3380
厦港杨景清	6000
洪本部美记	13068.11
兴安街捷发	2505
海后和盛信局	21000
打铁建南信局	30000
打铁顺记信局	34000
鱼仔市捷顺安信局	95000
打铁晋成信局	30000
	共271745.11元

又朝宗银庄债权团代表，昨(6)日向县党部请愿，其请愿书云，具请愿书人，朝记银庄债权团代表许垂烨、李克芽、吴道盛、吴修模、施修谅，为诉串同

诈财卷逃巨款,请求监督官厅依律究办,以安商民,而维血本事(中同法院文,从略)。素仰钧部为民众领导,及当地最高机关,而应集合诣部请愿,万恳为商民做主,监督当地官厅秉公究办,俾商民血汗金钱不沦乌有而儆将来,实感党便云云。当由党部常委□素豪发见,阅过理由书,后该代表称,略谓此次朝记钱庄号东黄尔学分设朝宗、万宝两号,该户口及到钱庄公会登记,均系黄而学个人开设,最近乃将该号化为股东生理,并将其亲戚冒用为股东,及将朝记款项20余万,存入台湾银行,掩饰债权者。日昨该号擅将所存款项,由该屋上搬出,及将所有产业伪造典卖他人所有,足见存心倒亏华侨存款。昨经敝团会同当地警察拘黄友以、吴寿全入局,以资跟追,乃该号东托人欲到局保释。幸张局长明察,送转法院办理。查被倒各债权多属华侨。乘此金贵银贱之际,携款祖国,投资实业,地方当局及党政警,应加格外保护,奖励华侨。且黄尔学系属日本籍民,野心勃勃,卷逃巨款,如不彻底跟究,不但影响于市面金融,且使华侨灰心。党部为监督一切机关办理案件及民众领导机关之一,恳请转函法院,慎重办理,及对该号经理吴寿泉、黄友以严重扣押,及通知公安局,监督该两号财政,不得滥发。唐许其所请,该代表乃再往法院云。

又朝记银庄债权团昨并具理由书:于县商会云:具理由书人朝记银庄债权团,为串同诈财,卷逃巨款。请求转函地方法院、公安局准予假执行标封该庄遗产及附设万宝、朝宗两号,将现款保留以偿债务,而维血本,除即日呈请该辖一署,将万宝、朝宗两庄当事人黄友以、吴寿全予以扣押送局转解地方法院依律严究,并另状请法院准予将该庄遗产及附设之万宝、朝宗假执行,概将所有现款,加以保管外。(中略)黄尔学等逍遥法外,尤乞转函市公安局,饬探严缉归案云云。

《江声报》1931年8月6日

朝记债权团组织成立　朝宗吴寿全昨保出
金合胜6日倒闭　债权登记达43万余

中山路朝记钱庄停闭后,各债权人即组织朝记银庄债权团,向各机关请愿,并朝宗、万宝两家亦被顺记等号将其经理吴寿全、黄友以指交警送局,转法院。吴寿全经法院准保,尚未保出。以上各节情形,经两志本报。续查是晚吴并未保出,债权团得此消息后,于昨(7)上午9时由债权代表吴铁民、吴道盛、李克芽三人往法院请愿，请法院不可准吴保出，朝宗与朝记有关系，朝记此次倒闭有100万元以上，如法院许其保释时，亦须着其交同价之不动产保证云云。当时系由检察官林裘接见，当允接纳此意见，吴等乃辞出。又查朝宗庄经理吴寿全，昨下午4时许已由法院妥保外出云。又据债权团消息，吕宋金合胜已倒闭，但系在前(6)日倒闭者，昨四山□轮抵埠，各侨商带来朝记支票颇多。上陆后，方知朝记已于5日停闭，现正设法予以登记云云。

兹将昨(7)日债权续行登记数目，再列于下：

（以元为单位）

打铁鸿顺信局	8950
鹭江道义兴栈	4750
泉兴号	15510
开元路□银行	1980
大同路瑞芳茶行	13000
和凤宫	3380
美南	6750
海后李子昌	21000
新马路新□栈	7300
前街仔吴□□	16000
洪本部王□娘	5000
鼓浪屿吴章溪	10000
鼓浪屿吴和姑	4676.06
典宝林朝茂	9500
鼓浪屿陈立印	300
泉州蔡博泉	1500
兴安街洪万美	1350
兴安街洪樟杭	21300
打铁吴天敬	7404.80

统共159640.86元，连前日登记共431385.99元。

又朝记银庄债权团於前(6)日晚八时假捷顺安开第一次会。到会者广南施遐谋、晋成吴修谋、瑞芳号和成黄祖稠、捷顺安泉兴李克芽、浩源陈华登、义兴□其奢、顺记吴印心、捷发□茂林、建南吴道盛、美南张懋修,个人郭□所、谢养、吴托无等数十人,推举李克芽主席,记录侯炳琨。先由主席报告开会宗旨,讨论事项,一、吴印心提昨日朝记银庄宣告倒闭,为债务关系,故就昨日下午临时就所被累之家,组成临时债权团,举派代表呈请该辖一区署,将连带有关之朝宗、万宝两庄经理吴寿全、黄友以扣押送局,转解法院在押,以待正式债权大会接收,进行请追认案。议决,追认。二、李克芽提对昨临时债权团所进行扣押各情,进而请求公安分局标封万宝、朝宗财产,公安局为便处理,将人犯解送法院,诚恐朝记运用有人,被其取保,故于今日下午分呈党部请愿监督官厅,转呈法院按律究办,及具理由书商会、钱庄援助,请追认案。议决,追认。三、略。四、关于债权团已经成立,应行产生职员是应以店号或个人为单位案。议决,以店号为单位。五、关于职员人数应如何规定案。议决,七人分作五股,计总务、文书、调查、财政、交际。公推晋成、和盛、捷顺安、顺记、建南、泉兴、瑞芳等为执行委员。美南、益华、庆南,为候补。六、关于经费及讼费关系经济应如何设筹案。议决,由债务数目为标准,每千元先摊八元,限明日上午十点缴足到会,以便进行,将来如须缺欠,再行增加之。七、议决聘请杜保祺为律师,办理此案。八、议决假打铁、捷顺安为办事处。九、关于在押之黄友以、吴寿全,恐法院准人保释,债务重要,应如何督促严加拘追案。议决,决定明早七点召集全体向法院请愿,以表严格。会毕,即开第一次执委会议。出席者晋成栈施让、捷顺安许垂烨、瑞芳黄福俊、顺记吴印心、建南吴道盛,和盛黄祖稠、泉兴李克芽,主席吴道盛,记录侯丙焜。议案如下:一、关于分股工作应如何分配案,议决公推捷顺安为正总务,晋成为副总务,瑞芳为文书,建南为财政,顺记为交际,泉兴和盛为调查。又朝记银庄债权团昨致钱庄公会函云:径启者,案据敝团代表许垂烨、吴道盛声称,昨因朝记银庄之东黄尔学串同诈倒侨商巨金,具由代表申请贵会,予以相当援助,并请转函法院、公安局按律追究各情去后,贵会于昨日下午另集开会,竟对本案所申请不但不予采纳,反代奔走朝记黄尔学所附设而串同之万宝、朝宗两庄经理,贵会以吴寿全运营,转函地方法院,请求保释,公然袒护云云。事果属实,窃为贵会不取。查朝记银庄无端宣告倒闭,以该庄财产及平时声望,与夫经营收放各款,又无兼谋投机事业,忽而不动生息,只用一条白纸粘贴门上,藉词被小吕宋金合胜积欠十余万,即云银根旋转不灵,而可宣告倒闭,欺诈海内外侨商一二百万之巨金,野心如此。此虽三尺孩童,莫不皆曰串同诈财,无掩讳。以贵会为全市钱业领导机关,对于所属，如有违背，理应出为纠正，及为侨商一图善后，方为合式。为何舍彼就此，甘为奸徒利用，殊为可惜。敝团如此疑团满腹，用据情函询，请为代为奔走。是否出诸公意，及不接纳敝团申请援助之理由，予以明白见复，俾释群疑云云。

《江声报》1931 年 8 月 8 日

朝记倒后　银行存款调查
厦门商业复函　存规元一万余两

关于此次朝记银庄倒闭华侨巨款，经债权团控诉在案，并呈县执委会调查朝记存在银行款项数目，经县党部函各银行查询。兹据厦门商业银行函复如下：径复者，顷接贵会函开，嘱将朝记所存数目详细见复等情。奉此，兹查朝记所存敝行定期款规元 102250 两，相应函复查照。又中兴银行函复如下：径复者，接奉公函，关于朝记停业诈财巨案，承查黄尔学存款数目，查敝行并无黄尔学个人名下存款，仅有朝记庄尚伸来往账尾大洋 100 元 3 角 8 占正。准函前因，相应函复，即希查照为荷。又据厦门汇丰及安达银行函复，黄尔学并无存款，县党部已函达法院办理云。

《江声报》1931 年 9 月 25 日

钱业界明日开市　与银行界取一致态度

本市钱庄公会结账期后，原定 12 日开市，而银行界则定 10 日。自中南银行发生兑现纸币风潮后，钱庄公会以开市日期有与银行界取一致态度之必要，乃于昨日召开全体会员紧急会议，讨论办法。当议决此次因特殊关系，对于本途开市日期，特定前 2 日，改为 2 月 10 日，与银行一致，以维市面金融云。

《江声报》1932 年 2 月 9 日

振源庄倒闭后
昨成立债权团　开始登记债款

磁街振源钱庄，于四日忽告倒闭，各情业志昨日本报。续查该庄倒闭后，债权者闻悉，均纷纷前往兑款。至地时，该庄已双门紧关矣。现债权者已成立振源债权团并发出通告，定明(7)日召开债团会议，讨论办法，一面报告所管辖区署，会同前往点封该庄内所有家私等件。昨假该庄内开始登记债款，闻昨登记者已在2万元以上云。

《江声报》1932年3月6日

朝记庄倒闭案　调解决裂

中山路朝记钱庄停闭案，归法院审讯后，至今迄无结果。前曾由蔡雨村、庄金煌、黄吉甫等出为调人，兹查当时朝记庄方面，拟以四成摊还，惟债权方面则以为未免相差太远。嗣调人等再度出而调解，以五成为准则，债权团仍不肯，于是调解遂告破裂矣。现债权团除向党部请拨外，并由南安公会、惠安公会等，各方呼吁，请求促法院迅速依法解决云。

《江声报》1932年3月11日

源裕债务解决　准予四折取偿　明年八月还清

厦门总商会于昨(21)日下午4时，邀请源裕庄各债权讨论处理该号债务事项。到会者中南银行等15商号，主席陈瑞清，记录林东山。开会如仪，讨论事项：一、关于源裕庄债务应如何处理案？议决，查该号财产总数抵偿只有四折之额，准予以四折取偿，由该号东负责将业产设法变卖，限期清偿。二、该款分三期摊还清楚，至缓1年为限，本年废历年终为第1期(折三)，明年端午节为第2期(折三)，中秋节为第3期(折四)。三、债权人如愿意占业者，应与债务人接洽估受抵还。

《江声报》1932年9月22日

永盛公司昨日倒闭　负债十余万元

本市中街永盛公司，昨(15)日下午 4 时，宣告停业倒欠债项达十数万元。查永盛公司，系股东性质，经营钱庄业，兼做汇兑营业。股东陈天来，约占过半数股本，次为荷属侨商李某。陈天来，台南人，家财富有，拥有三百余万巨资，为台湾富商。此次永盛庄倒闭远因为该号近营金业失败，且受漳码“赤党”影响。迩来日金又一落千丈，以故亏本甚多，无法维持。故上月间复受新路头益丰，及磁街利丰两号钱庄倒闭牵动，致银根旋转不周。近因为昨日下午 3 时左右，有磁街瀛通庄，期票七千余元，水仙路银江庄四千余元，两号期票合计万元左右，无法应付，于是宣告停业。闻被倒欠者，有日兴、丰南等十余号，统计负债十数万元。经理郑仙水，经债权人嘱其将情电告各股东，召开会议，以便清理云。

《江声报》1932 年 10 月 16 日

金通钱庄昨停业　股东退股发生问题

鹭江道门牌 9 号金通钱庄，昨午即宣告停业。下午 7 时，记者到该庄调查，据经理洪□□告记者，该庄为陈逢金、苏晋记、胡元记合股创办。陈股本 3 万元，苏胡各 1.5 万元，共 6 万元，于本年 8 月开始营业。本月 15 日，中街永盛公司倒闭。外间谣传金通被倒欠甚巨，致存款该庄者，纷来滚支。然该庄并未有被永盛负欠巨款事，故存户虽滚支，并不发生问题。嗣股东陈逢金忽提出退股，交涉无效，乃听其将股本插回。因此遂不得不暂时宣告停业，候另招他股，重新组织。至人欠欠人，本日亦经会算清楚，公司当盈利数千元，并未负债云。

《江声报》1932 年 10 月 19 日

白锡兴呈商会邀请债权人解决镒丰债务

镒丰钱庄倒闭后，号东白锡兴昨具书商会，请邀集各债权团到会解决。书云：窃兴经营镒丰钱业，阅十有余载，兢兢自守，樽节签约。缘暴日肆扰东省，沪战发生，日汇金水大跌。本市利丰、盈源等相继倒闭，计被欠去 3 万余元。其他各号拖欠账项不少,兴资本微薄,突遭巨大打击,不特一生血汗尽付流水,且债台高筑,负债叠叠。然犹极力张罗,勉为支持,冀有转机。客岁夏初,"赤党"陷漳,市面金融奇窘,人家存款逼支,被欠账欠无从收讨,遂欲将业屋变卖押借,无人承授,不得不宣告歇业。间有一二债权不能谅解,遽向法院起诉,即将兴所有业屋抵押标封。倘不亟早设法救济,则其他债权必损上加损,实属有辜盛德。谨沥情呈恳均会察核,迅捷邀集各债权到会解决,兴愿破产以偿,俾得早日了结。伏乞如恳施行云。

《江声报》1933 年 5 月 24 日

不景气中厦门之银钱业
汇兑存款银行夺代钱庄　买空卖空标金权作赌博

本市钱庄业营业状况,在已过之上半年中,营业虽属寻常,无甚生色,然持较去年之波浪迭兴,倒闭 10 余家,未始非百业不景气中,犹能保持安定状态者也。本年一二月间,为钱业界营业进展之机会,讵至 3 月,各途停顿,咸无可为,而向视各途郊户营业兴衰为本途营业转移之钱庄途,遂亦不得不随之而停顿。四五月以后,各庄营业虽泰半处于饱食终日、无所事事之中,然而失诸东隅者,未尝不希望收诸桑榆,则一般视线,已咸注于 8 月秋凉,为本年复兴之取偿。不料白帝甫届,"赤焰"随张,汀连之间,又遭兵革,虽籓篱巩固,"赤"无可为,而鸟尽惊弓,道途皆梗,是下半年本途营业状况如何?已可不筮而知耳。至上半年营业不振原因:一、钱业向视汇兑为本途营业之主要部分,迩来银行界为应事势之需要及维持其商况起见,对单水方面,莫不卸价求售,与钱业界竞争,譬如汇上海单,钱庄开盘为 1250 元,银行只 1245 元。于是银行方面,客至如归,而钱庄方面,则向隅呼负矣。二、钱庄以从对银色之拣择,多采普通性质,不甚挑剔。现则拣坚择美,苛甚银行,是亦无形中自绝其主顾。三、钱庄信用已不如银行,且又去年停闭 10 余家之影响,客单向之与钱庄交易者,为交款可以稍为通融,银色不致选择过苛及杂色单可以使用,种种利便耳。今以上各种,钱庄和银行既无甚差别,而杂色之字号票币,即零数三五元,银行亦肯收用,且单水又较钱庄为廉。故就汇兑一部言,钱业与银行较,已无可抗衡,将来只有归于淘汰之一门。此尤为钱业界之一大隐忧也。不独此也,钱业界除自有资本以外,向来多恃长期例项为流动营业之基础。现银行界长期存款之吸收,咸订有特别储蓄、定期储蓄,种种优待条件，尤为钱业界之最大打击。其主要原因：不外于银行信用稳固及利息优异两途。然资本不足，不得不恃例项为挹注者，经此打击后，其势诚有不自归于淘汰不可也。际此钱业不景气中，一事为钱业界及应注意者，即各钱业中人，近有一种新运动，其性质类于赌博，如时下流行之所谓买空卖空。例如聚集三五人或十数人于一固定场所，以预博本日下午或明日上午之上海标金价或降或跌，其输赢之限度，十元、五元、千元、百元不等，大抵彼此输赢以口，输赢之信物则为一纸电报，视海上之交易所无少异。不早预防，害莫为甚，是固钱业界当局所当注意者也。按本年上半年钱业界自动收盘者有天南、李民兴、闽南、余裕，停业者有万协美、乾丰、炳记，而在不生不死中者亦有七八家，以事实未表现，故不便发表。以视去年连停丰益、漳原、大成、安裕、万宝、垂记、裕孚、源裕、信义孚、光裕等10余家，则有间矣。

又据本市钱业界中人言，去年营上海汇兑者，仅金宝和一家，达2000余万。本年至现在止，只500万元左右，预料下半年最多亦不过如斯。观此可概其他矣。兹将本市现有钱业字号66家，列表如次：建源、鼎元、有恒、巽成、捷顺、汇昌、思明、豫丰、洋溢、信裕、远胜、美源、德昌、福成春、南祥、裕通、新建利、永泰、宏裕、黄日兴、同原、鸿隆、大通、朝宗、德盛、盈丰、和丰、金汇丰、鼎昌、懋成、泰源、和通、永记、瑞泰、和源、同恒昌、茂发、英合美、金汇泉、华记、银江、晋元、远大、隆益、振华栈、永康、顺美成、长裕、林胜茂、利茂、永利、华侨兴业、永源、顺庆、绵利、中孚、永富、利亨、源有、瀛通、益南、裕大、金宝和、和泰、同济。

《江声报》1933年8月14日

金宝和复案　组董事会　昨日成立

本市金宝和钱庄复业后，即成立有限公司，并于昨(24)日成立董事会，选出陈长福为董事长，陈康□、王昌盛、张家斗、韦廷钧、林振煊、林大廷，唐伯瑚、吴雅辉、白群生、李宝书、陈清篪等为董事。定26日起改钤新印信云。

《江声报》1934年3月25日

本市钱业调查
收款怕滚支　放款怕倒账　钱庄倒闭二十余家

汇兑概况　本市钱庄业前约有70余家，现因受商业不景气之打击，倒闭或停业者有20余家。查钱庄营业，厥为汇兑、存款及抵押借款三种，汇兑范围分国际、国内二种。国际汇兑，如英荷美各属。国内汇兑，为汕头、上海、福州、漳泉等属。国际汇兑多由银行交易，国内汇兑则由本市各钱庄集中钱庄公会交易，每日上下午2次。其次则为收储户之款，而作抵押放款，纳储户之利率轻，而收抵押放款之利率重。前此营业甚佳，今则递年不如矣。

金融衰败　钱庄业在未政变前两年，如国际、国内抵押放款尚佳，闽变后，营业已大不如前。良以地方不靖，百业凋零，人民购买力顿减，钱庄业遂不能不大受影响也。至国际汇兑阻滞之原因，厥为土产落价，各郊户贸易无起色，因而缩少营业范围，汇兑遂减也。查钱庄汇兑，向例冬季逊于春季，年尾逊于年头。今年规模较大之钱庄，不但不随便放账，同时且不收存户之款，于是营业范围益见缩小。又钱庄除汇兑贸易，多营抵押不动产借款，现在地产大跌，借款人欲卖不能，欲赎无力，而不动产真成不动产矣。所以钱庄金融日形拮据。

资本虚实　我国商家除属于公司性质者，得以公开外，其非公司性质者，实不易得其资本之实在数目。盖多不欲以实在内容告人也。至本市各钱庄资本之多寡，约略可知者，规模较大十余万至二十万，中等五六万，至少亦一二万，资本在四五千者亦有之。但此系厦门未建设以前之小钱店，而非钱庄也。

未来观察　厦埠国际汇兑，以小吕宋及南洋各埠为大宗，年来小吕宋商业失败，土产落价，影响至巨。又吕宋银元(俾斯)涨大，亦其一因。盖银大土产低，购买力必缩减也。现以吕宋对于银币改革问题，将有变动，如以大元改铸小元(重量仅及大元之半)，准大元而用之计划能实现，土产价当可和盘。盖一元可作两元用，购土产之数目当可倍增，营业自能转衰为旺，汇兑业或可回复前此之兴盛欤。

《江声报》1934年5月4日

德昌银庄昨宣告倒闭

少东挥霍负债万余　金源利烟店昨收盘

大同路德昌银庄，昨宣告歇业，庄东郭金盼潜逃，负债万余元，被倒欠者以丰昌米绞及胜益庄等为数较巨。查德昌号年来营业颇发展，顾其子郭良才，性好游荡，挥霍过度。现届端节，为商家期限之期，该号预计不能周转，父子二人，即行潜匿，昨乃宣告实行倒闭。又大史巷金源利烟店，往时每日门市销售 200 余元，近因种种影响，每日仅收 30 余元，以致利不及费。昨亦宣告实行收盘停业云。

《江声报》1934 年 6 月 11 日

汇昌钱庄昨宣告歇业

负债二十余万元　呈商会请为清理

本市汇昌钱庄，昨 20 日宣告歇业，负债达 20 余万元，其中以例项居多，存款次之。午后 3 时许，该庄主人将停业情形，具书厦门商会，请求代为清理，商会已允登记。查汇昌钱庄为卓延禧所开设，经营垂三十载，信用颇著。其营业除存放外，兼营产业抵押，其存款者以江西籍妇及妓女鸨首为多。盖因为该庄不限数目，多寡均可寄存也。

歇业原因，据该庄负责人称，因受不景气及□□陷漳，与去年闽变，影响至巨。存户则因地方多变，纷向支现，因此银根迫紧，应付殊难，益以低价陡落，一时乏人承受。该庄受押产业，如水仙路宜香楼屋 2 座 7 万元，惠通街口 2 座 3 万余元，局口街典押 1 座万余元，计押出 11 万余元。而持向中国银行胎押，仅获 4 万余元，而负欠数目，达 20 余万元。被人挂欠虽如其数，奈不能收起，不得已遂行歇业云云。

该庄具书商会文云，窃禧前清宣统元年（1909 年），开张本埠水仙宫汇昌钱庄，历今 27 年，克勤克苦，略存声誉，去年人民政府影响，社会顿呈不景气，金融界恐慌万分，存款之户，争先支现。延禧典当及于细微家器，以应付在款各户。本年产业价格，仍不能恢复，被欠账项，难于收集，交关户抵押之产业，亦不能拍卖归还。存款者追迫交付，现金周转不灵，成为□局，不得已于本日起，宣告停业。延禧经商 20 余年，愿尽所有产业摊还，与各债权人，以赎其愆,用将本号所有财产,录恳钧会代为召集各债权人处理分配,俾资结束。至人欠欠人之款,先行结算总数列单,详细数目,容续行缮送办理云。

又讯　本市钱业中开设二十余载之汇昌号,昨晨停闭。该号系因经营地产抵押放款,受地价骤落影响,及前后被人倒欠,合计折亏概约 10 余万。最近以被欠账项,无法鸠集,所有不动产亦难脱卖,一时周转不灵,遂告停闭。据闻该号对于各钱庄,及各郊户来往账项,所欠无几,仅中国银行有地产抵押之四五万元,厦门银行有股本信用借款数千元。此外存款短欠,为数 20 余万,除自己产业人欠账项及抵押品抵押外,尚无多大亏空。

《江声报》1934 年 8 月 21 日

汇昌债权团今日查账　准号东自由促债权登记

汇昌庄债权团,昨假商会开一次代表会议,到南星陈天放、廖琴倩、陈耀琼,修记廖先修、夏凤妹、陈英、庄金章,叶记胡达材、李美,兴记陈静庵,主席庄金章。讨论一、汇昌庄债务处理案。议决:甲、根据大会议决案,函该号东卓延禧,准予自由行动,以便接洽一切。乙、定九月三日,由全体代表赴汇昌庄查阅该庄账目,并函该庄东准时到店备询,同时函请商会派员列席。丙、用债权团名义,登报通知各债权,限二星期内到会登记债款,由庄金章负责办理。二、三略。

《江声报》1934 年 9 月 3 日

汇昌债务三折半　分三期摊还

汇昌庄债权团,昨日会议到六十余人,商会派陈瑞清、黄瑞甫列席,主席陈天放、庄金章报告审查汇昌庄账目结果,计抵押行业产按盈 1.7 万元,业屋按 1 万元,人欠 3.5 万元,胎押按 8700 元。议决:一、着汇昌庄号东自行清理摊还。二、所有债款以三折半作三期还清。每二个月还返一折,第三期还折半。第一期废历 10 月底,第二期 12 月底,第三期明年 2 月底,并由债权推举代表业记,许为北、南生[星]公司陈天放监督该庄收支及一切业产。三、函商会派员共同监督。

《江声报》1934 年 9 月 21 日

钱庄会提议组商团自卫　设警钟以防盗劫
请当局严搜枪械

钱庄公会昨函商会,谓准丰南信托公司函称,世风日下,匪类蔓延,不图于市区之中心,敝公司竟遭盗劫。商业前途,均濒于危,希贵会迅即召集会员,详加研讨,一致声援,俾该案早得破获等由。准此,爰时拟具,提案连函呈请钧会察核,务希召集各同业详加研究,妥筹自卫,并促当局注意。附提案揭要如下:一、组织商团,每日分组梭巡各街,以辅助军警之不及。二、设置警钟,10家或20家为一组,每家各置电铃若干个,一铃按动,则全组皆鸣,亦守望相助之意也。三、请当局严搜枪械,盗匪党众,均挟有枪械,当局若沿途切实注意搜查,则盗匪自无从施其伎俩云云。

《江声报》1935年3月22日

陈才眼呈请扣押鼎昌业产
昨双方律师出庭　地院定明日裁定

鼎昌银庄宣告照常营业后,因未得关系方面之切实援助,致仍搁浅,各情经迭载本报。续查存款于该庄之陈才眼,业于6月11日呈地方法院,请将鼎昌资产部分之海通公司,及鼎昌业产,执行假扣押,并聘胡巽、谢若濂二律师,执行控诉职务。至昨(25)日上午,法院召原被告到庭侦查,鼎昌黄钦书,及黄奕住,亦聘杜葆祺律师出庭。结果,庭谕是否请准执行假扣押,候明(27)日裁定批示。盖陈才眼控鼎昌庄黄钦书,并控黄奕住也。

先是陈于民国二十二年(1933年)5月18日,存款9.85万元于鼎昌,周息7厘,限期2年。至本年5月18日到期,陈自安南回厦提款,鼎昌庄无法应付,遂致搁浅。事后,陈往访奕住,黄表示鼎昌系钦书(奕住长子)等所经营,与本人无涉,但可命钦书将海通公司之顺安轮暂作抵押之语。当时陈未应允,嗣后再访,已不接见,故陈遂并黄而控之也。陈控奕住、钦书后,奕住、钦书均有呈诉到院。奕住谓,鼎昌与本人无涉,鼎昌则谓系公司性质,钦书亦只认股1万元,其他股东为谢瑞记、黄仲记等。昨庭讯时,并派代表杨子英,献阅鼎昌账簿,陈方则驳以奕住为钦书之父,谢瑞记为钦书之妻,黄仲记即钦书之弟浴沂,钦书既属奕住长子,家产并未分拆,奕住应负责任云云。

《江声报》1935 年 7 月 26 日

南祥债团昨会议　股东吴衍祥一部解决

南祥银庄债权团,昨在钱庄公会开会,计 30 人,债额 543633 元,由余道生主席。先由债权代表简登思报告接洽经过,次讨论处理办法。议决:一、允许南祥庄股东吴衍祥所要求,本人部分以三成了结,自恳章成立先交一成,旧历年终再还一成,来年古历三月终还一成,并限三日内觅出妥保,方能作准,逾限取消此议。二、南祥庄如不能履行第一条议决,则请钱庄公会会同债权团,催收南祥庄被欠各账。三、股东尤天祝本人所欠及其经手所欠南祥庄之账,仍须由吴衍祥会同债权团向其追究,但吴衍祥不负赔偿责任。

《江声报》1935 年 10 月 18 日

同英等号呈请缉拿欧阳秋澄
对捷顺钱庄债务　依商店倒闭条例施行

绸布公会昨函商会,谓准胜裕、同英两洋行书称:捷顺钱庄负欠巨债倒闭,当时函商会,并派代表陈纯如、施范其、蔡雨村,请召债团调解。曾称该庄原为现经理欧阳秋澄祖父与叶寿堂合资营业,后改为股东叶辜蕊记、叶王篮记、叶陈树兰记、欧阳邱瑞记 4 人。此番系被欠账款 54 万元,欠人 41 万元,无法清理,并列人欠欠人账单到会。对于所谓被欠 54 万元,各欠户抵押品及其他关系该庄之资产,亦不列明,而其股东资产亦不开列,已见其隐匿资产。该欧阳秋澄,将其祖父遗下自己股东名义,改为其妻欧阳邱瑞记之名。而叶寿堂派下股东,亦仅列叶辜蕊记等女人之名,尤见有心欺诈。敝号等请其继续进行调解,据复呈称,欧阳秋澄避匿不见,更见该庄有意图枭债款。请转市府饬令公安局,依照省府颁布商店倒闭暂行办法第六七条,严饬各分局侦缉处拘捕欧阳秋澄及其妻欧阳邱瑞记,并其祖父欧阳鼎隆派下各股东,叶寿堂派下叶辜蕊记等各股东到案惩办。一面着其代表人陈纯如、施范其、蔡雨村等,交出捷顺庄账簿,及被欠各户抵押财产,并各股东财产目录,以资清理,等由准此,请查照,务准转呈市府施行云。

《江声报》1935 年 10 月 22 日

本市钱庄收盘　四家拟营他业

本市钱庄业，10 年前计有 80 余家，可执商业牛耳。其营业大多为放款、存款及收买地皮，代办货物等。民国十九(1930 年)后，钱业一落千丈，或倒闭，或停业。迄至现在，仅存 40 左右号。自法币实行，现金收归国有，该业益见不支，而其店伙薪水及捐款种种费用，又较他业为重，是亦维持困难之一因。故本年废历除夕，收盘者有鹭江道顺庆、开元路璋记、打铁街隆益、升平路林胜茂等 4 家。据查，该 4 号皆拟改营他业云。

《江声报》1937 年 2 月 17 日

和源倒闭　翁毓文业屋被封

打铁街和源钱庄，开业已五六年，商景恶劣，该号营业亦不免冷落，卒至周转困难，于去年冬宣告停业，负债五千余元。各债权人日前开会讨论呈请法院，将该庄经理翁毓文屋业，准予标封抵偿。昨法院已准所请，即派法警偕同债权团代表，会同二分局前往营平路 17 号，将翁毓文所营裕隆米店楼屋一座标封。

《江声报》1937 年 2 月 26 日

成隆钱庄将清理　七万债权皆已同意

本市成隆钱庄，于去冬停业，经委托杨廷枢律师为债务清理人，曾志本报。兹查前日该庄债权团，在该号内开二次会议，到债务清理人律师杨廷枢，债权人蔡长寿，漳州庆兴、裕源丰等 59 人。会议结果，各债权人对于债务清理，均已同意，即由到会全体债权人签字。议决，一、令该号东庄寿川兄弟出头清理。二、推举代表为监督该庄存于商会之账簿。又查该庄负债约 7 万余元，大小债主 70 余人。其中以蔡长寿(海)、漳州庆兴、裕源丰等，被欠较多。是日当场承认清理之债权，约 6 万元左右。此外万余元之债户，大多属于妇女，故亦均赞同。昨会议后，已由债权、债务两方具书商会，请发还封存会中之该号账簿，以便清理，并请转呈市警察局备案。

《江声报》1937 年 4 月 14 日

商会转呈财部等机关　核准银庄复业

本报讯　市商会据钱庄公会电请转请层峰应予继续营业，该会昨经转电财部及省财厅、市政府等机关采纳。原电如下：

准本市钱庄商业同业公会厦钱理字第51号函开：案奉市府雨寅寒府财丙字第2766号训令，略以奉财政部代电，厦门有华记等28家私设银庄，应依照本部管理银行办法第19条之规定劝令停业，并各处罚50万元，仰查明办理等因，仰即遵照等因。奉此，遵查民国十六七年间本市计有钱庄87家，其中多数为经营存放款及汇兑业务之大庄户。迨民十八九年，因南洋商业衰落，且因银行日多，该批大庄户营业一落千丈，且以无法维持而相继倒闭收终。所余三十余家，均系专营银币兑换业务之小本钱庄，乃为便利华侨兑换外币，适应本市特殊环境而存者。迄民国二十四年(1935年)币制革新，而二十六年(1937年)财部命令登记领照首批小本钱庄，以为既非经营存放款，又无办理汇兑业务，名为钱庄，而性质上乃本市特有之外币兑换店，衡情酌法，不在管理范围之列，应否申请登记领照问题正在研究中。即卢沟桥事变发生不久，而厦岛、金门失陷，本市时遭空袭，民心惶惶不安，商店亦多紧缩，商民参加动员抗敌，即本身营业亦已不顾，何况乎登记手续。二十七年(1938年)5月11日本市沦陷，钱业同人放弃在厦一切财产，而逃入内地者十之八九。至三十四年(1945年)10月3日，本市光复以后，同业纷纷复员，重整旧业，继续经营银币兑换业务，其生意对象纯为华侨，此为本市钱庄业之不同性质，以及特殊环境，暨其所受战事影响之情形，未经登记领照一节，衡情察理，应请俯准免究，并予继续营业。再按，财政部管理银行办法第一条之规定办理："凡经营收受存款及为放款票据贴现汇兑或押汇各项业务者，为银行收受存款，而不称银行者，视同银行。"本市钱庄之性质及业务既如上述，并无经营第一条所定各项业务之任何一项，依法系属一般商业，似不能视同银行，而以同一办法予以管理。况本业已于胜利后依法组织成立同业公会，奉市府颁给社字第8号人民团体立案证书，会员均属合法商民，应恳俯予保障。至本案与华侨之关系，经于本月17日以厦钱理字第49号代电开，奉七项事实，分电各有关院部会在案。兹奉前因，相应函请查照，转请免究，并予继续营业，至纫公谊等由到会。查该会所称各节，确属实情，本市情形特殊，华侨纷来频往，各钱庄纯为适应侨胞需要经营外币兑换业务，与各地□发业迥然不同，彼等未有经营财政部管理银行办法第一条所指各项业务之任何一项，依法不能视同银行而依该办法处罚。况于本市沦陷7年余，商业逃避四散，公私损失惨重，收复后方期复员建设，该业即须加以管理，亦恳体察实情，恤其因受战事影响，情形特殊，过去或有未合，从宽察实免究，并准继续营业。藉于商困，准函前由理，令电请察纳所请并乞复示。

厦门市商会理事长严焰，巧叩。

《星光日报》1947年3月19日

钱庄复业 省府批不准

本报讯 本市钱庄业于前日电请市商会，申述银庄苦况，请与免究并准继续经营案，经由市商会转市府呈省核示。省府昨已批示如下：代电悉，所请核与经济紧急措施方案内禁止外国币券流通办法第二条，外国币券之持有，得以所有币券，向中央银行按照公告汇价兑换国币，及第七条除中央银行所有本国银钱行庄及外商均不得为国币券之收付及买卖之规定显有抵触，未便照准。仍仰督饬停业具报。

《中央日报》1947年6月17日

财部电复商会 严禁钱庄复业

本报讯 关于本市钱庄业，电请层峰仍准予继续经营钱兑业务一案。昨市商会复奉财政部电，查厦门市钱庄公会请仍准予该会会员钱庄继续经营钱兑业务，以应华侨需要一案。前据该商会准中国国民党中央执行委员会秘书处函转来部，当核以禁止外国币券流通办法，有“除中央银行外，所有本国银钱行庄，及外国银行，均不得为外国币券之收付及买卖。违者以投机操纵扰乱金融论罪，除没收其币券及吊销其营业执照外，并处经理人5年以下之徒刑之规定，自应切实遵照。该钱庄公会会员，原系专营外币兑换之兑换店，擅以钱庄名义，企图继续买卖外币，自属不合，应即勒令停闭等等。由部迭电该市政府切实办理具报，并电复知照各在案，仰即知照”。市商会于奉电后，经转函该钱庄公会查照云。(荣)

《中央日报》1947年9月7日

地下钱庄销声匿迹　行局又热闹
美钞黄金昨均大量收兑

本报讯　本市一部分特殊分子及商贾现仍握有大量外币，前(7)日本市破获地下钱庄后，虽然搜查的地下钱庄只有5家，搜出的外币数量不多，但昨(8)日本市四行两局兑换外币的成绩却大有可观。个中原因是地下钱庄经过这次重大打击后，暂时销声匿迹，所以一般要向钱庄兑换的人，只好转移目标，向国家行局换兑，这中外钞就落到国库里。

综计昨日收兑外币数字如下：美钞126223元(包括漳泉20251元)、港币30598元，黄金46两9钱7分4厘、纹银5070两3钱9厘、大光洋1341元，纹银收入为历来最高者。

《中央日报》1948年9月9日

地下钱庄案经密讯　闻已露出破绽
账簿显明载有经营外钞账目

本报讯　本市地下钱庄，自经(7)日警局以闪电方式，出动局内主要人员，在镇邦路崇记、茂华号、永华号，中山路捷胜号、升平路永记号等五家抄获美钞、港币及套收港汇电报单据账簿全案人犯证据。经余局长批交司法科侦查讯办后，全市地下钱庄昨已敛迹，有的已脱下招牌，市面为之平静无波。据可靠方面透露消息，茂华号被拘之洪炳煌在警局侦讯时曾狡辩，茂华招牌虽存，实际生理早已收盘，店内附设裕华号，即专营外钞外汇，经营另有人负责，渠与裕华并无关系。永记号虽未抄获外钞，但一部账簿记明美钞存户及每月支付利息，足见其平时曾营外钞生理。崇记号账簿于8月27日至26日止6天，记明“大吉”(即无买卖)，21日起即照常记载外钞收入及支出项目。捷胜号账簿纯属民国三十五年(1946年)、三十六年(1947年)两年之物，内中记载多为买卖外钞账目及套收港汇。又悉，本市各地下钱庄自中央颁布经济紧急处分令后，虽仍秘密买卖外钞套收港汇生理，大部不敢公然记载账簿，改用小单一张，临时标明数目作为交易凭据。永华号搜查，老板不在，铁柜未启，故无发现。以上四家地庄可能触犯特种刑事云。

《中央日报》1948年9月9日

三、当　铺

得春存款人连日滚支　典赎部分照常营业
存款不下百万　只能先付利息

本市内武庙得春当铺，一向信誉颇孚，存款该号者甚夥，据说总计不下百万。连日该号忽发生滚支，值兹商景不佳，社会金融枯竭，该号以周转不灵，至昨日已宣告搁浅。总经理陈清波，特商诸各存户，各暂先支利息，其母银另候来日设法筹付。至该号内所附设各号典赎部分，现尚照常营业。查得春当铺，为禾山殿前人陈毓才、陈庇苍、陈言兄弟承其父遗业经营，聘其族叔陈清波为总经理，分设得隆典铺于定安路，得英典铺于禾山殿前。民国二十年(1931 年)，又以 5 万元开设泰源银庄，兼营汇兑信局，地点亦在定安路，由陈毓才任经理。数年来，各铺均获巨利，信用卓著，禾山华侨及厦人多存款该号不下百万。当□□陷漳，及去年厦门商业银行、豫丰、建源、捷盛等诸大银庄歇业，该号先后受数次滚支，以总经理陈清波善于应付，卒能风平浪静。最近市面不景，金融枯竭，地产跌价，放款无法收回，遂致周转不灵，陷入窘境。自本月 21 日起，存款人纷纷向其支款，初尚勉力维持，讵风传所至，前昨等日，兑现者益众，于是捉襟见肘，无法应付。当由总经理陈清波亲出维持，商诸各在[存]款人，请先支利息，候再设筹付还母银，如必即刻支现，徒使迫入倒闭之途，双方皆受重大损失云云。各债权聆言，皆懊丧而返。闻该号搁浅原因，一、泰源银庄营业不振，去年终已渐收束。然该号经理陈毓才投机经营公债，亏蚀 40 余万元，致该号受其拖累 30 万元左右。而泰源庄且于本月 22 日歇业。二、当厦市新辟马路，陈氏兄弟投资地产，约计 60 余万元。近市面银根吃紧，地产跌价，亏累不赀。三、厦门各银行纷纷设立，吸收现款，银行不肯放贷。四、本市商业冷落，当铺趸积首饰古衣，难于售脱。

该号财产所有不动产，以目前市价，尚值 30 余万元。得春、得隆、得英三典铺，所典质物估值 40 万元，人欠约 30 万元，以与存款相抵，尚不致亏空云。

《江声报》1935 年 9 月 24 日

得春托人向存户解释　全盘账目核结中

得春当铺因连日受滚支,现金周转不灵,卒至搁浅,详情已志本报。续查该号存款最巨者为华侨张宝镜,数目为30余万元。次则三数万元,数千、数百元不等。该号此次搁浅,最大原因乃受泰源银庄经营投机标金公债所影响。泰源歇业后,该号东兼经理陈毓才已暂避匿,其善后则委托杨廷枢、杨朴代为清理。至得春方面,总经理陈清波,以该庄存款人颇多平民,若宣告清理,则损失甚巨,拟设法救济。遂扶病到店,商诸存户先支利息,并派人分向各存巨款之存户解释,多有能予谅解者。昨日滚支已渐少,各当铺亦仍照常营业。据陈清波谈,本铺开设数十年,此次受不景气影响,及泰源银庄之波累,目前救济办法:一、泰源、得隆经理人虽逃避,本人已令得春、得隆、得英、泰源各号司账,汇集欠人人欠数目,将来明白宣告,并邀请各债权人讨论解决。至当铺部分,多系平民,自风声播出,连日到店要求维持营业,俾得相当期间赎回原件者甚多。故本铺典赎部分,决不使之停顿,即欲收盘,亦必遵例提前宣告,而仍开门二十个月,任人取赎。至目前本号资产与负债,尚不致亏空,单就当铺言之,目前有人欲以40万元以上承盘。其他产业人欠,更超出此数云。

《江声报》1935年9月25日

得春筹划妥善解决　美玉当铺止典候赎

得春当铺滚支,昨渐平息,典赎照常。该号总经理陈清波亲向各存户解释,而存户间曾查悉该号如仅经营典业,逐年皆有赢利,故不愿其收盘清理。盖恐一经清理,产业降折,被欠不能悉数收回,当物亦难售脱,而吃亏当在存户也。现该铺已令各分铺结核账目,不日拟请市商会召集债权讨论。一说该庄巨款存户张宝镜、陈有才、陈春德等,已集合债权六七十万元,着陈清波继续维持营业,或添招新股,将来对于千元以下之存户,先行发还。又前昨两日,中南银行派张某向该铺索还欠款,该铺答复,须候整个解决。至桥亭美玉当铺,系林玉峰经营。林现出洋,不暇兼顾,乃令收盘,于21日宣告止典候赎。该号收受存款不过数万元,将来尚有盈余。现拟呈请市府,准于最短期内登报招人来赎。

《江声报》1935 年 9 月 28 日

得春债务昨解决　以四折摊还
期间限二十个月　陈清波负责办理

本市得春及所附设得隆、得英当铺，因受种种影响，宣告搁浅。该号东陈毓才等，均各避匿，由经理陈清波出为维持。当经切实清查欠人人欠，相差原不甚巨，惟欠人为实数，被欠及产业则须折扣。故债权纵能谅解，而今后维持亦至困难。因此遂召集存户临时会议，推举负责人，清查数目。昨下午 2 时，在得春后楼开各存户债权大会，到 375 人，债款 67 万余元。推魏同波主席，魏报告略谓：本会前经推举临时清查委员陈春德等 5 人，进行清查事宜，业已查明财产大概，计 4 号负债总额百零万元。现存财产除典质物件约值 39 万零元，尚有不动产，依照时价约值八九万元。若以此数交由原经理陈清波清理摊还，可将折数若干，请陈尽量筹划云云。次陈清波报告，4 号所负债务，若以现存财产比例计算，可得四折之数。但鄙人谬承债权人不弃，委令清理，当在可能范围内竭尽绵薄，以期折声增加，藉副信托之重等语。众讨论结果，议决：一、4 号所负债务，业经清查委员魏同波报告，负债百零万元，以现存财产 48 万元之比例计算，可得四折。清理方法，即嘱陈清波经理负责，以四折摊还。倘有剩余，即由陈尽量筹划，俾增半折，再行摊还。其还款期限，以现存不动产及典物取赎之代价，按月摊交，最迟以二十个月为限。议决通过。二、此后 4 号收支，应由本会推举监督人员，以专责任。议决，通过。推魏同波、陈春德、陈天富、黄筱清、张宝镜 5 人为清理监察委员，组织清理监察委员会，负责监督 4 号收支。

《江声报》1935 年 10 月 6 日

谦亨倒欠数十万　请商会代为清理

本市开元路谦亨典铺，倒闭年余，负债 60 余万，中有一部为产业胎押，倒款计 20 余万。现各债权人纷向法院状诉，该号经理陈耀崐久已避匿，曾致书商会，请为设法清理。经商会调查该号财产，其不动产及电灯、自来水股票，俱已向人胎押殆尽，仅剩车加辘大厦一座，照目前价值不上万元，欲以摊还 20 万倒项，则不及百分之四五，殊说不去。近陈耀崐以该号水仙路尚有三山馆一列 6 间，除一部胎押车加辘雷某三四万元外，现楼屋尚值六七万元，除还雷尚有将剩余，连住宅共约 2 万余元，可以按照摊还。昨再以此意具书商会，请求召集债权讨论，或援照省府颁布福厦商业倒闭清理办法办理。闻商会已允为核办。

《江声报》1935 年 10 月 20 日

得春债权将声请施行破产法 债务人野心毕露　各债权势难曲恕

本市得春及附属各号债务，经市商会调解以四折摊还，卒因中间发生弊窦而起诉讼，悬案至今。现此事仍多枝节，虽经居间人斡旋，似非短时间所能了结。查得春倒闭迄今已届一年，原可早日解决，奈债务人陈育才等存心不良，各欲自私自利，据熟知内容者云，该号倒欠例项 90 余万元，如按其所有实额摊还，至少可满六折，而债权人凭陈清波之报告，甘以四折收回，该号东已甚便宜，将来尚可侥幸获得余资 20 余万元，仍不失为富翁。乃陈等贪心不足，坚欲将伪造簿据之 30 余万元参加债权团登记，俾得将来按折摊款，由是叔侄冲突，互相登报攻击。此为陈育才等之奸险，而造成目前局面也。厥后陈清波公布陈育才之函，外间始知陈育才野心极度，而香港有泉昌股份，华原亦有伊弟阿椎股本，债权人如梦初醒，咸不愿摊回四折，纷向法院声请扣押。此又陈清波误事也。又部分债权人控告五区监委舞弊，而置当事人育才、清波等于不闻不问，至今缠讼不休，其错认目标，又为债权人之自误也。两月前，陈育才委托律师陈李檪为代表，函请商会再为调解，当经商会两次召集债权人，拟仍以四折摊还，除殿前社一部分债权人不同意外，其余多曾签允，但至今仍未切实决定。盖此中尚有许多枝节，迭起纷争。现闻另有一部分债权人，有债权 20 余万元，公举吴、张、林 3 人为全权代表，拟依照省府颁布破产法，呈请宣布破产，一面控告债务人伪造舞弊。现正与律师接洽中云。

《江声报》1936 年 9 月 12 日

振和典铺跳利三个月　公会交涉　市府处决

本市内武庙振和典铺，自经张宝镜承顶经营，典业公会以其跳利三个月，有碍典规，特呈市府，请予制止。市府当令一科处理，前日，一科召集该科常务委员，及振和号负责人调处，该方业已遵从市府调解。立定三个原则，即一、振和号跳利期间，缩短为一个月半。二、公会津贴振和当票费10元。三、公会代振和通告各顾客，声明跳利期间缩短原因。经双方同意实行。

《江声报》1937年4月9日

四、储蓄证券

博山公司招股

博山公司彩票现拟加彩，特派朱君来厦，租史巷洋楼为招股处。其彩票称系奏办，如不得彩者，即作股资。其办法甚善，大约此股可易招徕也。但近来市面摇动，未免加一阻力耳。（上）

《厦门日报》1910年10月15日

道宪示禁违式交易

昨20日，郭观察出示一道，略谓：迩来一种贪图厚到[利]之铺户，多以卖空买空为发财捷径。而洋药一途，市价起跌无定，内外途人尤趋之若鹜。但凭一纸空据，届期视价之涨落为输赢。此等违式生涯，情同赌博，一或亏折，动辄店倒人逃，市面多受间接影响。若不严行禁止，贻害何堪？设想经兹出示之后，尔商民铺户人等务须各守正业，以视银兑采现货为正式交关。至卖空买空，不特有干例禁，且非保守身家之道。本道为维持市面起见，言出法随，具各凛遵毋违，特示。

《厦门日报》1910年10月24日

万国中法储蓄户　已登记者百六十余户

万国中法两储蓄会储户经由公安局、县党部、商会等于自3月1日起轮流派员负责，在县党部设登记处，至昨（5）日，已向登记者计万国储户：詹颂钿、曾献登、陈晋惠、陈渭塘、林光辉、向玉麟、黄建如、白金丽、蔡永泰、蔡阿钦、林孝倍、叶溢记、李绍英、柯松旭、许民巧、陈侠华、吴添寿、马春潘、马木森、陈双、谢裴尘、谢景玑、李古愚、刘哲衡、周川琴、吴祥麟、吴德铭、赵继乾、何若琴、邬芝泉、邬巧凤、陈良汉、林皆顺、林炳森、壹记、刘永生、杨惠卿、梁丽霞、张红霞、张上乾、张乾二、许志念、庄振音、何天苍、份阳筱湖、连初阳、曾锦标、刘冠西、刘云汉、叶观潭、柳永年、陈端卿、翁淑美、陈德铭、施并顺、施文彬、施并陆、柳惠龄、柳炘、曾憨如、陈海树、瑞记、颜淑美、林伯精、林伯熙、林顶全、林伯钦、曾妈福、秦长城、秦长江、秦友梅、汪水生、黄家春、郑超凡、陈宗芸、郑小凡、郑小芸、冯林花、林培清、林传仁、苏秋珍、白青龙、苏淑琴、白瑞泉、白瑞敏、白瑞坤、阮氏和娘、黄守欣、王素功、张康记、黄培垣、吴克斌、骆木荣、郭应麟、林绍洲、林锦玉、王养马、马继宗、黄守厝、黄道灿、黄石头、林日连、庄秉成、黄宝钿、钟淑芹、钟津、黄达三、曾见治、李寿梅、李鼎记、陈宽记、陈汭端、吴敦溪、明记、秀记、陈士楷、吴佑人、黄珍记、郑紫荆、林克怀、蔡啸霞、李金叶、叶铿官、吴水强、苏英杰、林绍全、蔡慈恋、郑元录、雷瑞华、蔡心慈、蔡仪标、陈必传、陈传达、苏冠群、江根先、江九先、张景行、张垣利、吴礼长、吴郭光、陈宝章、洪万益、黄文标。

中法储户：何阿乖、蔡永泰、林孝倍、朱发旗、陈端、马木森、周家森、陈龙光、陈思亲、林霁云、庄丙臣、陈永康、洪陵氏招、洪文炎、洪水波、洪清潭、陈心声、陈黎场。

《江声报》1935 年 3 月 6 日

万国中法储户登记已九百一十户

县党部此次奉令登记本市万国中法两储蓄会储户，业经党政商会合组织登记处，于本月 1 日起开始登记。至今（15）日截止，昨（14）日登记统计，万国中法储户已登记总数计万国储户 807 户，中法储户 103 户，统共 910 户云。

《江声报》1935 年 3 月 15 日

中法万国储户登记　尚可补行

中法万国币储蓄会储户登记处，自开始登记迄今已半个月，本月 15 日为终止之期。经统订所登记储户共 1167 人，其属中法者计 123 人，其余 1044 户则属于万国储户会。该会虽已结束，但因事不及登记者，仍得随时到县党部补行登记云。

《江声报》1935 年 3 月 17 日

万国储蓄会泉漳厦分支会关门
通告存款支款向沪总行接洽　退会未领款百余万元

万国储蓄会厦门分会，自去年 7 月以来，前往退会，或借款者，即已源源不断。截至去年底，支出数目，据闻已有 20 余万元，而逐月收入，则仅三四万元。本年以来，借支愈众，该分会不仅逐月无款汇交总行，甚且月须汇数万元来厦接济。最近，又受上海总行滚支影响，此间分行亦被波及，总行划汇 10 万元来厦，尚不敷应付，于是遂不得不出于关门之一着矣。上月 29 日星期六，前往借支者，该分行仍给以定期支款单，未有任何变动。30 日为星期例假，7 月 1 日本应照常开门，但届时该分行铁门外，忽悬出休假通告，略谓 7 月一二日，为举行决算例假，本分行亦休假两天，3 日照常营业云云。殊不知银行例假，与该分会何干，其所云云，不过藉词延宕时日而已。昨(2 日)晚，万国储蓄会总行，已将厦门分会暨漳州、泉州、安海、金门各支会同时结束办法印就，订今(3)日通告各储户，其理由则谓分会及支会之结束，乃为顾全储户利益起见云云。其然，岂其然欤，兹将该分会通告及办法照录如下：

本会为极力节省费用，以顾全储户利益起见，决于 7 月 1 日将厦门分会暨漳州、泉州、安海、金门各支会同时结束。下列数事，希为注意：一、嗣后每期应缴储款，请于 14 号以前汇到上海总会，以保奖权。二、嗣后各储户，如要请求借款过户、领奖等一切手续，亦请向上海总行接洽办理。三、但在 7 月 1 日以前，储户如经向厦门分会，或各支会请求办理各种手续，而厦门分会或支会未曾办理完竣者，可向广州南华分行接洽。四、贮户每次通讯，务请将详细住址、会单号码列明，方可检覆无误。五、本会上海总行及南华分行通讯住址如下：上海总行，上海爱多亚路 7 号。南华分行，广州邮政信箱 27 号。1935 年 7 月 1 日，万国贮蓄会总行启。

又闻该行漳泉厦各地储户未办理退会、借款，及已退会、借款，而款尚未领到者，为数不下百余万元。今该行所订分支行结束办法，实无异倒闭，亦社会所应注意者也。

泉州讯　万国储蓄会泉州支会昨(2)日关门，南街头该会门前贴有告泉州储户书一纸。原文云：径启者，本会自去年发生风潮，致营业上大受打击，全国各地分支会经费突感拮据,在总行议决,原拟各内地分支会暂行结束,以节省经费。嗣经各分支会司理人为就地贮户一切便利起见,竭力请求维持现状,照常办公,是以支持至今。刻接总会来电,以经费万分无着,实难再以维持,着将本支会即行结束,所有各贮户缴纳贮款,及办理押借款并一切其他事务,可径向上海总会爱多亚路七号直接办理。希各贮户注意,须知本会并非倒闭,切勿自相惊疑,特此声明云云。又查,泉州支会经理章晓峰现已避匿,在泉贮户月前据县党部登记,月贮 12 元者有 80 户,月贮 6 元者 310 户,月贮 3 元者 1710 户,间有贮蓄已及 10 年将届期满者云。

《江声报》1935 年 7 月 3 日

万国储蓄会关门　储户今日开会
昨先向市党部请愿　储蓄会职员已星散

万国储蓄会厦门分会,及漳泉金门各支会,经于 7 月 1 日宣告结束,各情业载昨(3)日本报。昨(2)晨中山路万国储蓄会厦门分会职员均星散,仅雇一码头工人,手持该会之紧急通告,坐于楼梯口,遇有前往支款及办理手续之储户,即给予通告一纸。自 10 时起,至下午 4 时止,储户持单前往询问者,络绎不绝。迨见该行紧急通告及贴于铁栅内之启事,莫不懊丧而返,记者于上午 11 时半前往视察,站立不及 20 分钟,储户先后到者,已达 30 余人,其中交□11 年之半会储户,有 6 人,七八年者 20 余人,其余以三四年为最多。其来自漳泉内地者亦不少,大抵以穷教员及劳工界为多数。睹此可括其余矣。至下午,该会门首忽贴出大号字通告,署名为万国储蓄会储款追讨委员会。原文云:

追讨万国储蓄会储款启事:径启者,查厦门万国储蓄会分会,藉词奉总会之命,宣告停业,影响储户,损失至为重大。兹特定于 7 月 4 日下午 2 时,假厦门市党部,开万国储蓄会储款追讨委员会,讨论重要事项,希各储户准时出席,幸勿自误,此布。7 月 3 日,追讨委员会□。查该分会在厦设立十余年,其在最盛时期,每月收入贮款达 9 万元。至民国二十一年(1932 年),逐月仍有六七万元在华南方面,除广州外,□□营业占第二位,汕头、香港、福州且不及也。迨民国二十二年(1933 年)以后,储户即逐渐减少。去年 7 月以还,经马寅初博士著论揭发其内容,营业遂一落千丈,收入骤减至 3 万左右。近来储户日减一日,经费不足维持,遂关门大吉。而他国营业,以倒闭为不利，而该分会则藉此机会，正好大事囊括以去。盖储户退会或借款者，仅能支回原缴之半数，一经办理退会借款手续，彼即不劳而获巨金。其入会未及两年者，又不能办理退会与借款，其中或因无力继续缴纳，或恐其停闭，而自愿牺牲者，正不知其几何也。闻该分会经理何聘之，昨已搭轮赴汕头云，附录该分会昨贴通告如下：奉上海总行命，厦门分会即日停止一切会务，办理结束。嗣后各储户，每期应缴贮款，请于14号以前，直接汇到上海总会，以保奖权。余事亦请径向上海总会通讯接洽，每次通讯，须将贮户姓名、住址、会单号码、全会或半会或四分之一会，详细列明，方可检覆云云。

又昨储户10余人，到市党部请愿，由该会总干事严万春接见。严言，贮户登记，党部与政府奉上命办理，不过登记地设在党部，故民众对党部不无误解之处，实则党部并非有权力机关，只有尽力协助。现万国储蓄会厦分会宣告结束，殊堪愤慨，在我个人意见，各贮户可急速组织储户债权团，聘取律师，向法院状诉，请求法律保障，一面呈请政府从速颁布取缔办法，党部于可能范围内，应尽力指导及协助追偿云云。又一分局昨据储户黄固吾，在中山路拘送该会职员梁道章到局，黄称29岁，住老叶街行远钱店，为厦门夜报社长，代表储户向万国储蓄会提取存款。讵该会开门，会内只留梁1人，因将之带局。梁道章供，45岁，广东人，为储蓄会抄账。该会此次奉命结束，所有在厦储户借款储户领奖等手续，尽可向上海总会接洽办理，此间有坐办梁吉六留会，专待总行派员前来接收。本日梁坐办外出，不知去向，行前嘱我□□□散发云云。问后解警局讯究。

《江声报》1935年7月4日

万国储蓄会昨储户会议成立临时债权团
泉州储户通缉经理　储蓄会组织之内容

本市万国储蓄分会临时储户联合会，昨假市党部开会，到百六七十人，市党部派干事黄希昭列席，推陈天元主席，黄固吾记录。先由主席报告储蓄会关门情形，次党部代表黄希昭，报告前党部率命办理登记储户经过，并指示进行方针。讨论结果议决：一、以大会名义，呈请本市党政机关，迅电中央，速筹有效处理办法。二、即日成立债权团，推曾景之、廖新民、李盘照、孙得旗、黄固吾、林耀南、陈受忠、杨艳星、陈叹生、吴克斌、吕深垵等11人为委员，负责办理本案。散会后，债团委员续开第一次会议，讨论该会名称及工作分配。议决,一、定名为厦门万国储蓄会临时代表债权团。二、本会分常务、会计、交际、登记、文书五股,每股设正副 2 人,推吴克斌、杨艳星、孙得旗为常务,廖新民、李盘照为会计,林耀南、蔡国勋为文书,黄固吾、陈叹生为交际。三、各股由明日起,开始工作,并由文书股具呈党政机关备案。四、派代表吴克斌、杨艳星等 3 人,□函请法院标封厦门万国储蓄分会。五、登记费储户暂分三种:4 角、2 角、1 角。又查市府储蓄会关门,亦已呈报省府。组织内容,查万国储蓄会,为法人组设,创于西历 1912 年,贮款分 2000 元、1000 元、500 元三种,按月分 12 元、6 元、3 元,于 15 年满收回会本,利用特奖 5 万元,以为号台。国人之惑于"横财者",咸竞入会,虽其贮款期间长至 15 年,但依其会报,则月有新贮户加入,以是该会营业,蒸蒸日上,去年(1934 年)为该会 24 年来最兴盛时期,贮户达 13.1979 万全会,每全会 12 元,收款达 158.3748 万元。然在此期间,亦正马立委提议取缔之日,故贮户名有此额,而其间之半途退会及借款者,实较新储户为多。故依该会所订之"每有储户 2000,则增奖额 1 个"之各奖额 65 个,乃稽留于是年 4 月至 12 月间,不进不退,是已可见其日趋没落矣。本年 1 月以来,奖额已由 65 个,下跌至 63 个,储户仅剩 12.6563 万全会。半年间,减少 5416 全会。此尚系就该会自己会报公开报告计算,实际如何,尚不可知,更若储户损失,苟就月贮 12 元于银行言,则 15 年满,可得本利银 4710.24 元,储户存款至 13 年又 11 个月,交足 2004 元,已逾会本之 2000 元,乃须延留至 15 年满,方能收回本金 2000 元,其间损失,自不待言。设储户因故中途退会或借款,更须依其私订之"还本表"领还会本,外又扣去 5%之"罚金",再扣每元一分之印花税。在贮期未满 2 年者,则更分文不能"还本","还本"以年计,零月不算(例如交足 4 年又 11 个月,只能"还本"4 年,11 个月之储款乌有其)。

其借款办法依"还本表"所载之"本",预扣年利 8 厘,逾期则照 8 厘复利,息上生息。今举其"还本"一斑,(一)2 年足实交 288 元,"还本"103 元。(二)5 年足实交 720 元,"还本"442.72 元。(三)14 年足实交 2016 元,"还本"1810 元,15 年底收回 2000 元。以上还本且尚未扣每元 1 分之印花者。至于闽南各分支会关门后,储款直汇上海,其汇寄费之损失,尚不在内,果幸而中奖,则奖金之取领,亦一问题也。

《江声报》1935 年 7 月 5 日

万国储蓄会债权团二次会议

厦门万国储蓄分会储户债权团代大会，昨(5)日假党部开第二次会议，主席杨艳星，讨论：一、登记储户截止期间规定案。议决，订7月5日起至7月12日止。二、略。三、聘任法律顾问案。议决，推陈天元负责接洽后，提会讨论聘任。四、储户吴余亭来函，提议方案多起案。议决，推蔡国勋、杨艳星审核，提会采用。五、黄固吾提议，发快邮代电，请全国储户一致停纳会款，并请求各界予以有力之援助案。议决通过。又查昨储户向该会登记者，有蔡甫声百余户云。

《江声报》1935年7月6日

万国会债权团代表会备案请缉经理

厦门万国储蓄分会储户债权团代表会成立后，已分呈党政当局备案，昨并呈公安局，请通缉该分会经理何聘之，抵押部梁吉六，收支部梁有金。原呈略云，该分会职员梁道章，经指交警察捕送钧局羁押，候拘经理及其他重要职员在案。闻该分会所有泉州、漳州、安海、金门等支会，同时倒闭，显系事前预谋，侥吞储款。债权团代表会除呈报市党部暨市政府外，已着手办理债权登记，计储户被倒储款约达数10万元。该分会经理何聘之，抵押部梁吉六，收支部梁有金，现已逃匿无踪，请迅通缉归案，藉便跟追储款，并一面先将该分会在厦所有文件约据器物家私，查点标封云。

《江声报》1935年7月7日

万国储蓄会各经理赴粤
要求安插各员工　请在厦设办事处

万国储蓄会厦门分会经理何聘之，及漳泉金门、东山各地支会经理暨办事员等，共20余人，自该会分支会关门后，即潜匿于鼓浪屿厦门酒店，及友人家中，至前(5)日始搭太原轮赴香港，转住广州。闻分支会各办事员此行赴粤，系要求万国储蓄会南华分会三事，一、失业员工之安插或给予善后费。二、在厦设办事处，为闽南储户办理各项手续及交纳百金机关。三、保障失业员工之自由安全云。

《江声报》1935 年 7 月 7 日

万国储蓄会债权团代表会 派代表前往漳泉宣传　呈当局追缉在逃职员

昨下午 5 时,厦门万国储蓄会储户债权团代表会,开第三次代表会议,主席杨艳星,纪录黄固吾,讨论事项:一、黄固吾提,此次厦门万国储蓄分会倒闭,损失不仅厦门一隅,应派代表往漳泉内地等处负责宣传,及组各处债权团,以便共同进行,追讨储款,并预备组闽南储户债权代表大会,是否有当,请公决案。议决通过。二、关于住内地代表,应如何推派案。议决派黄固吾、陈天元往泉属一带办理,派杨艳星、蔡国勋往漳属一带办理。三、关于代表起程时日,应规定何时案,议决定 7 月 15 日起行。四、关于截止登记期间,应刊发启事,以便周知案。议决通过。五、关于前会拟雇文书、干事一人,现已聘定孙世匡、方玉书担任,应予追认案。议决通过。

又该会昨分呈党政当局,电请中央党部,暨请民政府速行有效处理。文云,为呈恳转请严厉制裁事,窃厦门万国诸储蓄分会,突于本七月一日倒闭,同时泉漳、安海、金门等支会亦告歇业。各储户多系平民,遭此横失,实深惨痛。而闽南金融受其影响,尤感不安。该分会重要职员,除梁道生一名已在该分会内指交警察拘送厦门市公安局外,经理何聘之,及抵押部梁吉六,收支梁有金均逃逸无踪。若不迅予缉究追偿,何以保储款而儆效尤。为此具呈恳乞钧府即赐准,迅电转中央党部、国民政府察核,饬属查缉何聘之、梁吉六、梁有金到案,予以严厉制裁,追还储款,俾国民利权免被侵害,社会经济幸获维持,实为公便。

《江声报》1935 年 7 月 9 日

中法储蓄会闽南分会结束　储户名册移交中央银行

中法储蓄会闽南分会,于昨(29)日发出通告云:“兹准中央银行厦门分行函开,案奉敝总行来电,以贵会储户所缴款项,应交由敝行代收等因。相应函达贵会,即日登报通告各储户知照为荷等由。准此,合允通告各储户,嗣后开户应缴各种储金,可径向中央银行厦门分行接洽为荷。”查中法储蓄会,为中法人合资经营,创设迄今已 17 年,为一种有奖储蓄,其性质与万国储蓄会同，而奖金则较逊。盖储户数目固远逊于万国也。该会初为中法人合办，民国十五年(1926 年)，始完全割归华商经营，而名义则仍旧。本年 7 月 1 日起，该会呈准财政部接收办理，由部令各地中央银行，办理储户移转等事宜，其北平、上海、天津、汉口该会各分部，业经各该地中央银行接收完妥。闽南分会，亦经结束，所有储户名册等件，已于昨日移交中央厦行。嗣后闽南部分凡有储款于该会者，均应到中央厦行接洽。又查该会闽南分会储户，共有 1080 余户，储款数目以 3 元、6 元居多，15 元、12 元者甚少。该会储户共分五种，全会为 15 元，其次则 12 元、9 元、6 元、3 元，与万国储蓄会亦略有不同。上月 15 日，该会举行最后一次开奖，据其报告，发行会单号码为 23109 号，除满期还本及移存特种零存等之空号外，参加开奖号码实为 9682 个全会，实收储款 14.523 万元。

《江声报》1935 年 7 月 30 日

万国储蓄会闽南分会　通告各存户限两月内接洽一切期满后该会即撤销

万国储蓄会闽南临时分会经于昨(11)日在鼓屿龙头街启新印书局隔壁设立办事处，开始办公，并由临时经理 J.M.X.Chollot 发出紧要通告。原文云："本会经由法国领事与福建省政府及厦门市政府商洽，并征得其同意，在鼓浪屿重行设立闽南分会，办理一切会务。其间以两个月为限，除遇特别情形，届时另行通告外，限满即将分会撤销。(中略)凡属厦门或从前归厦门分会直辖各支会，如漳州、泉州、安海、金门各地储户，关于会单上一切事项，务请于此两个月期内，前来接洽办理可也。"据说，万国储蓄会为法国公司，于 1912 年在中国创办，当时曾得中国政府认可。现中国新刑法已于 1935 年 7 月 1 日施行，该法不能适用于法国公司之万国储蓄会。该公司董事会为恐各地经理及推销员，受该法之影响，故决请将华人所经理之各分支会，自 1935 年 7 月 1 日起，一律停办。至上海总行及广州沙面、汉口、北平、天津、青岛九分行，仍照常营业。厦门则俟两个月办理结束，限满后再定。如届时储户多数退会，则决停办，否则，再行计设。故该会通告有"除遇特别情形，届时另行通告"之语云。

《江声报》1935 年 10 月 12 日

买气磅礴　债市续奋涨　“九六”回出九关

本市新华银行息,上海华商证券交易所,内国公债市况,买气续呈蓬勃,市价再事高涨。晨初场中人心乐观,急于获利之散户,争出抵补。金融界相机吸收,统一公债俱涨自 4 角,六七角,至 8.5 角。九六公债,亦奖 2.5 角至 4 角,回出九关外。午盘买气仍盛,市价续趋高翔。独近期九六公债,为不良传闻之袭迫,见疲五分外。余债均告续涨 1 角,2 角 5 分,至六七角。收市结果,较之上日,统一公债一致上涨,自 6 角 5 分至 1 元 4 角 5 分。九六公债亦各升 3 角 5 分。兹将该行所报告上下午二盘行市列表如下。

债别	月期	上午盘	下午盘	较前市
戊种	10 月	5805	5875	涨 1.20
戊种	11 月	5820	5885	涨 1.40
丁种	10 月	5985	6045	涨 1.45
丁种	11 月	5935	5960	涨 1.05
丙种	10 月	5895	5920	涨 0.65
丙种	11 月	5890	5905	涨 0.85
乙种	10 月	6255	6270	涨 0.75
乙种	11 月	6230	6260	涨 1.05
甲种	10 月	6700	6740	涨 0.85
甲种	11 月	6680	6715	涨 1.20
九六	10 月	920	925	涨 0.35
九六	11 月	910	920	涨 0.35

《江声报》1936 年 10 月 4 日

厦邮储局　昨日开业
市民存储款项　竟日络绎不绝

厦门邮政储汇局,林托山来厦筹设,于昨(25)日开业。总局稽核林肇龙、福州分局副理林铨政、漳州储汇局副理蔡其寿、泉州储汇局襄理毓乔,均莅厦参加。是日上午 9 时，市长女公子剪彩，到党团政宪军警报商各界人士数百人，盛极一时。闻当日到该局(局)储款项者络绎不绝，成绩颇佳，将来发展，殊未可限量云。

《江声报》1946 年 4 月 26 日

第二节　货币流通

厦门将通用黄花辅币　双角单角、银八铜二 司令部奉令昨函商会附币样请验

漳厦海军司令部为使用黄花岗纪念辅币事，昨函商会云：径启者，案准福建省政府公函第 721 号内开，据省铸造辅币委员会呈称：窃本会前经呈奉钧府核准援助民国十七年(1928 年)成案，开铸黄花岗纪念辅币，以资流通在案。查此项辅币分为两种，单角辅币每角重量 7 分 2 厘，双角辅币每角重量 1 钱 4 分 4 厘，成色均以银八铜二为准。市面出入，概以 10 角当大洋 1 元，惟此次开铸辅币，原为维持市面，以资周转起见。成色重量均极充分，既不取资赢利，自可流通及远。现已开始鼓铸，市间使用，极为通行。兹检双角辅币 20 角，送请钧府函转漳厦警备司令部，发交厦门商会化验，俾资推广，以利进行。理合具文呈请察核施行，并乞令遵等情，附送辅币 20 角。据此，除指令外，相应连同原辅币函请查照，转饬办理，并希见复为荷等由，并附送双角辅币 20 角。准此，除将原辅币抽存一枚备查外，相应检同，原附件函转贵会查照办理，并希见复，以便转函为荷。

《江声报》1931 年 7 月 7 日

厦钞带省不得过五百　福州取缔沪厦钞票办法　八一起实行

省讯　近年来沪厦各银行钞票流通福州者，日见其多。曾于民国十六年(1927 年)，经本省临时政治会议，议决取缔。惟日久玩生，数月开沪厦各行钞票，复充斥市面，各商复以贴水关系，有利可图，乘机贩运，源源入口，遂使本市为沪厦钞票之销场。在经融市场钞票供给，遂超过需要之上，钞票价

值涨落不定,屡生纠纷。日昨财厅特定取缔变法,自8月1日起,切实实行。爰将该项取缔沪厦银行钞票办法四条,照录于下:(一)沪厦各银行钞票,凡在福州市不能兑付现金者,不得在市面直接使用。(二)由福州市公安局通令各区署对市场买卖,如有以上项沪厦钞票,直接行使者,应戒行制止。(三)商民携带上项沪厦钞票,进口数目不得超过五百元,违者由海关没收之,并科以严重之罚金。(四)各收入机关,须征收本市通用银行,或通用钞票。如纳税人以沪厦钞票解缴课款者,应拒绝收受。

《江声报》1931年8月4日

沪商请划一辅币　各地小银已取缔运输
五百枚以内可查验放行　逾额须向关监督署领照
规定单双毫库平重量　取缔运输定办法七条

财厅奉省府转财政部咨,严禁各地市面劣角流通,如或查获有私铸情事,即依刑法伪造货币罪严办。市筹处奉厅令业转饬市公安局遵照查究,原令略云:案据上海市商会电称:据鲜猪行业同业公会函称,本市现市流行银角名目繁多,统计不下二三十种,银色参差,兑价不一,其间有一种厦门官板者,市上皆可通用。而迺售与钱业必须重耗贴水,商等每日营业所得之银角,为数颇多,而所谓厦门官板者常占有十之六七。钱业悬挂兑牌,当然以良辅币为标准,如每百元兑小洋一千二百三十余角,若以厦门官板兑易银元,则每百元需兑至一千二百七十余角。在商等用进时固不分轩轾,而兑出时每百元常有受损至二三元者,其他如大连、长沙新九年、十一年厚边、大肚等,名目繁多,不胜枚举,商等一转手间即遭损失。统计每年此项无谓之损失,为数亦复不少。根本办法似应请财政当局设法收回,重新熔铸。一方面严令取缔,查明此种劣角来自何方,严禁其入口,来源既绝,庶劣角有肃清之一日,收回重铸当可收整齐划一之数等语到会。理合电请鉴核,俯赐迅定整理计划,一面统一铸造收回改铸,一面严查私运,勿令蔓延,庶几标本兼顾,使商等少受损失等情。正核办间,复准上海市政府咨,据社会局呈报取缔劣角办法,应由中央集中铸币权,严禁私铸,转请察照核办等由到部。查整理辅币,本部现正统筹办法,目前市面之违法劣角,自应严禁私铸私运,以免扰乱金融。本部前以禁运前次劣角,曾于民国二十年(1931年)九月间制定取缔运输银角通行办法七项,通令各海关遵办在案。除再通令各海关重申前禁并分咨外，相应检同通行办法咨请贵省政府查照，即希转饬所属，对于违法劣角严予查禁。如查获有私铸情事，应即按照刑法伪造货币罪送交法院严办。其市面流通之单双银角，重量成色核与通行办法第二项规定不合者，并应禁止行使运送，以肃币政云云。附取缔运输银角通行办法七项如下：

一、凡运输私铸之劣货轻角希图行使牟利者，各关卡查获时悉依照本办法办理。二、在新币制法未施行前，凡单银角总重量库平七分二厘，含纯银五分零四毫，双银角总重量一钱四分四厘，含纯银一钱零八毫者，暂准按各地习惯行使。三、毋论单双银角，若不合前项之重量成色者，均为劣质轻角。四、凡查获劣质轻角，应悉数熔化成银，所得银两除去搬运熔化等费外，应提百分之二十充公，再于充公款内，准提百分之二十给奖。所余银两发还原运输人具领。五、凡非劣质轻角，无论单双角，其数在五百枚内者，准商人自由运输，由各海关查验放行。若超过五百枚以上时，应向起运地之海关监督公署请领护照，方得装运。六、各海关监督署，发给护照时应先查明报运数目种类及运送地点，填明护照之内。七、各海关查获无照运输之银角，或护照以外多运之银角，除系劣质轻角应照上项熔化提出充公办法办理外，如为非劣质轻币应提百分之三给奖，余数发还。

《江声报》1933 年 9 月 17 日

市商会通告　中央票一律通用　不得有要求贴水情示　中央行厦门分行不日复业

市商会昨发出通告云：为通告事，案准福建军事特派员公署函开，查讨红军事进展，现在中央军继续到厦，兹准第三师来人面称，各部队携有中央银行纸币甚多。据各士兵购买货物使用纸币时，商家要求贴水，恐滋争执，请即转达厦门商会，通告各商民，对于中央银行纸币，务须一律通用，不得有贴水情事，以杜纠纷等语。相应函达贵会查照，希即迅通告各商民，对于中央银行纸币，务须一律通用，不得贴水，以免争执。□中央银行纸币，经厦门中国银行准予收用。而□□银行厦门分行，不日□□复业，为此通告本市□□一体知照，对于该行纸币一律通用云。

《江声报》1934 年 1 月 23 日

通商银行兑换券　公安局布告一律通用

公安局昨布告,略谓据通商银行厦门分行经理黄钦书呈称,敝行开设厦门升平路、海后路,已请予饬属保护在案。本月 14 日开幕,在厦发行兑换券,计有 10 元、5 元、1 元三种,除将兑换券样本呈送备案外,理合具文呈请出示通告,俾市民一体知悉,通用无阻等情。据此,查该行所发行之兑换券,业将样本呈局备案。当经批示照准有案,自应一律通用云。

《江声报》1934 年 6 月 24 日

划一辅币价目　商会决着钱庄会议覆　米商函询是否拒用日币
两钱庄被劫请限 9 日以前破案　逾期即召集大会解决

厦门商会昨开执监委会议,到者庄金章、陈宝甫、吴祐、吴时汉、杨子晖、洪鸿儒、黄世勋等,列席有钱庄公会代表苏光辉、杜德馨,主席洪鸿儒,记录林东山,讨论事项:一、米业同业公会函,以大小银及铜币贴水粉[分]歧,妨害商人营业,请统筹划一办法案。议决,函钱庄公会议复,以凭核办。二、钱庄公会代表苏光辉、杜德声出席声称,永康、隆益劫案迄今三天尚未破案,本会会员痛营业治安之失保障,请根据前会决议案,召集大会解决,应如何办理案。议决,推举洪主席,再催公安局从速破案,至 7 月 9 日为限,逾期不能破获,即召集大会解决。在未解决以前,应请钱庄公会代表,转知各会员,照常营业。

又关于划一小银贴水,米业公会致商会原函,照录如下:案据会员纷纷到会报告,处现商业景气不佳,业务衰替,已感困难。近再市面金融不一,因大洋、小洋银水低落,花洋铜币,充斥遍市,且什日币,无人授手,每日店前咸受顾客以小洋克水,或什日币间,有以铜币折洋故作 1 元 2 角,每角还 30 枚。如小洋市价,现行 1 元 2 角 2 占,克作 1 元 2 角,往往亏蚀,煞费争执,甚至混用日币,而被钱庄拒收。余则大多花银,虚耗贴水,种种呈有不利商家之现象,倘非及早设法补救,匪惟本途已也,即全市商业,均有莫大之打击等情前来。考据所称,既有实情,但维持币制,贵会为全市商家领袖,应请和盘统筹,从速计划,一定大洋、小洋与铜币使用标准,并对日币是否拒收拒用,由会通告商民遵守,以期划一币政,安定金融,俾利商家,而免损失,毋任感便云云。

《江声报》1934 年 7 月 6 日

昨各业商会议决禁运白银白米出口 银元即日止运银饼条周内截止 函关监督转税务司查禁

商会昨召开各银行、各同业公会及该会执监委员，讨论白银出口事。到者中南、实业、华侨、商业、通商、中国、中央等银行代表，及各同业会代表戴蒸然、吴东海等 10 人，商会执监陈瑞清等 11 人，主席洪鸿儒。讨论：一、迩来本市商人，迭次装运大宗白银出口，影响金融至巨，殊非地方之艰，应如何妥善救济办法案。议决：甲、暂时禁止装运白银、银饼、银条出口（运往厦关辖内不在此列），由会函各银行，并各同业公会，转知各会员一体遵照（银元即日禁配，银饼、银条限本星期内禁止出口）。乙、函海关监督咨税务司，暂时禁止白银、银饼、银条出口，以维地方金融。二、日来米商配运大宗漳米赴沪，致市上米价高涨，影响民食至巨，应如何设法救济案。议决：函海关监督咨税务司，禁止国米出口，并函香沪业、米业、泉郊业等公会，着各该会员对于国米停止配运出口。

《江声报》1934 年 8 月 23 日

白银白米禁出口 市商仍大批续运港沪 钱庄会请华洋并禁及持平票币 税务司谓禁运须电请财部

商会前日召集各同业公会代表，及该会执监委员，讨论白银运港，及漳米出口问题，同时，并邀各银行代表到会，参加讨论。结果，议决函海关监督署，请函咨税务司，暂时对白银及国米禁运出口，各情经志本报。惟商会虽有如是议决，税务司是否接受，亦一问题。昨有往访税务司福贝士，以此为问者。据答，禁银及禁米出口，本人在未奉到财部命令，自未便接受，因关署并无禁银及禁米出口之规定也。如商会认为有禁运必要者，须电呈财部，由财部电令到关，方有根据云云。准此，则商会虽有禁运之议决，一时恐尚未能实施耳。又昨日本市各米商配由毓济输运米赴沪者达数千包，该轮因载米甚多，至晚尚未开出也。

另息　钱商方面，对银出口，谓事前曾卖浮水，必照数配出而后禁止。

钱庄公会昨议决，函向商会申述意见，请慎重考虑。各庄今（24日）尚有大批白银运出，据称系前所卖空之浮水云。

又讯　钱庄公会对禁运白银出口，昨开会讨论，尚有异议，当提出，一、华洋银行，须一律禁运。二、各银行应持平各港票币价格，由该会主席戴蒸然向商会磋商。戴到商会言白银即禁出口，钱商曾卖浮水，于信用不容不顾。各钱庄如厦大、盈丰、盈通、永康、泰源、金万和等十数家，须再出口20余万元，以抵所卖之浮水，且既禁止出口，华洋银行须能一致，方可收效。现本市银行增开数家，市面纸票充斥，千份中白银只有2分，而各银行吸收之白银，又非作正当营业，例如一期间收入白银50万元者，则悉数收买英荷属各港币，以致日来此种币值，每千元突奖至七八元。昨日称禁银圆出口，该项票价每千元竟飞涨至十七八元，更向安达银行订本星期六或下星期三，将再有大宗白银运出。如仅禁华商银行，不特为渊驱鱼，而各钱庄值此百业凋敝之时，诚无生意可做矣。故请由商会分函各银行持平各港杂币及华洋一律禁运白银出口云云。商会对此，经接纳予以考虑云。

《江声报》1934年8月24日

白银出口昨四十余万　安达三十余万今日运港 商会昨电财部请示

白银禁止出口声中，昨钱庄业复续运银元40余万，由德忌利士海阳轮载往香港。计大厦庄15万（该号报出时仅称1万）、永康10万、金宝和1万，其余为太原、永丰、瀛通、盈丰、和泰等庄所配。又安达银行今日亦有30万配运赴港。闻商会以此次禁运白银，纯出众人意见，认钱业商故违众议，殊有不合。而钱庄公会则谓，白银出口，对市上金融实无影响，且华洋又不能一致停止配出，而使华商坐受损失，亦非妥善云云。昨日商会已电财部请示，兹将商会致海关监督及税务司原函录下，文云：迩来本市商人，迭次装运大宗白银出口，影响金融至巨，殊非地方之福。当经本会曾于8月23日，邀请各银行行长，各同业公会主席，及本会执监委员，开会妥筹救济办法。经会众一致决议，暂时禁止装运白银、银饼、银条出口等词。为此函请贵监督察准，转咨税务司，如议办理，暂时禁止银元、银饼、银条出口，以维地方金融云云。

钱庄公会昨函商会，文云：关于禁银出口一节，顷据本会代表戴君报告，渠经在贵会当会声明两点等语。兹特重申其义，幸祈垂察。查银禁一案，民国二十一年(1932年)12月间，财部歌电已不准禁运。近日报载，孔部长亦有否认禁止现银出口之表示。是禁银出口，已不成问题。如果市面有特殊关系，暂时止配，亦我厦商民所同情。然须确能华洋一律，庶毋利权外溢，并须考究其运现原因之所由来，方为妥善。查此次直接运银往香现兑抛兑者，虽为华洋各商，而间接原因，莫非为一部势力者抬高单价图己之益，不顾他人利害，将所有吸收及代替等款，尽量收买大宗香申单电，转放于他埠。单价既昂，运现适合，业此者以他之矛攻他之盾，名虽转手装配，实则彼方所放。且出口各银，又属洋商居于多数，贵会不揣其本，而齐其末，华商倘能办到，洋商恐未必然。宜须根本解决，劝止彼方收买香申单电，必要时犹当贱售，维持市价。汇率若平，现银自无输出，不禁自禁，又何用多此一举也。兹据敝会曾会员到称，渠等以前曾抛兑香埠白银未能交者甚多，今日运出，系属转交浮水之额。相应函请查照，即希慎重考虑云。

《江声报》1934年8月25日

为禁银出口商会钱会打笔墨官司

商会昨函钱庄会，略谓：准贵会三十□日函，聆悉一切。查白银源源出口，足以影响地方金融，本会二十二日邀请各银行及各同业公会主席到会，妥筹救济，当场会众一致主张暂时自禁白银出口。贵会代表戴蒸然，亦随众表决赞同，众目昭彰。来函谓贵会代表曾当会声明两点，一、华洋一律止运。二、劝止银行收卖大宗香申单电，以持平单价云云。查本会商议决禁银出口之翌日，外商未见装运，而贵会会员首先破坏，美其辞曰装交抛兑之类，并由贵会来函声明。似此则本会所谓贵会代表赞成于前，而贵会异议于后，何尝失实。现议决案既不能一致实行，则本会何从劝止外商之装运，银行之收买香申单电耶！特此函复云云。

《江声报》1934年9月3日

白银出口将近五百万
德安轮在白石炮台被铁索绊住

本市白银运往香港，自7月3日起，至9月14日止，合为3775600元，已志前报。17 日,德忌利士轮继运 1045000 元。昨(19)日,德安轮继运 58300 元,内计瀛通庄三箱,15000 元;永泰庄四箱,20000 元;金宝和四箱,20000 元;南昌庄,5000 元。大新庄一箱,枚银 3200 元。总共自 7 月 3 日起至 9 月 19 日止,运出数目为 4863800 元也。德安轮于昨午一时出口,讵启锭[碇]后,系锭[碇]铁索未抽起,致轮驶至白石炮台前面,草叶被铁索绊住,轮停莫进。该轮亟向太古行报告,由行电商荷兰治港公司派匠前往勘察,至晚间未工竣,大约须今日方克开出也。

《江声报》1934 年 09 月 20 日

银米出口昨银六万元米六百余包

昨(21)日本市白银、白米出口,计德忌利士海宁轮往香港,永康钱庄配白银 12 箱,计 60000 元。太古行太原轮往上海,天源号配米 280 包,合丰 220 包,福源号 122 包,计三家配出 622 包云。

《江声报》1934 年 09 月 22 日

白银运港
非转往英美因广州积存外国钞票向港兑现五六千万

本市白银出口,截至本月二十四日止,已配出 4961800 元,昨海澄轮自厦开香港,永康银庄复配出 60000 元,运前合计已 5021800 元矣。据本市某外国银行息,自美国白银国有政策实施后,中国配往英美者,以扬子江□□之上海为最巨,约一千万万元。华南方面,则绝无仅有。此次厦门配出之五百余万,并非由港转往英美,实因粤桂两省一向均以港钞为流通,一般拥有厚资之政军要人及富商巨贾,咸以收藏港钞为事。盖倘□□□员,不如钞票之便利,而钞票则以外籍银行所发行者为较有信用也。惟自本年七月以来,广州间之币有大宗外籍银行钞票者,则纷纷到港兑换大洋。自七月迄今,已有五六千万元,尤以广州某要人提回最巨,先后四次达一千余万元。某外籍银行为巩固信用,及充□□□□□□□□□利四出收买,并非配往英美。惟迩来提取已少,银行鸠集已不如前之多。预料白银由厦运出,克日益低减云云。

《江声报》1934 年 09 月 29 日

内地巨量流来铜圆价格再跌
大银一元可换三千三百五十六枚

本市铜圆价格，7月间曾一度下落小洋1角，由26枚跌至28枚。旋中央银行为平定市面金融起见，出为收买，数达万余元，市乃回稳，每角仍以26片行使。日来因内地各处，巨量流入，致市面铜圆又觉过斥，市价因而再告下跌。日来每小洋1角，大都使用二十七八枚。法币每角，自32枚至三十三四枚不等。大银1元，钱店找换可三百三十五六枚云。

《江声报》1936年10月3日

金条银币十余万昨日运沪

中央银行厦门分行，昨配硬币9箱，45000元。旧钞票1箱，45300元。交通银行配硬币14箱，67878元。均由太原轮运沪，交总行存库。同日大同路泰美金铺，配太原轮往沪金条3箱，共56条，重628两，值50696元。金盾26个，重14两，估值1120元。合计估值51816元，运沪交庄仁记、庆瑞、陈焕文等号。

《江声报》1936年10月3日

金条白银昨日运沪二十万余元

大同路成兴金铺，昨配金条13条，金盾111个，共337.5两，值45000余元。由太原轮运沪。又中央银行昨由太原轮配交沪总行硬币32箱，计16万元云。

《江声报》1937年3月6日

以金存款十八年本息四倍
公私均受厚益　市府晓谕遵从

市府昨布告，奉层转财部电开，查金类兑换法币办法，业经由部公布施行。此项办法，赖各地方长官、各团体及地方士绅广事宣传，勤加督劝，使一般商民咸知以金易币,非但为效忠于国家,亦且有利于自身,人民收藏金类器饰,如永远保存,则损失利息。如用诸装饰,则事属奢浮,均为非常时期所不取。今若以之易币,国家既可资杀敌,而个人易得法币,无论投资生产事业,或作为银行存款,均足孳生利息,于个人经济亦极有益。盖依照金类兑换办法第一条所定,以金类交由中中交农四行换算法币作为存款,在一年以上者,除加给手续费外,并按普通利率加给周息 2 厘,假定普通存款周息 7 厘,此种存款即加至 9 厘。以每年复利一次计算,存至 9 年,款增一倍;存至 18 年,款增 4 倍。而一切水火盗贼,又均可不必虑及,不假保管之劳,坐收莫大之利,是为私人计,利殖之厚亦无有遇于此。惟冀地方长官剀切劝导,务使家喻户晓,乐于遵从,俾得利用死藏无用之金,助成国家经济动员之大计云。

《江声报》1937 年 11 月 23 日

八亿伪中储券昨日开始焚烧

本报讯　本市中央银行,前接收伪中央储备券八亿五千二百二十一万五千二百二十四元二角五分之大量伪钞。业奉财部令,着定期予以焚毁,昨下午 1 时半,该行特会同当地市政府、法院、市商会、各银行代表齐集港电灯厂,引起炉火,共同监焚万元、五千元、一千元、五百元、二百元,暨其他十元、五元、角票等伪钞,总数为 15310813747 元。预计全批约须 3 天方可全部焚完云。

《星光日报》1947 年 3 月 14 日

商会举行会议
拥护改革币制原则办法　否认银庄通过奉献经费

市讯　昨市商会召开第 42 次理监事联席会议,出席丁乃杨、简存诚、庄金章、黄天锡、骆萍踪、翁吉人、魏英才、许关西、严焰,主席严焰,记录骆萍踪。甲、报告事项(略)。乙、讨论事项:一、关于财政经济紧急处理改革币制,应如何表示案。议决:拥护改制原则,详细办法,请中央银行送会,以便转知本市商民。二、关于报载地下钱庄买卖外钞,由该途公会通过商会关系新闻,应如何办理案。议决:本市地下钱庄,有无负担巨额经费,本会并未所闻，应予否认。

《立人日报》1948年8月21日

币制改革宣布之后　市场又呈一片纷乱
行庄临时休业交易有如假日状态
欲见明朗化看须待下星期一分晓

本报讯　酝酿许久，而突然于日昨宣布的改革币制消息，给市场又带来一场纷乱。这事本来是政府考虑已久，而因各方面未能顺利，而迟迟未敢发表。此次以突击方式宣布，其事前消息之秘密，使市场不良反应完全去除，而予各方良好之影响。夫改革币制一事，原已为人所共望之事，而亦以施行效果之可虑而迁延。今者当局如此决然摊牌，想来必经一番兼筹并顾的策划。但骤然而来，市场却也不免受到一种打击而陷于紧张、混乱，交易几沦于停顿，一方面也因为银行临时休假，当然也会使一部分市场窒息，如纱布上海全无报来，入于星期日状态，本市纱布也跟着无做。黑市则和公布比率，已在千二万，故价骤高加二。其他各货一律比照叫起，除纷市外，其余大都交易不多，况银行休假，一切有如假日，也有影响。决又突然改变，执方采方，全都茫然无措，前途好歹，全看不出。也只有待星期一情势如何，才能放心去做。故今日情势，大约亦将如昨，欲求明朗化，看必待于下星期一，方可分晓。（陶）

《立人日报》1948年8月21日

五十元金圆券运厦　唯尚不发用

本报讯　票面50元之金圆券，本市中央银行经已运到一批，唯暂时尚不敢发出流通。据该行经理吴本景告记者称：金圆券厦市之分配额相当可观，最低限度可供应闽南三个月之需。现本行仅发出1角、5角、1元、5元四种，及极少数10元者外，尚未准备将50元金圆券轻率流通于市场。

《中央日报》1948年9月10日

银质辅币央行规定兑换办法

本报讯　本市中央银行昨奉总行电令:规定收兑银质辅币(即战前通用之银角)办法,即□毫(1角者)6枚,或□毫(二角者)三枚,可兑换金圆券1元(按:本市中央银行前已收兑是项银毫甚多,今后仍继续收兑)。

《中央日报》1948年9月10日

旅客出入国限带二十元

本市讯　厦海关顷奉总税务司署电:一以奉部令饬知财政经济紧急处分令,业奉总统府公布施行,本部前订各地对沪穗两地汇款及运现管理实施办法,暨银行钱庄□运钞券与飞机旅客携带钞券之各项限制规定,已与当前情势不合,应自即日起取消。又新客出入国境携带国币限制办法,亦经厘订新规定,为凡旅客由国外进入关境,或由国内各地前往国境以外地区者,每人准带数额,除经本部核准持有护照证明者外,不得超过金圆20元,其携带超过部分应一律予以没收。该关奉命后,经于昨(11)日贴出布告,通知出入国境旅客一体知照。

《中央日报》1948年9月12日

行政院核定修正银楼管理办法

本市讯　自金融改革以来,央行大量吸收美钞港币金银,禁止民间私行买卖与储存,同时限制银楼业之交易。月来情势表面颇见稳定,惟暗中仍起波澜,查三四日来本市银楼业依据政府评定价格交易,门庭颇见热闹,然据该业中人称:门市虽热闹,惟只有无数买客,而无收入,因此一扫而空。间虽有少数冒险商人暗中买卖提高价格,卒被捉获。现在只能从工价提高,原规定打手镯1只工资1分黄金代价,但亦不补损失。惟此买者仍见踊跃,故陷于供不应求之势。是以三数日来市面各银楼柜中仅有数三五分重□之□□应付门面,多数均系银器装饰品与珠石钻戒之类。昨日该途商具呈由宝丰号东孙奋代表前往中央银行访见吴经理及朱局长,请提高利润至40%及工料费20%,以资弥补。经朱局长、吴经理允许,转呈上峰核定。目前仍应依

照5%利润及2%工料费收取，以免违反法令。（海外社）

《中央日报》1948年9月30日

五元以上金券不得拒用

本报讯　日来市面发生拒用小票情事，影响所及，升斗小民之生活，深受严重打击。昨天市商会为了此事，分函市政府、央行，各公会、各公司、市警局等机关说：一查本市各商业同业公会负责人第十二次联席会议，曾讨论关于市面发生拒用小票情事，影响市场，回激物价一案。决议：甲、函中央银行通知各银行，对于小票应予便利，零星掉换，以免刺激物价。乙、由市商会通告并函各同业公会转知各会员，小票应照常通用，以维市场秩序。丙、由市商会呈函市府警察局，如市面再有拒用小票情事，应予严加取缔云。

又讯　本市拒用小票情事，已引起各方面注意，昨（26日）央行函市商会说：兹闻本市商号关于金圆10元、20元券，有拒用情事。查政府发行金圆券，计只1元、5元、10元、20元、50元、100元六种及辅币券，敝行自上月起因市面不需要辅币券及1元券，对于人民来行掉换大额钞券者，均已收换。最近曾奉敝总行发行局电示：（5）（10）（20）金券需要尚殷，仍应照常流通等因，惟敝行为调剂起见，亦已酌予掉换，兑入数目甚多。且政府颁布财政金融改革案后，金圆券之发行将日渐减少，若市面拒用10元、20元券，势必以50元为物价单位，刺激高涨，影响民生实甚。特此函请查照，转行所属各涂同业公会转饬各会员商号，不得拒用，免致扰乱金融云。

《中央日报》1949年2月27日

第三节　外汇收兑

源丰润亦至倒罢

源丰润汇兑庄各省暨南洋等埠均开有分号，商业之发达既久，商家之信用亦多。闻此次上海总号因购树乳股份亏折甚巨，银根不能流转，以致倒罢，累及厦门分号，亦于昨日停闭矣。闻厦号内中，人欠欠人尚可相抵，当不

至十分外空，是以厦市尚颇觉平静云。(言)

《厦门日报》1910 年 10 月 12 日

客头禀追巨款

本 11 日晚，丰远轮到埠，有永春及仙游客头数人。闻是帮由新加坡源丰润汇兑信银来厦，计共有成万元之多。迨上栈时，访闻厦地源丰润经于前日倒盘，如雷贯耳。该客遂即相邀赴署鸣冤，并递禀道署，请为究追云。

《厦门日报》1910 年 10 月 15 日

何故滚支

昨 13 日午后，内外街不知何故，凡有收蓄台湾银纸者，多持出向钱店兑换，有对兑换小洋者，有降兑九五折者。议论纷纷，大有不寒而栗之势。迨是晚，台湾银行令人在本行口及武庙前高贴广告，定 14 日星期日 9 句钟，仍开门任人将银纸交换现银。人心始得稍慰云。(而)

《厦门日报》1910 年 10 月 17 日

请封源丰润

厦门源丰润兑局倒闭之后，外间均云出入各款足以相抵，并不十分亏空。讵昨有某洋客系由香港汇厦之款数千，到厦见其倒闭，兑款无着，遂禀厅请封。赵叔儒太尊准如所请，当即饬差标封矣。

《厦门日报》1910 年 10 月 18 日

电文照录

昨闻 24 日永春客头周添晋等，电禀闽督松鹤帅，略谓：商等经商外洋，苦积归梓。前由新加坡源丰润汇款计 1.4 万余元，向厦埠分号胡富川给领。讵到埠后，该分号相继倒盘，川又匿避不面，希图干吞，叠向道厅两宪控追在案。延今日，久究属空雷无雨，伏思商等巨款若被干吞，百余人命将俱死势。亟电恳督宪大人俯恤旅艰，电谕兴泉永道，仰厅迅即追还，是为切叩。

《厦门日报》1910 年 10 月 29 日

源丰润禀请启封

上海源丰润总号牵动通商各口，市面咸为摇动，而北京、天津尤甚。事为摄政王所知，特谕江督张安帅亲临沪上，维持大局。又由北京大清银行兑现银200万两，汇丰银行内借200万两，各处金融机关大为活泼。而厦门源丰润号得上海来信，有此转机，可以无恐。且厦号出入各款，本足相抵。胡君为人谨慎，毫无亏累。昨已禀请道厅上宪准予启封。

《厦门日报》1910年11月1日

金价外汇均告跌落　银行界接港电：受日俄出兵东省关系

昨(21)本市金价忽骤跌，早盘日金票4575(即每千元换日金票457元半)，赤金105元(即赤金每两收入105元)。午盘日金票续跌465，赤金102元。晚盘日金票4775，赤金98元。一日间每千元龙洋多换日金票20元，赤金每两跌7元。曩日本市钱业界接沪电，上海标金，早盘738，即金条10两，和银价738两。午盘73，晚盘707。而上星期六沪市，标金则766也。据银行界消息，上星期晚有得港电者，原文大意谓"日俄出兵东三省，金价看跌"。是日星期无市，至昨(21)遂连续报跌云。昨金市骤变后，本市营是业者，皆勃勃有生意。闻一日间交盘约10余万云。

《江声报》1931年9月22日

金价外汇昨又骤转　"英经济反常美汇缩"　两日间大起大跌

英禁现金出口，停止金本位法，美商停止东方一切贸易，因之上海标金，昨(21)一日间跌六十两，外汇亦随跌各情，业载22日本报上海电讯，及本市特讯。讵昨(22)日金市及外汇忽又骤变，前(21)晚日金票收盘4775，赤金98元，每两值如上数。昨(22)晨日金票早盘5125，赤金95元，一般金企业家多看再跌。讵午盘日金票忽转涨485，和赤金99元，晨再涨4725，赤金102元。一起一跌，令人莫测，银行界及珠宝途以无把握，多停止买卖。故昨日金市及外汇虽转涨,交易则甚少也。据钱业界消息,昨一日间香沪报价电竟达10余通,其最引人注意者,即某行得港电"英经济反常,美汇缩275,银行停买卖,金看大起跌"。盖两日间金一起一跌,已有事实表现也。又闻此次金价变动,其跌由于英汇,起于美汇。前日实叻纸每百元换国币250元,昨跌至210元,银价则略涨云。

《江声报》1931年9月23日

金市仍疲

两日来金市及外汇忽起忽落情形,已见前昨日本报电讯及市讯。昨(23)外汇及金市,与前(24)日不甚相远,似已回复跌前状态,唯珠宝途对金市有兑出每两105元,收入仅95元者。虽交易甚鲜,亦足见营是者有戒心已。

《江声报》1931年9月24日

金价与外汇　赤金有行无市　叻纸连日狂跌

自日军侵占东三省后,金价及外汇忽起忽跌,有行无市各情,本报逐日均有报告。昨日金现市475、期票4875,与前日不甚上下,唯赤金门市兑出每两100元,收入90元,相差10元之巨,且不愿收入,足见金价有行无市,情形尚在紊乱中也。又实叻纸前此最高价每百元可换龙银280余元,一星期前犹在260左右元,连日狂跌,至昨已跌至百九十五元,尚无敢启者。昨新加坡轮抵厦,侨客之携叻纸到钱店兑换者,多坚拒不收。至市肆交易,则平换(即每百元叻币换龙百元)云。

《江声报》1931年9月25日

维持商家汇例与纠正无款滥发汇票 县政府昨函商会查照

思明县政府昨函商会云:径启者,案奉福建民政厅训令开,案据上□镇商会主席黄润奕等呈称,窃属会迭据各商号佥称,查商家兑款,所用汇票拨条,依照商场习惯,凡出票人须先查自己在所指定付款之商号,存有金款若干，然后出票若干，向其支兑。如无存款，不能擅立汇票，即有存款，亦不能期票款超过存款，否则付款商号，均可将原票驳回，拒绝不付。此为例来交易之通例，全国一致者也。又执票方面当接受汇票时，必须再三慎重，其票是否可靠，不能胡乱收受。追支款时，亦有一定手续，票经付款，商号认明确有存款，即于票面批明三天或□天理付，加盖图章，认为有效，可以到期支取。如经否认无额不能支付，该执票人得将原票驳回，更向出票人追还现洋，或取补息金，均由出票方面负责，其与付款商号绝无关系，更不能强支勒付。此本商家之通例，众所周知者也。乃近来各县商号，往往取巧塞责，擅出票据抵付行政或征收机关课税，向洋口绝无商业往来，或有往来而无存款之商号勒支现款。而各该机关人员，不明商情，并不问向来习惯，及手续，只知执票在手，一味强施种种威迫，不可理喻。似此不讲理法，兹来随人随地，皆可出票，有额无额，均要支钱。摧残商业，莫此为甚。合亟佥请谨呈省府通令各军政征收机关，自后接收汇票，必先自向原处查明，如果向支之时查无存额，应听声明驳回，不能恃蛮强支，以免扰乱金融之交易，而符汇兑之原则等语前来。查所称各节，至为详细，□强支事实□层见叠出。当经提交临时会议，议决事关金融影响甚巨，绝对不能任何破坏，应即照转并呈请通饬知照等因。理合备文呈请察核，俯准通令各县政府及税收机关一体知照等情。当经令行建瓯县政府查明核议去后，兹据该县长范绍虞呈复，称查各机关解款，往往由甲地商号汇款至乙地商号兑取。当购买汇票时，甲商必谓乙商确有存款，孰知汇票寄至乙地向支时，而乙商又谓并无存款，不允兑付。此种纠纷，十余年来迄无解决办法。拟请通令各县政府，嗣后再有此种情事发生，即由原汇款人向出票商号、县政府呈报追办，并从严科罚，庶可惩一儆百，杜绝取巧。一面向商会随时警告汇款各商号，如无存款，不得滥发汇票，致干罚办等情。据此，除指令并分令外，合行令仰该县长查照办理。此令，等因奉此，相应函请查照为荷。

《江声报》1932 年 8 月 28 日

商人戒心恐惧　静盼调整讯息

本报讯　自中央决定重新调整外汇汇率消息传出后，本市金融界突起一大骚动。昨日上午，各钱庄几陷于完全停顿状态，盖在官方宣布新汇率以前，买卖双方均不敢贸然交易。至上午将近 10 时，投机家暨拥有多量美钞、菲币者均列坐收音机旁,有如处决罪犯,聆听官方所将宣布之之新汇率。兹悉其汇率为3350后,□表惊讶,其日前以2450元抛出者,不禁捶胸哀痛。下午,钱庄业照常开盘,美钞价收入多为3100元,出则或为3200,或为3300元不等。菲币为1300至1400元,出为1400至1500元。惟因抛出者仍多观望,又恐被骗,成交甚少。今日俟报纸正式发表后,当可照常交易。

《中央日报》1946年8月20日

钱庄业要求续兑外钞
列举七大理由　并建议救济办法两项

本报讯　市钱庄公会昨为禁止外币买卖呈函市府及市商会,列举事实7点,并建议救济办法两项,请求采纳施行。兹录其原呈文如下:

窃查本会于2月24日,奉钧府调令,以饬禁外币买卖,遵即通告各会员,即日停止外币交易。至本月9日,各会员以业务停顿,善用浩繁,无法支持,而相率停业。旋奉市商会理事长严焰面嘱,劝告各庄,凛以大义,除外币遵令停止交易外,暂先开门营业,以维市面。亦皆劝告各会员遵嘱开门,但无业务可营,长此坐蚀血本,定非善计,乃召开临时会员大会,研讨补救办法,佥认应将本业苦情以及本市特殊环境函请当局明鉴:

民国十六七年间,为本市钱庄业之全盛时代,全市钱庄计达87家,其间多数系以存放汇兑为主要业务之大庄户。迨民十八九年,南洋商业衰落,且因银行设立日多,各大庄户相继倒闭收盘,仅存30余家,均系小本钱庄,专营银币兑换业务,以故无人办理领照,此其一。本市钱庄概属小本兑换业,并兼办理汇兑存放及投机业务,有益社会而无害国家经济,且与银行业务不相抵触,此其二。本市系属华侨出入口岸,华侨携带外币归国,随时兑换充用,如果不论多寡,皆令持向央行兑换,则银行办公时间有限。倘遇星期日,侨胞有所急需,又将不免向隅。本业办理兑换业务,则不论时间与数量,尽可能利侨胞,此其三。华侨家乡为闽粤两省,粤省与香港仅隔一衣带水,当地兑换如欠方便,可以随时持往香港兑换,侨胞无所困难。本省则不同,华侨兑换外币,向以厦门为唯一市场,本市钱庄业一旦停止兑换,则将加重侨胞困苦,此其四。钱庄不能兑换外币,银行又皆拘于时间,侨胞兑换外币时遭困难,如遇紧急需要,在外私作买卖,则将更受暗盘剥削,此其五。央行兑换外币仅限美金一类,而华侨所持有及需要者,尚有荷币、叻币、菲币、暹币、越币等类。华侨前往南洋各属，必须缴纳所谓“入口例”，荷属须缴荷币 150 元，星洲须缴力币 5 元，菲岛须缴菲币 16 元，越南须缴越币 150 元，暹罗须缴暹币 285 元，并须准备上陆后一切零费。如果不准本业兑换，央行又无是项外币供应，则不特持有是项外币者无处兑换，侨胞亦将因无法购得外币，而无由出国，此其六。本市小本钱庄向赖以维持残业之银币兑换业务，一遭禁止，则数百从业人员，顿受失业威胁，生活将无所赖，此其七。基上所陈，本业于奉行国策之前提下，应请政府设法救济，其救济办法为：(一)请当局斟察本市特殊需要，因地制宜，准许本业继续兑换零星外币，大宗则归央行收兑。(二)另订管制办法，本业兑换外币，在当局监督之下，除供应华侨出国需要外，不准再作转手买卖，而应按旬将收兑外币转售央行。如此则于禁止外币流通，便利华侨兑换，以及救济本业残困。三方面收得兼筹并顾之效，用谨沥陈下情，呈请察核采纳施行，至感德便云云。

《星光日报》1947 年 3 月 11 日

适应侨胞需求　钱庄业应准兑换外币　市商会转请市府采纳

本报讯　市商会前据钱庄公会提出七大事实，及二项请求，请转当局采纳。该会于昨转呈市府，除钱庄公会原函已见前报外，兹探志商会按文如下，查该业所称各节，均属实情，本市之外币兑换业务，确与其他各地截然不同。本市华侨纷来频往，钱庄兑换外币适应侨胞需求，华侨返抵本市，即以零碎外币兑出，以充生活费用。如欲出国，再按需要购进外币，以备抵达目的地，缴纳所谓“入口例”，以及初到时一切零费之需。依此情形，本市钱庄兑换外币，对于华侨实有无限裨益，倘归央行全责办理，则供求调剂困难，美金以外之外币不能供应，出国侨胞将因无法取得外币而发生重大窒碍。况本市钱庄之经营外币，纯属小额兑换业务，实无投机行为，更无操纵垄断之能力。与专营投机，而与侨胞生活无关，且有妨害社会经济之其他各地外币买卖业，万万不能相提并论。外币禁止流通，此为国人所一致拥护之上好国策，然为顾及侨胞福利，似宜于不妨碍整个国策之前提下，采纳本市钱庄业之两项请求，以为因地制宜之策。幅员大如我国，各地情形不同，需求亦异，即我最高当局，每一决策，亦皆以因地制宜为施政之原则。准函前由，理合沥陈实况，呈请钧长体察实情，采纳施行，至感公便。

《星光日报》1947 年 3 月 14 日

输出入管理会成立华南分会　厦门等五地设办事处

中央社广州16日专电　输出入管委会华南分会,16日上午成立。中央银行总裁兼该会主委张家敖,特于15日由沪飞来主持。张氏致词时,指出华南经济特殊情形,并就政策方针作详明指示。该分会辖区为粤桂闽3省,原有贵州业务,暂仍办理。亦在梧州、厦门、汕头、湛江、海口五地分设办事处。

《中央日报》1947年9月17日

市银行举办沪汕通汇

本报讯　厦门市银行,便利市民汇兑,经与外埠同业,取得密切联系,举办通汇。该行自与上海市银行订立通汇后,汇兑业务,日臻发达。现再与汕头市银行举办通汇,今后本市商民经营汕头生意者,可多一汇头机关矣。

《中央日报》1947年9月18日

申请外汇困难　许凤藻谈个中原因

本报讯　自政府实施出入口管制以后,本市即有输入管理处之设。惟迩来一般进出口商,每感向该处申请购买外汇输入货物,至感不易。其个中原因,传系该处人员有串通商人舞弊从中渔利之情事。记者为明了真相,特于(22)日走访该处处长许凤藻,探寻究竟。据许氏谈称,政府实施外汇管制后,对本处外汇数额分配有限,故对输入货物,须视确为民生必需品,始得批准。至输入货品,计分三类,第一及第三类每月分2次申请。每月外汇数额各为美金10万元,平素皆平均分配各有经登记商户。第一类为工厂机器及汽车,凡有申请者,无不批准。至于第三类货品,仅有旧报纸不准输入。因旧报纸之用途,只供包裹物件,且其不卫生。关于第二类货品之申请者,只限进口商业公会之会员60余家,每年分四季申请。秋季系自8月份开始,配额美金16万元。惟在8月间申请货品单,即达80余件,已告满额。故嗣后各商号继续申请时,均无法批准。致外间多所非议。以"例如申请二千万元者,只得一千万元实额,另一千万元为该处人员所舞弊"一事郑重加以否认，并欢迎商人提出证据检举。至商人凡有手续不明者，亦尽可前往该处查询云。

《中央日报》1947 年 9 月 23 日

重新配售外汇　有力反对恐流产

输入管理委会厦门分处，近以办理配发外汇事，颇受外间指摘，咸认小数特殊地位者，一获得商户营业之执照，均可得申请外汇，及操纵进口货价格，因之大发其财。如某某以社会红人身份，或以某种业务上关系，得以夤缘钻营，仅数月之间，发财至数亿元之巨。该处受此指责，近乃有意将“正式商号”数额放宽，举凡持有税证者，均可申请登记给证，配购外汇。此事一经提出，而少数有力者，竟持异议，提请该处详加考虑，恐其一旦实行，势必因粥少僧多，难再获取厚利。闻该处拟于 11 月重新办理登记事，或将流产云。

《中央日报》1947 年 10 月 30 日

签发外汇许可证　输管处门庭若市
外传外汇官价下调将提高　害得商家争先恐后求早得

本报讯　输出入管理委员会厦处，昨天下午宣称：要签发第三、第四两季个核准合格厂商的申请外汇许可证，消息传出后，一时间该处门庭如市，数百家厂商群集拥挤，占满了该处的三楼办公室，四楼的天台上，情形十分紧张。冬防指挥部巡查队闻讯，为恐领证的人由争领发生纠纷，特地驱车停放该处门口，整队出而维持秩序。据悉：昨天是星期六，银行原是停止办公，但是被指定接收结汇的银行，却特别延长了半天的办公时间，专门办理着结汇这一件事，所以各厂商就争先恐后地希望能够领到许可证，同时办竣结汇手续。其中最大原因，不外周来黑市外钞波动得太厉害，一般预料星期一起，外汇挂牌官价可能提高。今天又是星期日，万一昨天下午领不到许可证和结汇，难免要受一大笔损失的。

《星光日报》1948 年 3 月 7 日

加强金融管制　取缔外汇黑市
财部饬厦央行切实办理

本市讯　广州金融管理局，鉴于汕头、厦门二市，为侨汇集中地点，黑市外汇甚为猖獗，以汕头与穗密迩，为加强管制起见，拟设立汕头办事处。即以汕头国行经理杨智元为该局稽核兼汕头办事处主任，工作人员完全由国行及该局调用，不另增加经费。厦门以距离较远，无法兼顾，经呈财部请筹有效管制。财部对该局所请将汕头市划入该局管辖区域，并设立汕头办事处一节，已核准办理。至厦门外汇黑市猖獗一节，亦经令中央银行转饬厦门分行就近切实予以取缔，并由部电厦门市政府协助。本市中央银行厦门分行已奉到总行电令，昨特函请市府对于本市非法银庄及书明兑换各国金银钞币之商店，一律加以取缔云。（南侨社）

《中央日报》1948 年 4 月 4 日

市商会建议设立杂港外币收兑处
便利返国侨民持有者兑换

本报讯　市商会昨函中央银行，建议设立杂港外币收兑处，以便利返国侨民持有者兑换。兹查其办法及原函于次：

查财政经济紧急处分令实施后，国家行局对于收兑外币，只限美钞、黄金、港币、印币四种。人民拥藏外币，兑换数量大有可观，具见政府措施深获民间信仰。惟本市为华侨集散地，对于各处来往侨胞，如暹罗、缅甸、荷属、新加坡等处，携带外币入国，无法兑换，出国需要不能供给时，国家行局未奉明令办理，商业银行不敢问闻，地下钱庄允宜取缔，进退失据，困难万状。在此情状之下，似应妥善补充办法，俾资救济。兹拟具临时过渡办法，随函送请参考，如荷赞同，即烦转请核示。倘能实施，则裨益侨胞与繁荣地方经济均获利赖。

杂港外币收兑处暂行办法如次：

第一条，厦门为华侨出入口，因地制宜，除中央银行收兑已定外币外，其他各港外币，设立特约收兑处，以资补救。

第二条，收兑处为临时性质，候中央银行全部外币定率后撤销。

第三条，中央银行得随时派员检查簿记外币库存。

第四条，收兑处接受中央银行之指导及监督，每日应将收兑外币列表报核备查。

第五条，收兑处为商业组织，其资不足兑换时，得由中央银行之许可押借款或自向国外兑换，所得外汇仍须收入中央银行。

第六条，收兑处资金之组织须向中央银行备案。

第七条，本办法奉准之日实行。

《中央日报》1948 年 9 月 4 日

兑换金圆券　盛况未稍减

本报讯　本市国家行局连日来收兑外钞，3、4 两日所得成绩仍甚可观。计两日间换入美钞 79070 元，港币 14278 元，黄金 47 两 9 钱 4 厘，纹银 6258 两 9 钱 6 分，银圆（大光洋）864 元。

《中央日报》1948 年 9 月 5 日

央行重订各地汇率

本报讯　本市中央银行顷奉总行电，以"全国各地汇率应由本行主动减低，各地汇款收费，最高以不超过 25‰为原则，并将每次调整之汇率表分送当地银钱公会参考，并予以无限制承汇"。该行奉电后，即于前（6）日拟定各地汇款汇率实行，一面函送本市银行商业同业公会参考。嗣后每次调整汇率时，除通知银行公会，并将发表于各报。兹查该行此次规定之"各地汇款暂定汇率"数字于次：福州每千元收 8 元，广州 10 元，汕头 10 元，桂林 20 元，长沙 20 元，汉口 20 元，重庆 10 元，上海"平汇"，南京 5 元，平津 10 元，沈阳 5 元，南昌 20 元，杭州 5 元，合肥 20 元，开封 20 元，太原 10 元，贵阳 20 元，昆明 20 元，西安 10 元，兰州 10 元，青岛 10 元。

《中央日报》1948 年 9 月 8 日

国行黄金收入与日俱增

本报讯　地下钱庄消灭后，昨（9）日本市四行两局所收兑的黄金外币数量仍甚可观,就中以黄金最巨,打破金圆券发行后三周来所兑换的最高纪录。计昨日收入黄金达303两8钱9分8厘,美钞118835元,港币29790元,纹银3415两7钱9分,大光洋952元。

《中央日报》1948年9月10日

兑换金圆券盛况依然

本报讯　昨日为周末,本市国家行局收兑黄金,外币数字反见激增。据中央银行统计:昨(11)日上午(下午例假)换入美钞130338元,港币34903元,黄金73两3钱,白银5496两9钱7分,银元1954元。

又讯　菲律宾方面,昨续汇来侨汇一批,计折合金圆为100821.6元。

《中央日报》1948年9月12日

存放国外外汇资产　限期申报登记

本市讯　本市中央银行昨奉总行秘书处代电,以奉行政院代电开,查中华民国人民存放国外外汇资产登记管理办决第五条规定,中华民国人民除其经常生活本据在国外应视为华侨者外,均应将截至民国三十七年(1948年)8月20日为止,存放国外之外汇资产,于民国三十七年12月31日以前依照规定表格,向中央银行或其委托之银行申报登记。其在民国三十七年8月21日以后所获得之外汇资产,应自获得之日起两个月内申报登记。兹以国内银钱业所有外汇资产有提前申报登记之必要,特规定银钱业对其存放国外外汇资产之申报登记,限于民国三十七年9月30日以前为之。其应申报而不申报或申报不实者,一经查明,即以违反经济管制法令吊销其营业执照,或予以停业处分。其有违反同办法第八条之规定,自民国三十七年8月20日起,意图避免申报登记,将外汇资产转移于国外任何自然人或其他社团,一经查明并依同办法第十一条第一项之规定,依妨害国家总动员法惩罚暂行条例之第五条之规定,严予惩处。特电查照云。

《中央日报》1948年9月21日

内地人民持有金银外币　应依限换金圆
吴本景称望人民勿轻信谣言受愚

本报讯　本市中央银行经理吴本景,昨接见记者,就本报昨20日所载"不良分子散布谣言、破坏金圆政策,妄谓金银外币不能兑现金圆券。内地人民纷受欺骗,裹足不前"一节发表谈话。据吴氏称:内地因缺乏银行设立,故一般莠民有隙可乘,大肆散布谣言,希望人民勿受其愚。若持有金银外币者,尽可向附近设有银行之县份兑换,或托亲友携带来厦托换,并不收取任何手续费。至本市方面,除四行两局一库外,更委托中兴、汇丰、华侨、安达4家银行代为收兑。吴氏末称:"关于此种情形,唯望舆论界尽力宣传,使内地人民普遍明了,尽速依限向国家局兑换,以打击此辈不良分子"云。

《中央日报》1948年9月21日

央行修正各地汇率

本报讯　本市中央银行昨(20)日修正汇往各地之汇款暂定汇率如下:(以下系每千元收费)广州、汕头、桂林、长沙、汉口、重庆、平津、青岛、合肥、开封、太原、贵阳、昆明、西安、兰州等地各收10元,南昌12元,南京、福州、沈阳等地5元,杭州3元,上海1元。

《中央日报》1948年9月21日

什港外币于月底前应向央行登记
发给证明存执听候公告收兑　菲币自即日起开始收兑

本市讯　本市中央银行顷奉总行业务局电,自即日起凡菲币(PESO)之印有VICTORY字样者,可按菲币每元折合金圆1元9角5分收兑。又收兑外币瞬届期限,人民持有美钞、港钞,及印有VICTORY字样以外之菲币及其他外币券,如英镑、加币、印币、星币、越币、暹币、法郎、日元、荷盾等,因各国禁止运回本国或限制流通关系,本行无法收兑。为保护持有人之收益起见,仍准由各持有人自行保管。惟应于9月30日限期以前持同该项外币向当地本行以书面申报登记,经核明后发给证明书存执,俟此项外币中有核定兑换率时,再由本行公告收兑。又此项经申报登记之外币,在本行未公告以前,持有人拟携带出国者,拟准凭原证明书向海关洽明放行。再此项证明书及所登记之外币,应由持有人妥为收存,绝对不得在国内私自买卖转让。如有违反此项规定者,按黄金外币买卖处罚条例办理云。

《中央日报》1948 年 9 月 24 日

市府再电中央建议　迅兑什港外币

本报讯　市府以本市所有民信局暨有经营黑市外汇嫌疑之商号,经派警分别严密搜查,并向市府具切保证。目前本市金融物价尚见安定,金银外币收兑亦甚踊跃,惟因本市中央银行现仅奉令收兑美钞及港币,其他外币尚未奉令收兑。经厦市府暨央行、市参会、市商会电请,由国行收兑,迄未奉准办理。本市为华侨进出集散之处,执有各港外币无处可兑,受亏甚大,倘不早日设法收兑,将来恐流入黑市,影响金融管理匪浅,特于昨航寄代电广州经济管制督导员,请向中央建议迅予收兑,俾可导入正轨。至行庄暨人民国外外汇资产登记,亦经市府通告严限依法申报登记云。

《中央日报》1948 年 9 月 25 日

督导金融管制　朱盛荃抵厦
昨访黄市长吴经理商谈

本报讯　财政部广州区经济管制督导员宋子文,为切实管制华南金融,指派办公处技术主任兼广州金融管理局局长朱盛荃来厦督导。朱氏昨 24 日上午 9 时 30 分偕该局稽核洪察由港乘中央机抵厦,下榻厦大旅社。稍事休息,即往市府访晤黄市长,商洽管制本市金融事宜。下午,朱氏与中行经理吴本景往游南普陀名胜。晚 10 时,许记者特往旅邸造访朱氏,探询此行任务,朱氏告以主要任务三点:(一)督导侨汇。(二)视察金融外币收兑情形。(三)督导商业行庄外汇资产申报事宜。记者询以本市侨汇情形如何,朱氏称:在穗时满以为厦门侨汇未达理想,今天初步调查所知者尚属良好,外钞收兑成绩亦佳。对商业行庄外汇资产申报问题,朱氏强调称:希望各行庄申报外汇资产数额得与总行所报者相符,如有出入,即予报请依法惩办。记者询以访晤黄市长对本市金融管制问题有无详细讨论,朱氏称:黄市长所提管制意见，处处为侨胞着想，其意至善，彼当尽其所能协助成功。朱氏末谓：今天为初步视察，一切尚无头绪，日内展开工作，视其实时效如何，再行奉告。闻朱氏在厦当有一周勾留云。

《中央日报》1948 年 9 月 25 日

外币存款周息二厘

本报讯　本市中央银行昨奉总行业务局电，以奉行政院令：所有财政经济紧急处分令公布后，存中央银行及其委托银行之外币存款，均准给予周息 2 厘，用金圆券支付云。

《中央日报》1948 年 9 月 25 日

黄金外币收换统计

本报讯　一周来（9 月 20 日至 25 日）中央银行及其委托行局收兑黄金、外币数字如下：黄金 34 两 8 钱 3 分 1 厘，白银 32311 两 5 钱，银圆（包括银毫在内）41729 元，美钞 879948 元，港币 182659 元 9 角，菲币 261627 元，发出金圆券达 500 万元以上。

五周来收兑累计如次：黄金 1941 两 7 钱 1 分 6 厘，白银 125957 两 9 钱 9 分，银圆（包括银毫）106997 元，美钞 3959409 元，港币 1275167 元 9 角，菲币 261627 元。

《中央日报》1948 年 9 月 26 日

收兑金银外币限期将届　市民应速交兑

本报讯　自当局决心改革币制，发行金圆券以后，依据政府颁布之财政经济紧急处分令规定，凡中华民国国民持有外币、黄金、白银者，应于本年 9 月底以前向中央银行兑换。逾期不兑者，决予依法严惩。市府以兑换期限瞬届，凡市民持有上述各项货币者，应于本月底以前向中央银行兑换，乃于日昨令知市商会协助调查及劝导商民依期兑换。如不遵限交兑者，将依法处分。

《中央日报》1948 年 9 月 27 日

大量金圆券供应侨乡

本市讯　侨务局近日□据晋江、石狮归侨来函称:以央行对收兑美钞尽限于本月 30 日止不予展限,而一般归侨持有美钞者,前往交通银行驻石狮办事处兑换。因该行头寸不足,无法大量收兑,要求央行运输大量金圆券前往兑换,以免逾期被受处分。侨局长吕尘心乃于昨日午后前往中央银行,谒见朱局长盛荃及吴经理,商谈结果,该行经理吴本景对此问题,允许电泉中国、农民两行派员携带金圆券前往协助,加紧收兑。定美钞百元者外,其余之数仍由海关收缴央行,依规定收兑出国华侨所应缴之入口税及零用外钞,朱局长许电请中央出示办法,并定明日会约同至海关,向税务司商洽云。(海外社)

《中央日报》1948 年 9 月 29 日

收换金银外币剩两天　央行尽量收兑
昨起延长时间直至最后一人

本报讯　外币收兑期限仅剩 2 日,本市中央银行为顾及一般持有者尽量兑换起见,特于昨(28)日起,将下午办公时间延长至兑换者"最后一人"始告闭门。昨午该行下办公时间为下午 6 时 20 分。

又讯　本市中央银行及其委托行局,昨(18)日兑换金银外币数量,统计如下:黄金(无收入),白银 7633 两 9 钱 2 分,银圆(包括银毫)11440 元,美钞 126130 元(包括银辅币在内),菲币 68567 元,□币 43555 元 9 角。

又讯　侨汇源源而来,昨日本市中兴、中国两行接获菲律宾、新加坡汇交侨汇数量,总数达金圆券 930918 元 6 角 5 占。

又讯　市商会顷发出通告称:一查人民所有金银外币,依法应于三十七年(1948 年)9 月 30 日以前向中央银行或其委托之银行兑换金圆券。现期届迫近,凡我会员,均宜仰体□艰难,遵循法令规定,如期将所有金银外币前往兑换清楚,毋相观望致误云。

《中央日报》1948 年 9 月 29 日

收兑金银外钞最后一日　登记外钞踊跃

中央社福州19日电　规定收兑金银外币之最后一日，除美钞、港币及印有“胜利”字样之菲币外，人民持有之其他外币如英镑、叻币、印币、星币、暹币等之申报登记日期，均截至9月30日止。今日此间各行局求兑及申报登记者甚为拥挤，预料30日求兑者当更为多。

本报讯　本市中央银行及其委托行局昨(29)日收兑金银外币数字相当可观，计美钞178981元3角，菲币99925元，港币44291元5角，黄金11两7钱3分2厘，白银6751两9钱，银圆(包括银毫)12737元。

又讯　今为收兑金银外币最后一日，中央银行特将办公时间延长至下午7时，以便利一般持有者兑换。

《中央日报》1948年9月30日

闽侨汇兑局　停收厦汇款

中央社新加坡27日专电　闽侨汇兑局有关之一切钱庄，自今日起，暂时停收汇往厦门汇款。该局系奉海外汇兑管制委会之令，采取是项措施，惟发表是项之目的未悉。

《江声报》1948年10月28日

侨汇停顿　昨联谊会座谈补救

侨团联谊会，昨晨10时举行第二十次会议，到各单位代表7人，由白三江主席，议决：一、近半月来金融剧烈变化，外则当地政府限制汇款，内则政府管制侨汇信局暂停营业，影响侨眷生活。(一)推派代表陈丙丁、吕尘心、叶鸿恩、白三江、黄银水等，访晤中央银行吴经理，及党政参首长，商请中央有关机关，请求速颁补救办法。(二)将目前侨汇困难问题，联衔侨委会，及本省在京立委，会同两广在京立委，就地向中央商请补救办法。(三)拟具补救意见：一、请政府参照战时侨汇补贴办法，实行侨汇补贴，待金融稳定时停止。二、请政府准华侨自由自备外汇输入物资，或放宽管理自备外汇办法，以利侨胞投资国内生产事业，及维持侨眷生活。三、请侨汇管理委员会，在中央补救办法未颁布前，暂缓实施管制民信局侨汇办法。四、报载芝巴德轮内破获私运军火，嫌疑犯陈涯被扣留，涉及华侨团体名义，应由会先行派员调查，以明真相，再进行表明态度。五、侨生，函菲律宾总领事馆及总支部暨各侨团，劝导侨胞勿携带违禁物及军火返国。(厚)

又讯　最近因海外金圆贬值结果，黑市侨汇复告出现。本市各民信局，大部分以如接受黑市侨汇，无异破坏政府经济政策，干犯法纪。如依照官价收汇，则势必亏贴，故多数宣告暂时休业。菲律宾方面已两期停缴侨信返厦，其他各属亦将步后尘。似此下去，影响侨眷生活至大，本市侨团联谊会各负责人陈丙丁等昨下午特晋谒黄市长，报告实际情形，并提出三点，一、请政府仿照战时办法，对侨汇予以补贴。二、请政府放宽华侨自备外汇，携带物资入口。三、闻中央银行实行新办法，即邮政局于收到侨信后，须交中央银行，然后由民信局凭外汇执照，向央行领信分发。此办法如实行，困难甚多，请政府转请行暂缓。

《江声报》1948 年 10 月 28 日

市商会会议讨论结汇事

本市讯　昨市商会召开第二届理监事会各同业公会公司负责人第九次联席会议，出席全体理监事暨公会公司烟酒、烹饪、电灯等 32 单位，主席庄金章。讨论：一、关于交涉八九月份输入结汇一项，迄今仍未解决，许可证限期迫届，应如何继续交涉案，议决：(一)电催财政部及央行总行行迅准依照中央银行签收手续费日之汇率结汇。(二)函本市监管处以八九月份结汇事，因在交涉中，输入许可证限期迫届，请予一律展限，至解决时结清。(三)电复福州市进出口公会一致力争。二、关于输管会通知各进口商限期两周内请签 10、11 月份输入许可证，现因八九两月结汇悬案未决，应如何洽请宽展期限案。议决：请市商会函请本市输管处宽展至八九月份结汇事解决后请签十、十一月输入许可证。三、关于布鞋劳军，本会奉配应募 2 万双，应如何办理请公决案。议决：旧历年关迫届，商况萧条，银根枯紧，负担困难，呈请另筹办法募缴。四、市府急催缴纳 11、12 月份营业税，应如何办理案。议决：(一)进出口商仍依 03 税率赶速缴纳，将来核算，如兼营门市者，其门市税额超过进口税额再行补纳。(二)门市营业税增加过巨，市况萧条，负担为难，应请原代表并加推石定国、林洁成、蔡衍吉、郑克仁等会同晋谒市长，请求减轻。

《中央日报》1949 年 1 月 8 日

茶叶出口结汇　银行允予协助

本报讯　前天新加坡茶叶公会，为了茶叶出口结汇问题，发了 1 张电报和公函寄给市商会，请求协助。昨天市商会特为此事函覆新加坡茶业公会说：查先后准贵会皓电及茶字第 1 号公函，嘱协助交涉茶叶出口估价及结汇问题各等由。准此，经即分洽本市进出口公会及茶叶公会。据称：关于出口押汇一案，前经进出口公会与茶叶公会洽请本市银行予以改善。旋承中国银行厦门分行许允自 1 月 10 日起，依照上海市外汇移转证报价扣去中央银行申汇折率结汇等语云云。查上述结果，此间茶叶出口商认为已较以前合理，且出口业务亦已渐见活泼，嘱即将情复达，准函前由，相应函请查照为荷云。

《中央日报》1949 年 1 月 27 日

厦台汇兑完全停办

本报讯　本市与台湾的汇兑，日来业已完全停止，原本市与台湾的汇兑，因台湾并未设立中央银行，闽台汇兑系由福建省银行经办者。但今日福建省银行亦已停止收兑，其原因如何？记者询问本市中央银行经理吴本景，亦云不知。至台厦间的贸易，其款项之受授，亦已无法正式以汇兑寄付，除非一般商人在台间均各有私自行号之设立或关系，以过账的方法，才能发生交易。否则，台厦间之贸易，将受此汇兑断绝而受重大影响。

《星光日报》1949 年 5 月 31 日

后 记

近代厦门旧报刊数量庞大,报道内容繁多,其中与经济相关的资料十分丰富。因资料丛书篇幅所限,在收集资料和点校整理过程中,不敢求全贪多,面面俱到,仅仅选取部分较有史料价值的内容,呈现真实、准确的历史资料,编辑整理成书。

《厦门经济资料选编(1909—1949)》主要内容分为:一、农业经济,二、工业经济,三、交通运输,四、邮电通信,五、商业贸易,六、财政税收,七、金融货币,共七个部分。每个部分根据不同的部门经济主题又分为若干小节,各小节收录的报刊资料按时间先后排序。这些资料客观反映了当时厦门社会经济状况,对研究近代厦门社会经济的发展状况具有参考和利用价值,对今天的厦门经济建设和发展也有历史的借鉴意义。

《厦门经济资料选编(1909—1949)》能够顺利出版,得到中共厦门市委、厦门市人民政府的关心支持,得到中共厦门市委宣传部、厦门市文化和旅游局领导的重视和指导。在收集整理旧报刊资料的过程中,福建省图书馆给予大力支持,厦门日报社叶胜伟对本书的编纂提出宝贵的建议,厦门大学出版社薛鹏志等为本书的出版付出了辛勤的劳动。谨此向以上单位和个人致以衷心的感谢!

由于旧报刊资料年代久远,印刷竖排繁体字,字迹漫漶不清,模糊难辨,标点不符现代规范,所有资料经重新录入排版,录入标点,编辑整理工作量巨大。虽然经过反复校对,限于水平和时间仓促,疏漏和差错之处在所难免,恳求读者斧正指导,不胜感激。

编 者